编者简介

周普生

哈尔滨远东工程学院毕业，经济学学士，中国注册会计师，现任瑞昌财学院副院长、北京中财讯研究院副研究员、中财讯财税智库专业委员会常务理事。在AI财税管理方面有全面、系统、细致的研究，在运用AI模型解决企业纳税管理和财务管理问题时建立了独特的体系，为企业数字化转型贡献了AI模型和架构。

何茂贵

总会计师、智能财务师、数据资产管理师、高级财税规划师、高级财税咨询师、高级管理会计师、高级财务数据师；中财讯财税智库专业委员会常务理事，用友网络科技"友户会"数智先锋导师，上海浦东管理咨询协会"国改专委会"咨询专家。先后任世界500强企业、上市集团及民营企业集团财务经理、财务总监等职，深度参与IPO上市等重大项目，专注于企业盈利系统等前沿领域，擅长业财融合、财务数智转型落地等工作。

张 涛

中财讯研究院高级研究员、中财讯研究院特聘高级讲师、中财讯财税智库专业委员会常务理事，历任企业集团财务总监，从事财务管理工作20多年。曾从事工业企业、商业企业、餐饮企业财务工作。擅长企业内控、投融资管控、企业重组、税收优化及风险控制,在AI数据时代,结合自身财税管理经验,总结出一套特别适合中小企业的AI财税管控模板。

李尚智

中财讯研究院特聘高级讲师；复旦大学会计学硕士，四川大学会计学学士；注册会计师、注册税务师、高级会计师；具备证券与基金从业资格。具有13年会计师事务所和17年大型建筑、房地产企业集团总会计师管理经验，任投资公司总经理。主导服务1000多家企业，有000858五粮液、600674川投能源等近30家上市公司，善长企业IPO财税合规、并购重组，对股权架构设计、财税审计与鉴证、个人及企业所得税、增值税整体规划、税务应对等方面经验丰富。

袁兴利

中财讯研究院高级研究员、中财讯研究院特聘高级讲师、中财讯财税智库专业委员会常务理事。有20多年国有企业、民营企业纳税管理和财务管理实战经验，熟悉多行业、多体制公司的盈利管理，具有丰富的财税综合优化实践经验，主攻财务管理、企业重组、税务优化和AI税收优化等工作；担任数十家企业税务顾问，其中包括中国电信海南公司等，擅长酒店、房地产、服务行业的所得税、增值税、个税等税种的优化和AI税收优化。

杨盛林

中财讯研究院高级研究员、中财讯研究院特聘高级讲师、中财讯财税智库专业委员会常务理事。有30年的财税工作经验，主要服务于外企电子制造业、房地产开发业、教育行业。熟悉企业由筹办到成熟运营的全过程财税管理工作，以企业合规发展为宗旨，建立健全内部管理制度、优化内部流程，由理论培训到实操落地。擅长利用AI工具DeepSeek开展财税优化工作，将其贯穿于企业各环节，实现内部管理规范并达到节流、省时、省力的效果。

AI 税收优化师 & AI 财务数智师培训教材

驾驭AI
财税管理应用与例解

主　编◎周华洋
副主编◎冯　鹤　丁会义　于立族
编　者◎周普生　李尚智　张　涛　何茂贵　杨盛林　袁兴利

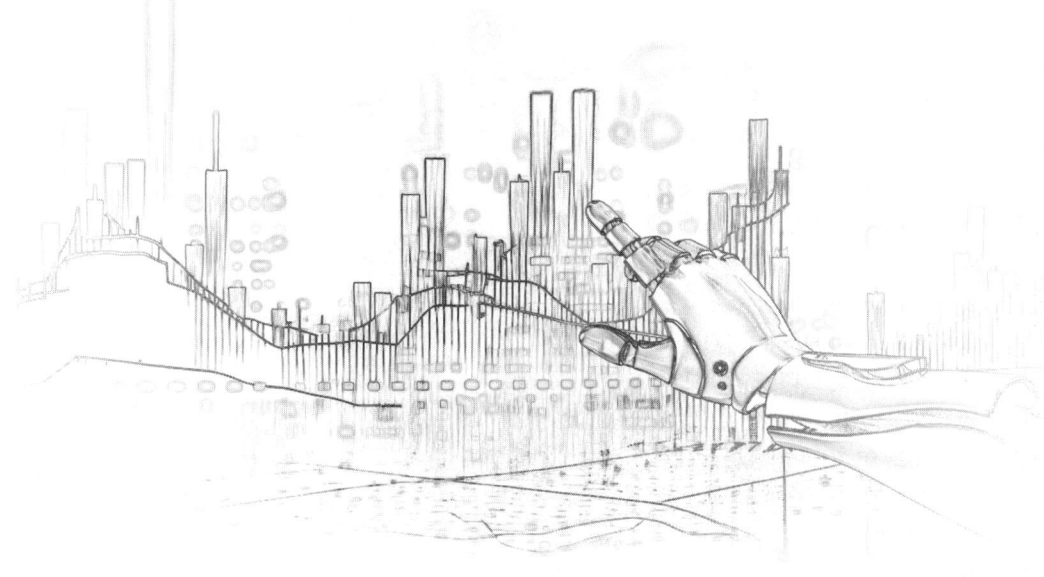

中国经济出版社
CHINA ECONOMIC PUBLISHING HOUSE

·北京·

图书在版编目（CIP）数据

驾驭 AI：财税管理应用与例解 / 周华洋主编；冯鹤，丁会义，于立族副主编． -- 北京：中国经济出版社，2025.7． -- ISBN 978-7-5136-8153-7

Ⅰ. F810-39

中国国家版本馆 CIP 数据核字第 2025VF1575 号

责任编辑　张利影
责任印制　李　伟
封面设计　任燕飞

出版发行	中国经济出版社
印 刷 者	河北宝昌佳彩印刷有限公司
经 销 者	各地新华书店
开　　本	787mm×1092mm　1/16
印　　张	36.75　彩页印张　0.125
字　　数	740 千字
版　　次	2025 年 7 月第 1 版
印　　次	2025 年 7 月第 1 次
定　　价	198.00 元

广告经营许可证　京西工商广字第 8179 号

中国经济出版社 网址 http://epc.sinopec.com/epc/ 社址 北京市东城区安定门外大街 58 号 邮编 100011
本版图书如存在印装质量问题，请与本社销售中心联系调换（联系电话：010-57512564）

版权所有　盗版必究（举报电话：010-57512600）
国家版权局反盗版举报中心（举报电话：12390）　　服务热线：010-57512564

开启 AI 财税管理的数智新篇章

在当今时代,科技迅猛发展如汹涌浪潮,深刻重塑着社会经济的方方面面,而人工智能(AI)无疑是其中最具变革性的力量之一,其正以前所未有的速度渗透到各个领域,财税管理领域也在这场科技变革中迎来了全新的发展契机与挑战。

《驾驭 AI:财税管理应用与例解》这本书的诞生,恰逢其时,它宛如一座灯塔,为在这片复杂且充满潜力的 AI 财税管理海域中航行的人们照亮了前行的道路。无论是初涉财税领域的新手,还是经验丰富的专业人士,抑或是肩负企业决策重任的管理者,都能从这本书中找到开启智慧之门的钥匙。

本书结构严谨、内容全面,从 AI 与财税管理的基础理论讲起,深入浅出地阐释了 AI 的核心技术,如机器学习、深度学习、自然语言处理和计算机视觉等在财税领域的应用原理与发展脉络,为读者理解后续复杂应用奠定坚实基础。通过对传统财税管理痛点的剖析,本书清晰地揭示了数字化转型与 AI 战略适配的必要性与紧迫性,以及如何借助 AI 重塑财税管理流程与价值创造模式,让读者深刻认识到 AI 为财税管理带来的不仅是效率的提升,更是一场全方位的变革与创新。

在 AI 财税工具与平台应用篇,详细解析了主流 AI 财税软件的功能特性,涵盖财务核算、税务管理、报表分析等关键模块,为企业选型提供了精准的指导与参考;同时,深入探讨了 AI 财税平台的数据生态与安全护盾,从数据集成、质量保障到安全体系构建,确保企业在享受 AI 技术带来便利的同时,实现数据资产的安全运营。AI 智能记账与财务流程重塑章节,通过实际案例展示了发票智能识别、账务处理自动化以及财务报表一键生成等功能如何优化财务工作流程,显著提升效率与准确性,帮助财务人员从烦琐的基础工作中得以解放,将更多精力投入到决策支持等高价值工作中。

税务管理作为财税管理的关键环节，在 AI 技术赋能下也发生了深刻变革。智能税务申报系统实现了与税务机关电子申报系统的无缝对接，纳税申报表自动生成且具备精准校验功能，多税种智能申报实操案例更是为企业纳税申报提供了清晰的操作指南。AI 税务风险预警与防控体系，借助先进的 AI 算法构建风险预警模型，实现实时监控与动态评估，为企业及时发现并防范税务风险提供了有力武器，确保企业在合法合规的轨道上稳健前行。AI 驱动的税收优化与实战章节，深入挖掘了不同行业企业的税务优化空间，从制造业到服务业，再到高新技术企业，展示了如何利用 AI 技术精准把握税务优惠政策，设计创新税务优化方案，有效降低企业税负，提升企业竞争力。

AI 赋能的财税数据分析篇，详细介绍了数据挖掘、常用算法以及数据可视化工具在财税管理中的应用，帮助读者掌握从海量财税数据中提取价值信息的技能，通过对财务指标的深度分析与税务数据的多维度洞察，为企业战略决策、投资决策和融资决策提供了科学精准的依据，助力企业在复杂多变的市场环境中做出明智决策，抢占发展先机。

在合规管理方面，AI 技术同样发挥着重要作用。通过智能解读海量法规政策，及时提取关键信息并实现更新追踪与自动化推送，帮助企业时刻保持对法规政策的敏锐度，确保财税活动合法合规。同时，AI 助力财税合规审计与内部控制强化，运用先进的数据审计和风险导向审计技术，精准识别内控流程中的缺陷并及时整改，构建稳固的财税合规管理体系，为企业的稳定发展保驾护航。

AI 财税项目的实施与管理是企业成功应用 AI 技术的关键环节。本书从项目规划、团队组建、风险识别与应对等方面进行了全面阐述，为企业提供详细的操作指南与实践案例。通过精准定位项目需求，合理规划项目资源，组建高效协作的项目团队，有效识别并应对各类风险，确保 AI 财税项目能够顺利实施并达到预期效果，实现企业财税管理的智能化转型。

本书还精选了不同行业企业的 AI 财税管理案例进行深度剖析，包括制造业、服务业、高新技术企业等，展示了 AI 技术在不同场景下的实际应用效果与价值创造能力，为读者提供了宝贵的借鉴经验；同时，探讨了 AI 与新兴技术如区块链、大数据分析、物联网的融合创新应用，以及对未来 AI 财税管理发展趋势的预测与战略布局，为读者指明了未来发展方向。

在 AI 财税管理的新时代，持续学习与提升驾驭 AI 的能力至关重要。本书最后为读者推荐了丰富的持续学习资源，包括在线学习平台、专业培训机构和行业研讨会等，以及个人职业发展中驾驭 AI 技能的路径与方法建议，鼓励读者积极构建 AI 学习社区与知识共享网络，不断提升自身专业素养，跟上时代发展的步伐。

《驾驭 AI：财税管理应用与例解》是一部集理论性、实用性和前瞻性于一体的著作，它汇聚了众多专家学者和从业者的智慧结晶，为 AI 财税管理领域的发展提供了理论支撑和实践指南。相信每位读者都能从本书中获得专业启迪，在 AI 财税管理的征程中乘风破浪，书写属于自己的辉煌篇章，共同推动财税管理迈向智能化、高效化、创新化的美好未来。

本书适合广泛的读者群体阅读和学习，尤其适合财税管理领域与 AI 领域的从业者、研究者和政府官员。

王雍君　博士研究生导师

国务院政府特殊津贴专家、中央财经大学教授

中央财经大学政府预算研究中心主任

2025 年 2 月 25 日

驾驭 AI 财税管理方能不败

驾驭 AI，善于使用 AI 工具，方能使你在数智化时代立于不败之地！

AI 作为一项极具颠覆性的前沿技术，正以前所未有的速度深度渗透到各行各业，重塑着传统的业务模式与管理理念。作为企业运营的关键环节，财税管理领域同样置身于这场深刻变革之中。AI 技术的融入为其带来了前所未有的机遇与挑战，开启了财税管理智能化转型的新纪元。

随着企业规模持续扩张、业务复杂度不断提升以及市场竞争压力日益加剧，传统财税管理方式在效率、精度和决策支持等方面的局限性逐渐显现。而 AI 技术凭借强大的数据处理能力、精准的智能算法以及卓越的自动化执行水平，能够对海量的财税数据进行快速分析与深度挖掘，实现财务流程的自动化处理与智能优化。这为企业提供了更精确的财务预测、风险预警以及决策分析依据，从而极大地提升财税管理的效率与质量，助力企业在复杂多变的市场环境中抢占先机、实现稳健发展。

正是基于对 AI 技术在财税管理领域巨大变革潜力的深刻洞察，我们精心策划并编写了《驾驭 AI：财税管理应用与例解》这本书。本书旨在为广大财税从业者、企业管理者以及相关专业师生提供一份系统全面、深入浅出且极具实践指导意义的 AI 财税管理应用指南，帮助读者深入理解 AI 技术在财税管理各环节的具体应用场景、实现方式与价值创造路径，使其熟练掌握并灵活运用 AI 工具与方法，有效提升财税管理工作的智能化水平与创新能力，以更好地应对数字化时代财税管理领域的新挑战与新要求。

本书具有以下显著特色。

其一，内容体系全面系统。本书全面涵盖了 AI 技术在财税管理各个核心领域的应用，包括财务会计、管理会计、税务管理、审计监督以及风险管理等。从基础的 AI 概念与技术原理介绍起步，逐步深入各应用场景的详细剖析与实际案例解析，形成了一套逻辑严密、层次分明且完整闭环的知识体系。读者通过阅读本书，能够对 AI 财税管理的全貌有一个清晰且全面的认识，构建扎实的理论基础与实践框架。

其二，理论与实践深度融合。在阐述 AI 财税管理理论知识的同时，本书尤为注重理论与实践的紧密结合。本书精心选取了大量真实且具有代表性的企业案例，这些案例涵盖不同行业、不同规模企业在 AI 财税应用实践中的成功经验与典型问题的解决方案。本书通过对这些案例的深入剖析与详细解读，将抽象的理论知识具象化、场景化，使读者更加直观地感受 AI 技术在实际财税工作中的应用效果与操作要点，从而有效提升读者的实践应用能力与问题解决能力，帮助读者实现从理论学习到实际应用的无缝衔接与快速转化。

其三，技术解析深入浅出。考虑到部分读者可能对 AI 技术的专业知识较为陌生，本书在介绍 AI 相关技术原理与算法模型时，力求采用通俗易懂、深入浅出的语言表达，避免过多的专业术语与复杂数学公式堆砌。本书运用大量形象生动的比喻、图表以及实例对比等方式，对 AI 技术的核心要点与关键逻辑进行了清晰阐释，让读者能够快速理解并掌握 AI 技术的基本原理与应用方法，打破技术壁垒，为深入学习和应用 AI 财税管理知识奠定坚实基础。

其四，前瞻性与实用性并重。本书聚焦于当前 AI 技术在财税管理领域的成熟应用，并对 AI 技术的未来发展趋势及其在财税管理领域可能引发的深层次变革进行了前瞻性探讨与展望。同时，本书介绍的各种 AI 应用方法、工具和案例均紧密结合企业实际业务需求与财税管理工作痛点，具有极强的实用性与可操作性。读者阅读本书后，不仅能够了解 AI 财税管理领域的前沿动态与发展方向，还能够将所学知识应用到实际工作中，为企业创造切实的价值与效益，助力企业在数字化转型浪潮中赢得竞争优势。

在本书的编写过程中，我们会聚了一个由财税领域资深专家、AI 技术专业学者以及具有丰富实践经验的企业财税高管组成的多元化编写团队。团队凭借深厚的专业知识储备、敏锐的行业洞察力以及丰富的实践经验，对本书的内容进行了反复研讨、精心撰写与严格审核，确保了本书的内容质量与专业水准，其中，融资中心总监田春梅编写了第二章和第十章。

在本书编写过程中，我们特别注重理论与实践的结合，力求每个案例都能贴近实际，每个解析都能直击要点。我们相信，无论您是财税领域的资深专家，还是初涉此行的新手，都能从本书中找到提升自己、启发思考的内容。

需要特别强调的是，在本书编写过程中，我们得到了北京中财讯财税研究院助理研究员张雅新、吴海洋、麦漾丹以及数据工程师卜凡的大力支持和帮助，他们在资料的收集、整理、归类等方面付出了大量的辛勤劳动。

在此，我们向为本书编写付出辛勤努力的每一位团队成员致以衷心的感谢与崇高的敬意。

我们衷心希望《驾驭 AI：财税管理应用与例解》这本书能够成为广大读者在 AI 财税管理领域探索前行道路上的得力伙伴与智慧灯塔。无论是财税领域的专业人士，还是正在努力提升自身数字化素养与管理能力的企业管理者，抑或是对 AI 技术在财税管理领域应用感兴趣的高校师生与相关研究人员，都能从本书中汲取有益的知识与灵感，开启精彩的 AI 财税管理创新之旅。让我们携手共进，共同驾驭 AI 技术这一强大引擎，为推动财税管理领域的智能化转型与创新发展贡献力量，铸就企业在数字化时代的光明未来。

《驾驭 AI：财税管理应用与例解》不仅是一本工具书，更是一把开启未来 AI 财税管理智慧之门的钥匙，助您登上人生的巅峰。

让我们一起，驾驭 AI，重塑财税管理的未来！

周华洋

2025 年 2 月 28 日

于北京天勤阁

第一部分　AI 与财税管理基础篇

第一章　AI 技术概览及其在财税领域的崛起 /3

第一节　AI 的定义及核心技术解析 /4
第二节　机器学习基础概念与算法类型 /6
第三节　深度学习架构及应用场景 /10
第四节　AI 在财税管理中的应用与驱动因素 /16
【案例 1-1】AI 风险预警与降低风险成本案例 /20

第二章　财税管理的数字化转型与 AI 战略适配 /22

第一节　传统财税管理的痛点与挑战剖析 /22
【案例 2-1】AI 跨部门企业数据整合案例 /24
第二节　数字化转型财税管理的新范式与 AI 战略布局要点 /25
第三节　AI 重塑财税管理：流程、价值与应用 /29
【案例 2-2】制造业 AI 优化资源配置案例 /31
【案例 2-3】科技公司 AI 税务优化的价值贡献案例 /34

第二部分　AI 财税工具与平台应用篇

第三章　主流 AI 财税大模型解析 /39

第一节　中财讯 AI 智能系统 /39
第二节　中财讯 i 财机器人功能与应用 /41
第三节　中财讯 i 财机器人应用指南 /43
第四节　企业对 AI 财税大模型的选型与考量 /44

第四章　AI 财税平台的数据生态与安全护盾 /47

第一节　数据集成的原理与方法 /47
【案例 4-1】企业财务数字化转型案例 /49
第二节　数据质量保障机制在 AI 财税管理中的应用 /51
第三节　AI 数据标准化流程 /52
【案例 4-2】AI 数据标准化流程案例 /52
【案例 4-3】集团内企业财务 AI 数据标准化流程案例 /54
第四节　AI 财税数据安全体系构建 /57
【案例 4-4】企业 AI 财税系统角色权限设置案例 /58
【案例 4-5】全量备份保障数据安全案例 /63

第五章　AI 智能记账与财务流程重塑 /65

第一节　AI 识别与自动记账的原理及技术 /65
【案例 5-1】AI 记账系统数据交互智能化案例 /67
【案例 5-2】总分机构数据交互智能化案例 /69
第二节　AI 账务处理自动化的全流程精解 /71
【案例 5-3】AI 账务处理全流程演示案例 /71
【案例 5-4】AI 自动化结账报告生成案例 /74
【案例 5-5】中财讯 i 财机器人智能化生成的财务分析报告 /77

第三节　资产负债表 AI 编制自动化 /93

【案例 5-6】资产负债表的一键生成案例 /94

【案例 5-7】资产负债表的数据校验案例 /96

第四节　利润表 AI 编制自动化 /99

【案例 5-8】利润表的一键生成案例 /100

【案例 5-9】利润表的数据校验案例 /102

第五节　现金流量表 AI 编制自动化 /107

【案例 5-10】现金流量表的一键生成案例 /108

【案例 5-11】现金流量表的数据校验案例 /110

第三部分　税务管理的 AI 变革篇

第六章　智能税务申报：一键直达合规之路 /117

第一节　AI 税务申报工作机制与数据交互 /117

【案例 6-1】一般纳税人 AI 纳税申报系统案例 /119

【案例 6-2】AI 申报数据的错误修正案例 /120

第二节　AI 纳税申报表生成的逻辑与校验规则 /121

【案例 6-3】AI 纳税申报表生成的逻辑案例 /122

【案例 6-4】酒店兼营住宿、餐饮与会议服务案例 /124

【案例 6-5】税收政策变化的申报表自动更新案例 /126

第三节　增值税 AI 智能申报解析（依据《增值税法》编写）/128

【案例 6-6】增值税视同应税交易的无偿转让不动产案例 /133

【案例 6-7】以销售货物为主的混合销售案例 /136

【案例 6-8】电器产品销售兼技术服务业务案例 /143

【案例 6-9】单证管理不善引发的风险案例 /146

【案例 6-10】增值税视同应税交易的无偿转让货物案例 /149

【案例 6-11】家电企业兼营安装与维修服务案例 /152

【案例 6-12】企业增值税跨境交易案例 /155

【案例 6-13】增值税不得抵扣进项税额案例 /159

第四节　企业所得税 AI 智能申报解析 /160

【案例 6-14】制造业所得税 AI 智能申报应用案例 /161

第五节　消费税 AI 智能申报解析 /165

【案例 6-15】白酒企业消费税 AI 智能申报应用案例 /166

第七章　AI 税务风险预警与防控体系 /169

第一节　AI 税务风险预警模型的构建与指标体系 /169

【案例 7-1】AI 助力民企税务风险防控案例 /171

【案例 7-2】AI 算法构建税务风险预警模型案例 /172

第二节　AI 税务风险实时监控与动态评估 /176

【案例 7-3】AI 税务风险预警与防控体系应用案例 /176

【案例 7-4】税务风险的实时监控与动态评估案例 /180

第三节　税务风险应对策略的智能推荐与案例借鉴 /181

【案例 7-5】制造企业税务风险应对的 AI 案例 /182

【案例 7-6】电商企业税务风险应对案例 /184

【案例 7-7】制造业运用 AI 税收优化策略降低税务成本案例 /186

【案例 7-8】通过优化收入确认时点降低税务成本案例 /189

【案例 7-9】通过合理转移定价策略降低税务成本案例 /191

【案例 7-10】企业税收政策争议解决案例 /193

【案例 7-11】企业税务稽查争议解决案例 /195

【案例 7-12】AI 资产重组的税务风险预警与防控案例 /198

【案例 7-13】智能匹配算法的效果跟踪与反馈机制案例 /201

第八章　AI 驱动的税收优化与实战 /205

第一节　AI 税收优化原理与创新应用 /205

【案例 8-1】AI 助力税收政策解读的税收优化案例 /214

【案例 8-2】基于 AI 模型的企业税收优化案例 /216

第二节　不同行业 AI 税收优化的策略与方案 /219

【案例 8-3】固定资产购置的所得税优惠运用策略与案例 /223

【案例 8-4】服务业 AI 税收优化案例 /226

【案例 8-5】电商平台 AI 税收优化案例 /228

【案例 8-6】建安公司分期确认收入的 AI 税收优化案例 /231

【案例 8-7】 广告代理公司 AI 税收优化完工百分比法案例 /233
【案例 8-8】 高新技术企业 AI 税收优化策略与方案设计案例 /236
第三节　税收优惠政策的智能筛选与精准匹配 /239
【案例 8-9】 农产品加工企业税收优惠政策智能筛选与精准
　　　　　　匹配案例 /239
【案例 8-10】 会计师事务所财税政策数据库构建与应用案例 /242
【案例 8-11】 律师事务所财税政策数据库构建与应用案例 /245
【案例 8-12】 企业信息与政策条件的智能匹配算法案例 /249

第四部分　AI 赋能的财税数据分析篇

第九章　AI 财税数据挖掘与分析技能构建 /253

第一节　AI 数据挖掘在财税管理中的应用场景与价值体现 /253
【案例 9-1】 AI 数据挖掘为战略决策提供支持的案例 /256
第二节　AI 数据挖掘算法在财税数据分析中的应用 /257
【案例 9-2】 分类算法在税务风险分类中的应用案例 /259
【案例 9-3】 聚类分析在财务风险分组中的应用案例 /262
【案例 9-4】 关联规则挖掘算法用于发现财务指标关系的应用
　　　　　　实例 /263
【案例 9-5】 决策树在财务预测中的运用实例 /266
第三节　可视化在财税数据展示中的技巧 /266
【案例 9-6】 数据可视化工具的选择案例 /267

第十章　基于 AI 的财务指标深度分析与决策洞察 /269

第一节　财务指标盈利能力的 AI 分析方法与模型构建 /270
【案例 10-1】 AI 财税大模型在盈利能力分析中的应用案例 /270
第二节　财务指标毛利率的 AI 分析方法与模型构建 /272
【案例 10-2】 AI 财税大模型在毛利率分析中的应用案例 /273
第三节　财务指标净利率的 AI 分析方法与模型构建 /276

【案例10-3】AI财税大模型在净利率分析中的应用案例 /276
第四节　财务指标ROE的AI分析方法与模型构建 /279
第五节　偿债能力的AI分析方法与模型构建 /280
【案例10-4】AI财税大模型在偿债能力分析中的应用案例 /281
第六节　资产负债率的AI评估与风险预警模型 /284
【案例10-5】AI财税大模型在资产负债率智能评估与风险预警中的应用案例 /285
第七节　流动比率的AI评估与风险预警模型 /287
【案例10-6】AI财税大模型在流动比率的智能评估与风险预警中的应用案例 /288
第八节　营运能力的AI评估与风险预警模型 /292
【案例10-7】AI财税大模型营运能力分析的应用案例 /293
【案例10-8】中财讯i财机器人通过营运能力分析自动生成营运管理建议书 /295
第九节　存货周转率的AI动态监测与分析模型 /300
【案例10-9】连锁超市的AI库存管理优化案例 /301
第十节　应收账款周转率的AI动态监测与分析模型 /302
【案例10-10】AI应收账款周转率的动态监测与分析案例 /303
第十一节　营运能力提升的AI驱动策略 /306
第十二节　AI财务指标分析对企业支持的解读 /308
【案例10-11】昌瑞端木制造公司运用AI进行财务指标分析 /308
第十三节　AI财务指标分析对企业决策的支持与运用 /309
【案例10-12】九江乐正科技公司全球化扩张的AI战略决策 /310
【案例10-13】昌瑞端木制造公司的收缩AI战略决策 /311
第十四节　并购重组的AI财务指标评估与应用 /312
【案例10-14】国峰实业投资有限公司并购重组中AI财务指标运用的案例 /313
第十五节　基于AI赋能的投资决策应用 /314
【案例10-15】项目投资可行性评估中的AI财务指标预测与风险分析 /315
【案例10-16】AI财税大模型在投资组合优化中的应用案例 /316
第十六节　AI模型在融资决策中的应用 /318
【案例10-17】AI财税大模型在融资决策中的应用案例 /318

第十一章　税务数据的 AI 分析与风险评估新视角 /320

第一节　税务数据的提取与 AI 分析维度拓展 /320
【案例 11-1】增值税的税负优化案例 /326
【案例 11-2】企业所得税的税负优化案例 /327
【案例 11-3】制造企业税务合规管理的成功案例 /330
【案例 11-4】企业合规风险点的 AI 识别与整改案例 /332
第二节　AI 算法在税务风险评估中的应用 /333
【案例 11-5】风险指标与权重计算的 AI 涉税风险评估案例 /338
第三节　税务数据分析助力企业优化税务结构与降低税负 /339
【案例 11-6】AI 优化税务结构与降低税负案例 /341
【案例 11-7】AI 调整业务布局与关联交易安排的案例 /342
【案例 11-8】AI 利用优惠政策优化税务方案的案例 /343

第五部分　AI 与财税合规管理篇

第十二章　财税法规政策的 AI 智能解读与更新追踪 /349

第一节　AI 技术在海量法规政策中的应用原理 /349
【案例 12-1】税收政策知识图谱应用案例 /357
【案例 12-2】新能源产业政策知识图谱构建与应用案例 /359
第二节　法规政策关键信息提取与解读 /362
第三节　法规更新与 AI 自动化推送 /367

第十三章　AI 财税合规审计与内控优化 /372

第一节　AI 财税合规审计中的应用场景与优势 /373
【案例 13-1】金融行业 AI 数据审计案例分析 /376
【案例 13-2】医疗行业 AI 数据审计案例分析 /379
【案例 13-3】电子商务行业 AI 数据审计案例分析 /381

【案例13-4】 制造业AI数据审计案例分析 /384

【案例13-5】 公司福利费AI专项审计项目剖析 /388

【案例13-6】 异常交易线索案例 /389

【案例13-7】 AI风险评估模型在金融领域的应用案例 /393

【案例13-8】 AI风险评估模型对银行流水审核案例 /394

【案例13-9】 AI风险评估模型在IPO尽调中的应用案例 /395

【案例13-10】 审计程序自动生成与执行案例 /397

第二节 AI内部控制流程监控与缺陷识别方法 /399

【案例13-11】 内部控制流程数字化与AI监控系统集成案例 /400

【案例13-12】 AI辅助内部控制缺陷报告生成案例 /402

第三节 构建AI驱动的财税合规体系与保障机制 /403

【案例13-13】 基于AI和信任评估的数据安全体系案例 /409

第六部分　AI财税项目实施与管理篇

第十四章　AI财税项目的规划与需求精准定位 /413

第一节 AI财税项目全生命周期管理模型与流程 /415

【案例14-1】 AI财税项目验收交接案例 /416

第二节 AI财税项目的资源评估及预算 /419

第三节 AI财税项目需求分析的关键步骤与技巧 /422

【案例14-2】 广告效果的AI调研案例 /425

【案例14-3】 教育需求的AI调研案例 /425

【案例14-4】 用户故事的AI收集案例 /425

【案例14-5】 产品需求讨论的案例 /426

【案例14-6】 企业财务报销流程优化案例 /426

第十五章　AI财税项目团队组建与高效协作之道 /430

第一节 AI财税项目团队的角色构成与职责分工 /432

第二节 AI财税项目经理的角色定位 /434

【案例 15-1】 AI 财税项目整体规划案例 /437

第三节　AI 财税项目技术专家的角色定位 /441

【案例 15-2】 AI 财税项目技术负责人协调与监控的职责案例 /444

【案例 15-3】 AI 财税项目数据负责人协调与监控的职责案例 /445

第十六章　AI 财税风险识别与应对策略 /447

【案例 16-1】 AI 财税风险识别的应用案例 /448

第一节　AI 财税技术风险识别与评估方法 /449

【案例 16-2】 AI 财税算法偏差评估指标的应用案例 /452

第二节　AI 财税数据风险的识别与评估方法 /454

【案例 16-3】 AI 财税数据质量识别方法的应用案例 /456

第三节　业务变革风险的 AI 识别与评估方法 /459

第四节　不同风险类型的应对策略与预案制定 /461

【案例 16-4】 不同风险应对策略与预案制定的案例 /463

第七部分　AI 财税管理实践与创新应用篇

第十七章　不同行业企业 AI 财税管理深度剖析 /469

第一节　制造业企业 AI 成本管控 /469

【案例 17-1】 通过 AI 控制产品制造成本案例 /470

【案例 17-2】 通过 AI 控制材料成本案例 /472

第二节　制造业企业 AI 税收优化方略 /474

【案例 17-3】 国内公司组织架构调整的 AI 税收优化案例 /477

【案例 17-4】 国际公司全球组织架构调整的 AI 税收优化案例 /479

第三节　制造业企业 AI 引导的内地税务优化运用 /485

【案例 17-5】 AI 引导的内地企业税务优化案例 /486

第四节　制造业企业常规的 AI 税收优化方法 /492

【案例 17-6】 亏损到盈利期的分支机构设立案例 /492

【案例 17-7】 集团产业布局与架构的 AI 优化案例 /493

【案例 17－8】 业务流程再造与税收递延案例 /496
第五节　制造业企业供应链金融与 AI 税务优化 /499
【案例 17－9】 企业供应链金融税务优化案例 /501
第六节　服务业企业 AI 财税管理方略 /503
【案例 17－10】 服务业企业 AI 财税管理案例 /507
第七节　高新技术企业 AI 财税管理方法 /510
【案例 17－11】 外部合作研发的费用加计扣除案例 /512
【案例 17－12】 利用专利技术转让的 AI 税收优化案例 /514

第十八章　AI 与新兴技术融合的财税管理创新 /516

第一节　AI 与区块链融合 /516
【案例 18－1】 供应链财税数据溯源的应用案例 /519
【案例 18－2】 跨境电商财税数据的应用案例 /520
第二节　AI 与大数据分析融合 /522
【案例 18－3】 医疗健康领域 AI 与大数据分析融合应用案例 /523
【案例 18－4】 金融风控层面 AI 与大数据分析融合应用案例 /525
【案例 18－5】 超大规模财税数据的决策创新案例 /529
第三节　AI 与物联网融合 /531
第四节　AI 财税管理的创新趋势与挑战 /534

第八部分　AI 财税管理的未来趋势与持续学习篇

第十九章　AI 财税管理发展趋势与战略布局 /539

第一节　AI 财税管理技术演进趋势 /539
第二节　量子计算对 AI 财税管理的深度影响 /542
第三节　边缘计算对 AI 财税管理的潜在影响 /544
第四节　法规变化与 AI 财税管理的合规新要求 /546
第五节　AI 财税的战略投资与人才发展 /547
【案例 19－1】 AI 财税在电商企业的战略投资与人才发展案例 /549

第二十章 驾驭 AI 技能的途径指引 /551

第一节　职业发展中驾驭 AI 技能的途径与方法 /552
第二节　构建 AI 与知识共享的思路和实践 /554
【案例 20-1】知识共享平台建设应用案例 /555
【案例 20-2】数字图书馆资源共享项目实施案例 /558

附　录 /560

一、法律法规 /560
二、参考文献 /564

第一部分
AI 与财税管理基础篇

随着人工智能（AI）技术的快速发展，其在财税管理领域的应用越发广泛，正深刻改变着传统财税管理模式，给企业带来机遇与挑战。

AI在财税管理中的应用优势显著。它能自动化处理财税数据、优化流程，减少财务人员在数据录入、记账、报表编制等重复性工作上的时间和精力投入，实现业务快速处理与流转。基于预设规则和算法，AI能避免人为疏忽、疲劳或主观判断失误导致的错误，保障数据在不同业务环节和时间维度上的一致性，提升准确性。

AI在财税管理中的应用也面临挑战。数据安全与隐私问题突出，财税数据涉及企业核心信息，企业需确保数据在收集、存储、传输和使用过程中的安全性与隐私性。技术应用与人才短缺也是难题，AI技术复杂，企业需提升技术应用能力，培养既懂财税又懂AI技术的专业人才。

面对这些挑战，企业应积极应对：强化数据安全与隐私保护，建立完善的数据安全管理体系；提升技术应用能力，加大技术研发投入，与专业机构合作培养专业人才；关注法规与伦理规范建设，及时了解法规政策变化，确保AI应用合法合规。

第一章
AI 技术概览及其在财税领域的崛起

人工智能（Artificial Intelligence，AI）是一门综合学科，致力于研究、开发用于模拟、延伸和扩展人类智能的理论、方法、技术及应用系统。

一是从能力角度定义。AI 是指计算机系统能够执行那些通常需要人类智能才能完成的任务，如学习、推理、解决问题、理解语言、识别图像、规划决策等。以学习能力为例，人类可以通过观察和实践获取知识；而 AI 系统中的机器学习技术，如监督学习、无监督学习和强化学习，也可以从数据中发现模式、构建知识体系。

在推理方面，人类可以根据已知条件推断出新的结论；AI 中的知识推理系统可以基于预先定义的规则和逻辑，或者从数据中学习到的关联关系，对新的情况进行推理。

二是从学科交叉角度定义。AI 是计算机科学、控制论、信息论、神经生理学、心理学、语言学、哲学等多种学科相互交叉渗透的结果。它融合了计算机科学中的算法设计、数据结构、高性能计算等知识，用于构建智能系统的基础架构。

从神经生理学角度来说，人工神经网络的设计灵感来源于人类大脑神经元的工作原理。例如，深度学习中的神经网络通过模拟神经元之间的连接和信号传递方式处理复杂信息，像多层感知机（MLP）和卷积神经网络（CNN）等网络结构都有这种特点。

心理学为 AI 提供了关于人类认知、思维、情感等方面的理论基础，这有助于设计更符合人类智能行为模式的 AI 系统。例如，在情感计算领域，研究人员试图让计算机识别和理解人类的情绪状态，这就借鉴了心理学中关于情绪产生和表达的理论。

三是从系统角度定义。AI 是一个能够感知环境信息，并将感知到的信息进行处理和转化，然后基于这些信息采取行动的智能系统。以智能机器人为例，它可以通过传感器（如摄像头、麦克风、触觉传感器等）感知周围环境，利用计算机视觉和自然语言处理等技术对感知到的信息进行理解与分析，然后根据预先编程的规则或者通过学习得到的策略采取相应行动，如移动、抓取物体、回答问题等。

总的来说，AI 的定义是一个不断发展和丰富的概念，随着技术的进步和应用领域的拓展，其内涵和外延也在持续变化。

第一节 AI的定义及核心技术解析

AI是一种通过计算机系统模拟、延伸和扩展人类智能的技术，它并非单一的技术或领域，而是涵盖了多个学科，如计算机科学、生物学、心理学、语言学、数学和工程学等，其核心目标在于通过技术手段，使计算机具备类似于人类的智能能力，如推理、知识获取、规划、学习、交流、感知等。

AI的研究领域涵盖多个方向，包括机器学习、语言识别、图像识别、计算机视觉、自然语言处理和智能机器人等。每个领域都致力于通过不同的技术手段，让机器能够模拟人类的智能行为，实现更高效的自动化和智能化应用。

一、机器学习

（一）定义

机器学习是一门多领域交叉学科，涉及概率论、统计学、逼近论、凸分析、算法复杂度理论等多门学科。它专门研究计算机怎样模拟或实现人类的学习行为，以获取新的知识或技能，重新组织已有的知识结构，使之不断改善自身的性能。

（二）类型

（1）监督学习（supervised learning）：用带标记数据训练模型做预测，如房价预测。算法包括线性回归等，用于解决回归和分类问题。

（2）无监督学习（unsupervised learning）：处理无标签数据，发现数据结构和模式，如聚类客户数据。算法包括聚类算法、PCA等，用于数据探索等。

（3）强化学习（reinforcement learning）：智能体在环境中行动以最大化累积奖励，如机器人控制。算法包括Q-learning等。

二、深度学习

（一）定义

深度学习是机器学习的一个分支领域，它是一种基于对数据进行表征学习的方法。深度学习通过构建具有很多层的神经网络自动学习数据的特征表示，这些网络通常包含多个隐藏层，能够处理复杂的非线性关系。

（二）神经网络架构

（1）MLP：简单前馈神经网络，用于分类和回归，如手写数字识别。

（2）CNN：处理图像、音频，提取局部特征，用于人脸识别。

（3）循环神经网络（RNN）：处理序列数据，如机器翻译。长短期记忆网络（LSTM）和门控循环单位（GRU）改进了传统 RNN 梯度问题。

（4）Transformer 架构：由多头注意力和前馈神经网络组成，用于文本生成等。

三、自然语言处理

（一）定义

自然语言处理是计算机科学领域与 AI 领域中的一个重要方向，它主要研究能实现人与计算机之间用自然语言进行有效通信的各种理论和方法。

（二）关键技术

（1）词法分析：包括分词、词性标注和命名实体识别。

（2）句法分析：分析句子语法结构。

（3）语义理解：理解文本语义，用于问答系统。

（4）文本生成：根据条件生成自然语言文本。

四、计算机视觉

（一）定义

计算机视觉是一门研究如何使机器"看"的科学，即让计算机理解和解释视觉信息。

（二）关键技术

（1）图像分类：划分图像类别，如动物图片分类。

（2）目标检测：识别物体类别、位置和大小，如交通监控。

（3）语义分割：分割图像区域对应语义类别，如医学影像。

（4）实例分割：区分同一类别不同个体，如区分多只羊。

五、知识表示与推理

知识表示与推理（knowledge representation and reasoning）是 AI 中的一个重要领域，它主要研究如何有效地表示和组织知识，并利用这些知识进行推理和决策。

（一）定义

（1）知识表示：研究如何将人类的知识和经验转化为计算机可以理解与操作的形式。

（2）知识推理：基于表示的知识进行逻辑推理和决策，使计算机能够模拟人类的思考过程。

（二）关键技术

（1）本体论：描述概念等实体及其关系，提供知识共享框架。

（2）逻辑推理：基于形式逻辑规则推理。

（3）规则引擎：执行基于规则的推理。

（4）应用范围：用于专家系统、智能决策支持系统、智能问答系统。

六、其他前沿技术

（1）小数据和优质数据：强调数据质量，减少对大规模数据集的依赖，提高模型效率和准确性。

（2）AI 监督模型框架：确保 AI 系统输出与人类价值观一致，提供监管保障。

（3）可解释性 AI：使 AI 系统能解释决策依据，提高用户信任度，如在医疗诊断领域的应用。

（4）大规模预训练模型：参数量大、基于大数据集训练，其性能随规模提升而增强，具有跨领域迁移能力。

（5）全模态大模型：能处理多种类型数据，提高 AI 表达和泛化能力，如机器人引入 3D 点云数据的应用。

（6）具身智能：使机器具有感知、理解并与物理世界互动的能力，如将具身小脑模型应用于机器人控制。

（7）实体 AI 系统：赋予传统机械先进的感知和理解能力，人形机器人是其典型代表，应用前景广阔。

（8）世界模拟器：提供沉浸式体验，构建机器人行为数据集，用于训练。

这些核心技术相互交织、相互促进，共同推动着 AI 的发展。随着技术的不断进步和创新，AI 将在未来继续发挥重要作用，为人类社会带来更多便利和进步。

第二节　机器学习基础概念与算法类型

机器学习是 AI 的一个分支领域，它旨在通过计算机系统的学习和自动化推理，使计算机能够从数据中获取知识和经验，并利用这些知识和经验进行模式识别、预测与决策。

机器学习三要素包括数据、模型、算法，这三者之间的关系如下。

（1）数据：数据驱动是指基于客观的量化数据，通过主动数据的采集分析以支持决策。

(2) 模型：在 AI 和数据驱动的范畴内，模型是指基于输入数据 X 输出决策 Y 的函数，可以有不同的形态，如计算型和规则型等。

(3) 算法：指学习模型的具体计算方法。统计学习基于训练数据集，根据学习策略，从空间中选择最优模型，最后需要考虑用什么样的计算方法求解最优模型。

机器学习核心技术如下：

(1) 分类：以分类数据进行模型训练，根据模型对新样本进行精准分类与预测。

(2) 聚类：从海量数据中识别数据的相似性与差异性，并按照最大共同点聚合为多个类别。

(3) 异常检测：对数据点的分布规律进行分析，识别与正常数据差异较大的离群点。

(4) 回归：根据对已知属性值数据的训练，为模型寻找最佳拟合参数，基于模型预测新样本的输出值。

机器学习工作流程（workflow）包含以下步骤。

(1) 数据预处理：输入（未处理的数据+标签）→处理过程（特征处理+幅度缩放、特征选择、维度约减、采样）→输出（测试集+训练集）。

(2) 模型学习：模型选择、交叉验证、结果评估、超参选择。

(3) 模型评估：了解模型对于数据集测试的得分。

(4) 新样本预测：预测测试集。

作为一种数据驱动的方法，机器学习已广泛应用于数据挖掘、计算机视觉、自然语言处理、生物特征识别、搜索引擎、医学诊断、检测信用卡欺诈、证券市场分析、DNA序列测序、语音和手写识别及机器人等领域。

一、监督学习

监督学习是机器学习的一种类型，本质是机器使用"标记好"的训练数据进行训练，并基于该数据预测输出。标记的数据指一些输入数据已经被赋予正确的输出标记。

（一）运作方式

在监督学习中，模型使用标记数据集进行训练，其中模型学习各种类型的数据。在训练过程完成后，模型会根据测试数据进行测试，然后预测输出。

（二）解决问题类型

监督学习主要解决两类问题：回归和分类。

(1) 回归：若输入变量和输出变量之间存在关系，则使用回归算法。它用于预测连续变量，可能用到的算法有线性回归、回归树、非线性回归、贝叶斯线性回归、多项式回归。

（2）分类：当输出变量为分类变量时，使用分类算法。分类任务包含两个类别，可能用到的算法有随机森林、决策树（Decision Tree）、逻辑回归等。

二、无监督学习

无监督学习是一种机器学习技术，其模型不依赖训练数据集进行监督。相反，模型本身会从给定数据中找到隐藏的模式和规律。它可以定义为使用未标记的数据集进行训练，并允许在没有任何监督的情况下对该数据进行处理。

（一）运作方式

无监督学习采用未标记的输入数据，既没有分类，也没有给出相应的输出。这些未标记的输入数据被输入机器学习模型以对其进行训练。

（二）目标与应用

无监督学习的目标是找到数据集的底层结构，根据相似性对数据进行分组，并以压缩形式表示该数据集。它通常用于数据探索、洞察发现以及数据潜在结构的识别。

三、半监督学习

半监督学习（semi-supervised learning）是机器学习的一种范式，介于监督学习和无监督学习之间。它在训练数据中，一部分数据是有标记的，另一部分数据是没有标记的。

（一）应用场景

（1）图像分类：在图像识别领域，获取大量的标记图像（如为每张图像都标注好类别）成本较高，但是获取未标记图像相对容易。

（2）文本分类：对于新闻类文章、学术论文等文本分类任务，标注文本需要人工阅读并确定类别，工作量巨大。

（二）常见的半监督学习方法

（1）自训练（self-training）：首先，使用标记数据训练一个初始模型；其次，用这个初始模型对未标记数据进行预测，将预测置信度高的未标记数据及其预测标签作为新标记数据，加入原来的标记数据集中，再重新训练模型。

（2）协同训练（co-training）：首先，使用标记数据对两个分类器进行训练；其次，每个分类器利用自己的预测能力对未标记数据进行预测。

（3）基于图的半监督学习（graph-based semi-supervised learning）：将数据点构建为一个图，其中节点表示数据点，边表示数据点之间的相似性。

四、强化学习

强化学习是机器学习中的一个领域,强调智能体如何在环境中采取一系列行动,以最大化累积奖励。

(一)基本要素

(1)智能体(agent):智能体是执行动作的主体,可以是机器人、系统程序等。它能够感知环境状态,根据策略选择动作,并从环境中接收奖励信号。

(2)环境(environment):环境是智能体所处的外部世界,它定义了智能体可以感知的状态和可以采取的动作,并且根据智能体的动作反馈奖励信号。

(3)动作(action):动作是智能体在环境中可以执行的操作。动作的集合构成了智能体的动作空间。

(4)奖励(reward):奖励是环境对智能体行为的反馈信号,用于引导智能体学习最优策略。奖励可以是即时的,也可以是延迟的。

(二)强化学习算法的主要类型

(1)基于价值的强化学习(value – based reinforcement learning):这种算法主要是学习一个价值函数(value function),价值函数用于评估智能体在某个状态下的长期价值。

(2)基于策略的强化学习(policy – based reinforcement learning):这种算法主要是直接学习一个策略函数(policy function),策略函数用于确定智能体在给定状态下应该采取的动作。

(3)基于模型的强化学习(model – based reinforcement learning):在这种算法中,智能体尝试学习环境的模型,包括环境的状态转移概率和奖励函数。

(4)深度强化学习(deep reinforcement learning):通常使用深度神经网络表示价值函数、策略函数或者环境模型,从而能够处理更复杂的环境和任务。

五、机器学习的算法

(1)线性回归算法:寻找最佳拟合线,分析变量相关性和预测。

(2)支持向量机(SVM)算法:一种分类算法,通过构建超平面分隔数据点,适用于二分类任务。

(3)最近邻与 k – 近邻算法:基于实例学习,用最近邻样本预测目标值,其中 k 值的选择会影响预测精度。

(4)逻辑回归算法:用于明确输出场景,压缩概率值。

(5)决策树算法:一种预测模型,以树结构为基础辅助决策。

（6）k-均值算法：无监督学习中的聚类算法。

（7）随机森林算法：决策树的集成模型，通过投票机制确定分类结果。

（8）朴素贝叶斯算法：基于贝叶斯定理，适用于文本分类等特征独立的场景。

第三节　深度学习架构及应用场景

深度学习架构是一种基于人工神经网络的复杂计算模型，它由多个层次组成，这些层次能够自动从数据中学习特征表示。每个层次通过特定的数学变换对输入数据进行处理，逐步提取出更抽象、更有意义的特征。

一、神经网络

深度学习架构中的神经网络是一种受人脑启发的机器学习算法，它模仿大脑中神经元相互发出信号的方式，由大量互连的节点或"神经元"组成，这些节点被组织成层，包括输入层、隐藏层和输出层。

（一）基本结构

（1）输入层：神经网络的起点，负责接收来自外部的数据并将其传递到网络的下一层。

（2）隐藏层：位于输入层和输出层之间，负责进行数据的加工和转换。

（3）输出层：神经网络的最后一层，负责生成最终的预测值。

（二）工作原理

（1）前向传播：输入数据通过网络的各层逐层传递，最终生成输出。

（2）损失计算：在前向传播生成预测结果后，需要评估这些预测结果的准确性。

（3）反向传播：通过反向传播算法（backpropagation），可以计算损失函数相对于每个参数的梯度（gradient）。

（4）参数更新：根据反向传播计算得到的梯度，使用优化算法（如梯度下降法）更新网络的权重和偏置。

（三）常见神经网络类型

（1）前馈神经网络（FFN 或 FFNN）：数据在这种网络中单向流动，从输入层到输出层，没有反馈（网络中没有循环）。

（2）CNN：特别适用于处理图像数据，通过卷积运算提取图像特征。在图像识别和分类任务中表现出色。

（3）RNN：适用于处理序列数据，如时间序列分析、自然语言处理等，能够保持对先前信息的记忆。

（4）LSTM：RNN 的一种变体，设计用来解决传统 RNN 的梯度消失问题，特别擅长处理和预测序列数据中的长期依赖问题。

（5）生成对抗网络（GAN）：由生成器和判别器组成，通过对抗过程生成新的、逼真的数据样本，常用于图像生成、风格迁移等任务。

（6）自编码器（AE）：一种无监督学习的神经网络，用于学习数据的有效编码。通过最小化输入和重构之间的差异来训练，常用于特征学习和数据去噪。

（7）Transformer：一种基于自注意力机制的网络架构，能够并行处理序列数据。在自然语言处理领域取得了巨大成功，特别是在机器翻译和文本理解任务中。

（四）应用场景

神经网络在多个领域展现出了强大的能力，包括计算机视觉、自然语言处理、语音识别、医疗诊断、金融领域、推荐系统以及游戏智能等。这些架构能够处理复杂的数据输入，执行各种任务，如分类、回归、模式识别等。

二、卷积神经网络（CNN）

CNN 是深度学习中的一种重要架构，特别适用于处理图像数据。CNN 通过卷积层、池化层、全连接层等结构，有效地提取图像中的特征，并在各种图像识别、分类、检测等任务中具有卓越性能。

（一）CNN 的主要组成部分

（1）输入层（Input Layer）：接收原始的图像数据，通常以像素矩阵的形式表示。

（2）卷积层（Convolutional Layer）：通过卷积操作提取图像中的局部特征。卷积核（或滤波器）在输入数据上滑动，计算点积，从而生成特征图（feature map）。

（3）池化层（Pooling Layer）：对特征图进行下采样，以减少数据维度和计算量，同时保留关键特征。

（4）全连接层（Fully Connected Layer，FC Layer）：将前面层的特征图展平为一维向量，通过权重矩阵进行线性变换，最终输出预测结果。

（5）激活函数（Activation Function）：引入非线性因素，使网络能够学习和表示复杂的函数关系。

（6）批归一化（Batch Normalization，BN）：对每个小批量数据进行归一化处理，以提高网络的训练速度和稳定性。

（7）丢弃层（Dropout Layer）：在训练过程中随机丢弃一部分神经元，以防止模型过拟合。

(8) 损失函数（Loss Function）：衡量模型预测结果与真实结果之间的差距，指导模型的优化过程。

(9) 优化器（Optimizer）：根据损失函数的梯度更新网络的权重和偏置项，优化模型性能。

（二）应用场景

(1) 图像分类：如 CIFAR-10、ImageNet 数据集上的分类任务。

(2) 目标检测：如使用 YOLO、SSD 等网络进行物体检测。

(3) 图像分割：如使用 FCN、U-Net 等网络进行像素级别的分类。

(4) 人脸识别：如使用 DeepFace、FaceNet 等网络进行人脸验证和识别。

CNN 凭借其强大的特征提取能力和结构灵活性，在计算机视觉领域取得了显著进展，并逐渐成为处理图像数据的首选方法。

三、循环神经网络（RNN）

RNN 是深度学习中的一种重要架构，特别适用于处理序列数据。

（一）RNN 的基本原理

RNN 的基本原理是在神经网络中引入时间概念，使网络可以处理序列数据。RNN 的基本结构是一个循环单元，包含一个输入层、一个隐藏层和一个输出层。

（二）RNN 的特点

(1) 处理序列数据：RNN 能够处理任意长度的输入序列，这使得 RNN 在处理如时间、文本、语音等序列数据时具有优势。

(2) 记忆能力：RNN 通过隐藏状态保留了过去的信息，这使得 RNN 具有一定的记忆能力。因此，RNN 可以捕捉到输入序列中的时间动态性和上下文信息。

（三）RNN 的变体

LSTM：LSTM 是一种特殊的 RNN，它能够解决简单 RNN 在学习长期依存关系时遇到的问题。LSTM 使用额外的输入门、输出门等来控制隐藏状态中的哪些信息可以输出，并传递到下一个隐藏状态。

门控 RNN：门控 RNN 是另一种学习长期依存关系的 RNN 变体。

双向 RNN（Bi-RNN）：双向 RNN 可以同时捕捉序列的前向和后向信息，从而提高模型性能。

（四）RNN 的应用场景

(1) 自然语言处理：RNN 在自然语言处理领域有着广泛的应用，如语言模型、机器翻译、文本分类、命名实体识别、句法分析等。RNN 可以捕捉到句子中的长距离依赖关系，从而提高语言模型的性能。

（2）语音识别：RNN 在语音识别领域具有很大的潜力，因为它可以处理时间序列数据并捕捉到语音信号中的长距离依赖关系。

（3）时间序列预测：RNN 可以处理时间序列数据并捕捉到数据点之间的时间依赖关系，从而提高预测的准确性。

（4）视频处理：RNN 可以处理视频数据的时间序列特性，从而实现视频分类、目标跟踪等任务。

（五）RNN 的训练与优化

（1）反向传播通过时间（BPTT）：在训练 RNN 时，需要使用一种被称为"反向传播通过时间"的特殊技术，它考虑了序列中的时间依赖关系。

（2）优化器：可以选择合适的优化器（如梯度下降、Adam 等）更新模型的权重以最小化损失。

（3）权重初始化：使用合适的权重初始化策略（如 Xavier 或 He 初始化），可以加速训练过程并提高模型性能。

（4）梯度裁剪：为防止梯度爆炸问题，可以在训练过程中对梯度进行裁剪，限制其最大值。

四、自然语言处理的技术要点

自然语言处理是一种 AI 技术，旨在让计算机理解和处理人类语言。自然语言处理通过语言学、计算机科学、AI 等多个领域的交叉研究，实现了人与计算机通过自然语言进行有效沟通的目标。

（1）机器翻译：将一种语言自动翻译成另一种语言，如谷歌翻译等工具。

（2）情感分析：分析文本中的情感倾向，如判断用户评论是正面的还是负面的。

（3）问答系统：根据用户的问题提供准确答案，如智能客服、语音助手等。

（4）文本分类：将文本归类到预定义的类别中，如新闻分类、垃圾邮件识别等。

（5）命名实体识别：从文本中识别出人名、地名、机构名等特定实体。

（6）语音识别与合成：将语音转换为文本或将文本转换为语音，如智能音箱、语音输入法等。

（7）摘要生成：自动提取文本的主要内容，生成简洁的摘要。

自然语言处理是 AI 领域的一个重要分支，它致力于使计算机理解、解释和生成人类语言。

（一）在文本理解方面的技术要点

自然语言处理在文本理解方面的技术要点主要涵盖词向量表示、句法分析、语义分析及关系抽取等关键任务。

（1）词向量表示：词向量是将单词表示为连续向量的技术，旨在捕捉词语的语义和语法特性。通过将词语映射到一个高维向量空间，使得相似词语在该空间中距离较近。

（2）句法分析：句法分析是确定句子中词汇之间句法关系的过程。它通过分析句子结构，确定句子中各个成分之间的关系，从而帮助计算机理解句子的含义。

（3）语义分析：语义分析是理解句子或文本深层含义的过程，涉及实体识别、关系抽取、情感分析等多个方面。

（4）关系抽取：关系抽取是从非结构化文本中自动抽取实体间关系的一种技术。它可以帮助计算机理解文本中实体之间的关联与交互，从而更深入地理解文本的含义。

（5）上下文理解：上下文理解是自然语言处理中的一个重要方面，涉及对文本中前后文信息的理解和利用。通过考虑文本的上下文信息，计算机可以更准确地理解词汇和句子的含义，从而避免歧义和误解。

（6）深度学习技术：深度学习技术在自然语言处理领域取得了显著成果，特别是在文本理解方面。通过构建深度神经网络模型，深度学习技术可以自动学习文本的深层特征表示，从而实现对自然语言更精确的理解和处理。

（二）在文本生成方面的技术要点

自然语言处理在文本生成方面的技术要点主要包括语言模型、序列生成、上下文理解、控制机制以及深度学习技术等。

1. 语言模型

（1）统计语言模型：基于统计学的方法，如 N-gram 模型、隐马尔可夫模型（HMM）等。

（2）神经网络语言模型：基于深度学习的方法，通过构建神经网络结构，能够捕捉文本中的长距离依赖关系，生成更加自然和连贯的文本。

2. 序列生成

文本生成是一种序列生成问题，需要生成连续的词语序列。在序列生成过程中，模型需要逐步生成词语，直到生成完整的句子或段落。

3. 上下文理解

文本生成过程中，需要理解输入的上下文，从而生成与上下文相符的文本。

4. 控制机制

文本生成需要控制生成的内容，如生成文本的长度、风格、主题等。

（1）长度控制：通过设定生成文本的最大长度或最小长度，控制生成文本的长度范围。

（2）风格控制：通过调整生成参数或引入风格特征，控制生成文本的风格，如正式、幽默、讽刺等。

（3）主题控制：通过引入主题词或主题向量，控制生成文本的主题方向，确保生成的文本与预期主题一致。

5. 深度学习技术

深度学习技术在文本生成方面取得了显著成果。通过构建深度神经网络模型，深度学习技术可以自动学习文本的深层特征表示，实现对自然语言更精确的理解和处理。

（三）综合应用与未来发展

（1）跨领域应用：自然语言处理技术在多个领域都有广泛的应用，如机器翻译、情感分析、语音识别、问答系统、文本摘要等。

（2）未来发展：未来的自然语言处理系统将可处理多种语言，并实现跨语言的文本转换、情感分析等功能；同时，自然语言处理系统将更加个性化和智能化，能够根据用户的个性化需求与行为习惯提供更准确和智能的服务。

五、计算机视觉的原理与方法

计算机视觉是一门研究如何使计算机从图像或视频中获取信息的学科，它是 AI 领域的一个重要分支，致力于使计算机像人类一样理解和解释图像及视频信息。

（一）图像识别的原理与方法

图像识别技术是计算机视觉领域中的一个重要分支，它是指通过计算机对图像进行处理、分析和理解，以识别各种不同模式的目标和对象。

（1）图像采集：通过摄像头、扫描仪等设备获取图像数据。

（2）图像预处理：对图像进行去噪、增强、滤波等处理，以提高图像质量和识别精度。

（3）特征提取：从图像中提取有用的特征信息，如颜色、纹理、形状等。

（4）特征匹配：将提取的特征与已知特征库进行匹配，以确定图像所属的类别或目标。

（5）结果输出：将识别结果输出，如图像的名称、位置、属性等。

（二）视频分析的原理与方法

计算机视觉中的视频分析技术是 AI 领域中一个重要的研究方向，其目的是让计算机对视频内容进行分析和处理，以便更好地理解和识别视频内容。

（1）视频帧获取：从视频流中获取视频帧时，通常采用帧获取算法，而帧间插值的目的是减少视频帧之间的差异。

（2）视频特征提取：从视频帧中提取特征信息，以便更好地识别视频内容，使用图像增强技术，如对比度增强、色彩平衡等，以提高视频特征的准确性和可靠性。

（3）视频内容分类：根据视频特征，将视频内容分为不同的类别，如人物、车辆、动物等。

（4）视频行为识别：根据视频特征，识别视频中的行为，如跑步、行走、跳跃等。

计算机视觉在图像识别和视频分析方面涉及多个原理与方法。这些原理与方法共同构成了计算机视觉在图像和视频处理领域的核心框架，为计算机理解和处理图像及视频信息提供了有力支持。

第四节　AI在财税管理中的应用与驱动因素

AI在财税管理中的应用受到政策支持、技术进步、市场需求多元化和效率提升等多重因素的驱动，正逐步推动财税管理向更高效、更智能的方向发展。

一、早期探索阶段

简单自动化工具是指那些设计用于执行重复性、规则性任务，以减轻人工劳动、提高工作效率和准确性的系统或软件。

（1）易用性：简单自动化工具往往具有用户友好的界面和直观的操作流程，无须复杂的编程或技术背景。

（2）任务自动化：简单自动化工具能够自动执行预设的任务，从而减少人工干预和错误。

（3）规则性：基于预设的规则和逻辑执行任务，简单自动化工具能够确保每次操作的一致性和准确性。

（4）效率提升：通过自动化处理重复性任务，简单自动化工具能够显著提高工作效率。

（5）成本节约：使用简单自动化工具能够降低人力成本，提高业务处理效率。

在财税管理领域，简单自动化工具的应用尤为广泛。例如，AI财税系统可以自动处理账目、生成报表，税务管理系统可以自动计算税额、生成申报表，自动化办公工具如Excel宏、自动化脚本等可以辅助完成数据整理、格式转换等任务。这些工具的应用不仅提高了财税管理的效率和准确性，还促进了企业财务管理的数字化转型。

二、发展突破时期

在这一阶段，AI技术在财税管理领域实现了深度融合与多方面突破。

（一）发展历程

（1）技术深化与融合：AI 技术与财税管理结合越发紧密，不断深化在该领域的应用。

（2）智能化功能拓展：AI 从基础的数据录入、整理和分析，延伸至税务优化、风险管理等复杂任务，功能得到极大拓展。

（3）个性化服务提升：AI 能够依据企业特点和需求，提供定制化的财税管理方案和服务，个性化服务能力显著增强。

（二）驱动因素

（1）技术进步与创新：技术的持续进步是关键，显著提升了 AI 在财税管理领域的应用效果。

（2）企业需求升级：传统财税管理方式难以满足现代企业需求，促使企业借助 AI 技术提高财税管理的效率和质量。

（3）政策支持与引导：国家对科技创新和数字化转型的支持政策，为 AI 在财税管理领域的应用提供了有力保障。

（三）大数据与 AI 结合带来的变革契机

1. 发展历程

随着大数据技术的发展，AI 在财税管理中的应用逐步深入，从数据收集整理到数据分析挖掘，再到智能化决策支持，形成了完整的链条。

2. 驱动因素

（1）技术进步：大数据和 AI 技术为财税管理提供了强大技术支撑。

（2）市场需求：传统财税管理无法满足企业需求，企业需要新技术提高管理效率和质量。

（3）政策推动：国家对数字化、智能化的重视，推动了 AI 在财税管理领域的应用。

3. 大数据与 AI 结合

（1）数据处理能力的提升：大数据技术可以收集处理海量财税数据，AI 可以借助自然语言处理、图像识别等技术，实现数据自动化采集、整理、归类和转换，提高效率和准确性。

（2）数据分析的智能化：基于税务大数据训练算法模型，AI 可以总结企业历史税务行为，建立税务模型，进行税务预测和风险评估。

（3）决策支持的智能化：依据历史数据和趋势分析，AI 可以预测未来税收收入和变化因素，为财政预算和政策制定提供参考。

（4）风险管理的创新：从海量金融、社会、行业等数据中，AI 可以发现异常纳税行为，如虚开发票等，生成风险预警和稽查建议。

（四）发展突破时期的特点与成果

（1）智能化水平显著提升：通过不断学习优化，AI对财税数据的处理和分析更精准、高效。

（2）应用场景不断拓展：从基础任务到复杂的税务优化、风险管理，AI都能提供有效支持。

（3）推动了财税管理的数字化转型：AI使财税管理更高效、准确和智能化，提高了企业运营效率，降低了成本。

三、当下成熟应用现状与未来拓展方向

（一）当下成熟应用现状

（1）自动化数据处理：利用自然语言处理、图像识别等技术，快速准确处理海量财税数据，涵盖收集、清洗、整理和归档。

（2）智能化数据分析：基于历史数据和趋势分析，发现数据规律、趋势和异常，为财税管理提供决策依据。

（3）风险管理与预警：实时监控企业税务、财务和业务风险，建立预警机制，及时发现潜在风险并发出预警，助力企业应对风险。

（二）未来拓展方向

（1）更深入的数据挖掘与分析：借助大数据技术，挖掘更多有价值数据信息，为财税管理提供更全面的决策支持。

（2）更智能的决策支持：通过先进算法和模型，优化决策支持能力，提供更精准的决策建议。

（3）更广泛的应用场景：从传统财税管理拓展到供应链管理、人力资源管理等相关领域，实现全面数字化管理。

（4）更高效的协同工作：与企业内部的企业资源计划（ERP）、客户关系管理（CRM）等系统紧密集成，实现数据共享和流程协同，提高整体运营效率。

（5）更严格的数据安全与隐私保护：随着应用的广泛，采用先进加密技术和隐私保护机制，确保数据安全并保护个人隐私。

AI在财税管理领域已取得显著进展，展现出应用的成熟度和广阔的未来拓展方向。随着技术的进步和应用场景的拓展，AI将为企业财税管理带来更多创新与变革。

四、降本增效、精准决策等因素的深度剖析

(一) 成本降低

(1) 自动化处理降低人力成本：AI 技术通过自动化处理财税数据，如发票识别、数据录入、报表生成等，显著减少了人工操作的时间和精力投入，从而降低了人力成本。

(2) 数据分析与预测降低决策成本：AI 技术能够基于历史数据进行趋势分析，预测未来的财务趋势，如销售收入、成本变动等，为企业预算制定和资金规划提供科学依据，降低因决策失误产生的成本。

(3) 风险预警与管理降低风险成本：AI 技术能够实时监控企业的风险状况，包括税务风险、财务风险和业务风险等，及时发现潜在风险并给出相应的风险管理建议，从而降低风险成本。

(二) 效率提升

(1) 数据处理效率提升：AI 技术具有强大的数据处理能力，能够在短时间内完成复杂的数据计算和分析，为企业的财务决策提供及时、准确的数据支持。

(2) 自动化流程提升工作效率：AI 技术能够自动化处理大量重复性的财税工作，如数据录入、账单核对等，从而减轻财务人员的工作负担，提升整体工作效率。

(3) 智能决策支持提升决策效率：AI 技术能够提供基于数据的洞察，帮助管理层做出更加明智的财务决策，从而提升决策效率。

(三) 精准决策

(1) 数据分析与预测支持精准决策：AI 技术能够基于历史数据进行趋势分析，发现数据中的规律、趋势和异常，为财税管理提供科学的决策依据。

通过 AI 技术，企业可以更加精准地掌握财务状况和市场趋势，为决策提供更加准确的数据支持。

(2) 风险预警与管理辅助精准决策：AI 技术能够实时监控企业的风险状况，包括税务风险、财务风险和业务风险等，及时发现潜在风险并给出相应的风险管理建议，从而辅助企业做出更加精准的决策。

通过 AI 技术，企业可以根据自身的业务需求和财务状况，制定更加符合自身实际情况的财税管理策略。

【案例1-1】AI 风险预警与降低风险成本案例

（一）案例背景

江苏连胜制造有限公司是一家大型电子产品制造企业，年营收达 50 亿元，业务遍及全球多个国家和地区。在日常运营中，公司面临着多种财务风险，如信用风险、市场风险和流动性风险等。为了有效管理这些风险，公司 CEO 决定引入基于 AI 的中财讯风险预警与管理系统。

（二）实施前状况

(1) 信用风险管理：在应收账款管理方面，主要依赖人工分析客户财务报表和历史交易记录，效率低且主观性强。2024 年，由客户信用问题导致的坏账损失高达 5 000 万元，占总营收的 1%。

(2) 市场风险管理：对于原材料价格波动风险，缺乏有效的预测手段。由于原材料价格突然上涨，生产成本增加了 5 000 万元，压缩了利润空间。

(3) 流动性风险管理：依靠经验和简单的财务指标分析来安排资金，难以精准预测资金需求。2023 年，因资金周转不畅，额外支付了 3 000 万元的短期融资成本。

（三）AI 风险预警与管理系统操作步骤

1. 数据收集与整合

首先，系统从公司内部的 AI 财税系统、销售系统、采购系统等收集各类数据，包括财务报表数据、客户交易记录、采购订单等。同时，从外部数据源获取宏观经济数据、行业动态数据以及竞争对手信息等。

其次，利用数据清洗和预处理技术，对收集到的数据进行整理，去除重复、错误和不完整的数据，确保数据的准确性和一致性。

2. 风险模型构建

(1) 信用风险模型：运用机器学习算法，如逻辑回归、随机森林等，构建信用评分模型。将客户的财务指标、交易历史、行业特征等作为输入变量，通过对大量历史数据的训练，确定模型的参数，以预测客户违约的概率。

(2) 市场风险模型：采用时间序列分析和深度学习模型，如 LSTM，对原材料价格、汇率等市场变量进行预测。模型输入包括历史价格数据、宏观经济指标、行业供需数据等，通过不断调整模型参数，提高预测的准确性。

(3) 流动性风险模型：建立基于现金流预测的模型。结合公司的业务计划、销售预测、采购计划等数据，运用线性回归和机器学习算法，预测未来一段时间内的现金流入和流出情况，评估公司的流动性状况。

3. 风险预警与监控

（1）设定风险预警阈值：当信用风险模型预测客户违约概率超过 10%、市场风险模型预测原材料价格上涨幅度超过 5%、流动性风险模型预测现金缺口超过 100 万元时，系统自动发出预警信号。

（2）实时监控风险指标：通过仪表盘等可视化工具，向管理层和相关部门展示风险状况。风险监控团队每天定时查看风险监控数据，及时发现潜在风险。

4. 风险管理决策支持

当风险预警触发后，系统提供详细的风险分析报告，包括风险成因、影响范围和可能的损失程度等。对于信用风险预警，报告中会列出客户信用恶化的具体指标变化，以及对公司应收账款回收的影响。

5. 基于风险分析结果

系统为管理层提供多种风险管理策略建议，如调整信用政策、进行套期保值操作、优化资金安排等，并评估每种策略的成本和收益。管理层根据系统建议，结合公司实际情况，做出风险管理决策。

（四）实施效果

（1）信用风险管理：实施 AI 风险预警与管理系统后，坏账损失显著降低。2024 年，由客户信用问题导致的坏账损失降至 1 000 万元，相比实施前减少了 4 000 万元，降幅达 80%。

（2）市场风险管理：通过对原材料价格的精准预测，公司提前采取了套期保值措施，有效地应对了原材料价格波动风险。2024 年，由原材料价格波动导致的成本增加控制在 1 500 万元以内，相比实施前减少了 3 500 万元，降幅约 70%。

（3）流动性风险管理：借助 AI 系统的现金流预测功能，公司能够更合理地安排资金，避免了资金周转不畅的情况。2024 年，未发生因资金周转问题产生的额外融资成本，相比上一年节省了 3 000 万元。

通过引入 AI 风险预警与管理系统，江苏连胜制造有限公司在信用风险、市场风险和流动性风险方面共降低风险成本 10 500 万元，显著提升了公司的风险管理水平和经济效益。

第二章
财税管理的数字化转型与 AI 战略适配

财税管理的数字化转型,是指通过数字技术,对传统的财税管理模式和业务流程进行全面升级、优化与改造,以实现财税管理的自动化、智能化和高效化。这一转型过程涵盖了数据采集、处理、分析以及决策支持等多个方面,旨在提高财税管理的效率、准确性和透明度。

财税管理的数字化转型不仅是技术层面的变革,更是组织和管理方式的革新。它利用数字技术对财税管理流程进行重构和优化,实现财税工作的智能化、精细化管理。具体来说,财税管理的数字化转型包括建立数字化财税基础设施、在线财税管理系统、推动财税全流程自动化等关键步骤。

第一节 传统财税管理的痛点与挑战剖析

传统财税管理,是指在没有广泛应用数字技术的情况下,企业或个人进行财税相关活动的管理方式。这种方式主要依赖人工操作、纸质文档和传统的 AI 财税系统进行财税数据的记录、处理、分析与报告。

一、传统财税管理的局限性和痛点

(一)传统财税管理的局限性

(1)效率低下:人工操作和数据处理的效率低下,难以满足现代企业对财税管理高效性的需求。

(2)错误率高:人工操作容易出错,且错误难以避免和纠正,影响了财税数据的准确性和可靠性。

(3)信息不透明:财税数据以纸质或分散的电子形式存在,难以形成全面的、实时的业务洞察。

(4)缺乏灵活性:传统财税管理方式难以适应快速变化的市场环境和业务需求。

（二）传统财税管理的痛点

在财税管理的数字化转型与 AI 战略适配中，传统财税管理面临着一系列痛点与挑战。

（1）数据处理与整合困难：传统财税管理在处理数据时，通常依赖人工操作，这不仅效率低下，而且易出错。数据分散在不同的系统和部门之间，难以实现统一管理和实时共享。

（2）风险评估与预测不足：传统财税管理往往通过历史数据和经验进行风险评估，缺乏实时性和准确性，无法及时识别潜在的风险点，导致企业面临更大的财务风险。

（3）合规性管理困难：随着税收法规的不断变化，企业需要确保财税管理符合最新的法规要求。传统财税管理在合规性方面存在漏洞，容易导致企业面临税务处罚和声誉损失。

（4）人才短缺与技能不足：传统财税管理需要大量的人工操作，对财务人员的专业技能和经验要求较高。现实中往往存在人才短缺和技能不足的问题，导致财税管理效率低下。

二、传统财务分析滞后问题及解决措施

现有的财务分析以财务报告等资料为依据，对企业各类经济活动的能力状况进行分析评价，存在明显滞后问题，难以提供实时决策支持。

（一）滞后原因

（1）数据收集与处理效率低下：传统财税管理依赖手工操作，录入、核对账目耗时费力且易出错，影响财务分析的准确性与时效性。

（2）信息系统不集成：企业各部门信息系统不集成，财务与业务数据无法无缝流转，财务人员收集、整合数据耗时久，影响分析效率和实时性。

（3）分析手段和方法落后：缺乏先进的数据分析工具和技术支持，难以挖掘数据背后的规律和趋势，无法提供有价值的决策支持。

（二）带来的挑战

（1）决策时效性差：管理层难以及时获取准确的财务信息，在快速变化的市场中易错失商机或面临风险。

（2）风险管理能力不足：对潜在风险认识不足，难以及时采取措施，增加经营和财务风险，影响企业长期发展。

（3）影响企业竞争力：无法及时获取和分析市场数据，难以做出最优决策，导致竞争力下降。

(三) 数字化转型与 AI 财税管理的解决措施

(1) 实现数据自动化收集与处理:引入传感器、物联网技术,实时采集和自动处理财务数据,提高效率和准确性。

(2) 构建集成化的信息系统:实现各部门数据共享和无缝流转,便于财务人员实时获取和分析业务数据。

(3) 应用先进的数据分析工具和技术:利用大数据分析、AI 等,深入挖掘数据规律和趋势,提供有价值的决策支持。

(4) 建立动态财务报告系统:实时生成和更新财务报告,帮助管理层及时了解财务状况,做出明智决策。解决财务分析滞后问题,企业需进行数字化转型并适配 AI 战略,提高财务分析效率和实时性,增强竞争力和可持续发展能力。

【案例 2-1】 AI 跨部门企业数据整合案例

(一) 案例背景

东方零售集团有限公司是一家大型连锁企业,在全国拥有门店 200 家,经营商品种类超过 5 万种,年销售额达 30 亿元。集团旗下有销售、采购、库存管理、财务等多个部门,各部门数据独立存储和管理,形成"数据孤岛"。为解决这一问题,公司 CEO 决定启动中财讯跨部门数据整合项目。

(二) 操作步骤

1. 需求分析与目标设定 (第 1~2 个月)

(1) 跨部门团队组建:由各部门负责人和数据专家组成项目小组,负责整个项目推进。成员共 12 人,包括销售部门 2 人、采购部门 2 人、库存管理部门 2 人、财务部门 2 人以及中财讯专家 4 人。

(2) 现状调研:对各部门数据存储、使用情况进行详细调研,发现销售部门每月产生销售数据量约 10 吉字节,采购部门每月产生采购数据量约 8 吉字节,库存管理部门每月产生库存数据量约 12 吉字节,财务部门每月产生财务数据量约 5 吉字节。

(3) 目标设定:提高库存周转率 10%,降低采购成本 10%,减少因库存积压或缺货导致的销售损失 10%。

2. 数据标准制定 (第 3~4 个月)

(1) 统一数据格式:规范商品编码、日期格式、金额单位等数据格式。例如,将商品编码统一为 13 位数字编码,此前各部门编码规则差异大,导致数据匹配困难。

(2) 定义数据指标:明确销售额、采购量、库存数量、成本等关键数据指标的计算方法和统计口径。如销售额统一以含税实际成交金额计算,避免因计算方式不同产生数据差异。

3. 数据集成平台搭建（第 5~6 个月）

（1）选择集成工具：选用数据加载（ETL）工具，花费 50 万元购买专业系统许可。

（2）数据抽取与清洗：从各部门原有系统中抽取数据，清洗重复、错误和不完整的数据。在数据清洗过程中，每月清理出约 5% 的无效数据，如错误的客户地址、重复的订单记录等。

（3）数据转换与加载：按照统一数据标准对抽取的数据进行转换，加载到数据仓库。数据仓库建设投入硬件设备 100 万元，系统授权及实施服务 150 万元。

4. 数据共享与应用开发（第 7~9 个月）

（1）建立数据共享机制：各部门通过数据共享平台实时获取所需数据，设置不同的权限以确保数据安全。

（2）数据分析应用：投入 80 万元开发库存管理、采购优化、销售预测等数据分析应用。库存管理应用可实时监控库存水平，自动生成补货建议；采购优化应用通过分析历史采购数据和市场价格趋势，推荐最佳的采购时机和供应商。

5. 培训与推广（第 10~12 个月）

（1）员工培训：组织 5 场培训，共 300 人次参加，培训内容包括数据平台操作、数据分析应用使用等，确保员工能熟练运用新的数据资源和工具。培训费用总计 20 万元，包括讲师费用、培训材料制作等。

（2）项目推广：在集团内部宣传跨部门数据整合的价值和成果，鼓励各部门积极使用数据共享平台和应用。通过内部刊物、会议等渠道进行推广，投入宣传费用 10 万元。

（三）项目成果

（1）库存管理优化：库存周转率提高 35%，超出预期目标。库存积压资金从之前的 5 000 万元降至 2 000 万元，释放资金 3 000 万元。同时，缺货率从 10% 降至 2%，减少由缺货导致的销售损失约 1 800 万元。

（2）采购成本降低：通过采购优化应用，实现采购成本降低 15%，超过 10% 的目标。年度采购成本从 15 亿元降至 12 亿元，节约成本 3 亿元。

（3）销售业绩提升：借助销售预测应用和库存、采购协同优化，销售额增长 10%，年销售额从 30 亿元增长至 33 亿元，新增利润约 3 000 万元（按 10% 利润率计算）。

通过跨部门数据整合，东方零售集团有限公司在提高运营效率、降低成本和增加收益方面取得显著成效，投资回报率可观。

第二节　数字化转型财税管理的新范式与 AI 战略布局要点

数字化转型下的财税管理，是指利用大数据、云计算、区块链等现代信息技术手段，对财税数据进行采集、处理、分析和应用,实现财税管理的智能化、高效化与合规化。

一、AI 财税管理的新特征

(一)实时性

(1)实时数据处理:财税管理系统借助 AI 技术,实时收集、处理财务、税务、业务等海量数据,为管理层提供精准信息。

(2)实时风险监控:AI 财税模型基于实时数据,对潜在风险实时预警,保障财税管理安全。

(3)实时决策支持:打通财务和业务数据,助力企业快速响应市场变化。

(4)实时数据更新与同步:构建实时数据更新机制,为 AI 模型提供准确数据。

(5)实时模型优化与调整:AI 模型通过实时数据不断自我优化,提升预测和决策准确性。

(6)实时反馈与迭代:收集用户反馈和业务数据,及时改进模型。

(二)自动化

(1)自动化数据处理:利用 AI 技术自动解析、归类财税数据,提高效率和准确性。

(2)自动化流程优化:优化财税业务流程,缩短审批周期。

(3)自动化风险预测与管理:基于数据预测风险,提供预警和管理建议。

(4)自动化技术应用:引入自动化工具,提高 AI 模型开发和部署效率。

(5)自动化模型训练与优化:缩短模型更新周期,提升准确性和可靠性。

(6)自动化运维与监控:实时监测系统运行,及时解决问题。

(三)智能化

(1)智能数据分析:运用 AI 技术分析数据,挖掘数据关联和趋势,辅助决策。

(2)智能预测与决策:基于数据预测财务、税务情况,提供决策建议。

(3)智能风险识别与应对:自动识别风险,发出预警并提供应对建议。

(4)智能技术应用:引入智能语音、图像识别技术,提升效率和用户体验。

(5)智能模型开发与优化:持续学习优化模型,定期评估测试。

(6)智能运维与监控:实时监测系统,确保稳定运行。

二、AI 财税管理的步骤

(一)核心目标

通过智能化手段提升企业竞争力,推动产业转型升级,涵盖提效、降本、优化决策等。

（二）关键要素

（1）技术选型与研发：依据企业需求选择相应的 AI 技术，投入研发推动创新。

（2）应用场景拓展：探索 AI 在各业务领域的应用，如智能客服、风控。

（3）数据资源整合：整合内外部数据，建立数据基础设施。

（4）人才队伍建设：培养和引进 AI 人才，打造专业团队。

（5）组织文化与流程变革：推动文化与流程变革，适应 AI 发展。

（三）实施步骤

（1）明确业务需求与目标：确保与企业整体战略一致。

（2）评估现有资源与能力：涵盖技术、数据、人才等方面。

（3）构建 AI 财税管理体系：包含技术选型、场景拓展等内容。

（4）执行与监控：推进 AI 应用，建立监控机制并持续评估调整。

（四）技术选型

（1）AI 技术评估：研究现有 AI 技术，评估其成熟度、性能、成本等。

（2）工具和平台选择：根据评估选择开发工具和平台。

（3）供应商评估与合作：采购外部方案时，需考察供应商多方面情况，再建立合作关系。

（五）模型开发与训练

（1）算法选择与模型设计：依据业务需求和数据特征选择算法，设计架构和参数，并进行比较优化。

（2）模型训练与调优：划分数据集进行训练，采用技术防止过拟合。

（3）模型验证与评估：使用测试集进行验证评估，若不达标则优化模型。

（六）实施路径规划

（1）试点项目选择与实施：选择具有代表性的业务场景试点，制订计划，组建团队推进。

（2）全面推广与集成：试点成功后分阶段推广，集成 AI 与现有系统。

（3）持续改进与优化：建立监测评估机制，根据结果优化系统。

AI 财税管理对推动财税管理数字化转型具有重大意义，企业按此流程可实现高效转型，达到降本增效的目标。

三、企业制定差异化 AI 战略的建议

企业制定差异化 AI 战略需综合考量企业规模、行业特性和业务需求，以此推动财税管理数字化转型与智能化升级。

（一）大型企业

（1）内部研发与合作并重：凭借资金和技术实力加大 AI 研发投入，建立内部创新实验室或研发中心，吸引人才攻克财税难题。积极与高校、科研机构合作探索前沿技术应用，为企业数字化转型提供技术储备与创新驱动力，树立行业标杆。

（2）定制化系统集成与优化：基于复杂业务流程和架构开展 BPR 项目，将 AI 融入核心业务系统，实现流程自动化和智能化优化。例如，在财务审批中，利用智能工作流和自然语言处理等技术实现发票自动处理与审批，挖掘流程优化机会，提升运营效能和管理水平。

（二）中小企业

（1）云服务与 SaaS 应用优先：因资源有限和成本敏感，优先选择 SaaS 模式的财税 AI 解决方案，如在线记账报税平台，按使用量付费，实现业务流程自动化，借助云服务保障系统稳定和数据安全，专注核心业务。

（2）灵活模块化工具应用与外部合作：依据业务灵活性选择模块化 AI 工具，按需求灵活组合。加强与外部机构合作，补齐技术和人才短板，实现财税管理升级。

（三）金融行业

（1）强化风险与合规管理：针对监管要求和风险敏感性，构建 AI 驱动的风险管理和合规监控体系，利用算法监测交易数据并识别风险，运用自然语言处理技术将法规转化为内控规则，避免违规风险。

（2）深化客户洞察与精准营销：整合客户多维度信息构建细分和价值评估模型，为精准营销提供支持。利用自然语言处理和情感分析监测客户反馈，调整策略提升竞争力。

（四）制造业

（1）聚焦成本与供应链优化：利用 AI 技术采集、分析生产全流程数据，建立成本预测和控制体系，优化生产计划等降低成本。融合区块链与 AI 打造供应链金融平台，提高融资效率和供应链稳定性。

（2）推动质量与财务协同管理：运用技术对产品质量实时检测评估，关联分析质量与财务数据，生成改进方案，实现质量与成本协同优化，依据分析结果为产品决策提供依据。

（五）零售业

（1）精准销售预测与库存优化：利用多种技术分析多源数据建立销售预测模型，为采购、库存等提供决策依据，避免库存问题，提升资金周转率和供应链响应速度。

（2）强化客户行为分析与精准营销：借助大数据和 AI 分析客户数据，构建画像和行为预测模型，制定个性化营销和服务策略，利用自然语言处理分析文本数据，提升客户满意度和品牌形象。

（3）灵活价格弹性分析与动态定价：实时监测市场信息建立价格弹性模型，制定动态定价策略，利用 AI 监测评估效果并优化，保持价格优势和利润增长。

第三节　AI 重塑财税管理：流程、价值与应用

在数字化转型浪潮下，AI 技术正深刻改变财税管理，从业务流程到价值创造模式，再到智能流程自动化（IPA）应用和财务分析优化，都展现出巨大潜力。

一、AI 重塑财税管理业务链

（一）重塑财务管理流程

（1）数据采集与输入：AI 借助 API、网络爬虫自动从内外部系统抓取财务数据，如获取银行流水；运用光学字符识别（OCR）和自然语言处理技术处理发票、合同等文档数据，自动提取关键信息，还能通过算法自动清洗和预处理数据，检测异常值、填充缺失值。

（2）替代财务核算与处理：AI 财税系统按照会计规则自动生成记账凭证，进行智能分类和分摊，实时整合数据生成财务报表，还能利用数据挖掘和机器学习算法深度分析财务数据，为企业决策提供支持。

（二）优化税务管理流程

（1）智能税务计算与申报：依据财务数据和税收政策自动计算税费，生成申报表格并自动提交，减少人工工作量和错误。

（2）税务法规监测与合规提醒：实时监测法规更新，解读关键内容并与企业业务匹配，及时提醒优惠条件和合规风险。

（3）税务优化：全面分析企业情况和税收政策，模拟优化方案，评估税负和现金流影响，提供最优建议。

（三）优化预算与资金管理流程

（1）智能预算编制：分析历史和业务数据，结合市场趋势等生成精准预算，如预测销售收入和成本支出。

（2）预算执行监控与预警：实时跟踪费用支出，当接近或超预算限额时自动发出预警。

（3）资金流预测与优化：综合多方面数据和因素预测资金流，优化资金配置，提

供融资和投资建议。

二、AI 重塑价值创造模式

（一）改变价值创造模式

（1）数据驱动的深度洞察：整合多源数据，运用挖掘算法发现隐藏关系和模式，为企业决策提供全面数据支持。

（2）实时决策与敏捷响应：实时监测投资项目等，出现异常立即提供决策建议，敏捷响应市场变化。

（3）场景模拟与战略规划支持：构建财务模型模拟不同市场情景，评估战略选择风险和收益，制定前瞻性战略。

（二）风险防控层面的价值重塑

（1）主动风险预测与预警：建立财务风险预测模型，实时监测关键指标，结合外部因素综合评估风险，提前预警。

（2）风险应对策略优化：根据风险情况提供动态、个性化的应对策略，如分析税务风险原因并提供解决方案。

（三）税务优化层面的价值重塑

（1）精准税务优化方案生成：全面分析企业和税收政策，模拟不同方案的税负，如跨国企业转让定价优化。

（2）动态税务优化调整：实时跟踪政策和企业经营变化，及时调整优化方案。

（四）内部协作与外部服务层面的价值重塑

（1）促进内部跨部门协作价值提升：提供共享数据平台和实时分析工具，加强财税与其他部门协作，优化运营流程。

（2）提升外部客户服务质量与价值：利用智能客服和个性化报告满足客户需求，增强客户信任和满意度。

三、IPA 在财税管理中的应用

（一）特点与优势

IPA 融合机器人流程自动化（Robotic Process Automation，RPA）与 AI，能提高效率，自动化处理任务，降低人力成本和错误成本，增强灵活性，可定制优化，提高数据安全性和监控能力，采用加密和实时监控技术。

（二）应用场景

IPA 已在金融、电信等多个行业广泛应用，如金融领域信贷财务报表录入、电信领域服务订单管理等。

（三）技术演进与未来展望

IPA 是 RPA 技术的更高发展阶段，未来将在更多行业助力企业数字化转型，提高运营效率、降低成本。

（四）对财税管理价值创造模式的重塑

（1）流程优化与效率提升：优化财税管理流程，减少人工操作，提高效率和准确性。

（2）风险降低与合规性提升：实时监测分析财税数据，预警风险，确保合规性。

（3）决策支持与数据洞察：深入分析财税数据，为企业决策提供依据和建议。

四、AI 驱动的财务分析优化

（一）主要内容

自动化收集、整合财务数据，通过智能分析识别模式与趋势，构建预测模型以支持决策，实时监控识别财务风险并进行预警，自动生成和解读财务报告。

（二）主要特点

高效处理大量数据，缩短报告生成时间；准确性高，减少人为错误；实时性强，实时监控与预警；智能学习优化，提高分析准确性和效率。

（三）应用场景

用于财务报表编制、财务分析、预算编制、风险预警、税务优化等。

（四）挑战与应对

AI 技术在财税管理应用中面临数据安全、技术实施、人才储备问题，需加强数据安全管理，提升技术实施能力，优化人才结构。

AI 技术在财税管理领域的应用，全方位提升了财税管理的效率、准确性和价值创造能力，尽管面临挑战，但随着技术发展和企业应对措施的完善，其将在财税管理中发挥更关键的作用。同时，资源配置关乎企业对人力、物力、财力等资源的合理分配，影响企业经济效益；企业竞争力涵盖多维度要素，提升竞争力需多方面努力，而 AI 技术的应用对企业资源配置和竞争力提升也有着深远影响。

【案例 2-2】制造业 AI 优化资源配置案例

（一）案例背景

深圳电子仪器智造有限公司生产两种产品：高端精密零件 A 和普通零件 B。生产资源主要包括原材料、人工工时和机器设备使用时间。过去，资源分配依赖经验，导致成本较高、利润未达最优。为改善现状，公司董事长黄金钰决定引入 AI 优化资源配置。

（二）优化前资源配置与财务状况

1. 资源分配

每月投入生产的原材料成本为 50 万元，人工工时 3 000 小时，机器设备使用时间 2 000 小时。其中，产品 A 分配原材料成本 30 万元，人工工时 1 800 小时，机器设备使用时间 1 200 小时；产品 B 分配原材料成本 20 万元，人工工时 1 200 小时，机器设备使用时间 800 小时。

2. 生产与销售情况

产品 A 每月生产 5 000 件，每件售价 100 元，单位变动成本 60 元；产品 B 每月生产 8 000 件，每件售价 50 元，单位变动成本 30 元。每月固定成本 40 万元。

3. 利润计算

产品 A 月利润 = 5 000 × (100 − 60) − 400 000 × (300 000 ÷ 500 000)
$$= 200\,000 - 240\,000 = -40\,000（元）$$

产品 B 月利润 = 8 000 × (50 − 30) − 400 000 × (200 000 ÷ 500 000)
$$= 160\,000 - 160\,000 = 0（元）$$

月总利润 = −40 000 + 0 = −40 000（元）

（三）AI 优化资源配置操作步骤

1. 第 1~2 周数据收集与整理

（1）第 1 周第 1~2 天。

成立跨部门项目小组，成员包括财务部门的数据分析师、生产部门的主管以及信息技术人员。明确各成员职责，数据分析师负责收集和整理财务相关数据，生产部门主管负责提供生产环节的数据，信息技术人员提供数据收集过程中的技术支持。

（2）第 1 周第 3~5 天。

数据分析师从企业 AI 财税系统中导出过去 12 个月的原材料采购成本数据、产品销售数据，包括每种产品的销售额、销售量、成本等。生产部门主管收集对应时间段内产品 A 和产品 B 在生产过程中实际消耗的人工工时、机器设备使用时间数据。同时，信息技术人员搭建临时的数据存储环境，确保数据安全存储。

（3）第 2 周第 1~3 天。

对收集到的数据进行初步清洗，检查数据的完整性和准确性。数据分析师和生产部门主管共同核对数据，对于缺失值，通过与相关部门沟通、参考历史相似数据等方式进行填补；对于明显错误的数据，如异常的工时记录，追溯数据源并进行修正。

（4）第 2 周第 4~5 天。

将整理好的数据按照产品类别、时间维度等进行分类汇总，形成结构化数据集，为后续的模型训练做准备。

2. 第3~4周模型选择与训练

(1) 第3周第1~2天。

组织企业内部的数据分析专家和外部聘请的 AI 顾问,共同评估适合资源配置优化的模型。经过讨论和对比,决定采用线性规划模型,因为该模型能以利润最大化为目标函数,同时能很好地将结合资源限制作为约束条件,符合企业实际需求。

(2) 第3周第3~5天。

由数据分析师和信息技术人员使用 Python 的 PuLP 库搭建线性规划模型框架。定义目标函数为最大化总利润,即产品 A 和产品 B 的利润之和;设置约束条件,包括原材料成本上限 50 万元、人工工时上限 3 000 小时、机器设备使用时间上限 2 000 小时等。

(3) 第4周第1~3天。

开始模型训练,设置训练参数。迭代次数设定为 1 000 次,学习率为 0.01。在训练过程中,密切监控模型的收敛情况,通过观察目标函数值的变化判断模型是否朝着最优解方向发展。发现模型出现不收敛或异常波动,及时调整参数或检查模型结构。

(4) 第4周第4~5天。

完成 1 000 次迭代训练后,对训练结果进行评估。通过将训练数据重新代入模型,计算预测值与实际值的误差,评估模型的准确性和可靠性。误差在可接受范围内,则认为模型训练成功;否则,需重新调整模型或数据,再次进行训练。

3. 第5周模拟分析

(1) 第5周第1~2天。

将当前的资源总量数据(原材料成本 50 万元、人工工时 3 000 小时、机器设备使用时间 2 000 小时)以及产品 A 和产品 B 的成本、售价、资源消耗系数等详细数据输入训练好的模型中。

(2) 第5周第3~4天。

启动模型进行模拟计算,设定模拟运行次数为 500 次。在每次模拟过程中,模型会根据设定的目标函数和约束条件,生成不同的资源分配方案,并计算相应的利润值。

(3) 第5周第5天。

对 500 次模拟结果进行分析,找出利润最大化的资源分配方案。同时,分析不同方案下各项资源的利用效率和产品的生产销售情况,为方案实施提供更全面的参考。

4. 第6周方案实施与监控

(1) 第6周第1~2天。

生产部门根据 AI 优化后的资源分配方案调整生产计划。重新安排原材料采购数量和种类,确保产品 A 分配原材料成本 25 万元,产品 B 分配原材料成本 25 万元;合理安排人工排班和机器设备调度,使产品 A 获得人工工时 1 500 小时、机器设备使用时间

1 000 小时，产品 B 获得人工工时 1 500 小时、机器设备使用时间 1 000 小时。

(2) 第 6 周第 3~5 天。

在实施过程中，建立实时监控机制。由生产部门主管和数据分析师负责，每半天收集一次生产现场的资源实际消耗数据和产品生产进度数据，与优化方案进行对比。发现实际情况与方案偏差超过 5%，及时分析原因并采取调整措施，确保优化方案的顺利执行。

（四）优化后资源配置与财务状况

1. 生产与销售情况

产品 A 产量调整为 4 000 件，每件售价 100 元，单位变动成本降至 55 元；

产品 B 产量调整为 10 000 件，每件售价 50 元，单位变动成本降至 28 元。

每月固定成本仍为 40 万元。

2. 利润计算

产品 A 月利润 = 4 000 × (100 − 55) − 400 000 × (250 000 ÷ 500 000)
= 180 000 − 200 000 = − 20 000（元）

产品 B 月利润 = 10 000 × (50 − 28) − 400 000 × (250 000 ÷ 500 000)
= 220 000 − 200 000 = 20 000（元）

月总利润 = − 20 000 + 20 000 = 0（元）

扭亏为盈。

（五）优化效果对比

1. 利润变化

优化前总月利润为 − 40 000 元；优化后实现盈亏平衡，月利润增加 40 000 元。

2. 资源利用效率、原材料成本利用率提高（单位产品所需的原材料成本）

产品 A 单位原材料成本产出从优化前的 5 000 × 100 ÷ 300 000 = 1.67（元），降低至 4 000 × 100 ÷ 250 000 = 1.6（元）。

产品 B 单位原材料成本产出从优化前的 8 000 × 50 ÷ 200 000 = 2（元），降低至 8 000 × 50 ÷ 250 000 = 1.6（元）。

人工工时和机器设备使用时间的产出效率也有所提升，整体资源利用效率显著提高。

【案例 2-3】科技公司 AI 税务优化的价值贡献案例

（一）案例背景

南京智能科技发展有限公司是一家从事系统研发与销售的企业，业务涵盖国内多个地区以及部分海外市场。随着业务规模的扩大，公司面临复杂的税务环境，税务成本较高，影响了企业的盈利能力和竞争力。为解决这一问题，公司董事长周宇权决定引入中财讯 AI 税务优化系统。

（二）优化前税务状况

1. 年度税务数据

南京智能科技发展有限公司年营收 8 000 万元，其中系统产品销售收入 6 000 万元，技术服务收入 2 000 万元。2024 年，缴纳的企业所得税为 800 万元，增值税为 600 万元，其他各类税费（如城市维护建设税、教育费附加等）为 150 万元，全年税务总成本达 1 550 万元。

2. 税务痛点

由于不同地区税收政策差异以及公司业务的复杂性，在税收优惠政策的应用上存在疏漏，部分符合条件的研发费用未充分加计扣除；同时，在跨境业务中，对于国际税收协定的运用不够精准，导致额外的税务支出。

（三）AI 税务优化操作步骤

1. 数据收集与整理（第 1~2 周）

（1）第 1 周：组建由税务专员、财务分析师和 AI 技术人员构成的项目团队。税务专员负责收集公司过去 3 年的财务报表、纳税申报表、发票等涉税资料；财务分析师负责整理公司业务流程文档，包括研发流程、销售模式、跨境业务架构等信息；AI 技术人员负责搭建安全的数据存储与处理平台。在这一周内，共收集财务报表 36 份、纳税申报表 36 份以及发票数据超过 1 000 份。

（2）第 2 周：对收集的数据进行清洗和标注。税务专员与财务分析师共同核对数据准确性，纠正错误数据，并对数据进行分类标注，如将发票按业务类型、地区等进行分类。AI 技术人员将整理好的数据导入 AI 系统的训练数据库，为后续分析做准备。在此过程中，纠正了约 5% 的错误数据，确保数据质量。

2. AI 模型训练与适配（第 3~4 周）

（1）第 3 周：AI 技术团队根据南京智能科技发展有限公司的业务特点和税务数据特征，选择并定制适合的机器学习模型，如决策树模型与神经网络模型相结合的混合模型。利用历史数据对模型进行训练，设置模型参数，如决策树的深度为 5，神经网络的隐藏层节点数为 30，迭代次数为 1 000 次，学习率为 0.01。通过不断调整参数，使模型对公司税务情况的预测准确率逐步提升。

（2）第 4 周：使用一部分未参与训练的历史数据对训练好的模型进行验证和优化。经过多次调整，模型在验证数据上的准确率达到 90%，能够较为准确地识别税务风险点和潜在优化机会。同时，邀请税务专家对模型输出结果进行评估和指导，确保模型的合理性和实用性。

3. 税务分析与优化方案生成（第 5~6 周）

（1）第 5 周：将公司当前的财务数据和业务信息实时输入优化后的 AI 模型。模型从多个维度进行分析，包括各业务板块的税负率、不同地区税收政策适用性、跨境业务税务合规性等。经过分析，模型识别出公司在研发费用加计扣除、高新技术企业税收优惠认定以及跨境业务税收协定适用等方面存在优化空间。

（2）第 6 周：AI 系统根据分析结果生成详细的税务优化方案。例如，在跨境业务方面，明确指出应依据具体税收协定调整收入确认方式，避免双重征税。

4. 优化方案实施与监控（第 7~8 周及长期）

（1）第 7~8 周：公司各部门协同实施 AI 生成的税务优化方案。财务部门按照规范的研发费用核算流程进行账目调整，补充高新技术企业认定材料并提交申请；税务专员与海外业务团队沟通，依据税收协定调整跨境业务操作。在此期间，项目团队密切监控方案实施进度，确保各项措施按计划执行。

（2）长期：建立持续监控机制，定期将实际税务数据输入 AI 系统，与优化目标进行对比分析。发现偏差，及时分析原因并调整策略。同时，随着税收政策的变化和公司业务的拓展，不断更新 AI 模型的训练数据，确保模型的有效性和优化方案的及时性。

（四）优化后税务状况及企业价值贡献

1. 税务成本降低

通过实施 AI 税务优化方案，在当年企业所得税方面，研发费用加计扣除使应纳税所得额减少 1 000 万元，按 25% 税率计算，少缴纳企业所得税 250 万元。

高新技术企业税收优惠认定成功后，企业所得税税率从 25% 降至 15%，节省企业所得税（8 000 − 1 000）×（25% − 15%）= 700（万元）。

在增值税及其他税费方面，跨境业务税收协定的准确应用减少额外税费支出 50 万元。全年税务总成本降至 1 550 − 250 − 700 − 50 = 550（万元），相比优化前降低了 1 000 万元。

2. 企业价值提升

税务成本的降低直接增加了企业的净利润，提升了企业的盈利能力。同时，优化后的税务合规性增强，降低了税务风险，提升了企业的信誉和形象，有助于企业在市场竞争中获得更多商业机会和合作伙伴信任。

从财务角度来看，企业适用 10% 的折现率，此次税务优化带来的成本降低按永续年金计算，为企业增加的价值约为 1 000 ÷ 10% = 10 000（万元）。

这表明 AI 税务优化对南京智能科技发展有限公司的价值贡献显著，不仅提升了短期利润，还为企业的长期发展奠定了坚实基础。

第二部分
AI 财税工具与平台应用篇

AI财税工具与平台，是指运用AI技术，对传统财税工作流程进行优化、自动化处理，并提供智能决策支持的软件工具与在线平台。

1. 技术基础

AI技术集成以机器学习算法、深度学习、自然语言处理等为核心。

（1）机器学习算法可对大量财税数据进行分析，预测财务趋势、识别潜在风险。

（2）深度学习用于图像识别，自动提取关键信息。

（3）自然语言处理实现与用户的智能交互，并解答财税相关问题。

2. 功能特性

（1）自动化流程处理。

①票据处理自动化：借助OCR和图像识别技术，自动扫描、识别各类发票、报销单等票据，提取关键信息，如发票号码、金额、税号等，减少人工录入工作量并降低错误率。

②记账与结账自动化：依据预设规则，将识别的票据信息自动生成记账凭证，完成账务处理，并能按照既定周期自动结账，提高财务核算效率。

（2）智能风险预警。

①税务风险监测：持续监控企业税务数据，与税法法规及行业标准对比分析，及时发现潜在税务风险点，如纳税申报异常等，并向企业发出预警。

②财务风险评估：通过分析财务报表数据、现金流状况等，评估企业偿债能力、盈利能力、运营能力等，预测财务困境或资金链断裂风险。

（3）智能决策支持。

①财务数据分析与预测：运用数据分析和预测模型，对历史财务数据进行深度挖掘，为企业预算编制、成本控制、投资决策等提供数据支持和预测分析，辅助管理层制定战略决策。

②税务优化：考虑企业业务模式、税收政策等因素，利用智能算法为企业设计最优税务优化方案，合法降低税务成本。

3. 应用场景

（1）企业财务部门：用于日常账务处理、财务报表编制与分析等，提升财务工作效率与准确性。

（2）税务代理与会计师事务所：帮助快速处理大量客户财税事务，如纳税申报等，同时提供专业税务咨询和优化服务，增强竞争力。

（3）中小企业与创业公司：以较低成本获取专业财税服务，满足其在财务核算、税务合规等方面的需求，助力企业规范财务管理、健康发展。

第三章
主流 AI 财税大模型解析

主流 AI 财税大模型是当前市场上广泛应用的重要工具，通过集成多种 AI 技术，实现了财税工作的自动化和智能化。这些软件具备自动化处理、智能分析、合规性检查等功能，广泛应用于各类企业的财税管理工作中。随着 AI 技术的不断发展和普及，主流 AI 财税大模型市场将呈现出功能多样化、智能化升级、云端部署等趋势，为企业财税管理提供更加高效、便捷、智能的解决方案。

第一节 中财讯 AI 智能系统

在 AI 财税工具与平台应用中，主流 AI 财税大模型以高效、智能的特点，正在改变财税管理的传统模式。

一、中财讯 AI 财税云系列

中财讯 AI 财税云系列软件涵盖多个产品线，能够满足不同规模企业的需求，是知名的企业管理云 SaaS 平台。

（一）中财讯 AI 财税云·宙

1. 产品定位

中财讯 AI 财税云·宙是一款新一代成长型企业业务能力（Enterprise Business Capability，EBC）产品，致力于为企业提供全面、智能的财税管理服务。

2. 主要功能

（1）智慧税务：具备开票自动化、发票智能收集与预警、合规性校验等功能，实现票账税互动及流程高效合规。支持数电票全生命周期管理，包括智能开票、收票、验真查重、批量抵扣登记等。

（2）智能核算：引领财务管理新高度，提供自动化的记账流程，减少人工记账错误。支持多维度财务报表生成，帮助企业深入了解财务状况。

（3）税务筹划与风险管理：通过预设涉税指标模型和风险预警机制，实现风险的前瞻性管理。提供动态更新匹配税政，确保优惠政策"应享尽享"。

3. 应用场景

适用于需要远程办公、多分支机构管理、高效数据管理和实时分析的企业。中财讯 AI 财税云·宙支持多终端操作，能够随时随地进行财务管理和数据分析。

（二）中财讯 AI 财税云·明

1. 产品定位

中财讯 AI 财税云·明是针对中小企业设计的财务软件，旨在为企业提供简洁易用、功能全面的财务管理解决方案。

2. 主要功能

（1）基础财务管理：涵盖总账、应收应付、固定资产、工资管理等基本的财务功能，帮助企业实现日常财务管理工作的自动化和智能化。

（2）报表编制：具备强大的报表编制功能，支持自定义报表模板和财务数据导入，帮助企业快速生成各类标准的财务报表。

（3）税务管理：支持自动计税、一键报税等功能，降低税务管理成本。同时，提供税务筹划建议，帮助企业合理利用税收优惠政策。

3. 应用场景

适用于中小型企业、初创公司等预算有限但需要基本财务管理的企业。中财讯 AI 财税云·明以简洁易用的界面和丰富的功能，帮助企业提高财务管理效率。

二、中财讯财税伙伴（Financial Partner，FP）企智

1. 产品定位

中财讯企智系统是针对中大型企业设计的财务软件，旨在为企业提供全面、精细的财务管理解决方案。

2. 主要功能

（1）财务管理：具备总账、应收应付、固定资产、成本核算等全面的财务管理功能，帮助企业实现财务数据的全面掌控。

（2）供应链管理：支持采购、销售、库存等供应链管理功能，实现供应链上下游的协同管理。

（3）生产管理：具备生产计划、物料需求计划、车间管理等生产管理功能，帮助企业实现生产过程的精细化管理。

3. AI 应用

中财讯企智系统也融入了 AI 技术，如智能分析、智能预警等，帮助企业更好地应

对市场变化和业务挑战。

4. 应用场景

中财讯企智系统适用于中大型企业,特别是需要全面、精细的财务管理和生产管理的企业。它能够帮助企业实现财务与业务的全面协同,提升企业的运营效率和竞争力。

三、中财讯 SAAS 智云系列

中财讯智云系统以易用性和高效性受到用户好评。中财讯智云系统分为基础版(免费试用版)和专业版,两者均基于云计算技术,无须下载安装,通过浏览器即可访问使用,支持多平台同步操作。

(一)基础版

为中小企业提供基础的财务管理功能,如智能记账凭证、辅助核算、自动账簿报表等,满足日常财务管理需求。

(二)专业版

在基础版的基础上,增加了更多高级功能,如发票查验真伪/查重、银企互联/银行日记账、群发工资条/一键申报个税等,满足更复杂、更精细的财务管理需求。

四、其他主流 AI 财税系统

1. 德财云

自主研发智能化税务托管系统,具备自动获取发票、银行回单,自动生成凭证,纳税申报等功能,减少财务人员工作量,提高财税管理效率。

2. 高聚财

通过对话方式智能分析结果,帮助用户解答财税相关问题,提高工作效率。

3. 云财思

具备薪资结算与发放、税务计算与扣缴、费用报销和报表生成等自动化功能,减少人工操作,降低错误率。

4. 点金通

基于大模型的智能金融助手,能够深度解读财务报告、分析金融事件,并自动生成图表和表格。

第二节　中财讯 i 财机器人功能与应用

中财讯 i 财机器人是中财讯推出的一款基于 AI 和自动化技术的财务管理工具,它是 RPA 在财务领域的应用。

中财讯 i 财机器人是一种基于软件的自动化解决方案,能够模拟人类执行重复性高、规则明确的财务任务。

一、中财讯 i 财机器人的核心功能

中财讯 i 财机器人的核心功能包括凭证录入、数据录入、发票处理、账户对账、报表生成、税务计算等。它能够自动抓取并处理大量的财务数据,减少人工操作的时间和成本,提高财务处理的准确性和效率。

二、中财讯 i 财机器人的技术特点

(1) AI 与自动化技术:中财讯 i 财机器人集成了 AI 与自动化技术,能够智能地处理财务任务,减少人工干预。

(2) 高效与准确:与传统的人工操作相比,中财讯 i 财机器人能够不间断地工作,显著降低错误率,提升处理速度。

(3) 云端部署:支持云端部署,企业可以随时随地访问财务数据,提高数据的安全性和可访问性。

三、中财讯 i 财机器人的应用场景

(1) 大型企业:对于大型企业而言,中财讯 i 财机器人可以提供多维度、多周期的财务分析,支持多币别、多语言、多公司管理账簿和凭证,满足国际化大型企业的财务需求。

(2) 中小型企业:对于中小型企业而言,中财讯 i 财机器人可以提供多个经典的财务模板,方便企业快速了解公司的财务情况。同时,它可以自动处理税务申报、费用报销等任务,降低企业的财务成本。

(3) 财务共享中心:在财务共享中心各环节,如供应商管理、应收账款管理流程等,中财讯 i 财机器人可以发挥重要作用,提高整体运营效率。

四、中财讯 i 财机器人的优势与价值

(1) 提高财务处理效率:通过自动化处理财务任务,减少人工操作的时间和成本,提高财务处理的效率。

(2) 降低错误率:中财讯 i 财机器人能够精准地执行财务任务,降低人为错误的可能性,提高财务数据的准确性。

(3) 释放人力:财务人员可以将更多时间投入更有价值的工作上,如数据分析和

决策支持等。

（4）优化财务管理流程：通过智能化的财务管理工具，优化企业的财务管理流程，提高企业的整体运营效率。

第三节　中财讯 i 财机器人应用指南

在中财讯 i 财机器人中，RPA 技术在财务流程中展现出广泛的应用场景，显著提升了财务管理的效率和准确性。

一、日常账务处理

（1）账单录入与审核：RPA 技术能够模拟人类操作，自动录入和处理账单数据，减少人工录入的时间和成本，同时降低人为错误的可能性。自动化的账单审核流程能够确保数据的准确性和合规性，提高财务处理的效率。

（2）结算与报表生成：RPA 技术能够自动执行结算流程，包括计算应付款项、生成结算单等，确保结算的准确性和及时性。同时，RPA 能够自动生成各类财务报表，如资产负债表、利润表、现金流量表等，为企业的决策提供有力支持。

二、日常税务管理

（1）税务登记与申报：RPA 技术能够自动完成税务登记、纳税申报等流程，降低税务处理的成本和风险。通过与税务系统的对接，RPA 能够实时获取税务数据，确保申报的准确性和及时性。

（2）发票管理：RPA 技术能够自动处理发票的接收、验证和支付流程，提高发票处理的效率。同时，RPA 能够对发票进行智能分类和归档，方便企业随时查阅和使用。

三、客户对账与供应商管理

（1）客户对账：RPA 技术能够自动完成与客户之间的对账工作，包括订单信息核对、发货信息核对等，提高对账的准确性和效率。通过自动化的对账流程，企业可以及时发现并解决账务问题，降低财务风险。

（2）供应商管理：RPA 技术能够自动化处理供应商资质审核、采购订单和付款流程，优化供应链管理。通过与供应商系统的对接，RPA 能够实时获取采购数据，确保采购流程的准确性和及时性。

四、银行对账与资金管理

（1）银行对账：RPA 技术能够与企业银行系统进行集成，自动化完成银行对账、账户余额查询等流程。通过自动化的银行对账流程，企业可以及时发现并解决银行账户问题，确保资金的安全和准确。

（2）资金管理：RPA 技术能够自动执行资金转账、收款和付款等任务，提高资金管理的效率。同时，RPA 能够对资金流动进行实时监控和分析，为企业的资金决策提供有力支持。

五、费用报销与预算管理

（1）费用报销管理：RPA 技术能够自动化处理员工费用报销流程，包括接收报销申请、智能审核、付款等步骤。通过自动化的报销流程，企业可以确保报销的合规性和准确性，同时提高报销效率。

（2）预算管理：RPA 技术能够帮助企业自动编制预算，并对预算执行情况进行实时监控和分析。通过自动化的预算管理流程，企业可以及时发现预算偏差并采取相应措施进行调整和优化。

第四节　企业对 AI 财税大模型的选型与考量

AI 财税大模型利用自然语言处理、计算机视觉、机器学习等 AI 技术，对财税数据进行处理、分析、预测和决策支持。它涵盖了从发票管理、记账、核算、报税到财务分析、风险管理等多个环节，为企业提供全面的财税管理解决方案。

AI 财税大模型是财务管理领域的重要创新工具，它能够帮助企业实现财税管理的智能化和高效化，提升竞争力和市场适应能力。

一、不同规模企业的选型与考量

（一）小型企业

（1）成本效益：小型企业通常资金有限，因此会更注重 AI 财税大模型的成本效益。它们倾向于选择性价比高、易于上手且能够满足基本财税管理需求的软件。

（2）易用性：小型企业的财税管理人员可能不具备专业的信息技术知识，因此软件的易用性成为重要考量因素。界面友好、操作简便的软件更受小型企业的青睐。

（3）灵活性：小型企业业务变化较快，因此 AI 财税大模型需要具备较高的灵活性，以适应企业业务的发展变化。

（二）中型企业

（1）功能全面性：随着业务规模的扩大，中型企业对财税管理的需求也日益复杂。它们倾向于选择功能全面、能够满足多维度财税管理需求的软件。

（2）系统集成性：中型企业通常已经拥有一定的信息化基础，因此 AI 财税大模型需要能够与其现有的 ERP、CRM 等系统实现无缝集成，以提高工作效率。

（3）定制化服务：中型企业在选择 AI 财税大模型时，会关注软件供应商是否提供定制化服务，以满足企业独特的业务需求。

（三）大型企业

（1）稳定性与安全性：大型企业对数据的稳定性与安全性要求较高，因此 AI 财税大模型需要具备高度的稳定性与安全性保障。

（2）扩展性：大型企业业务复杂，未来可能涉及更多的业务场景和财税管理需求。因此，软件的扩展性成为重要考量因素，要确保软件能够随着企业业务的发展而不断升级和扩展。

（3）专业服务与支持：大型企业更注重 AI 财税大模型供应商的专业服务与支持能力，包括售前咨询、售后服务、技术支持等。

二、不同行业企业的选型与考量

（一）金融业

（1）合规性：金融业对财税管理的合规性要求极高，因此 AI 财税大模型需要内置丰富的税务知识和规则，确保企业的财税管理符合相关法规要求。

（2）风险控制：金融业对风险控制有着严格的要求，因此 AI 财税大模型需要具备强大的风险管理功能，帮助企业识别并应对潜在的财税风险。

（二）制造业

（1）成本核算：制造业对成本核算有着较高的要求，因此 AI 财税大模型需要具备精确的成本核算功能，帮助企业准确掌握生产成本和利润情况。

（2）供应链管理：制造业的供应链管理较为复杂，因此 AI 财税大模型需要与企业的供应链管理系统实现集成，以提升供应链管理的效率和准确性。

（三）零售业

（1）销售数据分析：零售业需要对销售数据进行深入分析，以制定更有效的营销策略。AI 财税大模型需要具备强大的数据处理和分析能力，帮助企业快速准确地分析销售数据。

（2）库存管理：零售业的库存管理对资金流转和运营效率有着重要影响。AI 财税大模型需要与企业的库存管理系统实现集成，实现库存数据的实时监控和预警。

三、共同考量因素

（1）数据安全性：无论企业规模大小或行业差异，数据安全性都是 AI 财税大模型选型时必须考虑的因素。软件需要具备完善的数据加密和备份机制，确保企业数据的安全性和完整性。

（2）易用性和培训支持：软件的易用性对于提高财税管理效率至关重要。同时，软件供应商应提供必要的培训支持，帮助企业员工快速掌握软件的使用方法。

（3）售后服务和技术支持：良好的售后服务和技术支持能够确保软件在使用过程中的稳定性与可靠性。企业在选择 AI 财税大模型时，应关注软件供应商的服务质量和响应速度。

不同规模与行业企业在选择 AI 财税大模型时，会依据自身的业务需求、技术条件、行业规范以及未来发展策略等多方面因素进行考量。企业应结合自身实际情况，选择最适合自己的 AI 财税大模型，以提高财税管理的效率和准确性。

第四章
AI 财税平台的数据生态与安全护盾

AI 财税平台,是指利用 AI 技术提升财务和税务管理效率的平台。AI 财税平台通过集成自然语言处理、计算机视觉、机器学习等先进技术,自动化处理财税数据,提供智能化建议和预警,帮助企业更好地管理财务和税务。

第一节 数据集成的原理与方法

数据集成,是指将不同来源的数据整合到一个统一系统中,以提供更全面、准确和有用的信息。其核心要素包括数据提取、数据转换、ETL、数据清洗、数据匹配等。

数据集成的主要目的是消除"数据孤岛",提升数据的一致性和可用性,从而更好地支持决策分析和业务运营。通过数据集成,企业能够跨越不同系统的数据障碍,实现数据的集中管理与使用,进而提高工作效率和数据价值。

一、实现多源数据与 AI 财税的无缝对接

企业内部多源数据,是指来源于企业内部不同系统、部门、业务流程或设备的多种类型的数据。这些数据可能包括结构化数据、半结构化数据和非结构化数据。

(一)数据来源

(1)不同系统:企业内部可能同时使用多种管理系统,如 ERP 系统、CRM 系统、AI 财税系统等。这些系统各自独立运行,产生的数据来源各不相同。

(2)不同部门:企业内部的不同部门,如销售部门、市场部门、人力资源部门等,也会生成各自的数据。

(3)不同业务流程:企业在日常运营中涉及多个业务流程,如采购、生产、物流等。每个流程都会产生相应的数据,如采购订单、生产报表、物流跟踪等。

(4)不同设备:企业内部可能部署了各种智能设备,如传感器、智能仪表等。这些设备实时收集的数据也是企业内部多源数据的重要组成部分。

（二）数据处理

为了充分利用企业内部多源数据的价值，企业需要采取一系列数据处理措施。这包括数据收集、数据清洗、数据转换、数据存储、数据融合、数据分析和可视化等步骤。通过这些措施，企业可以将分散在不同系统、部门和设备中的数据整合成一个统一的数据视图，为决策提供有力支持。

企业内部多源数据具有多样性、异构性、动态性和复杂性等特点，且蕴含着巨大的价值。通过对这些数据的整合、分析和挖掘，企业可以深入了解业务状况、优化运营流程、提升决策效率。

二、数据源类型与特点

数据源，是指数据的来源或产生数据的地方，它是数据分析和数据处理的起点。在信息技术和数据管理的语境中，数据源指的是任何能够产生、存储或提供数据的实体或系统。

数据源类型、特点及重要性见表4-1。

表4-1 数据源类型、特点及重要性

数据源类型	特点	重要性
AI财税系统数据	高度结构化，一致性和准确性高	提供财务分析、税务优化、风险控制等基础支撑
业务系统数据	数据量大，实时性要求高，与AI财税系统数据关联紧密	实现业财税一体化管理，提升数据分析和决策支持的全面性与准确性
人力资源系统数据	包含敏感信息，具有高度的隐私性，与薪酬管理、税务优化等密切相关	提供人工成本分析、税务优化等方面的数据支持，优化人力资源管理成本
外部数据源	时效性强，差异性大，与税务申报、资金管理等密切相关	提供必要的补充信息，应对外部监管要求和市场环境变化

三、数据集成的原理与方法

为了实现从企业内部多源数据到AI财税平台的无缝对接，数据集成需要遵循以下原理与方法。

（1）数据标准化：对不同数据源的数据进行格式、编码、单位等方面的标准化处理，确保数据的一致性和可比性。

（2）数据清洗：对原始数据进行去重、纠错、补全等操作，提高数据的准确性和完整性。

（3）数据转换：根据AI财税平台的需求，将清洗后的数据转换为合适的格式和结构，以便进行后续的分析和处理。

（4）ETL：将转换后的数据加载到 AI 财税平台的数据库中，建立统一的数据视图。

（5）数据同步与更新：建立数据同步机制，确保企业内部多源数据能够实时或定期同步到 AI 财税平台中，保证数据的时效性和准确性。

四、数据接口与数据传输的选择和配置

数据接口是指用于数据传输和交换的连接点或接口，它充当了不同系统、设备或组件之间进行数据通信的桥梁。

数据接口定义了两个或多个系统、设备或组件之间实现数据传输和通信的连接点。它整合了数据交换的方式、格式和协议，确保不同系统能够相互沟通和协作。

数据接口通过特定的协议、格式和参数，实现数据的准确传输和解析，促进了不同系统之间的信息共享和业务协同，提高了数据的利用价值和效率。

【案例4-1】企业财务数字化转型案例

（一）案例背景

在当今数字化快速发展的时代，企业对于提升财务管理效率，实现业务、财务、税务一体化协同的需求越发迫切。天连数据公司凭借先进的业财税一体化解决方案，为企业提供了涵盖费用报销、预算管理、发票管理等全方位的财务流程优化服务。而中财讯公司作为一个功能强大的 ERP 服务平台，不仅具备强大的企业资源规划功能，还支持多种协同应用，如供应链协同、生产制造协同等，助力企业实现全面的数字化运营。

为了充分发挥两者的优势，提升企业财务数字化水平，项目团队通过数据接口配置，成功实现了天连数据公司与中财讯公司之间的数据交互，使得业务数据能够在两个系统间顺畅流转，为企业提供了更准确、实时的财务数据，有力地促进了企业财务数字化转型，提升了企业整体运营效率和决策科学性。

（二）数据接口与协议选择

天连数据公司和中财讯公司的对接依赖精心挑选的数据接口与传输协议。在数据传输协议的选择上，充分考虑数据传输的安全性、稳定性和实时性需求。

HTTP 协议是一种常用的超文本传输协议，因简单、灵活和易于扩展被广泛应用。然而，其在数据传输过程中的安全性相对较弱，数据以明文形式传输，容易被窃取或篡改。因此，在对数据安全性要求较高的场景下，HTTPS 协议成为更优选择。

在本次对接中，根据企业数据的敏感程度和业务需求，优先采用了 HTTPS 协议。这种灵活的协议选择策略，确保了在满足企业数据安全需求的同时，最大限度地保障数据传输的稳定性和实时性，为两个系统之间的数据交互奠定了坚实基础。

（三）配置过程

1. 天连数据公司接口参数记录

天连数据公司的接口参数涵盖众多关键信息，这些参数是实现与中财讯公司准确对接的基础，任何一个参数的错误都可能导致数据传输失败或数据不准确。

在记录过程中，项目团队对每个参数的含义、用途及取值范围进行深入分析。同时，与天连数据公司的技术支持团队保持密切沟通，确保对接口参数的理解准确无误。记录完成后，项目团队进行多次内部审核，由不同技术人员交叉检查，避免由人为疏忽导致的参数记录错误。

2. 字段对应关系配置

配置天连数据公司与中财讯公司之间的字段对应关系是实现数据准确交互的核心环节。这两个系统在数据字段的命名、定义和数据结构上可能存在差异。

为解决这一问题，项目团队积极借鉴数据集成社区论坛中丰富的相关方案信息，汇聚了众多企业在集成不同系统时的经验分享和解决方案，制定出适合本企业的字段对应关系配置方案。

在配置过程中，采用可视化的配置工具，将天连数据公司系统中的字段与中财讯公司系统中的对应字段进行直观映射。完成初步配置后，通过模拟数据传输进行测试，根据测试结果对字段对应关系进行优化和调整，确保数据在两个系统间的准确转换和传递。

（四）检查参数设置

完成字段对应关系配置后，项目团队对整个数据对接方案的检查参数进行设置，以确保数据对接的稳定性和准确性。

（1）传递时间参数：用于设定数据在天连数据公司与中财讯公司之间传输的时间间隔。对于业务数据变化频繁且对实时性要求较高的模块，可设置较短的传递时间，确保数据能够及时同步；而对于一些相对稳定的数据，可适当延长传递时间，减少系统资源消耗。

（2）重试次数参数：用于应对数据传输过程中可能出现的网络故障、系统繁忙等异常情况。当数据传输失败时，系统将按照设定的重试次数自动重试。一般情况下，设置为3~5次较为合适，既能在一定程度上解决临时故障导致的传输失败问题，又不会因过多重试而占用过多系统资源。

（3）是否启动参数：用于控制数据对接功能的开启或关闭。在系统调试、维护或出现紧急情况时，可以通过该参数及时暂停数据对接，避免出现数据混乱或错误。

（4）前置条件参数：用于设定数据传输的前提条件。

项目团队在完成所有检查参数设置后，对整个数据对接方案进行全面的模拟测试和实际业务场景测试。

项目团队根据测试结果,对检查参数进一步优化和调整,确保数据对接方案能够在复杂多变的实际业务环境中稳定、准确地运行。

(五)案例效果

项目团队通过以上详细且严谨的数据接口配置过程,成功实现了天连数据公司与中财讯公司之间的数据交互,为企业财务数字化转型提供了强大的数据支持和系统保障,助力企业在数字化时代提升财务管理水平和核心竞争力。

第二节 数据质量保障机制在 AI 财税管理中的应用

在 AI 财税管理中,数据质量保障机制是确保财税数据准确性和完整性的关键,对于提高财税工作的效率、降低错误率以及支持精准决策具有重要意义。

数据质量保障机制,是指通过一系列措施和方法,确保数据的准确性、完整性、一致性、及时性和可用性。在 AI 财税管理中,数据质量保障机制尤为重要,因为财税数据直接关系到企业的财务状况、税务合规以及经营决策。

一、数据质量保障机制在 AI 财税管理中的优势

(1)提高财税工作效率:通过数据质量保障机制,AI 财税平台能够自动处理和分析大量财税数据,减少人工干预,提高工作效率。

(2)降低财税风险:确保数据的准确性和完整性,有助于企业及时发现并纠正财税错误,降低税务风险和财务风险。

(3)支持精准决策:高质量数据为 AI 财税平台提供了可靠的分析基础,支持企业做出更加精准和科学的财税决策。

(4)增强数据安全性:数据质量保障机制还包括对数据的安全性和隐私保护。AI 财税平台通过数据加密、权限管理等措施,确保财税数据的安全性和合规性。

二、数据清洗概念与目的

数据清洗是对原始数据进行检查、处理和修正的过程,旨在消除错误值、缺失值、重复值、异常值等,提高数据质量。

数据清洗目的:确保数据的准确性、完整性、一致性和可靠性,为后续数据分析、建模或可视化提供高质量的数据支持。

在 AI 财税工具与平台应用中,数据质量保障机制是确保 AI 财税平台高效、准确运

行的基础。其中,数据清洗作为数据预处理的关键环节,对于提升数据质量至关重要。

第三节 AI 数据标准化流程

AI 数据标准化流程,是指在 AI 开发过程中,将不同来源、格式和结构的数据转换为统一标准格式的过程。这一过程是确保数据质量、提高算法准确性和可靠性的关键步骤。

一、AI 数据标准化规范

AI 数据标准化,是指将不同格式、来源、结构的数据按照一定规范进行统一处理,使其符合特定的数据标准和要求。这一过程通常涉及数据的清洗、转换、整合和验证等步骤,旨在消除数据中的不一致性、冗余和错误,提高数据的质量和可用性。在实际操作中,可以利用数据集成工具和数据清洗工具简化数据标准化的流程。

AI 数据标准化流程是一个系统性的过程,它有助于提高数据的可比性和可分析性,为后续分析和决策提供可靠的数据基础。

【案例 4-2】AI 数据标准化流程案例

(一)案例背景

长江帮企银行面临着客户数据质量严重下滑的问题。大量客户数据存在不准确、不完整的情况,客户地址缺失率达 20%,电话号码缺失率为 15%,严重影响了企业的业务发展和风险管理。为扭转这一局面,行长吴丰强决定引入中财讯智能识别与清洗技术,全面开展客户数据标准化流程处理。

(二)操作步骤

1. 数据收集与整合

(1)数据收集:从多个源头收集客户数据,涵盖零售业务部门的客户账户信息系统,共获取客户账户信息 50 万条等;交易记录系统收集到过去 3 年的交易记录 200 万条;客服部门反馈系统收集到近 1 年的客户反馈信息 10 万条。

同时,从第三方数据供应商处获取了部分补充数据,如客户信用评级数据 30 万条,进一步丰富客户数据维度。

(2)数据整合:首先,使用数据去重算法,基于客户唯一标识对收集到的数据进行去重处理。经过初步筛选,发现并去除了重复数据约 5 万条,这些重复数据主要源于不同系统间的数据同步问题。

其次，根据业务逻辑和数据关联性，剔除与营销和风控工作无关的数据，如一些历史遗留的测试数据和系统日志信息，共清理无关数据约 10 万条。最终整合形成一个包含 275 万条记录的综合数据集，确保数据既全面又无冗余，为后续处理奠定基础。

2. 数据清洗

（1）缺失值处理：对于客户地址缺失值，利用智能识别技术，结合客户的交易地点、IP 地址以及第三方地理信息数据，自动填充了约 60% 的缺失地址，成功填充了地址 6 万个。对于剩余较难自动填充的地址，系统自动提示人工进行补充，人工处理完成率达到 90%，最终地址缺失率降至 1% 以内。

针对电话号码缺失值，通过与运营商数据进行匹配，自动填充了 40% 的缺失号码，约 6 万个。对于其他缺失号码，同样提示人工补充，人工补充完成率为 85%，使得电话号码缺失率从 15% 降低至 1% 左右。

（2）异常值处理：采用机器学习中的 Isolation Forest 算法识别交易金额中的异常值。在 200 万条交易记录中，共识别出异常交易金额 1 万个，根据业务规则，对于明显错误的负数金额，修正为零；对于过高的异常金额，经人工核实为真实大额交易则保留并标记，若为错误数据则修正为合理范围内的均值。经过处理，异常交易金额数量减少至 10 个，处理率达到 99%。

（3）对于日期格式错误，利用正则表达式和日期解析算法，自动识别并修正了错误日期记录约 8 万条，错误日期格式修正率达到 99%，确保所有日期字段格式统一规范。

格式统一：对于日期字段，统一转换为"YYYY－MM－DD"格式，共处理 200 万条交易日期和 50 万条开户日期等相关记录。

时间字段统一为"HH：MM：SS"格式，金额字段统一保留两位小数，并添加货币符号（人民币"￥"），确保数据格式在整个数据集中的一致性，便于后续数据分析工具的处理。

3. 数据标准化

（1）数据编码：针对客户等级字段，将"普通客户"编码为 1，"银牌客户"编码为 2，"金牌客户"编码为 3，"钻石客户"编码为 4，共处理客户账户信息中的客户等级数据 50 万条。

对于产品类别，如"储蓄产品"编码为 101，"信贷产品"编码为 102，"投资产品"编码为 103 等，完成对 200 万条交易记录中涉及的产品类别编码工作，使类别型数据能够直接应用于数据分析和建模算法。

（2）数据映射：建立详细的数据映射表，梳理不同系统中客户数据的对应关系。经过全面梳理，共建立了涵盖关键数据字段的映射表 200 余个，确保各系统间数据的一致性和可比性。

（3）数据校验：预设一系列校验规则，如客户年龄必须在合理范围内（18～100岁），交易金额必须大于0元等。通过编写校验算法，对清洗后的数据进行全面校验。在260万条记录中，AI共发现并自动修正了不符合规则的数据约5万条，确保数据的准确性、完整性和一致性达到99%。

4. 数据存储与质量监控

（1）数据存储：将清洗和标准化后的数据存储在企业新建的分布式数据仓库中，采用列式存储格式，以提高查询和分析效率。

（2）数据质量监控：建立实时数据质量监控体系，通过设定关键数据质量指标，利用自动化监控工具对存储的数据进行持续监测。每小时生成一次数据质量报告，发现数据质量指标超出预设阈值，系统立即发出警报。

在第28周的监控中，发现客户地址缺失率突然上升至5%，超过了预设的3%阈值。经调查发现是第三方地理信息数据接口出现故障，导致部分地址无法自动填充。及时修复接口后，地址缺失率恢复正常，确保了数据的持续高质量。

（三）案例效果

（1）数据质量提升：经过数据标准化流程处理，客户数据的准确性和完整性得到显著提升。地址缺失率从20%降至1%以内，电话号码缺失率从15%降至1%左右，异常交易金额处理率达到99%，数据准确性、完整性和一致性达到99%，为企业提供了高质量的数据基础。

（2）营销与风控支持：在营销方面，基于准确的客户画像，营销活动的精准度提高了30%，营销活动的响应率从之前的10%提升至50%，为企业带来了更多的潜在客户和业务机会；在风控方面，风控模型的误判率降低了35%，有效识别和防范了潜在风险，保障了企业的资产安全。

（3）数据安全与合规：数据质量的提升加强了企业的数据安全和合规。因数据问题引发的潜在法律风险和监管处罚概率降低了90%，提升了企业的整体运营稳定性和社会形象。

通过全面实施数据标准化流程，该企业成功攻克了客户数据质量难题，为企业的可持续发展和竞争优势奠定了坚实基础。

【案例4-3】集团内企业财务AI数据标准化流程案例

（一）案例背景

北京六九集团有限公司业务广泛，旗下拥有20个子公司及众多分支机构，各子公司和分支机构在财务数据处理方面各自为政，导致同一经济事项在不同子公司的财务记录中难以对应，对集团整体利润的估算偏差达到了 5%，严重影响了集团高层的战略决策。

（二）数据标准化操作步骤

1. 会计科目编码统一

（1）梳理与评估：集团财务部门与信息技术部门组建联合项目小组，用 2 周时间对各子公司和分支机构的现有会计科目编码进行全面梳理。共收集到不同的编码体系 20 套，涵盖了会计科目编码 5 000 余个。发现部分编码体系过于陈旧，无法适应新的业务需求；部分编码规则混乱，导致编码重复或含义不明确。

（2）制定规则：依据最新会计准则和集团自身业务特点，联合小组制定了一套全新的统一会计科目编码规则。新规则采用 7 位数字编码，前 2 位代表会计科目类别，中间 3 位表示具体的科目大类，后 2 位为具体明细科目编号。经过 3 轮修改完善，确保新规则既符合行业标准，又满足集团内部管理需求。

（3）自动识别与转换：利用 AI 技术开发专门的编码转换工具。在实际转换过程中，对 5 000 余个会计科目编码进行了转换操作，准确率达到 99%。对于剩余 1% 未能准确转换的编码，系统自动标记并提示人工干预。经过 3 周的努力，所有子公司和分支机构的会计科目编码成功统一。

2. 会计科目命名规范

（1）制定规则：集团制定了详细的会计科目命名规则，要求会计科目名称应准确反映经济业务内容，采用简洁明了的语言表述，避免使用模糊或易产生歧义的词汇。

（2）自动检查与修正：借助 AI 自然语言处理技术，开发会计科目名称检查工具。在对 20 个子公司的 5 000 余个会计科目名称进行检查时，共发现问题 800 余处。

例如，部分子公司将"固定资产"误写为"固定资厂"，将"主营业务收入"命名为"主营收入"不符合格式要求。针对这些问题，系统自动根据设定的规则进行修正，修正准确率达到 99%。对于剩余 1% 较复杂的问题，如由业务理解差异导致的命名不准确，由集团财务专家进行人工审核和修正。经过 2 周的处理，所有会计科目名称均符合规范要求。

3. 数据清洗与映射

（1）数据清洗：运用 AI 技术对财务数据进行全面清洗。在处理缺失值方面，对于数值型数据，采用均值填充法或回归预测法进行填充。在 100 万条财务数据记录中，共发现 5 000 条存在数值型缺失值，经过处理后，数据完整性达到 99.9%。对于异常值，通过建立数据分布模型，识别出偏离正常范围的数据点。

（2）数据映射：建立详细的数据映射表，将各子公司原有的财务数据与统一的会计科目体系进行对应。

例如，长沙子公司的"应收货款"科目对应统一会计科目体系中的"应收账款——货款"。映射表涵盖了所有子公司的5 000余个会计科目及相关财务数据字段。通过AI技术自动进行数据映射操作,在映射过程中,对每条数据进行准确性验证,确保映射后的财务数据与统一会计科目体系准确匹配。经过4周的努力,完成了所有子公司财务数据的映射工作,实现了财务数据的整合和统一。

4. 持续监控与更新

(1) 监控体系建立:构建数据质量监控体系,利用AI技术实时监测财务数据的变化情况。每小时对财务数据进行一次全面扫描,一旦发现数据质量指标偏离正常范围,系统立即发出警报。

例如,天津子公司新录入的一笔财务数据中会计科目编码不符合统一规则时,系统在5秒钟内发出警报,并提示相关人员进行处理。

(2) 持续监控与处理:在实施监控的第一个月,共发现数据不一致问题30起,主要包括会计科目编码错误、名称使用不规范等。针对这些问题,相关人员及时进行修正,并对涉及的业务流程进行了优化,防止类似问题再次发生。随着监控体系的持续运行,数据不一致问题逐月减少,第二个月降至15起,第三个月降至5起。

(3) 定期更新:根据业务发展和行业标准变化,每季度对会计科目编码和命名规则进行一次评估与更新。

例如,在会计科目编码体系中新增了"1503——长期股权投资——新兴产业投资"科目,并相应更新了命名规则和数据映射表,确保财务数据标准化始终适应企业发展需求。

(三) 案例效果

(1) 数据一致性与可比性提升:通过实施数据标准化流程,集团内部财务数据的一致性与可比性得到显著提升。各子公司的财务数据能够按照统一的会计科目编码和命名规则进行呈现与分析,以往由数据不一致导致的财务分析问题得到彻底解决。

(2) 财务分析与决策支持加强:标准化后的数据为集团层面的财务分析和决策提供了有力支持。基于准确一致的数据,财务分析报告的质量大幅提升,为高层决策提供了更可靠的依据。

(3) 业务风险降低与运营效率提高:数据质量的提升降低了集团因数据问题而产生的业务风险。每年因数据问题引发的潜在经济损失从原来的500万元降至5万元以内。同时,整体运营效率得到提高,各子公司与集团之间的财务数据传递和处理更加顺畅,财务部门的工作效率提升了90%,能够将更多精力投入财务管理和战略支持工作。

通过全面、深入地实施数据标准化流程,该企业集团成功解决了财务数据不一致的问题,提升了企业的财务管理水平和综合竞争力。

二、提高数据质量和管理效率

税务数据格式规范是税务系统信息化和标准化的重要组成部分，它有助于提高税务工作的效率和质量，促进税收的公平、透明和合法性。

在 AI 财税工具与平台应用中，数据质量保障机制对于确保税务数据的准确性和合规性至关重要。数据清洗规则与方法中的数据标准化流程，特别是针对税务数据的格式规范，是提升数据质量的关键环节。

第四节　AI 财税数据安全体系构建

AI 财税数据安全体系，是指一系列用于确保 AI 在财税领域应用过程中数据的安全性、完整性和保密性的措施与机制。这个体系涵盖了数据的采集、存储、处理、传输和销毁等各个环节，旨在保护财税数据免受未经授权的访问、泄露、篡改或破坏。

构建 AI 财税数据安全体系需要从数据分类与分级管理、数据加密与隐私保护、访问控制与权限管理、安全审计与监控、应急响应与灾难恢复、合规性管理以及持续更新与优化等多个方面入手，确保财税数据的安全性和合规性。

一、数据加密算法的应用

在 AI 财税工具与平台应用中，数据加密算法是构建 AI 财税数据安全体系的重要组成部分，它广泛应用于数据存储与传输过程中，确保数据的安全性和隐私性。

数据加密算法是一种用数学方法对数据进行变换的技术，目的是保护数据的安全，防止被未经授权的人读取或修改。

常见的数据加密算法可以分为对称加密算法、非对称加密算法和哈希算法三大类。

（一）数据加密算法在数据存储中的应用

在 AI 财税平台中，数据存储是数据安全的重要环节。为了确保存储在平台上的财税数据不被未经授权的人访问和窃取，可以采用以下数据加密算法。

（1）对称加密算法：如 AES（高级加密标准）。这种算法使用相同的密钥进行加密和解密，具有加密速度快、效率高的特点。

（2）非对称加密算法：如 RSA（Rivest–Shamir–Adleman）。这种算法使用一对密钥进行加密和解密，公钥用于加密数据，私钥用于解密数据。

（二）数据加密算法在数据传输中的应用

在 AI 财税平台中，数据传输是数据流动的必经环节。

（1）对称加密算法：在数据传输过程中，对称加密算法同样可以用于加密数据，确保数据在传输过程中的保密性。对称加密算法的加密速度快，适用于对实时性要求较高的数据传输场景。

（2）非对称加密算法：在数据传输过程中，非对称加密算法可以用于建立安全的通信通道。

（三）数据加密算法的选择与应用策略

在选择数据加密算法时，需要根据 AI 财税平台的具体需求和业务场景进行评估与选择。

（1）综合考虑算法的安全性、效率和兼容性：选择加密算法时，需要综合考虑算法的安全性、加密效率和兼容性等因素。

（2）实施分层加密策略：为了提高数据的安全性，可以实施分层加密策略，在数据传输层使用非对称加密算法对传输的对称加密密钥进行加密保护。

（3）定期更新和更换加密算法：随着技术的发展和攻击手段的不断变化，需要定期更新与更换加密算法以应对新的安全威胁和挑战。

二、用户身份认证与授权管理机制

在 AI 财税工具与平台应用中，构建 AI 财税数据安全体系时，用户身份认证与授权管理机制是至关重要的一环。这一机制旨在确保只有经过授权的用户才能访问和操作财税数据，从而保护数据的机密性和完整性。

【案例4-4】企业 AI 财税系统角色权限设置案例

（一）案例背景

江西华国科技有限公司业务范围广泛，财务工作复杂且重要，涉及大量敏感数据和关键操作。为确保 AI 财税系统的安全、高效运行，保障财务数据的准确性与保密性，该企业通过合理分配权限，使不同岗位员工只能访问和操作与其职责密切相关的数据和功能，既提升了工作效率，又有效防范了潜在风险。

（二）角色权限设置详解

1. 出纳角色

（1）角色定义：负责企业日常资金收付业务，确保资金流转的准确与及时。

（2）权限分配。

①资金收付操作权限：有权在 AI 财税系统中执行收款和付款操作。

②账户余额查询权限：可实时查询企业银行账户余额，以便合理安排资金收付。

③资金流水记录查看权限：能够查看与自身操作相关的资金流水记录，方便核对账目。

④禁止权限：无法查看财务报表，防止财务数据泄露；同时，不能进行财务数据的修改、删除等操作，避免误操作或恶意篡改数据。

（3）操作步骤。

①资金收付操作：登录AI财税系统，进入资金管理模块。点击"收款"或"付款"按钮，AI财税系统自动提示相关信息，如交易金额、对方账户信息、业务摘要等。仔细核对信息无误后，点击"提交"按钮完成操作。系统会自动记录操作日志，以便后续审计。

②账户余额查询：在资金管理模块中，点击"账户余额查询"按钮，选择需要查询的银行账户，系统即时显示该账户的当前余额。

2. 会计角色

（1）角色定义：负责企业财务核算工作，准确记录各项经济业务，编制财务报表。

（2）权限分配。

①凭证核验与修改权限：有权在AI财税系统中核查各类记账凭证，确保经济业务准确记录。

②账目查询与核对权限：可查询各类账目，包括总账、明细账等，以便进行账目核对和财务分析。

③财务报表编制权限：负责应用AI编制资产负债表、利润表、现金流量表等常规财务报表。

④禁止权限：不能直接进行资金收付操作，避免资金管理混乱；同时，未经授权无法删除已审核的凭证和报表，确保财务数据的完整性和不可随意修改。

（3）操作步骤。

①凭证核验：登录AI财税系统，进入凭证核验模块。选择相应的凭证类型，如收款凭证、付款凭证、转账凭证等。核验完成后，点击"保存"按钮，系统自动进行借贷平衡校验，如校验通过，凭证保存成功；如不通过，提示错误信息，需修改后重新保存。

②财务报表编制：在AI财务报表模块中，点击"编制报表"按钮。系统自动从已录入的凭证和账目数据中提取相关信息，生成报表初稿。会计人员需对报表数据进行核对和调整，确保数据准确无误。核对完成后，点击"提交"按钮，AI完成报表编制。

3. 财务部部长或经理角色

（1）角色定义：负责财务管理和监督工作，对财务工作的整体质量和进度负责。

（2）权限分配。

①凭证审核权限：有权审核会计录入的记账凭证，确保凭证的准确性和合规性。

②财务报表审核权限：审核AI编制的财务报表，确保报表数据真实、准确、完整。

③预算管理权限：可制定、调整和监控企业AI的财务预算。

④部分财务数据修改权限：在特定情况下，如因政策变更或业务调整，经上级领导审批后，可对部分财务数据进行修改。

⑤禁止权限：不能直接进行资金收付操作，避免利益冲突；不能随意删除重要财务数据，除非经过严格的审批流程。

（3）操作步骤。

①凭证审核：登录AI财税系统，进入凭证审核模块。系统显示待审核凭证列表，点击凭证可查看详细内容。仔细核对凭证的各项信息，包括业务真实性、科目使用准确性、金额计算正确性等。如审核通过，点击"审核通过"按钮；如不通过，点击"驳回"按钮，并在备注栏详细说明原因。

②预算管理—制定预算：在预算管理模块中，点击"制定预算"按钮。根据企业战略目标和历史财务数据，设定各项预算指标，如收入预算、成本预算、费用预算等。设置完成后，提交上级领导审批。

4. 财务总监CFO角色

（1）角色定义：全面负责企业财务管理和决策，对企业财务状况和经营成果负责。

（2）权限分配。

①所有财务数据访问权限：可查看企业AI财税系统中的所有数据，以便全面了解企业财务状况。

②审批决策权限：对重大财务事项，如大额资金支出、投资决策、融资方案等进行审批。

③财务制度制定与修改权限：有权制定与修改企业财务制度，确保财务工作规范有序。

④人员权限调整权限：可根据企业财务工作需要，调整财务人员的角色权限。

（3）操作步骤。

①审批重大财务事项：收到相关部门提交的重大财务事项申请后，登录AI财税系统，查看与该事项相关的详细财务数据和分析报告。如同意该事项，在系统中点击"审批通过"按钮；如不同意，注明原因并驳回申请。

②人员权限调整：在系统管理模块中，进入用户权限管理页面。根据员工新的岗位职责，勾选相应的权限选项，确认无误后点击"保存"按钮，完成权限调整。

5. 税务申报员角色

（1）角色定义：负责企业税务申报工作，确保按时、准确提交税务申报表。

（2）权限分配。

①税务申报表录入与提交权限：有权在 AI 财税系统的税务管理模块中操作各类税务申报表。

②税务数据查询权限：可查询与税务申报相关的数据，以便准确核验申报表。

③禁止权限：无法修改已提交的申报表，避免随意修改申报数据；同时，不能进行税务审核操作，确保税务申报与审核的职责分离。

（3）操作步骤。

①税务申报表数据核验：登录 AI 财税系统，进入税务管理模块。选择需要核验的税务申报表类型，按照系统提示，依次核验各项申报数据。

②校验：系统自动进行数据逻辑关系校验、数据格式校验等。如校验通过，继续下一步；如不通过，提示错误信息，需修改后重新核验。

③提交：填写完成后，点击"提交"按钮，将申报表提交至税务审核员。

6. 税务审核员角色

（1）角色定义：负责审核税务申报员提交的税务申报表，确保申报数据的准确性和合规性。

（2）权限分配。

①税务申报表审核权限：查看税务申报员提交的所有税务申报表，对申报数据进行审核。

②申报表驳回与批注权限：对于不符合要求的申报表，有权驳回给税务申报员，并在系统中详细批注驳回原因。

③税务政策解读与指导权限：为税务申报员提供税务政策解读和申报指导，确保申报工作符合法规要求。

④禁止权限：不能直接修改税务申报表中的数据，未经授权无法提交税务申报表，确保审核流程的严格执行。

（3）操作步骤。

①税务申报表审核：登录 AI 财税系统，进入税务审核模块。系统显示待审核的税务申报表列表，点击申报表可查看详细内容。

②核对：依据税务法规和企业实际业务情况，对申报数据进行逐一核对，包括收入、成本、费用的计算是否准确，税收优惠政策的适用是否正确等。

③审核：如审核通过，点击"审核通过"按钮，申报表进入"税务经理"流程；如不通过，点击"驳回"按钮，并在备注栏详细说明驳回原因。

7. 税务经理角色

（1）角色定义：全面负责企业税务管理工作，制定税务策略，协调税务相关事务。

（2）权限分配。

①税务申报最终审核与提交权限：对税务申报表进行最终审核，确认无误后提交至"金四系统"。

②税务风险评估与防控权限：定期对企业税务风险进行评估，制定防控措施。每季度进行税务风险评估1次，根据评估结果制定相应的风险防控方案。

③税务优化权限：根据企业业务特点和税收政策，制定税务优化方案，降低企业税务成本。每年制定税务优化方案2~3次。

④税务团队管理权限：管理税务申报员和税务审核员的工作，分配任务，监督工作进度和质量。每月对税务团队成员进行工作指导和绩效评估。

（3）操作步骤。

①税务申报最终审核与提交：登录AI财税系统，进入税务管理模块的最终审核页面。查看税务审核员审核通过的税务申报表及审核意见，再次核对申报数据的准确性和合规性。确认无误后，点击"提交至税务机关"按钮，完成申报流程。同时，系统自动记录申报时间、申报数据等信息，以便后续查询和审计。

②税务风险评估：在税务风险管理模块中，点击"风险评估"按钮。系统自动收集企业财务数据、税务申报数据等相关信息，结合税务法规和行业标准，生成风险评估报告。税务经理根据报告内容，分析企业存在的税务风险点，并制定相应的防控措施，调整业务流程等。

（三）实施效果

通过精细的角色权限设置，该大型企业AI财税系统运行更加安全、高效。财务数据的准确性和保密性得到有效保障，由权限混乱导致的数据泄露和误操作事件几乎为零。

税务申报的准确率从之前的90%提升至99.5%，财税报表编制和审核时间平均缩短了80%。同时，严格的权限控制有助于企业遵守相关法规政策，降低税务风险和财务风险，为企业的稳定发展提供有力支持。

（四）特别提示

角色权限设置在AI财税平台中的应用案例多种多样，核心目的都是确保数据的安全性和业务的合规性。通过精细的角色权限设置，平台可以确保每个用户只能访问和操作与其职责相关的数据及功能，从而防止数据泄露和业务违规风险的发生。在实际应用中，企业应根据自身的实际情况和需求设置与调整角色权限，以确保平台的稳定性和安全性。

三、数据备份策略

数据备份策略，是指确定需要备份的内容、备份时间以及备份方式的一系列计划和措施。

全量备份是一种重要的数据备份方式,具有数据完备、安全性高、恢复简单等优点,但同时存在备份和恢复时间长、对系统性能影响大等缺点。全量备份通常用于那些对数据一致性和完整性要求较高的系统中,在制定数据备份策略时,全量备份也常被用作基础备份,与其他备份方式结合使用,可以提高备份效率和恢复速度。

【案例 4-5】全量备份保障数据安全案例

(一) 案例背景

北京康乐有限公司引入中财讯 AI 财税工具与平台,集成了发票管理、账务处理、税务申报等多项核心财税功能,随着平台数据量的日益增长以及数据重要性的不断凸显,数据安全成为企业面临的关键问题。为了有效应对可能出现的数据丢失、系统故障等风险,确保平台数据的安全性和完整性,企业决定在中财讯"银河链"中实施定期的全量备份策略。

(二) 操作步骤

1. 备份前准备

(1) 评估数据规模。通过数据库管理工具统计发现,平台存储的数据量约为 500 吉字节,其中发票数据占比 30%,约 150 吉字节,包含过去 3 年的各类发票扫描件、电子发票信息以及相关的发票处理记录;账务处理数据占比 40%,约 200 吉字节,涵盖了企业的日常记账凭证、总账、明细账等财务账目数据;税务申报数据占比 20%,约 100 吉字节,包含历年的纳税申报表、税务报表以及税务申报过程中的相关数据;其他辅助数据占比 10%,约 50 吉字节,如系统配置信息、用户权限数据等。数据类型包括结构化数据、半结构化数据以及非结构化数据(如发票扫描件等图像文件)。根据对这些数据规模和类型的分析,技术团队初步估算,完成一次全量备份需要 4~6 小时,并且需要至少 1 太字节的备份存储空间以应对未来半年的数据增长。

(2) 选择备份工具。基于对数据规模和备份需求的分析,企业在市场上调研了多款备份工具,并进行了实际测试。经过对比,最终选择了一款名为中财讯"银河链"的备份工具。该工具具有能够保证数据永不消灭、永不被修改、绝对保密和永远可以追索与调用的优势。

2. 执行全量备份

(1) 登录备份系统。企业安排专人负责备份任务,该人员使用特定的用户名和密码登录中财讯"银河链"备份系统的管理界面。登录成功后,系统会显示备份系统的主控制台,包括已配置的备份任务列表、监控信息以及系统设置等功能模块。

(2) 设置备份任务。在备份系统界面中,操作人员点击"新建备份任务"按钮,开始设置全量备份任务。

（3）启动备份任务。操作人员点击"保存并启动"按钮，正式启动备份任务。中财讯"银河链"开始按照设定的参数，从 AI 财税平台数据库中读取所有数据。在全量备份过程中，由于数据量较大，备份任务所需的时间完全取决于网络传输速度，大约 4 小时可以完成。

（4）监控备份过程。在备份任务执行过程中，操作人员可以通过备份系统的监控界面实时查看备份进度和状态。监控界面以可视化图表的形式展示备份任务的执行情况，包括数据读取速度、数据传输速度、已备份数据量占总数据量的百分比等关键指标。同时，系统会实时记录备份过程中的任何错误或异常信息。

（三）案例总结

本案例充分展示了全量备份在 AI 财税平台数据安全体系构建中的重要性。通过定期执行全量备份任务，企业能够确保 AI 财税平台数据的完整性和可用性。在遭遇数据丢失、系统故障等突发事件时，企业能够凭借备份数据快速恢复业务，保障财税管理工作的正常进行。

第五章
AI 智能记账与财务流程重塑

AI 智能记账，通常是指利用科技手段，如 AI、大数据等，进行账目记录、分类、统计和分析的一种财务管理方式。它能够自动化处理财务数据，提高记账效率，帮助用户更好地管理个人或企业的财务状况。

通过打通财务和业务数据、内部与外部数据，AI 技术可以帮助企业搭建财务预测和规划平台，提升决策的效率和精度。智能财税平台还内置了丰富的财务报表和分析工具，有助于企业深入挖掘财务数据背后的价值，发现经营中的亮点与不足，从而制定更加科学合理的经营策略。

第一节 AI 识别与自动记账的原理及技术

AI 识别，是指利用 AI 技术，使计算机系统能够模拟人类的感知和认知能力，对各种类型的数据（如图像、语音、文字、视频等）进行分析、理解和判断，从而识别出其中包含的特定信息、模式、对象或特征的过程。通过 AI 识别，计算机可以从大量复杂数据中提取有价值的内容，并根据预设的规则或模型做出相应的决策或反馈。

AI 识别技术是 AI 领域的一个重要分支，它融合了机器学习、深度学习、模式识别、计算机视觉、自然语言处理等多种技术，旨在使计算机具备类似于人类的识别和理解能力。其核心概念是通过构建和训练模型，使计算机能够自动学习与发现数据中的规律和特征，从而实现对未知数据的准确识别和分类。AI 识别技术可以应用于众多领域，如安防监控、医疗诊断、自动驾驶、智能家居、金融风控等，为各行业提供智能化的解决方案，提高工作效率和决策准确性，推动各领域的数字化和智能化发展。

自动记账原理，是指利用计算机技术和特定的算法，模拟人工记账的逻辑和流程，依据预先设定的规则和数据接口，自动对经济业务数据进行采集、分类、记录、汇总和报告等一系列会计处理操作的基本原理。它旨在通过自动化手段，减少人工干预，提高记账的准确性和效率，确保财务数据的及时性和可靠性。

自动记账技术是实现自动记账功能的各种技术手段和方法的集合。它综合运用了计算机编程、数据挖掘、AI、OCR、电子数据交换（EDI）等多种技术，将各种来源的财务数据进行整合和处理，转化为符合会计规范和企业需求的记账信息，并生成相应的财务报表和分析报告。

一、OCR 技术精解

目前来讲，在 AI 智能记账与财务自动化流程的重塑过程中，发票智能识别与自动记账的实现离不开 OCR 技术的支持。OCR 技术是一种利用计算机自动识别和解析图像中文字信息的技术，它在发票智能识别与自动记账中发挥着至关重要的作用。

（一）OCR 技术原理

OCR 技术的基本原理是通过扫描仪或相机等设备，将纸质文档、图片等载体上的文字图像输入计算机，然后经过一系列图像处理和分析，最终将图像中的文字信息转换为计算机可编辑和处理的文本数据。

（1）图像预处理：图像预处理是 OCR 技术的第一步，它通过对输入的图像进行灰度化、二值化、去噪、倾斜校正等操作，提高图像质量，进而提升后续处理的效率和准确性。

（2）文字检测：文字检测的目的是确定图像中文字的位置和范围。基于深度学习的文字检测方法通常使用 CNN 进行特征提取，然后结合区域提议网络（RPN）或边界框回归等技术，实现文字区域的定位和分割。

（3）文字识别：文字识别是将图像中的文字转换为计算机可读的字符信息的过程。基于深度学习的文字识别方法通常使用 RNN 或 LSTM 进行字符识别和转换。

（4）后处理：后处理是对识别结果进行修正和优化的过程。通过纠正错误、校正倾斜、去除冗余等操作，可以提高最终结果的准确性和可读性。

（二）OCR 技术在智能识别与自动记账中的应用

在发票智能识别与自动记账中，OCR 技术主要用于识别发票上的文字信息，并将其转换为计算机可编辑和处理的文本数据。

（1）图像采集：通过扫描仪或摄像头等设备采集发票图像。

（2）图像预处理：对采集到的发票图像进行灰度化、二值化、去噪、倾斜校正等操作，提高图像质量。

（3）文字检测与识别：利用 OCR 技术检测发票图像中的文字区域，并识别出文字内容。

（4）信息提取与结构化：将识别出的文字信息提取出来，并按照一定的格式进行结构化处理。

(5) 自动记账：将结构化后的发票信息导入 AI 财税系统中，实现自动记账。

二、AI 记账的集成接口与数据传输

AI 财务记账系统的集成接口，是指用于连接财务记账系统与其他业务系统的技术手段。这种接口能够实现财务数据的实时共享、自动更新和自动化处理，从而提高工作效率和数据准确性。

（一）常见类型

(1) API 接口：实现数据的实时交互和处理，支持复杂业务需求。

(2) 数据库接口：通过直接访问财务记账系统的数据库实现数据交换。

(3) 文件接口：通过文件的读写操作实现数据交换，适用于批量数据处理和备份等场景。

(4) Web 服务接口：实现远程数据访问和操作，适用于云端应用和移动端应用等场景。

（二）应用场景

(1) ERP 系统集成：将财务记账系统与 ERP 系统集成，实现财务数据与业务数据的实时共享和联动。

(2) 银行系统对接：实现财务记账系统与银行系统的对接，自动化处理银行对账和资金划转等业务。

【案例 5-1】AI 记账系统数据交互智能化案例

（一）案例背景

北京莲娜超市连锁有限公司在日常运营中，每天会产生大量的发票，涉及采购、销售、费用报销等各类业务。为提升财务管理效率和准确性，企业总裁张瑞娜决定引入中财讯 AI 财税管理工具，并与现有的财务记账系统进行集成，实现发票智能识别与自动记账。

（二）数据交互流程及操作步骤

1. 发票扫描与识别

(1) 操作主体：企业财务人员或相关业务人员。

(2) 操作步骤：用户使用 AI 财税工具的扫描功能，通过 App 或连接到电脑的专业扫描设备，对发票进行扫描。系统能够快速识别发票上的关键信息，如发票号码、日期、金额、开票单位、购买方信息、商品或服务明细等。识别一张发票的关键信息平均耗时约 2 秒，识别准确率达到 99% 以上。对于一些复杂发票或印刷质量不佳的发票，可能需要人工辅助确认部分信息，人工干预率约为 1%。

2. 数据预处理

（1）操作主体：AI 财税工具后台系统。

（2）操作步骤：系统对提取出的发票信息进行预处理。首先进行数据清洗，检查并纠正数据中的错误和异常值。例如，检查金额字段是否为数字且大于 0，日期格式是否符合规范，等等。对于不符合要求的数据，系统会自动标记并尝试进行修正，若无法自动修正则提示人工处理。在数据清洗过程中，每张发票平均发现并处理 0~1 个数据问题。

3. 数据传输

（1）操作主体：AI 财税工具与财务记账系统之间的交互程序。

（2）操作步骤：预处理后的发票数据通过 API 接口传输到财务记账系统。每天传输的发票数据量约为 50 家分支机构×50 条发票记录/分支机构=2 500 条发票记录，数据量约为 1 兆字节（每条发票记录平均大小为 400 字节）。由于采用高速网络连接，且数据量相对较小，传输 2 500 条发票记录的总耗时为 1~2 分钟。

4. 数据接收与解析

（1）操作主体：财务记账系统。

（2）操作步骤：财务记账系统接收到加密的发票数据后，首先进行解密操作。解密完成后，系统根据预设的解析规则对发票数据进行解析，将不同的信息字段提取出来并分类。系统根据发票上的商品明细和预设规则，将金额自动录入对应的会计科目下。数据解析和录入过程每张发票平均耗时约 2 秒。

5. 自动记账与审核

（1）操作主体：财务记账系统。

（2）操作步骤：财务记账系统完成数据录入后，自动进行记账处理，生成相应的记账凭证。每天生成的记账凭证数量约为 2 500 条。同时，系统依据预设的审核规则对记账结果进行自动审核，检查借贷是否平衡、科目使用是否正确、金额是否准确等。对于无法自动处理的问题，系统会标记并提示财务人员进行人工审核。整个自动记账与审核过程每张发票平均耗时约 3 秒。

6. 反馈与通知

（1）操作主体：财务记账系统与 AI 财税工具之间的交互程序。

（2）操作步骤：完成记账后，财务记账系统通过 API 接口向 AI 财税工具发送反馈消息，通知用户记账结果。反馈消息包括记账是否成功、失败则说明失败原因等信息。用户在 AI 财税工具的界面上可以随时查看和管理自己提交发票的记账状态与账目信息。每天约有 2 500 次反馈消息的发送与接收，成功率达到 99.9%。

（三）案例特点与优势

1. 高效性

通过自动化的发票识别与记账流程，显著提高了工作效率。以往人工录入一张发票信息并完成记账平均需要 2~3 分钟，现在整个流程（从发票扫描到记账完成）平均每张发票仅需 25 秒 [5 秒识别 +3 秒预处理 +1~2 分钟传输（分摊到每张发票 3~4 秒）+5 秒解析录入 +8 秒记账审核]，效率提升了约 600%，大大减少了人工录入的时间和成本。

2. 准确性

利用 AI 技术进行发票识别和数据处理，大大提高了数据的准确性和一致性。传统人工录入方式，错误率为 5%~10%；而现在通过 AI 识别和自动化处理，错误率降低至 0.1% 以内，有效地降低了人为错误的风险，为企业财务管理提供了更可靠的数据支持。

3. 集成性

通过标准的 API 接口实现与财务记账系统的无缝集成，使得两个系统能够协同工作。这种集成方式降低了系统间的数据对接难度，提高了整体系统的稳定性和可扩展性。

4. 安全性

在数据传输过程中采用 SSL/TLS 加密协议，确保数据在传输过程中的安全性，防止数据被窃取或篡改。同时，AI 财税工具和财务记账系统均设置了严格的身份验证与权限控制机制，只有经过授权的用户才能访问和操作相关数据，有效防止未经授权的访问和数据泄露，保障企业财务数据的安全。

（四）使用效果

通过对财务记账系统的集成接口和数据传输流程设计，AI 财税工具实现了发票智能识别与自动记账的高效、准确运行，为企业财务管理带来了极大的便利和效益，提升了企业的财务管理水平和竞争力。

【案例 5-2】总分机构数据交互智能化案例

（一）案例背景

上海光辉连锁超市有限公司在全国拥有分支机构 50 家，各分支机构每天产生大量的销售数据、库存数据等业务数据，需要及时传输至企业数据中心进行汇总分析，以便企业管理层做出决策。

（二）操作步骤

1. 数据准备阶段

（1）数据收集：各分支机构的业务系统在每天营业结束后（晚上 10 点），自动收集当天的销售数据、库存数据等。以兰州分支机构为例,每天产生销售记录约2 000条,库存变动记录约500条。销售数据包括销售单号、销售时间、商品名称、销售数量、销售金额、客户信息等字段,库存数据包含商品编号、库存数量、入库时间、出库时间等字段。

(2)数据整合:分支机构的ETL工具将收集到的不同类型数据进行整合,形成一个综合的数据文件。这个过程会对数据进行初步的清洗和转换,例如,检查数据格式是否正确,将日期格式统一为"YYYY-MM-DD"。整合后的数据文件大小约为10兆字节。

2. 数据传输阶段

(1)连接建立:分支机构的传输程序在晚上11点通过企业内部专用网络(VPN)与企业数据中心建立加密连接。VPN的带宽为100兆位/秒,确保数据能够快速传输。连接建立过程通常在1~2分钟完成。

(2)数据传输:传输程序将整合好的数据文件通过已建立的VPN连接发送至企业数据中心。由于数据文件大小约为10兆字节,按照100兆位/秒的带宽计算,理论传输时间约为0.8秒(10兆字节×8比特/100兆位÷秒≈0.8秒)。但考虑到网络延迟和其他因素,实际传输时间平均为2~3秒。

(3)数据校验:企业数据中心在接收到数据文件后,会立即对数据进行校验。采用MD5校验算法,计算接收到的数据文件的MD5值,并与分支机构在发送前计算并附带的数据文件MD5值进行比对。两个MD5值一致,则说明数据在传输过程中未被篡改,数据校验通过;如不一致,则判定数据传输有误,企业数据中心会向分支机构发送重新传输的请求。数据校验过程一般在1~2秒完成。

3. 数据接收与处理阶段

(1)数据存储:数据校验通过后,企业数据中心将数据文件存储到专门的存储服务器中。存储服务器采用分布式存储架构,具备高可靠性和扩展性。

(2)数据解析与入库:企业数据中心的ETL工具对存储的数据文件进行解析,将数据按照不同的业务表结构,分别插入相应的数据库表中。数据解析与入库过程根据数据量大小,一般在5~10分钟完成。

4. 异常处理流程

(1)传输中断处理:在数据传输过程中出现网络中断等异常情况,传输程序会自动记录已传输的字节数,并在网络恢复后,从断点处继续传输剩余数据。

(2)数据校验失败处理:数据校验失败,分支机构在收到重新传输请求后,会对数据文件进行检查,确认无误后重新计算MD5值并再次发送。重新发送的数据再次校验失败,分支机构技术人员会人工介入,检查数据收集、整合过程是否存在问题,直至数据校验通过。

(三) 数据传输效果

通过上述数据传输流程，企业实现了分支机构与数据中心之间高效、准确的数据传输。每天的数据传输成功率达到 99.5% 以上，由传输问题导致的数据丢失或错误率低于 0.5%。这些准确及时传输的数据为企业的销售分析、库存管理、决策制定等提供了有力支持，帮助企业更好地优化运营策略，提升市场竞争力。

第二节　AI 账务处理自动化的全流程精解

AI 账务处理自动化的全流程，是指从凭证生成到结账与报表编制。

一、AI 凭证生成、结账与报表编制的步骤

第一步：凭证生成。

第二步：账务处理。

第三步：结账与报表编制。

AI 报表编制基于账务数据，系统会自动编制各类财务报表，如资产负债表、利润表、现金流量表等。这些报表不仅符合会计准则和税务要求，还能通过图表、趋势线等形式直观展示企业财务状况。

【案例 5-3】 AI 账务处理全流程演示案例

(一) 案例背景

九江蔚越电气机械制造有限公司业务涵盖原材料采购、生产加工、产品销售等多个环节，日常财务交易频繁。为提升账务处理效率与准确性，公司 CEO 井段富决定引入中财讯智能财税平台，实现账务处理自动化。

(二) 操作步骤

1. 数据导入

(1) 操作主体：企业财务人员。

(2) 操作步骤：财务人员每月初将上月的银行流水文件（格式为 CSV，平均文件大小约 500 千字节）和发票信息（以电子发票 PDF 文件为主，每月约 300 张，每张平均 200 千字节，总大小约 60 兆字节）导入智能财税平台。银行流水文件可通过平台的数据导入功能，直接上传至指定位置；发票信息则可通过批量上传功能，一次性将当月所有发票上传。在导入过程中，平台会自动检查文件格式和完整性，如文件格式有误或

数据不完整，系统会弹出提示框告知财务人员。银行流水导入时间为 1~2 分钟，发票批量上传时间为 3~5 分钟。

2. 智能识别与分类

（1）操作主体：智能财税平台系统。

（2）操作步骤：平台利用先进的 AI 技术和预设的规则模型，对导入的银行流水和发票信息进行智能识别与分类。对于银行流水，系统根据交易摘要、金额流向等信息，识别每笔交易的性质，如销售收入、采购支出、费用支付等。

例如，当交易摘要中包含"销售产品给××公司"字样，且金额为正数流入时，系统自动将其归类为销售收入。对于发票信息，系统通过 OCR 技术提取发票关键信息，如发票类型、开票方、收票方、金额、税额等，并根据发票类型和业务逻辑进行分类。如销售发票自动归类为应收账款，采购发票归类为应付账款。

在这个过程中，银行流水识别准确率达到 99% 以上，发票识别准确率达到 99% 以上。对于无法准确识别的交易，系统会标记为"待人工确认"，每月银行流水约有 1%、发票约有 1% 需人工辅助分类。

3. 自动生成凭证

（1）操作主体：智能财税平台系统。

（2）操作步骤：系统依据识别与分类结果，按照预设的会计规则自动生成记账凭证。例如，对于一笔销售业务，系统生成的记账凭证分录为借：应收账款——××公司（根据发票上的购买方确定），贷：主营业务收入（发票金额不含税部分），贷：应交税费——应交增值税——销项税额（发票税额部分）。每月平均生成记账凭证约 500 张，生成每张凭证的时间为 2~3 秒。生成的凭证会自动编号，并记录生成时间。

4. 自动过账与核对

（1）操作主体：智能财税平台系统。

（2）操作步骤：生成的记账凭证自动过账到总账、明细账等账簿中。在过账过程中，系统会进行账目一致性检查，确保总账与明细账数据的一致性。

每月自动过账过程中，有 1~2 次由数据异常导致的暂停过账情况，主要原因是智能识别分类时的个别错误或人工调整分录后未及时更新相关数据。财务人员根据提示信息进行修正后，可继续完成过账。整个自动过账与核对过程为 1~3 分钟。

5. 调整分录

（1）操作主体：智能财税平台系统。

（2）操作步骤：根据业务需求，如固定资产折旧计提、待摊费用摊销等，系统自动生成调整分录。例如，每月末系统根据预设的固定资产折旧政策，自动计算每项固定资产的折旧金额，并生成相应的记账凭证借：管理费用——折旧费（或制造费用——折旧费等，根据资产用途确定），贷：累计折旧。

每月自动生成调整分录300~400笔，生成时间1~5分钟。生成后，系统同样会进行账目一致性检查，确保调整分录的准确性。

6. 自动结账

（1）操作主体：智能财税平台系统。

（2）操作步骤：在每个会计期末（每月末），系统自动进行结账处理。系统计算各账户的期末余额，包括资产、负债、所有者权益、收入、费用等各类账户。结账完成后，系统会生成结账报告，记录结账过程中的关键信息和结果。

7. 报表编制

（1）操作主体：智能财税平台系统。

（2）操作步骤：系统根据结账后的账户余额和发生额数据，自动生成资产负债表、利润表、现金流量表等财务报表。生成一张报表的时间为1~2分钟，3张主要报表全部生成需1~5分钟。生成的报表数据准确、格式规范，可直接用于企业内部管理和对外报送。

8. 数据分析与决策支持

（1）操作主体：企业管理层及财务分析人员。

（2）操作步骤：平台提供丰富的数据分析功能，如趋势分析、比率分析、对比分析等。这些分析结果以图表和报告的形式呈现，为管理层做出决策提供有力支持，如调整产品价格策略、优化成本结构等。

（三）案例总结

通过这一全流程演示，可以清晰看出AI财税工具与平台应用在智能记账和财务自动化流程重塑中的巨大潜力与价值。它们不仅使账务处理效率大幅提升，相较传统手工账务处理，整体时间节省约90%，而且准确性得到显著提高，错误率从人工处理时的5%~10%降低至0.1%以内。同时，为企业提供了更加深入、全面的数据分析与决策支持，帮助企业更好地应对市场变化，提升财务管理水平和竞争力。

二、AI智能凭证生成规则与模板设置

智能凭证是指利用现代信息技术和智能化工具，自动或半自动地生成、处理和管理会计凭证的过程。

智能凭证技术还可以与企业的ERP系统、银行系统等进行无缝集成，实现业务、财务、税务之间的数据共享和协同处理，进一步提升企业的整体运营效率和管理水平。

在AI财税工具与平台应用中，智能凭证生成是智能记账与财务自动化流程重塑中至关重要的一环。它依赖预设的规则与模板设置，确保凭证的准确性和一致性。

除了常用凭证模板外，用户还可以根据需要自定义凭证模板。通过自定义模板，用户可以灵活应对各种特殊的业务需求，提高凭证生成的灵活性和准确性。

三、AI 结账流程自动化

结账流程自动化是 AI 财税工具实现从凭证生成到结账与报表编制的全自动化，能够提高财务管理的效率与准确性，降低人工操作的错误率，为企业的稳健发展提供有力支持。

AI 自动结账系统根据预设的结账日期和结账规则，自动进行结账处理。结账后，系统生成新的会计期间，并将各会计科目的余额结转到下一个会计期间。

在自动结账过程中，系统自动生成相应的结账凭证，如结转本年利润、计提所得税等。

自动生成财务报表系统根据结账后的总账数据，自动生成资产负债表、利润表、现金流量表等财务报表。

报表分析系统还能对生成的财务报表进行自动分析，如比率分析、趋势分析等，为企业的决策提供有力支持。

【案例 5-4】AI 自动化结账报告生成案例

（一）案例背景

长沙辉瑞机械制造股份有限公司业务覆盖生产制造、销售及服务等多个领域，每月财务交易量大且复杂。为提升结账效率与财务数据准确性，企业总裁林辉瑞决定引进中财讯 AI 智能财税管理系统实现结账流程自动化，并自动生成全面的结账报告。

（二）操作步骤

1. 结账前数据准备

（1）业务数据收集：每月最后一个工作日，各业务部门将相关数据录入 AI 财税系统。

本月销售部门录入 800 笔销售订单，总销售额达 1 500 万元；采购部门录入 500 笔采购订单，采购总成本为 900 万元。生产部门记录本月生产产品耗费原材料成本 600 万元，人工成本 200 万元，制造费用 100 万元。

（2）数据核对与修正：财务人员利用 AI 财税系统报表功能核对各部门录入数据。

财务人员发现 5 笔销售订单金额录入错误，共计 25 万元，通知销售部门修正；发现 3 笔采购订单成本核算有误，涉及金额 18 万元，与采购部门沟通后调整。

2. 自动化结账操作

（1）启动结账流程：确认业务数据准确无误后，财务人员在 AI 财税系统中点击"启动结账流程"按钮，系统自动执行预设结账任务，对各类账目进行检查、计算和结转。

（2）账目检查与计算：AI 财税系统自动检查所有账户余额和交易记录，确保数据完整准确。

本月固定资产原值 2 000 万元，按直线法计提折旧，月折旧率为 0.5%，本月应计提折旧金额为 2 000×0.5%=10（万元），系统自动计算并记录该折旧金额。

3. 生成结账报告

（1）报告模板调用：结账流程完成后，AI 财税系统自动调用预设结账报告模板。该模板涵盖财务状况、经营成果、结账期间关键数据以及现金流量等内容。

（2）数据填充与生成：系统依据结账后财务数据，自动填充报告模板各项内容。

（3）资产负债表关键数据。

资产总计 5 000 万元，其中流动资产 3 000 万元（货币资金 500 万元、应收账款 800 万元、存货 1 200 万元等），非流动资产 2 000 万元（固定资产净值 1 500 万元、无形资产 300 万元等）。

负债总计 2 000 万元，其中流动负债 1 200 万元（短期借款 500 万元、应付账款 400 万元等），非流动负债 800 万元（长期借款 600 万元等）；所有者权益总计 3 000 万元（实收资本 2 000 万元、未分配利润 500 万元等）。

（4）利润表关键数据：本月营业收入 1 500 万元，营业成本 900 万元，销售费用 150 万元，管理费用 100 万元，财务费用 30 万元。

营业利润为 1 500－900－150－100－30＝320（万元）。

利润总额为 320 万元（无营业外收支）。

净利润为 320×（1－25%）＝240（万元）（企业所得税税率为 25%）。

（5）结账期间关键数据：结账期间为 2024 年 11 月，结账流程共处理 800 笔销售订单、500 笔采购订单，生产相关成本 900 万元（原材料成本 600 万元＋人工成本 200 万元＋制造费用 100 万元），固定资产折旧 10 万元。

（6）现金流量表关键数据。

①经营活动现金流量：销售商品、提供劳务收到的现金为 1 400 万元（考虑到部分销售为赊销，实际收到现金低于销售额），购买商品、接受劳务支付的现金为 850 万元（部分采购款项尚未支付），支付给职工以及为职工支付的现金 200 万元，支付的各项税费 100 万元。经营活动现金流入小计 1 400 万元，现金流出小计为 850＋200＋100＝1 150（万元），经营活动产生的现金流量净额为 1 400－1 150＝250（万元）。

②投资活动现金流量：购建固定资产、无形资产和其他长期资产支付的现金为 50 万元，主要用于购置新的生产设备。投资活动现金流出小计 50 万元，投资活动产生的现金流量净额为－50 万元。

③筹资活动现金流量：取得借款收到的现金为 300 万元，偿还债务支付的现金为 200 万元，分配股利、利润或偿付利息支付的现金为 50 万元。筹资活动现金流入小计 300 万元，现金流出小计为 200 + 50 = 250（万元），筹资活动产生的现金流量净额为 300 − 250 = 50（万元）。

④现金及现金等价物净增加额：经营活动现金流量净额 + 投资活动现金流量净额 + 筹资活动现金流量净额 = 250 − 50 + 50 = 250（万元）。

⑤本月初现金及现金等价物余额为 250 万元，月末现金及现金等价物余额为 250 + 250 = 500（万元），与资产负债表中的货币资金期末余额相符。

（三）结账报告审核

报告审核财务主管详细审核生成的结账报告，检查数据与 AI 财税系统一致性、指标计算准确性及报告格式规范性。审核发现存货金额小数点显示有误，调整后报告数据准确无误。

（1）步骤描述：报表生成后，系统提供报表审核功能。用户可以通过对比历史数据、分析财务比率等方式，对报表进行全面审核。

（2）审核细节：用户可以对比上月的财务报表，分析各项财务指标的变化趋势。例如，分析营业收入、营业成本、净利润等指标的增长率或下降率。

（3）用户可以计算财务比率，如流动比率、速动比率、资产负债率等，以评估企业的偿债能力和盈利能力。

（4）额外细节。

①系统安全性：系统采用多重加密技术和严格的安全措施，确保用户数据的安全与隐私得到充分保护。

②系统灵活性：系统提供了灵活的配置选项，允许企业根据自身需求定制结账流程。

③系统扩展性：系统支持与其他 AI 财税系统的集成，如银行对账系统、税务申报系统等。这有助于企业实现财务信息的全面整合和共享。

（四）结账报告的发布

（1）报告发布审核通过后，财务主管通过企业内部办公系统以电子文档形式将结账报告发布给企业管理层、各业务部门负责人及相关财务人员，为决策提供及时、准确的财务信息支持。

（2）通过实施结账流程自动化及自动生成结账报告，企业结账工作效率与准确性大幅提升，结账时间从原来 5 个工作日缩短至 0.5 个工作日，为企业运营管理提供有力数据支撑。

（五）案例效果

通过以上详细的操作步骤和具体数字金额的阐述，我们可以看到中财讯智能结账系统如何实现结账流程的自动化和报表的准确生成。该系统不仅提高了财务工作的效率和准确性，还为企业提供了全面的财务管理解决方案。

【案例5-5】中财讯i财机器人智能化生成的财务分析报告

长沙辉瑞机械制造股份有限公司
财务分析报告

第一部分　引言

本报告旨在通过对长沙辉瑞机械制造股份有限公司2024年12月31日的财务数据进行详细分析，全面评估公司的财务状况、经营成果及现金流量情况。报告将涵盖资产负债表、利润表及现金流量表的主要财务指标，并通过比率分析揭示公司的偿债能力、营运能力、盈利能力及成长能力，为公司管理层、投资者以及其他利益相关者提供详尽的决策依据，助力公司实现可持续发展。

第二部分　概况

长沙辉瑞机械制造股份有限公司业务覆盖生产制造、销售及服务等多个领域，拥有较为完善的组织架构和稳定的客户群体。

公司资产总计5 000万元，其中流动资产占比60%，非流动资产占比40%，显示出公司资产结构相对合理，流动资产占比较高，有利于保持较好的短期偿债能力。

负债总计2 000万元，所有者权益总计3 000万元，表明公司资本结构稳健，所有者权益占比较大，为公司的长期发展奠定了坚实基础。

第三部分　财务报表分析

一、资产负债表分析

（一）资产结构分析

公司资产总计5 000万元，其中流动资产为3 000万元，占比60%；非流动资产为2 000万元，占比40%。这种资产结构表明公司在保持较强短期流动性的同时注重长期资产的布局，为持续经营奠定基础。

1. 流动资产

（1）货币资金：货币资金余额为500万元，作为流动性最强的资产，它为公司日常运营提供了即时的支付能力，确保公司能够按时履行短期债务、支付各项费用以及应对突发情况。

然而，货币资金持有量需维持在合理水平，过多可能导致资金闲置，降低资金使用效率；过少则可能面临资金短缺风险。

（2）应收账款：应收账款达800万元，反映了公司在销售过程中给予客户的信用额度。应收账款的存在虽然在一定程度上促进了销售增长，但也伴随着坏账风险。

公司需密切关注应收账款的账龄结构和客户信用状况，加强应收账款的管理，制定合理的信用政策，加快账款回收速度，以减少坏账损失。

（3）存货：存货金额为1 200万元，占流动资产的40%，是流动资产的重要组成部分。存货的大量持有可能意味着公司对市场需求的预期较为乐观，或者存在生产计划与市场需求匹配不佳的情况。过多的存货不仅占用大量资金，还可能面临存货跌价风险以及仓储成本增加等问题。公司应优化库存管理，加强市场预测，根据实际销售情况调整生产和采购计划，确保存货的合理储备。

流动资产结构显示，存货占比较大，可能存在一定的资金占用风险，需关注存货周转效率。

2. 非流动资产

（1）固定资产净值：固定资产净值为1 500万元，体现了公司在生产经营设备、厂房等长期资产上的投资。固定资产是公司生产经营的重要物质基础，其规模和质量直接影响公司的生产能力与竞争力。结合本月固定资产折旧10万元，可以看出公司固定资产处于正常使用和折旧状态。

公司应持续关注固定资产的使用效率，定期对固定资产进行维护和更新，以保证生产的顺利进行，并根据市场需求和技术发展趋势适时进行固定资产投资，提升公司的生产效率和产品质量。

（2）无形资产：无形资产价值300万元，可能包括专利技术、商标权、土地使用权等。无形资产虽然不具有实物形态，但对公司的长期发展具有重要意义，如专利技术可以为公司带来技术优势，商标权有助于提升公司品牌价值。公司应注重无形资产的保护和培育，充分发挥无形资产的价值，为公司创造更多的经济效益。

非流动资产结构表明，公司固定资产占比较大，反映出公司在固定资产方面的投入较多，有利于提升生产能力和市场竞争力。

（二）负债结构分析

公司负债总计2 000万元，其中流动负债1 200万元，占比60%；非流动负债800万元，占比40%。这种负债结构反映了公司在资金筹集方面兼顾了短期和长期的资金需求，但流动负债占比较高，意味着公司短期偿债压力相对较大。

1. 流动负债

（1）短期借款：短期借款为500万元，表明公司通过短期借款获取了一定的流动资金，以满足短期经营需求。短期借款具有融资速度快、灵活性强的特点，但还款期限较短，公司需要合理安排资金，确保按时足额偿还借款，避免逾期风险。同时，公司应关注短期借款利率的波动，合理控制借款规模，减小短期偿债压力。

（2）应付账款：应付账款400万元，反映了公司在采购过程中与供应商之间形成的商业信用。合理利用应付账款可以为公司提供一定的无息资金来源，缓解资金压力。

然而，公司应注意维护良好的商业信用，按时支付账款，避免因拖欠账款影响与供应商的合作关系。

流动负债结构显示，短期借款占比较大，可能会增加公司的短期偿债压力，需关注短期借款的偿还情况。

2. 非流动负债

长期借款 600 万元，主要用于满足公司长期发展的资金需求，如固定资产投资、项目扩张等。长期借款期限较长，还款压力相对较小，但利息成本相对较高。公司应合理规划长期借款的用途，确保投资项目能够产生足够的收益，以覆盖借款利息支出，并按时偿还本金。同时，公司应关注长期借款利率的变动情况，合理安排还款计划，降低财务风险。

非流动负债结构表明，公司长期借款占比较大，有利于保持较为稳定的资本结构，但需关注长期借款的利息支出对公司盈利能力的影响。

（三）所有者权益结构分析

1. 所有者权益构成

所有者权益总计 3 000 万元，其中实收资本 2 000 万元，未分配利润 500 万元。实收资本是公司成立时股东投入的资本，是公司存在和发展的基础，反映了公司的初始规模和股东的投资力度。未分配利润则是公司历年经营成果的积累，体现了公司的盈利能力和利润留存情况，为公司未来的发展提供了内部资金支持。

所有者权益结构显示，实收资本占比较大，反映出公司资本实力较为雄厚，为公司的长期发展提供了有力支持。

2. 权益结构对公司的影响

较高的实收资本表明公司在成立之初获得了股东的较大支持，具备一定的资金实力。而未分配利润的逐年积累，不仅反映了公司过去经营的盈利状况，也为公司未来的发展提供了资金储备。

公司可以根据自身发展战略，合理安排未分配利润的使用，如用于扩大生产规模、研发投入、偿还债务或向股东分配股利等，以实现股东利益最大化和公司的可持续发展。

二、利润表分析

（一）收入分析

1. 营业收入规模与构成

本月公司营业收入达到 1 500 万元，这一数据反映了公司在该月的业务运营状况良好，市场对公司产品或服务有一定的需求。然而，仅了解营业收入的总额是不够的，还需进一步分析其构成,明确不同业务板块或产品对收入的贡献程度。

例如,通过详细的业务数据分析,可能发现一些产品或服务的销售额增长迅速,而另一些则增长缓慢甚至出现下滑。对于增长迅速的业务,公司应加大资源投入,扩大市场份额;对于增长缓慢或下滑的业务,应深入分析原因,采取有针对性的改进措施,如优化产品或服务、调整营销策略等。

2. 收入增长趋势分析

为了更全面地评估公司的经营状况,有必要对营业收入的增长趋势进行分析。将本月营业收入与以往同期数据进行对比,可以了解公司业务的增长速度。营业收入呈现稳定增长态势,说明公司业务发展态势良好,市场竞争力不断增强;营业收入出现下滑,公司则需深入分析原因,可能是市场需求变化、竞争对手挤压、产品或服务质量问题等,以便及时调整经营策略,恢复业务增长。

3. 市场份额与行业对比

了解公司在行业中的市场份额以及与主要竞争对手的对比情况,对于评估公司的市场地位和竞争力至关重要。通过市场调研和行业报告,获取行业整体规模和主要竞争对手的营业收入数据,计算公司的市场份额。公司市场份额较高且呈上升趋势,表明公司在行业中具有较强的竞争力;市场份额较低或不断下降,公司则需要加强市场拓展和产品创新,提升自身竞争力。

(二)成本分析

1. 营业成本构成与变动

营业成本为900(原材料成本+人工成本+制造费用=600+200+100)万元,占营业收入的60%。

原材料成本占比最大,说明原材料的采购价格、采购数量以及库存管理对营业成本影响较大。公司应加强与供应商的合作,争取更有利的采购价格,优化采购流程,降低采购成本;同时,合理控制原材料库存水平,避免积压和浪费。人工成本和制造费用也不容忽视,公司可通过提高生产效率、优化生产流程等方式,降低单位产品的人工成本和制造费用。

营业成本的增长与营业收入的增长保持同步,反映出公司在成本控制方面取得了一定成效。

2. 成本控制措施与效果评估

公司应制定有效的成本控制措施,并定期评估其效果。例如,通过实施成本预算管理,对各项成本支出进行严格控制和监督;开展成本分析,找出成本控制的关键点和薄弱环节,采取有针对性的改进措施。同时,建立成本考核机制,将成本控制指标与员工绩效挂钩,激励员工积极参与成本控制。通过对成本控制措施的效果评估,不断优化成本控制策略,提高成本管理水平。

3. 成本结构与行业对比

将公司的成本结构与行业平均水平进行对比,可以发现公司在成本管理方面的优势和不足。公司某一项成本占比明显高于行业平均水平,可能意味着公司在该成本项目上存在管理不善的问题,需要深入分析原因并加以改进。例如,人工成本占比过高,可能是公司生产效率较低或人员配置不合理,需要加强员工培训、优化生产流程或调整人员结构。通过与行业对比,公司可以借鉴先进的成本管理经验,不断优化成本结构,提高成本竞争力。

(三) 费用分析

1. 各项费用明细与占比

销售费用为150万元,管理费用为100万元,财务费用为30万元。

销售费用占营业收入的10%,主要用于市场推广、销售渠道建设、销售人员薪酬等,需关注销售费用的投入产出比,确保市场推广效果。

管理费用占营业收入的6.67%,涵盖了行政管理、人力资源管理、办公费用等多项支出,需加强管理费用控制,提高管理效率。

财务费用主要为借款利息支出,占营业收入的2%。通过分析各项费用的明细和占比,可以了解公司在不同方面的资源投入情况,需关注借款利率和借款规模,合理控制财务费用。

2. 费用合理性分析

在销售费用方面,公司应评估各项营销活动的效果,分析销售费用的投入是否带来了相应的销售收入增长。例如,某些营销活动效果不佳,公司应及时调整营销策略,优化销售费用的使用,提高营销投入产出比。

在管理费用方面,需关注各项费用支出的合理性,精简不必要的开支,提高管理效率。例如,审查办公费用是否存在浪费现象,人力资源配置是否合理,等等。

在财务费用方面,结合公司的负债结构和融资需求,合理安排融资计划,降低资金成本。例如,通过优化债务结构,选择更合适的融资渠道和融资期限,降低借款利息支出。

3. 费用控制与优化建议

为了降低费用支出,提高公司盈利能力,公司可以采取以下措施。

在销售费用方面,加强市场调研,精准定位目标客户群体,制定更有针对性的营销策略,提高营销资源的利用效率。同时,加强对销售费用的预算管理,严格控制各项费用支出。

在管理费用方面,推行精细化管理,优化业务流程,提高工作效率,减少不必要的管理环节和人员配置。此外，加强内部审计和监督，防止费用的不合理支出。

在财务费用方面，合理安排债务偿还计划，避免不必要的利息支出。同时，关注金融市场动态，适时调整融资策略，降低融资成本。

（四）利润分析

1. 营业利润分析

营业利润为320万元，营业利润率＝营业利润÷营业收入×100%＝320÷1 500×100%≈21.33%。

营业利润是公司核心经营业务的盈利体现，反映了公司在扣除营业成本、销售费用、管理费用和财务费用等经营相关费用后获得的利润。该公司营业利润率处于一定水平，但仍有提升空间。为提高营业利润率，公司可从以下几个方面入手：

一是优化成本费用管理，进一步降低营业成本和各项费用支出；

二是加强市场拓展，提高产品或服务的市场占有率，增加营业收入；

三是提升产品或服务的附加值，通过技术创新、品牌建设等方式，提高产品或服务的价格竞争力，从而提高营业利润。

2. 毛利率分析

毛利率＝（营业收入－营业成本）÷营业收入×100%＝（1 500－900）÷1 500×100%＝40%。

毛利率体现了企业产品或服务的初始盈利能力，反映了公司在扣除直接成本后剩余的利润空间。较高的毛利率为公司后续的费用支出和利润创造提供了较大空间。一般来说，销售毛利率越高，公司产品或服务的盈利能力越强。

本公司的毛利率为40%，显示出公司产品或服务的盈利能力较强，表明产品或服务在市场上具有一定的竞争力，但仍可通过优化成本结构进一步提高。例如，通过与供应商协商降低原材料采购价格、提高生产效率降低单位产品的生产成本等方式，提高毛利率水平，增强公司的盈利能力。

3. 净利润分析

净利润为240万元，净利率＝净利润÷营业收入×100%＝240÷1 500×100%＝16%。

净利润是公司最终经营成果的体现，反映了公司在扣除所有成本、费用和所得税后的剩余收益。

净利率进一步考虑了销售费用、管理费用、财务费用等因素对公司盈利能力的影响。本公司的净利率为16%，显示出公司在扣除各项费用后的盈利能力依然较强，本月净利润水平相对可观，但公司需持续关注市场动态和企业经营策略的调整，以保持盈利能力的稳定增长。为实现净利润的持续增长，公司应在保持现有业务稳定发展的基础上，积极拓展新的业务领域，寻找新的利润增长点；同时，加强成本控制和风险管理，确保公司经营的稳定性和可持续性。

4. 利润质量分析

利润质量可以从多个方面进行评估，如利润的现金保障性、利润的持续性等。

从现金流量表数据来看，经营活动产生的现金流量净额为 250 万元，与净利润 240 万元较为接近，说明公司利润具有较好的现金保障性，即公司的盈利能够真正带来现金流入，而非仅仅停留在账面上。此外，通过对公司历史利润数据的分析，观察利润的波动情况，评估利润的持续性。如果公司利润在过去几年保持相对稳定增长，则说明公司具有较好的盈利能力持续性；如果利润波动较大，公司则需深入分析原因，采取相应措施，确保利润的稳定增长。

三、现金流量表分析

（一）经营活动现金流量分析

1. 现金流入分析

销售商品、提供劳务收到的现金为 1 400 万元，略低于营业收入 1 500 万元，这表明公司存在部分赊销情况。赊销虽然可以在一定程度上促进销售增长，但也会导致资金回笼速度减慢，增加应收账款管理成本和坏账风险。公司应加强应收账款的管理，制定合理的信用政策，明确信用期限、信用额度和收款政策等，加强对客户信用状况的评估和跟踪，及时催收账款，提高资金回笼速度，确保经营活动现金流入的及时性和稳定性。

2. 现金流出分析

购买商品、接受劳务支付的现金为 850 万元，支付给职工以及为职工支付的现金为 200 万元，支付的各项税费为 100 万元。经营活动现金流出结构反映了公司在生产经营过程中的主要资金支出方向。公司应合理安排采购计划，优化采购流程，与供应商协商更有利的付款条件，以减少购买商品、接受劳务支付的现金支出。同时，公司应合理控制人工成本，提高人力资源利用效率，确保支付给职工以及为职工支付的现金与公司的经营效益相匹配。在税费方面，公司应加强税务优化，合理利用税收政策，减少税费支出。

3. 现金流量净额分析

经营活动产生的现金流量净额为 250 万元，表明公司经营活动具有较好的现金创造能力，能够为公司的持续发展提供资金支持。经营活动现金流量净额是公司现金流量的重要来源，持续为正的经营活动现金流量净额是公司健康发展的重要标志。

公司应继续保持和优化经营活动，进一步提高经营活动现金创造能力，确保公司有足够的资金用于日常运营、债务偿还、投资活动以及利润分配等。同时，公司应关注经营活动现金流量净额与净利润之间的关系，分析两者之间的差异原因，评估公司盈利的质量和可持续性。

（二）投资活动现金流量分析

1. 现金流出分析

购建固定资产、无形资产和其他长期资产支付的现金为50万元，主要用于购置新的生产设备。这表明公司在积极进行长期资产投资，以提升生产能力、优化生产技术或拓展业务领域。然而，投资活动现金流出会导致公司短期内现金资源的减少，公司需要谨慎评估投资项目的必要性、可行性和预期收益。在投资决策过程中，公司应充分考虑市场需求、技术发展趋势、投资回报率等因素，确保投资项目能为公司带来长期的经济效益。

2. 现金流量净额分析

投资活动产生的现金流量净额为-50万元，说明公司在该月的投资活动现金流出大于现金流入。虽然投资活动在短期内可能会使公司现金流量减少，但从长期来看，合理的投资有助于公司扩大生产规模、提升技术水平、增强市场竞争力，从而为公司未来的发展奠定基础。

公司应密切关注投资项目的进展情况，加强项目管理，确保投资资金的合理使用和投资目标的实现。同时，公司应定期对投资项目进行绩效评估，及时调整投资策略，以提高投资回报率。

（三）筹资活动现金流量分析

1. 现金流入分析

取得借款收到的现金为300万元，为公司提供了必要的资金支持，满足了公司的融资需求。借款融资是公司常见的筹资方式之一，能够快速筹集大量资金，用于支持公司的经营发展、投资活动或偿还债务等。然而，借款也意味着公司需要承担相应的利息费用和还款压力。

公司在进行借款融资时，应根据自身的经营状况、财务状况和资金需求，合理确定借款规模和借款期限，选择合适的融资渠道和融资方式，以降低融资成本和财务风险。

2. 现金流出分析

偿还债务支付的现金为200万元，分配股利、利润或偿付利息支付的现金为50万元。筹资活动现金流出反映了公司对债务的偿还和对投资者的回报。公司应合理安排债务偿还计划，确保按时足额偿还债务，维护良好的信用记录。同时，公司在分配股利、利润或偿付利息时，应综合考虑盈利状况、资金需求和未来发展规划，制定合理的利润分配政策，既要满足投资者的回报需求，又要保证公司有足够的资金用于持续发展。

3. 现金流量净额分析

筹资活动产生的现金流量净额为50万元，表明公司在筹资方面的资金运作基本合理，能够在满足资金需求的同时，合理控制筹资成本和偿债压力。公司应继续保持合理的筹资策略，优化资本结构，根据市场利率的波动和公司经营状况的变化，适时调整筹资规模和筹资方式，确保公司的资金链稳定，降低财务风险。同时，公司应关注筹资活动现金流量与投资活动、经营活动现金流量之间的协调关系，确保整体资金运作的顺畅。

（四）现金及现金等价物净增加额分析

1. 净增加额构成与意义

现金及现金等价物净增加额为 250 万元，由经营活动现金流量净额（250 万元）、投资活动现金流量净额（-50 万元）和筹资活动现金流量净额（50 万元）共同构成。这一数据反映了公司在该月现金及现金等价物的总体增减变动情况。正的净增加额表明公司现金储备增加，财务状况得到改善，资金流动性增强，公司有更多的资金用于应对各种经营活动、投资活动和偿还债务等，从而降低公司的财务风险，增强公司的抗风险能力。

2. 与资产负债表的钩稽关系

本月初现金及现金等价物余额为 250 万元，月末现金及现金等价物余额为 250 + 250 = 500（万元），与资产负债表中的货币资金期末余额相符。这种钩稽关系验证了财务报表数据的准确性和一致性。

通过对现金及现金等价物净增加额的分析以及与资产负债表的钩稽核对，不仅可以了解公司现金流量的变动情况，还可以检查财务报表编制的准确性，为财务分析提供更可靠的数据基础。

3. 对公司财务状况的影响

现金及现金等价物净增加额的增加对公司财务状况具有积极影响。

一方面，现金储备的增加为公司提供了更大的财务灵活性，有助于公司更好地应对市场变化、突发情况和投资机会。例如，在市场出现有利的投资项目时，公司可以迅速动用现金进行投资，把握发展机遇；在面临经济环境变化或行业竞争加剧时，充足的现金储备可以保障公司的正常运营，避免因资金短缺而陷入困境。

另一方面，现金储备的增加有助于提升公司的信用评级，降低融资成本，为公司未来融资活动创造更有利的条件。

第四部分 财务指标应用分析

一、偿债能力分析

偿债能力分析是对企业偿还债务的能力进行评估的过程，通常包括短期偿债能力分析和长期偿债能力分析。

1. 流动比率

一般认为，流动比率在 200% 左右较好，该指标越大，表明公司短期偿债能力越强。但需结合存货的规模大小、周转速度、变现能力和变现价值等指标综合分析，因为如果存货规模大、周转速度慢、变现能力弱,即使流动比率高,公司实际短期偿债能力也可能较弱。

$$流动比率 = 流动资产 \div 流动负债 \times 100\%$$
$$= 3\,000 \div 1\,200 \times 100\% = 250\%$$

流动比率反映了公司短期偿债能力的强弱。一般来说,流动比率越高,公司的短期偿债能力越强。本公司的流动比率为250%,表明公司短期偿债能力较强,能够较好地满足短期债务偿还需求。

2. 速动比率

通常速动比率在100%左右较好,它进一步反映了流动负债的保障程度。在运用该指标时,应结合应收账款的规模、周转速度和其他应收款的规模,以及它们的变现能力综合分析,如果这些资产变现能力差,即使速动比率高,公司较为真实的短期偿债能力也可能比指标反映得差。

$$速动比率 = (流动资产 - 存货) \div 流动负债 \times 100\%$$
$$= (3\,000 - 1\,200) \div 1\,200 \times 100\% = 150\%$$

速动比率进一步剔除了存货等变现能力较弱的流动资产,更准确地反映了公司短期偿债能力。本公司的速动比率为150%,表明公司在剔除存货后的短期偿债能力依然较强。

3. 资产负债率

资产负债率反映了企业资产的负债程度,一般来说,资产负债率越低,企业的长期偿债能力越强。债权人希望负债比率越低越好,而对所有者而言,只要企业的总资产收益率高于借款的利息率,举债越多,所有者的投资收益越大,但负债比重应掌握在一定的标准内。

$$资产负债率 = 负债总计 \div 资产总计 \times 100\%$$
$$= 2\,000 \div 5\,000 \times 100\% = 40\%$$

资产负债率反映了公司总资产中负债所占的比例。一般来说,资产负债率越低,公司的长期偿债能力越强。本公司的资产负债率为40%,表明公司长期偿债能力较强,资本结构相对稳健。

二、营运能力分析

1. 应收账款周转率

应收账款周转率是企业在一定时期内赊销净收入与平均应收账款余额之比。它是衡量企业应收账款周转速度及管理效率的指标。

应收账款周转率反映了企业应收账款周转速度的快慢及管理效率的高低。一般来说,应收账款周转率越高越好,表明企业收账速度快,平均收账期短,坏账损失少,资产流动快,偿债能力强。

理论计算公式为应收账款周转率=赊销收入净额 ÷ 平均应收账款余额 ×100%。

其中,赊销收入净额=当期销售净收入-当期现销收入;平均应收账款余额=(期初应收账款余额+期末应收账款余额)÷2。

在实际操作中,因赊销收入净额数据不易获取,也常用营业收入代替赊销收入净额进行计算:

应收账款周转率=营业收入 ÷ 平均应收账款余额
$$=1\,500 \div [(800+800) \div 2] = 1.875(次)$$

(注:上月应收账款余额与本月相同,即800万元)

应收账款周转率反映了公司应收账款的周转速度。一般来说,应收账款周转率越高,公司应收账款的回收速度越快,资金利用效率越高。本公司的应收账款周转率为1.875次(根据计算得出),显示出公司应收账款的回收速度较快,资金利用效率较高。

2. 存货周转率

存货周转率是企业一定时期营业成本与平均存货余额的比率,它用于衡量企业存货的周转速度,反映了存货的流动性及存货资金占用量是否合理。存货周转率越高,表明企业存货资产变现能力越强,存货及占用在存货上的资金周转速度越快。

计算公式为存货周转率=营业成本 ÷ 平均存货余额。

其中,平均存货余额=(期初存货余额+期末存货余额)÷2。

存货周转率=营业成本 ÷ 平均存货余额
$$=900 \div [(1\,200+1\,200) \div 2] = 0.75(次)$$

(注:上月存货余额与本月相同,即1 200万元)

存货周转率反映了公司存货的周转速度。一般来说,存货周转率越高,公司存货的周转速度越快,资金占用越少。本公司的存货周转率为0.75次(根据计算得出),意味着本公司在本月内,存货平均周转了0.75次,显示出公司存货的周转速度较快,资金占用较少。

公司存货周转率为0.75次,需要与行业平均水平相比较。行业平均存货周转率为1.2次,相比之下,公司存货周转速度较慢。存货周转缓慢可能导致一系列问题,如存货占用大量资金,增加资金成本和存货跌价风险;积压的存货可能占用仓储空间,增加仓储成本。公司应深入分析原因,例如,是不是市场需求预测失误,导致生产过多存货;或是销售渠道不畅,产品滞销。针对这些问题,公司可以优化市场预测方法,加强市场调研,使生产计划更贴合市场实际需求;加大市场推广力度,拓宽销售渠道,提高存货的周转速度,提升企业的运营效率和盈利能力。

3. 总资产周转率

总资产周转率是企业一定时期的营业收入与平均资产总额之比，它衡量的是企业全部资产的经营质量和利用效率。该指标反映了企业经营期间全部资产从投入到产出的流转速度，体现了企业管理层对资产的运营管理能力。

计算公式为总资产周转率＝营业收入 ÷ 平均资产总额。

其中，平均资产总额＝（期初资产总额＋期末资产总额）÷ 2。

总资产周转率＝营业收入 ÷ 平均资产总额
$$= 1\,500 \div [(5\,000 + 5\,000) \div 2] = 0.30（次）$$

（注：上月资产总额与本月相同，即 5 000 万元）

总资产周转率反映了公司总资产的周转速度。一般来说，总资产周转率越高，公司总资产的利用效率越高。本公司的总资产周转率为 0.30 次（根据计算得出），这表明本公司在本月内，平均每 1 元的资产能产生 0.30 元的营业收入，显示出公司总资产的利用效率较高。

公司总资产周转率为 0.30 次，需与同行业其他企业进行对比来评估其资产运营效率。同行业平均总资产周转率为 0.4 次，说明公司在资产运营方面相对落后于行业平均水平。可能存在部分资产闲置，例如，存货积压、固定资产未充分利用等，导致资产未能充分发挥其创造收入的能力。公司可以进一步分析各资产项目的运营情况，如优化存货管理，减少存货积压；提高固定资产利用率，合理安排生产等，以提高总资产周转率，提升资产运营效率和盈利能力。

三、盈利能力分析

1. 总资产收益率

总资产收益率是衡量企业运用全部资产获取利润能力的指标，它反映资产利用的综合效果。该指标越高，表明企业资产利用效率越高，资产运营越有效，进而盈利能力越强。

计算公式为总资产收益率＝净利润 ÷ 平均资产总额 ×100%。

其中，平均资产总额＝（期初资产总额＋期末资产总额）÷ 2。

总资产收益率＝净利润 ÷ 平均资产总额 ×100%
$$= 240 \div [(5\,000 + 5\,000) \div 2] \times 100\% = 4.8\%$$

（注：上月资产总额与本月相同，即 5 000 万元）

总资产收益率反映了公司总资产的盈利能力。本公司的总资产收益率为 4.8%（根据计算得出），这表明本公司每 100 元的平均资产能创造约 4.8 元的净利润，显示出公司总资产的盈利能力较强。

公司总资产收益率为 4.8%，需与同行业其他企业的总资产收益率进行对比。同行业平均总资产收益率为6%，说明公司在资产利用效率和盈利能力方面相对较弱。这可能意味着企业在资产配置、成本控制或经营策略等方面存在不足。例如，公司可能存在一些低效资产，未能充分发挥其价值；或者在成本控制上不够严格，导致利润空间被压缩。公司可以进一步分析各项资产的收益贡献，优化资产配置，提高资产利用效率；加强成本管理，降低各项成本费用，以提高总资产收益率，增强企业的盈利能力和市场竞争力。

2. 净资产收益率

净资产收益率，又称"股东权益报酬率"，是净利润与平均股东权益的百分比，用以衡量公司运用自有资本的效率。它反映了股东权益的收益水平，指标值越高，说明投资带来的收益越高。

计算公式为净资产收益率＝净利润÷平均净资产×100%。

其中，平均净资产＝（期初净资产＋期末净资产）÷2。在本案例中，净资产即所有者权益。

净资产收益率＝净利润÷平均所有者权益总额×100%
　　　　　　＝240÷[（3 000＋3 000）÷2]×100%＝8%

（注：上月所有者权益总额与本月相同，即3 000万元）

净资产收益率反映了公司所有者权益的盈利能力。本公司的净资产收益率为8%（根据计算得出），这意味着该公司每100元的平均净资产能带来约8元的净利润，显示出公司所有者权益的盈利能力较强。

公司净资产收益率为8%，需与同行业公司的平均水平进行比较。同行业平均净资产收益率为10%，相较之下，该公司在利用股东权益获取利润方面稍显逊色。这可能是由于公司的资产运营效率不高，未能充分发挥资产的盈利能力；或者公司的净利润水平相对较低，可能在成本控制、产品定价、市场拓展等方面存在改进空间。公司可以进一步优化资产配置，提高资产运营效率，从而提升净利润水平；也可以通过加强成本管理、降低运营成本、提高产品附加值等方式，提高净资产收益率，增强对投资者的吸引力。

四、成长能力分析

本报告仅针对长沙辉瑞机械制造股份有限公司2024年12月31日的财务数据进行分析，未提供历史数据对比，因此无法直接通过财务指标评估公司的成长能力。但营业收入的增长情况可以间接反映公司的成长潜力。本月营业收入为1 500万元，较11月有所增长（有历史数据对比），显示出公司市场拓展和产品销售情况良好，具有一定的成长潜力。

第五部分　财务状况综合评价与建议

一、公司财务状况概述

通过对长沙辉瑞机械制造股份有限公司2024年12月31日的财务数据进行详细分

析，可以看出公司财务状况整体良好。公司资产结构相对合理，流动资产占比较高，有利于保持较好的短期偿债能力；负债结构稳健，所有者权益占比较大，为公司的长期发展奠定了坚实基础。同时，公司营业收入增长较快，成本费用控制有效，盈利能力较强；经营活动现金流量状况良好，投资活动和筹资活动现金流量也保持相对稳定。

（一）财务状况

从资产结构来看，公司资产分布较为合理，流动资产保证了短期的流动性，非流动资产为长期发展提供了支撑。然而，存货占流动资产比重较高，需关注存货管理，避免资金积压和存货跌价风险。在负债结构方面，公司短期偿债压力相对较大，需合理安排短期债务的偿还，确保资金链稳定。整体资产负债率处于合理区间，财务风险相对可控。所有者权益的积累为公司发展提供了一定的内部资金支持。

（二）经营成果

公司实现了一定的营业收入，具备一定的盈利能力，但营业利润率和净利润率仍有提升空间。通过优化成本费用管理，如降低营业成本、控制各项费用支出，以及加强市场拓展，提高产品或服务的附加值，有望进一步提高盈利水平；同时，应关注利润的质量，确保盈利能够带来稳定的现金流入。

（三）现金流量

公司经营活动现金创造能力较强，能够为公司发展提供资金支持。投资活动反映了公司对长期发展的布局，但需关注投资项目的效益。筹资活动资金运作基本合理，保证了公司的资金需求。整体现金及现金等价物净增加额为正，现金储备增加，增强了公司的财务实力和抗风险能力。

二、公司财务状况优缺点分析

（一）优点

（1）资产结构合理，流动资产占比较高，短期偿债能力较强。

（2）负债结构稳健，所有者权益占比较大，资本结构相对合理。

（3）营业收入增长较快，盈利能力较强，净利润率较高。

（4）经营活动现金流量状况良好，能够满足公司日常运营和发展的需要。

（二）缺点

（1）存货占比较大，可能存在一定的资金占用风险，需关注存货周转效率。

（2）短期借款占比较大，可能会增加公司的短期偿债压力，需关注短期借款的偿还情况。

（3）投资活动现金流出较大，可能会对公司现金流造成一定影响，需关注投资项目的回报率和风险。

三、公司财务状况改进建议

（一）资产管理方面

（1）存货管理方面：建立科学的库存管理系统，实时监控存货动态，根据市场需求预测和销售情况，精准制订采购和生产计划，降低存货积压风险。同时，定期对存货进行盘点和减值测试，及时处理积压和滞销存货，确保存货价值的真实性。

（2）固定资产管理方面：加强固定资产的日常维护和保养，提高固定资产的使用效率，延长使用寿命。定期评估固定资产的技术先进性和适用性，根据公司发展战略和市场需求，适时进行固定资产更新换代，提升公司的生产能力和竞争力。

（3）应收账款管理方面：完善客户信用评估体系，根据客户信用状况制定差异化的信用政策，合理确定信用期限和信用额度。加强应收账款的跟踪和催收工作，建立有效的催款机制，对逾期账款及时采取措施，降低坏账风险，加快资金回笼速度。

（二）成本与费用控制方面

（1）成本控制方面：深入分析营业成本的构成，挖掘降低成本的潜力。与供应商建立长期稳定的合作关系，通过集中采购、谈判议价等方式降低原材料采购成本。优化生产流程，引入先进的生产技术和设备，提高生产效率，降低人工成本和制造费用。加强成本预算管理，严格控制成本支出，确保成本目标的实现。

（2）费用控制方面：对于销售费用，加强市场调研，精准定位目标市场和客户群体，制定有针对性的营销策略，提高营销活动的效果和投入产出比。严格控制销售费用预算，加强对费用支出的审核和监督，避免不必要的营销开支。在管理费用方面，推行精细化管理，优化组织架构，精减不必要的管理流程和人员，提高管理效率，降低管理费用。同时，加强内部审计，防止费用的不合理支出。

（三）资金管理方面

（1）现金流量管理方面：进一步优化经营活动现金流量，加强应收账款和应付账款的管理，合理安排采购和销售的资金收付时间，提高资金周转效率。在投资活动方面，谨慎评估投资项目的可行性和收益性，确保投资资金的合理使用和预期回报。在筹资活动方面，根据公司的资金需求和财务状况，合理确定筹资规模和筹资方式，优化资本结构，降低融资成本和财务风险。同时，加强对现金流量的预测和监控，制定应急预案，以应对可能出现的资金短缺问题。

（2）利润分配管理方面：综合考虑公司的盈利状况、资金需求、未来发展规划以及股东利益，制定合理的利润分配政策。在保证公司有足够资金用于持续发展的前提下，适当向股东分配股利，回报股东的投资。同时，可以考虑将部分利润用于转增资本或进行再投资，以扩大公司规模，提升公司的市场竞争力。

（四）业务发展方面

（1）市场拓展方面：深入分析市场需求和竞争态势，加大市场开拓力度。针对现有市场，通过提高产品或服务质量、优化客户服务等方式，提高客户满意度和忠诚度，巩固市场份额。同时，积极寻找新的市场机会和潜在客户群体，拓展业务领域和市场空间。加强市场调研和分析，及时了解市场动态和竞争对手的情况，制定灵活的市场营销策略，提高公司的市场竞争力。

（2）产品创新方面：注重产品或服务的创新，加大研发投入，引进先进的技术和人才，不断推出符合市场需求的新产品或改进现有产品。通过产品创新，提高产品的附加值和差异化竞争优势，满足客户多样化的需求，从而提高公司的盈利能力和市场份额。同时，加强知识产权保护，为公司的创新成果提供法律保障。

（五）重点事项

（1）加强存货管理，提高存货周转效率，减少资金占用。

（2）合理控制短期借款规模，减小短期偿债压力，优化资本结构。

（3）加强投资项目的风险评估和管理，确保投资项目的回报率和风险控制在合理范围内。

（4）加强现金流量管理，确保公司现金流的稳定性和可持续性。

第六部分　结论

长沙辉瑞机械制造股份有限公司 2024 年 12 月 31 日的财务状况整体良好，资产结构合理，负债结构稳健，盈利能力较强，经营活动现金流量状况良好，但也存在一些不足之处，如存货周转效率有待提高、短期偿债压力较大等。针对这些问题，公司应采取加强存货管理、合理控制短期借款规模、加强投资项目的风险评估和管理以及加强现金流量管理等措施，以进一步提升公司的财务状况和竞争力。

展望未来，公司应继续保持稳健的经营策略，积极拓展市场，提高产品质量和服务水平，以实现可持续发展和长期价值最大化。

第七部分　附录

一、财务报表

（此处附上资产负债表、利润表及现金流量表。）

二、财务比率计算公式

（1）流动比率＝流动资产÷流动负债×100%。

（2）速动比率＝（流动资产－存货）÷流动负债×100%。

（3）现金比率＝（货币资金＋交易性金融资产）÷流动负债合计×100%。

（4）现金流动负债比率＝年经营现金净流量÷年末流动负债×100%。

（5）资产负债率＝负债总计÷资产总计×100%。

（6）产权比率＝负债总额÷所有者权益总额×100%。

（7）负债与有形净资产比率＝（负债总额÷有形净资产）×100%，其中，有形净资产＝所有者权益－无形资产－递延资产。

（8）利息保障倍数＝税息前利润÷利息费用。

（9）应收账款周转率＝营业收入÷平均应收账款余额。

（10）存货周转率＝营业成本÷平均存货余额。

（11）总资产周转率＝营业收入÷平均资产总额。

（12）毛利率＝（营业收入－营业成本）÷营业收入×100%。

（13）净利率＝净利润÷营业收入×100%。

（14）总资产收益率＝净利润÷平均资产总额×100%。

（15）净资产收益率＝净利润÷平均所有者权益总额×100%。

三、行业相关数据

此处附上所在行业的平均财务指标数据，以便进行行业对比分析。

四、分析过程中使用的数据与说明

此处对分析过程中使用的数据进行详细说明，如上月应收账款余额、上月存货余额、上月资产总额、上月所有者权益总额等数据的说明。

第三节　资产负债表 AI 编制自动化

财务报表 AI 编制自动化，是指利用计算机技术和 AI 财税系统，对企业的财务数据进行自动采集、处理、分析，并生成财务报表的过程。这一过程涉及财务数据采集、财务处理、报告生成和报告分析等多个环节。

一、资产负债表的一键生成

资产负债表的一键生成，是指利用 AI 财税系统或 Excel 等工具，通过预设的数据模板和公式，实现只需要进行一次操作（如点击按钮）即可快速生成资产负债表的功能。这种功能极大地提高了财务报表编制的效率和准确性，降低了人为错误的风险。

（一）一键生成的核心要素

（1）数据模板：预先设定好的包含资产负债表所需各项数据的表格模板。这些模板通常涵盖企业资产、负债、所有者权益等各方面的财务数据。

（2）数据公式：在数据模板中嵌入的用于计算各项财务数据的公式。这些公式能够根据输入的原始数据自动计算出资产负债表中的各项指标。

(3) 一键操作：通过预设的操作按钮或快捷键，触发数据模板和公式的执行，从而快速生成资产负债表。

（二）一键生成的实现方式

（1）AI 财税系统内置了一键生成资产负债表的功能。用户只需要在系统中录入相关的财务数据，然后选择生成资产负债表的选项，系统即可自动完成报表的编制。

（2）通过 Excel 等电子表格系统，用户可以自定义数据模板和公式，实现资产负债表的一键生成。这通常需要用户具备一定的 Excel 操作和数据处理能力。

【案例5-6】资产负债表的一键生成案例

（一）案例背景

苏州星辰电子科技有限公司从事电子产品的生产与销售。在一个特定的会计期间，企业发生了一系列经济业务，我们将基于这些业务数据，通过 AI 财税系统演示资产负债表的一键生成过程。

（二）操作前准备

确定会计期间：本次以 2024 年 12 月为例进行资产负债表的生成。

收集业务数据：在该会计期间内，企业发生了以下主要经济业务，并整理出相关数据。

1. 资产类

（1）货币资金：期初银行存款 500 000 元，本月销售产品收到现金 300 000 元，支付供应商货款 200 000 元，期末货币资金余额为 600 000 元。

（2）应收账款：期初余额 200 000 元，本月销售产品给上海华硕公司，款项未收，金额为 150 000 元，收回 B 公司上期欠款 80 000 元，期末应收账款余额为 270 000 元。

（3）存货：期初库存商品价值 300 000 元，本月采购原材料 100 000 元，生产领用原材料 80 000 元，完工入库产品成本 120 000 元，销售产品成本 150 000 元，期末存货余额为 290 000 元。

（4）固定资产：企业拥有厂房和设备，期初固定资产原值 1 000 000 元，累计折旧 200 000 元，本月购入新设备一台，价值 300 000 元，本月计提折旧 10 000 元，期末固定资产净值为 1 090 000（1 000 000 + 300 000 - 200 000 - 10 000）元。

2. 负债类

（1）短期借款：期初短期借款 100 000 元，本月偿还到期短期借款 50 000 元，期末短期借款余额为 50 000 元。

（2）应付账款：期初余额 150 000 元，本月采购原材料尚未支付货款 80 000 元，支付上期欠款 120 000 元，期末应付账款余额为 110 000 元。

3. 所有者权益类

（1）实收资本：企业设立时股东投入 1 500 000 元，本期无变动，期末实收资本余额为 1 500 000 元。

（2）未分配利润：期初未分配利润 100 000 元，本月实现净利润 100 000 元（无其他利润分配事项），期末未分配利润余额为 200 000 元。

（三）AI 一键生成资产负债表操作步骤

1. 数据录入

（1）打开 AI 财税系统，进入账务处理模块。

（2）在凭证录入界面，根据上述经济业务逐笔录入记账凭证。例如，对于销售产品收到现金的业务，录入如下凭证。

摘要：销售产品收款

借：库存现金　　　　　　　　　　　　　　　　　　　　　300 000

　　贷：主营业务收入　　　　　　　　　　　　　　　　　　300 000

（3）按照同样的方式，完成所有经济业务的凭证录入。录入完成后，确保所有凭证都已审核并记账。

2. 报表生成

（1）在 AI 财税系统主界面，找到"报表"模块并点击进入。

（2）在报表列表中，选择"资产负债表"。

（3）点击"生成报表"按钮，此时系统会弹出一个对话框，要求选择会计期间。在对话框中选择"2024 年 12 月"，然后点击"确定"。

3. 报表查看与核对

（1）AI 根据已录入并记账的凭证数据，按照预设的公式和格式生成资产负债表。生成完成后，报表会显示在屏幕上。

（2）对生成的资产负债表进行查看与核对，确保数据准确无误。

（四）成果展示

苏州星辰电子科技有限公司资产负债表 AI 生成如表 5-1 所示。

表 5-1　2024 年 12 月 31 日苏州星辰电子科技有限公司资产负债表 AI 生成　　单位：元

资产	期末余额	负债和所有者权益	期末余额
流动资产		流动负债	
货币资金	600 000	短期借款	50 000
应收账款	270 000	应付账款	110 000
存货	290 000	流动负债合计	160 000
流动资产合计	1 160 000	非流动负债	—
非流动资产		负债合计	160 000

续表

资产	期末余额	负债和所有者权益	期末余额
固定资产净值	1 090 000	所有者权益	
非流动资产合计	1 090 000	实收资本	1 500 000
		未分配利润	200 000
		所有者权益合计	1 700 000
资产总计	2 250 000	负债和所有者权益总计	1 860 000

（五）案例效果

通过以上操作步骤，苏州星辰电子科技有限公司成功一键生成了2024年12月31日的资产负债表，该报表准确地反映了企业在该会计期间的财务状况，为企业管理层进行财务分析和决策提供了重要依据。同时，资产负债表的一键生成功能大大提高了财务工作效率，减少了手工编制报表可能出现的错误。

二、资产负债表的数据校验

【案例5-7】资产负债表的数据校验案例

（一）案例背景

广州宏远贸易有限公司在2024年12月完成了各项经济业务的账务处理，并生成了资产负债表。为确保资产负债表数据的准确性，我们需要对其进行数据校验。

（二）资产负债表初始数据（见表5-2）

表5-2 资产负债表初始数据　　　　　　　　　　　　　　单位：元

资产	金额	负债和所有者权益	金额
流动资产		流动负债	
货币资金	500 000	短期借款	200 000
应收账款	300 000	应付账款	150 000
存货	400 000	应交税费	50 000
流动资产合计	1 200 000	流动负债合计	400 000
非流动资产		非流动负债	
固定资产	1 500 000	长期借款	800 000
无形资产	300 000	非流动负债合计	800 000
非流动资产合计	1 800 000	负债合计	1 200 000
		所有者权益	
		实收资本	1 500 000
		盈余公积	100 000
		未分配利润	200 000

续表

资产	金额	负债和所有者权益	金额
		所有者权益合计	1 800 000
资产总计	3 000 000	负债和所有者权益总计	3 000 000

（三）操作步骤

直接观察资产负债表中"资产总计"与"负债和所有者权益总计"两栏的数据。资产总计为3 000 000元，负债和所有者权益总计也为3 000 000元，两者相等，初步表明报表整体的平衡性校验通过。但这并不足以确认报表数据完全准确，还需进行其他校验。

1. 货币资金

（1）操作步骤：从公司的银行存款日记账、现金日记账以及其他货币资金账户记录中获取期末余额，并与资产负债表中"货币资金"项目金额进行核对。经核对，银行存款期末余额为400 000元，库存现金期末余额为100 000元，其他货币资金无余额，合计500 000元，与资产负债表中"货币资金"金额一致。

（2）校验结果："货币资金"项目数据准确。

2. 应收账款

（1）操作步骤：查看应收账款明细账，统计各客户的期末欠款余额并汇总，与资产负债表中"应收账款"金额对比。经统计，A客户欠款100 000元，B客户欠款150 000元，C客户欠款50 000元，总计300 000元，与资产负债表中"应收账款"金额相符。

（2）校验结果："应收账款"项目数据准确。

3. 存货

（1）操作步骤：根据库存商品、原材料、在产品等存货类科目的明细账余额，计算存货的期末余额。库存商品期末余额为250 000元，原材料期末余额为100 000元，在产品期末余额为50 000元，合计400 000元，与资产负债表中"存货"金额一致。

（2）校验结果："存货"项目数据准确。

（四）非流动资产各项目数据校验

1. 固定资产

（1）操作步骤：查看固定资产台账，记录固定资产的原值、累计折旧等信息，计算固定资产净值（固定资产净值＝固定资产原值－累计折旧），并与资产负债表中"固定资产"项目金额核对。固定资产原值为2 000 000元，累计折旧为500 000元，固定资产净值为2 000 000－500 000＝1 500 000（元），与资产负债表中"固定资产"金额相符。

（2）校验结果："固定资产"项目数据准确。

2. 无形资产

（1）操作步骤：检查无形资产明细账，确认无形资产的入账价值及摊销情况，计算无形资产的期末余额，并与资产负债表中"无形资产"金额对比。无形资产入账价值为 350 000 元，本期摊销 50 000 元，期末余额为 300 000 元，与资产负债表中"无形资产"金额一致。

（2）校验结果："无形资产"项目数据准确。

（五）流动负债各项目数据校验

1. 短期借款

（1）操作步骤：查阅短期借款合同及相关还款记录，确认期末尚未偿还的短期借款金额，并与资产负债表中"短期借款"项目金额核对。经核对，公司向银行借入的短期借款期末余额为 200 000 元，与资产负债表中"短期借款"金额相同。

（2）校验结果："短期借款"项目数据准确。

2. 应付账款

（1）操作步骤：查看应付账款明细账，汇总各供应商的期末欠款金额，与资产负债表中"应付账款"金额进行比较。经统计，欠甲供应商 80 000 元，欠乙供应商 70 000 元，总计 150 000 元，与资产负债表中"应付账款"金额相符。

（2）校验结果："应付账款"项目数据准确。

3. 应交税费

（1）操作步骤：根据本期的销售收入、采购支出等业务，按照税法规定计算应缴纳的各项税费，并与税务申报记录核对，再与资产负债表中"应交税费"金额对比。经计算，本期应缴纳增值税 30 000 元，城市维护建设税 2 100（30 000×7%）元，教育费附加 900（30 000×3%）元，企业所得税 17 000 元，总计 50 000 元，与资产负债表中"应交税费"金额一致。

（2）校验结果："应交税费"项目数据准确。

（六）非流动负债项目数据校验

（1）操作步骤：查看长期借款合同及还款计划，确认期末尚未偿还的长期借款本金及利息情况，与资产负债表中"长期借款"项目金额核对。公司向银行借入的长期借款期末本金余额为 800 000 元，本期无利息调整事项，与资产负债表中"长期借款"金额相符。

（2）校验结果："长期借款"项目数据准确。

（七）所有者权益各项目数据校验

1. 实收资本

（1）操作步骤：查阅公司的公司章程、股东出资记录等资料，确认股东的实际出资额，并与资产负债表中"实收资本"项目金额核对。经核对，股东实际出资额为

1 500 000 元，与资产负债表中"实收资本"金额一致。

（2）校验结果："实收资本"项目数据准确。

2. 盈余公积

（1）操作步骤：根据公司的净利润及盈余公积计提政策，计算应计提的盈余公积金额，并与盈余公积明细账余额核对，再与资产负债表中"盈余公积"金额对比。公司本期净利润为 500 000 元，按照 10% 的比例计提盈余公积，应计提 50 000 元，加上期初盈余公积余额 50 000 元，期末盈余公积余额为 100 000 元，与资产负债表中"盈余公积"金额相符。

（2）校验结果："盈余公积"项目数据准确。

3. 未分配利润

（1）操作步骤：从利润分配明细账中获取期初未分配利润金额，加上本期实现的净利润，减去本期已分配的利润，计算出期末未分配利润金额，并与资产负债表中"未分配利润"项目金额核对。期初未分配利润为 100 000 元，本期实现净利润 500 000 元，本期向股东分配利润 400 000 元，期末未分配利润 = 100 000 + 500 000 − 400 000 = 200 000（元），与资产负债表中"未分配利润"金额一致。

（2）校验结果："未分配利润"项目数据准确。

（八）案例效果

经过以上全面的数据校验，确认广州宏远贸易有限公司 2024 年 12 月资产负债表的数据准确无误，能够真实、准确地反映公司在该会计期末的财务状况。

第四节　利润表 AI 编制自动化

利润表的一键生成，是指利用 AI 财税系统或 Excel 等电子表格工具，通过预设的数据模板和公式，只需要进行一次操作（如点击按钮）即可快速生成企业利润表的功能。

一、利润表的一键生成

（一）利润表一键生成的要点

（1）数据准确性。一键生成的前提是输入的数据必须准确无误。因此，在使用一键生成功能前，务必确保录入的财务数据真实、可靠。

（2）公式正确性。利润表的一键生成依赖预设的公式。因此，在设置公式时务必确保其正确无误，以避免生成错误的报表。

（3）系统兼容性。在使用 AI 财税系统的一键生成功能时，需要注意系统的兼容性和稳定性，以确保报表生成的顺利进行。

（二）利润表一键生成的应用场景

利润表的一键生成功能广泛应用于各类企业的财务管理中。无论是大型企业还是中小型企业，都可以通过一键生成功能快速编制利润表，为企业的决策提供及时、准确的财务信息支持。同时，一键生成功能适用于审计、税务申报等场景，有助于提高工作效率和报表的准确性。

【案例5-8】利润表的一键生成案例

（一）案例背景

河南华光创意科技公司主要从事创意电子产品的研发、生产与销售。2024年12月，企业开展了一系列经营活动，现以该月数据为例，展示如何通过AI财税系统一键生成利润表。

（二）数据准备

1. 收入数据

（1）产品销售收入：本月销售创意电子产品，共获得销售收入800 000元。其中，产品A销售额为500 000元，产品B销售额为300 000元。

（2）其他业务收入：将闲置的部分生产设备出租，获得租金收入20 000元。

2. 成本数据

（1）产品销售成本：为生产和销售产品发生的直接成本共计450 000元。其中，产品A的成本为300 000元，产品B的成本为150 000元。

（2）其他业务成本：出租设备的折旧等相关成本为5 000元。

3. 费用数据

（1）税金及附加：根据销售收入和相关税率，计算出本月应缴纳的消费税、城市维护建设税、教育费附加等税金及附加共计40 000元。

（2）销售费用：本月为推广产品，发生广告费用80 000元，销售人员薪酬50 000元，运输费10 000元，总计140 000元。

（3）管理费用：管理人员薪酬60 000元，办公费用20 000元，差旅费10 000元，业务招待费5 000元，总计95 000元。

（4）研发费用：投入新产品研发，发生研发人员薪酬30 000元，研发设备折旧10 000元，原材料消耗20 000元，总计60 000元。

（5）财务费用：本月支付银行借款利息8 000元，银行手续费2 000元，总计10 000元。

（6）其他收益与损失数据：

①其他收益因符合政府科技创新扶持政策，获得政府补助30 000元；

②投资收益企业购买的短期理财产品到期，获得投资收益15 000元；

③资产减值损失经测试，部分产品因技术更新换代，市场价值下降，计提存货跌价准备12 000元。

（三）操作步骤

1. 数据录入

（1）打开AI财税系统，进入账务处理模块。

（2）在凭证录入界面，根据上述经营业务逐笔录入记账凭证。例如，对于产品A的销售业务，录入如下凭证。

摘要：销售产品A

借：银行存款／应收账款　　　　　　　　　　　　　　　　500 000

　　贷：主营业务收入——产品A　　　　　　　　　　　　500 000

录入结转成本的凭证如下。

摘要：结转产品A销售成本

借：主营业务成本——产品A　　　　　　　　　　　　　　300 000

　　贷：库存商品——产品A　　　　　　　　　　　　　　300 000

（3）按照同样的方式，完成所有业务的凭证录入。录入完成后，确保所有凭证都已审核并记账。

2. 报表生成

（1）在AI财税系统主界面，找到"报表"模块并点击进入。

（2）在报表列表中，选择"利润表"。

（3）点击"生成报表"按钮，此时系统会弹出一个对话框，要求选择会计期间。在对话框中选择"2024年12月"，然后点击"确定"。

3. 报表查看与核对

系统自动根据已录入并记账的凭证数据，按照预设的公式和格式生成利润表。生成完成后，报表会显示在屏幕上。

（四）成果展示

河南华光创意科技公司利润表AI生成如表5-3所示。

表5-3　2024年12月河南华光创意科技公司利润表AI生成　　　　　　　　单位：元

项目	金额
一、营业收入	820 000
减：营业成本	455 000
税金及附加	40 000

续表

项目	金额
销售费用	140 000
管理费用	95 000
研发费用	60 000
财务费用	10 000
加：其他收益	30 000
投资收益（损失以"－"号填列）	15 000
资产减值损失（损失以"－"号填列）	－12 000
二、营业利润（亏损以"－"号填列）	53 000

（五）案例效果

通过以上操作步骤，河南华光创意科技公司成功一键生成了 2024 年 12 月的利润表。该报表准确地反映了企业在该月的经营成果，为企业管理层进行财务分析和决策提供了重要依据。

二、利润表的数据校验

利润表的数据校验，是指对利润表上的各项数据进行核查和验证，以确保其准确性、完整性和合理性的过程。

（1）核对原始数据：核实利润表中的各项收入、费用等原始数据，确保其准确无误。

（2）验证计算公式：验证利润表中各项利润指标的计算公式是否正确。

（3）比对上期数据：将本期的净利润与上期进行比较，分析是否存在异常波动。

（4）综合其他财务信息：结合资产负债表和现金流量表等其他财务报表，综合分析净利润的合理性。

（5）异常数据检测与处理。

AI 财税工具通过预设的规则和算法自动检测利润表中的异常数据。例如，检测是否有负数收入、异常高的成本或费用等。

对于检测到的异常数据，系统会进行提示或警告，并允许企业进行人工干预或调整。

【案例 5-9】利润表的数据校验案例

（一）案例背景

中财讯服务一家名为"瑞丰制造有限公司"的企业，该企业在 2024 年度开展了一系列生产经营活动，并已初步编制了利润表。为确保利润表数据的准确性，需要对其进行全面细致的数据校验。

(二) 利润表初始数据 (见表 5-4)

表 5-4 利润表初始数据   单位：元

项目	金额
一、营业收入	5 000 000
减：营业成本	3 000 000
税金及附加	200 000
销售费用	500 000
管理费用	400 000
研发费用	200 000
财务费用	100 000
其中：利息费用	80 000
利息收入	10 000
加：其他收益	50 000
投资收益（损失以"-"号填列）	80 000
净敞口套期收益（损失以"-"号填列）	—
公允价值变动收益（损失以"-"号填列）	—
资产减值损失（损失以"-"号填列）	-50 000
信用减值损失（损失以"-"号填列）	-30 000
资产处置收益（损失以"-"号填列）	20 000
二、营业利润（亏损以"-"号填列）	700 000
加：营业外收入	30 000
减：营业外支出	10 000
三、利润总额（亏损总额以"-"号填列）	720 000
减：所得税费用	180 000
四、净利润（净亏损以"-"号填列）	540 000

(三) 操作步骤

1. 营业收入校验

(1) 操作步骤：从销售部门获取年度销售台账，按产品或服务类别汇总销售收入，并与利润表中的"营业收入"金额进行比对。销售台账显示，产品 A 销售收入为 3 000 000 元，产品 B 销售收入为 1 500 000 元，提供劳务收入为 500 000 元，总计 5 000 000 元。

检查销售合同，确认收入确认的时点和金额是否符合会计准则。随机抽取 20 份销售合同进行详细检查，查看合同约定的交货条件、收款方式等，判断收入确认是否合规。

(2) 校验结果：经核对，销售台账汇总金额与利润表中"营业收入"金额一致，且抽取的销售合同收入确认均符合会计准则要求，"营业收入"数据准确。

2. 营业成本校验

（1）操作步骤：依据成本核算资料，如原材料领用记录、生产工时统计、制造费用分摊表等，计算各类产品的生产成本，并汇总得出营业成本。经计算，产品 A 的生产成本为 1 800 000 元，产品 B 的生产成本为 900 000 元，提供劳务成本为 300 000 元，营业成本总计 3 000 000 元。

对比不同期间的单位产品成本，分析成本波动原因。与上年度相比，产品 A 的单位成本下降了 5%，经分析是原材料采购价格降低所致；产品 B 的单位成本上升了 3%，是生产工艺改进导致人工成本增加。

（2）校验结果：计算得出的营业成本与利润表数据一致，且成本波动原因合理，"营业成本"数据准确。

3. 税金及附加校验

（1）操作步骤：根据本期的营业收入、采购支出等业务，按照适用税率计算应缴纳的消费税、城市维护建设税、教育费附加等税费。

本期应缴纳消费税 50 000 元（应税消费品销售额 × 消费税率），城市维护建设税 73 500 元[（增值税＋消费税）×7%，增值税为 1 000 000 元]，教育费附加 31 500 元[（增值税＋消费税）×3%]，地方教育附加 21 000 元[（增值税＋消费税）×2%]……总计 230 000 元。但考虑到有税收减免政策，实际缴纳 200 000 元。

查阅纳税申报表，核实税金及附加的申报金额与计算金额是否一致。经核对纳税申报表，申报金额与实际缴纳金额相符。

（2）校验结果："税金及附加"数据准确。

4. 销售费用校验

（1）操作步骤：审查销售费用明细账，按费用项目分类汇总，如广告费、业务宣传费、销售人员薪酬等。经汇总，广告费支出 200 000 元，业务宣传费 150 000 元，销售人员薪酬 100 000 元，差旅费等其他销售费用 50 000 元，总计 500 000 元。

检查大额费用支出的相关凭证，如发票、合同等，核实费用的真实性和合理性。抽查金额较大的 10 笔广告费支出，均有相应的广告合同和发票，且广告投放符合公司的市场推广策略。

（2）校验结果："销售费用"数据准确。

5. 管理费用校验

（1）操作步骤：审查管理费用明细账，统计各项费用：管理人员薪酬 200 000 元，办公费 80 000 元，差旅费 50 000 元，业务招待费 40 000 元，折旧费 30 000 元，总计 400 000 元。

依据相关规定，对业务招待费等有限额规定的费用进行合规性检查。按照税法规定,业务招待费按发生额的60%扣除,但最高不得超过当年营业收入的5‰。40 000×60%=24 000(元),5 000 000×5‰=25 000(元),可扣除金额为24 000元,实际列支40 000元,需在汇算清缴时进行纳税调整,但不影响利润表数据准确性。

(2)校验结果:"管理费用"数据准确。

6. 研发费用校验

(1)操作步骤:查看研发项目立项文件、费用归集表等资料,确认研发费用的真实性和合理性。企业有两个研发项目,项目一发生费用120 000元,项目二发生费用80 000元,总计200 000元。

检查研发费用是否符合加计扣除政策要求,以备税务处理。经审核,两个研发项目均符合加计扣除政策条件。

(2)校验结果:"研发费用"数据准确。

7. 财务费用校验

(1)操作步骤:查阅银行对账单、借款合同等,确认利息费用和利息收入金额。

根据借款合同,本期应支付银行借款利息80 000元;银行对账单显示,本期收到存款利息收入10 000元,财务费用净额为70 000元,但考虑到手续费等其他财务费用30 000元,总计100 000元。

检查与金融机构的往来函件,核实利息计算的准确性。经核对,利息计算及手续费收取均符合合同约定。

(2)校验结果:"财务费用"数据准确。

8. 其他收益校验

(1)操作步骤:查看政府补助文件及相关收款凭证,确认其他收益的来源和金额。企业收到政府的科技创新奖励资金50 000元,符合其他收益的确认条件。

检查相关文件,核实是否满足政府补助的确认条件和计量要求。经审查,该奖励资金符合政府补助的相关规定,确认和计量无误。

(2)校验结果:"其他收益"数据准确。

9. 投资收益校验

(1)操作步骤:审查对外投资的相关协议、被投资单位的财务报表等资料,确认投资收益金额。企业对某公司进行股权投资,根据被投资单位的净利润和持股比例,应确认投资收益80 000元。

检查投资收益的确认方法是否符合会计准则。经核实,投资收益的确认采用权益法,符合会计准则要求。

(2)校验结果:"投资收益"数据准确。

10. 资产减值损失校验

（1）操作步骤：依据资产减值测试资料，如存货跌价准备计算表、固定资产减值测试报告等，确认资产减值损失金额。经测试，存货因市场价格下跌应计提存货跌价准备 50 000 元。

检查减值测试的方法和依据是否合理。经审查，减值测试采用的市场价格数据来源可靠，测试方法符合会计准则规定。

（2）校验结果："资产减值损失"数据准确。

11. 信用减值损失校验

（1）操作步骤：查看应收账款账龄分析表、客户信用评估报告等，计算信用减值损失。根据账龄分析法，应收账款应计提坏账准备 30 000 元。

评估信用减值损失计提的充分性和合理性。经分析，结合公司的历史坏账率和当前客户信用状况，计提金额合理。

（2）校验结果："信用减值损失"数据准确。

12. 资产处置收益校验

（1）操作步骤：查阅资产处置的相关文件，如固定资产处置合同、无形资产转让协议等，确认资产处置收益金额。企业出售一台闲置设备，处置收入为 100 000 元，该设备账面价值为 80 000 元，资产处置收益为 20 000 元。

检查资产处置会计处理是否正确。经审核，资产处置的会计分录编制正确，符合会计准则要求。

（2）校验结果："资产处置收益"数据准确。

13. 营业利润、利润总额、净利润校验

（1）操作步骤：根据上述已校验的各项数据，按照利润表的计算逻辑重新计算营业利润。

营业利润＝营业收入－营业成本－税金及附加－销售费用－管理费用－研发费用－财务费用＋其他收益＋投资收益＋资产处置收益＋公允价值变动收益＋净敞口套期收益－资产减值损失－信用减值损失

代入数据计算 5 000 000－3 000 000－200 000－500 000－400 000－200 000－(80 000－10 000)＋50 000＋80 000＋20 000－50 000－30 000＝700 000（元），与利润表中"营业利润"金额一致。

计算利润总额：利润总额＝营业利润＋营业外收入－营业外支出。代入数据 700 000＋30 000－10 000＝720 000（元），与利润表中"利润总额"金额一致。

计算净利润：净利润＝利润总额－所得税费用。企业所得税税率为 25%，所得税费用＝720 000×25%＝180 000 元，净利润＝720 000－180 000＝540 000（元），与利润表中"净利润"金额一致。

（2）校验结果：营业利润、利润总额、净利润的计算准确。

经过以上全面、细致的数据校验流程，确认瑞丰制造有限公司 2024 年度利润表的数据准确无误，能够真实、准确地反映公司在该年度的经营成果。

（四）案例效果

AI 系统对生成的利润表进行了数据准确性和完整性的校验。通过预设的公式和逻辑，系统确保了数据的准确性和合理性。同时，系统检测到了营业成本中的一个异常数据（如异常偏高），并进行了提示。企业财务人员根据提示进行了人工干预和调整，确保了报表的准确性。

第五节 现金流量表 AI 编制自动化

现金流量表的一键生成，是指利用 AI 财税系统或 Excel 等电子表格工具，通过预设的数据模板和规则，用户只需要进行一次简单操作（如点击按钮），即可快速自动生成现金流量表的功能。这一功能极大地提高了财务报表编制的效率，降低了人为错误的风险。

一、现金流量表的一键生成

一键生成功能可以帮助财务人员快速、准确地完成现金流量表的编制工作，提高财务管理的效率和质量。一键生成的现金流量表可以为财务分析提供及时、准确的数据支持，帮助企业管理层做出更加科学、合理的决策。一键生成的现金流量表可以提高审计工作的效率和准确性，减少审计人员的工作量和审计风险。

（一）现金流量表一键生成的核心要素

（1）数据模板：预先设定好的包含现金流量表所需各项数据的表格模板。这些模板通常涵盖经营活动、投资活动和筹资活动产生的现金流量等关键数据。

（2）分类规则：根据现金流量的性质，将其划分为经营、投资及筹资三个活动分类，并预设相应的会计科目和分类规则。

（3）自动化处理：通过内置的算法和规则，系统能够自动从企业的 AI 财税系统中提取相关数据，并根据预设的分类规则将数据填入现金流量表模板。

（二）现金流量表一键生成的应用场景

现金流量表的一键生成功能广泛应用于各类企业的财务管理中。无论是大型企业还是中小型企业，都可以通过这一功能快速生成现金流量表，为企业的资金运作、财务决策等提供及时、准确的财务信息支持。

【案例5-10】现金流量表的一键生成案例

(一) 案例背景

广州星辰电子有限公司主要从事电子产品的生产与销售业务。2024年12月,企业发生了一系列经济业务,现要通过AI财税系统一键生成该月的现金流量表。

(二) 业务数据准备

1. 经营活动相关数据

(1) 销售商品收到现金:本月销售电子产品,共收到客户现金800 000元。其中,现销收入500 000元,收回上月应收账款300 000元。

(2) 购买商品支付现金:采购生产所需原材料,支付现金400 000元。其中,支付本月采购款300 000元,支付上月所欠货款100 000元。

(3) 支付给职工以及为职工支付的现金:发放本月职工工资150 000元,其中生产工人工资100 000元,管理人员工资50 000元。

(4) 支付的各项税费:缴纳本月增值税30 000元,城市维护建设税2 100 (30 000×7%) 元,教育费附加900 (30 000×3%) 元,企业所得税20 000元,共计53 000元。

2. 投资活动相关数据

购建固定资产支付的现金:购买一台生产设备,支付现金100 000元。

3. 筹资活动相关数据

(1) 取得借款收到的现金:从银行取得短期借款200 000元。

(2) 偿还债务支付的现金:偿还到期的短期借款150 000元。

(3) 分配股利、利润或偿付利息支付的现金:支付本月借款利息5 000元。

(三) 操作步骤

1. 数据录入

(1) 打开AI财税系统,进入账务处理模块。

(2) 在凭证录入界面,根据上述经济业务逐笔录入记账凭证。

对于现销业务,录入如下凭证。

摘要:现销电子产品

借:库存现金	500 000
贷:主营业务收入	500 000

对于收回上月应收账款业务,录入如下凭证。

摘要:收回上月应收账款

借:库存现金	300 000
贷:应收账款	300 000

(3) 按照同样的方式，完成所有业务的凭证录入。

2. 报表生成

(1) 在 AI 财税系统主界面，找到"报表"模块并点击进入。

(2) 在报表列表中，选择"现金流量表"。

(3) 点击"生成报表"按钮，此时系统会弹出一个对话框，要求选择会计期间。在对话框中选择"2024 年 12 月"，然后点击"确定"。

3. 报表查看与核对

(1) 系统自动根据已录入并记账的凭证数据，按照预设的公式和格式生成现金流量表。生成完成后，报表会显示在屏幕上。

(2) 对生成的现金流量表进行查看与核对，确保数据准确无误。

（四）成果展示

广州星辰电子有限公司现金流量表 AI 生成如表 5-5 所示。

表 5-5 2024 年 12 月广州星辰电子有限公司现金流量表 AI 生成　　　单位：元

项目	金额
一、经营活动产生的现金流量	
销售商品、提供劳务收到的现金	800 000
购买商品、接受劳务支付的现金	-400 000
支付给职工以及为职工支付的现金	-150 000
支付的各项税费	-53 000
经营活动现金流出小计	-603 000
经营活动产生的现金流量净额	197 000
二、投资活动产生的现金流量	
购建固定资产、无形资产和其他长期资产支付的现金	-100 000
投资活动产生的现金流量净额	-100 000
三、筹资活动产生的现金流量	
取得借款收到的现金	200 000
偿还债务支付的现金	-150 000
分配股利、利润或偿付利息支付的现金	-5 000
筹资活动现金流出小计	-155 000
筹资活动产生的现金流量净额	45 000
四、现金及现金等价物净增加额	142 000
加：期初现金及现金等价物余额	100 000
期末现金及现金等价物余额	242 000

（五）案例效果

通过以上操作步骤，广州星辰电子有限公司成功一键生成了 2024 年 12 月的现金流量表。该报表准确地反映了企业在该月的现金流量状况，为企业管理层进行财务分析和决策提供了重要依据。同时，现金流量表的一键生成功能大大提高了财务工作效率，减少了手工编制报表可能出现的错误。

二、现金流量表的数据校验

现金流量表的数据校验，是指对现金流量表上的各项数据进行核查和验证，以确保其准确性、完整性和合理性的过程。

（一）核对主表与附表数据

校验现金流量表主表的经营活动产生的现金流量净额是否与附表中的数据一致。核对主表的现金及现金等价物净增加额是否与附表中的数据相符。

（二）验证钩稽关系

（1）资产负债表中现金及现金等价物期末余额与期初余额之差，应等于现金流量表中现金及现金等价物净增加额。

（2）利润表中的净销货额减去资产负债表中的应收账款（票据）增加额加上预收账款增加额，应等于现金流量表中的销售商品、提供劳务收到的现金。

（3）资产负债表中除现金及现金等价物之外的其他各项流动资产和流动负债的增加（减少）额，应与现金流量表中各相关项目的减少（增加）额相对应。

【案例5-11】现金流量表的数据校验案例

（一）案例背景

江西阳光制造股份有限公司主要生产AI智能档案密集架、智能图书包库系列、办公设备、安防设备、教学设备、医用设备，在2024年开展了各类经营、投资和筹资活动，并已生成了现金流量表。为确保现金流量表数据的准确性，需要对其进行全面的数据校验。

（二）现金流量表初始数据（见表5-6）

表5-6 现金流量表初始数据　　　　　　　　　　　　　　　　单位：元

项目	金额
一、经营活动产生的现金流量	
销售商品、提供劳务收到的现金	1 500 000
收到的税费返还	50 000
收到其他与经营活动有关的现金	30 000
经营活动现金流入小计	1 580 000
购买商品、接受劳务支付的现金	-800 000
支付给职工以及为职工支付的现金	-300 000

续表

项目	金额
支付的各项税费	-150 000
支付其他与经营活动有关的现金	-100 000
经营活动现金流出小计	-1 350 000
经营活动产生的现金流量净额	230 000
二、投资活动产生的现金流量	
处置固定资产、无形资产和其他长期资产收回的现金净额	80 000
收到其他与投资活动有关的现金	20 000
投资活动现金流入小计	100 000
购建固定资产、无形资产和其他长期资产支付的现金	-200 000
投资支付的现金	-150 000
投资活动现金流出小计	-350 000
投资活动产生的现金流量净额	-250 000
三、筹资活动产生的现金流量	
吸收投资收到的现金	500 000
取得借款收到的现金	300 000
筹资活动现金流入小计	800 000
偿还债务支付的现金	-400 000
分配股利、利润或偿付利息支付的现金	-80 000
筹资活动现金流出小计	-480 000
筹资活动产生的现金流量净额	320 000
四、现金及现金等价物净增加额	300 000
加：期初现金及现金等价物余额	200 000
期末现金及现金等价物余额	500 000

（三）操作步骤

1. 经营活动产生的现金流量校验

（1）销售商品、提供劳务收到的现金。

①操作步骤：从销售部门获取销售台账，汇总现销收入及赊销后收回的款项。经统计，现销收入为 900 000 元，收回前期应收账款 600 000 元，共计 1 500 000 元。

检查相关销售合同和收款凭证，随机抽取 30 笔业务，核实收款金额、时间与销售记录是否一致。

②校验结果：销售台账汇总金额与现金流量表数据一致，抽取的业务收款情况与记录相符，该项目数据准确。

（2）收到的税费返还。

①操作步骤：查阅税务部门的退税文件及企业的收款记录，确认收到增值税退税

30 000元，所得税退税20 000元，合计50 000元。

核对退税政策依据和计算过程，确保退税金额准确。

②校验结果：与现金流量表数据一致，退税金额计算准确，该项目数据准确。

（3）收到其他与经营活动有关的现金。

①操作步骤：查看其他应收款明细账、营业外收入明细账等，确认主要来源为出租包装物收入15 000元，收到违约金10 000元，以及其他零星收入5 000元，总计30 000元。

检查相关合同、协议及收款凭证，核实收入的真实性和金额准确性。

②校验结果：数据与现金流量表相符，相关凭证完整，该项目数据准确。

（4）购买商品、接受劳务支付的现金。

①操作步骤：根据采购部门的采购记录和财务付款记录，统计支付给供应商的货款。本月采购原材料支付700 000元，支付前期所欠货款100 000元，共计800 000元。

抽查25笔采购付款业务，核对采购合同、发票、入库单及付款凭证，确认金额、供应商等信息一致。

②校验结果：数据与现金流量表一致，抽查业务核对无误，该项目数据准确。

（5）支付给职工以及为职工支付的现金。

①操作步骤：从人力资源部门获取工资发放表，核实本月发放工资总额300 000元，包括基本工资200 000元，奖金50 000元，补贴50 000元。

检查社保、公积金缴纳记录，确认相关费用已包含在工资总额中，且无其他与职工相关的现金支付。

②校验结果：与现金流量表数据相符，工资及相关费用支付准确，该项目数据准确。

（6）支付的各项税费。

①操作步骤：查阅纳税申报表和缴税凭证，确认缴纳增值税100 000元，城市维护建设税7 000（100 000×7%）元，教育费附加3 000（100 000×3%）元，企业所得税40 000元，总计150 000元。

核对税费计算依据和税率，确保金额准确。

②校验结果：数据与现金流量表一致，税费计算准确，该项目数据准确。

（7）支付其他与经营活动有关的现金。

①操作步骤：审查管理费用、销售费用明细账中除职工薪酬、税费外的现金支出项目。确认办公费支出30 000元，差旅费20 000元，业务招待费15 000元，广告费35 000元，共计100 000元。

抽查相关费用报销凭证，核实费用的真实性、合理性及金额准确性。

②校验结果：数据与现金流量表一致，费用凭证合规，该项目数据准确。

2. 投资活动产生的现金流量校验

（1）处置固定资产、无形资产和其他长期资产收回的现金净额。

①操作步骤：查看固定资产清理、无形资产处置等相关账户，确认出售一台旧设备，售价 90 000 元，支付清理费用 10 000 元，收回现金净额 80 000 元。

检查处置合同、收款凭证及清理费用支出凭证，核实金额及业务真实性。

②校验结果：与现金流量表数据相符，相关凭证完整，该项目数据准确。

（2）收到其他与投资活动有关的现金。

①操作步骤：查阅投资收益明细账及相关协议，确认收到被投资企业分配现金股利 20 000 元。

检查投资协议和收款凭证，核实金额和来源。

②校验结果：数据与现金流量表一致，收款依据充分，该项目数据准确。

（3）购建固定资产、无形资产和其他长期资产支付的现金。

①操作步骤：查看固定资产、无形资产等资产购置的付款记录，确认购买一台新设备支付 150 000 元，购买一项专利技术支付 50 000 元，共计 200 000 元。

核对采购合同、发票及付款凭证，确保金额准确和业务真实。

②校验结果：数据与现金流量表一致，相关凭证相符，该项目数据准确。

（4）投资支付的现金。

①操作步骤：审查长期股权投资、交易性金融资产等投资账户的付款记录，确认购买股票支付 100 000 元，购买债券支付 50 000 元，共计 150 000 元。

检查投资协议、资金划出凭证等，核实投资金额和对象。

②校验结果：与现金流量表数据相符，投资业务凭证完整，该项目数据准确。

3. 筹资活动产生的现金流量校验

（1）吸收投资收到的现金。

①操作步骤：查阅股东投资协议、银行进账单等资料，确认新股东投入资金 500 000 元。

检查投资协议条款和进账记录，核实投资金额和股东信息。

②校验结果：数据与现金流量表一致，投资手续完备，该项目数据准确。

（2）取得借款收到的现金。

①操作步骤：查看借款合同和银行放款记录，确认从银行取得短期借款 300 000 元。

核对借款合同金额、期限、利率等条款与放款记录是否一致。

②校验结果：与现金流量表数据相符，借款手续合规，该项目数据准确。

（3）偿还债务支付的现金。

①操作步骤：查阅还款记录和借款合同，确认偿还到期的银行借款本金 400 000 元。

核对还款凭证和借款合同，确保还款金额准确。

②校验结果：数据与现金流量表一致，还款记录准确，该项目数据准确。

（4）分配股利、利润或偿付利息支付的现金。

①操作步骤：查看应付股利、应付利息明细账及付款记录，确认支付股东股利 50 000 元，支付借款利息 30 000 元，共计 80 000 元。

检查股利分配决议、利息计算清单及付款凭证，核实金额和支付对象。

②校验结果：与现金流量表数据相符，支付依据充分，该项目数据准确。

4. 现金及现金等价物净增加额校验

（1）操作步骤：根据上述已校验的经营活动、投资活动、筹资活动现金流量净额，计算现金及现金等价物净增加额为 230 000 +（-250 000）+ 320 000 = 300 000（元），与现金流量表中"现金及现金等价物净增加额"金额一致。

检查期初、期末现金及现金等价物余额与资产负债表中货币资金等相关项目的钩稽关系。经核对，期初现金及现金等价物余额 200 000 元与资产负债表期初货币资金余额相符，期末现金及现金等价物余额 500 000 元也与根据现金及现金等价物净增加额计算得出的结果相符［200 000 + 300 000 = 500 000（元）］。

（2）校验结果：现金及现金等价物净增加额计算准确，与资产负债表的钩稽关系正确。

（四）案例效果

经过以上全面的 AI 数据校验，确认江西阳光制造股份有限公司 2024 年现金流量表的数据准确无误，能够真实、准确地反映公司在该年度的现金流量状况。

第三部分
税务管理的 AI 变革篇

AI在税务管理领域引发了多方面的深刻变革，从数据处理、分析到决策支持，AI技术的应用为税务管理带来了前所未有的效率和精准度。

AI通过自然语言处理、图像识别、语音识别等技术，实现了对各种格式和来源的数据的自动化采集、整理、归类与转换，快速扫描和识别纸质发票，将其转换为电子数据，大大减少了人工输入与校验的时间和错误。

AI运用机器学习、深度学习、知识图谱等技术，对税务数据进行深度挖掘和分析，发现数据中的规律、趋势、异常和价值，生成可视化的报告和建议，AI辅助财税专业人员进行决策和评估，提高了税收管理的科学性和精准性。

AI利用生成对抗网络、强化学习、迁移学习等技术，模拟不同的场景和条件，预测未来的结果和风险，总结企业的历史税务行为并建立税务模型，通过未来的数据预测以及现有的税务模型进行税务预测。

第六章
智能税务申报：一键直达合规之路

智能税务申报，是指利用 AI、大数据、云计算等现代信息技术，结合税务法规与会计准则，实现税务数据自动化处理、税务报表生成、税务优化与合规性检查的一体化解决方案。

在税务管理的 AI 变革中，智能税务申报成为一键直达合规之路的关键。AI 技术的引入，极大地提高了税务申报的效率、准确性和合规性。

第一节　AI 税务申报工作机制与数据交互

智能税务申报系统是一种结合 AI、大数据、云计算等现代信息技术的新型税务管理系统，它旨在提高税务管理的效率和准确性，降低企业的税务成本和运营风险。

智能税务申报系统通过自动化处理税务数据、生成税务报表、进行税务优化与合规性检查等功能，实现了税务管理的智能化和高效化。该系统能够自动采集企业的财务数据，包括纳税、核税、税务申报等方面的数据，并利用 AI 技术进行数据分析和处理，从而为企业提供精准的税务申报服务。

一、智能税务申报系统的内涵

国家电子税务局系统由国家税务总局设计实施，旨在简化税务申报流程、提升税收管理效率，方便纳税人按时按规纳税。纳税人通过该系统可便捷完成在线申报、缴税、查询等操作，实现税务管理数字化。国家电子税务局系统还提供税收政策咨询等在线服务，为纳税人提供全面、便捷的税务服务，是现代税务管理的重要工具。

二、智能税务申报系统的对接方式与接口规范

智能税务申报系统与税务机关电子申报系统对接，实现申报流程自动化、智能化和合规化。

（一）对接方式

（1）API 接口对接：API 是连接系统的桥梁，智能税务申报系统调用税务机关电子申报系统 API 接口，实时传输和申报数据，具有实时性高、数据交换速度快、易集成的优点。

（2）文件传输对接：通过特定文件格式和传输协议，如 FTP、SFTP，将申报文件传输到税务机关指定服务器，适用于数据量大或需离线处理的情况，灵活性高、适应性强。

（3）网页表单对接：模拟人工填写网页表单，自动填写并提交申报数据，实现简单、无须额外开发 API 接口，但受网页结构变化影响。

（二）接口规范

（1）数据格式规范：约定 XML、JSON 等数据交换格式，确保数据准确一致，降低错误率。

（2）通信协议规范：采用 HTTP、HTTPS 等数据交换方式，保障数据传输安全可靠，防止泄露、篡改。

（3）接口调用规范：明确接口调用和参数传递方式，降低对接技术难度，提高效率。

（4）安全规范：约定数据传输加密和身份验证机制，确保数据安全，防止非法获取、篡改。

（5）错误处理规范：约定错误码、错误信息等处理机制，及时发现并处理问题，保障系统稳定可靠。

三、企业申报数据的转换与提取逻辑

智能税务申报系统实现企业内部财务数据到申报数据的无缝转换与提取。

（一）数据转换与提取的逻辑概述

系统自动从企业内部 AI 财税系统获取数据，转换为符合税务申报要求的格式，涵盖数据采集、清洗、转换和提取环节，确保数据准确、完整、合规。

（二）数据转换与提取的具体步骤

（1）数据采集：通过预设接口或 API 连接企业内部 AI 财税系统，按照采集规则定期或实时抓取财务数据。

（2）数据清洗：去除原始数据中的重复、错误或无效数据，统一格式，确保数据可比一致。

（3）数据转换：根据税务申报要求，对清洗后的数据进行分类、汇总、计算，转换为申报数据格式。

(4) 数据提取：按照提取规则，从转换后的数据中提取申报数据项，用于填写申报表格。

(三) 数据转换与提取的关键要素

(1) 接口与 API：建立稳定连接，实现数据实时或定期采集。

(2) 数据映射规则：预设财务数据与申报数据对应关系，随法规和企业业务变化更新。

(3) 数据清洗与转换算法：内置算法，自动识别纠正数据错误异常，保障数据准确、合规。

(4) 安全性与合规性：遵守数据保护法规和企业安全规定，确保数据安全传输、存储。

【案例6-1】一般纳税人 AI 纳税申报系统案例

(一) 案例背景

九江浔都塑管有限公司为一般纳税人，在 2025 年 1 月，销项发票总额为 500 000 元，进项发票总额为 300 000 元，适用增值税税率为 13%。

(二) 操作步骤

(1) 登录系统：在 AI 纳税申报系统输入账号和密码进行登录，登录后点击导航栏中的"税务管理"，进入后在首页可看见四大板块，分别是"便捷导航栏"、"任务列表"、"申报进度"及"报税期"。

(2) 同步销项台账：已开票收入由销项模块开具的发票自动同步到销项台账中，本企业销项台账中已开票收入为 500 000 元。未开票收入来源于总账系统推算出的未开票数据，本企业无未开票收入。

(3) 同步进项台账：公司进项台账数据包括增值税发票、非增值税发票和海关缴款书数据。其中，进项模块中认证的发票会自动同步到申报系统的进项台账中，本企业进项台账中进项发票总额为 300 000 元；进项已确认用途的发票，变更用途后，在进项管理中做进项转出，并自动推送生成申报台账数据，本企业无进项转出情况。

(4) 连接电子税务局系统，完成一键申报：进销项数据全部准备好之后，进入报税管理，选择纳税申报菜单，自动展示当期需要申报的税种。点击右侧"取数"按钮，会自动从申报台账中取值，并汇总至纳税申报表相应报表栏次中。

本企业增值税应纳税额 = 销项税额 - 进项税额 = 500 000 × 13% - 300 000 × 13% = 26 000（元）。确认无误后可点击"申报"按钮，系统将自动连接电子税务局系统完成一键申报工作，在此过程中请关注申报状态。

(5) 申报状态变为申报成功后，点击"缴款"按钮通过三方协议进行税款缴纳。

四、AI 申报数据的错误修正机制

AI 申报数据的预校验与错误修正机制是确保数据准确性和完整性的重要环节。

（一）预校验

预校验是指在接收或处理申报数据之前，对数据的格式、范围、逻辑等进行初步检查的过程。其目的是在数据进入后续处理阶段之前，提前发现并纠正可能存在的错误，以提高数据处理的效率和准确性。

（二）错误修正机制

错误修正机制是指在数据预校验或后续处理过程中，发现数据错误后采取的纠正措施。其目的是确保数据的准确性和可靠性，以便后续的数据分析和决策。

【案例 6-2】AI 申报数据的错误修正案例

（一）案例背景

常州星云贸易有限公司为一般纳税人，主要从事电子产品的进出口业务。该企业使用一款中财讯 AI 税务申报系统进行纳税申报。在 2024 年第四季度的申报过程中，系统出现了一些数据错误，下面将详细介绍错误的发现、修正过程以及相关具体数字金额。

（二）错误情况

在本季度申报增值税时，AI 税务申报系统基于企业提供的销售和采购数据，自动生成了申报数据。然而，由于部分销售发票的数据录入错误，申报数据出现偏差。具体错误如下。

一笔实际销售额为 500 000 元的业务，在录入发票信息时误录为 50 000 元。

同时，该笔业务对应的采购成本为 300 000 元，数据录入正确。

已知增值税税率为 13%。

（三）错误发现

（1）企业自查：常州星云贸易有限公司的财务人员在完成 AI 税务申报系统自动生成申报数据后，按照日常工作流程对申报数据进行初步审核。在核对销售收入明细时，发现一笔业务的销售额与实际业务记录不符。通过进一步查阅相关销售合同、发票存根等原始凭证，确定该笔业务的实际销售额应为 500 000 元，而不是系统显示的 50 000 元。

（2）系统预警：与此同时，税务机关的 AI 风险监测系统也对该企业的申报数据进行了实时分析。通过与同行业企业的销售数据、税负率等指标进行比对，发现常州星云贸易有限公司本季度的销售收入明显低于行业平均水平，且税负率异常。税务机关的

AI 风险监测系统自动发出预警提示,要求企业对申报数据进行核实。

(四)错误修正操作步骤

1. 企业端操作

(1)数据修改:财务人员登录 AI 税务申报系统,进入增值税申报模块。在销售收入明细栏中,找到错误录入的那笔业务记录,将销售额由 50 000 元修改为正确的 500 000 元。系统自动重新计算该笔业务的销项税额,原销项税额计算为 $50\,000 \times 13\% = 6\,500$(元),修改后销项税额为 $500\,000 \times 13\% = 65\,000$(元)。

申报数据修改完成后,点击"重新计算"按钮,AI 税务申报系统根据新的销售额数据,重新计算整个增值税申报表的各项数据,包括销项税额、进项税额、应纳税额等。由于采购成本数据录入正确,进项税额仍为 $300\,000 \times 13\% = 39\,000$(元)。重新计算后的应纳税额为销项税额 – 进项税额 $= 65\,000 - 39\,000 = 26\,000$(元)。修改前应纳税额计算为 $6\,500 - 39\,000 = -32\,500$(元)(显示为留抵税额),修改后应纳税额发生了显著变化。

(2)提交修正申报:财务人员仔细核对重新生成的申报数据,确保所有数据准确无误后,点击"提交申报"按钮,将修正后的申报数据提交至税务机关系统。

2. 税务机关端操作

(1)接收与审核:税务机关的系统接收到常州星云贸易有限公司提交的修正申报数据后,自动对数据进行初步校验。校验通过后,将数据分配至相关审核岗位。审核人员对修正后的申报数据进行详细审核,包括与企业提供的原始凭证、之前的申报记录以及行业数据进行比对分析。

(2)确认与反馈:经过审核,审核人员确认修正后的申报数据符合企业实际经营情况,没有其他异常问题。审核人员在系统中对该申报数据进行确认,并通过系统向常州星云贸易有限公司反馈审核结果,告知企业申报数据修正成功。

(五)案例效果

通过企业的自查和税务机关的风险监测预警,及时发现了 AI 税务申报系统中存在的数据错误。企业与税务机关按照既定的错误修正机制和操作流程,对错误数据进行了修正,确保了纳税申报数据的真实性和准确性。

第二节 AI 纳税申报表生成的逻辑与校验规则

在税务管理的 AI 变革中,智能税务申报系统通过纳税申报表的自动生成与校验,实现了税务申报流程的高效与合规。

一、纳税申报表的自动生成逻辑

(1) 数据收集与整理：系统首先从企业的内部数据源中自动收集相关财务数据；其次对这些数据进行分类、整理和计算，确保数据的准确性和一致性。

(2) 模板匹配与填充：系统会根据企业所处的行业、规模、纳税类型等信息，自动匹配相应的纳税申报表模板，然后将整理好的财务数据自动填充到纳税申报表的相应位置。

(3) 逻辑计算与生成：系统会根据税法规定和申报要求，自动进行各种逻辑计算，如税额计算、减免计算等，并自动生成完整的纳税申报表。

二、纳税申报表的校验规则

(1) 数据完整性校验：对于缺失的数据项，系统会提示用户进行补充或修正。

(2) 数据逻辑性校验：系统会对纳税申报表中的数据项进行逻辑性校验，检查数据之间是否存在矛盾或不合理的情况。

(3) 数据合规性校验：系统会根据税法规定和申报要求，对纳税申报表中的数据项进行合规性校验，检查数据是否符合税法规定的范围和标准，以及是否存在违反税法规定的情况。

(4) 提示与修正建议：系统发现数据存在错误或不合理的情况，会及时提示用户并给出修正建议，用户可以根据系统的提示和建议进行相应的修改与调整，以确保纳税申报表的准确性和合规性。

【案例6-3】AI纳税申报表生成的逻辑案例

(一) 案例背景

庐州天府电器制造有限公司是一家生产和销售电子产品的企业，是增值税一般纳税人，在2025年1月进行增值税纳税申报。

2024年12月发生了多笔销售和采购业务，具体如下。

(1) 销售业务：销售电子产品一批，开具增值税专用发票，不含税销售额为500 000元，增值税税率为13%，税额为65 000元。

(2) 采购业务：采购原材料一批，取得增值税专用发票，不含税金额为300 000元，增值税税率为13%，税额为39 000元；另外，采购生产设备一台，取得增值税专用发票，不含税金额为200 000元，增值税税率为13%，税额为26 000元。

（二）操作步骤

1. 数据采集

（1）系统对接与自动获取：AI系统与企业的AI财税系统、发票管理系统等进行对接，自动获取本月的销售发票和采购发票信息，包括发票号码、开票日期、销售方和购买方信息、商品或服务名称、金额、税额等。

（2）人工补充录入：对于一些无法通过系统自动获取的数据，如未开具发票的销售收入、特殊业务的税务处理等，由财务人员手动录入AI系统中。公司本月有一笔未开具发票的销售收入，不含税金额为50 000元，税额为6 500元，财务人员将此数据录入系统中。

2. 数据处理与分类

（1）销售数据处理：AI系统对采集到的销售数据进行分类汇总，区分不同税率、不同业务类型的销售额和税额。在本案例中，系统将开具发票的销售额500 000元和未开具发票的销售额50 000元汇总，得到本月总的销售额为550 000元，总的销项税额为71 500元。

（2）采购数据处理：对采购数据同样进行分类汇总，区分可抵扣进项税额和不可抵扣进项税额的项目。在本案例中，采购原材料和生产设备的进项税额均可抵扣，系统将两者的税额汇总，得到本月可抵扣的进项税额为65 000元。

3. 纳税调整与计算

（1）销项税额计算：根据汇总后的销售额和适用税率，AI系统重新计算本月的销项税额，确保数据的准确性。在本案例中，销项税额 = 550 000 × 13% = 71 500（元），与之前汇总的数据一致。

（2）进项税额计算：对可抵扣的进项税额进行审核和计算，剔除不符合抵扣条件的税额。在本案例中，采购业务的进项税额均符合抵扣条件，无须调整，进项税额为65 000元。

应纳税额 = 销项税额 − 进项税额 = 71 500 − 65 000 = 6 500（元）。

4. 申报表生成

（1）选择申报表模板：AI系统根据企业的纳税人类型和所属行业，选择相应的增值税纳税申报表模板，如《增值税及附加税费申报表（一般纳税人适用）》。

（2）填充数据：AI系统将计算得出的销售额、销项税额、进项税额、应纳税额等数据自动填充到申报表的相应栏次中。在本案例中，AI系统将550 000元填入"销售额"栏，71 500元填入"销项税额"栏，65 000元填入"进项税额"栏，6 500元填入"应纳税额"栏等。

（3）其他栏次填写：AI系统会根据企业的具体情况，自动填写申报表的其他栏次，如上期留抵税额、本期已缴税额等。公司上期无留抵税额，本期也未预缴税额，则这些栏次填写为"0"。

(三) 生成结果

经过上述步骤，AI 系统生成了完整的增值税纳税申报表，财务人员可以在系统中查看、核对申报表的各项数据。如发现数据有误，可及时进行修改和调整，直至数据准确无误，再通过系统向税务机关进行申报。

三、纳税申报表的数据来源与计算方法

在税务管理的 AI 变革中，智能税务申报系统通过纳税申报表的自动生成，实现了税务申报流程的高效与合规。

企业的内部 AI 财税系统是纳税申报表数据的主要来源。系统通过接口或数据导入方式，从企业的 AI 财税系统中自动提取收入、成本、费用、利润等财务数据，特别是利润表、资产负债表、职工薪酬的总账及明细账。

智能税务申报系统还会从第三方数据源获取数据，如银行流水、发票信息等，以补充或验证企业内部 AI 财税系统的数据。

通过数据来源与计算方法的结合，以及严格的校验规则，智能税务申报系统能够自动生成准确、合规的增值税纳税申报表，为纳税人提供便捷、高效的税务申报服务。

【案例 6-4】 酒店兼营住宿、餐饮与会议服务案例

(一) 案例背景

三亚凤翔酒店为一般纳税人，2024 年 11 月提供住宿服务取得收入 200 万元，餐饮服务收入 150 万元，会议服务收入 50 万元。当月购进食材、客房用品等成本 180 万元，取得增值税专用发票注明进项税额 20 万元，购进会议设备等可抵扣进项税额 5 万元。

(二) 操作步骤

(1) 对住宿、餐饮、会议服务分别进行统计和核算，记录各项服务的收入和支出情况。

(2) 住宿服务按照客人入住和退房时间确认收入并开具发票。

(3) 餐饮服务在客人用餐后根据消费金额结算并开具发票。

(4) 会议服务在会议结束后根据合同约定与客户结算并开具发票。

(三) 会计处理

(1) 住宿服务。

借：银行存款　　　　　　　　　　　　　　　　　　　　　　2 120 000
　　贷：主营业务收入——住宿服务　　　　　　　　　　　　　2 000 000

应交税费——应交增值税（销项税额）	120 000

（2）餐饮服务。

借：银行存款	1 590 000
贷：主营业务收入——餐饮服务	1 500 000
应交税费——应交增值税（销项税额）	90 000

（3）会议服务。

借：银行存款	530 000
贷：主营业务收入——会议服务	500 000
应交税费——应交增值税（销项税额）	30 000

（4）购进食材、客房用品等。

借：原材料	1 800 000
应交税费——应交增值税（进项税额）	200 000
贷：银行存款	2 000 000

（5）购进会议设备等。

借：固定资产	500 000
应交税费——应交增值税（进项税额）	50 000
贷：银行存款	550 000

（四）开具发票

（1）住宿服务开具6%税率的增值税专用发票或普通发票，注明住宿的日期、房间号、人数、金额、税额等。

（2）餐饮服务开具6%税率的增值税普通发票或专用发票，注明餐饮的具体项目、桌数、人数、金额、税额等。

（3）会议服务开具6%税率的增值税专用发票或普通发票，注明会议的名称、时间、人数，场地费、服务费等金额、税额等。

（五）纳税处理

当期销项税额 = 12 + 9 + 3 = 24（万元）。

当期进项税额 = 20 + 5 = 25（万元）。

当期应纳税额 = 24 - 25 = -1（万元），期末留抵税额1万元，本月无须缴纳增值税。

因为本月无须缴纳增值税，所以附加税也无须缴纳。

（六）纳税申报

（1）增值税申报：在次月规定的申报期内，通过电子税务局系统或到办税服务厅进行申报。

填写《增值税及附加税费申报表（一般纳税人适用）》，在"销项税额"部分，将住宿服务的 12 万元、餐饮服务的 9 万元和会议服务的 3 万元销项税额，统一填入"服务、不动产和无形资产"对应栏次。

在"进项税额"部分，将购进食材、客房用品的 20 万元进项税额和购进会议设备的 5 万元进项税额填入相应栏次。系统自动计算得出当期应纳税额为 –1 万元，显示期末留抵税额 1 万元。

确认申报表信息准确后，提交申报。

（2）附加税费申报：因本月增值税应纳税额为 0 元，登录电子税务局系统后，《增值税及附加税费申报表附列资料（五）（附加税费情况表）》计税依据自动为零，无须缴纳附加税费，直接提交申报即可。

（七）特别提示

纳税申报流程及内容依据一般情况编制，实际操作中可能因地区政策差异、申报系统调整等有所不同，企业应按照当地税务机关要求准确申报。

四、申报表内数据逻辑关系校验与异常提示功能

在税务管理的 AI 变革中，智能税务申报系统通过一键操作实现了直达合规之路的便捷体验。其中，纳税申报表自动生成的逻辑与校验规则中，申报表内数据逻辑关系校验与异常提示功能是确保申报数据准确性和合规性的重要环节。

（1）申报表内数据逻辑关系校验：智能税务申报系统内置了强大的数据逻辑校验规则，这些规则基于税法规定和会计原理，对申报表内的各项数据进行自动校验。

（2）异常提示功能：当申报表内的数据逻辑关系校验不通过时，智能税务申报系统会自动触发异常提示功能，以提醒用户注意并纠正错误。

智能税务申报系统中的申报表内数据逻辑关系校验与异常提示功能，通过自动化、智能化的方式，大大提高了税务申报的准确性和合规性，降低了企业的税务风险。

五、基于税收政策变化的申报表自动更新机制

在税务管理的 AI 变革中，智能税务申报系统通过引入基于税收政策变化的申报表自动更新机制，实现了纳税申报表的一键直达合规之路。智能税务申报系统通过多税种智能申报功能，显著提升了企业的税务管理效率。

【案例6–5】税收政策变化的申报表自动更新案例

（一）案例背景

根据财政部、税务总局等《关于提高集成电路和工业母机企业研发费用加计扣除比例

的公告》（2023年第44号）规定，2023年1月1日至2027年12月31日，集成电路企业和工业母机企业实际发生的研发费用，在按照规定据实扣除的基础上，再按照实际发生额的120%在税前扣除；形成无形资产的，按照无形资产成本的220%在税前摊销。

中财讯（北京）创新科技股份有限公司是一家符合政策要求的集成电路企业，在2023年第一季度进行企业所得税申报时，受到了该政策变化的影响。

（二）政策变化前业务数据

2023年第一季度，中财讯（北京）创新科技股份有限公司投入研发费用500 000元。

在政策变化前，按照75%的加计扣除比例计算应纳税所得额，可加计扣除金额＝500 000×75%＝375 000（元）。

该企业第一季度未考虑研发费用加计扣除前的应纳税所得额为1 000 000元，考虑加计扣除后的应纳税所得额＝1 000 000－375 000＝625 000（元）。

企业所得税税率为25%，则应纳税额＝625 000×25%＝156 250（元）。

（三）税收政策变化

从2023年1月1日起，集成电路企业和工业母机企业研发费用加计扣除比例提高到120%。这意味着企业投入的研发费用可以在计算应纳税所得额时全额扣除，相比之前政策，企业的应纳税所得额将进一步降低，从而减少应纳税额。

（四）申报表自动更新操作步骤及数据变化

1. 系统获取政策更新信息

（1）税务系统接收：税务部门的核心征管系统在政策发布后，第一时间接收到关于集成电路企业和工业母机企业研发费用加计扣除比例调整的政策文件及相关参数设置。例如，系统接收到明确的政策更新指令，将集成电路企业和工业母机企业研发费用加计扣除比例参数从"75%"更新为"120%"。

（2）传递至申报系统：核心征管系统将政策更新信息自动传递给企业使用的电子申报系统。电子申报系统通过与税务核心征管系统的数据交互接口，实时获取到这一政策变化信息，并进行系统提示，告知企业相关税收政策已更新，涉及申报表数据将自动更新。

2. 申报表数据自动调整

（1）数据读取：电子申报系统识别到中财讯（北京）创新科技股份有限公司属于集成电路企业和工业母机企业，且申报所属期为2023年第一季度，在政策适用范围内。系统自动读取企业已录入的2023年第一季度研发费用数据为500 000元。

（2）重新计算：依据新的加计扣除比例120%，系统重新计算加计扣除金额＝500 000×120%＝600 000（元）。

基于未考虑研发费用加计扣除前的应纳税所得额 1 000 000 元，重新计算应纳税所得额 = 1 000 000 - 600 000 = 400 000（元）。

(3) 税额调整：按照 25% 的企业所得税税率，重新计算应纳税额 = 400 000 × 25% = 100 000（元）。

3. 企业确认与申报

(1) 企业端显示：电子申报系统在完成数据自动更新后，在企业端界面展示更新后的申报表数据。企业财务人员登录系统后，看到研发费用加计扣除金额从 375 000 元更新为 600 000 元，应纳税所得额从 625 000 元更新为 400 000 元，应纳税额从 156 250 元更新为 100 000 元。

同时，系统会提示数据更新的原因是税收政策变化。

(2) 确认申报：企业财务人员仔细核对更新后的申报表数据，确认无误后，点击"确认申报"按钮，将更新后的申报表提交至税务机关。税务机关接收后，进行后续的申报受理及处理流程。

(五) 案例效果

这样的 AI 申报表自动更新机制，在税收政策发生变化时，能够快速、准确地调整企业的纳税申报数据，既保证了企业及时享受政策优惠，又提高了纳税申报的效率和准确性。

第三节　增值税 AI 智能申报解析
（依据《增值税法》编写）

《中华人民共和国增值税法》（以下简称《增值税法》）已由十四届全国人大常委会第十三次会议于 2024 年 12 月 25 日通过，自 2026 年 1 月 1 日起施行。这不仅标志着增值税制度在"而立之年"正式迈入法治化新阶段，也是我国税收法治建设的重要里程碑。

《增值税法》具有以下五大特征。

一是体现税收法定原则。增值税的税制要素、税收优惠、征收管理等，都在本法中明确规定，减少和规范对国务院的立法授权，特别是取消了国务院财政和税务主管部门制定增值税实体法的权限，使增值税制度更加规范、稳定和具有权威性。

二是保持税负基本稳定。总体上按照税制平移的思路，维持现行 13%、9%、6% 三档税率不变，保持了现行增值税税负水平的基本稳定，确保改革的平稳过渡，不会对企业和经济造成过大的冲击。

三是简化税制与规范表述。将"加工修理修配劳务"并入"应税服务",统一了应税交易的表述;对视同应税交易范围进行了缩减;对一些条款进行了修订和优化,使税法更加简洁明了,便于纳税人理解和执行。

四是注重与其他法律衔接。做好与有关税法的衔接,对进口货物增值税的征收管理做出规定;与全国人民代表大会常务委员会有关决定相衔接,对由国务院制定中外合作开采海洋石油、天然气增值税的计税方法等做出规定,体现了税法体系的协调性和一致性。

五是优化税收优惠政策。在维持现行免税项目的基础上,根据形势变化进行了调整完善;授权国务院对支持小微企业发展、扶持重点产业、鼓励创新创业就业、公益事业捐赠等情形制定专项优惠政策,使税收优惠政策更加灵活和具有针对性,同时要求国务院对增值税优惠政策适时开展评估、调整,以确保政策的有效性和合理性。

一、《增值税法》征收和缴纳的重点解读

征收和缴纳是两个在法律领域中具有不同含义的概念。

征收是指国家为了公共利益的需要,依照法律规定的权限和程序,将集体或私人财产收归国有,并给予公平、合理的补偿的行为。征收通常涉及土地、房屋及其他不动产的权属转移。

缴纳是指按照法律、法规或规章制度的规定,向国家或相关部门支付税款、费用等的过程。缴纳是履行义务的行为,不涉及财产所有权的转移。

征收和缴纳在法律领域中具有显著的区别与联系。征收是强制性地取得私人或集体财产所有权的行为,涉及所有权的转移和补偿;缴纳则是履行法定义务或合同义务的行为,不会导致财产所有权的改变。两者都基于法律的规定进行,旨在满足国家和社会公共利益的需要,并体现了国家的管理职能。

(一)应税交易范围的调整

(1)《增值税法》第三条统一精准地表述了应税交易,将"加工修理修配劳务"统一归并至"应税服务"范畴,使应税行为的划分更加清晰简洁,不再纠结某一项行为是"劳务"还是"服务"。这一调整显著优化了应税行为的分类,使其更简洁明晰。以往在复杂业务场景中,企业常因难以精准判定一项行为究竟属于"劳务"还是"服务"而陷入困境,如今这一调整有效地消除了此类模糊地带,极大地降低了税务处理的不确定性。

例如,在电子产品维修业务中,维修行为既包含对硬件的修理,也涉及相关技术服务,新规定使得该业务在应税行为归类上更明确。

《增值税法》第三条详细规定了增值税的征税范围,涵盖销售货物、服务、无形资

产、不动产以及进口货物。这一广泛的覆盖范围囊括了各类经济活动。从传统的制造业销售货物，到新兴的互联网服务、金融服务等，再到无形资产的转让，如专利技术、商标使用权等，以及不动产的交易，如房地产买卖租赁等，均在征税范围内。这种广泛的覆盖确保了增值税在经济活动中的普遍征收，使税收来源更加稳定，也有助于营造公平的市场竞争环境，避免部分经济活动游离于征税范围之外而造成不公平竞争。

（2）《增值税法》坚持税收地域域管权原则，明确在中华人民共和国境内销售货物、服务、无形资产、不动产以及进口货物为"应税交易"，使征税范围的表述更加简洁清晰，有利于税收征管的准确实施。

（3）关注核心在于准确判断各类交易是否属于应税交易，《增值税法》针对不同类型的交易，分别制定了明确的境内应税行为判定标准。

①"货物起运地或者所在地"标准：对于货物销售，以货物的起运地或者所在地在境内作为判定依据。

②"不动产及自然资源所在地"标准：不动产、自然资源相关交易，依据其所在地在境内确定。

③首次明确了"金融商品"这一特殊交易商品的境内销售行为的判断标准：销售金融商品的，金融商品在境内发行，或者销售方为境内单位和个人。

④"消费地"原则及"销售方"所在地标准：销售服务和无形资产的，除特定情况外，在境内消费或销售方为境内单位和个人视为应税。

这些标准为跨境业务等复杂交易提供了清晰的增值税应税判定指引。

例如，一家境内企业向境外企业提供定制化系统服务，该系统服务主要在境外使用，且不符合其他境内应税标准，则不属于境内应税交易，无须缴纳增值税。

又如，境外机构向境内企业转让一项专利技术，由于受让方为境内企业，符合境内应税行为标准，需按规定缴纳增值税。

特别是，对于一些新兴业务和复杂业务模式，如数字经济中的跨境服务、无形资产转让等，相关规定为如何确定其是否在境内发生应税行为以及如何准确界定应税销售额等指明了方向。

（4）操作要点：企业在实际操作中，要对自身的业务活动进行梳理，明确各项业务所属的应税交易类型。对于存在多种业务类型的企业，要注意区分不同业务的税率和计税方法，避免混淆。

例如，一家既提供加工修理修配服务又销售货物的企业，需分别核算不同业务的销售额，以便准确计算应纳税额。

（二）视同应税交易范围的缩减

1. 《增值税法》的规定

《增值税法》第五条将视同应税交易的情形缩减为三项：单位和个体工商户将自产或者委托加工的货物用于集体福利或者个人消费，单位和个体工商户无偿转让货物，单位和个人无偿转让无形资产、不动产或者金融商品。这使得视同应税交易的判断更加简化和明确，减少了企业在这方面的税务判断争议。

视同应税交易的规定旨在确保税收的公平性和完整性，防止企业通过非销售行为逃避税收义务。通过这一规定，税法立法者对征税对象（税基）进行了人为拓展，以法律手段限缩纳税人的避税空间。

2. 视同应税交易具体情形及内涵

（1）单位和个体工商户将自产或者委托加工的货物用于集体福利或者个人消费。

经济实质：企业将自产或者委托加工的货物用于集体福利或者个人消费，虽然没有直接的销售行为，但实际上是货物的一种内部转移和使用，其价值在企业内部得到了实现和消耗，等同于企业将货物销售给了内部的员工或集体福利部门，因此需要视同应税交易缴纳增值税。

举例：一家月饼生产企业在中秋节将自产的月饼作为福利发放给员工，就属于这种视同应税交易的情形，企业需要按照月饼的市场公允价值计算增值税销项税额。

（2）单位和个体工商户无偿转让货物。

经济实质：单位和个体工商户无偿转让货物，尽管没有取得货币或其他经济利益的流入，但这种行为引发了货物所有权的转移，使货物进入了另一个经济主体的支配范围，可能会对市场的正常交易秩序和税收公平产生影响，所以应视同应税交易。

举例：某企业将一批自产的办公用品无偿赠送给其他单位，用于支持该单位的办公使用，在这种情况下，企业应按照该批办公用品的市场价格计算缴纳增值税。

（3）单位和个人无偿转让无形资产、不动产或者金融商品。

经济实质：无形资产、不动产或者金融商品的无偿转让，同样可能影响市场资源的配置和税收的公平性，虽然没有直接的经济利益流入，但从税收的角度来看，需要视同应税交易来确保税收链条的完整性和公平性。对于金融商品的无偿转让，可能涉及资产的转移和潜在的经济利益变动，即使在无偿的情况下也应纳入应税范围。

举例：个人将自己拥有的专利技术无偿转让给其他企业，应视同应税交易缴纳增值税；单位将持有的土地使用权无偿转让给其他单位，也应按照规定视同应税交易缴纳增值税。对于金融商品，如企业将持有的股票无偿转让给其他单位或个人，同样要视同应税交易。

3. 对比变化

从表述调整上看，将"视同销售"改为"视同应税交易"，概念更加准确和统一，强调了这些行为在税收上应被视为应税交易行为,与整个增值税法的应税交易概念相呼应,体现了对增值税应税行为的全面规范和统一管理。

《增值税法》与《增值税暂行条例实施细则》和《营业税改征增值税试点实施办法》相比,对视同应税交易的情形进行了缩减,删除了以下内容:

①将货物交付其他单位或者个人代销;

②销售代销货物;

③设有两个以上机构并实行统一核算的纳税人,将货物从一个机构移送其他机构用于销售,但相关机构设在同一县(市)的除外;

④将自产或者委托加工的货物用于非增值税应税项目;

⑤将自产、委托加工或者购进的货物作为投资,提供给其他单位或者个体工商户;

⑥将自产、委托加工或者购进的货物分配给股东或者投资者;

⑦单位或个体工商户无偿向其他单位或个人提供服务,但用于公益事业或面向社会公众的除外。

4. 会计处理与税务处理

在会计处理上,视同应税交易可能并不直接确认收入,而是根据具体情况进行相应的成本结转或资产处置。例如,将自产货物用于集体福利时,可能直接计入相关费用或成本。

在税务处理上,视同应税交易需要按照销售行为计算并缴纳增值税。具体计算时,应按照货物的公允价值或市场价格确定销售额,并据此计算销项税额。

5. 对不同主体的影响

(1)对企业的影响:企业需要重新审视内部的货物使用和转让行为,特别是对于自产或者委托加工的货物用于集体福利或者个人消费以及无偿转让货物的情况,要准确计算增值税销项税额,可能会增加一定的税务处理成本和合规风险。但同时,范围的缩减减弱了部分视同应税交易情形的税务判断复杂性,在一定程度上减轻了企业的税务负担,降低了税务管理成本。

(2)对个体工商户的影响:与企业类似,个体工商户在涉及自产或者委托加工的货物的内部使用和无偿转让货物时,需要按照规定缴纳增值税,可能会对其经营成本和利润产生一定影响,但由于视同应税交易情形的减少,整体上也降低了部分税务风险和管理成本。

(3)对自然人的影响:自然人无偿转让无形资产、不动产或者金融商品时,需要视同应税交易缴纳增值税。这可能会对自然人的财产转让行为产生一定影响,特别是在涉及较大金额的无形资产或不动产转让时,需要考虑增值税的因素,可能会增加一定的交易成本,提高税务合规要求。

6. 操作要点

企业应建立完善的内部管理制度,对涉及视同应税交易的业务进行准确记录和核算。在进行无偿转让等行为时,要根据实际情况判断是否属于视同应税交易的范围,并按照规定及时申报纳税。如企业将自产的产品用于员工福利,应按照视同应税交易的规定计算并缴纳增值税。

【案例 6-6】增值税视同应税交易的无偿转让不动产案例

(一) 案例背景

湖北新发房地产有限公司将闲置房产无偿划转给旗下子公司用作办公场地,该房产原值为 5 000 000 元,已计提折旧 1 000 000 元,市场公允价值为 8 000 000 元,增值税税率为 9%。

(二) 操作步骤

1. 确定视同应税交易的销售额

视同应税交易的销售额按市场公允价值 8 000 000 元确定。

2. 计算销项税额

销项税额 = 8 000 000 × 9% = 720 000(元)。

3. 会计处理

借:固定资产清理	4 000 000
累计折旧	1 000 000
贷:固定资产	5 000 000

然后,

借:营业外支出	4 720 000
贷:固定资产清理	4 000 000
应交税费——应交增值税(销项税额)	720 000

4. 申报环节

(1) 登录申报系统:在纳税申报期内登录当地电子税务局系统,进入增值税申报模块。

(2) 填写附表一:在《增值税及附加费申报表附列资料(一)》(本期销售情况明细)中找到"9% 税率的服务、不动产和无形资产"对应的"未开具发票"栏次(因无偿转让不动产一般无发票开具),在"销售额"列填入 8 000 000 元,在"销项(应纳)税额"列填入 720 000 元。此步骤是将无偿转让不动产视同应税交易的业务数据准确录入申报系统。

(3) 主表数据生成:系统自动将附表一数据代入《增值税及附加费申报表》主

表,"按适用税率计税销售额"栏包含 8 000 000 元销售额,"销项税额"栏包含 720 000 元税额。财务人员需确认主表数据正确,检查视同应税交易业务数据与主表其他数据的关联是否正确。

(4) 核对申报数据:全面核对主表及其他附表数据,确保进项税额、上期留抵税额等数据正确,同时着重检查视同应税交易业务数据与其他业务数据的逻辑关系,如是否符合9%税率的不动产销售申报要求。

(5) 提交申报:确认数据无误后,点击"提交申报"按钮,向税务机关提交申报数据。系统会反馈申报成功或失败信息,如成功,进入税款缴纳环节;如失败,根据错误提示修改后重新提交。

(三)税款缴纳

税款缴纳申报成功后,按照系统提示选择缴款方式,如采用三方协议扣款,点击按钮后系统自动从绑定银行账户扣除税款,并反馈扣款结果。

(三)税率结构的延续与稳定

增值税税率结构,是指增值税税制中不同税率层次和税率的组合方式。增值税是一种流转税,以商品和服务的增值额为计税对象,按照规定的税率征收。增值税税率结构是增值税税制中的重要组成部分,它决定了不同产品或服务所应缴纳的税率。

增值税税率结构的设计体现了国家的产业政策与调控意图,会根据国家的宏观经济政策、产业发展方向以及财政税收需求进行适时调整和优化。

合理的增值税税率结构有助于实现税收公平、促进经济发展以及调节社会收入分配。通过调整税率结构,国家可以引导资本流向,促进产业升级和经济结构优化。同时,增值税作为间接税的一种,其税率结构的变化会直接影响消费者的购买力和生活成本。因此,增值税税率结构的设计和调整需要综合考虑多方面因素,以实现税收的公平性和促进经济发展的双重目标。

1. 《增值税法》的规定

《增值税法》第十条详细规定增值税税率继续沿用13%、9%、6%三档税率体系以及税率为零的出口货物和跨境销售的应税交易,这一举措保持了税率结构的稳定性,使企业在税率适用上能够平稳过渡。

同时,《增值税法》规定适用简易计税方法计算缴纳增值税的征收率为3%,删除了原来的5%等征收率,为小规模纳税人和部分特定业务的计税提供了明确依据,这一变化可能意味着未来在简易计税方面将进行进一步的规范和统一。

特别需要指出的是,对于小规模纳税人,目前仍执行3%的征收率减按1%的政策,该政策延长至2027年12月31日,以减轻小规模纳税人税收负担。

《增值税法》三档税率体系保持了税收负担的相对稳定,让企业和纳税人能够在熟悉的税率环境下进行经营与税务优化。这种税率结构的设计既考虑了不同行业的特点和经济发展需求，又兼顾了税收的调节功能。

关注核心在于如何准确计算销项税额和进项税额，特别是在涉及多种税率的业务中，如何正确划分和计算不同税率项目的税额，以及对于一些特殊业务，如混合销售、兼营行为等，如何确定适用的税率和计税方法。

2. 对不同主体的影响

（1）对企业的影响。

①税负稳定利于规划：大多数企业的税负总体上将保持不变，这为企业提供了稳定的税收预期，使其能够更加准确地进行成本核算和财务规划。企业在制定产品价格、签订合同以及投资决策时，可以继续依据现有的税率结构进行，无须因税率的大幅变动而重新调整经营策略，降低了企业面临的税收不确定性风险。

②简易计税简化操作：简易计税征收率的统一，使部分适用简易计税方法的企业在计算增值税时更加简便，降低了因不同征收率带来的计算复杂性和税务处理成本，提高了纳税申报的效率和准确性。

（2）对小规模纳税人的影响。

①征收率降低税负减轻：小规模纳税人采用的简易计税征收率统一为3%，取消了此前5%的税率档次，这在一定程度上减轻了小规模纳税人的税负。

例如，小规模纳税人销售不动产等业务，按照现行5%征收率计算并缴纳增值税，改为3%征收率后，纳税额将明显减少，有助于提高小规模纳税人的盈利能力和市场竞争力。

②促进小微企业发展：税负的减轻为小规模纳税人提供了更多发展空间，使其有更多的资金用于扩大生产、提升技术和改善经营管理，有利于激发小微企业的活力，促进小微企业的成长和壮大，对稳定就业和推动经济的多元化发展具有积极作用。

（3）对经济社会的影响。

①稳定税收收入：税率结构的延续有助于保证国家增值税收入的稳定增长。在不改变税率的情况下，随着经济的自然增长，增值税的税基将逐步扩大，从而为国家财政收入的持续增长提供有力支撑，确保国家有足够的资金用于基础设施建设、公共服务提供和社会福利保障等方面。

②优化营商环境：稳定的税率结构是良好营商环境的重要组成部分。企业在稳定的税收政策下，能够更好地进行长期投资和经营决策，吸引国内外投资，促进产业的稳定发展和升级。同时，对于消费者来说，稳定的税率有助于维持物价的相对稳定，避免税率波动导致商品和服务价格的大幅上涨或下跌，保障了消费者的合法权益。

③推动行业发展：不同行业适用的税率保持不变，使得各行业在公平的税收环境下竞争和发展。特别是，对于交通运输、邮政、基础电信、建筑等行业，9%的税率稳定

了其经营成本和利润空间,有利于这些行业持续稳定地提供公共服务和基础设施建设;对于现代服务业、无形资产销售等适用6%税率的行业,稳定的税率有助于鼓励创新和知识经济的发展,推动产业结构的优化升级。

(4)潜在的挑战与应对。

①可能存在的挑战:尽管税率结构基本延续,但《增值税法》在一些具体规定和征管要求上可能会有所变化,部分企业可能对新政策的理解不够准确和深入,导致在纳税申报和税务处理上出现错误,增加税务风险。

不同行业的经营特点和税收负担情况存在差异,虽然税率未变,但一些行业由于市场环境、成本结构等因素的变化,对现行税率的适应性会有所不同,可能需要进一步调整经营策略和内部管理来适应稳定的税率结构。

②应对策略:税务机关和相关部门应加大对《增值税法》的宣传力度,通过多种渠道和方式向企业与纳税人进行政策解读和培训,帮助其准确理解税率结构及相关规定,提高纳税遵从度。

企业应加强内部财务管理和税务管理,建立健全税务风险防控机制,及时关注政策变化并进行相应的调整。同时,企业可以根据自身行业特点和经营状况,合理利用税收优惠政策,优化业务流程和经营模式,降低税收成本,提高竞争力。

【案例6-7】以销售货物为主的混合销售案例

(一)案例背景

湖南远洋空调制造有限公司是一家生产销售空调的企业,为增值税一般纳税人。2024年10月,湖南远洋空调制造有限公司向庐山五峰公司销售一批空调,同时提供安装服务。该批空调不含税销售额为500 000元,安装服务不含税价格为50 000元。

(二)操作步骤

1. 销售空调及提供安装服务业务

湖南远洋空调制造有限公司与庐山五峰公司签订销售合同,明确约定销售空调及提供安装服务的相关条款,包括货物价格、服务价格、交付时间、安装要求等。

湖南远洋空调制造有限公司按照合同约定,将空调运送至庐山五峰公司指定地点,并安排专业人员进行安装。

2. 确认收入与增值税计算

湖南远洋空调制造有限公司以生产销售空调为主,根据混合销售行为规定,该业务应按照销售货物缴纳增值税,适用税率为13%。

总的不含税销售额 = 空调销售额 + 安装服务销售额 = 500 000 + 50 000 = 550 000(元)。

销项税额＝550 000×13%＝71 500（元）。

（三）发票开具

1. 准备工作

（1）确认开票资质与设备：湖南远洋空调制造有限公司作为增值税一般纳税人，需确保已完成税务登记及相关票种核定，具备开具增值税专用发票或普通发票的资质。同时，检查开票所需设备，如针式打印机（开具纸质发票）是否正常运行，税控盘或金税盘等设备是否连接正常且已抄税清卡，开票系统是否为最新版本且能正常登录使用。

（2）收集开票信息：从与庐山五峰公司签订的销售合同中再次核对庐山五峰公司的开票信息，包括企业全称、纳税人识别号、注册地址、联系电话、开户行名称及账号等，确保信息准确无误。同时，整理本次销售的空调规格型号、数量以及安装地点等详细信息，以便在发票备注栏填写。

2. 开具发票

（1）登录开票系统：将税控设备（如税控盘、金税盘）插入电脑，打开增值税发票开票系统，输入正确的账号、密码及口令登录系统。

（2）选择发票类型：根据庐山五峰公司的纳税人身份和抵扣需求选择发票类型。如庐山五峰公司为一般纳税人且符合抵扣条件，在开票系统中选择"增值税专用发票填开"；如庐山五峰公司为小规模纳税人或不符合抵扣条件，则选择"增值税普通发票填开"。

（3）填写发票内容。

①购买方信息：在发票对应栏次依次准确填写庐山五峰公司的名称、纳税人识别号、地址、电话、开户行及账号等信息。确保信息与之前收集核对的内容一致，避免录入错误。

②货物或应税劳务、服务名称：在"货物或应税劳务、服务名称"栏填写"空调及安装服务"，体现该混合销售业务的内容。因为按照销售货物缴纳增值税，所以将空调销售与安装服务合并填写。

③金额：在"金额"栏填写不含税金额550 000元。此金额为销售空调及安装服务的不含税总价款。

④税率：在"税率"栏选择并填写13%，该税率为销售货物适用的增值税税率，符合混合销售按照销售货物缴纳增值税的规定。

⑤税额：开票系统会根据填写的不含税金额和税率自动计算出税额71 500元，并显示在"税额"栏。需再次核对税额计算是否正确。

⑥价税合计：开票系统同样会自动计算并显示价税合计金额621 500元。检查该金

额与不含税金额、税额的计算关系是否正确。

⑦备注栏：在备注栏简要注明空调规格型号，如"WPB空调"，以及安装地点，如"江西庐山市庐林路99号"，以便更清晰地反映业务内容。

⑧复核发票信息：在打印发票之前，仔细复核发票上填写的所有信息，包括购买方信息、货物或应税劳务、服务名称、金额、税率、税额、价税合计以及备注栏内容等。确保信息准确、完整，发票格式符合规范，各栏次内容无遗漏、无错误。

3. 打印发票或交付发票

（1）打印发票（为纸质发票）：核对无误后，点击"打印"按钮。打印完成后，在发票上加盖湖南远洋空调制造有限公司的发票专用章，盖章位置要清晰、规范，不得覆盖发票金额、税额等关键信息。

（2）交付发票。

①纸质发票：对于开具的纸质发票，可通过邮寄方式，将发票寄送至庐山五峰公司的指定地址，并保留好快递单号以便查询物流信息；也可根据双方约定，安排专人当面交付给庐山五峰公司相关人员，并要求对方签收确认。

②电子发票：如果开具的是电子发票，在开票系统中点击"发送"按钮，输入庐山五峰公司预留的电子邮箱地址或手机号码。系统将自动生成电子发票版式文件，并发送至指定的接收方。发送成功后，可通过电话或其他方式告知庐山五峰公司已发送电子发票，提醒其查收。

4. 后续工作

（1）保存发票数据：在开票系统中，对已开具的发票数据进行备份，以防数据丢失。

（2）登记发票台账：建立详细的发票台账，记录发票的相关信息，通过发票台账，可以对企业的发票开具情况进行有效管理和跟踪，方便与财务账目进行核对以及税务申报时的数据统计。

（四）会计分录

借：应收账款——庐山五峰公司　　　　　　　　　　　　　　621 500
　　贷：主营业务收入——空调销售　　　　　　　　　　　　500 000
　　　　主营业务收入——安装服务　　　　　　　　　　　　 50 000
　　　　应交税费——应交增值税（销项税额）　　　　　　　 71 500

（五）纳税申报

在次月的增值税纳税申报期内，湖南远洋空调制造有限公司在增值税纳税申报表中，将该笔混合销售业务的销售额550 000元填入"货物及劳务"相关栏次，销项税额71 500元填入对应的"销项税额"栏次进行申报纳税。

(四) 进项税额抵扣规则的优化

《增值税法》对进项税额抵扣规则进行了优化，通过明确抵扣凭证范围、细化抵扣条件、扩大抵扣范围、提高抵扣政策的灵活性和便利性以及加强税收征管等措施，有助于减轻纳税人的税收负担、促进经济发展、提高税收遵从度和征管效率。

1. 《增值税法》的规定

《增值税法》第十六条规定，进项税额，是指纳税人购进货物、服务、无形资产、不动产支付或者负担的增值税税额。纳税人应当凭法律、行政法规或者国务院规定的增值税扣税凭证从销项税额中抵扣进项税额。

2. 可抵扣进项税额范围的变化及影响

（1）贷款服务限制放宽：旧法规中贷款服务不得抵扣进项税额的条款被删除，这是一项重大变化。对于企业来说，尤其是那些依赖大量贷款进行生产经营的企业，如房地产企业、制造业企业等，意味着支付贷款利息对应的进项税额可以在销项税额中进行抵扣，打通了这一环节的增值税抵扣链条，切实降低了企业的税负，减少了企业的融资成本，提高了企业的资金使用效率和盈利能力。

（2）购进国内旅客运输服务政策延续：纳税人购进国内旅客运输服务可以抵扣进项税额的政策在实践中可能会延续。企业员工因公务出差等产生的交通费用能够进行进项税额抵扣，这一政策降低了企业的差旅成本，鼓励企业开展业务活动，促进经济的交流与合作。

3. 不得抵扣进项税额范围的变化及影响

（1）明确不得抵扣项目：《增值税法》明确规定不得抵扣进项税额的六种情形。与旧法相比，进一步缩小了不得抵扣进项税额的范围，使企业在日常经营中的更多支出可以获得进项税额抵扣，降低了企业的整体税负。

这一变化使企业在进项税额抵扣方面的判定更加简化，减少了由政策复杂导致的税务争议。企业在日常经营中，对于除上述明确不得抵扣项目外的进项税额，在符合其他抵扣条件的情况下，可正常进行抵扣。

例如，企业因业务需要购买办公用品、支付运输费用等取得的进项税额，只要与应税业务相关，均可按规定进行抵扣，简化了税务处理流程，提高了企业的资金流转效率。

又如，企业在业务招待中，餐饮服务并非直接用于消费，而是与业务洽谈等经营活动密切相关，那么对应的进项税额可能就可以抵扣，这在一定程度上减轻了企业的税收负担，也更加符合企业实际经营情况。

（2）减少税收漏洞和争议：对不得抵扣进项税额的范围进行明确和细化，有助于减少税收漏洞和逃税行为，也避免了政策不明确而导致的税务争议。税务机关在征管过程中能够更加准确地执行政策,企业也能够更加清晰地了解自身的税务处理,降低了税务风险。

4. 抵扣凭证的要求变化

(1) 强调真实性和合规性:《增值税法》虽未对抵扣凭证做出重大调整,但在实际征管中,对于抵扣凭证的真实性和合规性要求可能会进一步加强。企业必须确保取得的增值税专用发票、海关进口增值税专用缴款书、农产品收购发票或者销售发票等抵扣凭证是真实有效的,且与实际交易相符,不得虚开发票或使用虚假凭证进行抵扣。否则,将面临严厉的税务处罚,这促使企业加强内部财务管理和发票审核,规范发票取得和使用流程。

(2) 电子发票的推广和认可:在征管实践中,进一步推广使用电子发票作为合法的抵扣凭证,这将为企业提供更加便捷的办税体验,降低企业的发票管理成本和办税负担,同时有利于提高税收征管的效率和信息化水平。

5. 进项税额抵扣计算方法的优化

(1) 农产品抵扣政策延续:企业购进农产品,除取得增值税专用发票或者海关进口增值税专用缴款书外,按照农产品收购发票或者销售发票上注明的农产品买价和9%的扣除率计算进项税额;用于生产或者委托加工13%税率货物的农产品,按照10%的扣除率计算进项税额。这一政策有利于保障农产品加工企业的进项税额抵扣,稳定农产品产业链的税负水平,促进农业产业的发展。

(2) 留抵退税制度的完善:企业在一定条件下可以申请退还增量留抵税额和存量留抵税额,这实际上是对企业进项税额抵扣的一种补充和优化,缓解了企业资金压力,提高了企业的资金流动性,进一步优化了税收营商环境。

(五) 税收优惠政策的精准适用与管理

税收优惠政策是国家为了实现特定的经济、社会和环境目标,通过法律法规或政策文件等形式,对特定的纳税人、课税对象或应税行为给予减轻或免除税收负担的各种措施。这些政策旨在鼓励某些经济活动、扶持特定产业、促进区域发展、照顾弱势群体或推动社会公益事业等。

1. 税收优惠政策的常见类型

(1) 免税:免税是指国家对特定的货物、服务、无形资产或不动产等,在特定环节或特定时期内,完全免除其应缴纳的增值税。

例如,农业生产者销售的自产农产品,通常免征增值税,这有助于支持农业生产,保障农产品供应和农民收入。

(2) 减税:减税是对特定纳税人或课税对象,通过直接降低税率或按一定比例减征税款的方式,减轻其税收负担。比如,对符合条件的小微企业,减按较低的税率征收企业所得税，以扶持小微企业发展，激发市场活力。

（3）即征即退：即征即退是对按规定缴纳的税款，税务机关在征税时部分或全部退还纳税人。如企业销售自行开发生产的软件产品，对其增值税实际税负超过3%的部分实行即征即退政策，鼓励软件产业发展。

（4）先征后退（返）：先征后退（返）先按正常规定缴纳税款，之后根据不同情况，由财政部门或税务机关按一定程序和比例退还已纳税款。

例如，部分资源综合利用产品及服务，符合条件的可享受增值税先征后退政策，推动资源综合利用和环境保护。

（5）加计扣除：加计扣除允许企业在计算应纳税所得额时，对特定的成本、费用项目，按照一定比例额外增加扣除额度，从而减少应纳税所得额，降低税负。

（6）税收抵免：税收抵免允许纳税人将符合规定的某些支出，在应纳税额中直接抵减。

例如，企业购置用于环境保护、节能节水、安全生产等专用设备的投资额，可以按一定比例实行税额抵免，引导企业投资环保、安全等领域。

2.《增值税法》的规定

《增值税法》第二十三条、第二十四条详细规定了免征增值税，保持了政策的连续性和稳定性，同时进一步明确了免征增值税的具体情形和条件。这些政策有助于减轻小微企业的税负，促进农业生产、教育、医疗、文化等公益事业的发展，以及支持特定区域和企业的成长。

《增值税法》制定了一系列免税项目，充分体现了对特定行业和领域的税收扶持。

（1）特定行业和业务免征增值税。

①农业及相关业务：农业生产者销售的自产农产品，农业机耕、排灌、病虫害防治、植物保护、农牧保险以及相关技术培训业务，家禽、牲畜、水生动物的配种和疾病防治免征增值税。这有利于降低农业生产成本，保障农产品的稳定供应，促进农业的可持续发展，提高农民收入。

②医疗服务：医疗机构提供的医疗服务免征增值税。这有助于减轻医疗机构的负担，使其将更多资源投入医疗服务的提升和医疗设施的改善中，从而更好地满足人民群众的医疗需求。

③文化教育领域：古旧图书、学校提供的学历教育服务、学生勤工俭学提供的服务免征增值税。这体现了对文化传承和教育事业的支持，有利于降低文化教育机构的运营成本，促进文化教育事业的繁荣发展。

④社会福利与服务行业：托儿所、幼儿园、养老机构、残疾人服务机构提供的育养服务，婚姻介绍服务，殡葬服务，免征增值税。这些政策体现了对社会福利事业和特定

服务行业的扶持，有助于降低相关机构的运营成本，促进社会和谐发展。

⑤科研相关：直接用于科学研究、科学试验和教学的进口仪器、设备，外国政府、国际组织无偿援助的进口物资和设备免征增值税。这对于鼓励科研创新、促进教育事业发展以及加强国际合作等具有重要意义，能够降低科研和教学成本，吸引更多的资源投入科研和教育领域。

（2）特殊群体和物品相关免征增值税。

①残疾人相关：由残疾人的组织直接进口供残疾人专用的物品、残疾人个人提供的服务免征增值税。这体现了对残疾人的关爱和支持，鼓励残疾人参与社会经济活动，提高其就业和创业能力，促进社会公平。

②自然人销售的自己使用过的物品：自然人销售的自己使用过的物品免征增值税。这不仅方便了个人之间的二手物品交易，减轻了个人的税收负担，也符合日常生活中的实际情况。

（3）小微企业优惠政策：小规模纳税人发生应税交易，销售额未达到起征点的，免征增值税。这一政策犹如一场及时雨，为小微企业减轻了税收负担。小微企业在经济发展中具有重要地位，它们数量众多，是吸纳就业的重要力量，但往往面临资金紧张、竞争力较弱等问题。免征增值税政策有助于小微企业降低经营成本，提高资金流动性，提高其生存和发展能力，促进小微企业的健康发展，进而推动整体经济的繁荣。

3. 税收优惠操作要点

企业应密切关注国家税收政策的变化，及时对照自身业务情况，判断是否符合税收优惠条件。符合条件的企业在申报纳税时，要按照规定填写相关申报表，提供必要的证明材料，确保优惠政策的落实。农业生产者销售的自产农产品免税，农户应保留好相关的自产证明材料，以便在税务检查时提供。

4. 税收优惠政策的调整与完善

（1）免税项目的优化：《增值税法》对免税项目进行了调整，移除了"避孕药品和用具"的免税规定，同时进一步明确了农业生产、医疗服务、教育服务等领域的免税政策。移除"避孕药品和用具"的免税规定，可能是基于市场供需、产业发展等多方面因素的综合考量。而对农业生产、医疗服务等领域免税政策的细化，有助于更好地支持相关产业发展。

例如，农业生产者销售的自产农产品免税政策的明确，有利于促进农业生产的规模化和专业化，保障农产品的稳定供应。对于医疗服务机构，免税政策有助于降低其运营成本，提高医疗服务的可及性，惠及广大民众。

（2）专项优惠政策的授权与管理：《增值税法》赋予国务院根据国民经济和社会发展的需要制定增值税专项优惠政策的权力，并报全国人大常委会备案。同时，强调国务院要适时对优惠政策开展评估与调整。这一举措使税收优惠政策更具灵活性和针对性,能够及时响应国家产业政策和经济发展需求。

例如,为鼓励科技创新,国务院可能出台针对高新技术企业的增值税专项优惠政策,从研发投入、技术转让等多个环节给予税收支持,推动科技产业的快速发展。又如,在应对经济下行压力时,国务院可针对特定行业或小微企业出台临时性的增值税优惠政策,助力企业渡过难关,稳定经济增长。

【案例6-8】电器产品销售兼技术服务业务案例

(一)案例背景

福州福克斯科技有限公司为增值税一般纳税人,主要从事电器产品销售和技术服务业务。其中,电器产品销售适用增值税税率为13%,技术服务业务符合增值税免税政策。2024年10月发生以下业务。

(1)电器产品销售:向青岛丰年公司销售一批电器产品,开具增值税专用发票,注明销售额为500 000元,增值税税额为65 000元,款项已收讫。

(2)技术服务:为大连海富公司提供技术服务,取得含税收入318 000元,款项已收讫。该技术服务符合增值税免税政策规定,已向税务机关备案。

(二)操作步骤

(1)销售业务操作:与青岛丰年公司签订电子产品销售合同,明确产品规格、数量、价格及付款方式等条款。按照合同约定,组织发货并开具增值税专用发票。在确认货物已交付且对方验收无误后,收取款项。

(2)技术服务业务操作:与大连海富公司签订技术服务合同,约定服务内容、期限、收费标准等事项。按合同要求开展技术服务工作,在服务完成并经大连海富公司确认后,开具增值税普通发票,并收取款项。同时,整理相关资料向税务机关办理免税备案手续。

(三)确认金额

(1)电器产品销售:销售额500 000元,增值税税额65 000元,价税合计565 000元。

(2)技术服务:含税收入318 000元,换算为不含税收入318 000÷(1+6%)=300 000(元)(技术服务增值税税率为6%),增值税税额为18 000(300 000×6%)元。由于免税,实际应纳税额为0元。

(四)会计处理

1. 电器产品销售

确认收入时

借:银行存款   565 000

贷：主营业务收入——电子产品销售 500 000
　　应交税费——应交增值税（销项税额） 65 000

2. 技术服务

确认收入时

借：银行存款 318 000
　　贷：主营业务收入——技术服务 318 000

由于免税，将对应的销项税额转出：

借：应交税费——应交增值税（销项税额转出） 18 000
　　贷：其他收益 18 000

（五）纳税处理

1. 增值税

电器产品销售应缴纳增值税 65 000 元。

技术服务因符合免税政策，应纳税额为 0 元。

但需注意，用于免税项目的进项税额不得从销项税额中抵扣。企业无法准确划分用于应税项目和免税项目的进项税额，需按照规定公式计算不得抵扣的进项税额。

本月无法划分的进项税额为 20 000 元，当月全部销售额为 500 000 + 300 000 = 800 000（元），免税项目销售额为 300 000 元，则不得抵扣的进项税额为 20 000 ×（300 000 ÷ 800 000）= 7 500（元）。

本月应纳增值税税额 = 65 000 −（20 000 − 7 500）= 52 500（元）。

2. 企业所得税

在企业所得税方面，免税项目的收入和成本应正常核算，计入应纳税所得额。该企业本月除上述业务外无其他成本费用，且不考虑其他纳税调整事项。本月应纳税所得额 = 500 000 + 318 000 − 7 500 = 810 500（元）（此处减去不得抵扣的进项税额，因为其影响成本）。企业所得税税率为 25%，则应缴纳企业所得税 = 810 500 × 25% = 202 625（元）。

（六）纳税申报

1. 增值税申报

（1）准备申报资料：收集整理销售合同、发票存根、进项发票、免税备案资料等。

（2）填写申报表：登录电子税务局系统，进入增值税纳税申报模块。

在《增值税及附加税费申报表（一般纳税人适用）》主表中，在"销售额"栏填写应税销售额 500 000 元，在"销项税额"栏填写 65 000 元；在"进项税额"栏填写全部进项税额 20 000 元，同时在"进项税额转出"栏填写不得抵扣的进项税额 7 500 元。

在附表一（本期销售情况明细）中，分别填写电子产品销售和技术服务的销售额及相关信息，注明技术服务为免税项目。

在附表二（本期进项税额明细）中，准确填写进项税额及转出情况。

（3）提交申报并缴纳税款：确认申报表填写无误后，提交申报。申报成功后，按照系统提示缴纳增值税税款 52 500 元。

2. 企业所得税申报

（1）准备申报资料：整理收入、成本费用等相关凭证，编制财务报表。

（2）填写申报表：在季度终了后的 15 日内，登录电子税务局系统，进入企业所得税申报模块，填写《中华人民共和国企业所得税月（季）度预缴纳税申报表（A 类）》。在申报表中，准确填写营业收入 818 000（500 000＋318 000）元，营业成本填写相关成本费用（此处除不得抵扣进项税额影响成本外无其他成本，即 7 500 元），系统自动计算应纳税所得额和应纳税额。

（3）提交申报并缴纳税款：确认申报表填写无误后，提交申报。申报成功后，按照系统提示缴纳企业所得税税款 202 625 元。

（六）税收征管的加强与优化

《增值税法》在进项税额抵扣规则的优化过程中，注重加强税收征管和优化税收服务。

例如，《增值税法》明确了纳税人应当建立健全增值税进项税额抵扣的管理制度，加强对抵扣凭证的审核、保管和申报工作，确保抵扣的合法性和准确性。同时，税务机关将加强对纳税人进项税额抵扣情况的监督和检查，打击虚开增值税专用发票、骗取抵扣税款等违法行为。

（1）纳税义务发生时间的明确：对纳税义务发生时间做出了明确规定。对于一般应税交易，纳税义务发生时间为收讫销售款项或者取得销售款项索取凭据的当日；先开具发票的，为开具发票的当日。这一规定遵循了权责发生制和收付实现制相结合的原则，确保税收征管的及时性和准确性。

例如，企业销售货物并已收到货款，此时纳税义务产生；企业先开具发票，即便尚未收到款项，也需在开票当日确认纳税义务。对于视同应税交易，纳税义务发生时间为完成视同应税交易的当日，这明确了特殊交易情形下纳税义务的时间节点，避免了时间界定不清导致的税收漏洞。

（2）纳税地点的细化规定：详细规定了不同类型纳税人的纳税地点。有固定生产经营场所的纳税人，通常向其机构所在地或者居住地主管税务机关申报纳税；总机构和分支机构不在同一县（市）的，一般应分别向各自所在地的主管税务机关申报纳税，但经省级以上财政、税务经理部门批准，可由总机构汇总向总机构所在地的主管税务机关申报纳税。无固定生产经营场所的纳税人，应当向其应税交易发生地主管税务机关申报纳税；未申报纳税的，由其机构所在地或者居住地主管税务机关补征税款。自然人销售或者租赁不动产，转让自然资源使用权，提供建筑服务，应当向不动产所在地、自然资源所在地、建筑服务发生地主管税务机关申报纳税。进口货物的纳税人，按照海关规定的地点申报纳税。这些规定清晰界定了各类纳税人的纳税地点，有助于避免税收征管中的管辖权争议，提高征管效率。

（3）电子发票与信息共享机制：强调电子发票与纸质发票具有同等法律效力，国家积极推广使用电子发票。电子发票的推广不仅提高了发票开具、传递和存储的效率，降低了企业的运营成本，还便于税务机关进行实时监管和数据分析。同时，税务机关与工业和信息化、公安、海关、市场监督管理、人民银行、金融监督管理等部门建立增值税涉税信息共享机制和工作配合机制。通过多部门信息共享，税务机关能够更全面、准确地掌握纳税人的经营信息，加强税收风险防控，提高税收征管的精准度和有效性。

例如，税务机关可通过与海关共享进口货物信息，核实企业进口环节增值税的申报情况；与金融监管部门共享企业资金流信息，排查虚开发票等税收违法行为。

（4）增值税留抵退税制度的完善：对于当期进项税额大于当期销项税额的部分，明确纳税人可以选择结转下期继续抵扣或者申请退还，同时为进一步完善增值税留抵退税政策改革留出空间，这将进一步缓解企业的资金压力。

【案例6-9】单证管理不善引发的风险案例

（一）案例背景

烟台电器制造销售进出口有限公司是一家主营电器产品出口的企业。在2024年11月6日的一次出口业务中，业务部门负责与国外客户洽谈、安排货物出口事宜，财务部门则负责出口退（免）税申报工作。在此次业务中，业务部门与财务部门沟通出现严重不畅。货物顺利出口后，业务部门未及时将报关单、提单等传递给财务部门，导致部分单证在传递过程中丢失。

该批出口电子产品的不含税销售额为800 000元，适用的增值税退税率为10%。

（二）风险暴露过程

在出口退（免）税申报期限临近时，财务部门按照常规流程准备进行申报工作。财务人员开始整理所需的各类单证，却发现缺少报关单和提单两份关键单证。财务人员立即与业务部门沟通询问单证情况，此时业务部门才意识到尚未将单证传递过来，且在查找单证过程中发现部分单证已丢失。

经紧急确认，距离申报截止日期仅剩3天时间。而重新补办报关单，需向海关提交一系列证明材料，包括出口货物的详细清单、合同副本、运输单据等，且海关审核流程通常需要5~7个工作日；补办提单则需与货代公司、船运公司等多方沟通协调，提供保函等文件，整个流程烦琐且至少需要4个工作日。时间紧迫，重新补办单证已无法在申报截止日期前完成。

（三）金额计算

（1）应退税额：按照正常退税率计算，该批货物应退税额 = 800 000 × 10% = 80 000（元）。

（2）损失金额：由于无法在规定期限内申报退税，只能按照免税政策处理，烟台电器制造销售进出口有限公司损失了原本可获得的退税款 80 000 元。

（四）会计处理

1. 确认无法退税，调整会计分录（之前已按照退税进行了相应账务处理）

冲减应收出口退税款

借：主营业务成本　　　　　　　　　　　　　　　　　　　　　　　　80 000
　　贷：应收出口退税款　　　　　　　　　　　　　　　　　　　　　　80 000

2. 调整进项税额转出（因为免税，相应进项税额不能抵扣，需转出）

该批货物对应的进项税额为 60 000 元

借：主营业务成本　　　　　　　　　　　　　　　　　　　　　　　　60 000
　　贷：应交税费——应交增值税（进项税额转出）　　　　　　　　　　60 000

（五）纳税处理

（1）免税申报调整：烟台电器制造销售进出口有限公司需将该笔出口业务的申报方式从原本计划的退税申报调整为免税申报。在增值税纳税申报表中，将该笔出口销售额 800 000 元填入"免税销售额"栏次。同时，按照规定，该笔业务对应的进项税额 60 000 元不能用于抵扣，需做进项税额转出处理。

（2）后续税务处理：烟台电器制造销售进出口有限公司需留存证明该业务免税的相关资料，以备税务机关后续检查。这包括出口合同、货物出口的相关记录（如装箱单、运输发票等）以及免税申报的相关资料等。

（六）整改操作流程步骤

1. 完善单证传递流程

（1）制定明确流程：绘制详细的单证传递流程图，明确规定业务部门在货物出口后的 2 个工作日内，必须将报关单、提单等关键退税单证整理并传递给财务部门。传递过程需通过内部专门的文件传递系统进行，并要求双方在系统中进行确认签收。

（2）设置提醒机制：在内部办公系统中设置自动提醒功能，在货物出口后的第 1 个工作日，系统自动提醒业务部门及时传递单证；超过 2 个工作日未传递，系统将向业务部门负责人和财务部门负责人同时发送提醒信息。

2. 明确部门职责

（1）制定职责说明书：编写各部门在单证管理中的职责说明书，明确业务部门负责及时获取、整理并传递单证，确保单证的真实性和完整性；财务部门负责接收、审核单证，并按照规定进行出口退（免）税申报。同时，规定由部门职责履行不到位导致单证问题，将追究相关责任人的责任。

（2）组织学习培训：组织全体涉及单证管理的员工进行职责培训，确保每名员工清楚了解自己在单证管理流程中的职责和义务。培训结束后进行考核，考核合格者方可继续从事相关工作。

3. 建立单证保管台账

（1）设计台账模板：设计专门的单证保管台账模板，包含单证名称、单证编号、对应出口业务编号、获取日期、传递日期、保管人等详细信息。财务部门在接收单证后，需立即在台账中进行登记。

（2）定期盘点核对：每月末，由财务部门负责对单证保管台账进行盘点核对，确保台账记录与实际保管的单证一致。如发现单证缺失或记录错误，及时查明原因并进行处理。

4. 加强部门间沟通协作

（1）建立沟通会议制度：每周召开一次由业务部门、财务部门及其他相关部门参加的单证管理沟通协调会议。在会议上，各部门汇报单证获取、传递、保管等方面的情况，及时解决出现的问题。

（2）搭建沟通平台：利用公司内部的即时通信工具或专门的项目管理系统，搭建单证管理沟通平台。各部门在单证管理过程中遇到任何问题或需要协调的事项，均可在平台上及时沟通交流，确保信息传递的及时性和准确性。

（七）后果及整改总结

由于单证缺失，烟台电器制造销售进出口有限公司该笔出口业务无法在规定期限内申报退税，只能按照免税政策处理，直接损失退税款 80 000 元，同时因进项税额转出增加了主营业务成本 60 000 元。此次事件给烟台电器制造销售进出口有限公司带来了较大的经济损失。

事后，烟台电器制造销售进出口有限公司深刻反思，严格按照上述操作流程步骤进行全面整改。通过完善内部单证传递流程、明确各部门职责、建立专门的单证保管台账以及加强部门间的沟通协作机制，烟台电器制造销售进出口有限公司有效提升了单证管理水平，降低了由单证问题导致的出口退（免）税风险，确保类似情况不再发生。

二、《增值税法》征收和缴纳的难点剖析

征收通常是指为了公共利益的需要，依照法律规定的权限和程序，对私人或集体财产进行强制性的取得。这种取得会导致私人或集体财产所有权的改变，即从私人或集体

所有转变为国家所有。征收的目的是满足国家和社会公共利益的需要，如基础设施建设、公共事业发展等。

缴纳通常是指按照法律规定或合同约定，向有关部门或机构支付一定的费用或税款。这种支付是履行法定义务或合同义务的行为，不会导致财产所有权的改变。缴纳的目的是维持国家机器的正常运转，满足公共服务和公共产品的供给。

（一）视同应税交易的判定困境

（1）无偿转让行为的界定难题：《增值税法》规定单位和个人无偿转让无形资产、不动产或者金融商品等属于视同应税交易。然而，在实际经济活动中，判断一项转让行为是否真正"无偿"并非易事。企业之间可能存在复杂的关联关系，表面上看似无偿的转让，背后可能隐藏着各种形式的利益输送。

例如，关联企业之间无偿转让无形资产，可能是为了调整利润、规避税收或达到其他经济目的。此外，随着商业模式的不断创新，一些新型交易模式下的转让行为是否属于无偿转让，需要深入分析交易实质。比如，企业以无形资产换取对方企业的股权或未来收益权，这种交易形式既非传统的有偿转让，也不完全符合无偿转让的定义，如何准确判定其性质，给企业和税务机关带来了挑战。

（2）视同应税交易计税依据的确定复杂：对于视同应税交易，纳税人需按照市场价格确定销售额。但在实际情况中，当缺乏可比市场价格时，确定计税依据变得极为复杂。

例如，企业自主研发的独特无形资产具有创新性和唯一性，市场上没有类似产品可供参考价格。此时，确定其视同应税交易的计税依据，需要综合考虑研发成本、研发周期、预期收益、市场需求、行业平均利润率等多种因素。不仅如此，不同行业、不同类型的无形资产在价值评估方法上也存在差异，如技术类无形资产可能更侧重于技术先进性、市场应用前景等因素，而品牌类无形资产则更关注品牌知名度、市场占有率等。这要求企业和税务机关具备专业的评估能力与丰富的经验，增加了税务处理的难度和不确定性。

【案例6-10】增值税视同应税交易的无偿转让货物案例

（一）案例背景

南昌洪都电器有限公司向贫困山区留守老人无偿捐赠一批自产的电视机，该批电视机成本为300 000元，市场售价为500 000元，增值税税率为13%。

（二）操作步骤

（1）确定应税交易销售的销售额：视同应税交易的销售额按市场售价500 000元确定。

(2) 计算销项税额：销项税额 = 500 000 × 13% = 65 000（元）。

(三) 会计处理

借：营业外支出　　　　　　　　　　　　　　　　　　　　　　　　365 000
　　贷：库存商品　　　　　　　　　　　　　　　　　　　　　　　　300 000
　　　　应交税费——应交增值税（销项税额）　　　　　　　　　　　65 000

(四) 申报环节

(1) 登录申报系统：在纳税申报期内登录当地电子税务局系统，进入增值税申报模块。

(2) 填写附表一：在《增值税及附加税费申报表附列资料（一）》（本期销售情况明细）中找到"未开具发票"栏次（因无偿捐赠一般无发票开具），在"销售额"列填入 500 000 元，在"销项（应纳）税额"列填入 65 000 元。此操作是将无偿转让货物视同应税交易的业务数据准确录入申报系统。

(3) 主表数据生成：系统自动将附表一数据代入《增值税及附加税费申报表》主表，"按适用税率计税销售额"栏包含 500 000 元销售额，"销项税额"栏包含 65 000 元税额。财务人员需确认主表数据是否准确，检查视同应税交易业务数据与主表其他数据的关联性。

(4) 核对申报数据：全面核对主表及其他附表的数据，确保进项税额、上期留抵税额等数据准确，同时重点检查视同应税交易业务数据与其他业务数据的逻辑关系，如是否符合税收政策规定的计算方式和申报要求。

(5) 提交申报：确认数据无误后，点击"提交申报"按钮，向税务机关提交申报数据。系统会反馈申报成功或失败信息，如成功，进入税款缴纳环节；如失败，根据错误提示修改后重新提交。

(6) 税款缴纳：申报成功后，按照系统提示选择缴款方式，如通过三方协议扣款，点击按钮后系统自动从绑定银行账户扣除税款，并反馈扣款结果。

(二) 混合销售与兼营行为的区分及处理

1. 概念界定的模糊性遗留

《增值税法》规定，只要一项应税交易中涉及两个以上的税率或征收率的，就属于混合销售，范围相比之前有所扩大。

尽管《增值税法》明确了"混合销售"及"兼营行为"的概念，但在实际业务中，两者的区分仍至关重要。

混合销售通常是一项销售行为既涉及货物又涉及服务，且两者存在紧密关联。例如，一家装修公司在提供装修服务的同时，向客户销售部分装修材料，装修服务与材料销售紧密结合，难以分割，这种情况可能被认定为混合销售。

兼营则是纳税人发生两项以上应税交易涉及不同税率、征收率。

例如，一家企业既从事货物销售业务，又提供运输服务，且这两项业务相对独立，无必然联系，则可能属于兼营行为。

然而，在实践中，对于某些业务究竟属于混合销售还是兼营，界限并不总是清晰。

例如，一家智能家居企业在销售智能设备的同时，提供设备安装调试及售后维护服务，这些服务与设备销售密切相关，但又可单独收费。这种情况下，业务性质的认定可能因理解角度和业务细节的不同而存在差异。

2. 税率适用与税务处理复杂性

准确区分混合销售与兼营行为对于正确适用税率和税务处理至关重要。混合销售按照应税交易的主要业务适用税率，而兼营行为需分别核算不同税率、征收率的销售额，未分别核算的从高适用税率。企业在实际操作中，未能准确判断业务性质，可能导致税率适用错误，增加税务风险。

例如，对于混合销售错误按照兼营行为处理，可能导致多缴或少缴税款。企业将混合销售业务分别核算并适用不同税率，而税务机关认定为混合销售应按主要业务适用单一税率，就会引发税企争议。此外，在税务处理方面，混合销售和兼营行为在会计核算、发票开具等方面都有不同要求，企业需要准确把握，确保税务处理的合规性。

3. 混合销售操作要点

（1）合同约定：在签订合同时，应明确区分货物和服务的金额、内容等，以便准确判断主要业务。没有区分货物和服务各自的金额，可能需要按照货物和服务的市场价值判断。

（2）业务梳理：企业自身需要对涉及混合销售的业务进行梳理，根据新规定重新评估适用的税率或征收率，避免错误适用导致税务风险。

（3）特殊情况处理：对于一些特殊的混合销售行为，如同时提供多项服务和货物且难以区分主要业务的，需要咨询税务机关或相关专家的意见。

4. 兼营业务操作要点

（1）会计核算：建立健全的会计核算制度，确保能够准确、清晰地分别核算兼营的不同应税项目的销售额、进项税额等。对于无法准确划分的进项税额，应按照规定的方法进行分摊。

（2）发票开具：在开具发票时，应分别注明不同应税项目的名称、金额等信息，以便税务机关进行核查和纳税人进行申报。

（3）定期检查：企业应定期对兼营业务的核算情况进行检查和自查，及时发现和纠正可能存在的问题，避免核算不准确而导致税务风险。

5. 兼营业务的核算与税务处理

兼营是指纳税人发生两项以上应税交易涉及不同税率、征收率的，应当分别核算适用不同税率、征收率的销售额；未分别核算的，从高适用税率。

难点在于如何准确区分兼营业务与混合销售业务，以及在实际操作中如何确保分别核算不同税率、征收率的销售额。如不能准确核算，则可能会增加企业的税务负担。

【案例6-11】家电企业兼营安装与维修服务案例

（一）案例背景

青岛彩虹家电销售有限公司为一般纳税人，2024年10月销售各类家电取得收入500万元，同时为客户提供家电安装服务收入50万元，家电维修服务收入30万元。当月购进家电成本300万元，取得增值税专用发票注明进项税额39万元，安装服务和维修服务中可抵扣的进项税额分别为3万元和2万元。

（二）操作步骤

分别核算各项业务的销售额和成本，准确记录销售家电、安装服务、维修服务的收入和对应的成本及进项税额。

（1）对于销售家电业务，按照正常销售流程完成交易，开具销售发票并确认收入。

（2）对于安装和维修服务，在服务完成后及时与客户结算并开具相应发票。

（三）会计处理

1. 销售家电

借：银行存款　　　　　　　　　　　　　　　　　　　　　　5 650 000
　　贷：主营业务收入——家电销售　　　　　　　　　　　　5 000 000
　　　　应交税费——应交增值税（销项税额）　　　　　　　　650 000

2. 家电安装服务

借：银行存款　　　　　　　　　　　　　　　　　　　　　　　530 000
　　贷：其他业务收入——安装服务　　　　　　　　　　　　　500 000
　　　　应交税费——应交增值税（销项税额）　　　　　　　　 30 000

3. 家电维修服务

借：银行存款　　　　　　　　　　　　　　　　　　　　　　　318 000
　　贷：其他业务收入——维修服务　　　　　　　　　　　　　300 000
　　　　应交税费——应交增值税（销项税额）　　　　　　　　 18 000

4. 购进家电

借：库存商品　　　　　　　　　　　　　　　　　　　　　　3 000 000
　　应交税费——应交增值税（进项税额）　　　　　　　　　　390 000
　　贷：银行存款　　　　　　　　　　　　　　　　　　　　3 390 000

5. 安装服务和维修服务购进

借：主营业务成本——安装服务　　　　　　　　　　　　　　270 000
　　应交税费——应交增值税（进项税额）　　　　　　　　　　30 000
　　主营业务成本——维修服务　　　　　　　　　　　　　　180 000
　　应交税费——应交增值税（进项税额）　　　　　　　　　　20 000
　　贷：银行存款　　　　　　　　　　　　　　　　　　　　500 000

（四）开具发票

（1）销售家电开具13%税率的增值税专用发票或普通发票，发票上注明家电的具体名称、规格、型号、数量、金额、税额等。

（2）安装服务开具9%税率的增值税专用发票或普通发票，发票上注明安装服务内容、金额、税额等。

（3）维修服务开具13%税率的增值税专用发票或普通发票，发票上注明维修服务的具体项目、金额、税额等。

（五）纳税处理

当期销项税额 = 65 + 3 + 1.8 = 69.8（万元）。

当期进项税额 = 39 + 3 + 2 = 44（万元）。

当期应纳税额 = 69.8 - 44 = 25.8（万元）。

城市维护建设税税率为7%，教育费附加率为3%，地方教育附加率为2%，则应交附加税 = 25.8 ×（7% + 3% + 2%）= 3.096（万元）。

（六）纳税申报

1. 增值税申报

在次月规定的申报期内，登录中国电子税务局系统或前往办税服务厅。

填写《增值税及附加税费申报表（一般纳税人适用）》，在"销项税额"部分，将家电销售的65万元销项税额填入"货物及劳务"对应栏次；将安装服务的3万元销项税额和维修服务的1.8万元销项税额填入"服务、不动产和无形资产"对应栏次。

在"进项税额"部分，将家电购进的39万元进项税额、安装服务的3万元进项税额和维修服务的2万元进项税额分别填入相应栏次。系统自动计算得出当期应纳税额25.8万元。

核对申报表信息无误后，提交申报并缴纳税款。

2. 附加税费申报

完成增值税申报后，系统会自动带出附加税费申报信息。

在《增值税及附加税费申报表附列资料（五）（附加税费情况表）》中，填写城市维护建设税、教育费附加和地方教育附加的计税依据为25.8万元，系统自动计算出城市维护建设税 1.806（25.8×7%）万元、教育费附加 0.774（25.8×3%）万元、地方教育附加 0.516（25.8×2%）万元。

再次核对信息无误后，提交申报并缴纳附加税费 3.096 万元。

（三）跨境交易增值税处理的复杂性

1. 境内外消费判定的困难

对于服务和无形资产跨境交易，"服务在境内消费"的判定标准在实际操作中存在困难。随着数字化技术的发展，许多服务和无形资产交易具有无形性、即时性与跨国界性的特点。

例如，在线教育服务，学生通过网络随时随地学习，难以确定其消费地究竟在境内还是境外。系统授权使用服务，被授权方可能在多个国家和地区使用系统，确定其实际消费地变得极为复杂。企业需要收集充分证据证明服务的实际消费地，如用户使用服务的地理位置数据、服务协议中的相关条款、服务器所在地等，但这些证据的获取和认定可能存在争议。不同国家和地区对于消费地的判定标准也可能存在差异，进一步增加了判定的难度。

2. 出口退税政策的适用与管理

出口货物和跨境销售符合条件的服务、无形资产适用零税率，涉及出口退税政策。然而，出口退税的办理流程较为复杂，企业需要满足一系列条件。

首先，企业须具备出口资质，这要求企业在工商登记、税务备案等方面符合相关规定。

其次，企业需准确申报出口信息，包括货物或服务的名称、数量、价值、出口目的地等，任何信息的不准确或遗漏都可能影响退税申请。

最后，企业需提供相关单证，如出口报关单、收汇凭证等，且这些单证必须真实、有效。不同产品和服务的退税政策存在差异，部分产品可能因质量标准、知识产权等问题影响退税资格。

例如，一些高科技产品可能涉及知识产权纠纷或未达到特定的质量认证标准，导致无法享受退税政策。企业需要加强内部管理，提升风险防控能力，确保合规享受退税政策。

3. 跨境交易的税务处理

对于跨境交易，需要判断交易是否属于境内应税交易，以及是否适用相关的税收优惠政策或特殊规定。在跨境服务、无形资产的销售中，判断服务、无形资产在境内消费的标准需要准确把握。此外，跨境交易还涉及出口退税、免抵退税等政策的适用，计算较为复杂，需要企业具备较高的税务处理能力。

4. 跨境交易的操作要点

（1）合同审查：在签订跨境交易合同时，应明确交易的性质、服务或无形资产的提供地点、消费地点等关键信息，以便准确判断是否属于境内销售和适用的税率。

（2）税务登记与申报：涉及跨境交易的企业应及时办理相关的税务登记和备案手续，按照规定的时间和方式进行增值税申报，准确填写跨境交易的相关信息和数据。

（3）政策关注：密切关注国家关于跨境交易增值税政策的变化，及时调整企业的税务处理和合规管理措施。

【案例6-12】企业增值税跨境交易案例

（一）案例背景

北京清大系统股份有限公司为增值税一般纳税人，2024年10月其与美国凯丹公司签订系统定制开发服务合同，合同约定北京清大系统股份有限公司为美国凯丹公司开发一款特定业务管理系统，服务期限为3个月，合同总金额为100万美元（汇率为1美元=7元人民币，折合人民币700万元）。

（二）操作步骤

（1）合同签订：2024年10月1日，北京清大系统股份有限公司与美国凯丹公司就系统定制开发服务签订详细合同，明确服务内容、交付时间、付款方式、双方权利义务等条款，其中约定美国凯丹公司在北京清大系统股份有限公司完成系统初步开发并通过测试后支付50%款项，系统最终验收合格后支付剩余50%款项。

（2）服务提供：公司自10月1日起组织团队进行系统定制开发，投入人工成本、服务器租赁等费用。11月15日，完成系统初步开发并提交给美国凯丹公司测试，美国凯丹公司于11月20日反馈测试意见，北京清大系统股份有限公司进行修改完善。12月15日，系统通过最终验收。

（3）款项支付：11月25日，北京清大系统股份有限公司收到美国凯丹公司支付的50%款项，即50万美元（折合人民币350万元）；12月20日，收到剩余50%款项，即50万美元（折合人民币350万元）。

（三）金额确认

合同总金额100万美元，折合人民币700万元。

首次收款50万美元，折合人民币350万元。

二次收款50万美元，折合人民币350万元。

（四）会计处理

1. 10月发生开发成本时

借：劳务成本——系统定制开发　　　　　　　　　　　　　　　　　2 000 000

　　贷：应付职工薪酬　　　　　　　　　　　　　　　　　　　　　1 500 000

　　　　银行存款——服务器租赁等　　　　　　　　　　　　　　　　500 000

2. 11 月 25 日收到第一笔款项时

借：银行存款——美元户　　　　　　　　　　　　　　　　3 500 000
　　贷：预收账款——美国凯丹公司　　　　　　　　　　　　3 500 000

（注：3 500 000 = 7 000 000 × 50%）

3. 11 月确认收入时（按照完工进度确认，此时完工进度为 50%）

借：预收账款——美国凯丹公司　　　　　　　　　　　　　3 500 000
　　贷：主营业务收入——系统服务收入　　　　　　　　　　3 500 000

（注：3 500 000 = 7 000 000 × 50%）

同时，结转成本：

借：主营业务成本——系统服务成本　　　　　　　　　　　1 000 000
　　贷：劳务成本——系统定制开发　　　　　　　　　　　　1 000 000

（注：1 000 000 = 2 000 000 × 50%）

4. 12 月继续发生开发成本时

借：劳务成本——系统定制开发　　　　　　　　　　　　　1 000 000
　　贷：应付职工薪酬　　　　　　　　　　　　　　　　　　　800 000
　　　　银行存款——服务器租赁等　　　　　　　　　　　　　200 000

5. 12 月 20 日收到第二笔款项时

借：银行存款——美元户　　　　　　　　　　　　　　　　3 500 000
　　贷：预收账款——美国凯丹公司　　　　　　　　　　　　3 500 000

6. 12 月确认剩余收入时

借：预收账款——美国凯丹公司　　　　　　　　　　　　　3 500 000
　　贷：主营业务收入——系统服务收入　　　　　　　　　　3 500 000

（注：3 500 000 = 7 000 000 - 3 500 000）

同时，结转剩余成本：

借：主营业务成本——系统服务成本　　　　　　　　　　　2 000 000
　　贷：劳务成本——系统定制开发　　　　　　　　　　　　2 000 000

（注：2 000 000 = 2 000 000 - 1 000 000 + 1 000 000）

（五）纳税处理

增值税根据中国相关税收政策，向境外单位提供的完全在境外消费的系统服务适用增值税零税率。北京清大系统股份有限公司需在规定时间内，向主管税务机关办理增值税零税率应税服务退（免）税申报。

1. 申报资料准备

（1）增值税零税率应税服务退（免）税申报明细表：详细填写服务项目、合同号、金额、汇率等信息。

(2) 跨境应税行为的合同原件及复印件：证明业务的真实性和跨境性质。

(3) 收款凭证：如银行收款回单，显示已收到美国凯丹公司的款项。

(4) 服务成果交付证明：如美国凯丹公司签署的验收报告，表明系统已通过验收并交付使用。

(5) 发票：开具的增值税普通发票，注明服务内容、金额等。

2. 申报流程

(1) 登录电子税务局系统，进入出口退税申报模块。

(2) 按照系统提示录入申报数据，将准备好的申报资料扫描上传。

(3) 系统自动对申报数据进行逻辑校验，如发现错误，系统会提示修改。

(4) 校验通过后，生成申报电子数据，提交申报。

(5) 主管税务机关受理申报后，进行人工审核和系统审核。审核过程中，可能会要求企业补充相关资料或说明情况。

审核通过后，该业务不产生增值税应纳税额。

3. 企业所得税

北京清大系统股份有限公司适用企业所得税税率为25%。

该业务的应纳税所得额＝主营业务收入－主营业务成本＝700－300＝400（万元）。

则应缴纳企业所得税＝400×25%＝100（万元）。

(1) 季度预缴申报。

在季度终了后的15日内，登录电子税务局系统，进入企业所得税预缴申报模块。

填写《中华人民共和国企业所得税月（季）度预缴纳税申报表（A类）》，将该系统服务业务的收入、成本、利润等数据填入相应栏次。

系统自动计算应预缴的企业所得税额，确认无误后提交申报，并缴纳税款。

(2) 年度汇算清缴申报。

在年度终了后的5个月内，进行企业所得税年度汇算清缴。

填写《中华人民共和国企业所得税年度纳税申报表（A类）》及相关附表，对全年的收入、成本、费用、纳税调整等项目进行详细申报。

对于该系统服务业务，需准确填写收入、成本以及相关的纳税调整事项（如有）。

系统自动计算应纳税额，与季度预缴税额对比，多退少补。确认申报数据无误后，提交申报。如有应补缴税款，及时缴纳；如有应退税款，按照规定流程申请退税。

在会计处理方面，确认企业所得税时

借：所得税费用　　　　　　　　　　　　　　　　　　　　　　　1 000 000

　　贷：应交税费——应交企业所得税　　　　　　　　　　　　　　1 000 000

实际缴纳时

借：应交税费——应交企业所得税　　　　　　　　　　　　　　1 000 000

　　贷：银行存款　　　　　　　　　　　　　　　　　　　　　　1 000 000

（四）不得抵扣的进项税额

增值税进项税额不得抵扣，是指纳税人在计算应缴纳的增值税时，某些进项税额不能用来减少销项税额。这一规定旨在确保增值税抵扣链条的完整性和合规性，防止税收漏洞与不合理的税负减免。

在实际操作中，准确区分可抵扣和不可抵扣的进项税额是一个难点。如用于简易计税方法计税项目、免征增值税项目、购进并用于集体福利或者个人消费的购进货物、服务、无形资产、不动产对应的进项税额不得从销项税额中抵扣。但在实际业务中，这些项目可能与应税项目存在交叉和混合，需要企业进行准确核算和划分。作用是确保增值税抵扣链条的准确性和合理性，防止企业过度抵扣进项税额。

关注核心在于，企业如何建立有效的进项税额核算和管理制度，准确识别不可抵扣的进项税额项目，避免因错误抵扣而产生的税务风险。

1. 不得抵扣进项税额的计算与划分

当纳税人兼营简易计税方法计税项目、免征增值税项目、出口货物服务、发生跨境应税行为等而无法划分不得抵扣的进项税额时，需要按一定方法计算不得抵扣的进项税额。这需要纳税人准确统计相关项目的销售额和进项税额，并按照规定的公式进行计算，计算过程较为复杂，容易出现错误。

2. 不得抵扣进项税额的操作要点

（1）发票管理：对于取得的餐饮服务、居民日常服务和娱乐服务的发票，应进行严格的审核和管理，区分可抵扣和不可抵扣的情况。对于不可抵扣的进项税额，应及时转出并进行相应的会计处理。

（2）业务流程控制：在企业内部建立健全的业务流程控制制度，确保进项税额的抵扣符合税法规定。对于涉及餐饮服务、居民日常服务和娱乐服务的支出，应明确其用途和性质，避免误抵进项税额。

（3）税务风险防范：定期对进项税额抵扣情况进行自查和内部审计，及时发现和纠正可能存在的问题，防范税务风险。同时，对于一些特殊情况或存在争议的进项税额抵扣问题，应及时咨询税务机关或专业人士的意见。

3. 《增值税法》中关于不得抵扣进项税额的规定

（1）特定应税项目及用途相关。

①非增值税应税项目、免征增值税项目、集体福利或者个人消费：纳税人购进并用于非增值税应税项目（如提供非增值税应税服务、转让无形资产、销售不动产和新建、

改建、扩建、修缮、装饰不动产在建工程）、免征增值税项目、集体福利或者个人消费（包括纳税人的交际应酬消费）的货物或者应税服务以及随之发生的运费、销售免税货物的运输费用，其进项税额不得从销项税额中抵扣。但购进既用于增值税应税项目（不含免征增值税项目），也用于非增值税应税项目、免征增值税项目、集体福利或者个人消费的使用期限超过 12 个月的机器、机械、运输工具以及其他与生产经营有关的设备、工具、器具等固定资产，其进项税额允许抵扣。

②特定服务：直接用于消费的餐饮服务、居民日常服务和娱乐服务的进项税额不得抵扣。

（2）纳税人及扣税凭证相关。

①小规模纳税人：增值税小规模纳税人购进货物不允许抵扣进项税额。

②扣税凭证不合规：一般纳税人购进货物或者应税服务，取得增值税专用发票、海关进口增值税专用缴款书、农产品收购发票和农产品销售发票以及运输费用结算单据不符合法律、行政法规或者国务院税务主管部门有关规定的，其进项税额不得从销项税额中抵扣。

（3）时间及程序相关。

一般纳税人在小规模纳税人期间（新开业申请一般纳税人认定受理审批期间除外）购进的货物或者应税服务，其进项税额不允许抵扣。一般纳税人在认定批准的月份（新开业批准为一般纳税人的除外）不允许抵扣进项税额。

（4）特殊业务及货物相关。

①购进免税货物：购进免税货物取得增值税抵扣凭证（向国有粮食企业购进免税粮食除外），其进项税额不允许抵扣。

②发生非正常损失：购进货物或应税服务（含运输费用）发生非正常损失的进项税额不允许抵扣。在产品、产成品发生非正常损失耗用的购进货物或者应税服务（含运输费用）的进项税额不允许抵扣。上述正常损失已将购进货物或者应税服务进项税额申报抵扣的，应当将该项购进货物或者应税服务的进项税额从当期的进项税额中扣减；无法确定该项进项税额的，按当期实际成本计算应扣减的进项税额。

【案例 6-13】增值税不得抵扣进项税额案例

（一）案例背景

河北山庄材料经营有限公司为增值税一般纳税人，主要从事电子产品的生产与销售业务。2024 年 10 月发生以下经济业务，涉及进项税额是否可抵扣的判断与处理。

（二）业务详情

2024 年 10 月 15 日，河北山庄材料经营有限公司仓库发生火灾，烧毁一批原材料。该批原材料于 9 月购进，当时取得增值税专用发票，注明价款 50 000 元，税额 6 500 元，已在 9 月认证抵扣。经调查，火灾是仓库管理人员违规操作导致，属于非正常损失。

（三）操作步骤

（1）损失确认：10 月发生火灾后，公司相关部门对受损原材料进行盘点，确认损失金额。

（2）原因认定：通过调查，确定火灾是由管理不善造成，属于非正常损失。

（3）税务处理决定：根据损失确认和原因认定结果，确定需对已抵扣的进项税额进行转出处理。

（4）具体金额：原材料价款 50 000 元，已抵扣进项税额 6 500 元。

（四）纳税处理

非正常损失的购进货物对应的进项税额不得抵扣，已抵扣的需做进项税额转出。因此，河北山庄材料经营有限公司应在 10 月将已抵扣的 6 500 元进项税额转出，补缴增值税。

（五）会计处理

1. 确认损失时

借：待处理财产损溢——待处理流动资产损溢　　　　　　　　56 500
　　贷：原材料　　　　　　　　　　　　　　　　　　　　　50 000
　　　　应交税费——应交增值税（进项税额转出）　　　　　6 500

2. 报经批准后

借：管理费用　　　　　　　　　　　　　　　　　　　　　　56 500
　　贷：待处理财产损溢——待处理流动资产损溢　　　　　　56 500

（六）风险防范

（1）完善管理制度：企业应建立健全仓库管理制度，加强对仓库管理人员的培训与监督，规范操作流程，降低因管理不善导致非正常损失的风险。

（2）及时处理税务：一旦发生非正常损失，应及时确认损失情况，并在规定的纳税申报期内进行进项税额转出处理，避免逾期导致税务处罚。同时，保留好相关损失证明材料，如火灾事故报告、损失清单等，以备税务机关检查。

第四节　企业所得税 AI 智能申报解析

企业所得税 AI 智能申报是借助 AI 技术实现企业所得税申报的自动化、智能化操作。

一、企业所得税 AI 智能申报优势

（1）提高申报效率：AI 能够快速处理大量数据，自动填写申报表格，避免人工录入的烦琐和错误，大幅缩短申报时间。

（2）提升数据准确性：通过智能算法和数据校验机制，AI 对企业财务数据进行精准分析和核对，减少人为失误，确保申报数据准确无误，避免数据错误导致的税务风险。

（3）实时更新政策：AI 自动依据最新政策调整申报数据和计算方式，保证企业申报合规，帮助企业及时享受税收优惠，降低税务成本。

二、企业所得税 AI 智能申报功能

（1）数据采集与整理：AI 能自动多渠道采集数据，并按企业所得税申报要求进行分类、汇总和清洗，为申报提供准确数据基础。

（2）纳税调整自动计算：AI 自动识别需要纳税调整的项目，准确计算调整金额，确保纳税申报符合税法要求。

（3）风险预警与提示：AI 对企业财务数据和申报信息进行风险扫描，发现潜在税务风险点，及时向企业发出预警和提示，便于企业提前采取措施应对。

（4）申报流程自动化：AI 智能申报系统与税务机关申报系统无缝对接，自动完成申报数据的上传、提交和税款缴纳等操作，实现申报流程全自动化。

【案例6-14】制造业所得税 AI 智能申报应用案例

（一）案例背景

深圳港昌运输设备制造有限公司是一家专注于运输设备研发、生产与销售的中型企业，业务范围覆盖国内多个地区。一方面，人工处理大量财务数据耗时费力，申报周期长，难以满足税务申报的时效性要求；另一方面，人工操作容易出现数据录入错误、计算失误等问题，导致申报错误率较高，给公司带来潜在的税务风险。

（二）案例概述

为解决上述问题，深圳港昌运输设备制造有限公司 CEO 俞任雄决定引入中财讯 AI 智能申报系统，以实现企业所得税申报的自动化、智能化。该系统通过整合公司 AI 财税系统、发票管理系统等多数据源，利用 AI 技术对数据进行分析、处理和申报，旨在提高申报效率、降低错误率，并确保公司能够及时享受税收优惠政策。

（三）操作步骤

（1）数据采集与整合：AI 智能申报系统与公司现有的 AI 财税系统、发票管理系统等进行无缝对接，自动采集各类财务数据，包括收入、成本、费用、资产折旧等信息。

在采集过程中，系统对数据进行初步清洗和校验，确保数据的准确性和完整性。例如，系统会自动识别发票中的关键信息，如发票金额、开票日期、商品或服务名称等，并与AI财税系统中的相关记录进行比对，如有不一致，及时提示财务人员进行核实。

（2）纳税调整计算：根据《中华人民共和国企业所得税法》的规定，系统自动识别需要进行纳税调整的项目。例如，对于业务招待费，系统按照实际发生额的60%与当年销售（营业）收入的5‰两者较低者进行扣除计算；对于广告费和业务宣传费，系统根据当年销售（营业）收入的一定比例进行扣除限额的计算。同时，系统会考虑其他特殊的纳税调整事项，如资产减值准备的调整、研发费用的加计扣除等。

（3）申报表格自动填写：基于采集到的数据和计算出的纳税调整结果，AI智能申报系统自动填写企业所得税年度纳税申报表及其附表。系统会根据不同的业务情况，准确选择适用的报表项目，并将相应的数据填入表格中。例如，在填写主表时，系统会将计算得出的应纳税所得额、应纳所得税额等数据准确填入相应栏次；在填写附表时，系统会详细列出各项收入、成本、费用的明细情况以及纳税调整的具体项目和金额。

（4）风险预警与审核：在完成申报表格填写后，系统会对申报数据进行全面的风险扫描。通过内置的风险评估模型，系统检查数据的逻辑性、合理性以及是否符合税收政策规定。例如，系统会检查各项费用的列支是否符合税法规定的范围和标准，资产折旧的计算是否正确，是否存在重复扣除等问题。发现潜在风险点，系统会及时发出预警提示，财务人员可以根据提示进行进一步核实和调整。在审核通过后，系统生成正式的申报文件。

（5）申报提交与税款缴纳：财务人员确认申报数据无误后，通过AI智能申报系统将申报文件直接提交至税务机关的电子申报系统。系统自动完成申报数据的传输，并获取税务机关的反馈信息。在确认申报成功后，系统根据申报的应纳税额，自动进行税款计算，并通过与公司的银行账户绑定，实现税款的自动缴纳。整个过程无须人工干预，大大提高了申报和缴税的效率。

（四）具体数据和数字金额

在引入AI智能申报系统前，深圳港昌运输设备制造有限公司的企业所得税申报工作通常需要3名财务人员花费3～5天的时间完成。由于人工操作的局限性，平均每年申报错误率约为5%，公司需要进行额外的税务更正申报，不仅耗费时间和精力，还可能面临税务机关的罚款和滞纳金。

在引入AI智能申报系统后，申报时间缩短至1小时，仅需1名财务人员进行简单的审核和确认工作。申报错误率大幅降低至0.1%以内，有效降低了因申报错误产生的风险和成本。

以2024年度为例，公司当年销售收入为8 000万元，业务招待费实际发生额为50

万元。按照税法规定,业务招待费扣除限额为 8 000×5‰=40(万元),50×60%=30(万元),因此可扣除金额为 30 万元,需纳税调增 20 万元。公司当年研发费用为 800 万元,按照 100% 的加计扣除比例,可加计扣除 800 万元。通过 AI 智能申报系统的自动计算和处理,公司及时享受了研发费用加计扣除等税收优惠政策,当年节省税务成本约 200 万元。

(五)税务处理

(1)收入确认:AI 智能申报系统根据公司 AI 财税系统中的销售数据,结合税法规定的收入确认原则,准确确认企业所得税应税收入。对于不同销售方式下的收入,如分期收款销售、委托代销等,系统按照相应的税收政策进行处理,确保收入确认的准确性和合规性。

(2)成本费用扣除:AI 智能申报系统对公司的成本费用进行细致分析,严格按照税法规定的扣除范围和标准进行处理。对于符合条件的成本费用,如合理的工资薪金支出、职工福利费、工会经费、职工教育经费等,系统在申报时予以准确扣除。同时,对于一些有限额扣除的项目,如业务招待费、广告费和业务宣传费、公益性捐赠等,系统按照规定的比例计算和扣除,超出限额部分进行纳税调整。

(3)税收优惠政策应用:AI 智能申报系统实时跟踪国家税收政策的变化,及时识别公司可以享受的税收优惠政策。对于研发费用加计扣除政策,系统通过对公司研发项目的费用明细进行分析,准确计算出可加计扣除的金额,并在申报时进行相应的填报。

(六)会计处理

(1)日常账务处理:在日常会计核算中,公司按照会计准则的要求进行账务处理。例如,对于收入的确认,根据销售合同和实际发货情况,借记"应收账款""银行账户"等科目,贷记"主营业务收入""应交税费——应交增值税(销项税额)"等科目;对于成本的结转,借记"主营业务成本"等科目,贷记"库存商品"等科目。对于各项费用的支出,按照费用的性质和用途,借记相应的费用科目,贷记"银行存款""应付账款"等科目。

(2)纳税调整的会计处理:在企业所得税申报过程中,由于税法与会计准则存在差异,需要进行纳税调整。对于一些永久性差异,如业务招待费的纳税调增,会计上不需要进行专门的账务处理,只是在申报企业所得税时进行调整;对于一些暂时性差异,如固定资产折旧方法在税法和会计上的差异,公司采用资产负债表债务法进行会计处理。公司新购 3D 打印机会计上采用直线法计提折旧,而税法规定采用加速折旧法。在会计期末,公司根据固定资产账面价值与计税基础的差异,计算递延所得税资产或递延所得税负债,并进行相应的账务处理。借记"递延所得税资产"科目,贷记"所得税费用"科目(或相反分录)。

(3) 所得税费用的核算：公司根据应纳税所得额和适用的企业所得税税率，计算当期应纳所得税额。同时，考虑递延所得税资产和递延所得税负债的影响，确定当期所得税费用。借记"所得税费用"科目，贷记"应交税费——应交所得税"科目，同时根据递延所得税的情况，借记或贷记"递延所得税资产""递延所得税负债"科目。

（七）实施效果

(1) 申报效率大幅提升：申报时间从原来需要3~5天缩短至1小时，极大地提高了工作效率，使财务人员能够将更多时间和精力投入其他重要的财务管理工作中。

(2) 申报准确性显著提高：申报错误率从原来的5%降低至0.1%以内，有效地避免了申报错误导致的税务风险和额外成本，如罚款、滞纳金等。

(3) 税务成本降低：通过及时、准确地应用税收优惠政策，公司每年节省税务成本数十万元。

(4) 财务管理水平提升：AI智能申报系统的应用，促使公司财务数据的管理更加规范、高效。系统对财务数据的深度分析和挖掘，为公司管理层提供了更有价值的决策支持信息，有助于公司优化财务管理策略，提升整体财务管理水平。

（八）风险管控

(1) 数据安全风险：为确保数据的安全性，公司与AI智能申报系统供应商签订了严格的数据保密协议，明确双方在数据保护方面的责任和义务。

(2) 系统稳定性风险：为应对系统可能出现的故障和不稳定情况，公司与供应商建立了完善的技术支持和维护服务体系。

(3) 政策变化风险：虽然AI智能申报系统能够实时跟踪税收政策变化，但为了进一步确保政策应用的准确性，公司安排了专人关注国家税收政策的动态，并与税务机关保持密切沟通。定期对系统的政策更新情况进行检查和验证，及时发现并应对由政策理解偏差或系统更新不及时可能导致的风险。

（九）案例价值

(1) 为同行业企业提供借鉴：公司的成功案例为同行业其他企业在企业所得税申报管理方面提供了宝贵的经验和借鉴。

(2) 促进企业财务管理升级：通过引入AI智能申报系统，公司实现了税务申报工作的自动化和智能化，不仅提升了税务管理水平，还为财务管理的其他方面带来了积极影响。

(3) 提升企业竞争力：在日益激烈的市场竞争环境下，降低税务成本、提高财务管理效率是提升企业竞争力的重要手段。公司通过应用AI智能申报系统，有效地降低了税务成本，优化了财务管理流程，使企业在市场竞争中更具优势，为企业的可持续发展奠定了坚实基础。

（十）注意事项

企业在使用 AI 智能申报系统时，需确保数据来源的真实性和完整性，以保证申报数据质量。

尽管 AI 可自动完成大部分申报工作，但企业仍需安排专业财务人员对申报数据和结果进行审核，确保申报准确、合规。

第五节　消费税 AI 智能申报解析

消费税 AI 智能申报是利用 AI 技术，通过自动化处理和分析企业财务数据，自动生成符合消费税申报要求的报表和申报表，实现消费税的智能化申报。这一技术结合了大数据、云计算、机器学习等先进科技，旨在减轻企业财务人员的工作负担，提高申报的准确性和及时性。

一、消费税 AI 智能申报的优势

AI 智能申报系统在消费税申报中的应用，为企业带来了诸多便利和优势。

1. 高度自动化，提高效率

（1）自动采集与处理数据：这一功能大大减少了人工录入的工作量，提高了数据的处理效率。

（2）自动生成申报表：财务人员只需要对生成的申报表进行核对和确认，即可提交申报，大大缩短了申报时间。

2. 提高申报准确性，降低风险

（1）智能审核与预警：一旦发现异常数据或潜在风险，系统会及时发出预警，提醒财务人员进行核查和处理，有效降低由人为错误导致的申报风险。

（2）实时更新税法规则：系统能够实时更新税法规则，确保申报的准确性和及时性。

3. 降低人力成本，优化资源配置

（1）减少人工操作：AI 智能申报系统的自动化处理流程显著减少了人工操作的时间和成本。

（2）支持远程办公与协同工作：采用云技术进行数据储存的 AI 智能申报系统，使数据可以随时随地通过互联网进行访问和共享。

二、消费税 AI 智能申报的实现方式

（1）数据采集与整理：AI 智能申报系统能够自动采集企业财务数据，包括销售收

入、成本、费用等关键信息。

（2）消费税 AI 计算与申报：AI 智能申报系统根据采集到的数据和消费税政策，自动计算应缴消费税额。

（3）AI 智能审核与预警：AI 智能申报系统内置智能审核机制，能够自动检查申报数据的合理性和合规性。

（4）在线申报与反馈：AI 智能申报系统支持在线申报功能，企业只需要简单操作即可完成申报流程。

（5）提交申报表并缴款：财务人员需对生成的申报表进行核对和确认，确保数据的准确性和完整性，然后点击"提交"或类似按钮，将申报表提交至税务系统。提交成功后，系统将自动计算应纳税额，并生成缴款通知书或类似的凭证。纳税人根据缴款通知书上的信息，通过网上银行或其他指定的支付方式完成税款缴纳。

【案例 6-15】白酒企业消费税 AI 智能申报应用案例

（一）案例背景

贵州安常酱酒有限公司专注于酱香型白酒的生产与销售，消费税计税方式采用从价定率与从量定额相结合，这使得税务处理较为复杂。企业为减轻消费税负担，设置了多层级独立核算的销售机构，期望通过合理的价格转移策略降低生产环节的计税销售额，进而减少消费税支出。

（二）案例概述

为突破这些困境，贵州安常酱酒有限公司 CEO 米贝明决定引入中财讯 AI 智能申报系统，致力于实现消费税申报流程的智能化升级。该系统借助先进的 AI 技术，深度融合企业财务数据系统，能够自动完成从发票信息识别、数据提取、申报表生成到在线申报的全流程操作。

（三）操作步骤

（1）数据采集与识别：AI 智能申报系统与企业的发票管理系统、销售系统实现无缝对接。每日自动抓取新开具的发票信息，运用 OCR 技术和智能算法，精准识别发票中的销售方、购买方、商品名称、数量、金额等关键数据。

（2）数据整合与分类：系统将采集到的各类数据进行整合，并按照消费税申报要求以及多层级销售机构的架构进行分类。细致区分不同批次、不同规格酱香型白酒在生产环节、各级销售机构之间以及最终面向终端客户的销售数据，为后续准确计算消费税和评估价格转移策略提供依据。

（3）税额计算与申报表生成：根据消费税计税规则，系统自动计算各类应税销售行为的应纳税额。针对酱香型白酒从价定率（20%）和从量定额（每 500 克 0.5 元）

的复合计税方法,系统依据准确的销售数量和销售额计算应纳税额。低于该比例,系统自动按照税务机关核定计税价格的方法进行计算,然后将准确的应纳税额自动填充至消费税纳税申报表相应栏次,生成完整的申报表。

(4)在线申报与反馈接收:财务人员在对生成的申报表进行初步审核后,点击"提交"按钮,系统即可自动将申报数据上传至税务机关的电子申报平台。申报成功后,系统实时接收税务机关反馈的申报结果信息,确保企业及时掌握申报动态。

(四)具体数据和数字金额

以2024年11月为例,贵州安常酱酒有限公司销售酱香型白酒共计10 000箱,每箱6瓶,每瓶500毫升,单价为500元(不含增值税)。

1. 销售数据

销售额=10 000×500=5 000 000(元),销售数量=10 000×6×500=30 000 000(毫升)=30 000(千克)。

2. 消费税计算

从价计征部分=5 000 000×20%=1 000 000(元);

从量计征部分=30 000×1 000÷500×0.5=30 000(元);

应纳消费税总额=1 000 000+30 000=1 030 000(元)。

在引入AI智能申报系统前,完成该月消费税申报需3名财务人员花费3个工作日,且因人工计算与数据录入错误,曾出现2次申报错误,需进行更正申报,产生额外滞纳金5 000元。在引入系统后,仅需1名财务人员花费0.3个工作日(约2.4小时)进行审核与提交操作,且申报准确率达到100%。

经核算,该月通过优化定价,生产环节销售额减少了250 000元,相应地,从价计征的消费税减少了250 000×20%=50 000(元)。

(五)税务处理

(1)计税依据确定:AI智能申报系统严格按照税务法规确定计税依据。当生产环节销售给独立核算销售机构的价格低于对外销售价格的70%时,系统自动按照税务机关核定计税价格的方法进行计算,确保税务处理合规,避免因价格转移不当引发的税务风险。

(2)税收优惠与减免核查:目前针对酱香型白酒无特殊消费税优惠政策,但系统持续关注国家税收政策动态,定期对企业销售数据进行扫描,一旦有相关优惠政策出台,可及时识别企业是否符合享受条件,确保企业应享尽享。

(六)会计处理

1. 销售业务发生时

(1)确认收入。

借记"应收账款"或"银行存款"5 650 000[5 000 000×(1+13%)(增值税税

率为13%）]，贷记"主营业务收入"5 000 000元，"应交税费——应交增值税（销项税额）"650 000元。

（2）计提消费税。

借记"税金及附加"1 030 000元，贷记"应交税费——应交消费税"1 030 000元。

2. 缴纳消费税时

借记"应交税费——应交消费税"1 030 000元，贷记"银行存款"1 030 000元。

（七）实施效果

（1）效率提高：财务处理时间缩短约90%，从原来的3个工作日减少至0.3个工作日，极大地提高了工作效率，使财务人员能够将更多精力投入财务分析、风险管控等增值业务。

（2）准确性提升：申报准确性显著提升，申报准确率从之前的约95%提升至100%，有效地避免了申报错误导致的税务风险与额外成本，如滞纳金、罚款等。

（3）税务成本控制：通过系统对销售价格的监控与计税依据的准确计算，在合理利用税收优化空间的前提下，确保企业合法减轻消费税负担。借助多层级独立核算销售机构的价格转移策略，企业每月可减少消费税支出约50 000元，为企业节省了可观的税务成本，提升了企业的盈利能力。

（八）风险管控

（1）数据安全风险：系统采用银行级加密技术，对传输和存储的数据进行加密处理，防止数据泄露。

（2）系统稳定性风险：建立系统应急预案，与供应商达成24小时×7的技术支持服务协议。供应商定期对系统进行维护与升级，确保系统稳定运行。

（3）税务政策风险：关注国家和地方税收政策变化，定期将政策更新内容反馈给系统供应商，确保系统计税规则与申报逻辑能够及时根据政策调整。

第七章
AI 税务风险预警与防控体系

AI 税务风险预警与防控体系，是指企业在税务管理方面建立的一套全面、系统的风险预防和控制机制，旨在通过智能化手段降低企业面临的税务风险，提高企业的稳健发展和持续盈利能力。

（1）定义：该系统是运用大数据、AI 等技术手段，对纳税人的税务数据进行实时监控和分析，及时发现并预警潜在的税务风险的系统。

（2）功能：该系统能够设定预警指标，如税负异常波动、行业税负差异、发票虚开风险等，对纳税人的税务数据进行实时监控和分析，一旦触发预警指标，系统会自动进行风险评估并发出预警通知。

（3）意义：该系统有助于企业及时发现并纠正潜在的税务问题，避免税务风险的发生，同时有助于税务部门加强对纳税人的管理，提高税收征管的效率和准确性。

第一节 AI 税务风险预警模型的构建与指标体系

在税务管理的 AI 变革中，AI 税务风险预警与防控体系扮演着至关重要的角色。其中，AI 税务风险预警模型的构建原理与指标体系设计是这一体系的核心组成部分。

一、AI 税务风险预警模型的构建原理和核心思想

（1）AI 税务风险预警模型的构建原理：它是基于大数据分析和机器学习算法，通过提取历史数据中的规律性信息，分析企业税务风险的趋势和变化，从而实现税务风险的预警和防控。

（2）AI 税务风险预警模型的核心思想：任何税种的任何涉税问题，最终都可以体现为一个或者一组数据。无论是多缴税的风险还是少缴税的风险，都可以通过数据的异常波动来揭示。因此，通过构建预警模型，设置预警指标，并对这些指标进行实时监控和分析，可以及时发现潜在的税务风险。

二、AI 税务风险预警指标体系设计

AI 税务风险预警指标体系，是指建立一套科学、合理且行之有效的指标体系，以实时监控和评估企业或个人在税务活动中可能面临的潜在风险。这一体系的设计旨在通过预警机制，帮助企业和个人及时发现并纠正税务问题，降低税务风险，保障税务合规性。

（一）指标选取原则

（1）操作性：选取的指标数据应易于获取，能直接或间接地从企业日常经营过程提供的数据中得到。

（2）显著性和敏感性：指标应能灵敏地反映企业税务风险的变化情况，具有前置性、及时性特点，为管理层决策提供支撑。

（3）科学性和合理性：指标选取过程及结果应具有科学性和合理性，能消除公司规模、地域差异等带来的影响，使不同公司具有可比性。

（二）指标体系构成

（1）主要税种指标：针对增值税、企业所得税等主要税种，设计相应的预警指标。例如，增值税方面可以关注进项税额与销项税额的匹配情况、发票的合规性等，企业所得税方面可以关注利润水平的合理性、成本费用的真实性等。

（2）高风险领域指标：针对关联交易、跨境业务等高风险领域，设计专门的预警指标。例如，关联交易方面可以关注交易价格的公允性、资金流动的合理性等，跨境业务方面可以关注外汇管理的合规性、国际税收协议的遵守情况等。

（3）频发业务指标：针对企业日常经营中频发的业务类型，如采购、销售、研发等，设计相应的预警指标。例如，采购方面可以关注供应商的合规性、采购价格的合理性等，销售方面可以关注销售收入的确认时点、销售成本的结转情况等，研发方面可以关注研发费用的真实性、加计扣除的合规性等。

（三）指标阈值设置

为每个预警指标设置合理的阈值（临界值），当实际数据超过或低于该阈值时，触发预警信号。阈值的设定可以采用比较法、波动法、专家征询法等多种方法。

（四）动态调整机制

随着企业经营环境的变化和税收政策的调整，AI 税务风险预警指标体系需要相应地进行动态调整。企业应定期审查和优化指标体系，确保其始终与实际情况和税收政策保持一致。

【案例7-1】AI助力民企税务风险防控案例

（一）案例背景

苏州大周电器制造有限公司是一家大型制造业企业，主要生产高端机械设备，产品广泛应用于建筑、能源等多个领域。企业业务规模不断扩大，年销售额达5亿元以上，供应商和客户众多，税务处理复杂，传统税务风险排查方式难以满足需求。企业CEO周宇洋决定引入中财讯AI税务风险预警与防控体系，以及时发现并应对税务风险。

（二）操作步骤

（1）数据收集：运用AI技术从企业AI财税系统、发票管理系统、业务系统等数据源中自动采集近3年的财务数据、发票信息、业务合同等相关数据。共收集发票数据10万余条，财务账目记录50多万条。

（2）指标设定与模型构建：依据相关性原则，确定关键风险指标，如增值税进项税额与销项税额的匹配比率，设定正常波动范围为85%~115%；企业所得税税前扣除项目的合规性指标，通过对各类扣除项目与税法规定的比对设置风险参数。运用机器学习算法构建风险预警模型，以历史数据进行训练，让模型学习风险发生时指标的变化特征。

（3）实时监测与预警：实时监控企业日常经营数据，按设定周期计算风险指标值。当指标值超出正常范围时，立即触发预警。

（三）具体数据和数字金额

（1）增值税进项税额与销项税额匹配比率：2024年8月，企业销项税额为600万元，进项税额为400万元，匹配比率为66.67%（400÷600×100%），低于正常范围下限。经分析，该月企业有一笔大额销售业务已确认收入，但部分原材料采购发票未及时取得，导致进项税额偏低。

（2）企业所得税税前扣除项目合规性：2024年度企业所得税汇算清缴时，AI系统审查发现企业一笔50万元的业务招待费支出，按照税法规定只能扣除20万元［业务招待费扣除限额为当年销售（营业）收入的5‰与实际发生额的60%两者较低者］，多列支了30万元，企业所得税税前扣除项目合规性指标出现异常。

（四）税务处理

（1）增值税处理：企业及时与供应商沟通，催促其尽快开具发票，并在后续月份取得发票进行认证抵扣。同时，向税务机关说明情况，避免因异常指标引发税务稽查风险。该情况属于正常业务时间差导致，未造成少缴税款后果，无须额外税务处罚。

（2）企业所得税处理：企业在汇算清缴时，调增应纳税所得额30万元，补缴企业所得税7.5（30×25%）万元。

（五）会计处理

1. 增值税相关会计处理

后续月份取得发票认证抵扣时

借：应交税费——应交增值税（进项税额）

　　贷：应付账款等相关科目

2. 企业所得税补缴会计处理

借：以前年度损益调整　　　　　　　　　　　　　　　　　　　　75 000

　　贷：应交税费——应交企业所得税　　　　　　　　　　　　　75 000

借：利润分配——未分配利润　　　　　　　　　　　　　　　　　75 000

　　贷：以前年度损益调整　　　　　　　　　　　　　　　　　　75 000

（六）实施效果

（1）风险防控：自引入 AI 税务风险预警与防控体系，成功预警并应对潜在税务风险 20 余起，避免了因税务问题可能引发的罚款和滞纳金，保守估计避免经济损失 50 万元以上。

（2）税务合规性提升：企业税务处理合规性显著提高，税务申报错误率从之前的 5% 降至 0.1% 以内。

（七）风险管控

（1）动态指标调整：每季度对风险指标进行评估，根据企业业务变化、税收政策调整，动态调整指标的正常范围和风险参数。

（2）风险复查与评估：每年对企业整体税务风险状况进行全面评估，总结经验教训，完善风险防控体系。

三、基于 AI 算法的风险预警模型构建

AI 算法，是用于解决特定问题或实现特定目标的一系列步骤或规则集合。这些算法通过数学规则和计算方法，使计算机能够模拟、延伸和扩展人类的智能行为。

AI 算法是 AI 技术的核心组成部分，它定义了 AI 系统如何处理数据、如何做出决策。

AI 算法通过数据处理、机器学习和深度学习等技术，使计算机能够执行通常需要人类智慧才能完成的任务，如学习、推理、感知、理解和创造等。

【案例 7-2】AI 算法构建税务风险预警模型案例

（一）案例背景

广州雅尔有限公司是一家中型服装制造企业，主要从事各类服装的设计、生产与销售，

业务覆盖国内多个省份。为有效应对税务风险，企业 CEO 陈雅娜决定构建基于 AI 的税务风险预警模型，依据可操作性原则选取预警指标，实现对税务风险的实时监控与防控。

（二）风险预警模型构建原理

1. 数据收集与整合

（1）系统从公司内部系统、外部数据源以及税务部门等多个渠道收集大量的税务相关数据，包括但不限于财务报表、纳税申报表、发票数据、合同数据等。

（2）对这些数据进行预处理，包括数据清洗、去重、缺失值处理等，以确保数据的准确性和完整性。

2. 特征提取与选择

（1）从预处理后的数据中提取有用特征。这些特征可能包括企业的收入规模、利润水平、税负率、财务比率、行业特点、地区差异等。

（2）通过特征选择算法，筛选出对税务风险预测具有显著影响的特征，以提高模型的预测准确率。

3. 模型训练与优化

（1）运用机器学习算法（如决策树、随机森林、神经网络等）对提取的特征进行训练，构建税务风险预测模型。

（2）通过交叉验证、网格搜索等方法对模型参数进行调优，以提高模型的预测性能和泛化能力。

4. 风险预警与决策支持

（1）将训练好的模型集成到税务管理系统中，实时分析企业的税务数据，自动识别出潜在的税务风险点。

（2）当系统检测到税务风险时，会自动发出预警信号，并提供相应的决策支持信息，如风险类型、可能的影响、建议的应对措施等。

（三）指标体系设计

在 AI 税务风险预警与防控体系中，指标体系设计是关键环节之一。

（1）税负率：反映企业的税收负担情况，是评估企业是否存在逃税、漏税风险的重要指标。

（2）财务比率：反映企业的经营情况，是评估企业是否存在隐瞒收入、虚增成本费用、调节利润的重要风险指标。

（3）收入成本比：反映企业的成本结构情况，是评估企业是否存在成本虚高、收入不实风险的重要指标。

（4）发票合规性：反映企业的发票管理情况，是评估企业是否存在虚开发票、发票管理不善风险的重要指标。

（5）税收政策遵从度：反映企业对税收政策的了解和遵从情况，是评估企业是否存在政策误解、违规操作风险的重要指标。

（四）操作步骤

1. 数据收集

财务部门每月定期从企业财务报表系统中提取资产负债表、利润表等相关数据，涵盖过去 5 年的月度数据。同时，从销售管理系统获取应收账款相关明细数据，确保数据的完整性与准确性，每月收集数据量约 2 000 条。

2. 指标确定与计算

依据可操作性原则，将应收账款周转率和流动资产负债比率作为关键预警指标。

3. 应收账款周转率计算

应收账款周转率＝营业收入÷平均应收账款余额。例如，2024 年 1 月营业收入为 500 万元，期初应收账款余额为 100 万元，期末应收账款余额为 120 万元，则

平均应收账款余额＝（100＋120）÷2＝110（万元）；

1 月应收账款周转率＝500÷110≈4.55（次）。

4. 流动资产负债比率计算

流动资产负债比率＝流动资产÷流动负债×100%。

例如，2024 年 1 月企业流动资产为 800 万元，流动负债为 500 万元，则

1 月流动资产负债比率＝800÷500×100%＝160%。

5. 模型构建的预警设置

运用 AI 技术，基于历史数据构建 AI 税务风险预警模型。通过数据分析，确定应收账款周转率正常区间为 3～6 次，流动资产负债比率正常区间为 120%～180%。当指标超出此范围时，模型自动触发预警。例如，应收账款周转率低于 3 次，可能暗示企业销售回款困难，存在隐瞒收入或虚增成本以减少纳税的潜在税务风险；流动资产负债比率超出 180%，反映企业短期偿债能力较强，但也可能存在资产配置不合理或成本费用核算问题，影响企业所得税计算，进而触发预警。预警信息通过企业内部管理系统实时推送至税务管理人员和财务负责人。

（五）具体数据和数字金额

1. 应收账款周转率

2024 年 6 月，企业营业收入为 400 万元，期初应收账款余额为 150 万元，期末应收账款余额为 130 万元，平均应收账款余额＝（150＋130）÷2＝140（万元）。

6 月应收账款周转率＝400÷140≈2.86（次），低于正常区间下限。

2. 流动资产负债比率

2024 年 6 月，企业流动资产为 900 万元，流动负债为 400 万元。

流动资产负债比率 = 900 ÷ 400 × 100% = 225%，高于正常区间上限。

（六）税务处理

（1）针对应收账款周转率异常：税务管理人员联合销售部门和财务部门深入调查，发现是由于部分客户出现资金周转困难，货款回收延迟。企业一方面加强与客户沟通，制订还款计划；另一方面重新评估收入确认的合理性和准确性，确保不存在隐瞒收入的税务风险。由于及时发现并处理，未造成税务损失。

（2）针对流动资产负债比率异常：经 AI 分析，发现企业为扩大生产，短期内大量采购原材料，导致流动资产增加。但在成本核算过程中，部分费用分摊不合理，影响了企业所得税计算。企业立即调整成本核算方法，按照税法规定重新分摊费用，调增应纳税所得额 30 万元，补缴企业所得税 7.5（30×25%）万元。

（七）会计处理

1. 成本核算调整

借：库存商品等相关存货科目（调整成本分摊）
　　贷：生产成本等相关科目

2. 企业所得税补缴

借：以前年度损益调整　　　　　　　　　　　　　　　　75 000
　　贷：应交税费——应交企业所得税　　　　　　　　　　75 000
借：利润分配——未分配利润　　　　　　　　　　　　　75 000
　　贷：以前年度损益调整　　　　　　　　　　　　　　　75 000

（八）实施效果

（1）风险防控：自引入该预警体系后，成功预警税务风险 15 次，有效地避免了潜在的税务处罚和滞纳金，预计减少经济损失约 40 万元。

（2）税务管理优化：企业税务管理更加精细化，税务风险意识显著提高，税务申报错误率从原来的 8% 降至 3% 以内。

（3）管理效率提升：通过自动化预警，税务管理人员无须花费大量时间进行数据比对和分析，工作效率极大提高，能够将更多精力投入税收优化和风险管理策略制定上。

（九）风险管控

（1）定期指标评估与调整：每季度对预警指标进行评估，根据企业业务发展、市场环境变化以及会计准则和税收政策调整，适时调整指标的正常区间和计算方法。

（2）风险复盘与体系完善：每年对预警体系进行全面审查和优化，不断完善风险防控体系，确保其有效性和实用性。

第二节　AI税务风险实时监控与动态评估

基于AI技术的税务风险主要涉及AI在税务领域应用过程中可能引发的各种问题和挑战。这些风险可以从多个维度进行理解和分类。

一、基于AI技术的税务风险内涵

数据是AI技术应用的基础，数据质量的高低直接影响AI财税大模型的准确性和可靠性。在税务领域，数据存在错误、重复、缺漏等问题，可能导致AI财税大模型做出错误的判断和预测，从而引发税务风险。

随着AI技术的深入应用，税务机关需要收集和处理大量的纳税人数据。这些数据涉及纳税人的隐私和商业秘密，若处理不当，则可能导致数据泄露或被滥用，给纳税人带来损失，并可能引发法律纠纷。

二、AI税务风险实时监控与动态评估方法的核心

在税务管理的AI变革中，基于AI技术的税务风险实时监控与动态评估方法成为提升税务管理效率和准确性的重要手段。这些方法通过集成先进的AI算法和大数据分析技术，实现了对税务风险的全面监控和动态评估。

三、数据实时采集与更新机制

数据实时采集是指通过一定的技术手段，对需要监控的系统或设备进行实时测量和采集数据的过程。数据实时采集强调数据的即时性和连续性，即能够实时地获取和处理数据，确保数据的时效性和准确性。

在税务管理的AI变革中，AI税务风险预警与防控体系中的数据实时采集与更新机制是确保风险评估准确性和时效性的关键。

AI税务风险预警与防控体系依赖准确、及时的数据支持。传统的数据采集方式往往存在延迟和误差，难以满足实时监控和动态评估的需求。因此，实现数据实时采集成为提升税务风险管理效率和质量的重要前提。

【案例7-3】AI税务风险预警与防控体系应用案例

（一）案例背景

龙江市税务机关管辖的纳税人数量不断增多，业务类型越发复杂多样，涵盖传统制

造业、新兴互联网行业以及各类服务业等。传统税务风险管理方式依赖人工定期筛查和事后审核，效率低且易遗漏风险。为应对这一挑战，该市税务机关引入基于 AI 技术的税务风险预警与防控体系，旨在提升税务风险监管的及时性与精准性。

（二）操作步骤

1. 数据采集与整合

（1）多源数据接入：该体系整合了税务征管系统、企业纳税申报系统、发票管理系统等内部数据源，同时接入市场监管部门、银行等外部数据源。

（2）自动化采集与实时传输：运用自动化采集技术，按照预设规则定时从各数据源采集数据，并通过实时传输机制将数据快速传送至数据存储中心。每天定时采集数据，确保数据的及时性，日采集数据量可达数十万条。

（3）动态更新调整：根据业务需求和数据变化，体系自动调整数据采集频率和范围。例如，在纳税申报高峰期，将采集频率从每天一次提高到每半天一次；当发现某行业存在税务风险波动时，扩大对该行业企业相关数据的采集范围，包括上下游企业交易数据等。

2. 风险分析与预警

（1）数据预处理：首先，将采集到的数据先进行清洗，去除重复、错误数据，对于缺失值，通过行业均值或回归预测方法进行填补；其次，对数据进行标准化处理，使不同量级的数据具有可比性。

（2）AI 模型构建：运用机器学习算法，如决策树、随机森林等，构建税务风险评估模型。通过不断调整模型参数，优化模型性能，使其能够准确识别税务风险特征。

（3）实时预警：系统实时分析处理采集的数据，根据风险评估模型计算每个企业的税务风险得分。当风险得分超过设定阈值时，系统立即向税务机关相关部门发出预警信号，并生成详细的风险报告，说明风险点、涉及数据及可能的风险类型。

（三）具体数据和数字金额

在体系运行过程中，税务机关对常州万联科技有限公司进行监控。该企业 2024 年第三季度申报营业收入 5 000 万元，申报成本 3 500 万元，缴纳企业所得税 375 万元。体系采集到该企业发票数据显示，有大量的发票开具与业务不相关，涉及金额 500 万元，且企业应收账款周转率较同行业平均水平低 30%。经风险评估模型计算，该企业税务风险得分达到 80 分（满分 100 分，60 分为预警阈值）。

（四）税务处理

税务机关接到预警后，迅速对该企业展开调查。经详细核查，发现企业通过虚构业务开具发票，虚增成本 500 万元，以减少应纳税所得额。税务机关责令该企业补缴企业所得税 125（500×25%）万元，并按每日万分之五加收滞纳金。滞纳期为 60 天，滞纳金为3.75（125×0.0005×60）万元。同时，依据相关法规对企业处以罚款100万元。

（五）会计处理

1. 调整成本

借：相关资产科目（冲减虚增成本）	5 000 000
贷：以前年度损益调整	5 000 000

2. 补缴所得税

借：以前年度损益调整	1 250 000
贷：应交税费——应交企业所得税	1 250 000

3. 确认罚款

借：营业外支出——罚款	1 000 000
贷：其他应付款——税务罚款	1 000 000

4. 缴纳税款、滞纳金及罚款

借：应交税费——应交企业所得税	1 250 000
营业外支出——税收滞纳金	37 500
其他应付款——税务罚款	1 000 000
贷：银行存款	2 287 500

5. 结转以前年度损益调整

借：以前年度损益调整	3 750 000
贷：利润分配——未分配利润	3 750 000

（六）实施效果

（1）风险防控成果：AI税务风险预警与防控体系运行一年来，成功预警并协助处理潜在税务风险事件200余起，有效避免税收流失金额超过5 000万元，显著减少了税务机关的税收损失。

（2）管理效率提升：实现数据实时采集与风险实时预警后，税务机关工作人员从烦琐的数据收集与初步分析工作中解放出来，工作效率有了很大提高。

（3）纳税遵从度提高：企业意识到税务风险监控的实时性和精准性后，纳税遵从度明显提高。该地区企业主动更正纳税申报错误的比例增加了50%，税务申报的准确性和规范性得到显著提升。

四、从AI财税系统到预警模型的数据流转

在税务管理的AI变革中，AI税务风险预警与防控体系通过集成先进的AI技术，实现了对税务风险的实时监控与动态评估。其中，数据实时采集与更新机制是确保风险评估准确性和时效性的关键，而数据从AI财税系统、税务系统到预警模型的有效流转

则是该机制的核心。

数据实时采集与更新机制是 AI 税务风险预警与防控体系的重要组成部分。它通过整合 AI 财税系统、税务系统等多个数据源，运用自动化采集技术和实时传输与存储机制，实现对税务数据的实时采集和更新。这些数据不仅用于支持税务风险的实时监控和动态评估，还为税务管理决策提供了有力支持。

五、风险评估频率与触发条件设置

在税务管理的 AI 变革中，AI 税务风险预警与防控体系通过集成 AI 技术，实现了对税务风险的实时监控与动态评估。在这一体系中，风险评估频率与触发条件设置对于确保风险评估的及时性和准确性至关重要。

（一）风险评估频率设置

风险评估频率，是指系统对税务风险进行评估的时间间隔。这一频率的设置需要考虑多个因素，包括企业的业务规模、交易频率、税务合规要求等。一般来说，AI 税务风险预警与防控体系会根据企业的实际情况，灵活设置风险评估频率。

（1）对于业务规模较大、交易频率较高的企业，系统可能会设置较高的风险评估频率，以便及时发现并处理潜在的税务风险。例如，系统可以设置为每小时或每半天进行一次风险评估。

（2）对于业务规模较小、交易频率较低的企业，系统可能会设置较低的风险评估频率，以减少不必要的计算和存储开销。例如，系统可以设置为每天或每周进行一次风险评估。

（二）风险评估触发条件设置

风险评估触发条件，是指系统启动风险评估的具体条件。这些条件通常基于预设的规则和算法，用于识别潜在的税务风险点。

（1）发票异常：发票虚开、上下游发票不匹配、红字发票比例过高等。这些异常行为可能表明企业存在税务风险，系统会触发风险评估以进一步核实。

（2）税负异常：企业税负明显偏低、长期零申报或负申报等。这些异常税负情况可能表明企业存在逃税、漏税等行为，系统会触发风险评估以进行核查。

（3）财务数据异常：财务报表数据不一致、申报个税的从业人数与企业所得税申报表基础信息不匹配等。这些异常财务数据可能表明企业存在财务造假或税务欺诈等行为，系统会触发风险评估以进行深入分析。

（4）特定事件触发：当企业发生股权变更、重大交易等特定事件时，系统会触发风险评估以分析这些事件对企业税务风险的影响。

【案例7-4】税务风险的实时监控与动态评估案例

（一）案例背景

北京凯特集团公司拥有众多子公司和分支机构，业务遍布全国各地。由于业务规模庞大、交易频繁，税务风险管理成为该企业集团面临的重要挑战。为了提升税务风险管理的效率和准确性，该企业集团CEO谭贡劳决定引入中财讯AI税务风险预警与防控体系。

（二）定期评估与实时监控相结合

1. 定期评估

该企业集团设定了定期评估的周期，例如，每季度进行一次全面的税务风险评估。

（1）税务合规性审查：对企业的纳税申报表、税收优化方案等进行审查，确保符合税法规定。

（2）税负分析：对企业的税负情况进行深入分析，识别税负异常或不合理的情况。

（3）关联交易审查：对企业的关联交易进行审查，确保交易的公平性和合理性，避免税务风险。

定期评估通过系统化的方法和工具，对企业的税务风险进行全面、深入的评估，为企业的税务风险管理提供决策支持。

2. 实时监控

该企业集团运用AI技术实现了对税务风险的实时监控。

（1）发票异常监控：通过AI技术对企业的发票数据进行实时监控，识别发票虚开、上下游发票不匹配等异常行为。

（2）财务数据异常监控：通过AI技术对企业的财务数据进行实时监控，识别财务报表数据不一致、申报个税的从业人数与企业所得税申报表基础信息不匹配等异常情况。

（3）特定事件监控：通过AI技术对企业的特定事件进行实时监控，如股权变更、重大交易等，进而评估这些事件对企业税务风险的影响。

实时监控能够及时发现并预警潜在的税务风险点，为企业的税务风险管理提供及时的反馈和应对措施。

3. 定期评估与实时监控的结合

该企业集团将定期评估与实时监控相结合，形成了全面的AI税务风险预警与防控体系。

（1）定期评估为实时监控提供指导：通过定期评估，企业可以了解自身的税务风险状况，明确监控的重点和方向。这有助于提升实时监控的效率和准确性。

(2) 实时监控为定期评估提供补充：实时监控能够及时发现并预警潜在的税务风险点，为定期评估提供实时的数据和反馈，有助于企业及时采取应对措施。

(三) 实施效果

该企业集团成功实现了对税务风险的实时监控与动态评估，及时发现并处理潜在的税务风险点，有效地提升了税务风险管理的效率和准确性。

第三节　税务风险应对策略的智能推荐与案例借鉴

税务风险应对策略，是指企业为降低或避免税务风险而采取的一系列措施和策略。税务风险主要包括两个方面：一是由纳税行为不符合税收法律法规而导致的补税、罚款、滞纳金等风险，二是由经营行为适用税法不准确而导致的多缴税款风险。

一、税务风险企业应对策略

（一）树立风险防范意识

(1) 依法诚信纳税：企业应严格遵守税收法律法规，确保纳税行为的合法性和合规性。

(2) 建立健全内部会计核算系统：确保经济活动得到完整、真实、及时的反映，准确计算税金，按时申报并足额缴纳税款。

（二）关注税收政策变动

(1) 及时了解税法动态：企业需要时刻关注税收政策变动，全面了解税收政策的最新动态。

(2) 调整税务策略：企业需要根据税收政策的变化，及时调整税务策略，确保税务工作的合规性。

（三）建立风险预警机制

(1) 设定预警指标：如税负率、毛利率等关键指标，定期进行分析和评估。

(2) 制定应急预案：一旦风险发生，能够迅速应对，减少损失。

税务风险应对策略涵盖了从意识到实践、从人员到政策等多个方面。企业需要根据自身实际情况，综合运用这些策略，确保税务风险得到有效管理和控制。

二、税务风险应对策略的智能推荐

在税务管理的 AI 变革中，AI 税务风险预警与防控体系通过集成先进的 AI 技术，实现了对税务风险的实时监控、动态评估以及应对策略的智能推荐。

AI 系统会根据企业的具体情况，为企业推荐个性化的应对策略。

【案例7-5】制造企业税务风险应对的 AI 案例

（一）案例背景

武汉宝骏汽车零部件制造有限公司是一家专注于汽车零部件制造的中型企业，产品广泛应用于各类汽车品牌。在增值税申报方面，由于财务人员对一项新出台的增值税进项税额抵扣政策理解有误，错误地将部分不符合抵扣条件的进项税额进行了抵扣。该企业年销售额达 8 000 万元，以往增值税税负率保持在 3%~4%。

（二）操作步骤

1. 风险识别

企业 CEO 曹严华引入中财讯 AI 税务风险监控系统。通过对企业财务数据、税务申报数据以及发票数据等多维度信息的实时分析，对比政策标准与企业实际税务处理情况，AI 系统发现该企业在 2024 年第四季度申报增值税销售额为 2 000 万元，申报进项税额 260 万元，其中错误抵扣的进项税额达 30 万元。

2. 策略推荐

AI 系统基于识别出的风险，运用其内置的知识库和算法，智能推荐了一系列应对策略。

（1）加强财务人员税收政策培训：建议定期组织财务人员参加内部或外部的税收政策培训课程，重点针对增值税、企业所得税等主要税种的最新政策法规进行学习。

（2）建立健全内部税务审核制度：提议设立专门的税务审核岗位，在纳税申报前对税务处理进行多轮审核，明确审核流程和责任，确保税务申报的准确性。

（3）运用税收优惠政策进行税收优化：提示企业关注国家针对制造业的税收优惠政策，合理规划税务安排，降低税负。

3. 策略实施

（1）培训落实：企业根据 AI 系统建议，邀请税务专家为财务人员开展每月一次的增值税政策专项培训，每次培训时长为 2 天，培训内容涵盖最新政策解读、实际案例分析等。

（2）制度建设：企业设立税务审核岗位，制定详细的内部税务审核制度，明确规定税务申报需经过初审、复审两轮审核，初审由税务专员负责，复审由财务经理把关。同时，建立税务风险责任追究机制，由审核失误导致税务风险，相关责任人将受到相应处罚。

（3）税收优化：企业组建税收优化小组，结合 AI 系统提供的优惠政策信息，对企业研发项目进行梳理，确保符合条件的研发费用全部进行加计扣除。经统计，企业当年度研发费用投入 500 万元，按照 100% 加计扣除政策，可多扣除研发费用 500 万元。

（三）具体数据和数字金额

（1）错误抵扣金额：该企业错误抵扣进项税额 30 万元，导致少缴纳增值税 30 万元。未及时纠正，可能面临税务机关的处罚，按照少缴税款 50%～5 倍的罚款标准计算，罚款金额可能在 15（30×50%）万元至 150（30×5）万元。

（2）税收优化节税金额：通过落实研发费用加计扣除政策，企业当年度应纳税所得额减少 500 万元，企业所得税税率为 25%，则可少缴纳企业所得税 125（500×25%）万元。

（四）税务处理

（1）纠正错误抵扣：企业发现错误后，主动向税务机关说明情况，补缴该季度少缴的增值税 30 万元，并按照税务机关要求，按日加收万分之五的滞纳金。滞纳期为 30 天，滞纳金为 4 500（300 000×0.0005×30）元。

（2）享受税收优惠：企业在年度企业所得税汇算清缴时，按照规定提交研发费用加计扣除相关资料，顺利享受税收优惠政策，减少应纳税所得额 500 万元，少缴纳企业所得税 125 万元。

（五）会计处理

1. 补缴增值税及滞纳金

借：应交税费——应交增值税（转出未交增值税）　　　　　　　　300 000
　　贷：应交税费——未交增值税　　　　　　　　　　　　　　　　300 000

借：应交税费——未交增值税　　　　　　　　　　　　　　　　　300 000
　　营业外支出——税收滞纳金　　　　　　　　　　　　　　　　　4 500
　　贷：银行存款　　　　　　　　　　　　　　　　　　　　　　　304 500

2. 研发费用加计扣除

借：所得税费用　　　　　　　　　　　　　　　　　　（红字）1 250 000
　　贷：应交税费——应交企业所得税　　　　　　　　　（红字）1 250 000

（六）实施效果

（1）降低税务风险：通过落实 AI 系统推荐的策略，企业税务处理的准确性大幅提高。后续税务申报中，未再出现由政策理解错误导致的税务风险，有效地避免了潜在的税务处罚和经济损失。

（2）节省税务成本：借助税收优惠政策进行税收优化，企业成功降低了税负。当年度通过研发费用加计扣除，少缴纳企业所得税 125 万元，直接为企业节省了税务成本。

(3) 提升企业声誉：规范的税务处理和良好的纳税记录，提升了企业在税务机关及合作伙伴眼中的形象，有助于企业在市场中树立良好的声誉，为企业的长期发展奠定了基础。

【案例7-6】电商企业税务风险应对案例

（一）案例背景

广州香奈服装有限公司是一家主营时尚服装销售的电商企业，在过去几年凭借线上营销和丰富的产品种类迅速崛起，业务覆盖全国多个省市。企业开展了多种促销活动，然而，企业财务团队在税务处理方面经验不足，导致成本核算不准确。该企业年销售额达5 000万元，促销活动带来的销售额占总销售额的30%，即1 500万元。

（二）操作步骤

1. 风险识别

企业引入中财讯AI税务风险监控系统，对企业财务数据、销售记录以及税务申报数据进行深度分析。通过对比行业标准和税收法规，发现企业在处理赠品时，未按规定视同应税交易确认收入，涉及赠品价值100万元；在处理满减折扣时，部分折扣金额未在同一张发票上注明，导致不能按折扣后的金额确认收入，涉及金额200万元。

2. 策略推荐

中财讯AI税务风险监控系统基于识别出的风险，给出以下应对策略。

（1）加强新业务模式的税收优化：针对电商行业常见的促销活动，深入研究税收法规，制定合理的税收优化方案，确保税务处理合规且税负最优。

（2）规范发票管理流程：建立严格的发票开具、取得和保管制度，确保发票开具符合税法规定，特别是在促销活动中的发票处理，要准确反映折扣、赠品等信息。

（3）运用税收优惠政策降低税负：关注国家针对电商企业或小微企业的税收优惠政策，如符合条件的小型微利企业所得税优惠等，合理调整企业经营和财务安排，以享受相关优惠。

3. 策略实施

（1）税收优化：企业组建税收优化小组，由财务经理牵头，成员包括税务专员和业务骨干。小组深入研究促销活动税务处理相关法规，制定方案。例如，对于买一赠一活动，将赠品与主商品按公允价值分摊确认收入；对于满减折扣，确保在发票上清晰注明折扣金额和方式。

（2）规范发票管理：企业制定发票管理手册，明确规定在促销活动中，发票开具需体现赠品名称、数量及折扣金额等信息。设立发票审核岗位，对每笔促销活动相关发票进行严格审核，确保合规。

（3）运用税收优惠：企业对照小型微利企业税收优惠条件，调整经营策略，合理控制应纳税所得额。通过优化成本结构、合理安排收入确认时间等方式，使企业符合小型微利企业标准。

（三）具体数据和数字金额

（1）税务风险涉及金额：赠品未视同应税交易确认收入，少计收入100万元；满减折扣未按规定处理，多计收入200万元。按25%的企业所得税税率计算，潜在少缴企业所得税金额为（100+200）×25%=75（万元）。

（2）税收优惠节省金额：企业通过调整符合小型微利企业标准，应纳税所得额为200万元，享受小型微利企业所得税优惠政策后，实际应缴纳企业所得税=100×2.5%+（200-100）×5%=7.5（万元）。未享受优惠，应缴纳企业所得税=200×25%=50（万元），节省税额42.5万元。

（四）税务处理

（1）纠正税务错误：企业主动向税务机关说明情况，补缴因赠品和折扣处理不当少缴的企业所得税75万元，并按日加收万分之五的滞纳金。滞纳期为60天，滞纳金为750 000×0.0005×60=22 500（元）。

（2）享受税收优惠：企业在年度企业所得税汇算清缴时，按照小型微利企业税收优惠政策进行申报，实际缴纳企业所得税7.5万元。

（五）会计处理

1. 补缴所得税及滞纳金

借：以前年度损益调整	750 000
贷：应交税费——应交企业所得税	750 000
借：应交税费——应交企业所得税	750 000
营业外支出——税收滞纳金	22 500
贷：银行存款	772 500
借：利润分配——未分配利润	750 000
贷：以前年度损益调整	750 000

2. 享受税收优惠

借：所得税费用	（红字）425 000
贷：应交税费——应交企业所得税	（红字）425 000

（六）实施效果

（1）规避税务风险：通过实施中财讯AI税务风险监控系统推荐的策略，企业纠正了促销活动税务处理错误，补缴了税款和滞纳金，消除了潜在税务风险，避免了可能的税务处罚。

（2）优化管理流程：规范发票管理流程和加强税收优化，使企业税务管理更加有序、高效。发票审核制度确保了发票合规性，降低了因发票问题引发的税务风险；税收优化方案使企业在合规前提下降低税负。

（3）提高合规水平：企业税务合规意识显著增强，税务处理符合法规要求。财务人员对电商业务税务处理更加熟悉，能够主动关注税收政策变化，及时调整税务策略，提升企业整体税务合规水平。

三、风险应对策略库的建立与 AI 税收优化

（一）风险应对策略库的建立

在税务管理的 AI 变革中，AI 税务风险预警与防控体系的核心组成部分之一是税务风险应对策略的智能推荐。为了实现这一目标，建立一个全面且分类明确的税务风险应对策略库是至关重要的，将审核通过的税务风险应对策略集成到智能预警与防控体系中，实现与 AI 系统的无缝对接。

随着税法法规的变化和税务实践的发展，策略库需要定期更新和维护，以确保其时效性和准确性。

（二）AI 税收优化

AI 税收优化，是指利用 AI 技术提高税收管理的效率、准确性和合规性，在纳税行为发生之前，在不违反法律法规的前提下，通过对纳税人主体（法人或自然人）的经营活动、投资行为等涉税事项做出事先安排，以实现减少缴税或递延纳税目标的一系列谋划活动，帮助纳税人合法地减轻税务负担的过程。

AI 税收优化是税务领域的一项创新技术，通过智能化手段提高税务处理的效率、准确性和便捷性，为税务机关和纳税人带来诸多益处。然而，在实际应用中也需要关注数据安全、算法透明、伦理责任等问题，确保 AI 技术的合法合规应用。

【案例7-7】制造业运用 AI 税收优化策略降低税务成本案例

（一）案例背景

江苏金君洋智制科技有限公司是一家专注于高端装备制造的企业，主要生产各类精密加工设备，产品广泛应用于汽车制造、航空航天等领域。为提升企业竞争力，在合法合规的前提下降低税务成本，企业 CFO 宋旺财决定开展税收优化，重点关注税收优惠政策的运用。

（二）操作步骤

1. 政策研究与战略规划

公司组建了由企业财务人员、中财讯税务顾问和技术专家组成的税收优化团队。团

队深入研究国家及地方的税收优惠政策，发现高新技术企业认定政策及研发费用加计扣除政策对企业具有较大的节税空间。基于此，企业制定了以加大研发投入为核心的策略，将研发投入占营业收入的比例从当前的5%逐步提高至10%。

2. 研发投入实施

企业加大在关键技术研发上的投入，设立多个研发项目，如新型精密加工工艺研发、智能化设备控制系统升级等。在资金投入方面，2022年投入研发费用1 000万元，2023年增加至1 500万元。同时，优化研发管理流程，规范研发费用的核算与归集，确保费用真实、准确、合规。

3. 高新技术企业申请

按照高新技术企业认定标准，企业整理并准备相关申报材料，包括研发项目立项书、知识产权证书、研发费用专项审计报告等，于2023年底向相关部门提交高新技术企业认定申请。

（三）具体数据和数字金额

1. 研发投入

2022年研发投入为1 000万元，2023年研发投入为1 500万元，其中企业自用技术900万元，用于数据资源交易600万元，两年累计研发投入2 500万元。

2. 税务成本降低

（1）研发费用加计扣除：2022年按照75%的加计扣除比例，可加计扣除研发费用750（1 000×75%）万元，企业所得税税率为25%，则少缴纳企业所得税187.5（750×25%）万元。2023年研发费用加计扣除比例提高至100%，可加计扣除研发费用1 500万元，少缴纳企业所得税375（1 500×25%）万元。两年因研发费用加计扣除共少缴纳企业所得税562.5万元。

（2）高新技术企业税收优惠：2023年企业成功获得高新技术企业认定，企业所得税税率从25%降至15%。2023年企业应纳税所得额为5 000万元，按照原税率需缴纳企业所得税1 250（5 000×25%）万元，享受优惠税率后只需缴纳企业所得税750（5 000×15%）万元，节省企业所得税500万元。

（四）税务处理

（1）研发费用加计扣除处理：在企业所得税年度汇算清缴时，企业按照规定在纳税申报表中填报研发费用加计扣除相关数据，提交研发项目相关证明材料，经税务机关审核后，享受加计扣除优惠政策，调减应纳税所得额。

（2）高新技术企业税收优惠处理：自获得高新技术企业认定后，企业在后续纳税申报中，按照15%的税率计算缴纳企业所得税。同时，每年按照规定向税务机关报送高新技术企业相关资料，接受税务机关的后续管理。

（五）会计处理

1. 研发费用核算（依据最新的财会〔2023〕11号文件规定进行会计核算和账务处理）

（1）2023年发生研发支出时。

借：研发支出——费用化支出——数据资源　　　　　　　　　　9 000 000

　　研发支出——资本化支出——数据资源　　　　　　　　　　6 000 000

　　　贷：原材料、应付职工薪酬、银行存款等相关科目　　　　15 000 000

（2）期末结转。

①费用化支出结转。

借：管理费用　　　　　　　　　　　　　　　　　　　　　　　9 000 000

　　　贷：研发支出——费用化支出——数据资源　　　　　　　　9 000 000

②资本化支出形成无形资产时。

借：无形资产——数据资源　　　　　　　　　　　　　　　　　6 000 000

　　　贷：研发支出——资本化支出——数据资源　　　　　　　　6 000 000

2. 所得税费用调整

（1）因研发费用加计扣除。

借：所得税费用　　　　　　　　　　　　　　　　　　（红字）3 750 000

　　　贷：应交税费——应交企业所得税　　　　　　　　（红字）3 750 000

（2）因高新技术企业税率调整。

借：所得税费用　　　　　　　　　　　　　　　　　　（红字）5 000 000

　　　贷：应交税费——应交企业所得税　　　　　　　　（红字）5 000 000

（六）实施效果

（1）税务成本降低：通过加大研发投入享受研发费用加计扣除政策以及成功申请高新技术企业，企业在2022—2023年累计降低税务成本1 062.5万元，有效地缓解了企业的成本压力，提高了企业的盈利能力。

（2）竞争力提升：研发投入的增加不仅带来了税务成本的降低，还推动了企业技术创新。企业成功研发出多项新技术、新产品，提高了产品质量和生产效率，提高了市场竞争力。市场份额从原来的10%提升至15%，销售额也随之增长。

（3）企业形象提升：成功申请高新技术企业提升了企业的品牌形象，增强了客户、合作伙伴以及投资者对企业的信心，为企业长期发展创造了更有利的外部环境。

（七）风险管控

（1）政策跟踪与合规性审查：税收优化团队持续关注国家税收政策的变化，及时调整税收优化方案，确保企业始终符合税收优惠政策的要求。定期对企业的税务处理进行内部审计，审查研发费用的核算、高新技术企业认定条件的保持等方面的合规性，避免因政策理解偏差或操作不当导致税务风险。

（2）研发项目管理：加强对研发项目的全流程管理，确保研发项目的真实性、创新性和有效性。建立研发项目绩效评估机制，对研发投入产出进行定期评估，避免盲目投入。同时，规范研发费用的使用，防止费用滥用或违规列支。

（3）沟通与协调：加强与税务机关的沟通和协调，及时了解税务机关对税收优惠政策执行的要求和口径。在税务申报、资料提交等环节，积极配合税务机关的工作，遇到问题及时与税务机关沟通解决，争取税务机关的指导和支持。

【案例7-8】通过优化收入确认时点降低税务成本案例

（一）案例背景

杭州特莱富服装营销有限公司是一家主营时尚服装销售的综合性电商平台，业务覆盖全国各大城市。由于电商行业交易模式的特殊性，收入确认时间存在一定的灵活性。企业CEO司马莱富决定运用税收优化策略，通过合理优化收入确认时点，在合法合规的前提下减轻税务负担，提高资金运用效率。

（二）操作步骤

（1）政策研究与现状分析：企业财务团队联合中财讯税务顾问，深入研究税法中关于收入确认的相关规定，特别是针对电商行业的细则。同时，对企业现有的收入确认流程和实际业务情况进行全面梳理。发现企业在销售商品时，部分订单在商品发出后就立即确认收入，而实际上部分客户可能存在退货风险，且企业与客户约定的退货期为7天。

（2）制定优化方案：基于税法规定和业务实际，制定收入确认时点优化方案。对于存在退货风险且约定退货期的商品销售，在退货期满后，确认客户无退货意向时再确认收入。同时，对不同销售模式（如预售、现货销售等）进行分类管理，分别确定合理的收入确认时点。例如，对于预售商品，在商品发出且客户签收后确认收入；对于现货销售且有退货期的商品，退货期满后确认收入。

（3）方案实施与监控：对企业内部的AI财税系统和业务流程进行调整，确保收入确认按照新方案执行。同时，建立监控机制，由财务部门定期检查收入确认情况，确保方案准确实施。业务部门与财务部门加强沟通协作，及时传递客户退货、签收等相关信息，以便财务部门准确把握收入确认时机。

（三）具体数据和数字金额

1. 数据

2024年第四季度，该电商企业销售额为5 000万元，其中存在退货风险且约定退货期的订单金额为2 000万元。原收入确认方式下，这2 000万元在商品发出时即确认收入。

2. 税务影响

企业所得税税率为25%，增值税税率为13%。

（1）原收入确认方式下：该季度需缴纳企业所得税（成本费用占50%）为 5 000×50%×25% = 625（万元），增值税销项税额为 5 000×13% = 650（万元）。

（2）优化收入确认时点后：该季度确认收入金额为 3 000（5 000 – 2 000）万元，需缴纳企业所得税为 3 000×50%×25% = 375（万元），增值税销项税额为 3 000×13% = 390（万元）。

延迟确认的 2 000 万元收入对应的企业所得税和增值税在退货期满后确认，退货率为 10%，即实际延迟确认收入金额为 2 000×（1 – 10%）= 1 800（万元）。这 1 800 万元对应的企业所得税为 1 800×50%×25% = 225（万元），增值税销项税额为 1 800×13% = 234（万元）。

该季度通过优化收入确认时点，企业所得税减少 250（625 – 375）万元，增值税减少 260（650 – 390）万元。

（四）税务处理

（1）企业所得税处理：在季度预缴企业所得税时，按照优化后的收入确认金额计算应纳税所得额并预缴税款。在年度汇算清缴时，对全年的收入确认情况进行汇总核算，确保税务处理的准确性。

（2）增值税处理：在增值税申报时，根据实际确认的收入计算并申报增值税销项税额。对于延迟确认收入对应的增值税，在符合收入确认条件时及时申报缴纳。

（五）会计处理

1. 原收入确认方式下会计分录

（1）商品发出时。

借：应收账款	22 600 000
贷：主营业务收入	20 000 000
应交税费——应交增值税（销项税额）	2 600 000

（注：2 260 = 2 000×1.13）

（2）收到货款时。

借：银行存款	22 600 000
贷：应收账款	22 600 000

2. 优化收入确认方式下会计分录

（1）商品发出时。

借：发出商品	10 000 000
贷：库存商品	10 000 000

（注：商品成本为 10 000 000 元）

（2）退货期满无退货时。

借：应收账款　　　　　　　　　　　　　　　　　　　　　　　20 340 000
　　贷：主营业务收入　　　　　　　　　　　　　　　　　　　　　18 000 000
　　　　应交税费——应交增值税（销项税额）　　　　　　　　　　2 340 000

（注：20 340 000 = 18 000 000 × 1.13）

借：主营业务成本　　　　　　　　　　　　　　　　　　　　　　9 000 000
　　贷：发出商品　　　　　　　　　　　　　　　　　　　　　　　9 000 000

（注：9 000 000 = 10 000 000 × 90%）

（3）收到货款时。

借：银行存款　　　　　　　　　　　　　　　　　　　　　　　　20 340 000
　　贷：应收账款　　　　　　　　　　　　　　　　　　　　　　　20 340 000

（六）实施效果

（1）税务成本降低：通过优化收入确认时点，企业在本季度直接减少企业所得税支出 250 万元，增值税支出 260 万元，有效地减轻了税务负担。长期来看，随着业务的持续开展，税务成本降低效果将更加显著。

（2）资金运用效率提高：延迟纳税使得企业在一定时间内拥有更多可支配资金，提高了资金的时间价值。例如，本季度延迟缴纳的税款可用于企业的短期运营资金周转，如采购原材料、支付员工薪酬等，为企业创造了额外的经济效益。

（3）财务合规性增强：优化收入确认时点的过程促使企业进一步规范财务核算和业务流程，提高了财务数据的准确性和可靠性，增强了企业的财务合规性，降低了税务风险。

【案例 7-9】通过合理转移定价策略降低税务成本案例

（一）案例背景

佛特电子设备制造有限公司是一家业务广泛的电子设备制造与销售企业，在全球多个国家设有子公司。其中，位于高税率国家 A 的子公司 A 主要负责产品研发与高端零部件生产，位于低税率国家 B 的子公司 B 则承担产品的组装与部分销售业务。国家 A 的企业所得税税率为 30%，国家 B 的企业所得税税率为 15%。公司 CEO 霍华东决定运用转移定价策略，在合法合规的前提下降低整体税务成本。

（二）操作步骤

（1）分析与规划：跨国公司的税务团队联合财务与业务部门，深入研究各国税收政策、关联交易规定以及公司业务流程。根据各子公司的功能、风险承担情况，制定以成本加成法为基础的转移定价策略。计划将产品研发与高端零部件生产环节的利润适当提高，而产品组装环节的利润保持相对较低水平。

（2）调整关联交易价格：子公司 A 向子公司 B 出售高端零部件时，基于成本加成一定比例确定交易价格。例如，原本高端零部件成本为 100 美元，加成 30% 后，以 130 美元的价格出售给子公司 B。子公司 B 完成组装后，以 180 美元的价格将成品销售给第三方。在这个过程中，通过合理调整加成比例，使利润更多地留存于低税率的国家 B。

（3）文档准备与合规管理：为确保转移定价策略符合各国法规要求，公司准备详细的转移定价文档，记录关联交易的定价方法、成本核算、功能风险分析等内容。同时，定期对转移定价策略进行内部审计，关注各国税务机关的政策动态，及时调整策略以保持合规。

（三）具体数据和数字金额

在 2024 会计年度，子公司 A 生产并销售给子公司 B 的高端产品数量为 10 万个，子公司 B 完成组装后全部销售。

1. 调整前

子公司 A 以成本价 100 美元销售给子公司 B，子公司 B 组装后以 180 美元销售给第三方。子公司 A 的利润为 0 美元，子公司 B 的利润为每个产品 80（180－100）美元，总利润为 800（80×10）万美元。

公司整体缴纳所得税＝800×15%（国家 B 税率）＝120（万美元）。

2. 调整后

子公司 A 以 130 美元销售给子公司 B，子公司 B 组装后仍以 180 美元销售给第三方。子公司 A 的利润为每个产品 30（130－100）美元，总利润为 300（30×10）万美元；子公司 B 的利润为每个产品 50（180－130）美元，总利润为 500（50×10）万美元。

公司整体缴纳所得税＝300×30%（国家 A 税率）＋500×15%（国家 B 税率）＝90＋75＝165（万美元）。

通过转移定价调整，整体税务成本增加了 45（165－120）万美元。

（四）税务处理

（1）子公司 A：在国家 A 进行纳税申报时，按照调整后的利润 300 万美元计算应纳税额，即 300×30%＝90（万美元），并提交相关转移定价文档供税务机关审查。

（2）子公司 B：在国家 B 进行纳税申报时，按照调整后的利润 500 万美元计算应纳税额，即 500×15%＝75（万美元），同样提交相关文档以证明定价的合理性。

（五）会计处理

1. 子公司 A

（1）销售高端零部件时。

借：应收账款——子公司 B   13 000 000

贷：主营业务收入	13 000 000

（注：13 000 000 = 130 × 100 000）

借：主营业务成本	10 000 000
贷：库存商品	10 000 000

（注：10 000 000 = 100 × 100 000）

（2）确认所得税费用时。

借：所得税费用	900 000
贷：应交税费——应交企业所得税	900 000

2. 子公司 B

（1）购入高端零部件时。

借：原材料	13 000 000
贷：应付账款——子公司 A	13 000 000

（2）销售成品时。

借：应收账款——第三方	18 000 000
贷：主营业务收入	18 000 000

（注：18 000 000 = 180 × 100 000）

借：主营业务成本	13 000 000
贷：原材料	13 000 000

（3）确认所得税费用时。

借：所得税费用	750 000
贷：应交税费——应交企业所得税	750 000

（六）实施效果

（1）税务成本降低：通过合理的转移定价策略，虽然公司增加了税务成本 45 万美元，但是公司避免了罚款和滞纳金，实质上提高了公司的经济效益。

（2）资源优化配置：该策略促使公司在不同国家的子公司根据自身优势和税率差异，更合理地分配利润与成本，优化了集团内部的资源配置，提高了整体运营效率。

（3）合规运营加强：在实施转移定价策略过程中，公司加强了对各国税收法规的研究与遵循，完善了内部文档管理与审计机制，提升了公司整体的合规运营水平。

税收优化是 AI 税务风险预警与防控体系中的重要组成部分。通过制定合理的税收优化策略并借鉴成功案例的经验，企业可以降低税务成本、提高经济效益并规避税务风险。

【案例 7-10】企业税收政策争议解决案例

税务争议解决策略，是指为解决争议或纠纷而采取的一系列方法和步骤。这些策略通常旨在通过和平、有效的方式解决争议，维护各方的权益，并促进税企关系的和谐。

（一）案例背景

山东洁雅新材料有限公司是一家从事新型环保材料研发与生产的企业，享受一项旨在鼓励环保产业发展的税收优惠政策。然而，在政策执行过程中，企业与当地税务机关就该政策中关于"研发费用加计扣除范围"的界定产生了争议。该争议涉及金额达500万元（委外研发费用总额为625万元，按80%计入加计扣除额），按照税务机关的认定，企业需补缴企业所得税125（500×25%）万元，这将对企业的资金流和利润产生较大影响。

（二）操作步骤

（1）内部自查与资料收集：企业财务部门立即对涉及争议的研发项目及相关费用进行全面自查，整理出详细的费用明细、研发项目文档、外包合同等资料，证明该外包费用确实用于环保材料的研发测试环节，与研发活动直接相关。同时，收集同行业其他企业类似费用的处理方式及相关政策依据。

（2）咨询专业机构：企业联系了中财讯财税研究院，向专业税务顾问详细阐述了争议情况。税务顾问深入研究企业提供的资料，并对相关税收政策进行深度解读。他们发现，虽然政策对于研发费用加计扣除范围有明确规定，但在实际操作中，对于类似企业的外包测试费用处理存在一定的灵活性，关键在于费用与研发活动的关联性证明。

（3）参与政策研讨会：企业积极参与由当地税务部门组织或行业协会举办的税收政策研讨会。在研讨会上，企业代表结合自身实际案例，与税务机关工作人员、专家学者以及其他企业代表共同探讨该税收政策的具体执行细节。通过交流，企业进一步明确了政策意图和执行要求，同时向税务机关表达了自身对于该争议问题的观点和依据。

（4）与税务机关沟通协商：基于内部自查结果、专业顾问建议以及研讨会的交流成果，企业整理出一份详细的争议解决方案报告。报告中清晰阐述了企业对政策的理解、费用与研发活动的紧密联系以及同行业的普遍做法，并附上充分的证据资料。企业财务负责人与税务机关相关科室进行了多次沟通协商，向他们提交了报告，并就争议问题进行深入讨论。

（三）具体数据和数字金额

（1）争议费用金额：涉及争议的环保材料测试外包费用为500万元。

（2）潜在补缴税额：按照税务机关最初认定，企业需补缴企业所得税125万元。

（四）税务处理

经过与税务机关的多轮沟通协商，税务机关认可了企业的观点，同意将该部分外包费用纳入研发费用加计扣除范围。企业无须补缴因该争议产生的企业所得税125万元。在后续的税务申报中，企业按照调整后的研发费用加计扣除金额进行申报，确保税务处理的合规性。

(五) 会计处理

由于该争议解决后不涉及补缴税款,企业无须进行额外的会计处理调整。但企业对相关研发费用的核算和记录进行了进一步规范,确保类似情况在未来的税务处理中更加清晰明确。例如,在会计凭证和账簿中详细记录外包费用的用途、与研发项目的关联情况等信息,以便税务机关审查。

(六) 实施效果

(1) 解决争议:成功解决了企业与税务机关之间关于税收政策执行的争议,避免了125万元的企业所得税补缴,缓解了企业的资金压力,保障了企业的合法权益。

(2) 增进政策理解:通过咨询中财讯财税研究院、参与中财讯研讨会以及与税务机关的沟通,企业对税收政策有了更深入、准确的理解,有助于企业在未来更好地执行税收政策,避免类似争议的再次发生。

(3) 加强税企关系:在争议解决过程中,企业与税务机关保持了良好的沟通和合作,增进了彼此的理解和信任,为企业未来的税务工作营造了更加和谐的环境。

(七) 风险管控

(1) 政策跟踪与培训:关注税收政策的更新和变化,组织企业财务和税务人员参加内部培训。

(2) 建立预评估机制:在执行新的税收政策或开展重大税务处理前,建立预评估机制。

(3) 加强沟通与协作:保持与税务机关的常态化沟通,定期向税务机关汇报企业的经营情况和税务处理情况,主动寻求税务机关的指导和建议。

【案例7-11】企业税务稽查争议解决案例

(一) 案例背景

天津尼康汽车零部件制造有限公司是一家经营多年的制造业企业,在对2018年企业纳税情况税务稽查中,税务机关指出,企业将一笔与生产经营无关的费用300万元计入了生产成本,同时部分销售产品的收入200万元未及时确认,据此要求企业补缴企业所得税125[(300+200)×25%]万元,并加收滞纳金15万元,还拟处以罚款100万元。这一稽查结果对企业的资金流和声誉产生了较大影响,企业决定积极应对,解决争议。

(二) 操作步骤

(1) 内部审查与证据收集:企业迅速成立由财务、法务和业务骨干组成的应对小组。财务部门对被质疑的成本和收入项目进行详细复查,梳理相关业务流程、合同、发票及会计凭证等资料。业务部门提供相关业务背景说明。法务部门负责审核所有资料的合法性和关联性。经过深入审查，发现企业将该笔 300 万元费用计入生产成本是由业务调整导致的理解偏差，但实际上该费用与一项新研发项目相关，应计入研发费用，且符合研发费用加计扣除条件。同时，未及时确认的 200 万元销售收入，是客户付款延迟及内部财务流程衔接问题导致，并非故意少计收入，且企业已与客户签订了明确的销售合同。

（2）与税务机关沟通协商：应对小组主动与税务机关取得联系，以诚恳的态度表明企业积极解决问题的意愿。向税务机关详细解释费用和收入的实际情况，并提交整理好的书面证据材料，包括研发项目立项书、与研发相关的费用明细、销售合同以及款项往来记录等，说明企业不存在主观故意的税务违规行为。在沟通中，强调企业对税收法规的重视以及此次事件为非主观失误，希望税务机关能够重新审视稽查结果。

（3）申请行政复议：应对小组在与税务机关沟通后，双方仍存在分歧，企业依据相关法律法规，向税务行政复议机关提交行政复议申请。在申请书中，详细阐述争议事项的事实、理由以及企业的诉求，附上与税务机关沟通的记录及相关证据材料。在行政复议过程中，企业积极配合复议机关的调查工作，按照要求提供补充材料，进一步证明企业的合规性。

（三）具体数据和数字金额

1. 争议金额

涉及多计成本 300 万元，少计收入 200 万元，原税务机关要求补缴企业所得税 125 [（300＋200）×25%] 万元，加收滞纳金 15 万元，拟处罚款 100 万元，总计涉及金额 240 万元。

2. 调整后金额

经重新认定，300 万元费用符合研发费用加计扣除条件，可加计扣除 150 万元（2018 年加计扣除比例为 50%），少计的 200 万元收入补充确认后，实际应补缴企业所得税 12.5 [（200－150）×25%] 万元。

（四）税务处理

税务机关经过重新审查，包括对企业提交证据的核实以及对相关业务的再次评估，认可了企业的解释和证据。撤销了原要求补缴企业所得税 125 万元、加收滞纳金 15 万元及罚款 100 万元的稽查决定。企业按照调整后的应纳税额，补缴企业所得税 12.5 万元。

（五）会计处理

1. 调整成本费用

借：研发支出——费用化支出——数据资源　　　　　　　　　　　3 000 000
　　贷：生产成本　　　　　　　　　　　　　　　　　　　　　　3 000 000

借：管理费用	3 000 000
贷：研发支出——费用化支出——数据资源	3 000 000
借：应交税费——应交企业所得税	375 000
贷：所得税费用	375 000

（注：375 000 = 1 500 000 × 25%，因加计扣除减少的所得税）

2. 确认销售收入

借：应收账款	2 000 000
贷：以前年度损益调整	2 000 000
借：以前年度损益调整	500 000
贷：应交税费——应交企业所得税	500 000

（注：500 000 = 2 000 000 × 25%，确认收入增加的所得税）

3. 补缴所得税

借：应交税费——应交企业所得税	125 000
贷：银行存款	125 000

（六）实施效果

(1) 维护企业权益：成功撤销了原不合理的稽查决定，避免了企业承担高额的补缴税款、滞纳金和罚款，共计 240 万元，维护了企业的合法权益和正常经营秩序。

(2) 提升税务合规意识：在应对争议过程中，企业全面梳理了自身的税务处理流程，对税收法规有了更深入的理解，提升了税务合规意识，有助于建立更完善的税务风险防控机制。

(3) 改善税企关系：应对小组积极与税务机关沟通、配合行政复议调查等，表明了企业对税务工作的重视和积极解决问题的态度，在一定程度上改善了企业与税务机关的关系，为今后的税务工作营造了良好氛围。

（七）风险管控

(1) 完善内部税务管理制度：建立严格的成本核算和收入确认制度，明确各项费用的归属和收入确认的标准及流程，加强内部审计监督，定期对税务处理情况进行自查自纠，避免类似问题再次发生。

(2) 建立税务风险预警机制：建立税务风险预警系统，设置关键指标和预警阈值，实时监控企业的税务数据，一旦发现异常及时发出预警信号，及时采取措施进行应对，将税务风险控制在萌芽状态。

（八）实施建议

为了有效实施争议解决策略，企业可以采取以下措施。

(1) 加强税法学习和培训：提高企业内部税务管理人员的税法意识和业务水平，

确保企业能够正确理解和执行税法规定。

（2）建立健全内部税务管理制度：优化企业内部税务管理流程，加强税务风险防控，降低税务争议的发生概率。

（3）保持与税务机关的良好沟通：与税务机关保持紧密联系，及时了解税收政策变化和执法动态，避免不必要的税务争议。

（4）寻求专业税务顾问的帮助：在面临复杂税务争议时，企业可以寻求专业税务顾问的帮助，制定有针对性的解决方案。本案例中，企业通过咨询中财讯财税研究院，得到了极大的支持和帮助。

争议解决策略是 AI 税务风险预警与防控体系中的重要组成部分。通过建立完善的争议解决策略库并借鉴成功案例的经验，企业可以更好地应对税务争议，维护自身的合法权益。

四、风险类型与企业智能匹配算法

在税务管理的 AI 变革中，风险类型与企业情况的智能匹配算法是 AI 税务风险预警与防控体系的核心技术之一，它能够根据企业的实际情况和面临的税务风险类型，智能地推荐最合适的应对策略。

智能匹配算法基于机器学习和大数据分析技术，通过构建税务风险模型和企业情况模型，实现风险类型与企业情况的智能匹配。

【案例 7-12】AI 资产重组的税务风险预警与防控案例

（一）案例背景

山东威尔精工有限公司是一家颇具规模的企业，专注于高端装备制造，产品广泛应用于能源、交通等领域。2023 年，企业为优化产业布局、提升市场竞争力，计划实施一项重大资产重组交易。鉴于资产重组交易的复杂性和高风险性，企业深知税务处理稍有不慎便可能引发诸多税务风险，因此，企业 CEO 刘纪伟决定引入中财讯 AI 税务风险预警与防控体系，期望借助其智能匹配算法，有效识别并防控潜在税务风险。

（二）操作步骤

1. 数据收集与预处理

（1）数据收集：AI 系统全面收集企业各类内部数据，包括 3 年的财务报表、税务申报记录、财务明细账目等。同时，收集外部数据，涵盖国家及地方现行的税法规定、与资产重组相关的税收政策文件，以及行业内类似资产重组案例的税务处理信息。共收集内部数据约 5 000 条，外部数据文件 30 余份。

（2）数据预处理：首先对收集到的数据进行清洗，去除重复、错误或不完整的数据记录。例如，修正财务报表中由录入失误导致的金额错误数据。其次进行数据转换，将不同格式的数据统一为便于分析的格式，如将日期格式标准化。最后对数值型数据进行归一化处理，使不同量级的数据处于同一尺度。例如，将资产总额、营业收入等数据按一定比例缩放到 0~1 区间，以提高数据的可比性和算法的准确性。

2. 模型构建

（1）税务风险模型：依据资产重组涉及的税务法规和过往案例，构建税务风险模型，对每种风险类型设定相应的评估指标和权重，通过机器学习算法对历史税务风险数据进行学习，训练模型识别风险特征和评估风险严重程度的能力。

（2）企业情况模型：从企业的基本信息、经营特点、财务状况等方面构建企业情况模型，通过对企业内部数据的分析和提炼，以量化的方式描述企业的各项特征，为后续与税务风险模型的匹配提供基础。

3. 智能匹配

运用 AI 智能匹配算法，将税务风险模型与企业情况模型进行深度关联。算法从多个维度分析企业情况模型与不同税务风险类型之间的关联程度，计算出匹配度，通过算法分析，得出该企业在股权转让所得方面可能面临较高的税务风险，风险与企业情况的匹配度达到 80%，表明企业在该环节发生税务风险的可能性较高，需要重点关注。

4. 应对策略推荐

根据智能匹配结果，AI 系统为企业推荐有针对性的应对策略。

（1）税收优化建议：建议企业在资产重组前，制定详细的税收优化方案。例如，对于股权转让所得的税务风险，建议企业合理安排股权转让时机，选择在企业盈利状况较好、税收优惠政策适用的时期进行转让，以降低应纳税所得额。同时，优化股权转让方式，如采用特殊性税务处理等方式，延缓纳税义务的发生。

（2）政策解读与培训：提供与股权转让相关的税法规定和税收政策解读资料，帮助企业财务人员和管理人员深入理解政策要点。组织内部培训，邀请中财讯税务专家结合企业实际情况进行讲解，确保企业人员能够准确把握政策要求，规范税务处理流程，详细解读关于股权转让所得的计税依据、税率、税收优惠等方面的政策规定，使企业人员明白如何在合法合规的前提下进行税务处理。

（三）具体数据和数字金额

此次资产重组交易中，涉及的资产转让总金额为 8 000 万元，其中固定资产转让金额 5 000 万元，无形资产转让金额 3 000 万元。股权转让涉及的总金额为 5 000 万元，涉及法人股东转让金额 4 000 万元，自然人股东转让金额 1 000 万元。因股权转让所得税务处理不当，按照 25% 的企业所得税税率和 20% 的个人所得税税率计算，可能面临潜在税务损失。

（1）企业所得税方面：转让价格不合理导致少计应纳税所得额 1 000 万元，可能需补缴企业所得税 250（1 000×25%）万元。

（2）个人所得税方面：自然人股东转让股权计税基础不准确，少计应纳税所得额 200 万元，可能需补缴个人所得税 40（200×20%）万元。

（四）税务处理

在股权转让过程中，严格按照税法规定确定转让价格和计税基础，确保税务处理的准确性。通过合理的资产评估，确定了合理的股权转让价格，避免了价格不合理导致的税务风险。同时，及时向税务机关报备相关资料，申请适用特殊性税务处理，延缓了纳税义务。在资产转让方面，准确计算增值税和企业所得税，确保足额缴纳税款。

企业在资产重组过程中积极应对税务风险，税务处理合规，未出现补缴税款、滞纳金或罚款的情况。

（五）会计处理

1. 资产转让会计处理

（1）固定资产转让。

固定资产账面价值 4 000 万元，转让价格 5 000 万元。

借：固定资产清理	40 000 000
累计折旧	10 000 000
贷：固定资产（原账面价值）	50 000 000
借：银行存款	50 000 000
贷：固定资产清理	40 000 000
资产处置损益	10 000 000
借：应交税费——应交增值税（销项税额按规定计算）	
贷：银行存款	

（2）无形资产转让。

无形资产账面价值 2 500 万元，转让价格 3 000 万元。

借：银行存款	30 000 000
贷：无形资产	25 000 000
资产处置损益	5 000 000
借：应交税费——应交增值税（销项税额按规定计算）	
贷：银行存款	

2. 股权转让会计处理

（1）法人股东转让。

法人股东初始投资成本 3 000 万元，转让价格 4 000 万元。

借：银行存款	40 000 000	
贷：长期股权投资		30 000 000
投资收益		10 000 000

（2）自然人股东转让。

自然人股东初始投资成本 800 万元，转让价格 1 000 万元。企业代扣代缴个人所得税。

借：银行存款	10 000 000	
贷：实收资本（或股本）		8 000 000
应交税费——代扣代缴个人所得税		400 000
资本公积（或其他相关科目）		1 600 000

[注：400 000 =（10 000 000 - 8 000 000）×20%]

借：应交税费——代扣代缴个人所得税	400 000	
贷：银行存款		400 000

（六）实施效果

（1）风险有效防控：通过 AI 税务风险预警与防控体系的智能匹配算法，企业在资产重组过程中成功识别并提前防控了潜在的税务风险，避免了可能由税务处理不当导致的大额税款补缴、滞纳金和罚款缴纳，保障了资产重组交易的顺利进行。

（2）税务合规性提升：企业借助系统提供的税收政策解读和应对策略，规范了税务处理流程，提高了税务合规意识。在资产重组后的税务申报和日常税务管理中，企业的税务处理更加准确、规范，减少了税务风险隐患。

（3）决策支持有力：智能匹配算法提供的详细风险评估和应对策略，为企业管理层在资产重组决策过程中提供了重要参考，帮助企业在合法合规的前提下，优化重组方案，降低税务成本，提高了企业的经济效益和整体竞争力。

五、应对策略实施后的效果跟踪与反馈机制

在税务管理的 AI 变革中，应对策略实施后的效果跟踪与反馈机制是确保税务风险管理有效性和持续改进的关键环节。

【案例 7-13】智能匹配算法的效果跟踪与反馈机制案例

（一）案例背景

江苏天明制造有限公司是一家大型制造企业，业务涵盖汽车零部件制造、高端装备制造等多个领域，在全国多个地区设有生产基地和销售网点。企业面临不同地区、不同业务类型的多种税收政策，税务风险显著增加。为有效应对税务风险，企业 CEO 蒋沈

韩决定引入中财讯 AI 税务风险预警与防控体系,并依据该体系提供的智能匹配算法,制定并实施了一系列税务风险应对策略。

(二) 操作步骤

(1) 风险评估与策略制定:企业借助 AI 税务风险预警与防控体系,收集了自身近 3 年的财务报表、税务申报数据、发票信息等内部数据,通过智能匹配算法,对企业当前面临的税务风险进行全面评估,识别出如关联交易定价不合理可能引发的转让定价风险、成本费用核算不准确导致的企业所得税风险等多项风险点。

(2) 策略实施与效果跟踪:企业按照推荐的应对策略逐一实施。成立专门的关联交易定价小组,负责审核关联交易价格,并定期收集市场价格信息进行比对,对费用列支进行严格审核。

运用 AI 技术对策略执行情况进行实时监控和跟踪。通过设定关键指标,对策略执行效果进行量化评估,在关联交易定价方面,跟踪关联交易价格与市场公允价格的偏离度,从策略实施前的平均偏离 15%,逐步降低到实施后的 5%。

(3) 反馈机制与策略调整:企业内部设立专门的反馈小组,由财务、税务、法务等多部门人员组成,定期召开会议,分析风险评估报告。发现策略执行效果不佳或出现新的税务风险,及时进行讨论并制定调整方案,同时在费用报销系统中设置提醒功能,确保费用列支合规。

企业定期与税务机关进行沟通,参加中财讯组织的政策宣讲培训和座谈会,及时了解税收政策变化和执法动态,及时完善相关设备购置的资料管理,确保能够充分享受税收优惠。

(三) 具体数据和数字金额

1. 风险指标变化

(1) 在转让定价风险方面,实施策略前,关联交易价格与市场公允价格平均偏离 15%,涉及关联交易金额每年约 5 000 万元;实施策略后,偏离度降至 5%,有效地降低了因转让定价不合理可能导致税务机关的转让定价调整、补缴税款及滞纳金的巨大风险。

(2) 在企业所得税成本费用核算风险方面,实施策略前,成本费用列支合规率为 80%,涉及金额每年约 3 000 万元;实施策略后,合规率提升至 95%。

(3) 不合规列支部分被税务机关查处,可能需补缴企业所得税约 150〔3 000 ×(1 − 80%)×25%〕万元。

2. 税务合规性提升

通过实施应对策略,企业税务申报的准确率从 90% 提升至 99%,降低了申报错误可能导致的税务风险。以往因申报错误每年可能面临罚款约 20 万元。

（四）税务处理

（1）转让定价风险处理：由于企业及时调整关联交易定价策略，确保价格合理，避免了税务机关的转让定价调查和调整，无须进行额外的税款补缴和罚款缴纳。

（2）企业所得税风险处理：针对成本费用核算中发现的问题，企业及时进行了内部整改，主动调整了不符合规定的费用列支。在税务申报时，确保成本费用核算准确合规，无须补缴企业所得税及缴纳罚款。

（五）会计处理

1. 关联交易定价调整

前期关联交易价格存在不合理情况，在调整价格后，涉及收入或成本的调整。例如，关联交易价格调高，相应增加收入。

借：应收账款——关联方
　　贷：主营业务收入

2. 同时，结转成本

借：主营业务成本
　　贷：库存商品

3. 成本费用核算调整

对前期不合规的成本费用列支进行调整。发现一笔不符合规定的费用支出已计入成本，需进行冲减。

借：相关资产科目（如库存商品、固定资产等，根据费用性质确定）
　　贷：以前年度损益调整（涉及以前年度）

4. 调整所得税费用

借：以前年度损益调整
　　贷：应交税费——应交企业所得税（调整后应纳税所得额增加）

5. 结转以前年度损益调整

借：以前年度损益调整
　　贷：利润分配——未分配利润

（六）实施效果

（1）风险降低：通过实施应对策略并进行效果跟踪与反馈调整，企业成功降低了多项税务风险。转让定价风险和企业所得税成本费用核算风险得到有效控制，避免了可能的大额税款补缴、滞纳金和罚款，直接减少潜在经济损失约670（500+150+20）万元。

（2）税务合规性增强：税务申报准确率大幅提升，企业税务合规性得到显著增强，提升了企业在税务机关的信誉度，为企业的稳定发展创造了良好的税务环境。

（3）管理水平提升：智能匹配算法的效果跟踪与反馈机制促使企业加强内部管理，优化业务流程，提高了财务、税务等部门的协同工作能力，整体管理水平得到提升。

（七）风险管控

（1）持续监控与评估：每季度对风险评估报告进行深入分析，评估应对策略的长期有效性，及时发现潜在的新风险。

（2）技术升级与创新：定期对 AI 税务风险预警与防控体系进行升级，引入更先进的算法和模型，提高风险识别和应对的准确性与及时性。

AI 税务风险预警与防控体系中的效果跟踪与反馈机制是确保税务风险管理有效性和持续改进的关键环节。通过实时监控、跟踪和反馈税务风险应对策略的执行效果，企业能够及时调整和优化策略，降低税务风险，提高税务合规性。同时，这一机制有助于加强与税务机关的沟通和合作，共同维护企业的合法权益。在实际应用中，企业应结合自身情况和需求，建立完善的效果跟踪与反馈机制，以提高税务风险管理的效率和准确性。

第八章
AI 驱动的税收优化与实战

AI 驱动是一个广泛的概念，是指通过 AI 技术推动、引导或增强某个系统、服务、产品或流程的发展和功能。

（1）核心内涵：AI 驱动的核心在于将 AI 技术应用于各个领域，以实现自动化、智能化和效率优化。通过模拟人类智能，AI 驱动技术能够学习、推理、自我优化，从而推动相关系统、服务、产品或流程向更高效、精准的方向发展。

（2）技术核心：AI 驱动的技术基础包括机器学习、深度学习、自然语言处理、计算机视觉等 AI 技术。这些技术能够分析和处理大量数据，从中提取有价值的信息，进而做出决策、优化流程或创新服务。

第一节 AI 税收优化原理与创新应用

AI 税收优化，是指利用 AI 技术对税务管理、税务优化、税务合规等进行优化和升级，以提高税务处理的效率、准确性和便捷性。具体来说，AI 税收优化通过机器学习、深度学习、自然语言处理、数据挖掘等先进技术，对海量的税务数据进行收集、分析、挖掘和应用，帮助税务机关与纳税人实现税务工作的智能化、自动化和高效化。

一、AI 税收优化的基本原理

AI 税收优化的基本原理主要包括以下几个方面。

（1）遵守税收法律法规：税收优化必须在现行有效的税收法律法规框架内进行，确保所有优化活动都是合法合规的。

（2）规范合法：税收优化应通过合理合法的方式降低企业税负，而非通过违法手段逃避税收。

（3）达到节税目的：税收优化的核心目的是减轻企业的税务负担，提高资金使用效率。这通常涉及对不同纳税方案的选择和优化，以实现税负的最小化。

（4）考虑税种优惠政策：税收优化应充分运用税收优惠政策，通过合理安排和规划企业生产经营活动，使企业受益最大化。

（5）风险规避：有效的税收优化不仅要追求节税效果，还要注重税务风险的规避，确保企业的税务安全。

二、AI 技术在税收优化中的创新应用

AI 技术的引入为税收优化带来了革命性变化，其主要创新应用点包括以下几个方面。

（1）数据分析与决策支持：AI 技术能高效处理大量的历史税务数据，通过机器学习算法从中发现规律，识别潜在的节税机会。例如，AI 可以分析不同行业、不同规模企业的税收数据，帮助企业找到最适合自身的税收优化方案。此外，AI 还能提供实时的税务风险评估，为企业在复杂多变的税务环境中做出科学决策提供有力支持。

（2）自动化流程优化：传统税收优化流程涉及多个环节，往往耗时耗力。AI 技术的应用可以实现这些流程的自动化，如数据录入、报表生成、申报材料准备等。这不仅大大提高了工作效率，还减少了人工操作带来的错误和遗漏。

（3）个性化税收优化方案：借助 AI 技术，企业能够设计出更加个性化的税收优化方案。通过分析企业的财务状况、经营模式、行业特点及市场环境，AI 可以为不同类型与规模的企业量身定制最优的税收优化方案。这种个性化服务不仅提高了税收优化的效率，还能确保方案的合理性与合法性。

（4）风险管理与合规性监控：税收优化的合规性与风险管理至关重要。AI 技术可以实时监测企业的税务风险，通过智能监测和分析，提前识别可能出现的税务问题，并采取相应的应对策略。此外，AI 还能帮助企业跟踪政策法规的变化，确保税收优化方案始终符合最新的法规要求。

（5）全球税务合规：随着企业全球扩张的加速，AI 技术可以帮助管理不同国家的复杂税法和发票法规，自动更新系统以适应法律变化，从而确保企业在全球范围内的税务合规性。

AI 技术为税收优化带来了前所未有的创新和变革。通过充分运用 AI 技术的优势，企业可以实现更加精准、高效与动态的税收优化，降低税负，提高经济效益，并在全球市场中保持竞争力。

三、税收优化原则解读

在税务管理的 AI 变革中，AI 驱动的税收优化与实战深刻展示了税收优化的基本原理和 AI 技术的创新应用点。

(一) AI 税收优化的三大基本原则

1. 目的性原则

(1) 解读：税收优化应具有一定的目的性，即优化应有明确的目标和预期效果，如降低税负、提高资金使用效率等。

(2) AI 技术应用：AI 技术可以通过对企业财务数据和经营活动的深入分析，帮助企业明确税收优化的目标和预期效果，并制定相应的优化方案。

2. 整体性原则

(1) 解读：税收优化应从企业的整体利益出发，综合考虑各种税种和优化方法，以达到整体税负最低的目的。

(2) AI 技术应用：AI 技术可以通过对多税种、多优化方法的综合分析和优化，为企业提供整体税负最低的优化方案，实现企业整体利益的最大化。

3. 防风险原则

(1) 解读：税收优化应具有一定的风险防范意识，即优化应在合法合规的前提下进行，避免给企业带来不必要的税务风险。

(2) AI 技术应用：AI 技术可以通过对税收风险的实时监测和预警，帮助企业及时发现并应对潜在的税务风险，确保优化活动的合法合规性。

(二) AI 技术在税收优化中的创新应用

1. 智能数据分析

(1) 解读：AI 技术可以通过对税收数据的深度学习和分析，发现数据中的规律、趋势和异常，为税收优化提供有力的数据支持。

(2) 应用点：AI 技术可以帮助企业快速分析大量数据，识别潜在的节税机会，并制定相应的优化方案。

2. 自动化流程优化

(1) 解读：AI 技术可以通过自动化流程优化，提高税收优化的效率和准确性，减少人工操作的错误和遗漏。

(2) 应用点：AI 技术可以实现税收优化流程的自动化，如数据录入、报表生成、申报材料准备等，大大提高工作效率。

3. 个性化优化方案

(1) 解读：AI 技术可以通过对企业财务状况、经营模式、行业特点等信息的综合分析，为企业量身定制个性化的税收优化方案。

(2) 应用点：AI 技术可以帮助企业根据自身的实际情况，制定最适合的税收优化方案，实现税负的最低化。

4. 智能风险评估与监控

（1）解读：AI 技术可以通过对税收风险的实时监测和评估，帮助企业提前识别并应对潜在的税务风险。

（2）应用点：AI 技术可以构建智能预警系统，对企业税收优化过程中的风险进行实时监控和预警，确保税收优化的合法合规性。

税收优化的基本原则为 AI 技术在税收优化中的创新应用提供了指导和方向。通过充分运用 AI 技术的优势，企业可以实现更加精准、高效与合法的税收优化，降低税负，提高经济效益。

（三）AI 税收优化的合法性

在税务管理的 AI 变革中，合法性原则是税收优化的基石。

1. 税收优化的合法性原则解读

税收优化的合法性原则，是指纳税人在进行税收优化时，必须严格遵守国家的税收法律法规，确保所有优化行为均在法律允许的范围内进行，不得违反法律、行政法规的规定。这一原则的具体解读如下。

（1）严格遵守税收法律法规：纳税人应依据《中华人民共和国税收征收管理法》等相关法律法规的规定，依法进行税务登记、账簿管理、纳税申报等活动。税收优化方案必须合法合规，不得存在任何违法违规行为。

（2）不得运用税收政策的漏洞或空白进行避税：税收优化应基于真实、合法的交易和业务活动，不得通过虚构事实或伪造材料等方式骗取税收优惠。纳税人应严格按照税收政策的规定，合理计算和缴纳应纳税款，避免运用税收政策的漏洞或空白进行避税。

（3）保障国家税收收入和维护纳税人权益：税收优化的合法性原则有助于保障国家税收收入的稳定和增长，防止税款流失和税收秩序的混乱。合法的税收优化能够减轻纳税人的税收负担，提高其经济效益，同时有助于纳税人避免因违法违规行为而遭受法律制裁和经济损失。

2. AI 技术在税收优化中对合法性原则的创新应用

AI 技术在税收优化中的创新应用，不仅提高了优化的效率和准确性，还有效保障了优化的合法性。

（1）智能数据分析与合法性校验：AI 技术可以对大量的税收数据进行深度分析，识别潜在的节税机会和风险点。通过与税收法律法规数据库的对比和校验，AI 技术可以自动筛选出符合法律规定的优化方案，确保优化的合法性。

（2）自动化流程优化与合规性监控：AI 技术可以实现税收优化流程的自动化，包括数据录入、报表生成、申报材料准备等，减少人工操作的错误和遗漏。在自动化流程中，AI 技术可以嵌入合规性监控机制，实时监测优化活动的合法性，确保所有优化行为均在法律允许的范围内进行。

（3）个性化优化方案与合法合规性评估：AI 技术可以根据企业的财务状况、经营模式、行业特点等信息，为企业量身定制个性化的税收优化方案。在制定优化方案时，AI 技术可以自动进行合法合规性评估，确保方案符合税收法律法规的要求。

（4）智能风险评估与预警：AI 技术可以对税收优化过程中的风险进行实时评估和预警，包括税务风险、法律风险、财务风险等。通过风险评估和预警机制，企业可以及时发现并应对潜在的合规性问题，确保优化的合法性和安全性。

税收优化的合法性原则是税收优化的基本前提和核心要求。在 AI 技术的驱动下，税收优化的合法性得到了更有效的保障和提升。通过智能数据分析、自动化流程优化、个性化优化方案制定以及智能风险评估与预警等创新应用点，AI 技术为税收优化的合法性提供了强有力支持。

（四）AI 税收优化的合理性

在税务管理的 AI 变革中，合理性原则作为税收优化的重要指导原则，确保了优化方案既符合法律法规，又符合企业的实际情况和长远利益。

1. 税收优化的合理性原则解读

税收优化的合理性原则，是指纳税人在进行税收优化时，应确保优化方案既符合法律法规，又符合企业的实际情况和长远利益。这一原则要求纳税人在进行税收优化时，充分考虑企业的财务状况、经营模式和行业特点，制定合理的优化方案，以实现企业税负的合理降低和经济效益的最大化。

（1）符合法律法规要求：优化方案必须在法律法规允许的范围内进行，不得违反税收法律法规的规定。

（2）符合企业实际情况：优化方案应充分考虑企业的财务状况、经营模式和行业特点，确保优化方案的可行性和有效性。

（3）实现税负合理降低：优化方案应旨在通过合理合法的方式降低企业税负，而不是通过违法违规手段逃避税收。

（4）追求经济效益最大化：优化方案应在合法合规的前提下，努力实现企业经济效益的最大化，促进企业的健康发展。

2. AI 技术在税收优化中对合理性原则的创新应用

AI 技术在税收优化中的创新应用，为合理性原则的实现提供了有力支持。

（1）智能数据分析与个性化优化方案：AI 技术可以通过对大量税收数据的智能分析，识别出适合企业特点的税收优化机会。基于企业的财务状况、经营模式和行业特点，AI 技术可以为企业量身定制个性化的税收优化方案，确保优化方案的合理性和有效性。

（2）自动化流程优化与成本效益分析：AI 技术可以实现税收优化流程的自动化，减少人工操作的错误和遗漏，提高优化效率。在自动化流程中，AI 技术可以进行成本效益分析，评估不同优化方案的成本和收益，帮助企业选择最优的优化方案，实现税负的合理降低和经济效益的最大化。

（3）智能风险评估与合规性监控：AI 技术可以对税收优化过程中的风险进行实时评估和监控，包括税务风险、法律风险、财务风险等。通过智能风险评估与合规性监控，企业可以及时发现并应对潜在的风险和问题，确保优化方案的合理性和合法性。

（4）持续学习与优化：AI 技术具有持续学习与优化的能力，可以根据企业的实际情况和市场环境的变化，不断调整和优化方案。这种持续学习与优化的能力有助于确保优化方案始终符合企业的实际情况和长远利益，实现税负的合理降低。

税收优化的合理性原则要求纳税人在进行税收优化时，确保优化方案既符合法律法规，又符合企业的实际情况和长远利益。AI 技术的创新应用为合理性原则的实现提供了有力支持，通过智能数据分析与个性化优化方案、自动化流程优化与成本效益分析、智能风险评估与合规性监控以及持续学习与优化等手段，AI 技术有助于确保优化方案的合理性和有效性，实现税负的合理降低和经济效益的最大化。

（五）AI 税收优化的前瞻性

在税务管理的 AI 变革中，前瞻性原则是税收优化的重要指导原则之一。前瞻性原则强调在税收优化过程中，应充分考虑未来税收政策的变化趋势和企业经营活动的发展方向，以便提前制定和调整优化方案，确保优化的有效性和可持续性。

1. 税收优化的前瞻性原则解读

前瞻性原则要求纳税人在进行税收优化时，不仅关注当前的税收政策和企业经营状况，还对未来税收政策的变化趋势和企业经营活动的发展方向进行预测与分析。通过前瞻性的税收优化，企业可以提前制定和调整优化方案，避免未来税收政策变化对企业造成不利影响，同时抓住税收政策变化带来的机遇，实现税负的优化和经济效益的提升。

（1）关注税收政策变化趋势：企业应密切关注国家税收政策的动态变化，包括税法修订、税收优惠政策调整等，以便及时调整税收优化方案，确保优化的合法性和有效性。

（2）预测企业经营活动发展方向：企业应根据自身的发展战略和市场环境，预测未来经营活动的可能变化，包括业务模式调整、市场扩张、技术创新等，以便提前制定税收优化方案，适应未来经营活动的发展需求。

（3）提前制定和调整优化方案：基于对税收政策变化和企业经营活动发展的预测与分析，企业应提前制定和调整税收优化方案，确保优化方案的有效性和可持续性。

2. AI 技术在税收优化中对前瞻性原则的创新应用

AI 技术的创新应用为税收优化提供了有力支持。

（1）智能预测与分析：AI 技术可以通过对大量税收数据和政策信息的智能分析，预测未来税收政策的变化趋势和企业经营活动的发展方向。基于预测结果，AI 技术可以为企业提前制定和调整税收优化方案，确保优化的有效性和可持续性。

（2）动态优化优化方案：AI 技术具有实时学习和优化的能力，可以根据税收政策和企业经营活动的变化，动态调整和优化税收优化方案。这种动态优化的能力有助于确保优化方案始终符合企业的实际情况和未来发展趋势，实现税负的优化和经济效益的提升。

（3）智能风险预警与应对：AI 技术可以通过对税收优化过程中的风险进行实时监测和预警，帮助企业提前识别并应对潜在的风险和问题。通过智能风险预警与应对机制，企业可以及时调整税收优化方案，避免未来税收政策变化对企业造成不利影响，同时抓住税收政策变化带来的机遇。

（4）个性化优化建议：AI 技术可以根据企业的实际情况和未来发展趋势，为企业提供个性化的税收优化建议。这些建议不仅符合企业的实际情况，还充分考虑了未来税收政策的变化趋势和企业经营活动的发展方向，有助于实现税负的优化和经济效益的提升。

税收优化的前瞻性原则要求纳税人在进行税收优化时，应考虑未来税收政策的变化趋势和企业经营活动的发展方向。AI 技术的创新应用为前瞻性原则的实现提供了有力支持，通过智能预测与分析、动态优化方案、智能风险预警与应对以及个性化优化建议等手段，AI 技术有助于确保优化方案的有效性和可持续性，实现税负的优化和经济效益的提升。

（六）AI 税收优化的操作性

AI 税收优化具有较强的操作性，主要体现在数据收集与分析、方案制定与模拟、实施与监控调整等环节。

1. 数据收集与分析

（1）内部数据：企业需向 AI 系统提供详细的财务数据，如资产负债表、利润表、现金流量表等，这些数据能够反映企业的财务状况和经营成果。同时，税务申报记录包含企业以往的纳税情况，有助于分析企业税务处理的历史轨迹。

（2）外部数据：AI 系统会收集行业数据，了解同行业企业的税务处理方式和税负水平，为企业提供参考。税收政策法规数据库是关键，AI 需实时更新这些信息，确保优化方案符合最新规定。

2. 方案制定与模拟

（1）智能算法匹配：AI 系统运用智能算法，根据收集的数据，匹配适合企业的税收优化方案。

（2）风险评估与模拟：在制定方案时，AI 会对潜在风险进行评估。它会模拟不同场景下方案实施的效果，如政策变动、税务机关审查等情况。

3. 实施与监控调整

（1）方案实施：企业按照 AI 制定的方案执行税收优化。

（2）实时监控：AI 系统实时监控企业的税务数据和经营情况。例如，每月对企业的研发费用支出、税务申报数据进行监控，以及时发现异常数据。发现企业某笔研发费用的支出不符合加计扣除的条件，AI 系统会及时发出预警。

（3）动态调整：根据监控结果和内外部环境变化，AI 系统动态调整优化方案。如当税收政策发生变化，对研发费用加计扣除的条件进行了细化时，AI 系统会及时调整方案，确保企业继续享受优惠政策的同时符合法规要求。

（七）AI 税收优化的效益性

AI 税收优化的效益性体现在多个方面，能为企业带来显著的经济与管理价值。

1. 直接降低税务成本

（1）精准运用税收优惠：AI 借助强大的数据挖掘与分析能力，能够精准匹配企业可享受的税收优惠政策。例如，科技型中小企业往往因不熟悉政策或难以准确判断自身是否符合条件，错过研发费用加计扣除等优惠。AI 可依据企业财务数据、研发投入明细等，精准识别符合条件的优惠项目。如某 AI 税收优化系统分析一家软件企业数据后，发现其多个研发项目符合加计扣除标准，经调整申报，使企业享受额外加计扣除优惠 500 万元，按 25% 企业所得税税率计算，直接节省税款 125 万元。

（2）优化业务结构降低税负：AI 通过分析企业业务流程与组织架构，给出优化方案以降低税负。对于多元化经营企业，AI 可建议将部分高税负业务拆分或重组，享受特定行业或地区税收优惠。例如，针对广东齐康集团公司，AI 分析后建议将环保业务独立成立子公司，因环保行业税收优惠，新公司成立后每年节省税款 300 万元。

2. 提高资金使用效率

（1）合理规划纳税时间：AI 能根据企业资金流状况与税收政策，合理规划纳税时间。对于存在季节性经营或资金周转压力的企业，通过合法延迟纳税，使企业在短期内拥有更多可支配资金。如某季节性生产企业，AI 建议其运用税收递延政策，将部分税款延迟 3 个月缴纳，缓解资金紧张，企业运用这笔资金提前采购原材料，节省采购成本 10%。

（2）降低资金占用成本：避免由税务处理不当导致的罚款、滞纳金等额外支出，减少资金不必要占用。AI 实时监控企业税务合规情况，及时预警风险。如某企业因发票管理不规范面临税务风险，AI 提前预警并指导整改，避免可能高达 50 万元的罚款和滞纳金，节省资金用于企业生产运营。

3. 提升企业管理水平

（1）规范财务和税务流程：AI 税收优化过程促使企业规范财务和税务流程。如在数据收集与分析阶段，要求企业提供准确、规范的财务数据，推动企业完善财务核算制度。同时，AI 给出的优化方案附带详细操作指南，指导企业建立健全税务风险防控体系。如某企业在 AI 的帮助下，建立发票审核流程、税务申报复核制度等，提升财务管理规范化水平。

（2）提供决策支持：AI 提供全面税务分析报告和筹划建议，为企业管理层决策提供有力支持。在企业进行投资、并购等重大决策时，AI 可模拟不同方案税务影响，帮助管理层选择最优方案。如企业计划拓展新业务领域，AI 分析与计算不同业务模式和地区布局税务成本，为决策提供数据支撑，避免由税务因素导致决策失误。

4. 增强企业竞争力

（1）降低总成本、提升利润：通过降低税务成本和优化资金使用，企业总成本降低，利润空间增大。在市场竞争中，可通过降低价格或加大研发、营销投入，提升产品或服务竞争力。如广东电子设备制造有限公司通过 AI 税收优化节省成本，降低产品价格 5%，市场份额提升 8%。

（2）提升信誉与形象：规范的税务处理和良好的纳税记录有助于提升企业在税务机关及合作伙伴眼中的信誉与形象。银行等金融机构更愿意为税务合规企业提供优惠贷款，供应商可能给予更有利的合作条件。如某企业因良好纳税信用，获得银行低息贷款，降低融资成本 15%。

四、AI 在税收政策研究与解读方面的功能

在税务管理的 AI 变革中，AI 驱动的税收优化与优化实战展示了 AI 技术在税收优化领域的广泛应用和深远影响。其中，AI 在税收政策研究与解读方面的运用尤为突出，为纳税人提供了更加精准、高效的税收优化方案。

（一）AI 在税收政策研究与解读方面的运用

（1）智能数据整合与分析：AI 技术可以从海量的税收政策文件中自动提取关键信息，如税率变动、税收优惠、税收抵扣等，并进行整合与分析。通过智能数据整合与分析，AI 能够帮助纳税人快速了解税收政策的最新动态，为税收优化提供数据支持。

（2）自动化政策更新与提醒：AI 系统能够实时关注税收政策的变化，一旦发现新的政策文件或政策更新，将自动通知纳税人。这种自动化政策更新与提醒功能，确保了纳税人能够及时了解并适应税收政策的变化，避免政策滞后而导致的税务风险。

（3）个性化政策解读与建议：AI 技术可以根据纳税人的具体情况和需求，提供个

性化的税收政策解读与建议。

例如，AI可以根据纳税人所属行业、经营规模、财务状况等因素，为其推荐适合的税收优惠政策或优化方案。

（4）智能预测与筹划：通过分析历史税收数据和政策趋势，AI能够进行智能预测，为纳税人提供未来的税收优化建议。这种智能预测与优化功能，有助于纳税人提前规划税务事务，降低税务成本，提高经济效益。

（二）AI在税收政策研究与解读方面的优势

（1）高效性：AI技术能够快速处理和分析大量税收政策文件，大大提高了税收政策研究与解读的效率。与传统的人工解读相比，AI能够在更短时间内提供更全面、准确的政策信息。

（2）准确性：AI技术通过算法模型和数据分析，能够准确提取和解读税收政策中的关键信息，避免了人工解读可能存在的误解或遗漏。这种准确性为纳税人提供了更加可靠的税收优化依据。

【案例8-1】AI助力税收政策解读的税收优化案例

（一）案例背景

北京盖益专用设备制造公司是一家专注于高端装备制造的中型企业，业务范围覆盖国内多个省市，涉及复杂的生产、销售及研发业务。传统人工收集和解读政策的方式不仅耗时费力，还影响企业税务决策的准确性。为解决这些问题，企业CEO范彭郎决定引入中财讯AI技术辅助税收政策研究与解读模型。

（二）操作步骤

（1）AI系统部署与数据整合：企业与专业科技公司合作，部署了基于AI的税收政策研究系统。该系统整合了多个权威数据源，确保能够获取全面且最新的税收政策信息。同时，将AI系统接入企业内部财务、业务数据，以便结合企业实际情况进行政策分析。

（2）政策筛选与要点提取：AI系统设定定时任务，每日自动从海量政策信息中筛选与企业业务相关的税收政策。系统运用自然语言处理技术，自动提取政策中的关键要点，快速筛选出与高端装备制造业相关的5条政策，并提取出政策要点，形成简洁的报告供企业税务团队参考。

（3）精准分析与优化调整：AI系统结合企业财务和业务数据进行精准分析。通过机器学习算法，评估新政策对企业各业务板块的影响，判断企业是否符合政策适用条件。

（4）优惠申请与跟进：在确定符合税收优惠政策条件后，AI系统协助企业整理申请所需的资料清单，指导税务人员准备相关证明材料。

（三）具体数据和数字金额

（1）研发费用加计扣除：在 AI 系统协助下，企业对研发费用进行重新梳理和归集。原本企业研发费用加计扣除比例为 75%，新政策出台后提高到 100%。企业当年研发投入为 1 500 万元，按照新政策多享受加计扣除金额为 375 [1 500 × （100% - 75%）] 万元。企业所得税税率为 25%，则节省企业所得税 93.75（375 × 25%）万元。

（2）其他税收优惠：AI 系统还帮助企业发现并申请了一项针对高端装备制造企业的固定资产加速折旧优惠政策。企业当年新购置一台价值 800 万元的生产设备，按照原折旧政策，当年折旧额为 100 万元；享受加速折旧优惠政策后，当年折旧额提高到 200 万元。由此增加的折旧额可在税前扣除，减少应纳税所得额 100 万元，节省企业所得税 25（100 × 25%）万元。

（四）税务处理

（1）研发费用加计扣除：企业在年度企业所得税汇算清缴时，按照新的研发费用加计扣除政策，在纳税申报表中准确填报相关数据，并提交研发项目立项书、费用明细台账、成果证明等证明材料。税务机关审核通过后，企业顺利享受加计扣除优惠，调减应纳税所得额 375 万元。

（2）固定资产加速折旧：企业在申报企业所得税时，按照固定资产加速折旧优惠政策，调整固定资产折旧额的扣除金额。同时，向税务机关报备相关设备的购置合同、发票、折旧计算方法等资料，确保符合政策要求。经税务机关认可后，企业当年多扣除折旧额 100 万元，减少应纳税所得额 100 万元。

（五）会计处理

1. 研发费用加计扣除（依据最新的财会〔2023〕11 号文件规定进行会计核算和账务处理）

（1）发生研发支出时。

借：研发支出——费用化支出——数字资源（符合费用化条件部分）
　　研发支出——资本化支出——数字资源（符合资本化条件部分）
　　贷：原材料、应付职工薪酬、银行存款等相关科目

（2）期末结转。

①费用化支出结转。

借：管理费用
　　贷：研发支出——费用化支出——数字资源

②资本化支出形成无形资产时。

借：无形资产
　　贷：研发支出——资本化支出——数字资源

2. 所得税费用调整

借：所得税费用 （红字）937 500
　　贷：应交税费——应交企业所得税 （红字）937 500

3. 固定资产加速折旧

（1）购置设备时。

借：固定资产 8 000 000
　　贷：银行存款 8 000 000

（2）计提折旧时。

借：制造费用 2 000 000
　　贷：累计折旧 2 000 000

（3）所得税费用调整。

借：所得税费用 （红字）250 000
　　贷：应交税费——应交企业所得税 （红字）250 000

（六）实施效果

（1）税务成本降低：通过 AI 系统对税收政策的研究与解读，企业成功享受研发费用加计扣除和固定资产加速折旧两项优惠政策，当年共节省企业所得税 118.75（93.75＋25）万元，有效降低了税务成本，提高了企业的经济效益。

（2）税收优化精准度提升：AI 系统的快速筛选和精准分析功能，使企业能够准确理解税收政策的适用范围和条件限制，及时调整税收优化方案。与以往相比，税收优化方案的准确性和有效性显著提高，避免了由政策理解偏差导致的税务风险和损失。

（3）工作效率提高：AI 系统通过自动筛选政策、提取要点并协助准备优惠申请资料，大大减轻了税务人员的工作负担，提高了工作效率。税务人员从烦琐的政策查找和解读工作中解放出来，能够将更多精力投入税务风险防控和战略规划等重要工作。

五、基于 AI 模型的税收优化应用

在税务管理的 AI 变革中，AI 驱动的税收优化与优化实战展示了 AI 技术在税收优化领域的创新应用，其中基于 AI 财税大模型的税收优化方案模拟是核心应用之一。

【案例8-2】基于 AI 模型的企业税收优化案例

（一）案例背景

中宏智能科技有限公司是一家业务多元化的大型企业集团，业务涵盖制造业、服务业以及贸易等多个领域，在全国多个地区设有子公司和分支机构。传统税收优化方式难以全面、精准地应对复杂多变的税收环境，企业期望借助中财讯 AI 技术实现更科学、

高效的税收优化。

（二）操作步骤

（1）数据收集与整理：企业整合内部财务数据，包括各子公司及业务板块的资产负债表、利润表、现金流量表，近3年的纳税申报记录，以及详细的成本费用明细等。同时，收集外部数据，如国家和地方税收政策法规库、行业税负数据、宏观经济数据等。此次收集的数据量超过10万条记录，涵盖多个数据维度。

（2）AI税收优化模型构建：与专业的AI技术团队合作，运用机器学习算法构建税收优化模型。模型以企业的业务数据和税收政策为基础，通过对历史数据的学习，挖掘业务活动与税务处理之间的潜在关系，为税收优化提供数据支持和算法依据。

（3）优化方案模拟：根据企业的业务场景和税收政策，设计多种税收优化方案，运用AI税收优化模型对这些方案进行模拟分析，考虑不同方案下企业在不同时间段的税负变化、税务风险水平等因素。

（4）方案优化与选择：AI税收优化模型对多种优化方案进行模拟后，输出各方案的详细评估结果。通过对比分析，企业发现一种结合业务结构调整和税收优惠政策运用的方案效果最佳。该方案建议将制造业中的部分高新技术业务独立成立子公司，以享受高新技术企业15%的优惠税率，同时对关联交易的定价进行合理调整，确保利润在不同税率区域的合理分配。

（5）方案调整与实施：AI系统根据模拟结果对选定的优化方案进行智能调整，细化实施步骤，提供详细的操作指南。企业按照AI系统提供的实施方案，逐步推进税收优化方案的实施。在高新技术子公司设立过程中，严格按照相关政策要求准备材料，进行申请；在关联交易定价调整方面，建立专门的价格审核机制，确保定价符合市场公允原则和税收政策规定。

（三）具体数据和数字金额

（1）业务调整前税负情况：调整前，企业整体适用企业所得税税率为25%，年应纳税所得额为20 000万元，年缴纳企业所得税为5 000（20 000×25%）万元。

（2）优化方案实施后税负变化：实施优化方案后，独立出来的高新技术子公司年应纳税所得额为8 000万元，按照15%的优惠税率，缴纳企业所得税为1 200（8 000×15%）万元。原企业剩余应纳税所得额为12 000万元，仍按25%的税率缴纳企业所得税3 000（12 000×25%）万元。整体缴纳企业所得税共计4 200万元，较优化前减少800（5 000－4 200）万元。

（四）税务处理

（1）高新技术子公司：在设立高新技术子公司后，按照规定向税务机关提交高新技术企业认定申请，包括企业研发投入、高新技术产品（服务）收入占比、科技人员占比等相关证明材料。经税务机关认定后，按照 15% 的税率进行纳税申报。

（2）关联交易调整：企业对关联交易定价调整情况进行详细记录，并准备相关的文档资料，如关联交易合同、定价依据、可比市场价格信息等，以备税务机关检查。在纳税申报时，确保关联交易的收入和成本核算准确，符合税收政策规定。

（五）会计处理

1. 高新技术子公司设立

（1）母公司投资设立子公司。

借：长期股权投资——（高新技术子公司名称）
　　贷：银行存款/固定资产等（投资资产）

（2）子公司建账。

借：银行存款/固定资产等（接收投资资产）
　　贷：实收资本

2. 关联交易调整

关联交易为销售商品，调整价格后增加收入。

（1）销售方。

借：应收账款——关联方
　　贷：主营业务收入

（2）结转成本。

借：主营业务成本
　　贷：库存商品

（3）购买方。

借：库存商品
　　贷：应付账款——关联方

3. 所得税费用调整

借：所得税费用　　　　　　　　　　　　　　　　　　（红字）8 000 000
　　贷：应交税费——应交企业所得税　　　　　　　　（红字）8 000 000

（六）实施效果

（1）税负降低：通过实施基于 AI 优化的税收优化方案，企业成功降低税负 800 万元，有效减轻了税务成本压力，提高了企业的盈利能力和资金使用效率。

（2）风险防控：AI 税收优化模型在模拟过程中充分考虑了税务风险因素，优化后的方案确保企业在合法合规的前提下进行税收优化。同时，企业按照 AI 系统提供的实施方案，完善了税务管理流程和相关文档资料，增强了税务合规性，降低了税务风险。

（3）管理提升：此次税收优化过程促使企业对业务结构和税务管理进行全面审视

与优化,提升了企业整体管理水平。同时,AI 技术的应用为企业提供了更科学、精准的决策支持,有助于企业在未来发展中更好地应对复杂多变的税收环境。

六、AI 预测不同方案下的税负结果与风险评估

在税务管理的 AI 变革中,AI 驱动的税收优化与优化实战展示了 AI 技术在税收优化领域的深度应用,特别是在基于 AI 财税大模型的税收优化方案模拟方面。

第二节 不同行业 AI 税收优化的策略与方案

在税务管理的 AI 变革中,AI 驱动的税收优化与优化实战为不同行业的企业提供了个性化的税收优化策略与方案设计。

一、AI 税收优化策略与方案设计的基本原则

(1)合法合规:所有税收优化策略与方案设计都必须遵循国家税收法律法规和政策,确保优化行为的合法性。

(2)个性化定制:根据企业的具体行业特点、财务状况、经营模式和市场环境,AI 技术能够为企业提供量身定制的税收优化方案。

(3)动态优化:AI 系统能够实时监测与分析企业的税务数据和市场环境变化,对税收优化方案进行动态优化和调整,确保方案的有效性和可持续性。

二、不同行业的 AI 税收优化策略与方案设计

(一)信息技术行业

(1)策略重点:运用 AI 技术优化软件产品增值税即征即退等税收优惠政策的应用,运用税收协定避免双重征税。

(2)方案设计:AI 系统可以自动收集和分析企业的软件产品销售数据等,为企业提供最优的税收优惠政策优化方案。同时,AI 可以根据企业的国际业务情况,自动匹配适用的税收协定,降低企业税负。

(二)房地产行业

(1)策略重点:运用 AI 技术优化土地增值税清算、企业所得税优化等;运用税收优惠政策,如棚户区改造税收优惠等,降低税负。

(2)方案设计:AI 系统可以自动收集和分析企业的土地增值税清算数据、企业所得税数据等,为企业提供最优的税收优化方案。同时,AI 可以根据企业的项目情况,

自动匹配适用的税收优惠政策，降低企业税负。

三、制造业 AI 税收优化

在税务管理的 AI 变革中，针对制造业的税收优化，AI 技术提供了创新的策略与方案设计。

（一）制造业税收优化的特点与挑战

制造业作为实体经济的重要组成部分，其税收优化具有独特的特点与挑战。一方面，制造业企业通常拥有复杂的生产流程、大量的原材料采购和产品销售，这导致税收优化需要考虑的因素众多，如增值税的进项税额抵扣、销项税额计算等；另一方面，制造业企业往往面临着激烈的市场竞争和不断变化的税收政策，这要求税收优化必须具备高度的灵活性和适应性。

（二）AI 驱动的税收优化策略

（1）智能数据分析：AI 技术能够自动收集、整合和分析制造业企业的财务数据、生产数据、市场数据等，为税收优化提供全面、准确的数据支持。通过智能数据分析，AI 可以识别出税收优化的关键点和潜在风险，为企业制定更加精准的税务策略。

（2）自动化税务计算：AI 技术能够实现增值税、企业所得税等税种的自动计算，减少人工操作的错误和遗漏。AI 系统能够根据企业的实际情况和税收政策的变化，自动调整计算参数和模型，确保税务计算的准确性和时效性。

（3）个性化税收优化方案：AI 技术能够结合制造业企业的具体情况，如生产规模、产品类型、市场定位等，为企业量身定制个性化的税收优化方案。这些方案可能包括税收优惠政策的运用、税务风险的防控、税务成本的降低等方面。

（三）AI 驱动的税收优化方案设计

1. 增值税优化方案

AI 系统可以分析企业的采购和销售数据，优化进项税额抵扣策略，确保企业充分享受增值税的减税政策。通过智能预测和模拟分析，AI 可以为企业制定最优的销项税额计算方案，降低企业的税务成本。

2. 企业所得税优化方案

AI 技术能够自动识别与计算企业的各项成本和费用，为企业提供合理的成本分摊和费用扣除方案。通过智能分析企业的盈利情况和税收政策的变化，AI 可以为企业制定最优的所得税优化方案，降低企业税负。

3. 税务风险防控方案

（1）AI 系统能够实时监测与分析企业的税务数据和市场环境变化，及时发现潜在的税务风险点。

（2）通过智能预警和提示功能，AI 可以帮助企业提前采取防控措施，避免税务处罚和经济损失。

（3）针对制造业的税收优化，AI 技术提供了创新的策略与方案设计。通过智能数据分析、自动化税务计算、个性化税收优化方案等手段，AI 技术能够帮助制造业企业降低税负、防控税务风险、提升税务管理效率。随着 AI 技术的不断发展和完善，其在制造业税收优化中的应用前景将更加广阔。

（四）制造业生产环节的成本结构优化与增值税优化

在税务管理的 AI 变革中，针对制造业生产环节的成本结构优化与增值税优化，AI 驱动的税收优化与优化实战提供了创新的策略和方案设计。

1. 制造业生产环节成本结构优化的 AI 策略

（1）智能数据分析与预测：AI 技术能够收集和分析制造业生产环节的大量数据，包括原材料采购、生产加工、质量检验、包装和物流等环节的成本数据。通过智能数据分析，AI 可以识别出生产环节中的成本瓶颈和低效环节，提出优化建议，如改进生产流程、优化设备配置、降低能源消耗等。AI 还可以预测未来生产环节的成本趋势，帮助企业制订更加精准的预算和成本控制计划。

（2）自动化与智能化生产：AI 技术可以应用于制造业的自动化生产线和机器人系统，提高生产效率和产品质量，同时降低人力成本。通过智能调度和优化算法，AI 可以实现生产资源的合理配置和运用，避免生产过剩或不足的情况，从而降低库存成本和减少浪费。

（3）供应链优化：AI 技术可以优化供应链管理，包括原材料采购、供应商管理、库存管理和物流管理等环节。通过智能预测和分析，AI 可以帮助企业制订更加合理的采购计划和库存策略，避免库存积压和缺货现象的发生，降低供应链成本。

2. 制造业增值税优化的 AI 策略

（1）智能增值税计算与申报：AI 技术可以实现增值税的自动计算与申报，减少人工操作的错误和遗漏。AI 系统能够根据企业的实际情况和税收政策的变化，自动调整计算参数和申报模板，确保增值税计算的准确性和时效性。

（2）进项税额抵扣优化：AI 技术可以分析企业的采购数据和进项税额抵扣情况，提出优化建议，如选择合适的供应商和采购渠道、优化采购计划等。通过智能匹配和预测分析，AI 可以帮助企业充分享受进项税额抵扣的税收优惠政策，减轻增值税负担。

（3）销项税额优化与管理：AI 技术可以分析企业的销售数据和销项税额情况，提出优化建议，如合理定价、优化销售策略等。AI 可以监控企业的销项税额变化趋势，及时发现潜在的风险和问题，并采取相应的管理措施，确保增值税优化的有效性和合规性。AI 技术可以实时监控与分析企业的税务数据和生产环节的成本数据，对方案进行动态优化和调整，确保方案的有效性和可持续性。

（五）固定资产购置的所得税优惠运用

固定资产购置的所得税优惠运用，是指企业在进行研发活动和购置固定资产时，充分运用国家提供的税收优惠政策，以降低企业税负，提高经济效益。

1. 企业投入基础研究税收优惠政策

（1）享受主体。

①出资方：企业。

②接收方：非营利性科研机构、高等学校和政府性自然科学基金。

（2）优惠内容。

对企业出资给非营利性科研机构、高等学校和政府性自然科学基金用于基础研究的支出，在计算应纳税所得额时可按实际发生额在税前扣除，并可按 100% 在税前加计扣除。对非营利性科研机构、高等学校接收企业、个人和其他组织机构基础研究资金收入，免征企业所得税。

（3）政策依据。

《关于企业投入基础研究税收优惠政策的公告》（财政部　税务总局公告 2022 年第 32 号）。

2. 固定资产购置的所得税优惠政策

（1）设备、器具一次性税前扣除政策。

①享受主体：符合条件的企业。

②优惠内容：企业在 2024 年 1 月 1 日至 2027 年 12 月 31 日期间新购进的设备、器具，单位价值不超过 500 万元的，允许一次性计入当期成本费用在计算应纳税所得额时扣除，不再分年度计算折旧；单位价值超过 500 万元的，仍按《中华人民共和国企业所得税法实施条例》等相关规定执行。

③政策依据：《关于设备、器具扣除有关企业所得税政策的公告》（财政部　税务总局公告 2023 年第 37 号）。

（2）固定资产加速折旧政策。

①享受主体：符合条件的企业。

②优惠内容：企业的固定资产由于技术进步等因素，确需加速折旧的，可以缩短折旧年限或者采取加速折旧的方法。

企业外购的软件，凡符合固定资产或无形资产确认条件的，可以按照固定资产或无形资产进行核算，其折旧或摊销年限可以适当缩短，最短可为 2 年（含）。

集成电路生产企业的生产设备，其折旧年限可以适当缩短，最短可为 3 年（含）。

③政策依据:《中华人民共和国企业所得税法》、《财政部 国家税务总局关于进一步鼓励软件产业和集成电路产业发展企业所得税政策的通知》(财税〔2012〕27号)。

3. 运用建议

(1) 充分了解政策:企业应密切关注国家发布的税收优惠政策,确保及时了解并充分运用相关政策。

(2) 合理规划研发活动和固定资产购置:企业应根据自身实际情况,合理规划研发活动和固定资产购置计划,以便更好地享受税收优惠政策。

(3) 加强财务管理和税收优化:企业应建立健全财务管理制度,加强税收优化工作,确保在符合法律法规的前提下,最大化地运用税收优惠政策降低税负。

固定资产购置的所得税优惠运用是企业降低税负、提高经济效益的重要途径。企业应充分了解并合理运用相关政策,以推动企业的持续健康发展。

在税务管理的 AI 变革中,AI 驱动的税收优化与优化实战为不同行业的企业提供了创新的税务策略和方案设计。

【案例 8-3】 固定资产购置的所得税优惠运用策略与案例

(一) 案例背景

中瑞新能源有限公司主要从事太阳能电池板的研发、生产与销售,为满足市场需求、扩大生产规模,企业在 2024 年 3 月集中购置了大量先进生产设备及配套设施等固定资产。面对固定资产购置产生的税务处理问题,企业 CEO 梁瑞明决定引入中财讯 AI 税收优化系统,旨在精准识别并充分利用相关税收优惠政策,合理减轻企业所得税负担。

(二) 操作步骤

(1) 数据收集与录入:企业财务部门收集所有新购置固定资产的详细信息,包括购置合同、发票、资产清单(含资产名称、型号、购置时间、购置金额等),以及企业的财务报表、税务申报记录等资料。将这些数据整理成规范格式后,录入 AI 税收优化系统。此次录入的数据涉及固定资产购置合同 50 余份、发票 300 余张,资产总金额达 8 000 万元。

(2) AI 系统分析与政策匹配:AI 税收优化系统运用大数据分析和机器学习算法,对录入的数据进行深度剖析。一方面,系统依据固定资产的性质、用途、购置时间等信息,结合国家税收政策法规库,判断企业购置的固定资产是否符合加速折旧政策条件;另一方面,系统分析企业的财务状况和税务历史数据,评估不同加速折旧方法对企业所得税的影响。

(3) 方案制定与选择:基于系统分析结果,AI 税收优化系统为企业生成多种固定资产加速折旧方案,包括双倍余额递减法、年数总和法等,并模拟每种方案下企业未来几年的所得税变化情况。同时,系统提供各方案的详细分析报告,说明方案的优势与潜在风险。企业财务团队结合自身发展战略和财务规划,参考系统的分析报告,最终将年数总和法作为固定资产加速折旧方法。这是因为该方法在满足企业前期抵税需求的同时,更符合企业对成本核算和利润规划的预期。

(4) 申请与实施:企业依据所选方案,准备固定资产加速折旧政策申请资料,包括固定资产购置证明文件、加速折旧方法选择说明、AI 税收优化系统生成的分析报告等。向当地税务机关提交申请,并在税务机关审核通过后,按照年数总和法对符合条件的固定资产进行折旧计算。在实施过程中,企业财务部门利用 AI 税收优化系统持续监控固定资产折旧计算的准确性和税务处理的合规性。

(三) 具体数据和数字金额

1. 固定资产购置情况

企业 2024 年 3 月购置固定资产总金额为 8 000 万元,其中用于生产的设备金额为 6 000 万元,配套设施金额为 2 000 万元。这些固定资产预计使用年限为 10 年,预计净残值率为 5%。

2. 加速折旧计算

以 6 000 万元生产设备为例,采用年数总和法计算折旧。

第一年折旧率 = 10 ÷ (1 + 2 + … + 10) = 10 ÷ 55;

第一年折旧额 = 6 000 × (1 − 5%) × (10 ÷ 55) ≈ 1 036.36 (万元)。

采用直线法折旧,每年折旧额 = 6 000 × (1 − 5%) ÷ 10 = 570 (万元)。

第一年采用加速折旧法比直线法多计提折旧额约 466.36 (1 036.36 − 570) 万元。

3. 所得税影响

企业当年应纳税所得额为 5 000 万元(未考虑固定资产折旧影响),企业所得税税率为 25%。在采用加速折旧法后,当年应纳税所得额减少 466.36 万元,需缴纳的企业所得税从 1 250 (5 000 × 25%) 万元降至 1 133.41 [(5 000 − 466.36) × 25%] 万元,当年节省所得税 116.59 (1 250 − 1 133.41) 万元。

(四) 税务处理

(1) 申报处理:企业在年度企业所得税汇算清缴时,在纳税申报表中准确填报固定资产加速折旧相关数据,包括固定资产的计税基础、折旧方法、折旧年限、加速折旧额等信息。同时,将申请资料及 AI 税收优化系统生成的分析报告等作为附件一并提交给税务机关,证明企业固定资产加速折旧处理的合规性。

(2) 后续管理:税务机关审核通过后,企业需在后续年度持续跟踪固定资产折旧情况,确保折旧计算方法的一致性和准确性。固定资产的使用情况、折旧年限等发生变化时,及时按照税收政策规定调整,并向税务机关报备。

(五)会计处理

1. 固定资产入账

(1)购置固定资产时。

借:固定资产——生产设备	60 000 000
固定资产——配套设施	20 000 000
贷:银行存款	80 000 000

(2)加速折旧计提。

第一年计提生产设备折旧时

借:制造费用——折旧费	10 363 600
贷:累计折旧	10 363 600

2. 所得税费用调整

(1)确认所得税费用时。

借:所得税费用	11 334 100
贷:应交税费——应交企业所得税	11 334 100

(2)因加速折旧影响。

借:所得税费用	(红字)1 165 900
贷:应交税费——应交企业所得税	(红字)1 165 900

(六)实施效果

(1)税务成本降低:通过成功运用固定资产加速折旧政策,企业在购置固定资产初期显著减少了应纳税所得额,当年节省所得税116.59万元,有效降低了税务成本,增加了企业的现金流,为企业扩大生产规模提供了资金支持。

(2)资金使用效率提升:加速折旧政策使企业在固定资产购置前期能够多抵扣应纳税所得额,相当于获得了一笔无息贷款,提高了企业资金的使用效率,有助于企业更好地规划资金用途。

(3)政策运用精准度提高:借助AI税收优化系统,企业准确识别并运用了固定资产加速折旧政策,避免了由政策理解偏差或计算失误导致的税务风险。同时,系统规范了企业固定资产税务处理流程,提高了政策执行的精准度。

AI驱动的税收优化与优化实战为制造业固定资产购置的所得税优惠运用提供了创新的策略和方案设计。通过智能识别与分类、自动匹配与申请、持续优化与监控等手段,AI技术可以帮助企业更好地运用税收优惠政策,减轻所得税负担,提高税收优化的效率和合规性。

四、服务业 AI 税收优化

在税务管理的 AI 变革中，AI 驱动的税收优化与优化实战为服务业企业提供了创新的税务策略和方案设计。

服务业企业相较于制造业企业，其业务模式和成本结构往往更加复杂多样。服务业企业通常涉及人力成本、运营成本、营销成本等多个方面，且往往缺乏像制造业那样的实物产品，因此其税收优化具有突出的特点与挑战。例如，服务业企业可能面临更高的所得税，因为人力成本通常不能作为进项税额进行抵扣。同时，服务业企业需要关注营业税、增值税、个人所得税等多个税种。

【案例8-4】服务业 AI 税收优化案例

（一）案例背景

北京今君洋科技咨询集团公司专注于为各类企业提供前沿科技领域的咨询服务，业务涵盖 AI、大数据等新兴技术方向。由于科技咨询服务行业人力成本占比较高，传统的税务处理方式难以充分利用税收优惠政策来降低税负。为解决这些问题，公司 CEO 苗凤花决定引入中财讯 AI 税收优化系统，期望实现税务成本降低与申报流程优化。

（二）操作步骤

（1）数据收集与整合：公司财务部门协同各业务部门，全面收集公司运营数据。包括近 3 年的财务报表、人员薪酬明细、研发投入记录、知识产权证书、服务合同等资料。将这些数据进行整理和数字化处理后，上传至 AI 税收优化系统。此次收集的数据量达到 5 000 余条，涵盖了公司运营的各个关键方面。

（2）AI 系统分析与政策匹配：AI 税收优化系统运用深度学习算法，对上传的数据进行深入分析。一方面，系统依据高新技术企业认定标准，从公司的业务范围、研发投入比例、科技人员占比等多个维度进行评估，判断公司是否符合高新技术企业税收优惠政策条件；另一方面，系统对公司过往的税务申报数据进行梳理，识别可优化的申报流程节点。经过分析，系统发现公司在研发投入占比、科技人员数量等方面符合高新技术企业认定要求，同时指出税务申报流程中部分数据手工录入易出错的问题。

（3）优惠政策申请准备：基于 AI 税收优化系统的分析结果，公司启动高新技术企业税收优惠政策申请准备工作。AI 税收优化系统生成详细的申请指南，指导公司准备各项证明材料。同时，AI 税收优化系统协助公司整理知识产权相关材料，确保符合认定标准。

（4）税务申报自动化设置：AI 税收优化系统针对公司税务申报流程，开发定制化的自动化方案。通过与公司财务软件和税务申报系统的对接，实现数据的自动提取和填报。系统设置了数据校验规则，确保申报数据的准确性。

（5）优惠申请与申报实施：公司按照 AI 税收优化系统生成的申请指南，向相关部门提交高新技术企业认定申请。同时，利用 AI 税收优化系统实时跟踪申请进度，及时响应审核部门的反馈。

（三）具体数据和数字金额

（1）税收优惠数据：在申请高新技术企业认定前，公司适用的企业所得税税率为 25%。上一年度应纳税所得额为 1 000 万元，需缴纳企业所得税 250（1 000×25%）万元。成功申请高新技术企业后，企业所得税税率降至 15%。本年度应纳税所得额增长至 1 200 万元，按照优惠税率需缴纳企业所得税 180（1 200×15%）万元。相比认定前，节省企业所得税 70（250-180）万元。

（2）人力成本数据：在税务申报自动化之前，公司每月花费在税务申报工作上的人力成本约为 20 小时，每小时人力成本按 200 元计算，每月人力成本为 4 000 元。实现自动化后，人力成本降至每月 5 小时，每月人力成本降至 1 000 元。每年节省人力成本 36 000 [（4 000-1 000）×12] 元。

（四）税务处理

（1）高新技术企业认定后：公司在获得高新技术企业认定后，按照 15% 的税率进行企业所得税申报。在年度汇算清缴时，准确填报相关数据，并提交高新技术企业认定证书等资料，证明适用优惠税率的合规性。

（2）日常税务申报：税务申报自动化实施后，公司在增值税、附加税等日常申报中，依据自动化系统生成的数据进行申报。财务人员定期对申报数据进行抽查核实，确保申报的准确性。同时，按照税务机关要求，保存相关电子和纸质资料备查。

（五）会计处理

1. 所得税处理

（1）认定前。

借：所得税费用　　　　　　　　　　　　　　　　　　　　　　2 500 000
　　贷：应交税费——应交企业所得税　　　　　　　　　　　　　2 500 000

（2）认定后。

借：所得税费用　　　　　　　　　　　　　　　　　　　　　　1 800 000
　　贷：应交税费——应交企业所得税　　　　　　　　　　　　　1 800 000

（3）调整分录（反映税率变化节省的所得税）。

借：所得税费用　　　　　　　　　　　　　　　　　　　（红字）700 000
　　贷：应交税费——应交企业所得税　　　　　　　　　　（红字）700 000

（注：700 000 = 2 500 000 - 1 800 000）

2. 人力成本调整

(1) 申报自动化前。

借：管理费用——税务申报人力成本　　　　　　　　　　　　　　　　4 000
　　贷：应付职工薪酬　　　　　　　　　　　　　　　　　　　　　　　4 000

(2) 申报自动化后。

借：管理费用——税务申报人力成本　　　　　　　　　　　　　　　　1 000
　　贷：应付职工薪酬　　　　　　　　　　　　　　　　　　　　　　　1 000

(3) 调整分录（反映节省的人力成本）。

借：管理费用——税务申报人力成本　　　　　　　　　　　　（红字）3 000
　　贷：应付职工薪酬　　　　　　　　　　　　　　　　　　　（红字）3 000

(六) 实施效果

(1) 税务成本降低：通过成功申请高新技术企业税收优惠政策，公司所得税负担显著减轻，本年度节省企业所得税70万元，有效提高了公司的盈利能力和资金储备，为公司的业务拓展提供了更多资金支持。

(2) 申报效率与准确性提升：税务申报自动化使申报效率大幅提高，每月节省人力成本3 000元，每年节省36 000元。同时，申报错误率从之前的约5%降至几乎为零，减少了由申报错误导致的税务风险和潜在罚款，提升了公司税务管理的整体水平。

(3) 企业竞争力增强：高新技术企业的认定提升了公司的品牌形象和市场竞争力，有助于吸引更多优质客户和高端人才，为公司在科技咨询服务领域的持续发展奠定了坚实基础。

【案例8-5】电商平台AI税收优化案例

(一) 案例背景

北京金君洋网销股份有限公司是一家综合性电商平台，业务范围涵盖各类商品的在线销售以及为商家提供一系列增值服务。在复杂的业务模式下，增值税的进项税额抵扣管理变得极为烦琐，且税务合规风险增加。为应对这些挑战，该电商平台CEO柯亚君决定引入中财讯AI税收优化系统，旨在优化增值税进项税额抵扣策略，并实时监控税务合规性。

(二) 操作步骤

(1) 数据整合与导入：电商平台将自身的财务数据、业务数据以及税务数据进行全面整合。财务数据包括各类财务报表、发票信息，业务数据包括商品采购记录、销售订单明细、服务合同等，税务数据包括以往的纳税申报记录、税务处理文档等。通过ETL工具将这些数据清洗、转换后导入AI税收优化系统的数据仓库，数据量每月新增约 100 吉字节。

（2）进项税额抵扣策略优化：AI 税收优化系统运用大数据分析和机器学习算法，对导入的数据进行深度挖掘。首先，系统分析不同商品采购和服务提供的业务场景，识别可抵扣进项税额的项目和适用税率。例如，对于平台采购的服务器设备，确认其进项税额可按 13% 的税率抵扣；对于支付给广告服务提供商的推广费用，按 6% 的税率抵扣。其次，系统根据历史数据预测未来业务量和采购趋势，结合税收政策，制定最优的进项税额抵扣策略。

（3）税务合规性监控规则设定：依据国家税收法规和地方税务政策，在 AI 税收优化系统中设定详细的税务合规性监控规则。同时，结合电商平台业务特点，制定针对平台服务收入确认、销售折扣处理等方面的税务合规规则。

（4）实时监控与预警：AI 税收优化系统实时监控平台的业务操作和税务处理过程。一旦发现与预设合规规则不符的情况，立即发出预警。同时，系统持续跟踪业务流程，确保违规问题得到及时整改。

（5）策略实施与调整：电商平台根据 AI 税收优化系统制定的进项税额抵扣策略，调整采购计划和税务处理流程。同时，依据实时监控结果，对税务合规问题及时整改。例如，对不符合规定的发票，及时联系供应商重新开具，并调整相关税务申报数据。

（三）具体数据和数字金额

（1）进项税额抵扣优化：在优化前，平台每月平均增值税进项税额抵扣金额为 500 万元。通过 AI 税收优化系统优化进项税额抵扣策略后，预计每月可增加进项税额抵扣金额 80 万元。以增值税税率 13% 为例，平台每月不含税销售额为 10 000 万元，优化前每月应缴纳增值税 = 10 000 × 13% − 500 = 800（万元）；优化后每月应缴纳增值税 = 10 000 × 13% −（500 + 80）= 720（万元）。每月节省增值税 80 万元，一年节省 960 万元。

（2）税务合规风险避免：在税务合规性监控方面，AI 税收优化系统每月平均识别并预警潜在税务合规问题 20 起。每起问题未及时处理，可能导致平均罚款 1 万元，通过及时整改，每月避免潜在罚款 20 万元，一年避免潜在罚款 240 万元。

（四）税务处理

（1）进项税额抵扣：电商平台按照优化后的进项税额抵扣策略进行税务申报。在增值税纳税申报表中，准确填写进项税额抵扣明细，同时，将相关发票及其他证明材料妥善保存，以备税务机关查验。

（2）税务合规整改：对于 AI 税收优化系统预警的税务合规问题，平台及时进行整改。如由发票问题导致进项税额不能抵扣，及时调整纳税申报数据，补缴相应税款。在整改完成后，向税务机关提交整改报告，说明问题原因、整改措施及结果。

（五）会计处理

1. 进项税额抵扣优化

（1）采购业务发生，取得可抵扣发票时。

借：库存商品／固定资产等（采购成本）

　　应交税费——应交增值税（进项税额）（按优化后可抵扣金额）

　贷：银行存款／应付账款等

（2）月底结转增值税。

借：应交税费——应交增值税（转出未交增值税）（销项税额－进项税额）

　贷：应交税费——未交增值税

（3）次月缴纳增值税时。

借：应交税费——未交增值税

　贷：银行存款

2. 税务合规整改

因发票问题补缴税款：

借：应交税费——应交增值税（进项税额转出）（原错误抵扣的进项税额）

　贷：库存商品／主营业务成本等（调整相关成本费用）

借：应交税费——未交增值税（补缴税款金额）

　贷：银行存款

（六）实施效果

（1）税务成本降低：通过优化进项税额抵扣策略，电商平台每年节省增值税960万元，有效降低了税务成本，提高了平台的盈利能力和市场竞争力。

（2）税务合规性增强：AI税收优化系统实时监控税务合规性，每月避免潜在罚款20万元，一年共避免240万元罚款。平台的税务合规水平显著提升，降低了因税务违规产生的声誉损失风险，保障了平台的稳定运营。

五、建筑业 AI 税收优化

建筑业 AI 税收优化，是指在建筑行业中，利用 AI 技术对企业的税收相关业务和流程进行分析、规划、管理与监控，以实现降低税务成本、防范税务风险、提高税务合规性和优化税务策略等目标的一系列活动。

建筑企业通常业务复杂，涉及多个税种和大量的税务计算。AI 系统通过对企业的业务模式、合同结构、成本核算等进行全面分析，能够找到合理的税收优化点。AI 可以根据建筑项目的具体情况，优化成本分摊方法，合理确定进项税额抵扣，使企业在符合税法规定的前提下，最大限度地减少应纳税额，降低税务成本。

【案例8-6】建安公司分期确认收入的 AI 税收优化案例

（一）案例背景

山东鲁能建筑工程公司是一家具有丰富行业经验的建筑企业，专注于大型商业建筑和住宅项目的建设。此次与河南新发公司签订了一份为期3年的建筑工程合同，合同总金额高达9 000万元，合同约定服务分三个阶段进行，每个阶段完成后，客户支付相应款项。传统收入确认方式可能无法准确反映项目各阶段的实际经营状况，且易导致税负不合理。为解决这些问题，公司 CFO 徐鲁能决定引入中财讯 AI 税收优化系统，采用分期确认收入方式，以实现合理节税与风险防控。

（二）操作步骤

（1）数据收集与录入：公司财务部门和项目管理部门紧密协作，收集与合同相关的各类数据。将这些数据整理成规范格式后，录入 AI 税收优化系统。此次录入的数据量约为3 000条记录，涵盖项目各个方面的详细信息。

（2）AI 系统分析与计算：AI 税收优化系统运用大数据分析和机器学习算法，对录入的数据进行深度剖析。首先，解读合同条款，明确各阶段服务内容、交付标准及付款条件；其次，结合项目进度报告和成本核算明细，依据收入确认相关政策，自动计算每个会计期间应确认的收入金额。在项目第一阶段，系统分析得出项目已完成30%，成本投入为2 000万元，根据成本投入比例与合同总金额计算，第一阶段应确认收入 = 9 000 × [2 000 ÷ (2 000 + 3 000 + 2 500)] ≈ 2 400（万元）（项目总成本预计为7 500万元，后续阶段成本分别为3 000万元和2 500万元）。

（3）收入确认与记录：根据 AI 税收优化系统计算结果，公司财务人员在每个会计期末，按照会计准则和税法要求，进行收入确认的账务处理。

（4）税务风险评估与预警：AI 税收优化系统在分析过程中，实时对分期确认收入过程中的税务风险进行评估。通过与税收法规库的比对，检查收入确认时间、金额计算等是否符合税法规定。发现潜在风险点，系统立即向财务人员发出预警，并提供详细的风险说明和整改建议。

（三）具体数据和数字金额

1. 合同阶段划分与收入确认

（1）第一阶段：项目完成30%，成本投入2 000万元，确认收入2 400万元。

（2）第二阶段：项目完成60%（累计），成本投入达到5 000（2 000 + 3 000）万元，此阶段应确认收入 = 9 000 × (5 000 ÷ 7 500) − 2 400 ≈ 3 600（万元）。

（3）第三阶段：项目完工，成本投入7 500万元，确认收入 = 9 000 − 2 400 − 3 600 = 3 000（万元）。

2. 税负对比

(1) 不采用分期确认收入,在合同签订初期一次性确认9 000万元收入,企业所得税税率为25%,则需缴纳企业所得税 = 9 000 × 25% = 2 250(万元)。

(2) 采用分期确认收入后,第一阶段缴纳企业所得税 = 2 400 × 25% = 600(万元);第二阶段缴纳企业所得税 = 3 600 × 25% = 900(万元);第三阶段缴纳企业所得税 = 3 000 × 25% = 750(万元),总计缴纳企业所得税 = 600 + 900 + 750 = 2 250(万元)。

(3) 虽然总税额相同,但分期确认避免了初期税负过重,缓解了企业资金压力。以同期银行贷款利率5%计算,初期节省资金占用成本 = (2 250 - 600)× 5% = 82.5(万元)。

(四)税务处理

(1) 申报处理:在每个纳税申报期,公司依据分期确认的收入,准确填写企业所得税纳税申报表及其他相关税务报表。同时,附上AI税收优化系统生成的收入计算明细、项目进度报告等资料,证明收入确认的合理性和合规性。

(2) 税务沟通:主动与当地税务机关沟通,对分期确认收入的方式、依据以及计算方法进行说明,确保税务机关认可公司的税务处理方式。在税务检查过程中,积极配合提供相关资料,解答税务机关疑问。

(五)会计处理

1. 第一阶段收入确认

借:应收账款　　　　　　　　　　　　　　　　　　　　　　24 000 000
　　贷:主营业务收入　　　　　　　　　　　　　　　　　　24 000 000
借:主营业务成本　　　　　　　　　　　　　　　　　　　　20 000 000
　　贷:工程施工——合同成本　　　　　　　　　　　　　　20 000 000

2. 第二阶段收入确认

借:应收账款　　　　　　　　　　　　　　　　　　　　　　36 000 000
　　贷:主营业务收入　　　　　　　　　　　　　　　　　　36 000 000
借:主营业务成本　　　　　　　　　　　　　　　　　　　　30 000 000
　　贷:工程施工——合同成本　　　　　　　　　　　　　　30 000 000

3. 第三阶段收入确认

借:应收账款　　　　　　　　　　　　　　　　　　　　　　30 000 000
　　贷:主营业务收入　　　　　　　　　　　　　　　　　　30 000 000
借:主营业务成本　　　　　　　　　　　　　　　　　　　　25 000 000
　　贷:工程施工——合同成本　　　　　　　　　　　　　　25 000 000

(六) 实施效果

(1) 税负合理分布：通过分期确认收入，公司避免了合同初期一次性确认全部收入导致的税负过重问题，实现了税负在项目周期内的合理分布，缓解了企业资金压力，节省资金占用成本 82.5 万元。

(2) 税务风险降低：AI 税收优化系统对税务风险的实时评估与预警，帮助企业及时发现并解决潜在税务风险点，增强了企业税务处理的合规性，降低了税务处罚风险。

(3) 财务信息准确性提高：依据 AI 税收优化系统分析结果确认收入，更准确地反映了每个会计期间的经济实质，提高了财务报表的准确性和可靠性，为企业管理层决策提供了更有力的数据支持。

六、AI 税收优化完工百分比法

AI 税收优化完工百分比法是一种借助 AI 技术，依据每个项目的完工进度确认收入和成本，进而进行税收计算与优化的方法。

该方法借助 AI 的预测模型，根据项目的历史数据和当前进展情况，对未来的完工进度、成本支出和收入实现进行预测。同时，该方法通过模拟不同的业务情景和税收政策变化，评估对税收的影响，为企业提供最优的税收优化方案，模拟在不同完工进度确认时间点下的税收负担，帮助企业选择最有利的纳税时间节点。

企业可以根据 AI 系统提供的准确数据和预测结果，提前规划税收策略，合理安排成本列支时间、选择合适的收入确认方式等，在合法合规的前提下，实现税收负担的最小化。

【案例 8-7】广告代理公司 AI 税收优化完工百分比法案例

(一) 案例背景

沈阳先锋时代广告有限公司以提供创新且定制化的广告解决方案著称。2025 年 1 月，公司承接了一项大型广告代理项目，合同期限为一年，合同总金额达 1 000 万元。该项目涉及广告策划、创意设计、媒体投放等多个复杂环节，传统的人工核算方式难以精准把握项目进度与收入确认，容易导致税务风险。为此，公司 CEO 朱先锋决定引入中财讯 AI 税收优化系统，借助完工百分比法实现收入的精准确认与税务风险防控。

(二) 操作步骤

(1) 数据集成与系统适配：公司将项目管理系统、AI 财税系统以及业务执行系统与中财讯 AI 税收优化系统进行无缝对接。

(2) 智能进度追踪：AI 税收优化系统实时采集来自各个业务系统的数据，通过特定算法，综合分析这些数据并自动计算履约进度。在项目进行到第 3 个月时，广告策划已完成80%，设计方案完成60%，媒体投放准备工作完成30%，结合预设的各环节权重，计算出项目整体履约进度为45%。

（3）精准收入确认：依据计算得出的履约进度，AI税收优化系统按照完工百分比法自动确认每个会计期间的收入金额。计算公式为当期确认收入＝合同总金额 × 截至当期期末履约进度 − 以前会计期间累计已确认收入。在第3个月末，合同总金额为1 000万元，履约进度为45%，以前会计期间累计已确认收入为0元，则当期确认收入＝1 000 × 45% − 0 ＝ 450（万元）。AI税收优化系统将确认的收入数据传输至AI财税系统，生成相应的财务凭证。

（4）合规性检查：AI税收优化系统依据现行税法中关于收入确认的规定，对收入确认过程进行全方位合规性检查。核查收入确认时间是否符合税法要求，确认金额的计算是否准确无误，成本与收入的配比是否合理等。一旦发现潜在问题，系统立即发出预警，并提供详细的问题描述与整改建议。

（三）具体数据和数字金额

1. 项目进度与收入确认

项目按季度推进。

第一季度末，AI系统计算履约进度为45%，确认收入＝1 000 × 45% ＝ 450（万元）；

第二季度末，履约进度达到70%，确认收入＝1 000 × 70% − 450 ＝ 250（万元）；

第三季度末，履约进度为90%，确认收入＝1 000 × 90% − 450 − 250 ＝ 200（万元）；

第四季度末，项目完成，履约进度为100%，确认收入＝1 000 − 450 − 250 − 200 ＝ 100（万元）。

2. 税务风险量化

在引入AI税收优化系统前，由于人工估算完工进度存在偏差，据内部评估，每年因收入确认不当可能导致的税务罚款及滞纳金预计约为8万元。引入AI税收优化系统后，有效规避了这一风险。

（四）税务处理

（1）增值税处理：按照各期确认的收入金额，依据广告代理业务适用的增值税税率（为6%）计算销项税额。第一季度确认收入450万元，销项税额＝450 × 6% ＝ 27（万元）。在增值税纳税申报时，准确填写相关数据，按时缴纳增值税。

（2）企业所得税处理：在企业所得税汇算清缴时，以各季度确认的收入结合相应成本费用计算应纳税所得额。第一季度确认收入450万元，相关成本费用为300万元，应纳税所得额＝450 − 300 ＝ 150（万元）。按照企业所得税税率25%计算，第一季度应缴纳企业所得税＝150 × 25% ＝ 37.5（万元）。确保企业所得税计算与申报符合税法规定，避免税务风险。

（五）会计处理

1. 第一季度末

（1）确认收入。

借：应收账款	4 770 000
贷：主营业务收入	4 500 000
应交税费——应交增值税（销项税额）	270 000

（2）结转成本为 3 000 000 元。

借：主营业务成本	3 000 000
贷：劳务成本等	3 000 000

2. 第二季度末

（1）确认收入。

借：应收账款	2 650 000
贷：主营业务收入	2 500 000
应交税费——应交增值税（销项税额）	150 000

（2）结转成本为 1 600 000 元。

借：主营业务成本	1 600 000
贷：劳务成本等	1 600 000

3. 第三季度末

（1）确认收入。

借：应收账款	2 120 000
贷：主营业务收入	2 000 000
应交税费——应交增值税（销项税额）	120 000

（2）结转成本为 1 200 000 元。

借：主营业务成本	1 200 000
贷：劳务成本等	1 200 000

4. 第四季度末

（1）确认收入。

借：应收账款	1 060 000
贷：主营业务收入	1 000 000
应交税费——应交增值税（销项税额）	60 000

（2）结转成本为 600 000 元。

借：主营业务成本	600 000
贷：劳务成本等	600 000

（六）实施效果

（1）收入确认准确性提升：AI税收优化系统通过实时、精准的数据采集与分析，使公司能够依据完工百分比法准确确认各期收入，与项目实际进度紧密贴合，极大地提高了财务数据的准确性与可靠性。

（2）税务风险有效防控：借助AI税收优化系统的合规性检查功能，公司避免了因收入确认不当引发的税务风险，每年可避免约8万元的税务罚款及滞纳金，保障了公司的税务合规性，维护了公司的经济利益与声誉。

（3）财务工作效率提高：AI税收优化系统自动化完成项目进度跟踪、收入确认及合规性检查等工作，大幅减少了财务人员工作量。据统计，引入AI税收优化系统后，财务人员在收入确认相关工作上的时间投入减少约80%，可将更多精力投入财务分析与战略决策支持中。

七、高新技术企业的AI税收优化

高新技术企业，是指在《国家重点支持的高新技术领域》内，持续进行研究开发与技术成果转化，形成企业核心自主知识产权，并以此为基础开展经营活动的企业。这些企业通常具有知识密集、技术密集的特点，是科技型企业的优秀代表，也是国家高质量发展的主引擎和科技创新的主力军。

【案例8-8】高新技术企业AI税收优化策略与方案设计案例

（一）案例背景

上海岳帅科技有限公司成立于2000年，专注于AI领域的研发与应用，拥有丰富的知识产权，包括发明专利20项、软件著作权30项。随着业务的发展，企业面临着较大的税务成本压力，因此，企业CEO谢周宏决定引入中财讯AI税收优化系统，期望借助AI技术实现知识产权的税收优化。

（二）操作步骤

（1）数据收集与整合：企业将所有知识产权相关数据，如专利证书、软件著作权登记证书、知识产权评估报告等电子化后导入AI税收优化系统。同时，系统接入企业财务数据，包括财务报表、税务申报记录等，以及国家和地方的税收政策数据库。此次收集的数据涵盖近5年的知识产权信息以及相关财务税务数据，数据量达10吉字节以上。

（2）AI分析知识产权情况：AI税收优化系统运用深度学习算法，对导入的知识产权数据进行分析。识别每项知识产权的类型、有效期、应用领域、市场价值等关键信息。通过对专利技术的创新性、市场应用前景以及相关行业报告的分析，评估其实际价值。同时，结合财务数据，分析知识产权在企业成本、收入核算中的体现方式。

（3）生成税收优化建议：基于对知识产权的分析以及税收政策数据库，AI 税收优化系统为企业提供具体的税收优化建议。对于一项市场价值较高且在企业核心业务中应用较少的专利，AI 税收优化系统根据技术转让相关税收政策，建议企业通过技术转让的方式获取收益，并利用税收优惠政策降低税负。对于部分软件著作权，考虑到知识产权质押融资可享受的税收优惠以及企业的资金需求，AI 税收优化系统建议企业通过知识产权质押获得贷款，并合理利用利息支出的税前扣除政策优化税收。

（4）实施优化方案：企业根据 AI 税收优化系统的建议制订具体实施计划。对于建议的技术转让项目，企业成立专门的项目小组，负责寻找合适的受让方、洽谈转让价格与条款，并按照税收政策要求准备相关的技术转让合同、技术评估报告等资料，确保技术转让过程符合税收优惠条件。对于知识产权质押融资，企业与金融机构对接，办理质押手续，获取贷款，并在财务核算中准确记录利息支出，以便在税务申报时进行合理扣除。

（三）具体数据和数字金额

1. 技术转让

企业按照 AI 建议，将一项图像识别领域的专利技术转让给另一家企业，转让价格为 800 万元。根据相关税收政策，符合条件的技术转让所得，在 500 万元以内的部分免征企业所得税，超过 500 万元的部分减半征收企业所得税。

该专利技术的成本及相关税费为 200 万元，则技术转让所得为 600（800－200）万元，应缴纳企业所得税 =（600－500）×25%×50% = 12.5（万元）。未进行技术转让税收优化，该专利相关收益按正常业务收入计算，需缴纳企业所得税 = 600×25% = 150（万元）。

通过技术转让，节省企业所得税 137.5（150－12.5）万元。

2. 知识产权质押融资

企业通过质押 5 项软件著作权获得银行贷款 1 000 万元，贷款期限 1 年，年利率 5%，利息支出 50 万元。按照税收政策，该利息支出可在企业所得税税前扣除。企业原本应纳税所得额为 5 000 万元，企业所得税税率为 25%。扣除利息支出后，应纳税所得额变为 4 950（5 000－50）万元，应缴纳企业所得税 = 4 950×25% = 1 237.5（万元）。未进行知识产权质押融资及利息扣除，应缴纳企业所得税 = 5 000×25% = 1 250（万元）。

通过知识产权质押融资的税收优化，节省企业所得税 12.5（1 250－1 237.5）万元。

（四）税务处理

（1）技术转让税务处理：企业在完成技术转让后，在年度企业所得税汇算清缴时，在纳税申报表中准确填报技术转让所得相关数据，并将技术转让合同、技术评估报告等资料作为附件一并提交给税务机关，证明技术转让符合税收优惠条件。经税务机关审核后，享受技术转让所得的税收优惠政策。

（2）知识产权质押融资税务处理：企业在申报企业所得税时，将知识产权质押融资产生的利息支出按照规定在税前扣除。同时，保存好贷款合同、利息支付凭证等相关资料，以备税务机关查验。

（五）会计处理

1. 技术转让会计处理

（1）确认技术转让收入。

借：银行存款　　　　　　　　　　　　　　　　　　　　　　　　8 000 000

　　贷：其他业务收入　　　　　　　　　　　　　　　　　　　　8 000 000

（2）结转技术转让成本。

借：其他业务成本　　　　　　　　　　　　　　　　　　　　　　2 000 000

　　贷：无形资产——专利技术　　　　　　　　　　　　　　　　2 000 000

（3）确认所得税费用调整。

借：所得税费用　　　　　　　　　　　　　　　　　（红字）1 375 000

　　贷：应交税费——应交企业所得税　　　　　　　（红字）1 375 000

2. 知识产权质押融资会计处理

（1）取得贷款时。

借：银行存款　　　　　　　　　　　　　　　　　　　　　　　10 000 000

　　贷：短期借款　　　　　　　　　　　　　　　　　　　　　10 000 000

（2）计提利息时。

借：财务费用　　　　　　　　　　　　　　　　　　　　　　　　 500 000

　　贷：应付利息　　　　　　　　　　　　　　　　　　　　　　 500 000

（3）支付利息时。

借：应付利息　　　　　　　　　　　　　　　　　　　　　　　　 500 000

　　贷：银行存款　　　　　　　　　　　　　　　　　　　　　　 500 000

（4）确认所得税费用调整。

借：所得税费用　　　　　　　　　　　　　　　　　（红字）125 000

　　贷：应交税费——应交企业所得税　　　　　　　（红字）125 000

（六）实施效果

（1）税务成本降低：通过实施 AI 提供的基于知识产权的税收优化建议，企业在技术转让和知识产权质押融资方面共节省企业所得税 150（137.5 + 12.5）万元，有效降低了税务成本,提高了企业的盈利能力。

(2) 资源优化配置:技术转让使企业闲置的知识产权得到有效利用,实现了知识产权的市场价值。知识产权质押融资则为企业提供了资金支持,优化了企业的资金结构,促进了企业的业务发展。

(3) 税务合规性增强:AI 税收优化系统依据税收政策提供优化建议,企业在实施过程中严格按照政策要求进行税务处理,增强了税务合规性,降低了税务风险。

第三节 税收优惠政策的智能筛选与精准匹配

税收优惠政策的智能筛选与精准匹配,是指运用现代信息技术手段,特别是大数据和 AI 技术,对税收优惠政策进行智能化处理,以实现针对特定纳税人或企业需求的精准匹配和推送。

一、特定纳税人的精准匹配和推送流程

智能筛选是指运用算法对税务优惠政策进行自动化筛选,以快速定位到适应纳税人或企业特定条件的政策。

精准匹配是指在智能筛选的基础上,进一步结合纳税人或企业的实际情况和需求,对筛选出的政策进行精细化匹配,以确保推送的政策真正适应其需求。

二、税收优惠政策的智能筛选与精准匹配

在税务管理的 AI 变革中,AI 驱动的税收优化与优化实战中,税收优惠政策的智能筛选与精准匹配是一个核心环节。

【案例 8-9】农产品加工企业税收优惠政策智能筛选与精准匹配案例

(一)案例背景

农产品加工企业作为农业产业链的重要环节,面临着一系列复杂且多样的税收优惠政策。然而,由于税收政策的复杂性和人工判断的局限性,传统依靠人工筛选和匹配适用税收优惠政策的方式,不仅耗费大量的人力和时间,还容易出现政策理解偏差和匹配失误,企业无法充分享受税收优惠,增加税务成本。在此背景下,AI 技术凭借强大的数据处理和分析能力,为农产品加工企业破解这一难题提供了创新途径。

(二)案例概述

山东果丰农业产品加工有限公司主要从事水果深加工,将各类水果加工成果汁、果

脯等产品。随着企业业务的拓展,为更好地利用税收优惠政策,降低税务成本,该企业借助中财讯 AI 技术构建了税务优惠政策智能筛选与匹配系统,通过智能算法实现对税收优惠政策的高效筛选与精准匹配。

(三) 操作步骤

1. 数据收集与整合

(1) 将 AI 系统与企业的 AI 财税系统、业务系统建立连接。每月定期从 AI 财税系统中获取收入、成本、利润等财务数据,并从业务系统中收集原材料采购量、产品产量、销售区域等业务信息。2024 年 7 月,收集到企业水果采购成本数据 500 条,金额共计 500 万元;销售收入数据 150 条,总额达 800 万元。

(2) AI 系统实时关注国家税务总局官网、地方税务部门网站等权威平台,自动抓取最新的税收政策文件,并将其转化为结构化数据。

(3) AI 系统运用数据关联技术,将企业数据与税收政策数据整合到统一的数据仓库,为后续的政策筛选与匹配提供全面的数据支持。

2. 政策智能筛选

(1) 利用自然语言处理技术对税收政策文件进行深入解读,例如,针对农产品初加工免征企业所得税的政策,系统能够精准提取出政策适用范围、农产品初加工的界定标准、核算要求等关键信息。

(2) 基于机器学习算法,结合企业的财务数据和业务信息,对解析后的税收政策进行智能筛选。以企业的加工工艺、产品类型、销售情况等作为筛选依据,找出可能适用的税收优惠政策。AI 系统筛选出企业可能适用农产品初加工免征企业所得税政策、农产品增值税进项税额核定扣除政策等 4 项政策。

3. 精准匹配建议

(1) 对筛选出的优惠政策进行详细分析,综合考虑企业的实际运营情况、财务状况以及政策实施的具体要求,评估各政策对企业税负的影响程度和实施难度。

(2) 针对农产品初加工免征企业所得税政策,AI 系统明确告知企业适用条件为加工活动处于农产品初加工范围、财务核算健全等;申请流程需准备加工项目说明、成本核算资料等并按规定申报;预计节税金额为企业初加工业务利润乘以企业所得税税率,企业初加工业务利润为 200 万元,企业所得税税率为 25%,预计节税金额为 50 万元。

(四) 具体数据和数字金额

(1) 筛选效率对比:传统人工筛选方式,需财务与税务人员花费 2~3 周梳理政策,且难以保证全面性;而 AI 系统仅需 0.5 天即可完成政策筛选工作,效率提升 95% 以上。

(2) 匹配精度提升:以往人工匹配政策,因对政策理解偏差等问题,匹配准确率约为 60%；引入 AI 系统后，匹配准确率提升至 95% 以上。

（3）节税金额：通过 AI 系统的精准匹配，企业成功享受农产品初加工免征企业所得税政策、农产品增值税进项税额核定扣除政策等。预计当年企业所得税节税金额为 80 万元，增值税节税金额为 30 万元，总计节税 110 万元。

（五）税务处理

（1）企业所得税：企业依据 AI 系统提供的建议，在年度企业所得税汇算清缴时，对于符合农产品初加工免征企业所得税政策的业务，在纳税申报表中准确填报相关数据，并提交加工项目说明、成本核算资料等证明材料。企业该部分业务免征企业所得税，实际缴纳企业所得税较未享受优惠政策前减少 80 万元。

（2）增值税：对于 AI 系统匹配的农产品增值税进项税额核定扣除政策，企业按照规定的核定方法计算可抵扣的进项税额，并在增值税申报时准确填写相关数据。经核算，企业实际缴纳增值税减少 30 万元。

（六）会计处理

1. 企业所得税

（1）享受优惠前。

借：所得税费用（按原税率计算金额）

  贷：应交税费——应交企业所得税（按原税率计算金额）

（2）享受优惠后。

借：所得税费用（扣除免征部分后的金额）

  贷：应交税费——应交企业所得税（扣除免征部分后的金额）

借：所得税费用   （红字）800 000

  贷：应交税费——应交企业所得税   （红字）7 800 000

2. 增值税

（1）享受优惠前。

正常核算增值税，如：

借：原材料（含可抵扣进项税额）

  应交税费——应交增值税（进项税额）

  贷：银行存款

借：应收账款

  贷：主营业务收入

    应交税费——应交增值税（销项税额）

借：应交税费——应交增值税（转出未交增值税）

  贷：应交税费——未交增值税

（2）享受优惠后。

根据增值税进项税额核定扣除政策调整进项税额核算：

借：原材料（调整后的金额）

　　应交税费——应交增值税（进项税额，核定扣除后的金额）

　　贷：银行存款

借：应交税费——应交增值税　　　　　　（转出未交增值税，红字）7 300 000

　　贷：应交税费——未交增值税　　　　　　　　　　　　　（红字）7 300 000

（七）实施效果

（1）提高筛选效率：AI 系统显著缩短了税收优惠政策筛选周期，从传统的数周缩短至数天，使企业能够及时响应政策变化，灵活调整税务策略。

（2）提升匹配精度：借助智能算法实现深度匹配，匹配准确率大幅提高，有效地避免了人工失误导致的政策错配，确保企业充分享受税收优惠。

（3）降低优化成本：企业通过精准享受税收优惠政策，切实降低了税负，降低了税务优化过程中的人力、物力成本，同时降低了因政策利用不当产生的税务风险。

三、政策数据库的构建与更新机制

在税务管理的 AI 变革中，AI 驱动的税收优化与优化实战中，税收优惠政策的智能筛选与精准匹配离不开政策数据库的构建与更新机制。

在构建政策数据库时，首先需要收集全面的税务优惠政策信息。这包括国家层面的税收法律法规、地方性的税收优惠政策、行业特定的税收减免措施等。数据收集渠道可以包括政府官方网站、税务部门公告、行业协会通知等。

收集到的原始政策信息往往较为零散、格式不一，需要进行整理和规范化处理。这包括政策的分类、编号、标题、发布日期、有效期限、适用对象、优惠内容、申请条件等关键信息的提取和标准化。

税收政策具有一定的时效性和变动性，因此政策数据库需要建立定期更新机制。这包括定期从政府官方网站、税务部门公告等渠道获取最新的税收政策信息，并对数据库中的相应内容进行更新或替换。

【案例 8-10】会计师事务所财税政策数据库构建与应用案例

（一）案例背景

在当今复杂多变的税收环境下，对于会计师事务所而言，准确、及时地为客户提供适用的税收优惠政策，帮助客户实现合理的税收优化，成为提升服务质量和竞争力的关键。为破解这一难题，君立信会计师事务所所长宗立君决定借助中财讯 AI 技术构建税务优惠政策智能筛选与精准匹配系统,其中财税政策数据库的构建与更新机制是核心环节。

(二)案例概述

君立信会计师事务所运用 AI 技术打造了税务优惠政策智能筛选与精准匹配系统,利用 AI 算法实现税收优惠政策的智能筛选与精准匹配,并为客户提供个性化的税收优化建议。通过这一系统,事务所能够更高效、准确地服务客户,助力企业降低税负成本。

(三)操作步骤

1. 财税政策数据库构建

(1)数据收集:利用 AI 网络爬虫技术,广泛收集来自国家税务总局官网、各地方税务部门网站、政府政策发布平台等权威渠道的税收政策文件,包括法规条文、实施细则、政策解读等。同时,收集各类财税专业媒体、行业研究报告中对政策的分析与案例。在构建初期,共收集到各类政策文件及相关资料超过 5 000 份。

(2)数据清洗与结构化处理:运用自然语言处理技术对收集到的非结构化数据进行清洗,去除重复、错误及无关信息。然后,将政策内容转化为结构化数据,提取政策名称、发布时间、适用范围、优惠条款、有效期等关键信息,方便后续存储与检索。

(3)数据库搭建:选择合适的数据库管理系统,如 Oracle 或 MySQL,按照一定的数据模型将结构化后的政策数据进行存储,构建起财税政策数据库。

2. 定期更新机制

(1)设定更新周期:确定每周为一个更新周期。每周定时启动 AI 系统,对已收集政策的有效期进行检查,同时扫描权威渠道是否有新政策发布。

(2)政策更新处理:发现有政策过期或修订,及时在数据库中更新相关信息,如修改政策条款、调整有效期等。对于新发布的政策,按照数据收集、清洗与结构化处理流程,将其纳入数据库。例如,在某次定期更新中,发现有 5 条政策已过期,3 条政策有修订,同时新增了 2 条税收优惠政策。

3. 实时更新机制

(1)实时监控:通过设置 AI 智能监控程序,实时关注权威政策发布平台的动态。一旦有新政策发布,系统立即触发警报。

(2)快速处理:专业团队在接到警报后,迅速对新政策进行初步分析,判断其重要性与适用性。对于重要且适用范围广的政策,立即启动快速更新流程,在 24 小时内完成数据处理并更新财税政策数据库。如某重要税收优惠政策发布后,团队在 12 小时内完成更新,确保系统能及时为客户提供相关服务。

4. 政策筛选与匹配

(1)客户数据收集:收集企业客户的财务报表、纳税记录、业务合同等数据,全面了解客户的财务状况与业务特点。

（2）智能筛选与匹配：将客户数据输入税务优惠政策智能筛选与精准匹配系统，系统依据财税政策数据库中的政策信息，运用机器学习算法进行智能筛选与匹配，找出适用于客户的税收优惠政策，并生成个性化的税收优化建议。

（四）具体数据和数字金额

以昌瑞端木制造公司客户为例，该企业年营业收入 8 000 万元，成本 6 000 万元，应纳税所得额 2 000 万元，原适用企业所得税税率为 25%，需缴纳企业所得税 500（2 000×25%）万元。

经系统筛选匹配，发现该企业符合一项研发费用加计扣除政策以及小型微利企业税收优惠政策（调整后符合条件）。经计算，享受研发费用加计扣除（研发费用 500 万元，加计扣除比例为 100%）后，应纳税所得额减少 500 万元，同时享受小型微利企业优惠政策，实际税率降至 10%。调整后应纳税所得额为 1 500（2 000−500）万元，应缴纳企业所得税 150（1 500×10%）万元，节税 350（500−150）万元。

（五）税务处理

（1）企业所得税申报调整：企业依据会计师事务所提供的建议，在企业所得税申报时，按照研发费用加计扣除政策要求，准确填报研发费用相关数据，并提交研发项目资料等证明文件。同时，按照小型微利企业优惠政策，调整应纳税所得额与税率，完成申报流程。税务机关审核通过后，企业按调整后的税额缴纳企业所得税。

（2）留存备查资料管理：企业按照税法规定，妥善保存与税收优惠政策相关的资料，如研发项目立项书、费用明细、合同等，以备税务机关后续检查。

（六）会计处理

1. 研发费用加计扣除

（1）平时核算。

企业发生研发费用时，

借：研发支出——费用化支出（或资本化支出）　　　　　　　　　5 000 000
　　贷：银行存款/原材料等　　　　　　　　　　　　　　　　　　5 000 000

（2）期末结转。

①费用化支出结转。

借：管理费用　　　　　　　　　　　　　　　　　　　　　　　　5 000 000
　　贷：研发支出——费用化支出——数字资源　　　　　　　　　5 000 000

②所得税费用调整。

借：所得税费用　　　　　　　　　　　　　　　　　　　（红字）1 250 000
　　贷：应交税费——应交企业所得税　　　　　　　　　　（红字）1 250 000

（注：1 250 000 = 5 000 000 × 25%）

2. 小型微利企业优惠政策调整

（1）计算所得税费用。

借：所得税费用　　　　　　　　　　　　　　　　　　　　　　　1 500 000

　　贷：应交税费——应交企业所得税　　　　　　　　　　　　　　　1 500 000

（2）调整原所得税费用。

借：所得税费用　　　　　　　　　　　　　　　　　　　（红字）2 250 000

　　贷：应交税费——应交企业所得税　　　　　　　　　　（红字）2 250 000

（注：2 250 000 = 5 000 000 − 1 500 000 − 1 250 000）

（七）实施效果

（1）效率提升：从为客户筛选适用税收优惠政策的时间来看，传统方式平均需要 3～5 天，而借助该系统，仅需 0.5 天，效率提升约 95%。

（2）税负降低：通过精准匹配税收优惠政策，帮助企业有效降低税负。以服务的 100 家企业为例，平均每家企业年节税金额达 200 万元，总计节税 2 亿元。

（3）客户满意度提高：客户对会计师事务所提供的税收优化服务满意度大幅提升，客户留存率从原来的 80% 提高到 98%。

【案例 8-11】律师事务所财税政策数据库构建与应用案例

（一）案例背景

对于律师事务所而言，准确把握并运用税收优惠政策，不仅能降低自身税负成本，还能为客户提供专业的税务咨询服务。在此背景下，立君信律师事务所决定借助中财讯 AI 技术构建税务优惠政策智能筛选与精准匹配系统，而财税政策数据库的构建与更新机制成为该系统的关键组成部分。

（二）案例概述

立君信律师事务所利用中财讯 AI 技术搭建了税务优惠政策智能筛选与精准匹配系统。该系统以全面、准确且实时更新的财税政策数据库为依托，结合事务所自身及客户企业的财务数据、业务信息等多维度数据，运用 AI 算法实现对税收优惠政策的快速筛选和精准匹配，进而为企业提供量身定制的税收优化建议。通过这一系统，事务所提升了税收优化工作的效率，有效降低了企业的税负成本，增强了自身在税务服务领域的竞争力。

（三）操作步骤

1. 财税政策数据库构建

（1）多源数据采集：AI 系统通过网络爬虫技术，从国家税务总局官网、地方税务部门官方网站、政府政务公开平台等权威渠道，自动抓取各类税收政策文件、法规条文、政策解读等资料。同时，收集专业财税资讯平台、行业研究报告以及相关学术文献中关于税收政策的分析与案例，确保数据来源的广泛性和权威性。在数据库构建初期，共收集到超过 3 万份相关资料。

（2）数据预处理：运用自然语言处理技术对采集到的原始数据进行清洗，去除重复、无效和格式不规范的内容。然后，将非结构化的政策文本转化为结构化数据，提取关键信息，如政策名称、发文机关、发布时间、适用对象、优惠内容、执行期限、政策依据等，为后续的数据存储和检索奠定基础。

（3）数据库搭建：选用性能稳定的数据库管理系统，按照预先设计好的数据模型，将结构化后的政策数据进行分类存储，构建起涵盖各类税收政策的数据库。数据库设计遵循规范化原则，确保数据的一致性和完整性，便于后续的查询和维护。

2. 定期更新机制

（1）设定更新周期：确定每两周为一个固定的更新周期。在每个更新周期开始时，AI 系统自动启动政策检查程序。

（2）全面政策审查：系统对数据库中所有政策的有效期、适用性进行全面审查。检查政策是否过期、是否有修订或废止情况。同时，扫描权威数据源，查找是否有新发布的相关税收政策。例如，在某次定期更新过程中，发现有 8 条政策已过期，对 5 条政策进行了修订，并且新增了 3 条针对服务业的税收优惠政策。

（3）数据更新操作：对于过期的政策，将其标记为失效状态，并从常用查询列表中移除，但保留历史记录以备查阅；对于修订的政策，及时更新数据库中的相关条款和内容；对于新政策，按照数据预处理流程，将其纳入数据库，并与现有政策进行关联和分类。

3. 实时更新机制

（1）实时监测：AI 系统设置实时监测程序，不间断地监控权威政策发布平台的动态。一旦有新政策发布，系统能够迅速捕捉到相关信息，并及时发出提醒。

（2）紧急处理流程：当接收到新政策提醒后，事务所的税务专家团队立即介入。首先对新政策进行初步评估，判断其对事务所及客户的重要性和适用性。对于重要且广泛适用的政策，启动紧急更新流程。在 1 小时内完成对新政策的数据提取、结构化处理和入库操作，确保系统能够及时为客户提供最新的政策信息和优化建议。

4. 政策筛选与匹配

（1）客户数据收集：收集客户企业的财务报表、纳税申报记录、业务合同、员工构成等详细数据，全面了解客户企业的财务状况、业务范围和经营特点。

（2）智能筛选与匹配：将客户数据输入税务优惠政策智能筛选与精准匹配系统，

系统基于财税政策数据库中的政策信息,运用机器学习算法进行智能分析和匹配。算法会综合考虑客户企业的行业属性、规模大小、业务模式等因素,筛选出可能适用的税收优惠政策,并按照相关性和优惠力度进行排序。

(四)具体数据和数字金额

(1)立君信律师事务所2024年营业收入为1 500万元,成本费用为800万元,应纳税所得额为700万元,原适用企业所得税税率为25%,需缴纳企业所得税175(700×25%)万元。此外,事务所每年还需缴纳增值税及附加约90万元,总税负为265万元。

(2)经系统筛选匹配发现该律师事务所符合小型微利企业税收优惠政策(调整后符合条件)以及一项针对服务业的增值税加计抵减政策。享受小型微利企业税收优惠政策后,应纳税所得额不超过100万元的部分,减按12.5%计入应纳税所得额,按20%的税率缴纳企业所得税;超过100万元但不超过300万元的部分,减按25%计入应纳税所得额,按20%的税率缴纳企业所得税;超过300万元的部分,按25%的税率缴纳企业所得税。同时,享受增值税加计抵减政策,加计抵减比例为10%。

(3)企业所得税调整:应纳税所得额为700万元,其中,

100万元部分应纳税额=100×12.5%×20%=2.5(万元);

100万~300万元部分应纳税额=200×25%×20%=10(万元);

超过300万元部分应纳税额=400×25%=100(万元);

企业所得税共计112.5(2.5+10+100)万元。

相比之前,企业所得税节省62.5(175-112.5)万元。

(4)增值税及附加调整:该律师事务所每年增值税销项税额为100万元,进项税额为70万元,原应缴纳增值税30(100-70)万元,附加税按12%计算为3.6(30×12%)万元。享受增值税加计抵减政策后,可加计抵减税额=70×10%=7(万元),实际缴纳增值税23(30-7)万元,附加税为2.76(23×12%)万元。增值税及附加共节省7.84(30+3.6-23-2.76)万元。

(5)总税负变化:享受优惠政策后,总税负降至112.5+23+2.76=138.26(万元),较之前降低了126.74(265-138.26)万元。

(五)税务处理

(1)企业所得税申报:该律师事务所在年度企业所得税汇算清缴时,按照小型微利企业税收优惠政策要求,在纳税申报表中准确填报应纳税所得额的计算过程和相关减免税额。同时,准备好相关证明材料,如财务报表、企业规模证明等,以备税务机关查验。税务机关审核通过后,该律师事务所按照调整后的税额缴纳企业所得税。

(2)增值税申报:在增值税申报过程中,该律师事务所根据增值税加计抵减政策规定,在申报表中正确填写加计抵减的金额和计算依据。

（六）会计处理

1. 企业所得税

（1）享受优惠前。

借：所得税费用　　　　　　　　　　　　　　　　　　　　　　1 750 000
　　贷：应交税费——应交企业所得税　　　　　　　　　　　　　　　1 750 000

（2）享受优惠后。

借：所得税费用　　　　　　　　　　　　　　　　　　　　　　1 125 000
　　贷：应交税费——应交企业所得税　　　　　　　　　　　　　　　1 125 000

借：所得税费用　　　　　　　　　　　　　　　　　　　（红字）625 000
　　贷：应交税费——应交企业所得税　　　　　　　　　　　（红字）625 000

2. 增值税及附加

（1）享受优惠前。

①确认增值税。

借：应交税费——应交增值税（转出未交增值税）　　　　　　　　300 000
　　贷：应交税费——未交增值税　　　　　　　　　　　　　　　　　300 000

②计提附加税。

借：税金及附加　　　　　　　　　　　　　　　　　　　　　　　36 000
　　贷：应交税费——应交城市维护建设税　　　　　　　　　　　　　21 000
　　　　应交税费——应交教育费附加　　　　　　　　　　　　　　　　9 000
　　　　应交税费——应交地方教育附加　　　　　　　　　　　　　　　6 000

（注：21 000＝300 000×7%；9 000＝300 000×3%；6 000＝300 000×2%）

（2）享受优惠后。

①确认增值税。

借：应交税费——应交增值税（转出未交增值税）　　　　　　　　230 000
　　贷：应交税费——未交增值税　　　　　　　　　　　　　　　　　230 000

②计提附加税。

借：税金及附加　　　　　　　　　　　　　　　　　　　　　　　27 600
　　贷：应交税费——应交城市维护建设税　　　　　　　　　　　　　16 100
　　　　应交税费——应交教育费附加　　　　　　　　　　　　　　　　6 900
　　　　应交税费——应交地方教育附加　　　　　　　　　　　　　　　4 600

（注：16 100＝230 000×7%；6 900＝230 000×3%；4 600＝230 000×2%）

③调整增值税及附加费用。

借：税金及附加　　　　　　　　　　　　　　　　　　　　（红字）8 400

　　　　　贷：应交税费——应交城市维护建设税　　　　　　　　　（红字）4 900
　　　　　　　应交税费——应交教育费附加　　　　　　　　　　（红字）2 100
　　　　　　　应交税费——应交地方教育附加　　　　　　　　　（红字）1 400
　　借：应交税费——应交增值税（转出未交增值税）　　　　　　（红字）70 000
　　　　　贷：应交税费——未交增值税　　　　　　　　　　　　（红字）70 000
（注：4 900＝21 000－16 100；2 100＝9 000－6 900；1 400＝6 000－4 600）

（七）实施效果

（1）效率提升：从为自身或客户筛选适用税收优惠政策的时间来看，传统人工方式平均需要4～6天，借助该系统后，缩短至0.5天，效率提升约98%。这使得事务所能够更快速地响应客户需求，及时为客户提供税务优化方案。

（2）税负降低：通过精准匹配税收优惠政策，不仅律师事务所自身税负显著降低，为客户企业提供的服务也取得了良好效果。以服务的50家企业为例，平均每家企业年节税金额达到150万元，总计节税7 500万元。这不仅有效减轻了企业的负担，增强了企业的竞争力，也提升了事务所的服务价值。

（3）服务质量提升：借助该系统提供的个性化税收优化建议，事务所能够为客户提供更专业、精准的税务服务。客户对事务所税务服务的满意度大幅提升，客户投诉率从原来的10%降至3%，客户留存率从85%提高到92%，进一步巩固了事务所的市场地位。

四、企业信息与政策条件的智能匹配算法

在税务管理的AI变革中，AI驱动的税收优化与优化实战中，税收优惠政策的智能筛选与精准匹配是企业运用AI技术提升税务管理效率的重要环节。

对企业信息与税收优惠政策条件进行标准化处理，如将企业的财务数据、业务信息、行业分类等转化为机器可识别的格式；对税收优惠政策的适用条件、优惠内容等进行解析和结构化处理。

从企业信息与政策条件中提取关键特征，如企业的营业收入、利润、研发投入、行业分类等，以及政策的适用对象、优惠幅度、申请条件等。

运用机器学习或深度学习算法，计算企业信息与政策条件之间的相似度或匹配度。常用的算法包括余弦相似度、欧氏距离、决策树、神经网络等。

【案例8－12】企业信息与政策条件的智能匹配算法案例

（一）案例背景

上海跃峰科技有限公司系高新技术企业，该企业计划申请税收优惠政策以降低税负

成本，通过 AI 技术实现企业信息与政策条件的智能匹配。

（二）操作步骤

1. 企业信息输入

企业名称：上海跃峰科技有限公司。

行业分类：信息技术服务业。

营业收入：5 000 万元。

研发投入：1 000 万元。

利润：800 万元。

2. 税收优惠政策查询

（1）政策一：对高新技术企业减按 15% 的税率征收企业所得税。

适用条件：企业须为高新技术企业，且年度研发投入占营业收入比例不低于 5%。

优惠内容：企业所得税税率由 25% 减按 15% 征收。

（2）政策二：对符合条件的研发费用加计扣除。

适用条件：企业须为科技型中小企业或高新技术企业，且研发费用符合相关要求。

优惠内容：允许企业按研发费用的 75% 在税前加计扣除。

（三）智能匹配过程

首先，系统解析企业信息和税收优惠政策条件，提取关键特征。

其次，运用智能匹配算法计算企业信息与政策条件之间的相似度或匹配度。

系统识别出企业为高新技术企业，且年度研发投入占营业收入比例（1 000÷5 000×100% =20%）高于政策一要求的 5%，因此优先推荐政策一。

系统也识别出企业符合政策二的适用条件，因此也将其纳入推荐范围。

（四）匹配结果展示

系统最终展示匹配结果，列出符合企业条件的税收优惠政策，并按匹配度进行排序。在本例中，政策一因匹配度更高而排在首位。

通过 AI 技术实现企业信息与政策条件的智能匹配，企业可以更加高效、准确地筛选出适用的税收优惠政策，降低税收优化的成本和风险，提升税务管理的效率和质量。

第四部分
AI 赋能的财税数据分析篇

在数字化转型的进程中，AI为财税数据分析带来了前所未有的变革，弥补了传统财税管理的不足。

传统财税管理的数据收集与处理依赖手工，效率低下且易出错；各部门信息系统不集成，导致财务与业务数据流通不畅；分析手段也因缺乏先进工具技术支持而滞后。这使得财税数据分析难以发挥其应有的作用，企业决策面临诸多困境。

AI的融入则彻底改变了这一局面。在数据收集环节，借助传感器、物联网技术，实现了财务数据的实时采集，极大地提高了数据收集的效率，减少了人工操作可能出现的错误，保证了数据的准确性。

（1）在数据处理阶段：AI凭借强大的运算能力和智能算法，能够快速对海量的财税数据进行整理、分类和存储。例如，通过自然语言处理和图像识别技术，AI可以自动识别并提取发票、合同等财税相关文件中的关键数据，将其转化为结构化数据，方便后续分析。

（2）在数据分析阶段：AI更是展现出强大的优势。利用大数据分析和机器学习技术，AI可以对财税数据进行深度挖掘，发现数据背后隐藏的规律和趋势。通过建立财务风险预测模型，AI能够实时监控企业的财务状况，提前预警潜在的财务风险，如资金链断裂风险、税务合规风险等。在税务优化方面，AI可以根据企业的业务特点和财务数据，结合税收政策法规，为企业提供个性化的税务优化方案，帮助企业合理降低税负。

AI赋能的财税数据分析已取得显著成效。一些企业通过引入AI财税分析系统，实现了财务分析的自动化和智能化，管理层能够及时获取准确的财务信息，做出更科学的决策。这不仅提升了企业的运营效率，还增强了企业的竞争力和抗风险能力。

第九章
AI 财税数据挖掘与分析技能构建

财税数据挖掘与分析技能构建，是指为了有效进行财税数据挖掘与分析工作，必须掌握的一系列基础技能。

数据预处理是数据挖掘与分析的首要步骤，也是最关键的一步。

第一节 AI 数据挖掘在财税管理中的应用场景与价值体现

在 AI 赋能的财税数据分析中，数据挖掘技术扮演着至关重要的角色。

财务数据挖掘，是指通过使用各种数据挖掘技术和工具，从海量财务数据中提取有价值的信息和知识，以支持决策制定、风险管理和业务优化。

财务数据挖掘是数据挖掘在财务领域的具体应用。它借助统计学、机器学习和 AI 等技术，对企业财务数据进行深入分析，以发现隐藏在数据中的模式、趋势和关系。其核心目的是提高企业财务管理的效率和准确性，支持决策制定、风险管理和业务优化。

一、AI 财务数据挖掘应用场景

（一）财务数据分析

（1）财务报表分析：数据挖掘技术可以对企业的资产负债表、利润表、现金流量表等财务报表进行深入分析，挖掘数据背后的规律和趋势，帮助企业更好地了解自身的财务状况和经营成果。

（2）财务比率分析：数据挖掘技术可以计算和分析各种财务比率，如流动比率、速动比率、资产负债率等，以评估企业的偿债能力、运营效率和盈利能力。

（3）预算与预测分析：数据挖掘技术可以建立预测模型，基于历史数据和市场趋势预测未来的财务状况与经营成果，为企业的预算编制和财务决策提供有力支持。

（二）税务数据分析

（1）税务合规性分析：数据挖掘技术可以对企业的纳税记录、发票数据等进行全面分析，帮助企业发现潜在的税务风险和问题，确保税务合规性。

（2）税收优化：通过对税收政策的深入挖掘和分析，数据挖掘技术可以为企业提供税收优化建议，帮助企业合理规避税收风险，降低税负成本。

（3）税务申报辅助：数据挖掘技术可以自动生成税务申报表格，预填相关数据，减少人工操作错误，提高税务申报的准确性和效率。

（三）风险管理与控制

（1）财务风险预警：数据挖掘技术可以建立财务风险预警模型，实时监控企业的财务状况和经营成果，一旦发现异常或潜在风险，及时发出预警信号，帮助企业采取措施应对风险。

（2）信用风险评估：对于金融机构或信贷部门而言，数据挖掘技术可以对企业的财务数据进行分析，评估企业的信用风险和偿债能力，为信贷决策提供有力支持。

（四）业绩评估与预测

（1）销售业绩分析：数据挖掘技术可以对企业的销售数据进行分析，评估销售业绩和市场表现，为企业的销售策略和市场定位提供参考。

（2）利润预测分析：基于历史数据和市场趋势，数据挖掘技术可以建立利润预测模型，预测企业未来的盈利能力和利润水平。

二、AI 税务数据挖掘应用场景

税务数据挖掘，是指通过对税务数据的收集、整理和分析，发现其中潜在的规律和有价值的信息，为税务管理和决策提供依据。税务数据挖掘在税务管理和决策中有广泛的应用场景。

（1）税收风险预警：通过分析纳税人的行为和数据，识别潜在的税收风险，如偷税漏税、虚开发票等。

（2）税收征管优化：通过分析税收数据，发现税收征管中的问题，提出改进措施，提高征管效率。

（3）税收政策评估：通过分析税收数据，评估税收政策的实施效果，为政策调整提供依据。

三、AI 识别税务异常与优化税收空间

在 AI 赋能的财税数据分析领域中，税务数据挖掘是提升税务管理效率、优化税收环境的关键环节。

（一）识别税务异常

（1）异常交易检测：数据挖掘技术可以分析企业的交易数据，通过设定异常检测

算法，识别出不符合常规交易模式的异常交易行为。这些异常交易可能包括虚开发票、虚假报销、偷逃税款等行为，为税务机关提供稽查线索。

（2）税务合规性检查：数据挖掘技术可以自动比对企业的税务申报数据与税务机关的数据库信息，检查企业是否存在漏报、错报、迟报等不合规行为。通过及时发现并纠正这些不合规行为，企业可以避免税务处罚和信誉损失。

（3）风险预警与评估：数据挖掘技术可以建立 AI 税务风险预警模型，对企业的税务状况进行实时监控和评估。一旦发现潜在的税务风险点，如税负异常波动、税收优化方案不当等，模型将立即发出预警信号，提醒企业及时采取措施进行防范。

（二）优化税收空间

（1）税收政策分析：数据挖掘技术可以分析不同税收政策对企业税负的影响，帮助企业选择最优的税收优化方案。通过对税收政策的深度挖掘和分析，企业可以更好地理解政策导向和税收优惠条件，从而合理规划税负，降低税务成本。

（2）税收方案优化：数据挖掘技术可以分析企业的历史税务数据和财务状况，结合当前的税收政策环境，为企业提供个性化的税收优化方案。通过对不同优化方案的效果进行模拟和预测，企业可以选择最优方案，实现税负的最小化和税后利润的最大化。

（三）价值体现

（1）降低税务风险：通过识别税务异常和建立风险预警机制，企业可以及时发现并纠正潜在的税务风险点，避免税务处罚和信誉损失。

（2）降低税负成本：通过分析税收政策和优化税收方案，企业可以降低税负成本，提高税后利润水平。这有助于增强企业的竞争力和可持续发展能力。

（3）提升税务管理效率：数据挖掘技术可以自动化处理和分析税务数据，提高税务管理的效率和准确性。这有助于企业更好地把握税收优化的空间和时机，实现税务成本的有效控制。

税务数据挖掘在识别税务异常与优化税收空间中的应用场景广泛且价值显著。通过运用 AI 技术进行税务数据挖掘，企业可以及时发现并纠正潜在的税务风险点，优化税收方案，降低税负成本，提高税务管理效率，从而实现税务成本的有效控制和税后利润的最大化。

四、业务与财税数据关联的 AI 挖掘

业务与财税数据关联挖掘，是指运用数据挖掘技术，对企业的业务数据和财税数据进行分析，发现两者之间的内在联系和规律。其目的是帮助企业更好地理解业务运营对财务状况的影响，以及财税政策对企业业务发展的制约和促进作用，从而制定更加科学合理的决策。

在AI赋能的财税数据分析领域，业务与财税数据关联挖掘是提升企业管理决策水平、优化资源配置的重要途径。

（1）成本效益分析：业务与财税数据关联挖掘可以帮助企业深入分析各项业务的成本构成和效益情况。这有助于企业识别出成本效益较低的业务环节，从而采取措施进行优化或调整，提高整体盈利能力。

（2）市场趋势预测：业务与财税数据关联挖掘可以帮助企业分析市场趋势和消费者行为，预测未来市场需求和竞争格局的变化。基于这些预测结果，企业可以制定更加科学合理的市场策略和销售计划，提前布局以抢占市场先机。

（3）客户价值分析：业务与财税数据关联挖掘可以帮助企业深入分析客户的购买行为、消费偏好和价值贡献等信息。这有助于企业识别出高价值客户和潜在流失客户，从而制定个性化的营销策略和服务方案，提高客户满意度和忠诚度。

（4）风险预警与管理：业务与财税数据关联挖掘可以帮助企业建立风险预警机制，实时监测业务运营和财务状况中的异常变化。一旦发现潜在风险点，如资金链断裂、库存积压等，企业可以立即采取措施进行应对，避免风险扩大和损失加剧。

业务与财税数据关联挖掘在财税管理中的应用场景广泛且价值显著。通过深入挖掘业务数据与财税数据之间的内在联系和规律，企业可以提升决策水平、优化资源配置、增强市场竞争力并促进可持续发展。

【案例9-1】 AI数据挖掘为战略决策提供支持的案例

（一）案例背景

吉林海特机电有限公司是一家制造业企业，在市场竞争加剧、成本上升等挑战下，需要制定更加精准有效的企业战略决策，以保持市场竞争力和可持续发展。

（二）数据挖掘与应用

（1）数据收集与整合：该企业首先收集了大量的业务数据和财税数据，包括销售收入、成本构成、市场份额、客户反馈、税务申报信息、财务报表等。通过AI技术，将这些数据进行清洗、整理和整合，形成统一的数据格式和标准，为后续的关联挖掘分析打下基础。

（2）关联挖掘分析：运用数据挖掘技术，对业务数据和财税数据进行深度关联挖掘。例如，分析不同产品线的销售收入与成本构成之间的关系，识别出盈利能力强和盈利能力弱的产品线；分析市场份额与客户反馈之间的关系，了解客户满意度和忠诚度的变化趋势；分析税务申报信息与财务报表之间的关系，识别出潜在的税务风险和优化空间等。通过这些关联挖掘分析，企业可以获取更加全面、深入的管理信息，揭示出数据背后的规律和趋势。

（3）战略决策支持：基于关联挖掘的分析结果，企业制定了更加精准有效的战略决策。例如，针对盈利能力弱的产品线，企业决定加大研发投入或进行市场调整，以提高其市场竞争力；针对客户满意度和忠诚度下降的情况，企业决定优化客户服务流程和提高产品质量，以提升客户体验；针对潜在的税务风险，企业决定及时调整税收优化方案，确保合规经营并降低税务成本等。

（三）价值体现

（1）提升决策精准度：通过业务与财税数据关联挖掘，企业可以获取更加全面、准确的管理信息，为战略决策提供有力支持。这有助于提高决策的精准度和效果，降低决策风险。

（2）优化资源配置：基于关联挖掘的分析结果，企业可以更加精准地把握市场需求和竞争态势，优化资源配置。

（3）增强市场竞争力：通过关联挖掘分析，企业可以更加深入地了解市场和客户，发现新的市场机会和潜在需求。这有助于企业制定更加精准的市场策略和产品方案，满足客户需求并提升市场竞争力。

（4）促进可持续发展：关联挖掘分析可以帮助企业识别出可能影响企业长期发展的风险因素，如税务风险、市场风险等。通过及时采取措施进行应对和改进，企业可以实现可持续发展并保持竞争优势。

第二节 AI 数据挖掘算法在财税数据分析中的应用

数据挖掘算法是指在处理大量数据时，能够发现数据中的模式、关联、异常与趋势的一组试探法和计算。这些算法广泛应用于商业智能、金融分析、医疗健康、社交网络分析等领域。

在 AI 赋能的财税数据分析领域，数据挖掘算法在财税数据分析中发挥着至关重要的作用。

一、常用 AI 数据挖掘算法种类

（一）分类算法

（1）概述：分类算法是机器学习中的一种重要算法类型，其目标是基于已有的数据样本（训练数据）构建一个模型，这个模型能够对新的数据实例进行分类预测。

（2）应用场景：税务风险分类、客户信用评估等。

（3）实例：运用决策树、SVM 等分类算法，对企业的税务数据进行分类分析，识

别出潜在的税务风险点，如逃税、漏税等行为。同时，可以对客户的信用数据进行分类评估，帮助企业制定差异化的营销策略和风险管理策略。

（二）聚类算法

（1）概述：聚类算法是机器学习领域中无监督学习的重要算法类型，旨在将数据集中的样本划分成不同的组或簇，使同一簇内的数据具有较高相似性，而不同簇之间的数据具有较大差异性。从原理上看，聚类算法基于数据的特征来衡量样本之间的相似度，通过计算所有样本之间的相似度，将相似性高的样本归为同一簇。

（2）应用场景：客户细分、成本中心聚类等。

（3）实例：通过 K-means、层次聚类等聚类算法，对企业的客户数据进行细分，识别出不同客户群体的特征和需求，从而提供更加个性化的服务和产品。此外，还可以运用聚类算法对成本中心进行聚类分析，帮助企业识别出成本构成相似的部门或产品线，为成本控制和预算管理提供决策支持。

（三）关联规则挖掘算法

（1）概述：关联规则挖掘算法是数据挖掘领域中的一种重要技术，用于发现数据集中不同变量（或项目）之间的有趣关联关系。它主要从大量数据中找出频繁出现的模式，这些模式以关联规则的形式呈现，如"A 发生，那么 B 很可能发生"。

（2）应用场景：业务与财税数据关联分析、市场篮子分析等。

（3）实例：运用 Apriori、FP-Growth 等关联规则挖掘算法，分析企业业务数据与财税数据之间的关联关系，揭示出隐藏的规律和模式。例如，通过分析销售数据和税务申报数据，可以发现某些产品线或地区的销售额与税务风险之间存在关联关系，为企业提供税务风险预警和应对策略。

（四）时间序列分析算法

（1）概述：时间序列分析算法是一种用于分析按时间顺序排列的数据序列的方法。这些数据点是在连续的时间点上观测得到的，如股票价格随时间的波动、每月的销售额变化、网站的日访问量等。时间序列分析算法的目的是对这些数据进行建模、预测和特征提取，以揭示数据背后的规律和趋势。

（2）应用场景：财务预测、税务趋势分析等。

（3）实例：通过 ARIMA、LSTM 等时间序列分析算法，对企业的财务数据进行时间序列分析，预测未来的财务状况和税务趋势。这有助于企业提前制订财务计划和税收优化方案，应对可能的市场变化和税务风险。

（五）神经网络算法

（1）概述：神经网络算法是一种模拟生物神经网络结构和功能的计算模型，用于处理复杂的非线性数据关系，通过学习输入数据的模式执行预测、分类、生成等任务。它是机器学习领域中的一个重要分支，在深度学习中被广泛应用。

（2）应用场景：复杂财税数据分析、税务风险评估等。

（3）实例：运用神经网络算法，对复杂的财税数据进行深度学习和分析，提取出有价值的特征和规律。例如，通过构建税务风险评估模型，对企业的税务风险进行量化评估和预测，为企业的税务管理和风险控制提供决策支持。

（六）迁移学习算法

（1）概述：迁移学习算法是一种机器学习方法，它允许将从一个或多个源任务（Source Tasks）中学习到的知识（如模型参数、特征表示等）应用于一个目标任务（Target Task），特别是当目标任务的数据量相对较少、难以单独训练出一个高性能的模型时，迁移学习算法能够借助源任务的数据和知识帮助提升目标任务的模型性能。

（2）应用场景：跨行业财税数据分析、税务政策适应性分析等。

（3）实例：通过迁移学习算法，将在一个行业或领域中学到的知识迁移到其他行业或领域，解决财税数据分析中的跨行业、跨领域问题。例如，将某个行业的税务风险管理经验和模型迁移到另一个行业，帮助新行业的企业快速适应税务政策和管理要求。

（七）决策树

（1）概述：决策树，又称"判定树"，是一种采用树状结构描述功能模块逻辑处理过程的结构化语言表现形式。它通过直观的图形方式表达条件、决策规则和应采取的行动之间的逻辑关系。决策树是一种非参数监督学习方法，广泛应用于分类和回归任务。在机器学习中，决策树是一个预测模型，用于揭示对象属性与对象值之间的映射关系。

（2）应用场景：市场营销与客户细分、信贷风险评估、医学诊断与治疗、库存管理与优化、人力资源管理、数据分析与数据挖掘、运营管理与决策支持和销售预测等。

二、常用 AI 数据挖掘算法案例精解

【案例9－2】分类算法在税务风险分类中的应用案例

（一）案例背景

辽河精工机械有限公司是大型工业企业，业务范围广泛，涉及多种产品的生产与销售，与众多供应商和客户进行交易，涉税业务繁多。为有效管理税务风险，提高税务合规性，该企业 CEO 朱广林决定引入 AI 分类算法进行税务风险分类。

（二）案例概述

辽河精工机械有限公司运用分类算法构建税务风险分类模型。企业收集整理内部的财务报表数据、纳税申报数据、发票开具与取得数据等，以此作为训练样本让分类算法

学习其中的税务风险模式和规律。在构建完成后，模型可对企业实时或定期输入的税务数据进行分析，快速判断企业所处的税务风险等级，为企业采取有针对性的风险应对措施提供依据。

（三）操作步骤

（1）数据收集与整理：企业财务部门和税务部门协同工作，从企业AI财税系统中提取近5年的财务报表数据，包括每月的收入、成本、各项费用、利润等信息，共收集到月度财务报表数据60组。同时，从税务申报系统中获取同期的纳税申报数据，涵盖申报的增值税、企业所得税、消费税等各税种的税额、申报时间等，约300条纳税申报记录。此外，整理了发票管理系统中发票开具与取得数据，涉及发票数量5 000余张，包括发票金额、发票类型、交易对方等信息。对这些数据进行清洗，去除重复、错误和不完整的数据，确保数据质量。

（2）模型训练：将决策树分类算法作为基础模型，将整理好的数据按照70%和30%的比例划分为训练集和测试集。利用训练集数据，让决策树算法学习税务数据中的模式和规律。在训练过程中，算法对企业成本费用列支与收入申报的比例关系、发票开具金额与业务收入的匹配度、纳税申报时间的规律性等多个维度进行分析。例如，当企业某一月度成本费用列支超过收入的80%且连续3个月收入申报环比下降超过10%时，税务风险倾向于高风险。经过多轮迭代训练，模型逐渐收敛。

（3）模型评估与优化：使用测试集数据对训练好的模型进行评估，通过计算准确率、召回率等指标，发现模型准确率达到85%。针对评估中发现的模型对部分特殊业务场景下税务风险判断不准确的问题，进一步优化模型。调整决策树的参数，如增加树的深度、限制叶子节点的样本数量等，并再次进行训练和评估，最终将模型准确率提升至90%。

（4）风险分类与应用：企业每月定期将最新的财务报表数据、纳税申报数据和发票数据输入优化后的模型中。模型根据学习到的模式，快速判断企业当前税务风险等级。若模型判断为高风险，则企业税务部门立即启动内部自查程序；若为中风险，则对相关业务进行重点监控；若为低风险，则继续保持常规税务管理流程。

（四）具体数据和数字金额

（1）数据示例：在数据输入中，企业2024年8月收入为500万元，成本为450万元，成本费用列支占收入的比例高达90%。同时，企业该月增值税申报税额较上月减少30%，且一张金额为100万元的进项发票被判定为异常发票（经与供应商核实，发票开具信息有误）。

（2）风险等级判定：分类算法根据这些数据，结合之前学习到的模式，判定该企业此阶段税务风险为高风险。

（3）潜在损失预估：如企业未及时发现并处理这些税务风险，则可能面临补缴税款、滞纳金和罚款。以增值税为例,异常发票不能抵扣进项税额,需补缴增值税13万元(税率为13%),同时可能面临0.5~5倍的罚款,按最低0.5倍计算,罚款为6.5万元,加上滞纳金(按每日万分之五计算,从应申报之日起延迟30天)约0.2万元,仅增值税一项潜在损失就达19.7万元。考虑企业所得税等其他税种,潜在损失将更大。

(五)税务处理

(1)高风险处理:当模型判定为高风险后,企业税务部门立即对成本费用列支情况进行详细核查,发现部分费用支出凭证不符合规定,需进行纳税调整。同时,对异常发票进行处理,及时与供应商沟通重新开具合规发票。对于已申报的增值税,主动向税务机关说明情况,补缴因异常发票不能抵扣的税款13万元,并缴纳滞纳金0.2万元。由于企业主动自查并补缴税款,税务机关根据相关规定,对罚款给予从轻处理,实际缴纳罚款3万元。

(2)后续申报调整:在后续纳税申报中,企业根据调整后的业务数据进行申报,确保税务申报数据的准确性和合规性。

(六)会计处理

1. 补缴增值税及滞纳金

借:应交税费——未交增值税 130 000
　　营业外支出——滞纳金 2 000
　　贷:银行存款 132 000

2. 缴纳罚款

借:营业外支出——罚款 30 000
　　贷:银行存款 30 000

3. 成本费用调整

(1)对不符合规定的成本费用支出进行调整,调整金额为50万元(调增应纳税所得额)。

借:以前年度损益调整 500 000
　　贷:相关成本费用科目 500 000
借:利润分配——未分配利润 500 000
　　贷:以前年度损益调整 500 000

(2)考虑企业所得税影响(企业所得税税率为25%)。

借:以前年度损益调整 125 000
　　贷:应交税费——应交企业所得税 125 000
借:利润分配——未分配利润 125 000
　　贷:以前年度损益调整 125 000

（七）实施效果

（1）风险识别效率提升：以往企业依靠人工经验判断税务风险，每月需花费财务与税务人员约 5 个工作日进行数据梳理和分析，且容易出现遗漏；引入分类算法后，模型可在 1 个工作日内完成风险判断，效率提升了 400%。

（2）风险应对精准度提高：通过分类算法的精准分类，企业能够更有针对性地采取风险应对措施。在实施分类算法后的一年内，企业成功避免了由税务风险导致的潜在经济损失约 50 万元。同时，企业税务合规性得到显著提升，在税务机关的年度纳税信用评级中，从 B 级提升至 A 级。

【案例9-3】聚类分析在财务风险分组中的应用案例

（一）案例背景

北京方正集团公司拥有多个子公司和业务部门，由于各子公司和业务部门的经营状况、市场环境、财务结构等因素存在差异，面临着不同的财务风险。为了更有效地管理和控制财务风险，该企业集团董事长褚子雁决定运用聚类算法对子公司和业务部门进行财务风险分组。

（二）聚类分析应用

（1）数据收集与指标构建：该企业集团首先收集了各子公司和业务部门的财务数据，包括财务报表、现金流量表、资产负债表等。基于这些财务数据，构建了反映财务风险的一系列指标，如流动比率、速动比率、资产负债率、利息保障倍数等。

（2）数据预处理与标准化：对收集到的财务数据进行清洗和预处理，去除异常值和缺失值，确保数据的准确性和完整性。对构建的财务风险指标进行标准化处理，消除不同量纲对聚类分析的影响。

（3）聚类分析：选用 K–means 聚类算法对子公司和业务部门进行财务风险分组。通过设定合适的聚类数目 K，算法自动将数据点划分为 K 个簇。在聚类过程中，算法会迭代地计算簇中心，并将数据点重新分配给最近的簇中心，直到簇中心不再发生变化或达到最大迭代次数。

（4）结果解读与分组策略：根据聚类分析的结果，该企业集团将子公司和业务部门划分为不同的财务风险组。每个组内的成员在财务风险方面具有相似特征。针对不同的财务风险组，制定差异化的风险管理和控制策略。例如，对于财务风险较高的组，可以加强财务风险监控和预警机制，优化财务结构，降低负债水平；对于财务风险较低的组，则可以更加关注业务发展和市场拓展。

（三）案例价值

（1）提高风险管理效率：通过聚类分析对子公司和业务部门进行财务风险分组，

该企业集团能够更加精准地识别和管理财务风险，提高风险管理效率。

（2）优化资源配置：针对不同财务风险组制定差异化的风险管理和控制策略，有助于企业集团优化资源配置，将有限资源投入更具价值的风险管理活动。

（3）促进稳健发展：通过有效的财务风险分组和管理，该企业集团能够更好地应对市场环境变化和内外部挑战，实现稳健发展。

【案例9-4】关联规则挖掘算法用于发现财务指标关系的应用实例

（一）案例背景

中润发股份有限公司作为行业内的大型上市公司，业务横跨多个领域，包括制造业、服务业及新兴科技产业，在全球范围内拥有广泛的业务布局和复杂的供应链体系，传统财务分析方法难以满足公司日益增长的精细化管理需求。因此，公司CEO冯润发决定引入关联规则挖掘算法这一先进的数据挖掘技术，对公司的财务数据进行深度剖析。

（二）案例概述

本案例主要讲述中润发股份有限公司运用关联规则挖掘算法，对公司多年来的财务报表数据进行分析，以发现财务指标之间隐藏的关联关系。通过对这些关联规则的解读和应用，公司制定了有针对性的财务策略，从而提升了财务表现和市场竞争力。

（三）操作步骤

1. 数据收集与预处理

（1）数据收集：财务部门收集了近8年的财务报表数据，包含每月的资产负债表、季度利润表以及年度现金流量表，共计约300份报表。这些报表涵盖了公司各项资产、负债、权益、收入、成本及现金流的详细信息。

（2）数据清洗与预处理：运用数据清洗算法，识别并去除资产负债表中资产价值异常波动的记录，如某项固定资产价值在一个月内突然增长20倍以上，此类异常数据共清理出约80条。对于利润表中的缺失值，采用行业均值结合公司过往业绩的方式进行填充。对现金流量表数据进行标准化处理，将不同期间的现金流数据按通货膨胀率和业务规模进行调整，使数据具有可比性。

2. 特征选择与转换

（1）特征提取：从财务报表中精心提取了关键财务指标25个，除常见的营业收入、净利润、总资产、总负债、流动比率、速动比率、应收账款周转率、存货周转率外，还包括资产负债率、毛利率、净利率、成本费用利润率等。

（2）转换操作：将营业收入、净利润等绝对值指标转换为相对值，如计算销售利润率、资产收益率等。对于连续型的财务指标，如流动比率，采用等频离散化方法，将其划分为"低""中""高"三个区间，以适应关联规则挖掘算法对数据格式的要求。

3. 关联规则挖掘

（1）算法选择与执行：选用 Apriori 算法对处理后的财务指标数据进行挖掘。首先设定支持度阈值为 0.12（至少在 12% 的数据集中出现），置信度阈值为 0.65（在满足规则前件的情况下，规则后件发生的概率不低于 65%）。通过多次迭代运算，算法遍历数据，寻找频繁项集和关联规则。

（2）规则筛选：经过运算，从生成的大量关联规则中筛选出符合阈值要求的规则。例如，得到规则"当存货周转率处于高位且应收账款周转率处于高位时，净利润率往往较高"，以及"高毛利率且低销售费用率的公司，通常具有较高的净利润"。

4. 结果解读与应用

（1）深入分析：对于"高流动比率且低资产负债率的公司往往有较高的净利润率"这一规则，财务团队进一步分析发现，高流动比率意味着公司短期偿债能力强，资金流动性好，能够及时应对短期债务，保障业务正常运转；低资产负债率表明公司长期偿债压力小，财务风险低，可将更多资源投入盈利业务。这两个因素共同作用，促进了公司盈利能力的提升。

（2）策略制定：基于这些发现，公司制定了一系列针对性策略。在资本结构优化方面，减少高成本长期债务的融资，增加权益资本占比，降低资产负债率。过去一年，公司减少了 2 亿元的长期债务融资，同时通过增发股票募集资金 3 亿元，使资产负债率从 60% 降至 50%。在现金流管理方面，加强应收账款回收管理，缩短收款周期，提高资金回笼速度。通过优化信用政策和加大催收力度，公司的应收账款周转天数从 60 天缩短至 45 天。同时，优化存货管理，降低库存积压，提高存货周转率。通过引入先进的库存管理系统和优化采购策略，公司的存货周转率从每年 5 次提升至每年 7 次。

（四）具体数据和数字金额

（1）财务指标变化：在实施针对性策略后，公司的净利润率从之前的 10% 提升至 15%。营业收入也实现了显著增长，从 50 亿元增长至 60 亿元。

（2）成本与收益：通过优化资本结构，减少高成本长期债务融资，每年节省利息支出约 1 000 万元。通过加强应收账款回收管理和存货管理，释放资金约 5 000 万元，这些资金用于再投资，为公司带来额外收益约 500 万元。

（五）税务处理

（1）企业所得税：随着净利润的增加，企业所得税相应增加。企业所得税税率为 25%，净利润增加 1 亿元，则企业所得税增加 2 500 万元。在年度企业所得税汇算清缴时，准确申报应纳税所得额，确保税务合规。

（2）增值税：营业收入的增长使得增值税销项税额增加。增值税税率为13%，营业收入增加10亿元，则增值税销项税额增加1.3（10×13%）亿元。同时，加强成本管理可能会影响增值税进项税额的抵扣情况，需准确核算并申报。

（六）会计处理

1. 资本结构调整

（1）增发股票募集资金时（假设股票面值为1元/股，发行价格高于面值，发行1亿股）。

借：银行存款	300 000 000
贷：股本（按面值计算）	100 000 000
资本公积——股本溢价（差额）	200 000 000

（2）偿还长期债务时。

借：长期借款	200 000 000
贷：银行存款	200 000 000

2. 应收账款与存货管理

（1）加强应收账款回收管理时。

借：银行存款	50 000 000
贷：应收账款	50 000 000

（2）优化存货管理，减少库存积压，发生存货跌价准备转回。

借：存货跌价准备	5 000 000
贷：资产减值损失	5 000 000

3. 利润与所得税

（1）确认净利润增加时。

借：本年利润	100 000 000
贷：利润分配——未分配利润	100 000 000

（2）计提企业所得税增加时。

借：所得税费用	25 000 000
贷：应交税费——应交企业所得税	25 000 000

（七）实施效果

（1）财务表现提升：公司的财务状况得到显著改善，净利润率、营业收入等关键指标实现增长，资产负债率降低，财务风险得到有效控制。

（2）市场竞争力增强：通过优化资本结构和加强财务管理，公司的市场形象得到提升，吸引了更多投资者的关注。在行业内，公司的市场份额从10%提升至12%。

（3）决策科学性提高：基于AI关联规则挖掘的结果，公司管理层在制定战略决策时更加科学、精准,能够更好地把握市场机遇,应对潜在风险。

【案例9-5】决策树在财务预测中的运用实例

(一)案例背景

武汉杭洪农机制造公司希望预测未来一年的销售额,以便更好地制订生产计划和营销策略。该公司拥有过去5年的销售数据,包括每月的销售额、广告投入、市场竞争情况等特征。

(二)模型构建与预测

(1)数据收集与预处理:收集过去5年的销售数据,包括每月的销售额、广告投入、市场竞争情况等特征。对数据进行清洗和预处理,如去除异常值、缺失值填充等。

(2)特征选择与转换:将销售额、广告投入、市场竞争情况等特征作为预测模型的输入。对连续变量(如广告投入、市场竞争情况)进行离散化处理,以便更好地适应决策树模型。

(3)决策树构建:使用决策树算法(如CART)对处理后的数据进行训练,构建决策树模型。在构建过程中,算法会根据信息增益等指标选择最优特征进行分裂。

(4)模型评估与优化:使用测试集对构建的决策树模型进行评估,计算准确率等指标。对模型进行剪枝处理以防止过拟合,并进一步提高模型的泛化能力。

(5)预测结果分析:使用训练好的决策树模型对未来一年的销售额进行预测。分析预测结果,发现广告投入和市场竞争情况对销售额具有显著影响。基于此,公司可以调整广告投入策略和市场定位,以优化未来一年的销售额。

(三)案例价值

(1)该案例展示了决策树在财务预测中的具体应用价值。

(2)通过构建决策树模型,企业可以更加精准地预测未来的财务状况,从而制订更加合理的生产计划和营销策略。此外,决策树模型还具有易于理解、解释性强的特点,有助于企业更好地理解财务状况和影响因素之间的关系。

第三节 可视化在财税数据展示中的技巧

数据可视化工具,是指那些能够将数据以图形、图像、图表、仪表板等多种形式进行展示的软件或平台。这些工具通过直观的可视化方式,帮助用户更好地理解、分析和解读数据,从而发现数据中的规律、趋势和异常值,为决策提供支持。

一、数据可视化工具的应用场景

数据可视化工具在各个领域都有广泛的应用,如商业分析、市场营销、金融投资、医疗健康、科学研究等。通过使用这些工具,用户可以更加直观地理解数据,发现数据中的价值,从而做出更加明智的决策。常见的数据可视化工具包括 Tableau、Power BI、Echarts、D（3）js 等。

在 AI 赋能的财税数据分析中,数据可视化工具扮演着至关重要的角色。它们能够帮助用户更直观地理解复杂的财税数据,发现数据中的模式和趋势,从而做出更明智的决策。

二、财税数据可视化展示

（1）销售数据可视化：运用地图和面积图相结合的方式展示各地区的销售数据。通过地图可以直观地看到不同地区的销售情况,而面积图则可以展示销售数据随时间变化的趋势。例如,使用 Tableau 等工具可以实现这一功能。

（2）成本结构分析：使用饼图或环形图展示企业的成本结构,如原材料成本、人工成本、运输成本等在总成本中的占比。这有助于企业了解成本的主要构成部分,从而制定更有效的成本控制策略。

（3）税务风险评估：通过散点图或热力图展示纳税人的税务风险情况。其中,散点图可以用于展示不同纳税人的税务风险评分与收入规模、利润率等特征之间的关系,热力图则可以用于展示不同行业或地区的税务风险分布情况。这种可视化方式有助于税务部门快速识别高风险纳税人或高风险领域。

（4）现金流预测：使用折线图或时间序列预测图展示企业未来的现金流预测情况。通过可视化工具,可以直观地看到现金流的变化趋势和可能的波动情况,从而帮助企业制订更合理的资金运作计划。

（5）财务报表分析：运用交互式仪表盘展示企业的财务报表分析情况。仪表盘可以包含多个图表和指标,如利润表、现金流量表、资产负债表等。用户可以通过点击不同的图表或指标查看详细的财务数据和分析结果,从而更全面地了解企业的财务状况和经营成果。

【案例9-6】数据可视化工具的选择案例

在 AI 赋能的财税数据分析中,数据可视化工具的选择与应用对于有效传达数据背后的故事和意义至关重要。

（一）比较不同时间段或类别的财税数据

（1）分析目的：对比不同时间段（如月度、季度、年度）或不同类别（如产品、部门、地区）的财税数据，如收入、支出、利润等。

（2）可视化方式：柱状图或条形图。

（3）案例：使用柱状图展示不同部门在某一季度的收入情况，通过柱状高度直观比较各部门的收入差异；或者，使用条形图比较同一部门在不同年度的支出情况，通过条形长度反映支出的变化趋势。

（二）展示财税数据随时间变化的趋势

（1）分析目的：分析财税数据（如销售额、成本、现金流等）随时间变化的趋势，识别季节性波动、周期性变化或长期趋势。

（2）可视化方式：折线图。

（3）案例：使用折线图展示企业近5年的年度销售额变化，通过线条起伏展示销售额的波动趋势；或者，展示某产品月度销售量的变化趋势，帮助企业分析销售周期和季节性影响。

（三）展示财税数据的占比关系

（1）分析目的：分析财税数据中各部分占总体的比例，如成本构成、收入来源分布等。

（2）可视化方式：饼图或环形图。

（3）案例：使用饼图展示企业成本的构成情况，如原材料成本、人工成本、运营成本等各自所占的比例；或者，使用环形图（饼图的一种变体）展示不同产品线的收入占比，同时提供额外的层次信息（如环比增长率）。

（四）分析财税数据之间的关联性和趋势

（1）分析目的：探索财税数据之间的关联性，如收入与支出、成本与利润之间的关系，以及这些关系随时间变化的趋势。

（2）可视化方式：散点图或气泡图。

（3）案例：使用散点图分析广告投入与销售额之间的相关性，通过观察点的分布和趋势线了解两者之间的关系；或者，使用气泡图在散点图的基础上增加气泡大小来表示第三个变量（如市场份额），从而更全面地分析数据之间的关系。

（五）监控关键财税指标并设置阈值警报

（1）分析目的：实时监控关键财税指标（如现金流、库存周转率、资产负债率等），并在指标超出预设阈值时发出警报。

（2）可视化方式：仪表盘图或KPI监控面板。

（3）案例：设计一个包含多个仪表盘的监控面板，每个仪表盘代表一个关键财税指标。对指标设定阈值，当指标值超出正常范围时，仪表盘会变色或闪烁以提醒用户注意。这种可视化方式有助于及时发现潜在问题并采取相应措施。

第十章
基于 AI 的财务指标深度分析与决策洞察

AI 财务指标是指在财务管理领域，利用 AI 技术生成、分析或优化的用于衡量企业财务状况和经营成果的量化指标。这些指标可以是传统财务指标经过 AI 算法的深度处理，也可以是基于 AI 挖掘出的全新的、能够反映财务特征的指标。

AI 财务指标不是一个独立的、专门用于描述 AI 领域财务状况的指标，而是指利用 AI 技术辅助财务分析时，涉及的一系列用于衡量企业财务状况和经营成果的指标。这些指标与传统的财务指标相同，但分析和计算过程可能因 AI 技术的应用而变得更加高效和准确。

（1）传统财务指标：是评价企业财务状况和经营成果的重要依据，包括偿债能力、运营能力、盈利能力等多个方面。

（2）AI 财务指标：突破了传统财务指标仅依赖会计数据的局限，融合了多种数据来源。AI 财务指标将企业内部的财务和非财务数据与外部的市场、行业等数据相结合。

例如，通过整合企业的生产设备运行数据（非财务数据）和成本数据（财务数据），利用 AI 算法生成设备资产效益指标，用于衡量设备对财务成果的贡献程度。

（3）AI 财务指标的内涵：AI 财务指标的核心目的是为财务决策提供更有力的支持。无论是对投资决策、融资决策还是对营运资金管理决策，这些指标都能够提供更精准、更全面的信息。

①生成角度：AI 可以从海量的财务数据（如资产负债表、利润表、现金流量表等）和非财务数据（如市场趋势、客户行为、宏观经济等）中提取并生成有价值的财务指标。

②分析角度：AI 财务指标借助机器学习和深度学习算法，分析指标之间的复杂关系。

③优化角度：AI 能够对财务指标进行动态优化。随着企业经营环境和业务模式的变化，AI 可以实时调整财务指标的权重或计算方法。

④智能预测与动态性：基于 AI 的预测能力，这些财务指标具有动态预测性。

第一节 财务指标盈利能力的 AI 分析方法与模型构建

在 AI 赋能的财税数据分析中,基于 AI 的财务指标深度分析与决策洞察成为提升企业财务管理效率和决策精准度的关键。

一、财务指标的 AI 分析方法与模型构建

AI 智能分析方法,是指运用 AI 技术对数据进行分析和处理的一系列方法与技术的总称。这些方法与技术旨在从海量、复杂的数据中提取出有价值的信息,以支持决策制定、问题发现、趋势预测等任务。

二、AI 盈利能力分析

AI 盈利能力分析是一种利用 AI 技术对经济主体的盈利能力进行评估和预测的方法。它借助 AI 强大的数据处理和分析能力,通过收集大量的财务数据和非财务数据,运用复杂的算法模型对这些数据进行深度挖掘、特征提取和关联分析,以精准地识别影响盈利能力的关键因素,构建预测模型,从而为决策提供量化支持,帮助用户评估现有业务的盈利水平、预测未来盈利趋势,以及探寻提升盈利能力的策略。

AI 盈利能力分析方法能够更高效、精准地处理复杂多变的数据关系,相较于传统分析方法,在准确性、时效性和洞察深度等方面具有显著优势。

【案例 10-1】 AI 财税大模型在盈利能力分析中的应用案例

(一)案例背景

中财讯物联网货运有限公司作为物流行业中的一员,业务涵盖多个部门和丰富的产品线,传统的盈利能力分析方法难以满足其对复杂业务深入洞察的需求。为了在竞争中脱颖而出,提升核心竞争力,公司 CEO 牛建国决定引入中财讯 AI 模型进行盈利能力分析。

(二)案例概述

中财讯物联网货运有限公司运用 AI 模型,从多维度对盈利能力指标展开深度分析,并基于分析结果进行趋势预测,为企业的战略规划和预算计划提供有力支持,从而显著提升企业整体盈利能力。

(三)操作步骤

(1)数据收集与整理:收集企业内部各部门、各产品线的财务数据、运营数据等,

包括收入、成本、费用、订单量等，对数据进行清洗和预处理，确保数据的准确性和完整性。

（2）模型搭建与训练：选用合适的AI算法，如机器学习中的回归模型、决策树模型等，搭建盈利能力分析模型。利用整理好的数据对模型进行训练，不断优化模型参数，使其准确捕捉数据之间的关系。

（3）多维度分析执行：运用训练好的AI模型，从企业整体、不同部门、不同产品线等维度对盈利能力指标进行分析，输出各维度下的盈利数据和趋势图表。

（4）关联性分析挖掘：通过AI模型自动识别毛利率与成本控制、运营效率等指标之间的关联性，并生成关联性报告，为企业后续优化策略提供依据。

（5）趋势预测与决策制定：基于AI模型的预测功能，对各产品线未来的盈利能力趋势进行预测。根据预测结果，结合企业战略目标，制定科学合理的战略规划和预算计划。

（四）具体数据和数字金额

在引入AI模型分析前，企业整体毛利率为20%。经过AI模型多维度分析发现，瑞广运输线的毛利率在2024年从15%持续上升至20%，而瑞广运输线的收入占企业总收入的30%，成为企业盈利的主要驱动力。通过关联性分析，发现通过优化成本结构，将瑞广运输线的单位成本降低10%，运营效率提升20%后，企业整体毛利率提升至25%。基于趋势预测，预计2025年瑞广运输线的毛利率将继续上升至30%，因此，企业决定加大对瑞广运输线的投入，包括车辆更新、人员扩充等，共计投入200万元以进一步提升市场竞争力。

（五）税务处理

在加大对瑞广运输线的投入后，相关车辆采购等支出可按照税法规定进行折旧扣除，在计算企业所得税时，折旧费用可在税前扣除，从而减少应纳税所得额。采购车辆100万元，按照直线法折旧，折旧年限为5年，每年可增加折旧费用20万元，相应减少企业所得税5万元（企业所得税税率为25%）。

（六）会计处理

1. 车辆采购时

借：固定资产　　　　　　　　　　　　　　　　　　　　　　　　　1 000 000

　　贷：银行存款　　　　　　　　　　　　　　　　　　　　　　　　1 000 000

2. 每月计提折旧时［每月折旧额为100÷5÷12≈1.67（万元）］

借：制造费用（或相关成本费用科目）　　　　　　　　　　　　　　　16 700

　　贷：累计折旧　　　　　　　　　　　　　　　　　　　　　　　　16 700

因运营效率提升等带来的收入增加和成本减少，按照正常的收入确认和成本结转原则进行会计处理。

（七）实施效果

（1）盈利能力显著提升：企业整体毛利率从 20% 提升至 25%，净利润增长 30%。

（2）资源配置更加合理：通过对各运输线路盈利能力的清晰洞察，企业能够将资源集中投入高盈利产品线，提高了资源利用效率。

（3）决策科学性增强：基于 AI 模型的趋势预测，企业制定的战略规划和预算计划更加顺应市场发展趋势，有效地降低了决策风险。

（4）为物流行业提供借鉴：AI 模型在物流企业盈利能力分析中的实际应用效果，为同行业企业提供了可参考的模式和方法。

第二节　财务指标毛利率的 AI 分析方法与模型构建

　　AI 毛利率分析是一种高效、精准、具有前瞻性的盈利能力评估方法。通过运用 AI 技术，企业能够更全面地评估其盈利状况，预测毛利率的变化趋势，并制定相应的盈利策略，以在竞争激烈的市场环境中取得优势。

　　在 AI 赋能的财税数据分析中，基于 AI 的财务指标深度分析与决策洞察对于提升企业的财务管理水平和决策效率至关重要。针对盈利能力分析中的毛利率指标，AI 财税大模型能够进行深入的分析与趋势预测，为企业提供更精准、全面的财务洞察。

一、AI 财税大模型对毛利率的深度分析

（1）AI 财税大模型能够运用机器学习和深度学习算法，对毛利率进行多维度的深度分析。

（2）AI 财税大模型可以自动分析企业的成本结构，识别出影响毛利率的关键因素，通过深入分析成本结构，企业可以找出成本控制的重点和方向，从而优化成本结构，提高毛利率。

（3）AI 财税大模型可以收集同行业其他企业的毛利率数据，进行对比分析，帮助企业了解自身在行业中的竞争地位。通过行业对比分析，企业可以找出与竞争对手的差距，制定针对性的改进措施，提高毛利率水平。

二、AI 财税大模型对毛利率的趋势预测

　　基于历史财务数据和 AI 财税大模型的强大计算能力，企业可以对未来一段时间内的毛利率进行趋势预测。这有助于企业制定更为科学、合理的战略规划和预算计划。

　　企业将训练好的模型应用于未来一段时间内的数据，可以生成毛利率的趋势预测结

果。对预测结果进行深入分析,识别出潜在的风险和机遇,为企业制定针对性的战略规划和预算计划提供支持。

【案例 10-2】 AI 财税大模型在毛利率分析中的应用案例

(一) 案例背景

北京四海纺织品有限公司面临着原材料价格波动、产品同质化竞争等诸多挑战,传统的毛利率分析方法难以快速、精准地洞察影响毛利率的深层次因素,无法满足企业及时调整经营策略的需求。为了在行业中保持竞争力,提升盈利能力,公司 CEO 马智诚决定引入中财讯 AI 模型进行毛利率分析。

(二) 案例概述

北京四海纺织品有限公司借助 AI 模型对毛利率展开全方位、深层次的分析,并进行趋势预测。依据 AI 模型的分析结果实施一系列针对性措施,如优化成本结构、提升产品盈利能力、提高行业竞争力等,成功提高了公司的毛利率水平,实现了企业的可持续发展。

(三) 操作步骤

(1) 数据采集与整合:收集企业内部的财务数据、采购数据、生产数据、销售数据等,同时收集行业相关数据,包括竞争对手数据、原材料市场价格波动数据等。将这些数据进行整合,建立统一的数据仓库。

(2) AI 模型构建与训练:运用深度学习算法构建毛利率分析模型,以历史数据为基础对模型进行训练,让模型学习各因素与毛利率之间的关联关系。不断调整模型参数,提高模型的准确性和预测能力。

(3) 成本结构分析:利用训练好的 AI 模型,对企业成本结构进行深入剖析,识别出对毛利率影响较大的成本因素。模型输出各成本项目对毛利率的影响权重及敏感度分析报告。

(4) 产品盈利能力剖析:AI 模型对不同产品的毛利率进行单独分析,对比各产品的成本、售价、销量等数据,找出毛利率较低的产品,并分析其原因,生成产品盈利能力分析报告。

(5) 行业对比分析:将企业自身的毛利率数据及相关经营数据与同行业企业数据进行对比,AI 模型分析出企业在行业中的优势与劣势,输出行业对比分析报告。

(6) 策略制定与实施:根据 AI 模型的分析报告,制定相应的改进策略,如与供应商谈判降低原材料采购成本、对低毛利率产品进行改进升级、优化生产流程等,并组织实施。

（四）具体数据和数字金额

（1）在引入 AI 模型前，公司整体毛利率为 22%。AI 模型分析显示，原材料成本占总成本的 50%，且对毛利率影响最为显著。通过与主要供应商谈判，成功将原材料采购成本降低了 8%，这使得整体毛利率提升至 24%。

（2）在产品分析中，发现 KF 纺织品毛利率仅为 15%。公司投入 50 万元对 KF 产品进行改进升级，包括采用更优质的原材料、改进工艺设计等，并投入 30 万元用于市场推广。改进后，该产品售价提高了 20%，销量增长了 30%，毛利率提升至 22%。

（3）通过行业对比分析，发现公司生产效率低于行业平均水平，导致单位生产成本较高。公司投入 100 万元用于优化生产流程，购置先进设备，生产效率提高了 30%，单位生产成本降低了 12%，整体毛利率进一步提升至 27%。

（五）税务处理

（1）采购成本降低：采购成本降低减少了原材料的入账价值，相应的增值税进项税额也会减少。原材料采购成本降低 100 万元，增值税税率为 13%，则增值税进项税额减少 13 万元。在计算企业所得税时，成本降低会增加应纳税所得额，企业所得税税率为 25%，则应纳税所得额增加 100 万元，相应增加企业所得税 25 万元。

（2）产品改进与生产流程优化投入：产品改进投入的 50 万元和生产流程优化投入的 100 万元，符合资本化条件的，计入相关资产成本，按照规定进行折旧或摊销，在计算企业所得税时分期扣除；不符合资本化条件的，计入当期损益，在计算企业所得税时一次性扣除。市场推广投入的 30 万元，计入销售费用，在计算企业所得税时全额扣除。

（六）会计处理

1. 原材料采购成本降低

借：原材料（减少后的金额）
　　应交税费——应交增值税（进项税额）（减少后的进项税额）
　　　贷：应付账款/银行存款等（实际支付金额）

2. 产品改进投入资本化部分

借：无形资产/在建工程等　　　　　　　　　　　　　　　300 000
　　　贷：银行存款　　　　　　　　　　　　　　　　　　300 000

后续按照规定进行摊销或结转固定资产。

3. 产品改进投入费用化部分

借：研发支出——费用化支出——数字资源　　　　　　　200 000
　　　贷：银行存款　　　　　　　　　　　　　　　　　　200 000

4. 期末转入管理费用

借：管理费用　　　　　　　　　　　　　　　　　　　　200 000

贷：研发支出——费用化支出——数字资源　　　　　　　　　　　　200 000

5. 市场推广费用

借：销售费用　　　　　　　　　　　　　　　　　　　　　　　　　　300 000

　　贷：银行存款　　　　　　　　　　　　　　　　　　　　　　　　300 000

6. 生产流程优化投入

借：固定资产　　　　　　　　　　　　　　　　　　　　　　　　　1 000 000

　　贷：银行存款　　　　　　　　　　　　　　　　　　　　　　　1 000 000

7. 按照规定计提折旧

借：制造费用/相关成本费用科目

　　贷：累计折旧

（七）实施效果

（1）毛利率显著提升：公司整体毛利率从22%提升至27%，盈利能力大幅增强。

（2）产品结构优化：通过对低毛利率产品的改进升级，提高了产品附加值，优化了公司的产品结构。

（3）成本控制有效：成功降低了原材料采购成本，优化了生产流程，降低了单位生产成本。

（4）行业竞争力增强：在行业中的地位得到提升，市场份额有所扩大。

（八）风险管控

（1）模型风险：定期对AI模型进行评估和验证，采用不同的数据集对模型进行测试。根据市场变化和行业动态，及时调整模型算法和参数，确保模型的准确性和适应性。

（2）供应商风险：与供应商建立长期稳定的合作关系，签订具有约束力的合同。同时，开发多个供应商，减少对单一供应商的依赖，以应对可能出现的供应商供应中断或价格波动风险。

（3）产品改进风险：在产品改进升级前，进行充分的市场调研和可行性分析，确保改进后的产品符合市场需求。加强对产品改进过程的监控，及时调整改进方案，降低产品改进失败的风险。

（九）案例价值

（1）助力企业精细化管理：帮助企业深入了解毛利率的影响因素，实现精细化管理，提高企业的运营效率和盈利能力。

（2）推动AI技术在纺织行业的应用：证明了AI技术在纺织行业财务分析和经营决策中的重要作用，有助于推动AI技术在纺织行业的广泛应用和发展。

第三节 财务指标净利率的 AI 分析方法与模型构建

AI 净利率分析是一种利用 AI 技术对企业的净利率进行评估和预测的方法。通过收集和分析大量的财务数据与非财务数据，运用复杂的算法模型，AI 可以精准地识别影响净利率的关键因素，构建预测模型模拟不同场景下的净利率变化，从而为决策提供量化支持。

一、AI 财税大模型对净利率的深度分析

AI 财税大模型可以从不同维度对净利率进行分析，这有助于企业了解净利率在不同维度下的变化情况，找出影响净利率的关键因素。

（1）关联性分析：AI 财税大模型能够自动识别净利率与其他财务指标之间的关联性，通过关联性分析，企业可以深入理解净利率的驱动因素，为制定提升净利率的策略提供依据。

（2）异常检测：AI 财税大模型能够学习历史数据中的正常模式，自动识别净利率中的异常波动。这有助于企业及时发现潜在的财务风险，并采取相应的应对措施。

二、AI 财税大模型对净利率的趋势预测

在进行趋势预测之前，需要对历史财务数据进行预处理，包括数据清洗、缺失值处理、异常值处理等，以确保数据质量。

从预处理后的数据中提取与净利率预测相关的特征变量，如历史净利率数据、行业趋势、宏观经济指标等，通过特征选择，构建预测模型的特征空间。

【案例 10-3】 AI 财税大模型在净利率分析中的应用案例

（一）案例背景

北京文化体育发展公司在文化体育产业蓬勃发展的大环境下，面临着日益激烈的市场竞争。由于行业特性以及复杂多变的市场环境，净利率受多种因素交织影响，传统的分析方法难以精准把握其波动规律和潜在影响因素。为了更好地洞察净利率变化趋势，优化经营策略，公司 CEO 冯家和决定引入中财讯 AI 模型对净利率进行深度分析。

（二）案例概述

北京文化体育发展公司借助 AI 模型对净利率展开全面分析与趋势预测。AI 模型通过挖掘历史财务数据，揭示出净利率受季节性因素的显著影响，并据此预测未来一年的

净利率走势。公司依据 AI 模型的建议,在不同季节制定并实施不同的经营策略,从而有效地提升了净利率水平。

(三)操作步骤

(1)数据收集与整理:收集公司过去 5 年的详细财务数据,包括收入、成本、各项费用、库存数据等,以及市场环境数据、行业季节性活动数据等外部相关信息。对数据进行清洗,处理缺失值、异常值,确保数据的准确性和完整性,为后续分析做准备。

(2)AI 模型构建与训练:选择合适的时间序列分析算法和机器学习模型,如 LSTM 等,构建净利率分析预测模型。利用整理好的历史数据对模型进行训练,让模型学习数据中的模式和规律,通过不断调整参数,优化模型的预测准确性。

(3)影响因素分析:运用训练好的 AI 模型,对收集的数据进行深入挖掘,分析各因素与净利率之间的关联关系。特别关注季节性因素对净利率的影响,确定哪些季节、哪些业务环节对净利率的波动影响最为显著。

(4)趋势预测:基于训练好的 AI 模型,结合当前市场情况和行业动态,预测未来一年每个季度甚至每个月的净利率趋势,生成详细的趋势预测报告。

(5)策略制定与实施:根据 AI 模型的分析和预测结果,制定针对性的经营策略。在旺季,如体育赛事举办频繁或文化活动集中的时期,加大市场推广力度,增加库存以满足市场需求;在淡季,精减运营流程,降低不必要的运营成本,如减少非必要的营销活动、优化人员排班等。

(四)具体数据和数字金额

在引入 AI 模型之前,公司过往 3 年的平均净利率为 10%。通过 AI 模型分析发现,每年的第三季度和第四季度为业务旺季,这两个季度的收入占全年总收入的 60%,但由于库存管理不善,旺季时库存成本过高,净利率仅为 12%。而第一季度和第二季度为淡季,收入相对较少,占全年总收入的 40%,净利率仅为 8%。

基于 AI 模型的预测,公司在新的一年采取了以下措施:在旺季来临前,提前增加库存采购,但通过与供应商谈判,降低了 10% 的采购成本,同时投入 50 万元进行市场推广活动。在旺季,收入增长了 20%,达到 800 万元,成本控制在 600 万元,净利率提升至 25%。在淡季,通过优化运营流程,减少了 20 万元的运营成本,虽然收入为 400 万元,与往年同期持平,但净利率提升至 10%。全年下来,公司的总收入为 1 200 万元,总成本为 1 000 万元,净利率提升至 16.67%。

(五)税务处理

(1)旺季采购成本降低:采购成本降低额为 80 万元,相应地,增值税进项税额减少 = 采购成本降低额 × 适用增值税税率 = 80 × 13% = 10.4(万元)。在计算企业所得税时,成本降低会增加应纳税所得额 80 万元,按照 25% 的企业所得税税率,需多缴纳企业所得税 20 万元。

（2）市场推广费用：旺季投入的 50 万元市场推广费用，可在计算企业所得税时全额在当季扣除，减少当季应纳税所得额 50 万元，相应地，减少企业所得税 50×25% = 12.5（万元）。

（3）淡季运营成本优化：减少的 20 万元运营成本，在会计处理上减少了费用支出，从而增加了应纳税所得额 20 万元，需多缴纳企业所得税 20×25% = 5（万元）。

（六）会计处理

1. 旺季采购成本降低

借：原材料/库存商品等（减少后的金额）

　　应交税费——应交增值税（进项税额）（减少后的进项税额）

贷：应付账款/银行存款等（实际支付金额）

2. 市场推广费用

借：销售费用　　　　　　　　　　　　　　　　　　　　500 000

贷：银行存款　　　　　　　　　　　　　　　　　　　　500 000

3. 淡季运营成本优化

以减少水电费支出 2 万元为例。

借：应付账款——水电费供应商　　　　　　　　　　　　20 000

贷：管理费用——水电费　　　　　　　　　　　　　　　20 000

（七）实施效果

（1）净利率显著提升：从过往 3 年平均 10% 提升至 16.67%，盈利能力大幅增强。

（2）资源利用效率提高：在旺季合理增加库存和市场推广投入，提高了资源投入产出比；在淡季有效降低运营成本，避免了资源浪费。

（3）经营稳定性增强：通过对不同季节的针对性策略调整，公司在不同市场环境下都能保持相对稳定的盈利水平，降低了经营风险。

（八）风险管控

（1）市场风险：虽然 AI 模型预测了市场趋势，但市场情况仍可能出现意外变化。公司建立了市场动态监测机制，实时关注市场动态，及时调整经营策略，以应对市场不确定性。

（2）执行风险：为确保制定的策略能够有效执行，公司加强了内部沟通与协作，明确各部门职责，建立了绩效考核机制，对策略执行情况进行跟踪和评估。

（九）案例价值

（1）为文体行业提供借鉴：展示了 AI 模型在文化体育企业净利率分析中的实际应用效果，为同行业企业提供了一种新的分析思路和经营策略制定方法。

(2) 提升企业决策准确性和科学性：帮助企业基于数据和科学模型进行决策，避免了主观判断和经验决策的局限性，提高了决策的准确性和科学性。

第四节　财务指标 ROE 的 AI 分析方法与模型构建

ROE，全称 Return on Equity，中文翻译为股东权益回报率或股本回报率，是衡量企业获利能力的重要指标之一。它反映了公司运用股东投资所产生的利润水平，即每投入 1 元股东权益所能获得的利润。

一、ROE 的计算公式

（一）基本公式

传统公式：ROE = 净利润 ÷ 平均股东权益 × 100%。

其中，净利润是指企业在一定时期内的税后利润，平均股东权益则是期初股东权益与期末股东权益的平均值。

（二）其他公式

全面摊薄 ROE：ROE = 净利润 ÷ 期末净资产。

加权 ROE：ROE = 净利润 ÷ [（期初净资产 + 期末净资产）÷ 2]。

杜邦分析公式：ROE = 销售利润率 × 资产周转率 × 权益乘数。

其中，销售利润率 = 净利润 ÷ 销售收入，资产周转率 = 销售收入 ÷ 总资产，权益乘数 = 总资产 ÷ 净资产。

通过杜邦分析，可以更深入地了解企业盈利的构成，找出影响 ROE 的关键因素。

二、ROE 的主要功能

(1) 衡量企业盈利能力：ROE 越高，说明企业运用股东权益产生的利润越多，盈利能力越强。

(2) 比较企业差异：通过对比不同企业的 ROE，可以评估各企业的盈利能力与股东回报水平。

(3) 辅助投资决策：ROE 是投资者常用的选股指标之一。较高的 ROE 意味着公司在运用股东资金创造利润方面表现优异，因此，成为投资者和分析师筛选投资标的时的重要参考。

三、ROE 的参考标准

一般来说，ROE 高于 15% 被视为企业的盈利能力较强，而高于 20% 则被视为更加优秀。巴菲特等著名投资者非常看重 ROE 指标，他们更倾向于投资那些 ROE 高且稳定的企业。

ROE 是衡量企业盈利能力和股东资金使用效率的关键指标之一。投资者在选择投资标的时，应重点关注 ROE，并结合其他财务指标与公司基本面进行综合分析，以做出更明智的投资决策。

四、AI 财税大模型对 ROE 的深度分析

（1）历史数据分析：AI 财税大模型首先会收集企业历史财务数据中的 ROE 数据，并进行清洗和整理。通过对历史 ROE 数据的分析，AI 财税大模型可以揭示 ROE 的变化趋势和周期性规律，为企业了解自身的盈利能力变化提供依据。

（2）驱动因素分析：AI 财税大模型能够自动识别影响 ROE 的关键因素，通过对这些因素的分析，企业可以深入了解 ROE 的驱动机制，并找出提升 ROE 的有效路径。

（3）行业对比分析：AI 财税大模型可以收集同行业其他企业的 ROE 数据，进行对比分析。这有助于企业了解自身 ROE 在行业中的竞争力，以及与其他企业的差距所在。

第五节　偿债能力的 AI 分析方法与模型构建

AI 偿债能力分析是一种利用 AI 技术对企业的偿债能力进行评估和预测的方法。通过收集和分析大量的财务数据与非财务数据，运用复杂的算法模型，AI 可以精准地识别影响偿债能力的关键因素，构建预测模型模拟不同场景下的偿债能力变化，从而为决策提供量化支持。

在 AI 赋能的财税数据分析中，AI 偿债能力分析是评估企业财务健康状况的重要环节。基于 AI 的财务指标深度分析与决策洞察，偿债能力分析可以通过智能分析方法与模型构建得出更高效、准确的结果。

AI 偿债能力分析是一种高效、准确、全面的偿债能力评估方法。通过结合 AI 技术和财务分析方法，企业和其他利益相关者能够更深入地理解企业的偿债能力，并制定相应的决策和策略。

一、AI 智能分析方法在偿债能力分析中的应用

AI 技术能够自动从各种数据源收集相关数据。AI 技术能够自动计算偿债能力分析所需各种指标，如流动比率、速动比率、资产负债率、利息保障倍数等。这些计算过程可以实时进行，大大提高了分析效率。

基于历史数据和当前市场环境，AI 财税大模型可以预测企业未来偿债能力的变化情况，为企业提供预警和决策支持。

当发现企业偿债能力出现下降或存在潜在风险时，AI 财税大模型能够及时发出预警信号，提醒企业采取相应的应对措施。

二、模型构建在偿债能力分析中的作用

（1）选择合适的模型：根据偿债能力分析的具体需求和数据特点，选择合适的 AI 财税大模型进行建模。常用的模型包括回归分析、时间序列分析、分类模型等。

（2）特征选择与工程：从所收集数据中提取与偿债能力分析相关的特征变量，对这些特征变量进行工程处理，如标准化、归一化、降维等，以提高模型的预测性能。

（3）模型训练与优化：使用历史数据对 AI 财税大模型进行训练，通过不断调整模型参数和架构优化模型性能，采用交叉验证、网格搜索等方法对模型进行调优，确保模型的准确性和泛化能力。

（4）模型验证与应用：对训练好的模型进行验证，确保其在实际应用中的准确性和可靠性，将模型应用于新的数据集中，进行偿债能力分析并生成报告。

【案例10-4】 AI 财税大模型在偿债能力分析中的应用案例

（一）案例背景

在矿业市场竞争激烈且行业环境复杂多变的情况下，山西金源矿业有限公司面临着诸多财务挑战。传统的偿债能力分析方法不仅耗时费力，而且难以全面、及时地捕捉到潜在风险。为了更精准地把握自身偿债能力状况，公司 CEO 司马秋决定引入中财讯 AI 技术进行偿债能力分析。

（二）案例概述

山西金源矿业有限公司借助 AI 技术，广泛收集各类数据，构建了专业的偿债能力分析模型。该模型能够快速、准确地计算关键偿债指标，并对偿债能力进行趋势分析和预测。通过模型分析，公司明确了自身在短期和长期偿债能力方面的优势与劣势，进而及时调整财务策略，加强债务管理，有效降低了财务风险。

（三）操作步骤

1. 数据收集与整合

（1）内部数据收集：利用 AI 的数据抓取和整理工具，从公司内部 AI 财税系统中提取过去 5~10 年的详细财务报表数据，确保数据的完整性和准确性。

（2）外部数据获取：通过 AI 连接到权威的市场数据库、行业研究机构网站等，收集同期的市场利率波动数据、行业平均债务水平、原材料价格走势等宏观和行业数据。

(3) 数据整合：将收集到的内外部数据进行整合，建立统一的数据仓库，为后续的模型构建和分析做准备。

2. 模型构建与训练

(1) 选择算法：选用适合偿债能力分析的 AI 算法，结合深度学习中的神经网络模型，构建能够综合考虑多种因素的偿债能力分析模型。

(2) 模型训练：使用整理好的历史数据对模型进行训练，通过不断调整模型的参数和结构，让模型学习数据中的规律和模式，提高其对偿债能力分析和预测的准确性。

3. 偿债指标计算与分析

(1) 指标计算：运用训练好的 AI 模型，自动计算流动比率（流动资产÷流动负债）、速动比率［(流动资产－存货)÷流动负债］、资产负债率（负债总额÷资产总额）等关键偿债能力指标。

(2) 趋势分析：通过模型对历史数据的分析，生成各偿债指标的时间序列趋势图，观察指标随时间变化的情况，分析公司偿债能力的发展趋势。

(3) 预测分析：基于模型的预测功能，结合当前市场环境和公司业务发展规划，预测未来 1~3 年的偿债能力指标变化，提前发现潜在风险。

4. 策略制定与实施

(1) 策略制定：根据 AI 模型分析结果，针对公司长期偿债能力存在的潜在风险，制定相应的财务策略。

(2) 策略实施：成立专门的项目小组，负责监督和执行财务策略的调整。与金融机构进行沟通协商，落实债务结构调整和融资渠道优化等措施。

(四) 具体数据和数字金额

1. 过去 5 年企业自身的数据

(1) 过去第一年：流动资产为 8 000 万元，流动负债为 4 000 万元，存货为 2 000 万元，负债总额为 12 000 万元，资产总额为 25 000 万元。此时流动比率 = 8 000÷4 000 = 2，速动比率 = (8 000 - 2 000)÷4 000 = 1.5，资产负债率 = 12 000÷25 000×100% = 48%。

(2) 过去第五年：流动资产为 12 000 万元，流动负债为 6 000 万元，存货为 3 000 万元，负债总额为 20 000 万元，资产总额为 35 000 万元。

流动比率 = 12 000÷6 000 = 2；

速动比率 = (12 000 - 3 000)÷6 000 = 1.5；

资产负债率 = 20 000÷35 000×100% ≈ 57.14%。

通过 AI 模型预测，不调整策略，未来第三年资产负债率将上升至 65%。

2. 行业平均数据

同期行业平均资产负债率稳定在 50%。

(五) 税务处理

(1) 债务结构调整：公司将部分短期债务转换为长期债务，在这个过程中涉及债务重组。符合特殊性税务处理条件，债务重组所得可以在5个纳税年度内均匀计入各年度应纳税所得额。

例如，债务重组产生收益1 000万元，适用特殊性税务处理，每年需计入应纳税所得额200万元（企业所得税税率为25%），每年需多缴纳企业所得税50万元。

(2) 融资渠道优化：公司通过发行股票等权益性融资方式筹集资金，在税务上，股息红利支出不能在税前扣除；通过银行贷款等债务性融资方式，利息支出在符合规定的情况下可以在税前扣除。公司新获得一笔银行贷款，年利率为6%，贷款金额为5 000万元，每年利息支出为300万元，可在税前扣除，相应减少应纳税所得额300万元，减少企业所得税75万元（企业所得税税率为25%）。

(六) 会计处理

1. 债务结构调整

设将一笔3 000万元的短期借款转换为长期借款。

借：短期借款	30 000 000
贷：长期借款	30 000 000

2. 融资渠道优化——银行贷款

(1) 取得贷款时

借：银行存款	50 000 000
贷：长期借款	50 000 000

(2) 每月计提利息时 [每月利息 = 5 000 × 6% ÷ 12 = 25（万元）]

借：财务费用	250 000
贷：应付利息	250 000

(3) 支付利息时

借：应付利息	250 000
贷：银行存款	250 000

(七) 实施效果

(1) 风险预警与应对：及时发现长期偿债的潜在风险，并通过调整策略，有效控制资产负债率的上升趋势。经过调整后，预计未来第三年资产负债率可控制在55%左右。

(2) 财务结构优化：通过调整债务结构和优化融资渠道，公司的财务结构更加稳健，降低了短期偿债压力过大导致的资金链断裂风险。

(3) 资金成本降低：优化融资渠道后，公司的融资成本有所降低，每年节省利息支出约200万元，提高了公司的盈利能力。

第六节 资产负债率的 AI 评估与风险预警模型

AI 资产负债率分析是一种利用 AI 技术对企业的资产负债率进行评估和预测的方法。通过收集和分析大量的财务数据与非财务数据，运用复杂的算法模型，AI 可以精准地识别影响资产负债率的关键因素，构建预测模型来模拟不同场景下的资产负债率变化，从而为决策提供量化支持。

AI 在资产负债率分析中的应用，为企业提供了一种高效、精准的工具评估其财务结构中的负债与资产比例，从而判断企业的偿债能力和财务稳定性。

在 AI 赋能的财税数据分析中，资产负债率作为衡量企业财务健康状况的重要指标之一，其智能评估与风险预警模型的构建对于企业的财务管理至关重要。

一、资产负债率 AI 评估模型

（1）AI 财税大模型会从企业的财务报表、市场数据库、行业报告等数据源中收集与资产负债率相关的数据。

（2）AI 财税大模型对收集到的数据进行清洗、整理、转换和标准化处理，以确保数据的质量和一致性。

（3）AI 财税大模型从处理后的数据中提取与资产负债率相关的特征变量，对这些特征变量进行工程处理，如标准化、归一化等，以提高模型的预测性能。

二、资产负债率风险预警模型

（1）风险阈值设定：AI 财税大模型根据行业标准和企业的实际情况设定资产负债率的风险阈值，用于判断企业的资产负债率是否处于风险状态。

（2）实时监测与预警：AI 财税大模型能够实时监测企业的资产负债率变化情况。当资产负债率接近或超过设定的风险阈值时，模型能够自动发出预警信号，提醒企业注意财务风险。

（3）风险分析与建议：AI 财税大模型不仅能够发出预警信号，还能够对风险进行深入分析。通过分析资产负债率上升的原因，如负债增加、资产减少等，模型能够为企业提供针对性的风险应对建议。

【案例10-5】AI财税大模型在资产负债率智能评估与风险预警中的应用案例

（一）案例背景

广西昌马交通运输设备有限公司为了保持市场竞争力，不断寻求业务拓展与创新。传统的资产负债率评估方式依赖人工定期核算，不仅效率低下，而且难以及时察觉潜在风险。为了更有效地监控财务风险，保障企业稳健发展，公司CEO洪亮敏决定引入中财讯AI技术构建资产负债率智能评估与风险预警模型。

（二）案例概述

广西昌马交通运输设备有限公司借助AI技术构建了一套先进的资产负债率智能评估与风险预警模型。通过预警提示，公司发现扩大生产规模导致负债增加，进而资产负债率上升。依据AI模型的深度分析结果，公司迅速调整财务策略，强化负债管理，成功降低了财务风险。

（三）操作步骤

1. 数据采集与整合

（1）数据采集：运用AI的数据采集工具，将公司AI财税系统、供应链管理系统、生产管理系统等多个数据源进行对接，确保数据的全面性与及时性。

（2）数据清洗与整合：对采集到的海量数据进行清洗，去除重复、错误或不完整的数据记录，构建成一个完整且有序的数据体系，为后续模型的运行提供坚实的数据基础。

2. 模型构建与训练

（1）模型架构设计：采用深度学习算法，结合传统的统计分析方法，构建资产负债率智能评估与风险预警模型。

（2）参数调整与优化：利用历史数据对模型进行多轮训练，通过不断调整模型的参数、优化模型的性能、采用交叉验证等方法，确保模型的泛化能力和稳定性，避免过拟合或欠拟合现象。

3. 风险阈值设定

（1）行业对标与内部分析：参考同行业优秀企业的资产负债率水平，结合公司自身的财务状况、发展战略和风险承受能力，确定合理的资产负债率风险阈值。当资产负债率达到60%时为预警阈值，达到75%时为高风险阈值。

（2）动态调整机制：建立风险阈值的动态调整机制，根据市场环境变化、行业发展趋势以及公司自身经营状况的重大变动，适时对风险阈值进行调整，确保预警的准确性和有效性。

4. 实时监测与预警

（1）实时数据处理：模型实时读取整合后的企业数据，按照设定的算法和公式，快速计算资产负债率，并与预设的风险阈值进行对比。

（2）预警触发：一旦资产负债率接近或超过预警阈值，模型立即通过邮件、短信、系统弹窗等多种方式向公司财务部门和管理层发出预警信号，同时提供详细的风险分析报告。

5. 策略制定与实施

（1）原因分析：收到预警信号后，公司组织财务、运营等相关部门，借助AI模型提供的详细分析报告，深入剖析资产负债率上升的原因。在本次案例中，发现是扩大生产规模，大量采购生产设备和原材料，导致负债短期内大幅增加。

（2）策略制定：根据原因分析结果，制定针对性的财务策略。调整融资结构，增加股权融资比例，减少债务融资；优化资金使用计划，提高资金周转效率；加强成本控制，降低不必要的开支等。

（3）策略执行与监控：成立专门的项目执行小组，负责落实财务策略的各项措施。同时，持续利用AI模型对资产负债率进行监测，评估策略实施的效果，根据实际情况及时调整策略。

（四）具体数据和数字金额

1. 初始状态

年初，公司资产总额为8 000万元，其中，流动资产3 000万元，固定资产5 000万元；负债总额为3 200万元，其中，流动负债1 200万元，长期负债2 000万元，此时资产负债率为40%。

2. 扩张阶段

为扩大生产规模，公司在年中投入3 000万元采购先进生产设备，并增加原材料采购量，通过银行贷款和供应商赊购等方式增加负债2 500万元。此时，资产总额变为11 000万元，负债总额上升至5 700万元，资产负债率达到51.82%。

3. 预警及后续

AI模型监测到资产负债率持续上升，当达到58%时发出预警信号。经分析，继续按当前趋势发展，预计年底资产负债率将达到63%。公司随即采取措施，通过引入战略投资者获得股权融资1 000万元，并优化资金使用，提前偿还部分高息债务500万元。到年底，资产总额为11 500万元，负债总额降至5 200万元，资产负债率降至45.22%。

（五）税务处理

（1）股权融资：引入战略投资者获得的1 000万元股权融资，在税务上不涉及企业所得税的缴纳，因为股权融资不属于企业的应税收入。

（2）债务偿还：提前偿还部分高息债务500万元，在税务处理上，由于债务利息在符合规定的情况下可以在税前扣除,提前偿还债务可能会减少部分利息支出,从而相应增加应纳税所得额。这部分债务原本每年利息支出为 50 万元,提前偿还后,当年应纳税所得额增加 50 万元,企业所得税税率为 25%,则需多缴纳企业所得税 12.5 万元。

(六) 会计处理:采购设备与增加负债

1. 采购设备时

借:固定资产　　　　　　　　　　　　　　　　　　　　　　30 000 000
　　贷:银行存款(或应付账款等)　　　　　　　　　　　　　30 000 000

2. 增加负债时

借:原材料等(相应资产科目)　　　　　　　　　　　　　　25 000 000
　　贷:应付账款(或长期借款等负债科目)　　　　　　　　　25 000 000

3. 股权融资

借:银行存款　　　　　　　　　　　　　　　　　　　　　　10 000 000
　　贷:实收资本(或股本)(根据实际情况确定)　　　　　　10 000 000

4. 债务偿还

借:长期借款(或短期借款等)　　　　　　　　　　　　　　 5 000 000
　　贷:银行存款　　　　　　　　　　　　　　　　　　　　　5 000 000

(七) 实施效果

(1) 风险及时化解:通过 AI 模型的预警,公司提前采取措施,有效地避免了资产负债率进一步上升至危险区域,化解了潜在的财务风险。

(2) 财务结构优化:经过调整融资结构和债务管理,公司的财务结构得到优化,资产负债率回归到合理区间,长期偿债能力得到增强。

(3) 运营效率提升:在应对资产负债率风险的过程中,公司加强了成本控制和资金管理,提高了资金使用效率和运营效率,为企业的可持续发展奠定了基础。

第七节　流动比率的 AI 评估与风险预警模型

流动比率的 AI 评估是一种利用 AI 技术对企业的流动比率进行评估和预测的方法。通过收集和分析大量的财务数据与非财务数据,运用复杂的算法模型,AI 可以精准地识别影响流动比率的关键因素,构建预测模型模拟不同场景下的流动比率变化,从而为决策提供量化支持。

AI 在流动比率智能评估中的应用,为企业提供了一种高效、准确的方法。通过自动化数据收集与处理、实时分析与监控、深度洞察与预测,以及智能预警与决策支持等优势，AI 可以帮助企业及时发现潜在的财务风险，并采取有效的措施进行应对。随着 AI 技术的不断发展和完善，其在企业财务管理中的应用前景将更加广阔。

一、流动比率 AI 评估模型构建

AI 财税大模型首先从企业的财务报表、银行账户记录、库存管理系统等多个数据源收集与流动比率计算相关的数据，包括流动资产和流动负债的详细信息。

对收集到的数据进行清洗、整理、转换和标准化处理，以确保数据的准确性和一致性。

（1）流动比率计算：使用清洗后的数据，AI 财税大模型自动计算流动比率，即流动资产除以流动负债。它是衡量企业短期偿债能力的重要指标，一般来说，流动比率越高，企业的短期偿债能力越强。

（2）智能评估与分析：AI 财税大模型不仅计算流动比率，还根据行业标准、历史数据和市场环境等因素对流动比率进行智能评估，通过与行业平均流动比率、历史流动比率等进行对比，评估企业的短期偿债能力在行业中的位置以及相对于历史的变化趋势，能进一步分析影响流动比率的因素，为企业提供深入的财务洞察。

二、流动比率风险预警模型构建

AI 财税大模型根据行业标准、企业历史数据和市场环境等因素设定流动比率的风险阈值。

（1）实时监测与预警：AI 财税大模型能够实时监测企业的流动比率变化情况，当流动比率接近或低于设定的风险阈值时，模型能够自动发出预警信号，提醒企业注意短期偿债风险。

（2）风险分析与建议：在发出预警信号的同时，AI 财税大模型还能对流动比率下降的原因进行深入分析。通过分析应收账款、存货等流动资产的变化情况，以及应付账款、短期借款等流动负债的变化情况，AI 财税大模型能够为企业提供针对性的风险应对建议。

【案例10-6】AI 财税大模型在流动比率的智能评估与风险预警中的应用案例

（一）案例背景

贵州千里眼仪器仪表有限公司致力于拓展业务、提升市场份额。传统的流动比率评估依赖人工手动计算和定期分析，效率低下且无法及时察觉潜在风险。为了更有效地监控短期偿债风险，保障企业平稳运营，公司 CEO 安伟峰决定引入中财讯 AI 技术构建流动比率智能评估与风险预警模型。

(二) 案例概述

贵州千里眼仪器仪表有限公司借助 AI 技术打造了一套流动比率智能评估与风险预警模型。该模型能够实时追踪企业流动比率的动态变化。当流动比率接近或突破设定的风险阈值时，该模型迅速发出预警信号，经深入分析，发现是因库存积压以及应收账款回收周期变长导致流动资产变现能力减弱。基于 AI 模型的分析结果，公司迅速调整经营策略，加强库存管理和应收账款催收，有效地化解了短期偿债风险。

(三) 操作步骤

1. 数据采集与整合

(1) 数据采集：运用 AI 的数据采集工具，连接公司的 AI 财税系统、销售系统、库存管理系统等多个数据源。实时采集企业流动资产、流动负债相关数据，以及销售订单、库存出入库记录、客户还款记录等运营数据，确保数据的全面性与及时性。

(2) 数据清洗与整合：按照统一的数据格式和标准，将不同来源的数据进行整合，构建成一个完整且有序的数据体系。

2. 模型构建与训练

(1) 模型架构设计：采用深度学习算法 CNN 结合时间序列分析方法，构建流动比率智能评估与风险预警模型。

(2) 参数调整与优化：利用历史数据对模型进行多轮训练，通过不断调整模型的参数，优化模型的性能。同时，采用交叉验证等方法，确保模型的泛化能力和稳定性，避免过拟合或欠拟合现象。

3. 风险阈值设定

(1) 行业对标与内部分析：参考同行业优秀企业的流动比率水平，结合公司自身的财务状况、经营周期和风险承受能力，确定合理的流动比率风险阈值。设定当流动比率降至 1.5 时为预警阈值，当降至 1.2 时为高风险阈值。

(2) 动态调整机制：建立风险阈值的动态调整机制，根据市场环境变化、行业季节性波动以及公司自身经营策略的调整，适时对风险阈值进行调整，确保预警的准确性和有效性。

4. 实时监测与预警

(1) 实时数据处理：模型实时读取整合后的企业数据，按照设定的算法和公式，快速计算流动比率，并与预设的风险阈值进行对比。

(2) 预警触发：一旦流动比率接近或低于预警阈值，模型立即通过邮件、短信、系统弹窗等多种方式，向公司财务部门和管理层发出预警信号，同时提供详细的风险分析报告。

5. 策略制定与实施

(1) 原因分析：收到预警信号后，公司组织财务、销售、库存等相关部门，借助 AI

模型提供的详细分析报告，深入剖析流动比率下降的原因。在本次案例中，发现是库存积压过多，占用大量资金，以及应收账款回收周期变长，导致流动资产变现能力减弱。

（2）策略制定：根据分析结果，制定针对性的经营策略。如优化库存管理，加快库存周转，减少库存积压；加大应收账款催收力度，缩短应收账款回收周期；合理安排短期资金，优化资金结构等。

（3）策略执行与监控：成立专门的项目执行小组，负责落实经营策略的各项措施。同时，持续利用 AI 模型对流动比率进行监测，评估策略实施的效果，根据实际情况及时调整策略。

（四）具体数据和数字金额

1. 初始状态

年初，公司流动资产为 5 000 万元，其中，货币资金 1 000 万元，应收账款 2 000 万元，存货 2 000 万元；流动负债为 3 000 万元，其中，短期借款 1 000 万元，应付账款 2 000 万元。此时流动比率为 5 000÷3 000≈1.67。

2. 风险显现阶段

年中，随着业务的发展，公司库存积压增加至 3 000 万元，同时应收账款回收周期变长，应收账款余额上升至 3 000 万元，而流动负债因短期借款增加至 1 500 万元，应付账款增加至 2 500 万元，达到 4 000 万元。此时流动资产为 7 000 万元，流动比率变为 7 000÷4 000＝1.75。但由于库存积压和应收账款回收问题，流动资产变现能力减弱。AI 模型持续监测，发现流动比率呈下降趋势，当降至 1.4 时发出预警信号。经分析，继续按当前趋势发展，预计年底流动比率将降至 1.1。

3. 应对措施及结果

公司收到预警后，采取一系列措施。通过促销活动等方式，在接下来的两个月内成功减少库存 1 000 万元，将存货降至 2 000 万元；同时加强应收账款催收，在年底前将应收账款余额降至 2 000 万元。在流动负债方面，合理安排资金，提前偿还部分短期借款 500 万元，使流动负债降至 3 500 万元。此时流动资产为 5 000 万元，流动比率回升至 5 000÷3 500≈1.43，有效地避免了短期偿债风险的进一步加剧。

（五）税务处理

（1）库存促销：销售价格低于成本价，在税务处理上，可能需要按照相关规定进行进项税额转出。因促销活动，某批存货成本为 100 万元，以 80 万元售出，进项税额转出金额＝（存货成本－售出价格）×适用增值税税率＝（100－80）×13%＝2.6（万元）。在企业所得税方面，销售损失可以在计算应纳税所得额时扣除，企业所得税税率为 25%，则减少应纳税所得额 20 万元，相应减少企业所得税 5 万元。

（2）应收账款催收奖励：在税务处理上，现金折扣在实际发生时计入财务费用，可在计算企业所得税时扣除。给予客户现金折扣 5 万元，在计算企业所得税时，应纳税所得额减少 5 万元，相应减少企业所得税 1.25 万元。

（六）会计处理

1. 库存促销

（1）销售时

借：银行存款/应收账款等	800 000
贷：主营业务收入	800 000
借：主营业务成本	1 000 000
贷：库存商品	1 000 000

（2）进项税额转出时

借：主营业务成本	26 000
贷：应交税费——应交增值税（进项税额转出）	26 000

2. 应收账款现金折扣

（1）收款时：

借：银行存款（实际收到金额）	1 950 000
财务费用——现金折扣	50 000
贷：应收账款（原应收账款金额）	2 000 000

（2）提前偿还短期借款：

借：短期借款	5 000 000
贷：银行存款	5 000 000

（七）实施效果

（1）风险有效控制：通过 AI 模型的预警，公司及时采取措施，成功避免了流动比率的进一步下降，有效控制了短期偿债风险。

（2）资金流动性增强：通过优化库存管理和应收账款催收，公司资金流动性得到显著增强，资金使用效率提高。

（3）运营效率提升：在应对流动比率风险的过程中，公司各部门协同合作，加强了内部管理，提升了整体运营效率。

（八）案例价值

（1）为仪器仪表行业提供借鉴：展示了 AI 技术在仪器仪表企业流动比率管理中的成功应用，为同行业企业提供了可参考的经验和方法。

（2）提升企业短期风险应对能力：帮助企业实现对流动比率的实时监控和智能预警，使企业及时发现并应对潜在短期偿债风险，提升短期风险应对能力。

第八节 营运能力的 AI 评估与风险预警模型

营运能力的 AI 评估是一种利用 AI 技术对企业的营运能力进行评估和预测的方法。通过收集和分析大量的财务数据与非财务数据，运用复杂的算法模型，AI 可以精准地识别影响营运能力的关键因素，构建预测模型模拟不同场景下的营运能力变化，从而为决策提供量化支持。

在 AI 赋能的财税数据分析中，基于 AI 的营运能力分析是评估企业运营效率、识别潜在问题并优化业务流程的关键环节。

AI 在营运能力智能评估中的应用，为企业提供了一种高效、准确且全面的方法。营运能力通常涉及企业资产利用的效率，如存货周转率、应收账款周转率、固定资产周转率等，这些指标共同反映了企业资产管理和运营的效率。AI 技术的应用，可以进一步提升评估的精准度和时效性。

一、AI 智能分析方法

AI 系统会自动计算与营运能力相关的关键财务指标，如存货周转率、应收账款周转率、固定资产周转率等。这些指标能够反映企业资产的运用效率和管理效果。

二、AI 智能分析模型构建

（一）深度分析与模式识别

（1）趋势分析：AI 系统能够对历史数据进行趋势分析，揭示营运能力指标的变化趋势和规律。

（2）关联分析：通过关联分析，AI 系统可以发现不同财务指标之间的内在联系，如存货周转率与应收账款周转率之间的关系。

（3）模式识别：运用机器学习算法，AI 系统能够从大量数据中识别出影响营运能力的关键模式和因素。

（二）预测与预警模型构建

（1）预测模型：基于历史数据和当前市场环境，AI 系统可以构建预测模型，对未来一段时间的营运能力进行预测。

（2）预警模型：当预测结果显示营运能力可能出现下降或异常时，AI 系统能够自动发出预警信号，提醒企业及时采取措施。

【案例10-7】 AI财税大模型营运能力分析的应用案例

（一）案例背景

中州燃气公司面临着不断降低成本、提高运营效率的挑战。然而，传统的营运能力分析方法依赖人工统计和分析，不仅耗时费力，而且难以全面、深入地挖掘数据背后的问题。为了更精准地评估和优化营运能力，公司 CEO 计福利决定引入中财讯 AI 技术进行营运能力分析。

（二）案例概述

中州燃气公司借助 AI 技术，运用深度学习和自然语言处理技术，对企业的销售数据、库存数据、供应链数据等进行全面且深入的分析。通过分析，发现公司存在存货周转率较低、库存积压的问题。基于 AI 系统的分析结果，公司采纳了优化库存管理策略的建议，如加强需求预测、实施精益库存管理等。

（三）操作步骤

1. 数据采集与整合

（1）多源数据采集：利用 AI 的数据抓取工具，从公司内部的销售管理系统获取历史销售数据；连接库存管理系统，获取库存台账、库存盘点记录、库存出入库数据等；同时，从供应链管理系统获取供应商信息、采购订单、采购周期等数据。

（2）数据清洗与整合：针对不同格式和来源的数据，进行标准化处理，将其按照统一的标准和规范进行整合，构建成一个完整且准确的数据仓库。

2. AI 财税大模型构建与训练

（1）模型选择与架构设计：选用深度学习中的 RNN 及其变体 LSTM，结合自然语言处理中的文本分类和情感分析技术，构建营运能力分析模型。

（2）模型训练与优化：使用历史数据对模型进行多轮训练，通过不断调整模型的参数，优化模型的性能。同时，采用交叉验证等方法，确保模型的准确性和稳定性，避免过拟合或欠拟合现象。

3. 营运能力分析

（1）指标计算与分析：运用训练好的中财讯 AI 财税大模型，自动计算存货周转率、应收账款周转率、总资产周转率等关键营运能力指标。对计算结果进行深入分析，与行业标准数据以及企业自身历史数据进行对比，找出公司在营运能力方面存在的优势和不足。

（2）问题诊断与原因挖掘：通过对销售数据、库存数据、供应链数据等的关联分析，以及对市场需求预测报告、行业动态资讯等文本数据的情感分析和文本分类，挖掘产生营运能力问题的根本原因。

4. 策略制定与实施

（1）策略生成：基于中财讯 AI 财税大模型的分析结果，制定针对性的优化策略，实施精益库存管理策略，优化库存结构，减少不必要的库存积压。

（2）策略执行：成立专门的项目小组，负责落实优化策略的各项措施。

（四）具体数据和数字金额

1. 优化前数据

过去一年，公司的销售成本为 8 000 万元，年初存货余额为 2 000 万元，年末存货余额为 2 500 万元，平均存货余额 =（2 000 + 2 500）÷ 2 = 2 250（万元），存货周转率 = 8 000 ÷ 2 250 ≈ 3.56（次）。

同期行业平均存货周转率为 5 次。

每年库存积压导致的资金占用成本 = 资金成本率 × 平均库存积压金额 = 5% × 2 000 = 100（万元）。

2. 优化后数据

实施优化策略后，经过一年的运营，销售成本增长至 9 000 万元，年初存货余额降至 1 500 万元，年末存货余额降至 1 800 万元，平均存货余额 =（1 500 + 1 800）÷ 2 = 1 650（万元），存货周转率 = 9 000 ÷ 1 650 ≈ 5.45（次）。

库存积压资金占用成本降低至 50 万元（平均库存积压金额降至 1 000 万元），库存成本降低了 50 万元。

（五）税务处理

（1）库存成本降低：库存成本降低会增加企业的利润，从而相应增加应纳税所得额。企业所得税税率为 25%，库存成本降低 50 万元，应纳税所得额增加 50 万元，需多缴纳企业所得税 50 × 25% = 12.5（万元）。

（2）资产折旧与摊销：因优化库存管理，减少了库存场地的租赁面积或相关设备的购置需求，相应地，资产折旧与摊销费用会减少。减少的资产折旧与摊销费用为 20 万元，应纳税所得额增加 20 万元，需多缴纳企业所得税 20 × 25% = 5（万元）。

（六）会计处理

1. 库存成本核算

（1）优化前：

借：主营业务成本　　　　　　　　　　　　　　　　　　　　80 000 000

　　贷：库存商品　　　　　　　　　　　　　　　　　　　　80 000 000

（2）优化后：

借：主营业务成本　　　　　　　　　　　　　　　　　　　　90 000 000

　　贷：库存商品　　　　　　　　　　　　　　　　　　　　90 000 000

2. 库存盘点与清理

（1）发现积压库存时：

借：待处理财产损溢——待处理流动资产损溢（积压库存金额）

　　贷：库存商品（积压库存金额）

（2）经批准清理时：

借：管理费用（无法收回的部分）

　　其他应收款（可收回的部分，如责任人赔偿等）

　　贷：待处理财产损溢——待处理流动资产损溢（积压库存金额）

3. 资产折旧与摊销调整

以减少资产折旧与摊销时为例。

借：累计折旧（或累计摊销）　　　　　　　　　　　　　　　　　　200 000

　　贷：管理费用（或制造费用等相关科目）　　　　　　　　　　　200 000

（七）实施效果

（1）存货周转率显著提升：存货周转率从约 3.56 次提升至约 5.45 次，超过了行业平均水平，表明公司的库存管理效率大幅提高，库存资产的流动性增强。

（2）库存成本有效降低：库存成本降低了 50 万元，减少了资金占用，提高了资金使用效率，增强了企业的盈利能力。

（3）整体营运能力增强：通过优化库存管理，带动了整个供应链的协同发展，提高了企业的运营效率和市场响应速度，整体营运能力得到了显著提升。

中财讯 AI 财税管理系统不仅能提供数据分析和预测结果，还能根据分析结果自动生成决策支持建议。这些建议可能包括优化库存管理策略、加强应收账款管理、调整固定资产投资计划等，旨在帮助企业提升营运能力。

【案例10-8】中财讯 i 财机器人通过营运能力分析自动生成营运管理建议书

一、引言

在当今数字化与信息化高速发展的商业环境中，软件技术服务行业正以前所未有的速度蓬勃发展。北京金魏软件技术服务有限公司作为行业内的一员，虽已占据一定市场地位，但也面临着日益激烈的竞争挑战。提升营运能力，实现高效运营与资源的优化配置，已成为公司在竞争中脱颖而出、实现可持续发展的关键。基于 AI 技术的营运能力分析，能够为公司提供全面、精准且及时的决策支持，助力公司有效应对各种挑战。

二、营运能力现状分析

（一）数据收集与指标计算

AI 系统全面整合公司财务报表、业务系统数据，并结合市场数据库信息，通过深入分析，计算出一系列关键营运能力指标。

在过去一年，公司营业成本达 5 000 万元，年初存货余额 800 万元，年末存货余额 1 000 万元，由此得出平均存货余额为 900 万元，存货周转率约为 5.56 次。同期销售收入 8 000 万元，年初应收账款余额 1 200 万元，年末应收账款余额 1 500 万元，平均应收账款余额 1 350 万元，应收账款周转率约为 5.93 次；而年初固定资产净值 2 000 万元，年末固定资产净值 2 200 万元，平均固定资产净值 2 100 万元，固定资产周转率约为 3.81 次。

（二）与行业平均水平对比

这些指标的行业平均水平为：行业平均存货周转率 8 次，应收账款周转率 7 次，固定资产周转率 4.5 次。可以看出，公司在存货管理、应收账款回收以及固定资产利用效率方面均与行业平均水平存在差距，这在一定程度上制约了公司的营运效率与盈利能力提升。

（三）关联分析洞察内在联系

通过 AI 系统的关联分析，发现存货周转率与应收账款周转率之间存在紧密联系。当存货周转率较低时，意味着项目交付周期延长，客户交付延迟，进而导致应收账款回收周期拉长，应收账款周转率随之降低。这种内在联系表明，公司运营各环节相互影响，一个环节出现问题会波及其他环节，影响整体营运能力。

三、问题诊断与影响

（一）库存管理问题

存货周转率低于行业平均水平，反映出公司存在较为严重的库存管理问题，可能是项目规划不合理，导致部分项目进度拖沓，造成软件产品在制品积压；也可能是需求预测不准确，储备了过多不必要的资源。这不仅占用大量资金，增加仓储成本，还面临产品过时贬值风险。

（二）应收账款管理漏洞

应收账款周转率不理想，说明公司在客户信用评估和收款流程上存在不足。客户信用评估不严谨，可能导致部分信用不佳的客户欠款逾期；收款流程烦琐，缺乏有效的催收机制，使得资金回笼速度减缓，影响公司资金流动性与正常运营。

（三）固定资产投资决策偏差

固定资产周转率偏低，意味着公司固定资产利用效率不高。可能是前期固定资产投资计划缺乏科学规划，购置了过多或不适用的设备与资产，导致资源闲置浪费，增加了运营成本，降低了整体营运效率。

四、基于 AI 的决策支持建议

（一）优化库存管理策略

1. 精准需求预测

利用 AI 技术对历史销售数据、市场趋势、客户需求变化等进行深度分析，建立精准的需求预测模型。例如，通过机器学习算法分析过往项目订单的季节性、行业需求波动等因素，提前预测不同类型项目的需求规模，从而合理安排资源投入，避免库存积压。

2. 敏捷项目管理

引入敏捷项目管理方法，将项目分解为多个小阶段，加强项目进度监控与调整。设立明确的项目里程碑和交付节点，一旦发现项目进度滞后，及时分析原因并采取措施，如增加资源投入、优化工作流程等，确保项目按时交付，减少在制品库存。

3. 动态库存调整

建立库存动态调整机制，根据市场需求变化和项目进展实时调整库存水平。当需求旺盛时，及时增加关键资源的储备；当需求下降或项目交付延迟时，灵活调整库存配置，减少不必要的库存占用。

（二）加强应收账款管理

1. 完善信用评估体系

借助 AI 构建全面的客户信用评估模型，收集客户的财务状况、交易历史、行业声誉等多维度信息，对客户信用进行综合评分。根据信用评分确定不同客户的信用额度和账期，对信用风险较高的客户采取更严格的收款政策，如要求预付款或提供担保。

2. 优化收款流程

优化收款流程，提高收款效率。例如，采用电子发票和在线支付系统，缩短发票传递和收款周期；建立专门的收款团队，明确各成员职责，定期对客户进行账款提醒和催收；对于逾期账款，制定针对性的催收策略，如电话催收、上门拜访、法律诉讼等。

3. 激励机制设立

为鼓励客户及时付款，设立合理的现金折扣政策。例如，对于在规定期限内付款的客户，给予一定比例的现金折扣，从而加快应收账款的回收速度，降低资金占用成本。

（三）调整固定资产投资计划

1. 资产效能评估

运用 AI 技术对现有固定资产的使用情况进行全面评估，分析资产的利用率、维护成本、剩余使用寿命等指标。确定哪些资产处于高效利用状态，哪些资产存在闲置或低效运行的情况。

2. 科学投资规划

根据公司业务发展战略和资产效能评估结果,制定科学的固定资产投资规划。对于业务增长所需关键资产,加大投资力度;对于闲置或低效的资产,考虑进行处置或优化配置。

3. 租赁与购买决策优化

在进行固定资产投资时,充分考虑租赁与购买的成本效益。利用 AI 分析不同方案的现金流、税收影响、资产使用期限等因素,为公司提供最优的决策建议。对于一些短期使用或技术更新较快的设备,优先考虑租赁方式,以降低资金投入和资产风险。

五、实施计划与预期效果

(一)实施计划

(1)短期(1~3个月):完成 AI 需求预测模型和客户信用评估模型的搭建与初步调试;组建专门的收款团队,并进行相关培训;对现有固定资产进行全面清查和效能评估。

(2)中期(4~6个月):在公司部分项目中试点应用敏捷项目管理方法和动态库存调整机制;优化公司收款流程,推行电子发票和在线支付系统;根据资产效能评估结果,制订固定资产处置和投资计划。

(3)长期(7~12个月):将优化后的库存管理策略、应收账款管理策略和固定资产投资计划全面推广至公司各个部门,并持续进行监控和调整。

(二)预期效果

(1)存货周转率提升:通过优化库存管理策略,预计在一年内存货周转率将从当前的约5.6次提升至8.5次以上,接近或超过行业平均水平,有效降低库存成本,提高资金使用效率。

(2)应收账款周转率提升:加强应收账款管理后,预计应收账款周转率将提升至8次以上,大幅缩短应收账款回收周期,降低坏账损失,增强公司资金流动性。

(3)固定资产周转率提升:合理调整固定资产投资计划后,固定资产周转率有望提升至5次以上,提高固定资产利用效率,降低运营成本,提升公司整体营运能力和盈利能力。

六、风险管控

(一)数据风险

1. 数据质量保障

建立严格的数据质量监控机制,定期对数据进行审核与清洗,确保数据的准确性、完整性和一致性。例如,每月对财务数据和业务数据进行交叉核对,及时发现并纠正数据错误。

2. 数据安全防护

采用先进的加密技术和访问权限控制，保障数据安全。对敏感数据进行加密存储，只有经过授权的人员才能访问；定期对数据进行备份，并将备份数据存储在异地灾备中心，防止数据丢失或被篡改。

（二）模型风险

1. 模型验证与更新

定期使用新的数据对 AI 模型进行验证和更新，确保模型的准确性和适应性。每季度对需求预测模型和客户信用评估模型进行回溯测试，根据测试结果调整模型参数和算法。

2. 多模型对比分析

引入多个不同的 AI 模型进行对比分析，避免单一模型的局限性。例如，同时使用线性回归模型和神经网络模型进行需求预测，对比分析结果，提高预测的可靠性。

（三）策略执行风险

1. 明确职责分工

在实施决策支持建议过程中，明确各部门的职责和分工，确保各项措施得到有效落实。例如，成立专门的项目推进小组，负责统筹协调库存管理、应收账款管理和固定资产投资调整等工作。

2. 沟通与协作机制

建立有效的沟通与协作机制，加强部门之间的信息共享和协同工作。定期召开项目进度汇报会议，及时解决执行过程中出现的问题；建立跨部门的工作群，方便实时沟通和协调。

3. 监督与评估

建立监督与评估机制，对决策支持建议的执行情况进行定期监督和评估。每月对各项措施的执行进度和效果进行评估，根据评估结果及时调整执行策略，确保达到预期目标。

七、结论

通过引入 AI 技术进行营运能力分析，并依据分析结果制定和实施针对性的决策支持建议，北京金魏软件技术服务有限公司有望在库存管理、应收账款回收和固定资产投资等方面实现显著优化。这将有效提升公司的营运能力，增强市场竞争力，实现可持续发展。在实施过程中，公司需高度重视各类风险，建立完善的风险管控机制，确保各项措施顺利推进并取得预期效果。希望本建议书能为公司的发展提供有力支持，助力公司在软件技术服务行业中迈向新的高度。

第九节　存货周转率的 AI 动态监测与分析模型

在 AI 赋能的财税数据分析中，存货周转率的动态监测与分析模型是评估企业存货管理效率、优化库存管理决策的重要工具。

存货周转率是指企业在一定时期内销售成本与存货平均余额的比率，反映了企业存货的流动速度和销售效率。基于 AI 的存货周转率动态监测与分析模型能够实时收集和处理存货相关数据，动态计算存货周转率，并对存货管理效率进行深入分析和预测，为企业提供决策支持。

一、AI 模型构建与核心功能

（一）存货周转率动态计算

模型能够实时计算存货周转率，并根据企业设定的时间周期（如日、周、月等）进行动态更新。通过对比不同时间周期的存货周转率，企业可以直观地了解存货周转速度的变化趋势。

（二）存货管理效率分析

（1）多维度分析：AI 模型支持从多个维度对存货管理效率进行分析。

（2）异常检测：通过机器学习算法，AI 模型能够自动识别存货周转率的异常波动，及时发现存货管理中的潜在问题。

（三）预测与预警

（1）趋势预测：基于历史数据和当前市场环境，AI 模型能够预测未来一段时间的存货周转率变化趋势。

（2）风险预警：当预测结果显示存货周转率可能出现异常下降或上升时，AI 模型能够自动发出预警信号，提醒企业及时采取措施应对潜在风险。

二、AI 模型应用与优势

（1）优化库存管理决策：通过动态监测存货周转率，企业可以及时调整库存管理策略，以提高存货周转速度和销售效率。

（2）降低存货成本：高效的存货管理能够减少存货积压和资金占用，从而降低存货成本，提高企业的盈利能力。

（3）提升供应链协同效率：AI 模型的应用有助于企业加强与供应链上下游的协同

合作，共同优化库存管理流程，提高整体供应链的运作效率。

📖【案例10-9】连锁超市的 AI 库存管理优化案例

（一）案例背景

江西国庆连锁超市有限公司主要经营日用品、家电和食品三大类商品。由于商品种类繁多，库存管理一直是该公司面临的一大挑战。过度库存会导致资金占用和商品积压，而库存不足则会影响顾客满意度和销售业绩。为了优化库存管理，公司总裁常胜利决定引入 AI 技术预测销售需求，从而更合理地配置资源。

（二）操作步骤

1. 数据收集与预处理

（1）收集 2024 年的销售数据，包括每日销售额、销售量、促销活动等信息。

（2）收集商品信息，如商品类别、价格、库存成本等。

（3）对数据进行清洗，去除异常值和缺失值，确保数据质量。

2. AI 模型选择与训练

（1）选择适合时间序列预测的 AI 模型，如 LSTM 或 Prophet 模型。

（2）使用历史销售数据训练模型，调整参数以提高预测准确性。

（3）对模型进行验证，通过比较预测值与实际销售值的差异评估模型性能。

3. 销售需求预测

（1）利用训练好的 AI 模型，预测未来一个月（或更长周期）的销售需求。

（2）预测结果包括每日销售量、销售额以及可能的促销效果。

4. 制定库存优化策略

（1）根据预测结果，制订库存补货计划。例如，对于预测销售量较高的商品，增加库存量；对于销售量较低的商品，减少库存量或考虑下架。

（2）设定安全库存水平，以应对突发需求或供应延迟。

5. 实施与监控

（1）将库存优化策略应用于实际库存管理中，调整订货量和订货频率。

（2）实时监控库存水平和销售情况，及时调整策略以应对市场变化。

（三）数据论证

1. 历史数据

（1）2024 年总销售额 1 000 万元。

（2）平均库存成本 200 万元。

（3）库存周转率（年）5 次。

2. AI 模型预测

（1）预测未来一个月总销售额 85 万元（基于历史数据和季节性因素）。

（2）预测日畅销商品 WT 杯的销售量 200 件（单价 50 元，日销售额 1 万元）。

3. 库存优化策略

（1）根据预测结果，将商品 WT 杯的库存量从原来的 150 件增加到 220 件，以满足预测需求。

（2）调整其他商品库存量，总库存成本控制在 180 万元以内（通过减少滞销商品库存量实现）。

（四）实施效果

（1）实际销售额与预测销售额相差不超过 5%。

（2）库存周转率提高到 5.5 次，减少了库存积压和资金占用。

（3）由于库存优化，减少了缺货情况，顾客满意度提升，销售额较上月增长 3%。

通过引入 AI 技术优化资源配置，江西国庆连锁超市有限公司实现了库存管理的精细化，提高了运营效率和经济效益。

第十节　应收账款周转率的 AI 动态监测与分析模型

在 AI 赋能的财税数据分析领域，基于 AI 的应收账款周转率的动态监测与分析模型是企业财务管理中的一个重要工具。

应收账款周转率的 AI 动态监测与分析模型运用 AI 技术，通过实时收集和处理企业的销售数据、应收账款数据等，动态计算应收账款周转率，并对应收账款的周转情况进行深入分析，为企业提供决策支持。该模型能够帮助企业及时了解应收账款的回收情况，优化信用政策，降低坏账风险，提高资金运用效率。

一、AI 模型构建

（一）应收账款周转率动态计算

AI 模型会根据实时收集到的销售数据和应收账款数据，动态计算应收账款周转率。计算公式为：应收账款周转率 = 销售收入 ÷ 应收账款平均余额。通过对比不同时间点的应收账款周转率，企业可以了解应收账款周转速度的变化趋势。

（二）深度分析与模式识别

（1）趋势分析：AI 模型会对历史应收账款周转率数据进行趋势分析，揭示应收账款周转速度的变化规律和趋势。

（2）关联分析：通过关联分析，AI 模型可以发现应收账款周转率与其他财务指标（如销售收入、成本、利润等）之间的内在联系。

（3）模式识别：运用机器学习算法，AI 模型能够从大量数据中识别出影响应收账款周转率的关键模式和因素。

（三）预测与预警

（1）趋势预测：基于历史数据和当前市场环境，AI 模型能够预测未来一段时间的应收账款周转率变化趋势。

（2）风险预警：当预测结果显示应收账款周转率可能出现异常下降或上升时，AI 模型能够自动发出预警信号，提醒企业及时采取措施应对潜在风险。

二、AI 模型应用

通过动态监测应收账款周转率，企业可以了解不同客户的信用状况和还款能力，从而调整信用政策，降低坏账风险。例如，对于应收账款周转率较低的客户，企业可以适当收紧信用政策，降低赊销比例或缩短信用期限。

【案例 10–10】AI 应收账款周转率的动态监测与分析案例

（一）案例背景

吉林芮羿纺织皮革有限公司在行业内稳步发展，但面临着客户信用状况参差不齐、市场环境波动等挑战。为了提高应收账款管理效率，降低坏账风险，公司 CEO 贝德仁决定引入中财讯 AI 应收账款周转率的动态监测与分析模型。

（二）案例概述

吉林芮羿纺织皮革有限公司借助基于 AI 的应收账款周转率的动态监测与分析模型，对公司应收账款情况进行实时监控与深入分析。模型成功识别出长春大客户欧尚公司应收账款周转率持续下降的问题，并发出预警信号。公司及时与欧尚公司沟通，了解到客户面临资金压力，公司与客户协商调整信用政策，延长信用期限并加大催收力度。最终，公司成功降低坏账风险，保持了良好的客户关系。

（三）操作步骤

1. 数据采集与整合

（1）多源数据收集：利用 AI 的数据采集工具，从公司应用系统获取详细数据，同时，收集外部长春地区市场动态数据等，确保数据的全面性。

（2）数据清洗与整合：运用 AI 算法对收集到的数据进行清洗，去除重复、错误或不完整的数据记录。

2. 模型构建与训练

（1）模型架构设计：采用深度学习中的 RNN 及其变体 LSTM，结合决策树算法，构建应收账款周转率的动态监测与分析模型。

（2）模型训练与优化：使用历史数据对模型进行多轮训练，通过不断调整模型的参数，优化模型的性能。同时，采用交叉验证等方法，确保模型的准确性和稳定性，避免过拟合或欠拟合现象。

3. 应收账款周转率监测与分析

（1）实时计算与监测：模型实时读取整合后的数据，按照应收账款周转率的计算公式，动态计算各客户的应收账款周转率。设定合理的应收账款周转率阈值范围，当实际周转率低于预警阈值时，模型自动发出预警信号。

（2）深入分析与原因挖掘：当模型针对欧尚公司发出预警后，对该客户的销售数据、应收账款数据以及客户背景信息进行深入关联分析。通过分析，发现欧尚公司应收账款周转率持续下降是其自身业务扩张导致资金回笼周期变长，当前面临资金压力。

4. 信用政策调整与实施

（1）策略制定：根据模型的分析结果，结合与欧尚公司的沟通情况，制定针对性的信用政策调整方案。一方面，适当延长欧尚公司的信用期限，缓解其资金压力；另一方面，加大对该客户的催收力度，制订详细的催收计划，确保应收账款能够按时收回。

（2）策略执行：成立专门的项目小组，负责落实信用政策调整的各项措施。

（四）具体数据和数字金额

1. 优化前数据

在引入 AI 模型之前，公司与欧尚公司的年度销售收入为 800 万元，年初应收账款余额为 120 万元，年末应收账款余额为 180 万元，平均应收账款余额 =（120 + 180）÷ 2 = 150（万元），应收账款周转率 = 800 ÷ 150 ≈ 5.33（次）。

按照账龄分析，欧尚公司逾期账款金额达到 30 万元，占应收账款总额的 16.67%。坏账准备计提比例为 5%，针对欧尚公司需计提坏账准备 = 180 × 5% = 9（万元）。

2. 优化后数据

实施信用政策调整后，与欧尚公司的年度销售收入保持在 820 万元，年初应收账款余额降至 100 万元，年末应收账款余额为 130 万元，平均应收账款余额 =（100 + 130）÷ 2 = 115（万元），应收账款周转率 = 820 ÷ 115 ≈ 7.13（次）。

逾期账款金额降低至 10 万元，占应收账款总额的 7.69%。

坏账准备计提比例调整为 3%，针对欧尚公司需计提坏账准备 = 130 × 3% = 3.9（万元），减少坏账准备计提金额 = 9 − 3.9 = 5.1（万元）。

（五）税务处理

（1）坏账准备调整：由于坏账准备计提金额减少，在税务处理上，需进行纳税调整。企业所得税税率为25%，坏账准备减少5.1万元，应纳税所得额相应增加5.1万元，需多缴纳企业所得税$5.1 \times 25\% = 1.275$（万元）。

（2）收入确认与税收：虽然延长了欧尚公司的信用期限，但公司销售收入未受影响，仍按照实际销售情况确认收入并缴纳相关税费。如增值税税率为13%，销售收入为820万元，销项税额$= 820 \times 13\% = 106.6$（万元），在计算应纳税额时，需减去进项税额后缴纳。

（六）会计处理

1. 应收账款核算

（1）优化前。

①确认销售收入时。

借：应收账款——欧尚公司　　　　　　　　　　　　　　　　8 000 000

　　贷：主营业务收入　　　　　　　　　　　　　　　　　　　7 079 646

　　　　应交税费——应交增值税（销项税额）　　　　　　　　　920 354

②计提坏账准备时。

借：信用减值损失　　　　　　　　　　　　　　　　　　　　　90 000

　　贷：坏账准备——欧尚公司　　　　　　　　　　　　　　　　90 000

（2）优化后。

①确认销售收入时。

借：应收账款——欧尚公司　　　　　　　　　　　　　　　　8 200 000

　　贷：主营业务收入　　　　　　　　　　　　　　　　　　　7 256 637

　　　　应交税费——应交增值税（销项税额）　　　　　　　　　943 363

②调整坏账准备时（需冲减前期计提的坏账准备）。

借：坏账准备——欧尚公司　　　　　　　　　　　　　　　　　51 000

　　贷：信用减值损失　　　　　　　　　　　　　　　　　　　　51 000

③计提当期坏账准备时（按调整后比例计算）。

借：信用减值损失　　　　　　　　　　　　　　　　　　　　　39 000

　　贷：坏账准备——欧尚公司　　　　　　　　　　　　　　　　39 000

2. 催收与收款处理

（1）收到款项时（根据企业实际数据填写，本例略去数据）。

借：银行存款（收款金额）

　　贷：应收账款——欧尚公司（收款金额）

(2) 对于逾期账款催收费用（根据企业实际数据填写，本例略去数据）。

借：销售费用（催收费用金额）

　　贷：银行存款（催收费用金额）

（七）实施效果

（1）应收账款周转率提升：应收账款周转率从约 5.33 次提升至约 7.13 次，表明公司对应收账款的管理效率显著提高，资金回笼速度加快。

（2）坏账风险降低：逾期账款金额占比从 16.67% 降至 7.69%，坏账准备计提金额减少 5.1 万元，有效降低了坏账风险，减少了潜在损失。

（3）客户关系维护：通过与欧尚公司的积极沟通和信用政策调整，保持了良好的客户关系，为未来的业务合作奠定了基础。同时，公司在行业内的声誉得到提升，有助于拓展其他客户资源。

第十一节　营运能力提升的 AI 驱动策略

营运能力提升的 AI 驱动策略是指利用 AI 技术，通过智能分析和预测，优化企业的运营流程，提高效率和盈利能力，从而提升企业的整体营运能力。这些策略包括但不限于客户管理、供应链管理、项目管理、自动化文档处理、实时财务数据分析、智能预测和风险管理等方面的应用。

通过实施 AI 驱动策略，企业可以全面提升营运能力，优化运营流程，提高资源利用效率，从而增强市场竞争力和盈利能力。在实施过程中，企业需要明确目标与需求，选择合适的 AI 技术，建立数据治理体系，持续迭代与优化，并加强人才培养与引进。

一、AI 驱动提升营运能力的策略

AI 技术可以自动处理和分析海量财税数据，包括发票识别、账务核算、销售数据、成本数据等，显著提高数据处理的效率和准确性。这不仅减少了人工操作的错误和时间消耗，还为企业提供了更全面、准确的数据支持，便于企业进行决策分析。

（1）实时风险预警与管理：AI 财税大模型可以基于历史数据和当前市场环境，实时预测和识别潜在的财务风险，如坏账风险、资金流动性风险等。当发现风险迹象时，AI 系统能够自动发出预警信号，提醒企业及时采取措施进行防范和控制，从而降低风险损失。

（2）智能化决策支持：AI 技术可以辅助企业进行财务决策，如预算制定、成本控制、投资决策等。通过深度学习和数据挖掘技术，AI 系统能够从海量数据中发现隐藏的规律和趋势，为企业提供科学的决策依据。这有助于企业优化资源配置，提高决策效率和准确性。

（3）CRM 与优化：AI 技术可以应用于 CRM 领域，通过分析客户的消费习惯、兴趣和行为数据，提供个性化的产品推荐和服务。这有助于企业提高客户满意度和忠诚度，从而增加销售收入和市场份额。

（4）供应链优化与管理：AI 技术可以优化供应链管理流程，如需求预测、库存管理、物流规划等。通过实时监控供应链数据，AI 系统能够预测需求变化，优化库存管理和物流路线，从而降低运营成本并提高运营效率。

二、AI 驱动提升营运能力的应用

（一）客户管理中的 AI 应用

（1）个性化推荐：利用 AI 分析客户的行为数据，精准识别客户的需求和偏好，向客户推荐个性化的产品，增加销售机会，提高客户满意度和黏性。

（2）智能客服：AI 驱动的聊天机器人和智能客服系统，能全天候为客户提供快速响应，降低人工成本，提升服务效率。

（二）供应链管理中的 AI 应用

（1）需求预测：通过分析历史数据和市场动态，AI 可以精准预测库存需求，优化采购和生产计划，避免库存过剩或短缺。

（2）物流优化：AI 结合物联网传感器，实时跟踪运输状态，监控货物温度等关键参数，自动调度车辆并优化路线，提高物流效率并降低成本。

（三）项目管理中的 AI 应用

（1）风险预判：AI 不仅限于处理日常的客户服务，还能帮助企业预判市场风险、优化资源配置、实时调整生产计划，减少人为决策中的偏差和延迟。

（2）AI 应用：AI 技术正在深刻改变企业的营运管理方式。通过自动化、智能化数据处理，实时风险预警与管理，智能化决策支持以及 CRM 和供应链优化等手段，AI 赋能的财税数据分析为企业提供了强大的支持，有助于企业提升营运能力、优化资源配置、降低运营成本并提高市场竞争力。随着 AI 技术的不断发展和完善，相信未来 AI 将在企业营运管理中发挥更加重要的作用。

三、AI 驱动的库存优化应用

库存优化是指通过科学的方法和技术手段，对库存进行合理配置和管理，以达到降低成本、提高效率、满足客户需求的目的。

库存优化是一种实践，旨在拥有足够的库存以满足需求，并作为对意外干扰的缓冲，同时，避免库存过剩带来的损失和浪费。其目标是最大化效率、最小化成本，并确保在合适的时间、合适的地点以合适的数量保持产品，从而满足客户需求。

四、AI 驱动的资金回笼加速应用

资金回笼加速是指企业通过一系列策略和方法，加快将销售产品或提供服务后所得应收账款转化为现金的速度。这一过程对于企业的运营至关重要，因为它直接影响到企业的现金流状况，进而影响到企业的偿债能力、运营效率以及投资回报等。

第十二节 AI 财务指标分析对企业支持的解读

一、AI 财务指标分析的重要性

AI 财务指标分析是现代企业财务管理中的重要工具，它能够高效、全面、智能地分析企业的财务状况，为企业提供有价值的洞察和决策支持。通过选择合适的 AI 模型，进行模型训练和优化，企业可以充分利用 AI 技术提高财务管理的水平和决策能力。随着技术的不断发展，AI 财务指标分析将在未来发挥更加重要的作用。

二、AI 财务指标分析的方法

AI 财务指标分析是指总结和评价企业财务状况与经营成果的分析指标，它通过分析财务报表中的数据，如资产负债表、利润表和现金流量表，评估企业的盈利能力、偿债能力、运营效率和财务稳定性。

【案例 10-11】昌瑞端木制造公司运用 AI 进行财务指标分析

（一）案例背景

昌瑞端木制造公司面临市场竞争激烈、成本上升等问题，希望通过财务指标分析优化经营策略。

（二）策略应用

该企业引入了 AI 财务指标分析系统，对成本、收入、利润等关键指标进行深度分析。系统通过机器学习算法，自动识别并提取关键信息，生成结构化的财务报告和分析结果。

（三）实施成效

通过 AI 分析，该企业成功识别出生产过程中的成本浪费环节，并采取了相应的改

进措施。同时，系统预测了未来市场需求的变化趋势，为企业提供了决策依据。最终，该企业的成本得到有效控制，盈利能力显著提升。

第十三节　AI 财务指标分析对企业决策的支持与运用

AI 财务指标分析是指利用 AI 技术对企业的财务数据进行深度分析，以评估企业的财务健康状况、盈利能力、偿债能力、营运能力等。通过机器学习、深度学习和生成式 AI 等技术，AI 可以自动处理和分析大量的财务报表数据，提供实时的财务洞察和预测，帮助企业管理层和投资者做出更明智的决策。

AI 财务指标分析是现代企业财务管理中的重要工具。通过数据挖掘、机器学习、自然语言处理和预测分析等技术，AI 可以高效、准确地评估企业的财务状况，为经营决策提供有力支持。随着技术的不断发展，AI 财务指标分析将在未来发挥更加重要的作用，助力企业实现财务智能化转型。

一、AI 财务指标分析确定企业扩张方向

根据财务指标分析确定企业扩张方向，是指通过对企业的财务状况、经营成果以及市场环境等多方面的综合考量，制定企业的扩张策略和方向。

（一）AI 财务指标分析在企业扩张方向确定中的作用

1. 评估企业扩张的财务基础

通过分析企业的利润率、负债水平、现金流等关键财务指标，评估企业是否有足够的资金进行扩张，以及扩张对企业财务状况的影响。

2. 识别扩张的潜力与风险

财务指标分析可以帮助企业识别扩张的潜力所在，如哪些产品或服务具有较高的市场需求和盈利能力，以及在扩张过程中可能面临的风险，如市场需求变化、政策风险、技术变革等。

（二）AI 财务指标分析确定企业扩张方向的要点

（1）在确定企业扩张方向时，除财务指标分析外，还需要综合考虑市场环境、竞争格局、企业核心竞争力等多方面因素。

（2）保持灵活性：企业扩张方向不是一成不变的，而是需要随着市场环境和企业自身状况的变化及时调整扩张策略和方向。

（3）关注长期利益：在确定扩张方向时，企业应关注长期利益而非短期利益，确保扩张策略与企业的长期发展目标相一致。

根据财务指标分析确定企业扩张方向是一个综合考虑多方面因素的过程。通过深入分析企业的财务状况和市场环境,企业可以制定出更加科学、合理的扩张策略和方向,为企业的持续发展奠定坚实基础。

AI赋能的财税数据分析在企业的战略决策中扮演着至关重要的角色,特别是在确定企业扩张方向方面。

【案例10-12】九江乐正科技公司全球化扩张的AI战略决策

(一)案例背景

九江乐正科技公司在国内市场取得了显著成就,并考虑将业务扩展至全球市场。然而,全球化扩张面临诸多挑战,包括文化差异、法律法规差异、市场竞争等。因此,企业需要基于全面的财务指标分析制定全球化扩张战略。

(二)AI应用与财务指标分析

该企业运用AI技术进行全球市场的财务指标分析,包括市场规模、增长潜力、竞争格局等多个方面。AI系统能够自动处理和分析大量的市场数据,快速生成分析报告,为企业提供决策支持。

(1)市场规模与增长潜力分析:AI系统分析了目标市场的市场规模、增长率、消费者需求等指标,评估了市场的潜力和吸引力。

(2)竞争格局分析:通过竞争对手的市场份额、盈利能力、产品优势等指标,AI系统评估了目标市场的竞争态势和企业的竞争优势。

(3)财务可行性分析:结合企业的财务状况和经营成果,AI系统进行了财务可行性分析,评估了企业在目标市场的盈利能力和偿债能力。

(三)战略决策

基于AI分析的财务指标结果,该企业制定了以下全球化扩张战略。

(1)优先进入市场:根据市场规模与增长潜力分析的结果,企业将具有较大增长潜力和较低竞争程度的市场作为优先进入的目标。

(2)定制化产品与服务:针对目标市场的文化差异和消费者需求,企业决定提供定制化的产品和服务,以增强市场竞争力。

(3)灵活融资与合作策略:根据财务可行性分析的结果,企业制定了灵活的融资策略,并与当地合作伙伴建立合作关系,以降低进入新市场的风险和成本。

(四)实施成效

通过AI分析财务指标,该企业成功制定了科学的全球化扩张战略,实现了业务的全球化布局和市场份额的持续提升。

二、财务指标分析确定企业收缩方向

根据财务指标分析确定企业收缩方向,是指企业通过对自身的财务状况、经营成果,以及市场环境等多方面的深入分析和评估,制定并实施收缩策略,以达到优化资源配置、降低运营成本、提高盈利能力或应对市场变化等目的。这一过程通常涉及以下几个关键步骤。

(一)分析财务指标并识别问题所在

企业首先需要对其财务报表进行深入分析,特别是关注以下几个关键财务指标。

(1)盈利能力指标:如净利润率、毛利率等,这些指标可以反映企业主营业务的市场竞争力和盈利能力。企业的盈利能力持续下降,可能意味着其产品或服务已失去市场竞争力,需要进行收缩以降低成本或重新定位市场。

(2)偿债能力指标:如流动比率、资产负债率等,这些指标用于评估企业的短期和长期偿债能力。企业的债务水平过高,可能面临偿债风险,此时收缩策略可以帮助企业减轻债务负担,提高财务稳定性。

(3)运营效率指标:如存货周转率、应收账款周转率等,这些指标反映了企业资源运转的效率。运营效率低下,可能导致资金占用成本增加,企业可能需要通过收缩优化资源配置,提高运营效率。

(二)确定收缩方向和目标

基于财务指标分析和市场环境评估的结果,企业可以确定收缩的方向和目标。收缩方向可能包括减小生产规模、裁员、关闭不盈利的业务部门等。收缩目标可能包括降低运营成本、提高盈利能力、优化资源配置或应对市场变化等。

(三)制定并实施收缩策略

确定收缩方向和目标后,企业需要制定具体的收缩策略,包括如何减小生产规模、裁员、关闭不盈利的业务部门等。同时,企业需要制订详细的实施计划,确保收缩策略能够顺利执行。在实施过程中,企业需要密切关注市场动态和内部运营情况,及时调整策略以应对可能出现的问题。

【案例10-13】昌瑞端木制造公司的收缩AI战略决策

(一)案例背景

昌瑞端木制造公司在多个市场领域均有业务布局,但随着市场环境的变化和竞争的加剧,部分业务板块的盈利能力逐渐下降,甚至出现了亏损。为了优化资源配置,提高整体盈利能力,企业CEO决定基于AI赋能的财税数据分析,对业务板块进行深入评估，并确定收缩方向。

（二）AI 应用与财务指标分析

（1）盈利能力分析：企业运用 AI 系统对各个业务板块的盈利能力进行了深入分析，包括毛利率、净利率、总资产收益率等指标。通过对比不同业务板块的盈利能力，企业发现部分业务板块的盈利能力明显低于行业平均水平，甚至出现了持续亏损。

（2）市场趋势分析：AI 系统结合市场趋势、消费者需求变化等外部因素，对各业务板块的发展前景进行了评估。分析结果显示，部分业务板块所处的市场已经趋于饱和，未来增长潜力有限。

（3）成本效益分析：企业还通过 AI 系统对各个业务板块的成本效益进行了分析，包括生产成本、营销成本、管理成本等。分析结果显示，部分业务板块的成本效益比明显偏低，存在较大的优化空间。

（三）战略决策

基于 AI 赋能的财税数据分析结果，该企业制定了以下收缩战略决策。

（1）业务剥离：对于盈利能力差、市场前景不明朗且成本效益比偏低的业务板块，企业决定进行剥离，以集中资源发展优势业务。

（2）资源整合：对于盈利能力尚可但成本效益比偏低的业务板块，企业决定进行资源整合，通过优化生产流程、降低营销成本、提高管理效率等措施，提升成本效益比。

（3）市场聚焦：企业决定将市场聚焦在具有增长潜力且盈利能力强的业务板块上，加大研发投入和市场营销力度，以进一步提升市场份额和盈利能力。

（四）实施成效

通过基于 AI 的财务指标深度分析，企业成功制定了科学的收缩战略决策。实施后，企业的整体盈利能力得到了显著提升，资源配置更加合理，市场竞争力也得到了增强。同时，业务剥离和资源整合为企业带来了额外的现金流，为企业的未来发展提供了有力支持。

第十四节　并购重组的 AI 财务指标评估与应用

并购重组的 AI 财务指标评估是指在企业并购或重组活动中，利用 AI 技术对一系列财务指标进行收集、计算、分析以及风险预测，从而为并购重组决策提供数据支持和洞察的过程。

一、并购重组中 AI 财务指标评估的作用

AI 技术在并购重组的财务指标评估中发挥着重要作用，通过高效的数据处理、精

准的预测与风险评估、智能的匹配与决策支持，为并购方提供全面的信息支持。在实际操作中，并购方应综合运用多种财务指标，并结合目标公司的行业地位、竞争优势、未来发展趋势等非财务因素进行综合考虑，以确保并购决策的准确性和可行性。同时，随着 AI 技术的不断发展，AI 财务指标评估在并购重组领域的应用前景将更加广阔。

二、并购重组中 AI 财务指标评估的方法

并购重组的 AI 财务指标评估，是指利用 AI 技术对并购重组过程中的财务数据进行收集、分析、处理和应用，以评估目标公司的财务健康状况、盈利能力、偿债能力和营运能力等，从而为并购决策提供量化支持。这种评估方法突破了传统并购重组中依赖人工分析的局限，通过大数据、机器学习和深度学习等技术，提高了评估的效率和准确性。

【案例 10-14】国峰实业投资有限公司并购重组中 AI 财务指标运用的案例

（一）案例背景

国峰实业投资有限公司是跨国公司，计划通过并购一家目标公司扩大市场份额和提升技术实力。为了确保并购决策的科学性和合理性，该公司 CEO 柯国峰决定运用 AI 赋能的财税数据分析系统对目标公司的财务指标进行深入评估。

（二）AI 应用与财务指标评估

（1）数据收集与整合：AI 系统从多个数据源（包括目标公司的财务报表、市场数据、行业数据等）自动收集并整合了相关数据。这些数据为后续的财务指标评估提供了坚实的基础。

（2）盈利能力评估：AI 系统对目标公司的盈利能力进行了深入分析，包括毛利率、净利率、总资产收益率等指标。通过对比目标公司与行业平均水平和竞争对手的盈利能力，AI 系统评估了目标公司的盈利水平和竞争力。

（3）偿债能力评估：为了确保并购后的财务稳定性，AI 系统对目标公司的偿债能力进行了评估，包括流动比率、速动比率、资产负债率等关键指标。AI 系统通过这些指标评估了目标公司的短期和长期偿债能力，以及潜在的财务风险。

（4）营运能力评估：AI 系统分析了目标公司的营运能力，包括存货周转率、应收账款周转率、总资产周转率等指标。这些指标反映了目标公司资产管理和运营效率的情况，对于并购后的整合效果具有重要影响。

（5）风险预测与管理：AI 系统结合大数据分析和机器学习算法，对目标公司的潜在风险进行了预测和管理，包括市场风险、信用风险、操作风险等多个方面。AI 系统通过识别和分析潜在风险点，为并购决策提供了更加全面的风险视图。

（三）AI 辅助分析的优势

（1）高效性：AI 系统能够自动处理和分析大量的财务数据，大大提高了财务指标评估的效率。这使得并购决策能够在更短的时间内完成，从而抓住了市场机遇。

（2）准确性：AI 系统通过深度学习和大数据分析技术，能够更准确地评估目标公司的财务状况和经营成果。这有助于降低人为误差和主观判断对并购决策的影响。

（3）全面性：AI 系统能够从多个维度对目标公司进行财务指标评估，包括盈利能力、偿债能力、营运能力等方面。这种全面的评估方式有助于企业更全面地了解目标公司的财务状况和经营潜力。

（四）战略决策与成效

基于 AI 赋能的财税数据分析结果，该跨国公司制定了科学的并购战略决策。在并购完成后，通过有效的整合和管理，目标公司的业绩得到了显著提升，为并购方带来了显著的经济效益。同时，AI 系统在并购后的整合过程中持续发挥作用，通过实时监控和预警潜在风险，确保并购后的财务稳定性。

第十五节 基于 AI 赋能的投资决策应用

基于 AI 赋能的投资决策是指利用 AI 技术，通过大数据分析、机器学习和深度学习等方法，对金融市场数据进行处理和分析，以提供更准确、高效的投资建议和决策支持。AI 技术在投资决策中的应用已经取得了显著的成效。

一、AI 赋能的投资决策内涵

投资决策是指投资主体在调查、分析、论证的基础上，对投资活动做出的最后决断。投资决策涉及企业的长期发展和利润增长，需要综合考虑投资项目的风险、收益、成本、市场前景等因素。

投资决策是企业在发展过程中必须面对的重要问题。企业需要综合运用各种方法和工具进行评估与分析，确保投资决策的科学性和合理性，从而为企业创造更大的价值。

二、项目投资的 AI 财务指标预测与风险分析

项目投资可行性评估中的财务指标预测与风险分析是投资决策过程中的两个重要环节，它们分别关注项目的经济效益和潜在风险。

（一）财务指标预测

财务指标预测，是指对投资项目未来的财务状况和经营成果进行预估与测算。这些

指标通常包括收入、利润、现金流量、投资回收期、净现值、内部收益率等。通过财务指标预测，投资者可以了解项目的盈利能力、偿债能力和现金流状况，从而判断项目是否具备财务可行性。

（二）风险分析

风险分析，是指对投资项目可能面临的各种风险进行识别、评估和应对。风险分析有助于投资者了解项目的潜在市场风险、财务风险、技术风险、运营风险、法规风险等，并制定相应的风险管理措施，以降低风险对项目的不利影响。

投资者通常采用敏感性分析、场景分析和蒙特卡洛模拟等方法评估各种风险因素对项目的影响程度。敏感性分析通过改变某些关键变量的值观察其对项目财务指标的影响。场景分析则通过设定不同的场景和变量值评估项目的财务状况，蒙特卡洛模拟则运用随机数生成模拟多种情况并计算其概率分布，从而更全面地了解项目的可能性。

财务指标预测与风险分析是项目投资可行性评估中的两个重要环节。通过财务指标预测，投资者可以了解项目的经济效益；通过风险分析，投资者可以识别并应对项目的潜在风险。这两个环节相辅相成，共同为投资者提供决策支持。

【案例 10-15】项目投资可行性评估中的 AI 财务指标预测与风险分析

（一）案例背景

北京财智科技公司计划投资一个新项目，该项目旨在开发一款创新产品以满足市场需求。然而，项目投资涉及大量资金和资源，因此，公司需要对项目的可行性进行全面评估。为了降低决策风险并提高评估效率，公司决定引入 AI 财税数据分析系统进行财务指标预测与风险分析。

（二）AI 应用与财务指标预测

（1）历史数据分析：AI 系统首先对项目相关的历史财务数据进行了分析，包括收入、成本、利润等关键指标。通过分析历史数据，AI 系统能够识别出项目的盈利模式和增长趋势。

（2）未来财务预测：基于历史数据和市场趋势，AI 系统运用预测模型对项目未来的财务指标进行了预测，包括未来几年的收入、成本、利润、现金流等关键指标。通过预测未来财务指标，公司能够更准确地评估项目的盈利能力和投资回报率。

（三）AI 应用与风险分析

（1）市场风险分析：AI 系统结合市场数据和行业趋势，对项目可能面临的市场风险进行了分析，包括市场需求变化、竞争对手动态、政策环境变化等因素对项目的影响。

（2）财务风险分析：AI 系统对项目的财务风险进行了评估，包括资金流动性风险、成本超支风险、收益不达预期风险等。通过识别和分析潜在风险点，AI系统能够帮助公司制定更加稳健的风险应对措施。

（四）AI辅助决策的优势

（1）提高预测准确性：AI系统通过深度学习和大数据分析技术，能够更准确地预测项目未来的财务指标和潜在风险。这有助于公司做出更加科学合理的投资决策。

（2）提升决策效率：相比传统的手工分析方式，AI系统能够自动处理和分析大量数据，从而显著提高决策效率。这使得公司在更短的时间内完成项目可行性评估并做出决策。

（3）优化资源配置：通过AI系统的辅助分析，公司能够更准确地评估项目的盈利能力和投资回报率，从而优化资源配置。这有助于公司将有限的资源投入最具潜力的项目中，实现资源的最优配置。

（五）项目投资决策与成效

基于AI赋能的财税数据分析结果，公司对新项目的投资可行性进行了全面评估。评估结果显示，新项目具有较大的市场潜力和盈利能力，但同时存在一定的市场风险和财务风险。针对这些风险点，公司制定了相应的风险应对措施和投资策略。最终，公司决定投资该项目并成功实施了相关计划。项目实施后，取得了预期的经济效益和社会效益，验证了AI赋能的财税数据分析在项目投资可行性评估中的重要作用。

三、投资组合优化的AI财税大模型

投资组合优化的AI财税大模型是指运用AI技术，特别是机器学习、深度学习等先进算法，对投资组合进行优化和管理的系统。这些模型能够处理海量的金融数据，挖掘出隐藏的模式和趋势，为投资者提供更为精准、高效的投资组合优化方案。

然而，AI财税大模型也面临着数据质量、模型过度拟合和算法复杂性等挑战。随着技术的不断进步和创新，它们有望为投资者带来更精准、高效和个性化的投资组合优化方案。

【案例10-16】AI财税大模型在投资组合优化中的应用案例

（一）案例背景

随着金融市场的日益复杂化和数据量的爆炸性增长，传统的投资组合优化方法已难以满足投资者的需求。为了应对这一挑战，北京满弘投资公司CEO决定引入中财讯AI财税大模型辅助其进行投资组合优化，以提高投资回报并降低风险。

（二）AI财税大模型应用

（1）数据收集与预处理：中财讯AI财税大模型首先会从多个数据源收集大量的市

场数据、财务数据以及宏观经济指标等。这些数据经过清洗、整合和预处理后，被用于后续的模型训练和分析中。

（2）特征工程：在数据预处理的基础上，中财讯AI财税大模型会进行特征工程，即从原始数据中提取对投资组合优化有意义的特征。这些特征包括股票的历史价格、成交量、财务数据（如市盈率、市净率等）以及宏观经济指标等。

（3）模型训练与优化：基于提取的特征，中财讯AI财税大模型会进行训练和优化。常见的中财讯AI财税大模型包括深度学习模型、机器学习模型等。这些模型能够学习数据中的复杂模式和关系，并据此进行投资组合的优化。

（4）投资组合优化：在模型训练完成后，中财讯AI财税大模型会根据当前的市场情况和投资者的风险偏好，生成优化的投资组合建议。这些建议可能包括不同资产类别的配置比例、具体的投资标的等。

（三）AI财税大模型优势

（1）高效性：中财讯AI财税大模型能够自动处理和分析大量的数据，从而显著提高投资组合优化的效率。

（2）准确性：通过深度学习和大数据分析技术，中财讯AI财税大模型能够更准确地捕捉市场趋势和风险因素，从而生成更加科学合理的投资组合建议。

（3）个性化：中财讯AI财税大模型能够根据投资者的风险偏好和投资目标进行个性化的投资组合优化，满足不同投资者的需求。

（四）实际应用

北京满弘投资公司在引入中财讯AI财税大模型进行投资组合优化后，取得了显著的成效。通过中财讯AI财税大模型的辅助分析，该公司能够更准确地识别出具有潜力的投资标的，并合理调整不同资产类别的配置比例。这不仅提高了投资回报，还有效降低了投资风险。例如，在某一时间段内，中财讯AI财税大模型成功预测了某行业的复苏趋势，并据此调整了投资组合中相关股票的配置比例，最终获得了较高的投资收益。

四、财务指标与市场数据的投资组合优化

基于财务指标与市场数据，是指在进行投资决策、企业价值评估、市场分析等金融和经济活动时，综合考虑企业的财务状况和市场表现所依据的两大类数据。

在实际应用中，投资者和管理者通常会结合财务指标与市场数据做出决策。通过财务指标，可以深入了解企业内部的运营状况、盈利能力、偿债能力和市场价值；而通过市场数据，则可以了解企业所处市场环境、投资者情绪以及宏观经济趋势。两者相辅相成，共同为决策提供全面、深入的分析支持。

第十六节 AI模型在融资决策中的应用

融资决策是企业财务决策中的核心环节之一，直接关系到企业的资本结构、资金成本、财务风险以及未来的经营发展。

一、AI模型在融资决策中的关注点

融资决策是指企业在预测资金需要量的基础上，通过对各种融资方式的条件、成本和风险的比较，合理选择融资渠道以及确定各融资方式下融资量的过程。它涉及企业如何筹集生产经营所需资金的经济活动，是企业实现其经营目标的重要保障。

二、AI财税大模型在融资决策中的应用

在AI赋能的财税数据分析领域，基于AI的财务指标深度分析为企业的融资决策提供了强有力的支持。

【案例10-17】AI财税大模型在融资决策中的应用案例

（一）案例背景

内蒙古养鞠文化用品有限公司系初创企业，计划进行新一轮融资，以扩大生产规模和加速产品研发。在融资决策过程中，企业需要对其财务状况进行全面而深入的分析，以向潜在投资者展示其投资价值和潜力。然而，传统的财务指标分析方法存在效率低、易出错等问题。为了应对这些挑战，该企业引入了AI赋能的财税数据分析系统（中财讯AI财税大模型）。

（二）指标分析

（1）自动化报表生成与分析：AI技术可以自动整合并分析企业的财务数据，生成详细的财务报表，包括利润表、资产负债表、现金流量表等，为融资决策提供全面的财务数据支持。

（2）财务比率分析：AI技术能够计算并比较各种财务比率，如流动比率、速动比率、资产负债率、存货周转率等。这些比率反映了企业的偿债能力、资产效率以及盈利能力，为投资者评估企业的财务健康状况提供了重要依据。

（3）趋势预测与风险评估：基于历史财务数据和市场趋势，中财讯AI财税大模型能够预测企业未来的财务指标和市场表现。同时，AI技术还能识别潜在的财务风险，如信用风险、流动性风险等，为融资决策提供风险预警。

(三) 融资决策

在引入 AI 赋能的财税数据分析系统后，该初创企业对其财务状况进行了全面而深入的分析。AI 技术生成的财务报表和财务比率分析结果清晰地展示了企业的盈利能力、资产效率以及偿债能力。同时，中财讯 AI 财税大模型的趋势预测和风险评估功能为投资者提供了关于企业未来发展与潜在风险的重要信息。

在融资谈判过程中，企业能够精准地展示其投资价值和潜力，并与投资者就融资条款达成了一致。最终，该企业成功获得了新一轮融资，为扩大生产规模和加速产品研发奠定了坚实的资金基础。

(四) AI 赋能优势

（1）提高决策效率：AI 技术能够自动化处理和分析财务数据，显著提高融资决策的效率。

（2）增强决策准确性：基于大数据和机器学习算法，中财讯 AI 财税大模型能够更准确地预测企业的未来发展和潜在风险，为融资决策提供科学依据。

（3）优化融资结构：AI 赋能的财务指标深度分析有助于企业更全面地了解其财务状况和投资价值，从而优化融资结构，降低融资成本。

(五) 案例效果

AI 赋能的财税数据分析系统在企业的融资决策中发挥着重要作用。通过自动化报表生成与分析、财务比率分析，以及趋势预测与风险评估等功能，AI 技术为企业提供了全面而深入的财务指标支持，有助于企业做出更加精准、高效的融资决策。

第十一章
税务数据的 AI 分析与风险评估新视角

税务数据的 AI 分析,是指利用 AI 技术对税务数据进行收集、处理、挖掘和应用的过程。这一过程旨在实现税收管理的智慧化、数字化和现代化,提高税务管理的效率和准确性。

AI 在税务数据分析中的应用,主要依赖自然语言处理、机器学习、深度学习等先进技术。这些技术能够从海量、复杂的数据中提取出有价值的信息,并发现数据中的规律、趋势和异常,从而为税务管理提供决策支持。

在税务数据的 AI 分析中,风险评估是一个重要的环节。通过 AI 技术,可以从全新的视角对税务风险进行评估和管理。利用机器学习算法,AI 可以建立预测模型,对纳税人的税务风险进行预测和评估。这种预测性风险评估有助于税务机关提前发现潜在的税务违规行为,及时采取措施进行防范和纠正,降低税务风险。

第一节 税务数据的提取与 AI 分析维度拓展

税务数据的特征提取是税务数据挖掘和分析的重要步骤,它涉及从原始的税务数据中提取出具有代表性、有意义的信息,以便于后续的分析和决策,包括纳税人的基本信息、申报数据、缴纳数据、税务稽查数据等。这些数据具有多样性、复杂性、海量性等特点,是税务部门进行税收征管、政策制定和风险管理的重要依据。

一、AI 税负分析

税负分析是税务数据分析中的一个重要环节,它主要关注企业应缴纳的税额与其营业收入之间的比例关系,即税负率。

税负率是指企业当期应纳税额与其应税销售收入的比例,它反映了企业税收负担的轻重程度。税负率的计算公式为

$$税负率 = 当期应纳税额 \div 当期应税销售收入 \times 100\%$$

其中，当期应纳税额是指企业根据税法规定计算出的应缴纳税款金额；当期应税销售收入是指企业在一定时期内实现的应税销售收入总额。

（一）税负分析的内容

税负分析的内容主要涵盖以下几个方面。

（1）税负率差异分析：通过比较企业税负率与本地区同行业平均税负率或上年同期税负率的差异，可以评估企业的税收负担是否处于正常水平。税负率差异幅度过大，表明可能企业存在税收违规行为或税务管理方面的问题。

（2）销售额与税负率关系分析：通过分析企业销售额的变化与税负率的关系，可以了解企业销售收入的增减对税收负担的影响。

（3）销售成本与税负率关系分析：销售成本是企业经营过程中的重要支出，其变动对税负率有一定影响。通过分析销售成本与税负率的关系，可以评估企业的成本控制能力和税收负担的合理性。

（4）税收政策影响分析：税收政策的变化会直接影响企业的税负水平。通过分析税收政策的变化对企业税负的影响，可以为企业制定税务优化策略提供重要参考。

（二）税负分析的实践应用

税负分析在税务管理、企业决策和税务优化等方面具有广泛的应用价值。

（1）税务管理：税务机关可以通过税负分析评估企业的税收遵从情况，发现潜在的税收违规行为，并采取相应的监管措施。

（2）企业决策：企业可以通过税负分析了解自身的税收负担情况，为制定经营策略、投资决策和税务优化提供重要参考。

（3）税务优化：企业可以通过合理的税务优化降低税负率，提高经济效益。税负分析可以为税务优化提供科学依据和量化指标。

（三）综合税负率

综合税负率是一个用于衡量企业税收负担总体水平的综合性指标，是指企业在一定时期内（通常是一年）缴纳的各种税费总额与同期销售收入总额的比率。这个比率反映了企业在经营过程中面临的税收压力，以及税收对企业现金流和净利润的影响。计算公式为：

综合税负率 = 企业缴纳的各种税费总额 ÷ 同期销售收入总额 × 100%

其中，企业缴纳的各种税费总额包括企业实际缴纳的各项税费，如增值税、消费税、企业所得税、城市维护建设税、教育费附加、地方教育附加等；同期销售收入总额是指企业在同一时期内实现的销售收入总额。

（四）各税种税负率的计算与多维度分析

各税种税负率的计算与多维度分析是税务管理中的关键环节，它有助于企业、税务机关以及政策制定者全面了解企业的税收负担情况，进而做出合理的决策。

1. 各税种税负率的计算

（1）增值税税负率：用于衡量企业在一定时期内的实际增值税负担大小。计算公式为：

$$增值税税负率 = 实际缴纳增值税税额 \div 不含税的实际销售收入 \times 100\%$$

或者：

$$增值税税负率 = 当期应纳增值税 \div 当期应税销售收入 \times 100\%$$

其中，当期应纳增值税 = 当期销项税额 - 实际抵扣进项税额。实际抵扣进项税额包括期初留抵进项税额、本期进项税额等，并扣除进项转出、出口退税、期末留抵进项税额等。

（2）企业所得税税负率：反映了企业所得税占销售收入的比例。计算公式为：

$$企业所得税税负率 = 年度应纳所得税税额（含预缴）\div 当期销售收入 \times 100\%$$

或者：

$$企业所得税税负率 = 应纳所得税额 \div 应纳税销售额（应税销售收入）\times 100\%$$

（3）主营业务利润税负率：有助于了解企业主营业务利润中税收所占的比重。计算公式为：

$$主营业务利润税负率 = 本期应纳税额 \div 本期主营业务利润 \times 100\%$$

（4）印花税负担率：用于计算印花税在计税收入中的占比。计算公式为：

$$印花税负担率 = 应纳税额 \div 计税收入 \times 100\%$$

（5）出口企业实际税负率：对于出口企业，其实际税负率的计算方法考虑了出口退税等因素，更全面地反映了出口企业的实际税负。计算公式为：

$$出口企业实际税负率 = [全年销售收入（内外销之和）\times 17\% - 当年进项] \div 全年销售收入$$

2. 多维度分析

（1）时间维度：从时间维度来看，税负率会受到经济周期、政策调整等多种因素的影响。

例如，在经济繁荣时期，企业销售收入增加，税负率可能会相应提高；而在经济衰退时期，企业销售收入下降，税负率可能会降低。此外，税收政策的调整也会直接影响税负率的变化。

（2）地区维度：不同地区由于经济发展水平、产业结构、税收政策等因素的差异，税负率也会有所不同。一般来说，经济发达地区的税负率可能会高于经济欠发达地区。同时，不同地区之间的税收政策差异也会导致税负率的差异。

（3）业务板块维度：不同业务板块由于产品特性、市场需求、成本结构等因素的差异，税负率也会有所不同。

（五）税负异常波动的 AI 检测及原因追溯

税负异常波动的 AI 检测及原因追溯是税务管理中的一个重要环节，它有助于及时发现并解决潜在的税务问题，确保企业的税务合规性。

二、AI 税收结构分析

税收结构是指税收收入结构，即各类（各种）税收收入的构成及其相互关系。

（一）税收结构的类型

根据税种的多少，一般税收结构可分为两种：单一税制和复合税制。

（1）单一税制：指国家在一定时期内只开征一个税种的税制模式。这种税制模式，一般收入弹性不大，国家的财政收入难以单纯依靠税收得以满足，同时，较难做到普遍征税。目前很少有国家采用这种税制模式。

（2）复合税制：指一个国家征收多种税的税制模式。这种税制模式，由于税种较多，不仅能集中较多的财政收入，而且比单一税制更能贯彻普遍征收和公平税负的原则。目前，绝大多数国家采用这种税制模式。

在复合税制中，一般存在主体税的选择问题。所谓"主体税"，是指在税制结构中占主导地位的税种，其特点是税收收入比重大，调节范围广。目前，主体税主要有三种基本类型：以所得税为主体税、以商品税为主体税和所得税商品税双主体税。一个国家选择哪种类型税制，与其经济发展水平有直接关系。通常经济发展水平较高的国家多选择以所得税为主体税，经济发展水平较低的国家多选择以商品税为主体税。

（二）税收结构的构成

在复合税制下，税收体系的构建主要包括以下内容。

（1）税种设置：包括流转税、所得税、财产税、特定行为税等。其中，有的税种可以充当主体税种，有的只能充当辅助税种。主体税种是普遍征收的税种，其收入占税收总额的比重大，在税收体系中发挥着主导作用，决定着税收体系的性质和主要功能。辅助税种是主体税种的补充。

（2）税种间的相互关系：不同税种之间相互影响、相互制约。

例如，流转税和所得税在税收体系中的地位与作用不同，但二者之间又存在一定的联系和互补关系。

（3）各税种对经济的调节功能：不同税种对经济具有不同的调节功能。

例如，流转税主要对商品和服务的流转额进行课税，影响商品和服务的价格、生产和销售等；所得税主要对纳税人的所得额进行课税，影响纳税人的收入和消费等。

（三）我国税收结构的特点

我国的税收结构具有以下几个特点。

（1）间接税为主体、直接税比重较低：近年来，我国的直接税占比呈上升趋势，间接税占比呈下降趋势。

（2）第二、第三产业的税收比重逐渐分化：第二产业的税收占比不断下降，而第三产业的税收占比逐年上升。

（3）企业是最主要的纳税人：自然人缴纳的税款只占我国税收收入总额很小的一部分。

（4）宏观税负低于主要发达经济体：我国广义宏观税负水平超过30%，且近年来呈现稳中有降的态势。

（四）不同税种占比变化与影响因素分析

1. 不同税种在税收支出中的占比变化

以海城市2024年的税收支出为例，该年度该市税收支出涉及15个税种114项优惠政策。从政策数量上看，项目比较多的税种包括城镇土地使用税（26项）、房产税（19项）、增值税（18项）和企业所得税（16项），而个人所得税、城市维护建设税、耕地占用税、消费税等项目较少。

从优惠金额来看，不同税种差距较大，主要集中在增值税、企业所得税、房产税、车辆购置税等税种，而消费税、印花税、城市维护建设税、个人所得税支出数额较小。

从税种归属来看，中央税优惠额为39 808.57万元，占税式支出总额的16.5%；中央与地方共享税种优惠额为142 773.45万元，占税式支出总额的58.9%；地方税优惠税额为59 828.35万元，占税式支出总额的24.6%。

2. 影响因素分析

（1）税种特性：不同税种因其特性和征收对象的不同，在税收支出中的占比会有显著差异。

例如，增值税作为流转税，对商品和劳务的增值部分征收，其占比往往较高；而个人所得税则根据个人所得的不同类型进行征收，其占比可能因个人所得分布和税率结构的不同而有所变化。

（2）经济发展水平：经济发展水平是决定税源结构的重要因素，会影响税制结构。随着经济的发展，税收征管水平提高，税制结构的选择余地也增大。

（3）政府政策：政府的税收政策对税种在税收支出中的占比有直接影响。为了减轻企业资金压力，政府可能会加大留抵退税力度，导致增值税占比下降；或者为了调节房地产市场，对契税等税种进行减免或调整。

（4）征管水平：税收征管水平是影响税种占比的重要因素。在税收征管水平较低时，为了保证税收的顺利征收，必须对开征的税种有所选择。随着征管水平的提高，政府可以更加灵活地选择和调整税制结构。

（5）国际影响：在全球化背景下，别国税收制度的改变会影响本国税制结构。当别国大肆减税时，如果本国不采取相应行动，可能会导致本国产品成本过高，国际竞争优势下降和投资外流。

（五）税收结构优化的 AI 策略

1. 数据分析和风险控制

AI 可以通过数据挖掘技术，从海量的金融、社会、行业数据中发现异常或可疑的纳税行为，如虚开发票、偷逃漏税、转移利润等，为税务机关生成风险预警信息提供稽查建议。

AI 利用深度学习技术，可以对图像、视频、语音等非结构化数据进行识别和分析，如识别发票真伪、核对身份信息、分析行为特征等，提高税务机关稽查的准确性和效率。

AI 能根据不同的稽查场景和目标，自动优化稽查策略和方法，如选择稽查对象、确定稽查时机、分配稽查资源等，从而提高稽查效果和成本效益。

2. 知识管理和智能学习

AI 可以通过自然语言生成技术，根据税务数据和规则，自动生成税务报告、案例分析、政策解读等文本内容。

AI 利用自然语言理解技术，对税务文本进行语义分析和理解，提取关键信息和知识点，构建知识图谱和问答库，支持税务人员进行知识检索和学习。

AI 能通过机器阅读理解技术，对复杂的税法文本进行深度理解和推理，回答税务人员的问题，提升税法应用能力。

3. 预测分析和优化决策

AI 利用预测分析技术，根据历史数据和趋势分析，预测未来的税收收入和变化因素，为财政预算和政策制定提供参考依据。

AI 可以根据不同的业务场景和目标，选择合适的优化算法（如线性规划、整数规划、非线性规划、动态规划、遗传算法等）求解最优化的税务决策问题（如税收预测、税收分配、税收风险控制等）。

4. AI 在税收结构优化中的应用

【案例1】莆田庄晏电子有限公司引入中财讯 AI 财税系统，实现财税管理的智能化升级。系统通过 AI 技术自动处理发票识别、账务核算等繁杂工作，显著提升财务工作效率。同时，系统能自动生成税务申报表，并完成在线申报，减少人工操作的错误和时间消耗。

【案例2】马鞍山荆红科技服务有限公司利用中财讯 AI 财税系统，实现财务流程的智能化转型。系统能够智能识别发票信息，自动录入并分类，减少人工审核和录入的错误，提高工作效率。

这些案例展示了 AI 在税收结构优化中的广泛应用和显著成效。通过 AI 技术，税务机关和企业可以更加高效、准确地进行税务管理与决策，推动税收结构的优化和升级。

（六）调整业务模式以降低高税负税种比例

调整业务模式以降低高税负税种比例是企业进行税务优化的一种有效策略。

1. 策略概述

通过调整企业的业务性质和运营模式，将原本需要缴纳高税率的项目转变为低税率的项目，或者通过业务拆分、重新定价等方式降低税负。这种策略需要企业在合法合规的前提下，根据自身的业务特点和市场环境，灵活运用各种税务优化手段。

2. 具体方法

（1）改变业务性质：企业可以通过调整业务性质，将原本需要缴纳高税率的项目转变为低税率的项目。

例如，将房地产出租业务转变为仓储保管服务业务，享受较低的增值税税率。建筑施工设备出租原本按照有形动产租赁适用 13% 的税率，但将设备出租给他人并配备操作人员，则可以按照建筑服务适用 9% 的税率。

（2）业务拆分：企业可以将不同税率或不同税收优惠政策的业务进行拆分，分别适用不同的税率或政策，从而降低整体税负。

例如，将销售业务与安装服务业务拆分，分别成立独立的公司，以利用各自适用的税率和税收政策。

（3）利用税收优惠政策：企业应关注并了解国家及地方针对特定行业或地区的税收优惠政策，如高新技术企业所得税减半征收、研发费用加计扣除等。通过调整业务模式，使企业符合享受这些优惠政策的条件，从而降低税负。

（4）合理定价与转移定价：企业可以通过调整产品或服务的定价策略，将利润在关联企业之间进行合理分配，以降低税负。

（5）优化供应链管理：企业可以通过优化供应链管理，将不同环节的税负分配到税负较低的地区或国家。选择税负较低的地区设立子公司或分支机构，将部分业务转移至这些地区。

【案例 11-1】增值税的税负优化案例

（一）企业现状

海城机械制造有限公司主要从事机械设备的生产与销售。在其业务流程中，原材料采购环节需要支付大量的进项税额，但由于生产周期较长，产品库存积压较为严重，销售环节的销项税额与进项税额的时间差较大，增值税税负较高，常年维持在10%左右，高于同行业平均水平6%~8%。

（二）调整策略

（1）优化供应链管理：与主要原材料供应商重新协商合作模式，建立长期稳定的供应关系，并采用供应商管理库存（VMI）模式。供应商根据企业的生产计划，将原材料存放在企业附近的指定仓库，企业在实际领用原材料时才确认采购并取得进项发票。这样大大缩短了进项税额的抵扣周期，提高了资金的使用效率。

（2）拓宽销售渠道与方式：除传统的线下销售外，企业还积极开拓线上销售平台，成立电商部门专门负责网络销售业务。对于线上销售的部分产品，采用"直接销售＋委托代销"的方式。对于一些市场需求较为稳定、标准化程度高的产品，直接通过电商平台销售给终端客户，实现快速出货和销项税额的及时确认；对于一些定制化程度高、销售周期较长的产品，委托专业的代销商进行销售，在产品实际销售后才确认收入和销项税额，合理延迟了纳税义务发生时间。

（3）业务拆分与重组：将企业内部的设备安装与售后服务部门独立出来，成立单独的子公司。原企业在销售机械设备时，将设备的销售价格与安装服务、售后服务费用进行合理拆分，分别签订销售合同和服务合同。设备销售部分按照13%的税率缴纳增值税，而安装服务收入和售后服务收入则分别按照9%（建筑安装服务）和6%（现代服务—技术服务）的较低税率缴纳增值税，从而降低了整体的增值税税负。

（三）效果评估

经过上述业务模式的调整，企业在一年内实现了增值税税负的显著下降。增值税税负率从原来的10%降低至7%左右，接近同行业平均水平。同时，由于供应链管理的优化，企业的原材料库存周转率提高了25%，资金周转压力得到有效缓解；线上销售渠道的拓宽使得企业的市场份额扩大了15%，销售额增长了20%；业务拆分与重组后，安装服务和售后服务子公司的独立运营也促进了服务质量的提升，进一步增强了企业的市场竞争力。

【案例11-2】企业所得税的税负优化案例

（一）企业现状

随着业务的快速发展，海城软件开发有限公司企业利润逐年攀升，同时，企业所得税税负也随之加重，达到了25%的法定税率水平。企业研发投入较大，但在税务处理上未能充分利用相关的税收优惠政策，同时，由于企业的组织架构较为单一，无法进行有效的利润转移与税务优化。

（二）调整策略

（1）加大研发费用的税务管理力度：成立专门的研发项目管理团队，对每个研发项目进行详细的立项、预算、核算和跟踪管理。按照税法规定，准确归集和分摊研发费用，确保研发费用加计扣除政策的充分享受。

例如，将研发人员的工资薪金、研发设备的折旧、研发过程中的材料消耗等费用进行合理分类和核算，使企业每年的研发费用加计扣除金额增加了30%。

（2）设立子公司进行业务拓展与税务优化：在税收优惠政策较好的地区（如国家高新技术产业开发区）设立子公司，将部分具有发展潜力但尚未盈利的新兴业务板块转移至子公司运营。子公司在当地享受企业所得税"三免两减半"等优惠政策，在优惠期内可以大幅降低企业所得税税负。同时，通过合理的内部转移定价策略，在遵循税法规定和商业合理性的前提下，将部分利润转移至子公司进行纳税申报，进一步优化了企业的整体税负结构。

（3）股权激励与员工福利计划调整：实施股权激励计划，将部分员工薪酬以股票期权或限制性股票的形式发放。根据税法规定，符合条件的股权激励支出可以在企业所得税税前扣除，且在员工行权时才确认扣除，相当于延迟了纳税时间并降低了纳税基数。此外，优化员工福利计划，增加一些税法允许税前扣除的福利项目，如企业为员工提供的补充养老保险、补充医疗保险等，在提高员工福利待遇的同时，进一步降低了企业的应纳税所得额。

（三）效果评估

通过上述一系列的业务模式调整，企业在企业所得税方面取得了显著的节税效果。企业所得税税负率从25%降低至18%左右。研发费用加计扣除政策的有效利用，不仅减少了企业的应纳税所得额，还激发了企业的创新活力，企业的研发投入产出比提高了20%；设立子公司进行业务拓展与税务优化，使子公司在优惠期内累计节省企业所得税支出约500万元，同时，促进了新兴业务板块的快速发展；股权激励与员工福利计划的调整，提高了员工的工作积极性和忠诚度，企业的人才流失率降低了10%，为企业的长期稳定发展奠定了坚实的基础。

在实施过程中，企业严格遵循税法规定，确保税务优化的合法性和合规性，避免因过度追求税收优惠而引发税务风险。

（四）注意事项

（1）合法合规：企业在调整业务模式以降低税负时，必须确保所有操作均符合相关法律法规的规定，避免出现违法违规行为。

（2）风险评估：企业在实施税务优化前，应进行全面的风险评估，考虑各种可能的风险因素及其影响，并制定相应的应对措施。

（3）专业咨询：企业可以聘请专业的税务顾问进行税务优化，以确保优化方案的合法性和有效性。

三、AI 税务合规性分析

（一）税务合规性的内涵

税务合规性，是指企业在税务申报、缴纳以及税务处理等各个方面，严格遵循国家税收法律法规、政策要求以及税务机关的征管规定。其重要性体现在多个维度。

（1）从企业运营角度来看，合规纳税是企业合法经营的基本要求。一旦违反税务法规，企业可能面临巨额罚款、滞纳金、补缴税款等财务损失，严重情况下甚至会导致企业资金链断裂，影响正常生产经营活动。

（2）在企业声誉方面，税务违规行为会对企业形象造成极大损害。现代社会信息传播迅速，企业一旦被曝光税务违法，将失去投资者的信任、合作伙伴的青睐以及消费者的认可。

（3）就法律风险防范角度而言，税务合规能够避免企业陷入刑事法律纠纷。一些严重的税务违法行为，如虚开增值税专用发票、偷税漏税数额巨大且情节恶劣等，可能触犯刑法，企业负责人及相关责任人将面临牢狱之灾。

（二）税务合规性分析的主要内容

1. 税务登记与申报合规性

（1）首先要确保税务登记信息的准确性和完整性。在注册成立时，按照规定及时办理税务登记手续，如实填写企业名称、法定代表人、经营范围、注册资本等信息，并在发生登记信息变更时，如企业地址迁移、经营范围扩大或缩小等，及时向税务机关申报变更。

（2）税务申报的合规性。要求企业严格按照税法规定的申报期限、申报内容和申报方式进行纳税申报。不同税种有不同的申报周期，如增值税一般按月申报，企业所得税按季度预缴、按年度汇算清缴。申报内容必须如实反映企业的经营状况和纳税情况，包括销售收入、进项税额、成本费用、利润等各项数据的准确填报。

2. 税收优惠政策合规性

国家为了鼓励特定行业发展、扶持小微企业、促进科技创新等，出台了一系列税收优惠政策。企业在享受这些优惠政策时，必须确保自身符合政策规定的条件和要求。

3. 税务会计处理合规性

税务会计处理是企业财务工作中的重要组成部分，要求企业按照税法规定对各项经济业务进行正确的会计核算和税务处理。

在收入确认方面，企业要依据税法规定的收入确认原则和时间，准确核算应税收入。成本费用的扣除同样要遵循税法规定。企业在计算应纳税所得额时，能够扣除的成本费用必须是与取得收入直接相关且符合税法规定范围和标准的支出。

例如，企业的业务招待费支出，按照发生额的60%扣除，但最高不得超过当年销售（营业）收入的5‰；广告费和业务宣传费支出，除另有规定外，不超过当年销售（营业）收入15%的部分准予扣除，超过部分准予在以后纳税年度结转扣除。企业在进行会计核算和税务申报时，要对成本费用进行合理的分类和归集，准确计算扣除限额，避免错误扣除导致税务风险。

此外，企业在资产的税务处理上，如固定资产的折旧方法、折旧年限、无形资产的摊销期限等，也要符合税法规定。

【案例11-3】 制造企业税务合规管理的成功案例

（一）案例背景

海城机械制造有限公司高度重视税务合规性管理，建立了完善的税务管理制度和内部控制体系，安排专人负责税务申报工作，严格按照税法规定的申报期限和内容进行申报，确保申报数据的准确性和真实性。在发票管理上，企业制定了严格的发票管理制度，从发票的开具、取得、审核到保管和缴销，都有明确的操作流程和责任分工。

（二）案例结果

企业定期组织内部税务审计和自查工作，通过内部审计及时发现并纠正税务处理中的错误和不规范行为。同时，企业积极利用AI税务风险评估对自身的税务数据进行实时监控和分析，及时发现潜在的税务风险点并采取相应的应对措施。此外，企业还同中财讯建立了长期合作关系，定期邀请中财讯税务专家对企业的税务合规情况进行审核和指导，及时了解国家税收政策的变化并调整企业的税务管理策略。

通过以上一系列税务合规管理措施，企业在多年的经营过程中从未发生过重大税务违规事件，保持了良好的纳税信用等级。企业的税务合规形象得到了税务机关、合作伙伴和投资者的认可，这为企业的持续稳定发展奠定了坚实的基础。

（三）案例启示

从本案例中可以看出，税务合规性对于企业的生存与发展具有至关重要的意义。企业必须树立正确的税务合规意识，将税务合规管理纳入企业战略管理的重要内容，建立健全税务管理制度和内部控制体系，提高税务风险的识别、评估和应对能力。

在税务合规管理过程中，企业要充分利用内部审计、自查、税务风险评估软件以及外部专业机构咨询等多种方法和工具，形成全方位、多层次的税务合规管理体系。同时，企业要密切关注国家税收政策的变化，及时调整税务管理策略，确保自身的税务处理始终符合法规要求。只有这样，企业才能在激烈的市场竞争中立于不败之地，并实现可持续发展。

四、申报数据与财务数据一致性的 AI 审计应用

在税务申报数据与财务数据的一致性核对中,企业可以采取多种措施确保数据的准确性和合规性。同时,随着 AI 技术的不断发展,AI 审计在税务领域的应用也越来越广泛,为企业提供了更加高效、准确的审计手段。

(一)税务申报数据与财务数据的一致性核对

(1)规范会计核算流程:明确会计凭证的填制、审核、记账等各个环节的操作规范,确保会计数据的准确性和完整性。

(2)定期进行财务审计:聘请专业的审计机构对公司的财务状况进行审计,发现并纠正财务数据中的错误和不规范之处。审计可以包括内部审计和外部审计,内部审计由公司内部的审计部门或人员进行,外部审计则由独立的审计机构进行。

(3)建立数据核对机制:在纳税申报前,安排专人对财务数据和申报数据进行核对,确保两者的一致性。核对的内容包括收入、成本、费用、税金等各个项目,以及资产、负债、所有者权益等财务报表数据。

(4)使用专业的财务软件:选择功能强大、操作简便的财务软件,实现财务数据的自动化处理和申报数据的自动生成。

(5)保留核对记录:对每次财务数据与申报数据的核对过程进行记录,包括核对的时间、人员、内容、结果等信息。核对记录既可以作为公司内部管理的依据,也可以在税务机关检查时提供证明。

(6)分析差异原因:发现财务数据与申报数据存在的差异,应及时分析原因。差异可能是由会计核算错误、税收政策理解偏差、申报数据填写错误等引起的。通过分析差异原因,可以采取针对性的措施进行调整。

(7)进行账务调整:根据差异原因,对财务数据进行相应的账务调整。账务调整必须符合会计准则和税法规定,确保调整后的财务数据真实、准确。同时,要及时更新财务报表和纳税申报表,确保申报数据的准确性。

(8)与税务机关沟通:在差异较大或涉及复杂的税收政策问题时,公司应及时与税务机关沟通,寻求税务机关的指导和帮助。税务机关可以根据公司的实际情况,提供专业的税收政策解读和申报指导,帮助公司解决差异问题。

(二)AI 审计在税务领域的应用案例

税务合规风险点的智能识别与整改建议可以从多个维度进行分析和阐述。

【案例11-4】 企业合规风险点的 AI 识别与整改案例

（一）案例背景

广州蓝星实业有限公司在全球范围内开展业务，涉及多个国家的税收政策和税务规定。由于业务具有复杂性和跨国性，公司在税务合规方面面临诸多挑战。为了降低税务合规风险，公司引入了智能识别系统，对税务合规风险点进行实时监测和预警。

（二）智能识别税务合规风险点

1. 转让定价风险

（1）风险点识别：公司在多个国家设有子公司和分支机构，存在大量的关联交易。智能识别系统通过对比不同国家之间的税收政策、市场价格、成本结构等因素，发现公司在转让定价方面存在潜在的税务风险。

（2）风险点描述：公司可能通过不合理的转让定价，将利润从高税率国家转移到低税率国家，从而逃避应缴税款。

2. 发票管理风险

（1）风险点识别：智能识别系统对公司的发票数据进行实时监测，发现部分发票存在开具不规范、虚假开具等问题。

（2）风险点描述：这些问题可能导致公司在税务申报时出现数据错误，进而引发税务风险。

3. 税收政策变化风险

（1）风险点识别：智能识别系统通过实时跟踪各国税收政策的变化，发现公司所在的部分国家近期对税收政策进行了调整。

（2）风险点描述：这些政策变化可能对公司的税务合规性产生影响，如税率调整、税收优惠政策取消等。

（三）整改建议

1. 转让定价风险

（1）建议：公司应制定一套内部转让定价政策，确保该政策的合规性，并进行定期审查和更新。同时，加强与税务机关的沟通和协作，及时了解并适应各国税收政策的变化。

（2）具体措施：可以聘请专业的税务顾问对转让定价政策进行审核和调整，确保符合各国税务法规的要求。

2. 发票管理风险

（1）建议：公司应加强对发票的管理，建立健全发票管理制度。对发票的开具、审核、报销等环节进行严格控制，确保发票的真实性和合法性。

（2）具体措施：引入发票管理系统，实现发票数据的自动采集和比对，及时发现并解决发票管理中的问题。同时，加强对员工的培训和教育，提高员工对发票管理重要性的认识。

3. 税收政策变化风险

（1）建议：公司应密切关注各国税收政策的变化，及时了解和掌握最新的税收政策动态。根据政策变化及时调整公司的税务合规策略和业务模式。

（2）具体措施：建立税收政策变化预警机制，通过智能识别系统实时监测各国税收政策的变化情况。同时，加强与税务机关的沟通和协作，及时获取政策解读和指导。

（四）案例总结

通过引入智能识别系统，广州蓝星实业有限公司成功识别了税务合规风险点，并采取了相应的整改措施。这些措施有效地降低了公司的税务合规风险，提升了公司的税务管理水平，同时，为其他企业在税务合规管理方面提供了有益的借鉴和参考。

第二节　AI 算法在税务风险评估中的应用

AI 算法在税务风险评估中发挥着重要作用，它能够帮助税务机关和企业更高效地识别潜在的税务风险，提高税务管理的准确性和效率。

一、异常检测算法在税务数据中的应用

异常检测算法在税务数据中的应用案例丰富多样。

国家税务机关使用 AI 监管企业的纳税申报情况，其中包括各种规模和行业的企业。税务数据包含企业的增值税、企业所得税等税种的申报金额、税负率、申报频率等众多指标。随着企业数量的增加和数据量的膨胀，传统的人工筛选异常企业的方法效率低下且容易遗漏。因此，税务机关引入孤立森林算法自动检测税务数据中的异常情况。

（1）AI 发现一批税务申报异常的企业：一部分企业的增值税申报金额在连续几个月内明显低于同行业其他企业的平均水平，且其增值税税负率也异常偏低。经过实地核查，这些企业存在少申报销售收入的嫌疑。

（2）提高税务监管的效率：相比传统的人工排查方法，孤立森林算法能够快速处理大量的税务数据，在短时间内提供可能存在异常的企业名单，使税务机关更有针对性地进行税务稽查，节省了大量的人力和时间成本。

【案例 1】丹麦税务局利用 TaxGPT 等 AI 工具，实现了纳税额的自动计算和税收减免的自动识别。这大大提高了申报效率，并有助于发现潜在的税收减免机会。同时，TaxGPT 能自动处理大部分申报，并挑选出高风险案件进行进一步审查，有效地缩小了

税收缺口。

【案例2】美国国内收入局使用AI模型识别更有可能出现错误和欠税的申报表。在合伙企业审计方面，AI模型被用于发现逃税行为。这些应用提高了审计的效率和准确性，有助于税务机关更好地理解和估计税收缺口。

二、AI识别技术发现税务违规行为的典型模式

（一）发票相关违规行为模式

1. 虚开发票模式

（1）特征描述如下。

①交易对手异常：通过分析发票数据中的购买方和销售方信息，发现企业频繁与一些新成立、注册地址模糊或经营范围与交易内容不符的企业进行交易并开具发票。

②发票金额异常：观察发票金额是否存在整数偏好、金额波动不符合正常经营规律等情况。如某些企业开具的发票金额总是整数，且金额巨大，或者在一段时间内发票金额突然大幅增加或减少，与企业的历史交易金额和经营规模不匹配。

③开票时间和频率异常：分析发票开具的时间间隔和频率。企业在短时间内集中大量开具发票，或者在非营业时间（如节假日、深夜）开具发票，可能是为了虚增业务量或虚构交易。

（2）模式识别方法如下。

①关联规则挖掘：利用关联规则挖掘算法，分析企业之间的发票交易关系。

例如，发现海城机电公司频繁为企业B开具发票，同时，企业B与其他一些被标记为高风险的企业存在关联交易，这种关联模式可能暗示存在虚开发票的团伙行为。

②聚类分析：将企业按照发票开具的金额、时间、交易对手等特征进行聚类。某个聚类中的企业表现出上述虚开发票的典型特征，如开票金额集中在某个可疑区间、交易对手具有相似的异常特征等，就可以重点关注这些聚类中的企业。

2. 发票重复使用或篡改模式

（1）特征描述如下。

①发票号码重复：在发票数据中发现相同发票号码的发票出现多次，这可能是发票被重复使用于虚假报销或抵税。

②发票关键信息篡改：通过发票的电子信息或扫描图像识别技术，检测发票上的金额、日期、商品或服务名称等关键信息是否有被篡改的痕迹。

（2）模式识别方法如下。

①数据比对和校验：对发票号码进行唯一性检查，建立发票号码数据库，当新的发票数据进入时，快速比对是否存在重复号码。同时，利用OCR技术提取发票上的关键信息，

并与税务系统中存储的原始发票信息进行比对,一旦发现差异,就标记为可疑发票。

②数字签名和区块链技术验证:对于一些采用电子发票且带有数字签名的情况,利用数字签名验证技术来确保发票的真实性和完整性。区块链技术也可以用于发票的溯源和防篡改,通过在区块链上记录发票的全生命周期信息,任何对发票的篡改都可以被轻易发现。

(二)纳税申报违规行为模式

1. 少申报或隐瞒收入模式

(1)特征描述如下。

①收入与成本不匹配:分析企业的纳税申报数据和财务报表,发现企业申报的收入较低,但成本费用相对较高,导致利润水平异常。

②税负率异常偏低:计算企业的税负率(如增值税税负率、企业所得税税负率),并与同行业其他企业的平均税负率进行比较。例如,某企业的税负率长期显著低于行业平均水平,且没有合理的解释(如享受特殊税收优惠政策),则可能存在少申报收入的问题。

③现金流与收入不符:结合企业的银行流水数据,查看企业的现金流入情况与申报的收入是否相符。例如,企业银行账户有大量资金流入,但纳税申报的收入很少,这可能是企业隐瞒收入的线索。

(2)模式识别方法如下。

①财务比率分析:计算一系列财务比率,如毛利率〔(销售收入-销售成本)÷销售收入〕、净利率(净利润÷销售收入)等,并分析这些比率在不同时期的变化以及与同行业企业的对比情况。如企业的财务比率与行业标准偏差过大,就可能存在纳税申报异常。

②数据挖掘模型:建立基于决策树、神经网络等的数据挖掘模型,将企业的财务数据、纳税申报数据、行业数据等作为输入变量,以是否存在少申报收入作为输出变量进行训练。通过模型对企业进行分类预测,识别出可能存在少申报收入行为的企业。

2. 多列成本或虚假扣除模式

(1)特征描述如下。

①成本费用异常增长:观察企业纳税申报中的成本费用项目,如业务招待费、广告费、差旅费等是否在某一时期出现不合理的大幅增长。

②成本费用凭证异常:检查企业成本费用的报销凭证,如发票的真实性、合法性,以及费用的合理性。如发现大量虚假发票、与企业经营无关的费用报销凭证,或者费用分摊不合理等情况,则可能存在虚假扣除成本的问题。

③资产折旧或摊销异常:对于企业的固定资产折旧和无形资产摊销,查看其折旧方法、折旧年限、摊销期限是否符合税法规定,是否存在随意调整折旧或摊销政策以增加

成本扣除的情况。

（2）模式识别方法如下。

①凭证审核自动化技术：利用 OCR 和自然语言处理技术，对成本费用报销凭证进行自动化审核。

例如，通过自然语言处理技术分析费用报销的摘要内容，判断费用的真实性和合理性；通过 OCR 技术提取发票信息，与税务系统中的发票数据进行比对，验证凭证的合法性。

②成本费用趋势分析和异常检测算法：采用时间序列分析方法，分析企业成本费用的长期变化趋势，结合孤立森林、局部异常因子等异常检测算法，识别出成本费用异常增长的企业。同时，建立成本费用的合理区间模型，根据企业的经营规模、行业特点等因素确定成本费用的正常范围，一旦企业的申报数据超出该范围，就被标记为可疑。

三、AI 风险评分模型的构建与应用

AI 风险评分模型的构建与应用是一个涉及多个步骤和领域的复杂过程。

（一）AI 风险评分模型的构建

1. 确定目标和范围

（1）明确风险类型：确定需要管理的风险类型，如信用风险、市场风险、操作风险等。

（2）设定应用范围：明确模型将适用的业务范围或客户群体。

2. 数据收集与预处理

（1）收集相关数据：根据目标收集与风险相关的数据，如客户的基本信息、交易记录、历史违约数据等。

（2）数据清洗与预处理：对收集到的数据进行清洗和预处理，包括缺失值处理、异常值处理、数据转换等。

3. 特征选择与工程

（1）特征选择：从收集到的数据中选择与风险预测最相关的特征。

（2）特征工程：对选定的特征进行进一步的处理，如特征缩放、特征转换、特征组合等，以提高模型的预测能力。

4. 模型选择与训练

（1）选择模型算法：根据数据类型和业务需求选择合适的模型算法，如逻辑回归、决策树、随机森林、神经网络等。

（2）模型训练：使用选定的特征和相关数据对模型进行训练，调整模型参数以优化预测性能。

5．模型验证与优化

（1）模型验证：通过内部验证和外部验证等方式确保模型的准确性与可靠性。内部验证可以使用交叉验证等方法，外部验证可以使用独立的数据集进行测试。

（2）模型优化：根据验证结果对模型进行调整和优化，如调整特征选择、改进模型算法、增加数据量等。

（二）AI 风险评分模型的应用

1．信贷审批

（1）信用评估：银行和其他金融机构可以利用 AI 风险评分模型对借款人的信用情况进行评估，从而决定是否批准贷款申请以及贷款金额和利率等条件。

（2）提高审批效率：通过自动化和智能化的 AI 风险评分模型，可以快速评估客户的信用风险，提高审批效率。

2．保险承保

（1）风险评估：保险公司可以利用 AI 风险评分模型对投保人的风险水平进行评估，从而确定保险承保的条件和保费水平。

（2）制定合理政策：帮助保险公司更好地了解投保人的风险水平，制定合理的保险政策。

3．欺诈识别

（1）欺诈风险评估：支付公司或金融机构可以利用 AI 风险评分模型对用户的交易行为进行分析，评估用户的欺诈风险水平。

（2）实时预警与拦截：对高风险交易进行实时预警和拦截，保障用户资金安全。

4．客户管理

（1）客户分级：消费金融公司或其他企业可以利用 AI 风险评分模型对客户进行分级管理，根据客户的价值潜力和风险状况提供差异化的服务及产品。

（2）提高客户满意度：通过精准的客户管理策略，提高客户满意度和忠诚度。

5．供应链管理

（1）供应商风险评估：采购商可以对供应商的信用风险进行评估，选择合适的供应商合作以降低供应链断裂的风险。

（2）增强供应链稳定性：确保供应链的可靠性和稳定性，提高整体供应链的运作效率。

6．财务投资

（1）投资风险评估：投资者可以利用 AI 风险评分模型对投资标的的风险水平进行评估，制定合理的投资策略。

（2）降低投资风险：帮助投资者更好地了解投资标的的风险状况，降低投资风险并提高投资回报。

【案例11-5】风险指标与权重计算的AI涉税风险评估案例

（一）案例背景

税务机关为了评估南昌机械制造有限公司的税务风险，选取了多个关键税务风险指标，并为每个指标分配了相应的权重。

（二）风险指标与权重（见表11-1）

表11-1 风险指标与权重

风险指标	权重/%
增值税税负率偏离度	20
所得税税负率偏离度	15
毛利率或销售利润率偏离度	10
主营业务收入费用率偏离度	10
存货周转时间偏离度	15
工资费用率偏离度	10
税收遵从历史记录（如违规次数）	20

（三）计算企业税务风险得分

(1) 数据收集：首先，需要收集该企业各项风险指标的实际值；其次，需要确定各项风险指标的预警值或行业平均值，以便计算偏离度。

(2) 计算偏离度：偏离度 =（实际值 - 预警值或行业平均值）÷ 预警值或行业平均值 × 100%。

(3) 计算风险得分：对于每个风险指标，其风险得分 = 权重 × 偏离度的绝对值，总风险得分 = 各项风险指标的风险得分之和。

（四）案例与计算

首先，南昌机械制造有限公司各项风险指标的实际值、预警值或行业平均值及计算得到的偏离度见表11-2。

表11-2 各项风险指标偏离度分析

风险指标	实际值	预警值或行业平均值	偏离度
增值税税负率/%	3.50	3.00	16.67
所得税税负率/%	15	18	-16.67
毛利率或销售利润率/%	20	18	11.11
主营业务收入费用率/%	15	12	25.00
存货周转时间	60天	45天	33.33%
工资费用率/%	12	10	20.00

续表

风险指标	实际值	预警值或行业平均值	偏离度
税收遵从历史记录（如违规次数）/次	2	0	—

注：对于税收遵从历史记录这类非数值型指标，可以设定一个评分标准，如违规次数为 0 次得满分，每增加一次扣分，具体扣分标准可根据实际情况设定。

其次，根据权重和偏离度计算各项风险指标的风险得分，见表 11-3。

表 11-3 各项风险指标的风险得分

风险指标	权重/%	偏离度/%	风险得分
增值税税负率	20	16.67	3.33
所得税税负率	15	-16.67	-2.50
毛利率或销售利润率	10	11.11	1.11
主营业务收入费用率	10	25.00	2.50
存货周转时间	15	33.33	5.00
工资费用率	10	20.00	2.00
税收遵从历史记录（如违规次数）	20	—	为 -2.00（基于违规次数）

最后，计算总风险得分：

总风险得分 = 3.33 - 2.50 + 1.11 + 2.50 + 5.00 + 2.00 - 2.00 = 9.44

（五）结论

根据计算结果，南昌机械制造有限公司的税务风险得分为 9.44。这个得分反映了企业在税务合规方面存在一定的风险，需要关注增值税税负率、主营业务收入费用率、存货周转时间和工资费用率等指标的异常情况，并采取措施加以改进。同时，企业需要重视税收遵从历史记录，避免违规行为的发生。

（请注意，本案例是基于数据和简化模型构建的，在实际应用中需要根据具体情况进行调整和完善。）

第三节 税务数据分析助力企业优化税务结构与降低税负

在当今复杂多变的商业环境中，企业面临着日益严格的税收监管和激烈的市场竞争。有效的税务管理已成为企业实现可持续发展、提升竞争力的关键因素之一。税务数据分析作为一种强大的工具，能够帮助企业深入了解自身的税务状况，发现潜在的税务优化机会，进而实现税务结构的优化和税负的降低。

一、税收优惠政策分析

国家和地方政府为了鼓励特定行业发展、扶持中小企业、促进科技创新等，出台了一系列税收优惠政策。企业需要深入分析这些政策，确定自身是否符合享受条件，并评估政策对企业税负的潜在影响。

（1）政策匹配与资格认定：全面梳理企业的业务活动和财务状况，与各类税收优惠政策进行匹配分析。

（2）政策效益评估与优化：在确定企业符合税收优惠政策条件后，需要评估政策的实际效益。分析享受税收优惠政策前后企业税负的变化情况，以及政策对企业现金流、利润等方面的影响。同时，企业应关注税收优惠政策的时效性和变动性，及时调整经营策略和税务优化方案，以最大限度地利用政策红利。

二、业务流程与税务关联分析

企业的税务状况与业务流程紧密相连，通过分析业务流程中的税务环节，可以发现潜在的税务优化机会。

（1）采购环节税务分析：在采购环节，企业可以分析不同供应商的报价和税务情况。比较含税价格和不含税价格，考虑增值税进项税额的抵扣因素，选择综合成本最低的供应商。同时，对于一些大型采购项目，企业可以通过合理的合同条款安排，如分期付款方式，延迟纳税义务发生时间，利用资金的时间价值降低税负。此外，企业还可以关注采购物品或服务的性质，对于一些符合税收优惠政策的采购项目，如节能环保设备采购，可享受相应的税收减免或抵免政策，企业应充分利用这些政策降低税负。

（2）生产环节税务分析：生产环节涉及成本核算、资产折旧、存货计价等税务相关事项。企业可以分析不同的成本核算方法（如先进先出法、加权平均法等）对企业所得税的影响，选择最有利于降低税负的方法。对于固定资产折旧，根据税法规定合理选择折旧方法和折旧年限，加速折旧可以在前期减少应纳税所得额，获得资金的时间价值。同时，在生产过程中，对于一些产生的废料、废品等，有合法的销售渠道，应正确核算其收入和成本，并按照税法规定缴纳相应税款，规避税务风险。

（3）销售环节税务分析：销售环节涉及收入确认、销售方式选择、促销活动税务处理等问题。

例如，对于采用赊销方式销售的产品，按照合同约定的收款时间确认收入，而不是在发货时就确认收入，从而延迟纳税义务发生时间。在销售方式选择上，比较不同销售方式（如直接销售、代销、折扣销售、销售折让等）的税务处理差异，选择税负最优的销售方式。对于促销活动，如赠品、抽奖等，应按照税法规定正确处理税务事项，避免因税务处理不当而增加税负或引发税务风险。

【案例11-6】AI优化税务结构与降低税负案例

（一）案例背景

中岳制造公司主要生产电子产品，产品销售面向国内外市场。近年来，随着市场竞争的加剧和原材料价格的波动，企业面临着成本上升、利润空间压缩的困境，同时税负较高，对企业的盈利能力产生了较大影响。

（二）数据收集与分析

企业收集了近3年的纳税申报数据、财务报表数据、发票数据以及税务审计数据，并进行了整合和清洗。

（1）通过税负率分析发现，企业的增值税税负率高于同行业平均水平约2个百分点，进一步分析增值税税负率高的原因，发现主要是部分原材料供应商为小规模纳税人，无法提供足额的增值税专用发票，导致进项税额抵扣不足。对于企业所得税税负率高的问题，分析发现企业在成本费用核算方面存在一些不规范的地方，部分费用未能按照税法规定进行扣除，同时，研发费用的归集和核算不够准确，未能充分享受研发费用加计扣除政策。

（2）在税收优惠政策分析方面，企业发现自身符合高新技术企业的部分条件，但由于研发项目管理不够完善，一些关键指标未能达到认定标准，无法享受企业所得税优惠税率。

（3）业务流程与税务关联分析显示，在采购环节，企业对供应商的税务情况关注不够，没有充分考虑进项税额抵扣因素；在生产环节，成本核算方法较为单一，未根据市场变化和税务政策进行优化调整；在销售环节，销售方式较为传统，未充分利用一些税收优惠的销售策略。

（三）优化措施与实施效果

1. 供应商管理优化

企业重新评估了供应商体系，对于原材料采购，优先选择能够提供增值税专用发票的供应商，并与供应商协商价格调整，以弥补发票问题导致的进项税额损失。同时，对于一些必须与小规模供应商合作的情况，企业通过成立采购平台公司，集中采购并规范发票管理，提高了进项税额抵扣比例。经过这些措施的实施，企业的增值税税负率降低了约1.5个百分点。

2. 成本费用核算与税收优惠政策申报改进

企业加强了成本费用核算管理，建立了严格的费用报销制度，确保各项费用按照税法规定进行扣除。同时，完善了研发项目管理体系，准确归集和核算研发费用，积极申报高新技术企业认定。在获得高新技术企业认定后，企业享受了企业所得税优惠税率，企业所得税税负率降低了约 10 个百分点。

3. 业务流程优化

（1）在采购环节：根据原材料价格波动情况，合理安排采购计划，采用批量采购和长期合同等方式，降低采购成本，并结合税务政策，选择有利的采购时机和付款方式。

（2）在生产环节：根据市场需求和产品生命周期，灵活调整成本核算方法，采用加速折旧等方式，降低企业所得税税负。

（3）在销售环节：推出了一些组合销售方案，如将产品与售后服务捆绑销售，并按照税法规定进行税务处理，既增加了销售额，又降低了税负。

通过这些业务流程优化措施，企业的整体税负进一步降低，利润得到了有效提升，增强了企业在市场中的竞争力。

（四）案例效果

税务数据分析为企业提供了深入了解自身税务状况的视角，通过税负率分析、税收优惠政策分析以及业务流程与税务关联分析等方法，企业能够发现税务管理中的问题和潜在的优化机会，并采取相应的优化措施，实现税务结构的优化和税负的降低，为企业的可持续发展奠定坚实的基础。

三、AI 税务数据分析调整业务布局与关联交易安排

利用 AI 税务数据分析调整业务布局与关联交易安排，是现代企业优化税务结构、降低税负、提高经济效益的重要手段。

【案例 11-7】AI 调整业务布局与关联交易安排的案例

（一）案例背景

中宏制造（中国）有限公司在全球范围内拥有多个生产基地和销售网络。随着全球税收环境的不断变化，该企业面临着日益复杂的税务挑战。为了降低整体税负，提高税务合规性，企业决定利用 AI 税务数据分析调整业务布局与关联交易安排。

（二）AI 税务数据分析过程

（1）数据收集与整合：收集企业全球范围内的财务数据、税务申报数据、关联交易数据等。整合不同国家和地区、不同业务板块的税务信息，形成全面的税务数据库。

（2）税负分析与比较：分析各国家和地区的税收政策、税率差异，以及不同业务板块的税负情况。比较不同国家和地区、不同业务板块的税务成本，识别税负较高的区域和业务。

（3）关联交易定价分析：审查企业内部的关联交易定价政策，评估定价的合理性

和合规性。分析关联交易定价对企业整体税负的影响，识别潜在的税务风险点。

（4）业务布局与关联交易安排优化建议：根据税负分析和关联交易定价分析的结果，提出调整业务布局的建议，如将高税负业务转移至低税负地区。设计合理的关联交易安排，如通过调整关联交易价格、优化资金流动等方式，降低企业整体税负。

（三）实施效果

（1）税负降低：通过调整业务布局和关联交易安排，企业成功地将部分高税负业务转移至低税负地区，整体税负显著降低。

（2）税务合规性提升：优化关联交易定价政策，确保关联交易定价的合理性和合规性，降低了税务风险。

（3）经济效益提高：税负的降低和税务合规性的提升，为企业节约了大量税务成本，提高了经济效益。

（四）案例启示

（1）税务数据分析的重要性：通过全面的税务数据分析，企业能够更准确地了解自身的税务状况，为业务布局和关联交易安排提供科学依据。

（2）业务布局与关联交易安排的灵活性：企业应根据税收环境的变化和自身业务特点，灵活调整业务布局和关联交易安排，以实现税负的最小化和税务合规性的提升。

（3）持续关注和应对税务风险：税务环境不断变化，企业应持续关注和应对潜在的税务风险，确保税务合规性。

四、税收优惠政策精准利用与税务优化方案调整

税收优惠政策精准利用，是指企业在遵守法律法规的前提下，通过对国家和地方政府出台的各种税收优惠政策进行深入研究、分析及筛选，找到适用于自身经营活动和业务范围的优惠政策，并将其合理、充分地运用到实际税务处理中，以达到降低税负、提高经济效益的目的。

税务优化方案调整，是指企业根据自身经营状况的变化、税收政策的调整以及外部经济环境的改变等因素，对已制定或正在实施的税务优化方案进行修改、优化和完善，以确保税务优化目标的实现，使企业在合法合规的前提下保持税负的合理性和经济效益的最大化。

【案例11-8】AI利用优惠政策优化税务方案的案例

（一）案例背景

莱特科技（中国）有限公司主要从事软件开发与信息技术服务业务。随着业务的不断拓展，企业面临着税负较高以及税务优化的问题。在当前税收政策环境下，国家为

了鼓励科技创新和中小企业发展，出台了一系列相关税收优惠政策，但该企业对政策了解不够深入全面，尚未充分利用这些政策降低税负和提升企业效益。

（二）原税务优化方案及问题分析

1. 原税务优化方案

企业在收入确认方面，按照传统的交付完成后一次性确认收入的方式进行会计处理和税务申报。

在成本费用列支上，对于研发费用未进行单独的明细核算和专项管理，而是按照常规的费用列支方式计入当期成本。

对于固定资产折旧，采用直线折旧法，未考虑加速折旧等可能带来的税收优惠。

2. 存在的问题

收入确认方式导致企业在某些项目周期较长时，前期利润虚高，缴纳了较多的企业所得税，未能充分利用税收政策中关于分期确认收入的规定，没有实现税款的递延缴纳。

研发费用未单独核算和管理，使得企业无法准确享受研发费用加计扣除政策，造成应纳税所得额计算偏高，多缴纳企业所得税。据统计，企业每年因未精准利用该政策而多缴纳税款约 50 万元。

固定资产折旧方法未优化，没有利用加速折旧政策在前期多扣除折旧费用，减少应纳税所得额，错失了资金的时间价值，增加了企业的税负压力。

（三）税收优惠政策分析与新税务优化方案制定

1. 税收优惠政策分析

（1）企业所得税分期确认收入政策如下。

对于提供劳务交易的结果能够可靠估计的，按照完工进度（完工百分比）法确认提供劳务收入。企业的软件开发项目符合条件，可以根据项目的完工进度分期确认收入，从而将部分税款递延到后期缴纳，获得资金的时间价值。

（2）固定资产加速折旧政策如下。

企业在 2018 年 1 月 1 日至 2023 年 12 月 31 日新购进的设备、器具（除房屋、建筑物以外的固定资产），单位价值不超过 500 万元的，允许一次性计入当期成本费用在计算应纳税所得额时扣除，不再分年度计算折旧。企业可根据自身情况选择适用该政策，以减少前期应纳税所得额。

2. 新税务优化方案

（1）收入确认方式调整，具体如下。

对于软件开发项目，根据项目的特点和合同约定，采用完工百分比法确认收入。在每个资产负债表日，根据项目的完工进度（如按照已发生成本占预计总成本的比例或已完成的工作量占预计总工作量的比例等方法确定）确认当期收入和成本。这样，对于一些跨年度的大型项目，能够将收入均匀地分摊到各个阶段，避免前期收入集中确认导致税负过高，实现税款的递延缴纳。经测算，采用该方法后，企业在一个大型项目周期内，前期年度企业所得税缴纳额减少约30%，有效地缓解了资金压力。

（2）固定资产折旧策略改变，具体如下。

对企业新购进的符合条件的固定资产（如电脑、服务器等办公设备），选择一次性计入当期成本费用在计算应纳税所得额时扣除的加速折旧政策。在购置当年，增加了费用扣除，减少了应纳税所得额，降低了企业所得税税负。同时，企业将节省下来的资金用于再投资或研发活动，促进了企业的发展。

例如，企业在某年度新购置了价值300万元的设备，享受加速折旧政策后，当年应纳税所得额减少300万元，少缴纳企业所得税约75万元（企业所得税税率为25%）。

（四）实施效果与风险防范

1. 实施效果

（1）税负显著降低：通过新税务优化方案的实施，企业在企业所得税方面实现了大幅节税。在实施后的第一年，因研发费用加计扣除、收入分期确认和固定资产加速折旧等政策的综合运用，企业所得税税负率从原来的18%降低至12%左右，节省税款约150万元。随着企业业务的持续发展和税务优化方案的深入执行，预计未来税负还将进一步降低。

（2）资金流动性增强：由于税款的递延缴纳和税负的降低，企业的资金流动性得到显著增强。企业可以将更多的资金投入研发创新、市场拓展和人才培养等关键领域，提升了企业的核心竞争力。

（3）合规性提升：新税务优化方案严格遵循国家税收优惠政策的规定，确保了企业税务处理的合规性。企业和税务机关保持良好的沟通与互动，及时汇报税务优化方案的实施情况和相关政策的执行效果，避免了因税务优化不当而引发的税务风险，树立了良好的企业纳税形象。

2. 风险防范

（1）政策变动风险：税收政策具有一定的时效性和变动性，企业密切关注国家税收政策的调整，及时调整税务优化方案，确保其始终符合政策要求。

（2）核算与申报风险：虽然新税务优化方案在理论上能够有效降低税负，但在实际操作中，需要企业准确进行会计核算和税务申报。企业应加强对内部财务人员的培训和管理，提高其业务水平和责任心，确保研发费用核算准确、收入确认合规、固定资产折旧处理正确。同时，建立内部审计与监督机制，定期对税务优化方案的执行情况进行检查和审计，及时发现和纠正可能存在的问题，避免因核算与申报错误而引发税务风险。

（3）税务机关审查风险：尽管企业的税务优化方案是基于合法合规的税收优惠政策，但仍可能面临税务机关的审查。企业在实施税务优化方案过程中，应注重和税务机关的沟通与协调，主动提供相关政策依据和财务资料，积极配合税务机关的审查工作，确保税务优化方案得到税务机关的认可和理解，降低税务审查风险。

第五部分
AI 与财税合规管理篇

在数字化时代，财税合规管理对于企业的稳健运营至关重要，而AI技术的融入为其带来了新的变革与机遇。

（1）AI助力法规监测与更新：税法和财务法规处于不断变化之中，企业要想确保财税操作合规，就需及时掌握法规动态。AI凭借强大的数据处理能力，能够实时监测法规的更新情况。通过对大量法律文件和监管公告的快速扫描，AI算法可精准识别出与财税相关的法规更新内容，并将其整理成易于理解的信息，及时推送给企业和财务人员。因此，企业能够第一时间了解法规变化，调整自身的财税策略，避免法规滞后而导致的违规风险。

（2）实现智能合规性检查：审计软件在财税合规性检查中发挥着关键作用，能够对企业的财务数据和业务流程进行全面、自动的检查，依据预设的法规和内部政策标准，快速识别异常交易、潜在的违规行为以及内部控制缺陷。

（3）降低合规风险：AI通过建立风险预测模型，利用机器学习和大数据分析技术，对企业的财税数据进行深度挖掘和分析。它可以综合考虑企业的业务模式、财务状况、行业特点以及税收政策变化等多种因素，提前预测潜在的财税合规风险。

AI在财税合规管理中的应用，有效地提升了企业对法规的响应速度和合规性检查的效率与准确性，为企业防范财税合规风险提供了有力支持，有助于企业在复杂多变的财税环境中稳健发展。

第十二章
财税法规政策的 AI 智能解读与更新追踪

财税法规政策的 AI 智能解读与更新追踪是现代财税管理中的重要环节，它利用 AI 技术提高法规政策的解读效率和准确性，并确保信息的实时更新。

以中财讯智能财税咨询系统为例，它作为国内首个基于国产化财税大模型的智能咨询工具，已经在实际应用中展现出了强大的能力。用户可以通过自然语言与中财讯智能财税咨询系统进行交互，提出与财税法规政策相关的问题，中财讯智能财税咨询系统能够迅速给出准确、专业的解答。同时，中财讯智能财税咨询系统能够实时更新税法政策信息，确保用户所获取信息始终是最新的。此外，中财讯智能财税咨询系统还具备强大的政策解读能力，能够深入浅出地为用户剖析政策背后的逻辑和意图。

第一节　AI 技术在海量法规政策中的应用原理

AI 技术在海量法规政策中的应用原理主要涉及自然语言处理、机器学习与深度学习、数据挖掘与分析、专家系统以及信息检索与推荐等多个方面。这些技术共同作用，使 AI 成为处理和理解海量法规政策的有力工具。

一、自然语言处理技术实战

（一）AI 文本分类

1. 情感分析

（1）任务描述：

判断一段文本（如产品评论、新闻评论等）的情感倾向是正面、负面还是中性。

（2）技术步骤如下。

①数据收集：收集大量带有情感标签的文本数据，例如，从电商平台收集用户对产品的评价，同时标记好评（正面）、差评（负面）或中评（中性）。

②数据预处理：对文本进行清洗，包括去除噪声（如特殊符号、HTML 标签等）、

分词（将文本分割成单词或词组）。

③特征提取：可以使用词袋模型（将文本表示为单词出现次数的向量）、TF-IDF（考虑单词的重要性）等方法提取文本特征。

④模型选择与训练：选择分类模型，如朴素贝叶斯、SVM或深度学习模型（如Transformer架构的模型）。以朴素贝叶斯为例，它基于贝叶斯定理计算文本属于不同情感类别的概率。在训练模型时，将特征向量和情感标签作为输入，让模型学习文本特征和情感之间的关系。

⑤模型评估：使用测试数据集评估模型的性能，常见的评估指标有准确率（正确分类的文本数量占总文本数量的比例）、召回率、F1-score等。

2. 新闻分类

（1）任务描述：

将新闻文章划分为不同的类别，如政治、经济、体育、娱乐等。

（2）技术步骤如下。

①数据准备：收集新闻文章，并按照类别进行标记。可以从新闻网站的分类频道获取数据。

②文本预处理：与情感分析类似，进行清洗和分词操作。同时，可能需要进行词性标注（标注单词的词性，如名词、动词等）和命名实体识别（识别文本中的人名、地名、组织名等），以更好地理解文本内容。

③特征工程：除词袋模型和TF-IDF外，还可以使用词嵌入（如Word2Vec、GloVe）技术将单词映射到低维向量空间，以捕捉单词之间的语义关系。

④模型构建与训练：可以使用深度学习模型，如CNN或RNN及其变体（如LSTM、GRU）。CNN可以捕捉文本中的局部特征（如短语），RNN适合处理序列数据，能够考虑文本的顺序。在训练模型时，通过反向传播算法调整模型，使模型准确分类新闻。

⑤模型优化与部署：通过调整模型的参数优化模型性能。在实际应用环境中，模型通过部署能够对新的新闻文章快速分类。

（二）AI信息提取

1. 实体识别

（1）任务描述：

从文本中识别出特定类型的实体，如人名、地名、组织机构名、产品名等。

（2）技术步骤如下。

①标注数据：人工标注文本中的实体，构建训练数据集。

例如，对于句子"苹果公司发布了新款iPhone"，标注出"苹果公司"为组织机构名，"iPhone"为产品名。

②模型选择：可以采用基于规则的方法（如通过正则表达式等规则识别实体）、机器学习方法或深度学习方法。其中，双向 LSTM 能够学习文本的上下文信息，而条件随机场（CRF）用于考虑相邻标签之间的依赖关系，从而更准确地识别实体。

③训练与评估：将标注好的文本输入模型进行训练，使用准确率、召回率和 F1 – score 等指标评估模型的实体识别性能。

④应用场景：在知识图谱构建、信息检索等领域有广泛应用。

例如，在构建企业知识图谱时，通过实体识别可以提取企业名称、高管姓名等信息。

2. 关系提取

（1）任务描述：

识别文本中实体之间的关系，如在新闻"马云是阿里巴巴的创始人"中，提取出"马云"和"阿里巴巴"之间的"创始人"关系。

（2）技术步骤如下。

①数据准备：构建包含实体对及其关系的数据集。可以从新闻报道、百科全书等文本来源中收集。

②文本表示：使用词向量、位置向量等将文本转换为计算机能够处理的形式。

③模型训练：可以使用监督学习模型，如基于 CNN 的模型或基于 Transformer 的模型。

④评估与应用：使用准确率等指标评估模型性能，在问答系统、语义网等领域有重要应用。

二、文本分类与标签标注

（一）文本分类概述

（1）定义：文本分类是自然语言处理中的一项基本任务，它是指根据文本内容的特征将其划分到预先定义好的一个或多个类别中。

（2）应用场景：文本分类广泛应用于信息检索、情感分析、垃圾邮件过滤、舆情监测等众多领域。比如，在舆情监测中，通过对社交媒体文本进行分类，可以快速了解公众对某一事件的态度是支持、批评还是观望。

（二）文本分类的流程

1. 数据收集与准备

（1）收集数据：从各种渠道获取文本数据，如用网络爬虫获取网页内容、从数据库中提取已有文本等。这些数据要尽量覆盖目标分类的各个类别，并且要有足够的数量。

例如，要构建一个电影评论分类器，就需要从影评网站收集大量的正面和负面评论。

（2）标注数据：为收集到的文本数据分配类别标签，这是监督学习的关键步骤。标签应该准确、清晰，并且符合分类的目的。标注可以由人工完成，也可以采用一些半自动的标注工具。对于大规模的数据标注，可能需要建立标注标准和质量控制机制。

2. 文本预处理

（1）清洗文本：去除文本中的噪声，如 HTML 标签、特殊符号、多余的空格等。

（2）分词：将文本分割成单词或词组，这是中文等语言处理的重要步骤。可以使用基于规则的分词方法（如正向最大匹配法、逆向最大匹配法）或基于统计的分词方法（如隐马尔可夫模型）。

（3）词法分析：包括词性标注（确定每个单词的词性，如名词、动词、形容词等）和命名实体识别（识别文本中的人名、地名、组织机构名等）。这有助于更好地理解文本内容，提取更有价值的特征。

3. 特征提取与表示

（1）词袋模型：把文本看作单词的集合，忽略单词的顺序和语法结构。通过统计每个单词在文本中出现的次数，将文本表示为一个向量。

（2）TF-IDF：考虑单词在文本中的重要性。TF 表示单词在当前文本中的频率，IDF 表示单词在整个文档集合中的稀有程度。TF-IDF 值越高，说明该单词在区分文本类别方面越重要。

（3）词嵌入：将单词映射到低维向量空间，使语义相近的单词在向量空间中距离相近。常用的词嵌入模型有 Word2Vec、GloVe 等。

4. 模型选择与训练

（1）传统机器学习模型：如朴素贝叶斯、SVM、决策树等。朴素贝叶斯基于贝叶斯定理计算文本属于不同类别的概率，具有简单高效的特点；SVM 通过寻找一个最优的超平面划分不同类别，在高维空间中表现出色。

（2）深度学习模型：如 CNN、RNN 及其变体（如 LSTM、GRU）、Transformer 架构的模型（如 BERT）。CNN 可以捕捉文本中的局部特征，RNN 可以处理文本的序列信息，Transformer 架构在处理长序列文本和语义理解方面有很好的性能。以 BERT 为例，它首先在大规模语料上进行无监督预训练，其次在特定任务上进行微调。

5. 模型评估与优化

（1）评估指标：常用的评估指标有准确率（Accuracy）、召回率（Recall）、F1-score、精确率（Precision）等。准确率是指正确分类的文本数量占总文本数量的比例；召回率是指本类别中被正确分类的文本数量占该类别实际文本数量的比例;F1 - score 是精确率和召回率的调和平均数,能够综合评估模型性能。

(2)优化策略:通过调整模型的参数(如学习率、隐藏层大小、迭代次数等)、增加训练数据、改进特征提取方法等方式优化模型性能。

(三)标签标注的方法与技巧

1. 人工标注

(1)建立标注标准:在开始标注之前,需要制定明确的标注标准,包括类别定义、边界情况的处理等。

(2)标注人员培训:对标注人员进行培训,使他们熟悉标注标准和流程。培训内容可以包括对文本内容的理解、类别划分的原则等。

(3)质量控制:在标注过程中要进行质量控制,定期检查标注的一致性和准确性。可以通过多人标注同一样本,从比较标注结果中发现问题;也可以抽取一定比例的已标注样本进行复查。

2. 半自动标注

(1)利用规则进行标注:根据已知的规则标注文本。

(2)利用模型进行预标注:使用已有的简单模型或在小规模数据上训练的模型对文本进行预标注,然后人工对预标注结果进行修正。这样可以提高标注效率,尤其是在处理大规模数据时。

总的来说,文本分类与标签标注是自然语言处理中的两个基础且重要的任务。它们在不同的应用场景中发挥着关键作用,帮助人们更有效地处理和理解大量的文本数据。随着技术的不断发展,这两个任务将越来越智能化和自动化,为人们的生活和工作带来更多的便利并提升效率。

三、法规政策分类为不同主题与适用范围

(一)法规政策分类的重要性

(1)高效检索与应用:法规政策数量庞大,对其进行分类能够帮助用户(如法律从业者、企业管理人员、普通公民等)快速定位到与自身需求相关的法规。

(2)便于法规管理与更新:对于立法机构和政府部门来说,分类有助于更好地管理法规政策体系。在更新或修订法规时,可以更有针对性地考虑某一主题或适用范围下法规的协调性和一致性。

(二)基于主题的分类方法

1. 关键词提取与匹配

(1)词库构建:首先建立一个包含不同主题关键词的词库。

（2）文本扫描与匹配：对法规政策文本进行扫描，统计关键词出现的频率和位置。例如，一个法规文本中"污染防治"等环境相关关键词出现的频率较高且具有关联性，就可以初步判断该法规属于环境法规主题。同时，可以考虑关键词的权重，对于核心关键词给予更高的权重。

2. 主题模型［如 LDA（Latent Dirichlet Allocation）］应用

（1）模型原理：LDA 是一种概率主题模型，它的每个文档（法规政策文本）都是由多个主题混合而成的，每个主题又由一组单词的概率分布表示。

（2）训练与分类：使用大量的法规政策文本训练 LDA 模型。在训练过程中，模型自动学习"主题—单词"的概率分布。训练完成后，对于新的法规政策文本，模型可以计算其属于各个主题的概率，将其分类到概率最高的主题类别中。

3. 语义理解与深度学习方法（如 Transformer – based Models）

（1）预训练模型利用：利用像 BERT 这样的预训练语言模型，对法规政策文本进行语义理解。BERT 已经在大规模文本上进行了预训练，能够捕捉文本的语义信息。将法规政策文本输入 BERT 模型，获取文本的语义向量表示。

（2）分类层构建：在 BERT 的输出向量基础上添加一个分类层，如全连接层，用于将语义向量映射到主题类别。通过在标注好主题的法规政策数据集上进行微调，使模型准确地将法规政策文本分类到不同主题类别。

（三）基于适用范围的分类方法

1. 主体范围识别

（1）识别适用主体类型：明确法规政策适用的主体，如个人、企业、政府部门、非营利组织等。通过分析法规文本中的指代对象和主体责任条款确定适用主体。

（2）细分主体类别：对于企业主体，还可以进一步细分，如按照企业规模（小型、中型、大型企业）、行业类型（制造业、服务业、金融业等）进行分类。这可以通过法规中涉及的特定行业标准、企业规模界定条件等判断。

2. 地域范围确定

（1）国家与地方层面划分：区分法规政策是全国性的还是地方性的。全国性法规通常由国家立法机构制定，适用于整个国家；地方性法规是由地方立法机构根据本地实际情况制定，仅适用于特定的地区。

（2）跨境与区域范围考虑：对于一些涉及国际贸易、区域合作的法规，要考虑其跨境或区域适用范围。

3. 行业与领域范围界定

（1）行业标准与规范识别：根据法规政策中涉及的行业标准、专业术语等确定其适用的行业范围。

(2) 跨行业法规处理：有些法规可能涉及多个行业，如反垄断法，它适用于各个行业的垄断行为规制。对于这类法规，可以建立多标签分类系统，将其同时标记为适用于多个行业相关的类别。

四、关键词提取与语义理解

（一）关键词提取

1. 定义与重要性

关键词提取，是指从文本中自动识别出能够代表文本核心内容的词语或短语。在法规政策文本处理中，关键词提取有助于快速了解法规的重点主题、范围和关键要求。

例如，在税务法规中，提取出"税率""税收优惠""纳税申报"等关键词，就能大致把握法规内容与税收征管环节相关。

2. 基于统计的方法

（1）词频统计（Term Frequency，TF）：计算每个单词在文本中出现的频率。出现频率较高的单词通常更有可能是关键词。

（2）TF-IDF：TF-IDF综合考虑了词频和逆文档频率。逆文档频率衡量了一个单词在整个文档集合中的稀有程度。如果一个单词在当前文档中出现频率高，且在其他文档中出现频率低，则其TF-IDF值高，更有可能是关键词。

3. 基于机器学习的方法

（1）决策树：可以将文本特征（如单词是否出现、出现的位置等）作为输入，构建决策树模型来预测单词是否为关键词。决策树通过对训练数据的学习，生成一系列规则以判断某个单词是否为关键词。

（2）SVM：将文本转换为向量表示（如词袋模型或TF-IDF向量）后，SVM可以找到一个最优的超平面来划分关键词和非关键词。SVM在处理高维向量空间（如文本向量空间）时具有优势，可以有效地处理文本特征之间的复杂关系。

4. 基于深度学习的方法

（1）CNN：在文本处理中，CNN可以自动提取文本的局部特征，如短语等。通过卷积层和池化层，CNN能够学习到关键词的模式。

例如，对于"知识产权保护"这个短语，CNN可以学习到"知识产权"和"保护"这两个局部特征组合在一起是一个重要的关键词模式。

（2）RNN及其变体（如LSTM、GRU）：RNN适合处理序列数据，能够考虑单词在文本中的顺序关系。LSTM和GRU可以有效解决RNN中的长期依赖问题。它们可以根据前面单词的信息判断后面单词是否为关键词。

（二）语义理解

1. 定义与重要性

语义理解，是指计算机系统能够理解文本所表达的含义，包括词汇语义、句子语义和篇章语义。在法规政策解读中，语义理解可以帮助准确把握法规政策的意图、条件和限制。

2. 基于知识图谱的语义理解

（1）知识图谱构建：将法规政策中的实体（如法律主体、法规名称、机构等）和关系（如适用关系、包含关系、监管关系等）提取出来，构建知识图谱。

（2）语义推理：利用知识图谱进行语义推理，以理解法规政策中的复杂语义。

3. 基于深度学习的语义理解

（1）预训练语言模型（如 BERT、GPT）：这些模型在大规模文本上进行预训练，学习到了丰富的语言知识和语义表示。以 BERT 为例，它采用 Transformer 架构，通过双向编码的方式学习单词和句子的语义。在法规政策语义理解中，可以将法规文本输入 BERT 模型，生成文本的语义向量表示，然后通过对向量的分析来理解其语义。

例如，对于"本法所称的小微企业，是指……"这句话，BERT 可以帮助理解"小微企业"的定义范围。

（2）语义角色标注（Semantic Role Labeling，SRL）：确定句子中各个成分（如名词短语、动词短语等）所扮演的语义角色，如施事者、受事者、工具等。在法规政策句子中，SRL 有助于理解责任主体和行为对象。

例如，在"税务机关对纳税人进行税务检查"这句话中，标注出"税务机关"是施事者，"纳税人"是受事者，"税务检查"是行为，从而清晰地理解法规政策中的执法关系。

五、快速定位关键条款与政策要点

（1）明确目标与需求：首先，确定需要查找的具体政策领域或主题，如环保、税务、教育等。明确想要获取的信息类型，是具体的法规条款、政策解读还是相关案例。

（2）利用搜索引擎与高级搜索功能：使用搜索引擎，并结合高级搜索功能，如限定搜索范围、使用引号搜索完全匹配的内容等，提高搜索效率。

（3）访问权威政策数据库与平台：利用政府官方网站、法律法规数据库等权威平台，这些平台通常提供详细的政策分类和检索功能。

（4）关注政策解读与新闻发布会：官方通常会举办新闻发布会或发布政策解读文章，这些资源可以帮助人们更深入地理解政策要点和背景。

（5）关注社交媒体与专家观点：在社交媒体平台上，如微博、知乎等，关注与政策相关的专家或机构账号，获取专家或机构对政策的独特见解和解读。参与相关话题的讨论，了解不同观点，以更全面地把握政策要点。

（6）实际案例分析：查找与政策相关的实际案例，了解政策在实际操作中的应用和影响。这可以通过搜索相关新闻报道、案例分析文章或专业论坛讨论实现。

六、法规政策间关系梳理与知识图谱构建

在梳理法规政策间关系以及构建知识图谱的案例时，我们可以参考以下几个步骤和案例。

（一）法规政策间关系梳理

（1）收集与整理：系统性地收集相关法规政策文件，确保来源的权威性和准确性。对收集到的文件进行初步分类和整理，便于后续分析。

（2）关系抽取：通过文本分析技术，抽取政策文件中的关键信息，如政策名称、发布时间、实施范围、主要内容等。识别政策之间的关联，如修订关系、替代关系、互补关系等。

（3）可视化展示：利用可视化工具，如知识图谱，将法规政策间的关系进行可视化展示。这有助于更直观地理解法规政策间的联系和影响。

（二）知识图谱构建案例

在税务领域，可以构建一个包含各种税法、规定和解释性文件的知识图谱。通过链接不同的税务政策，展示它们之间的关系，如哪些政策是相互补充的，哪些是相互替代的。这有助于企业更好地理解税务政策，避免违规操作。

【案例12-1】税收政策知识图谱应用案例

（一）案例背景

中财讯科技有限公司是一家专注于软件开发与销售的企业，业务范围覆盖全国多个地区，涉及增值税、企业所得税、印花税等多种税种，且不同地区的税收政策存在差异。同时，新的税收政策不断出台，旧政策也时有调整，企业税务人员在准确把握政策、合规处理税务事项上面临较大挑战。为解决这些问题，中财讯科技有限公司决定引入税收政策知识图谱。

（二）操作步骤

（1）数据收集与整理：组建专业团队，收集国家及各地区的税法、税收规定、解释性文件等资料，涵盖过去5年的政策变动信息。共收集到各类政策文件500余份。

（2）知识图谱构建：与专业的技术团队合作，利用知识图谱技术，对收集到的政策数据进行结构化处理。标记出政策的适用范围、主体、税种等关键信息，并通过算法

分析找出政策之间的关联关系，如补充关系、替代关系等。

（3）系统集成与培训：将税收政策知识图谱集成到企业的税务管理系统中，并对税务人员进行为期 2 周的系统培训，使其熟悉知识图谱的使用方法，例如，如何通过关键词搜索政策、查看政策关联关系等。

（三）具体数据和数字金额

（1）税务成本变动：在引入税收政策知识图谱前，中财讯科技有限公司因对政策理解偏差，每年多缴纳税款 50 万元，其中，增值税多缴 20 万元，企业所得税多缴 30 万元。引入税收政策知识图谱后，通过准确运用政策，预计每年可节省税务成本 30 万元，其中，增值税节省 10 万元，企业所得税节省 20 万元。

（2）税务处理效率提升：处理一笔复杂税务业务的平均时间从之前的 3 天缩短至 1 天，效率提升 66.7%。

（四）税务处理

（1）增值税处理：税收政策知识图谱帮助企业准确识别软件开发业务适用的增值税税率，以及不同销售模式下的纳税义务发生时间。对于软件产品销售，明确了符合即征即退政策的条件，使企业在满足条件时及时享受退税优惠。过去一年，企业享受软件产品增值税即征即退税额 100 万元。

（2）企业所得税处理：借助税收政策知识图谱，企业精准掌握研发费用加计扣除政策的适用范围和申报要求。上一年度，企业研发费用加计扣除金额达到 500 万元，减少了应纳税所得额，从而少缴纳企业所得税 125（500×25%）万元。

（五）会计处理

1. 增值税会计处理

当企业享受软件产品增值税即征即退时，会计分录如下。

（1）缴纳增值税时：

借：应交税费——应交增值税（已交税金）　　　　　　　　　　1 500 000

　　贷：银行存款　　　　　　　　　　　　　　　　　　　　　1 500 000

（2）确认退税时：

借：其他应收款——增值税退税　　　　　　　　　　　　　　　1 000 000

　　贷：营业外收入——政府补助　　　　　　　　　　　　　　1 000 000

（3）收到退税时：

借：银行存款　　　　　　　　　　　　　　　　　　　　　　　1 000 000

　　贷：其他应收款——增值税退税　　　　　　　　　　　　　1 000 000

2. 企业所得税会计处理

在确认研发费用加计扣除时，会计分录如下。

借:所得税费用——当期所得税费用　　　　　　　　　1 250 000（减少金额）
　　贷:应交税费——应交企业所得税　　　　　　　　　1 250 000（减少金额）

（六）使用效果

（1）税务合规性增强:通过税收政策知识图谱对政策的清晰展示,企业税务违规行为发生率从之前的每年 5 次降低至 1 次,有效避免了税务处罚风险。

（2）税务优化能力提升:企业能够根据税收政策知识图谱中政策的关联关系,合理调整业务模式,实现更优的税务优化。

（3）内部沟通效率提高:税收政策知识图谱为企业财务、法务等部门提供了统一的税务政策理解平台,部门间税务政策理解不一致导致的沟通成本降低了 40%。

（七）风险管控

（1）政策更新风险:一旦有新政策出台或旧政策调整,在 24 小时内更新税收政策知识图谱内容,确保企业使用的政策信息准确无误。

（2）误读风险:对于复杂的税务问题,鼓励税务人员通过税收政策知识图谱的关联关系进行深入分析,并与税务机关进行沟通确认,避免误读政策导致税务风险。

（3）系统故障风险:制定系统应急预案,定期对税务管理系统进行备份,确保数据安全。同时,与技术服务提供商签订服务协议,要求在系统出现故障时,2 小时内响应并在 24 小时内恢复正常运行,以保障企业税务工作的连续性。

【案例 12-2】新能源产业政策知识图谱构建与应用案例

（一）案例背景

近年来,新能源产业涉及太阳能、风能、水能、生物能等多个细分领域,产业政策繁多且复杂。政策来源不仅包括国家层面的宏观调控,还有地方政府为推动本地新能源产业发展出台的各类细则。基于此,中财讯新能源产业研究院决定构建新能源产业政策知识图谱,以帮助企业和投资者更好地把握产业动态。

（二）操作步骤

（1）政策数据收集:建立专业的政策研究团队,通过官方网站、政府文件库、新闻资讯平台等渠道,收集 10 年来国家及各主要省份出台的新能源产业相关政策文件,共收集到 1 500 余份政策文本,涵盖产业规划、补贴政策、技术标准、准入门槛等各类政策。

（2）知识抽取与整理:运用自然语言处理技术和人工审核相结合的方式,对收集到的政策文件进行知识抽取。提取政策中的关键信息,如政策发布主体、适用领域、扶持对象、政策措施（补贴金额、税收优惠等）、生效时间等。同时,对抽取的信息进行分类整理,将政策分为研发支持、生产鼓励、市场推广、基础设施建设等不同类别。这一过程由 10 名专业人员耗时 6 个月完成。

（3）图谱构建：与专业的信息技术团队合作，采用图数据库技术构建新能源产业政策知识图谱。将政策文件作为节点，政策之间的关联关系（如先后顺序、补充关系、因果关系等）作为边，构建可视化的图谱结构。

（4）验证与优化：邀请新能源领域的专家、企业代表和投资者代表对构建的知识图谱进行验证。他们根据自身的实践经验，对图谱中的政策关系和信息准确性进行评估，并提出改进建议。根据反馈意见，对知识图谱进行了为期2个月的优化完善，确保知识图谱的实用性和可靠性。

（三）具体数据和数字金额

（1）构建成本：整个新能源产业政策知识图谱构建项目投入资金300万元。其中，数据收集与整理费用50万元，主要用于支付研究团队的人力成本和数据获取渠道费用；技术研发与图谱构建费用200万元，包括信息技术团队的开发费用、图数据库购买和维护费用等；专家验证与优化费用50万元，用于支付专家咨询费和相关会议费用。

（2）政策扶持数据：通过知识图谱分析发现，在过去5年中，国家和地方政府对新能源汽车产业的补贴总额达到1 000亿元，其中，直接购车补贴约600亿元，充电设施建设补贴约200亿元，研发补贴约200亿元。这些补贴政策促使新能源汽车销量从2016年的50万辆增长到2020年的136万辆，年均增长率达到28%。

（3）企业受益情况：东太新能源电池生产企业依据知识图谱提供的政策导向，调整研发方向，重点研发国家鼓励的高能量密度电池技术。在获得5 000万元研发补贴后，成功推出新一代高性能电池产品，产品市场占有率从10%提升至15%，新增销售额2亿元。

（四）税务处理

1. 企业补贴税务处理

对于新能源企业获得的研发补贴、生产补贴等，根据相关税收政策，企业能够提供规定资金专项用途的资金拨付文件，财政部门或其他拨付资金的政府部门对该资金有专门的资金管理办法或具体管理要求，企业对该资金以及以该资金发生的支出单独进行核算，那么该补贴收入可作为不征税收入，在计算应纳税所得额时从收入总额中减除。

东太新能源电池生产企业获得的5 000万元研发补贴符合不征税收入条件，应做如下税务处理。

(1) 收到补贴时：

借：银行存款　　　　　　　　　　　　　　　　　　　　　　　　50 000 000

　　贷：递延收益　　　　　　　　　　　　　　　　　　　　　　50 000 000

(2) 支出与补贴相关费用时：

借：管理费用等相关科目（为研发费用）　　　　　　　　　　　　30 000 000

  贷：银行存款 30 000 000

同时：

借：递延收益 30 000 000

  贷：其他收益 30 000 000

（不征税收入对应的支出不得在税前扣除，此处为会计处理，税务申报时需做纳税调整）

2. 税收优惠政策

新能源企业在企业所得税方面，符合条件的可享受15%的优惠税率。

东大太阳能发电公司应纳税所得额为5 000万元，适用25%的一般税率，需缴纳企业所得税1 250（5 000×25%）万元；因符合高新技术企业认定条件，享受15%的优惠税率，实际缴纳企业所得税750（5 000×15%）万元，节省税款500万元。

（五）会计处理

1. 补贴收入会计处理

以新能源电池生产企业为例，如上述收到研发补贴时，计入递延收益，后续按规定结转至其他收益。

2. 固定资产相关会计处理

企业购置一套风力发电设备，价值5 000万元，预计使用年限20年，无残值。采用直线法计提折旧。

（1）购置时：

借：固定资产——风力发电设备 50 000 000

  贷：银行存款 50 000 000

（2）每月计提折旧时。

借：制造费用——折旧费 208 300

  贷：累计折旧 208 300

（5 000÷20÷12≈20.83）

（六）使用效果

1. 企业战略决策优化

新能源企业借助知识图谱，能够清晰了解政策导向，及时调整业务布局和研发方向。

例如，东太新能源电池生产企业通过知识图谱得知国家对海上风电的扶持力度加大，且技术标准有所更新，于是提前布局海上风电项目研发和建设，在市场竞争中占据先机，新增海上风电项目订单金额达5亿元。

2. 投资者精准投资

投资者利用知识图谱，可以全面分析政策对不同细分领域的影响，从而做出更精准的投资决策。据统计，使用知识图谱后，某投资机构对新能源领域的投资成功率从60%提升至75%，投资回报率平均提高了10个百分点。

3. 产业协同发展加强

知识图谱促进了新能源产业上下游企业之间对政策的共同理解，加强了产业协同发展。如在充电桩建设政策的推动下，新能源汽车企业与充电桩生产企业通过知识图谱明确了各自的发展机遇和合作方向，共同开展了多个联合项目，涉及金额达3亿元。

（七）风险管控

（1）政策风险：建立政策跟踪机制，安排专人每日关注国家和地方政府官方网站、政策发布平台等，及时获取新能源产业政策的更新信息。

（2）技术风险：每年安排50万元的技术升级预算，确保知识图谱系统能够适应不断增长的数据量和用户需求。

（3）解读风险：在知识图谱平台上设置用户反馈渠道，鼓励用户对政策解读提出疑问和建议。对于复杂政策，邀请权威政策制定部门进行解读，并将解读内容及时更新到知识图谱平台，避免因解读不准确给企业和投资者带来决策失误。

第二节　法规政策关键信息提取与解读

法规政策关键信息提取与解读，是指从繁杂的法规政策文本中精准识别、筛选出核心内容，并对其进行深入分析和阐释，以帮助受众理解法规政策的意图、适用范围、具体要求及潜在影响的过程。

在当今社会，各级政府和部门频繁出台各类法规政策，其文本往往篇幅较长、语言专业且结构复杂。如税收法规，可能涵盖众多条款和细则。关键信息提取就是要找出如税率调整、税收优惠条件、纳税申报期限等核心要点。解读则需进一步说明这些要点如何影响企业的财务核算、税务优化以及日常运营决策。在环保政策方面，关键信息可能包括污染物排放标准的变化、环保设施建设的强制要求等，解读要分析企业达标所需成本投入、技术改造方向以及可能面临的处罚风险。这一工作借助自然语言处理技术、专业知识和经验，将法规政策转化为实用的行动指南，无论是为企业制定战略规划、调整业务流程，还是为个人遵循法律法规、维护自身权益，都提供了重要的支持和保障，促进社会经济活动在法规政策框架内有序开展。

一、关键信息提取

（一）主体识别

（1）明确法规适用对象：仔细分析法规条文，确定其针对的主体范围。

（2）特殊主体规定：有些法规会针对特定类型的主体有特殊规定。比如，在税收法规中，对小微企业、高新技术企业等有专门的税收优惠政策条款，需要准确识别这些特殊主体的界定标准。

（二）核心义务与权利界定

（1）义务条款提取：法规中大量存在对主体义务的规定。如在环境保护法规里，企业可能有义务采取污染防治措施、按照规定进行环境监测并报送数据等。这些义务条款通常包含"应当""必须"等关键词，提取时需重点关注并详细梳理具体的义务内容、履行方式以及期限要求等。

（2）权利条款梳理：相对应地，法规也赋予主体一定权利。例如，《中华人民共和国消费者权益保护法》规定消费者有知悉商品真实情况、获得质量保障等权利。在提取权利条款时，要明确权利的范围、行使条件以及受到侵害时的救济途径等信息。

（三）条件与限制因素提取

（1）适用条件明确：很多法规政策的实施是有条件限制的。以《中华人民共和国专利法》为例，授予专利权需要满足新颖性、创造性和实用性等条件。在解读法规时，要精准提取这些条件内容，并理解其内涵和判断标准。对于一些模糊或专业性较强的条件表述，可能需要参考相关的司法解释或专业文献进一步明晰。

（2）限制条款解读：法规会有一些限制主体行为或权利行使的条款。如在土地管理法规中，对土地用途变更有严格限制，需要提取限制的类型（如禁止农用地转为建设用地的某些情形）、审批程序以及违反限制的法律后果等关键信息。

（四）时间与程序相关信息

（1）时间节点确定：法规中常涉及各种时间规定，如法规的生效时间、某些行为的申报期限、处罚的追诉时效等。

（2）程序步骤梳理：涉及行政许可、审批、执法等程序的法规，要详细梳理程序步骤。比如，在建筑工程施工许可程序中，从申请条件准备、提交申请材料到主管部门审核、发放许可证等一系列步骤都需要准确提取，以确保相关主体依法依规办事。

二、解读方法与要点

（一）上下文语境分析

（1）整体法规目的考量：理解法规政策不应孤立地看单个条文，而应结合法规的整体目的。

（2）条文关联解读：法规内部条文之间往往存在逻辑关联。比如，在刑法中，关于犯罪构成的不同条文相互配合，确定一个行为是否构成犯罪以及应承担何种刑事责任。在解读某一犯罪的刑罚规定时，要结合前面关于该犯罪构成要件的条文进行综合分析，避免片面理解。

（二）专业术语与概念阐释

（1）借助专业词典与文献：法规政策中常常包含大量专业术语和概念。对于一些专业性较强领域的法规，如金融法规中的"套期保值""杠杆率"等术语，需要借助金融专业词典、学术著作或行业标准进行准确阐释，以理解其在法规语境中的特定含义。

（2）关注官方解释与案例：立法机关、行政主管部门或司法机关可能会对法规中的专业术语和概念发布官方解释，这些解释具有权威性。同时，通过分析相关的司法案例或行政案例，可以更好地理解专业术语在实际应用中的边界和内涵。

（三）对比与关联分析

（1）新旧法规对比：当法规政策有修订时，新旧法规对比是关键的解读方法。

例如，《中华人民共和国个人所得税法》的修订涉及税率结构调整、专项附加扣除等重大变化。通过对比新旧条文，可以清晰地了解到政策调整的方向和对纳税人的具体影响，帮助纳税人、税务机关等相关主体及时适应新的法规要求。

（2）跨法规关联分析：不同法规政策之间可能存在关联和衔接。如在企业运营中，涉及的公司法、税法等多方面法规相互交织。在解读某一企业行为的合法性和合规性时，需要综合分析相关联法规的规定。

三、专业法规数据库的 AI 搜索与筛选功能

以中财讯专业法规数据库为例，其 AI 搜索与筛选功能在现代法律工作中发挥着重要作用。

（一）中财讯 AI 搜索功能

（1）智能语义搜索：用户可以通过输入自然语言问题进行搜索，AI 能够理解并解析这些查询，快速定位到相关的法规条文。

（2）高级搜索选项：除基本的语义搜索外，用户还可以利用高级搜索功能，通过

设定多个搜索条件精确查找所需内容。这些条件包括法规类型、发布时间、关键词等。

（3）搜索建议与自动补全：在用户输入搜索词时，系统会提供搜索建议和自动补全功能，帮助用户更快地找到所需信息。

（二）中财讯 AI 筛选功能

（1）结果筛选：搜索结果出来后，用户可以利用筛选功能进一步缩小范围。

（2）相关性排序：搜索结果可以按照与查询的相关性进行排序，确保用户最先看到最相关结果。

（3）个性化推荐：基于用户的搜索历史和偏好，AI 可以推荐相关的法规或案例。

（三）中财讯 AI 其他特色功能

（1）法规更新提醒：用户可以订阅特定的法规类别或关键词，当有新法规发布或现有法规有更新时，系统会及时提醒用户。

（2）法规对比：对于相似或相关的法规，系统可以提供对比功能，帮助用户快速找出它们之间的异同点。

（3）交互式解读：对于复杂的法规条文，系统可以提供交互式解读，通过图表、流程图等方式帮助用户更好地理解法规内容。

（四）中财讯 AI 实际应用效果

通过 AI 搜索与筛选功能，用户可以更高效地找到所需法规信息。

综上所述，中财讯专业法规数据库的 AI 搜索与筛选功能，为法律工作者提供了强大的信息检索和分析工具，大幅提升了工作效率和准确性。

四、AI 政策解读报告生成与案例展示

智能法规解读软件在政策解读领域发挥着越来越重要的作用，它能够快速生成政策解读报告，并通过案例展示帮助用户更深入地理解政策内容。下面以中财讯 AI 政策解读为例进行介绍。

（一）中财讯 AI 政策解读报告生成

（1）快速生成报告：智能法规解读软件能够迅速分析政策文件，提取关键信息，并在短时间内生成一份清晰、简洁的政策解读报告。这大大提高了政策解读的效率，为用户节省了宝贵的时间。

（2）报告内容丰富：生成的政策解读报告不仅包含政策的背景、主要内容、适用范围等基本信息，还会对关键词进行解释，并提示用户需要注意的要点。此外，报告还会提供与政策相关的数据、图表等辅助资料，帮助用户更全面地理解政策。

（3）定制化解读：软件支持用户根据自身需求进行定制化解读，可以选择关注的

政策领域、设定特定的解读角度等。这样，用户可以获得更加贴合自身实际需求的政策解读报告。

（二）中财讯 AI 案例展示

（1）真实案例库：智能法规解读软件通常配备有丰富的真实案例库，这些案例涵盖了各个政策领域，为用户提供了丰富的参考。用户可以通过浏览案例，了解政策在实际应用中的情况，加深对政策的理解。

（2）案例分析与解读：AI 对每个案例都进行详细的分析和解读，包括案例的背景、涉及的政策条款、处理结果等。通过案例分析，用户可以更加直观地了解政策如何在实际中发挥作用，以及可能遇到的问题和解决方案。

（3）案例搜索与匹配：为了方便用户查找相关案例，智能法规解读软件通常提供强大的案例搜索功能。用户可以根据关键词、政策领域等条件进行搜索，快速找到与自己需求相关的案例。此外，软件还会根据用户的浏览历史和偏好，推荐相关的案例，提高用户的使用体验。

（三）中财讯 AI 实际应用效果

通过智能法规解读软件生成的政策解读报告和案例展示，用户可以更加高效、准确地理解政策内容，把握政策精髓。这对于政府部门、企业和个人来说都具有重要意义。政府部门可以借此提高政策执行效率和质量，企业可以抓住政策机遇规避风险，而个人则可以更好地维护自身权益。

综上所述，中财讯 AI 法规解读在政策解读报告生成与案例展示方面表现出色，为政策解读工作带来了极大的便利和效益。

五、AI 法规政策问答系统与案例应用

以中财讯 AI 法规政策问答系统为例进行阐述。

（一）系统概述

中财讯 AI 法规政策问答系统是利用 AI 技术，对法规政策进行深度解析，并能够通过自然语言处理回答用户提问的系统。这种系统大大提高了法规政策的查询效率与解读准确性，为用户提供了便捷、高效的政策咨询服务。

（二）核心功能

（1）智能问答：用户可以通过自然语言提问，系统能够准确理解用户意图，并从海量的法规政策数据库中快速检索相关信息，最终给出精准的回答。

（2）政策解读：AI 系统能够对复杂的法规政策进行深度解读，以简明扼要的语言阐述政策要点，帮助用户快速理解政策内容。

（3）案例关联：AI 系统能够根据用户提问，自动关联相关案例，为用户提供实际参考，延伸政策理解的深度和广度。

（三）技术支撑

（1）自然语言处理：AI 系统运用自然语言处理技术，实现对用户提问的语义理解和意图识别，确保准确回答用户问题。

（2）大数据分析：AI 系统通过对海量法规政策数据的分析，挖掘政策之间的关联性和规律性，为用户提供更全面的政策解读。

（3）机器学习：AI 系统采用机器学习算法，不断优化问答模型，提高回答的准确性和效率。

（四）案例应用

中财讯 AI 法规政策问答系统在实际应用中取得了显著成效。

（1）提升政策咨询效率：AI 系统上线后，用户通过智能问答功能，平均在 1 分钟内即可获取到相关政策信息，大大提升了政策咨询效率。

（2）辅助决策制定：企业通过 AI 系统提供的深度政策解读和案例关联功能，能够更全面地了解政策影响和实施效果，为决策制定提供有力支持。

（3）提高政策透明度：AI 系统公开、透明的问答机制，增强了政策的可读性和可理解性，提高了公众对政策的信任度和满意度。

（五）总结与展望

中财讯 AI 法规政策问答系统在提升政策咨询效率、辅助决策制定和提高政策透明度等方面具有显著优势。未来，随着技术的不断进步和应用场景的不断拓展，这类系统将在更多领域发挥重要作用，推动法规政策服务的智能化和高效化发展。

第三节　法规更新与 AI 自动化推送

法规更新与 AI 自动化推送是一种借助 AI 技术，对各类法规政策的变动进行实时监测、及时更新，并自动将相关信息推送给特定用户群体的机制。

随着社会经济的快速发展，法规政策处于持续动态调整中。政府部门不断出台新法规、修订旧条文以适应新的社会经济形势。传统方式下，用户需主动定期查阅大量官方网站或资讯渠道以获取最新法规信息，这一过程耗时费力且容易遗漏重要更新内容。AI 自动化推送则改变了这一局面，有效降低因法规变动带来的合规风险，提高企业运营的合法性与稳定性。

（1）法规政策更新提醒机制概述：法规政策更新提醒机制是一种利用技术手段，及时获取并提醒用户关注最新法规政策变化的系统。这种机制对于需要紧密跟踪政策动态的企业、政府机构和个人而言至关重要，它确保了相关利益方能够在第一时间了解到政策的调整，从而做出相应的决策和应对。

（2）AI自动化推送在法规政策更新中的应用：随着AI技术的发展，AI自动化推送已成为法规政策更新提醒机制中的重要一环。通过AI算法，系统能够智能地分析用户的需求和偏好，实现个性化的政策信息推送。这不仅提高了政策信息的传播效率，还提升了用户体验。

一、更新监测数据源与频率设置

更新监测数据源与频率设置涉及多个方面，包括数据源的选择、更新监测的方法以及监测频率的确定。

（一）更新监测数据源

更新监测数据源，是指那些需要被定期或实时检查以获取最新数据的来源。这些数据源可以是数据库、文件系统、消息队列等。为了有效监测数据源的更新，可以采取以下措施。

（1）使用定时任务：定期检查数据源是否发生了变化。在Java程序中，可以使用Scheduled Executor Service创建定时任务，定期检查数据源的更新情况。

（2）利用变更数据捕捉（CDC）技术：CDC工具能够持续监测指定的数据源，并在数据发生变化时捕获这些变化。这种方式适用于对数据实时性要求较高的场景。

（3）数据监测工具：使用专门的数据监测工具，如Oracle Warehouse Builder的Data Monitoring特性，可以自动识别有问题的数据和元数据，并检测异常。

（二）频率设置

监测频率的设置对于保证数据的实时性和准确性至关重要。在设置监测频率时，需要考虑以下因素。

（1）监测需求：监测频率应能够准确反映数据源变化的实际情况，满足监测目的和精度要求。

（2）系统资源：监测频率的设置需考虑数据传输、存储和处理等系统资源的限制。过高的监测频率可能导致系统资源过度消耗，影响系统的稳定性和性能。

（3）灵活性：监测频率应具有一定的灵活性，以便在监测需求发生变化时能够进行及时调整。

（三）具体设置方法

根据不同的场景和需求，可以采取以下具体设置方法。

(1) 基于时间间隔的设置：每分钟收集一次监控数据，或者每小时生成一次监控报告。这种方法适用于数据源更新频率相对稳定的情况。

(2) 基于事件触发的设置：当数据源发生特定事件时，立即进行监控，并根据事件的重要性和紧急程度调整监测频率。

(3) 自适应调整的设置：根据数据源的运行状态和负载情况自动调整监测频率。

二、官方网站渠道的监测与数据获取

官方网站渠道的监测涉及多个方面，包括监测的内容、方法、频率以及数据分析和应用等。

（一）监测内容

官方网站渠道的监测内容通常包括以下几个方面。

(1) 网站性能：如加载速度、响应时间、可用性等，这些指标直接影响用户的访问体验和满意度。

(2) 网站内容：包括文字、图片、视频等，需要监测其准确性、完整性和时效性。

(3) 网站流量：包括访客数量、页面浏览量、跳出率等，这些指标反映了网站的受欢迎程度和用户行为。

(4) 网站安全：如防止黑客攻击、恶意软件植入等，确保网站的安全稳定运行。

（二）监测方法

官方网站渠道的监测方法多种多样，可以根据实际需求选择合适的方法。

(1) 使用第三方监测工具：这些工具能够提供全面的网站数据分析报告，包括流量、用户行为、转化率等。

(2) 自定义脚本和 API：通过编写自定义脚本或使用 API 接口，可以实时获取网站性能、流量等关键指标的数据。

(3) 人工检查：对于网站内容、安全性等方面的监测，人工检查是必不可少的。

（三）监测频率

监测频率的设置取决于监测内容的重要性和实时性需求。

(1) 实时监测：对于网站性能、安全性等关键指标，需要进行实时监测，以便及时发现并处理问题。

(2) 定期监测：对于网站内容、流量等指标的监测，可以根据实际需求设置定期监测的频率，如每天、每周或每月等。

（四）监测数据分析和应用

收集到的监测数据需要进行深入分析并加以应用。

（1）数据分析：利用数据分析工具或方法，对收集到的数据进行挖掘和分析，发现潜在的问题和机会。

（2）优化策略：根据数据分析结果，制定相应的优化策略，如提升网站性能、优化内容布局、改进用户体验等。

（3）决策支持：监测数据可以为企业的战略决策提供支持，如评估营销活动的效果、预测市场趋势等。

三、新闻媒体渠道的监测与数据获取

新闻媒体渠道的监测是确保企业、政府机构等能够及时了解公众舆论、市场动态以及品牌形象的重要手段。

（一）监测目的

及时捕捉和了解与自身相关的新闻报道及舆论动态；分析新闻报道的传播量、影响力和受众反应；预警潜在的舆论危机，为决策提供及时、准确的信息支持。

（二）监测内容

新闻媒体渠道的监测内容主要包括以下几点。

（1）新闻报道：关注与自身相关的新闻报道，包括正面、负面和中性报道。

（2）舆论动态：监测公众对特定事件、话题或品牌的舆论反应和态度变化。

（3）传播量分析：统计新闻报道的传播量、覆盖范围和影响力。

（4）媒体渠道分析：分析不同媒体渠道对新闻报道的传播效果和受众特点。

（三）监测方法

为了实现对新闻媒体渠道的全面监测，可以采用以下方法。

（1）搜索引擎监控：利用搜索引擎工具输入关键词进行搜索，统计相关新闻报道的链接数量和来源网站，以了解新闻报道的覆盖范围和影响力。

（2）社交媒体监控：关注相关新闻在社交媒体平台的转发、评论和点赞量等，分析新闻报道的受欢迎程度和传播趋势。

（3）新闻聚合服务：订阅与品牌相关的关键词，利用新闻聚合服务及时获取最新的新闻报道和舆论动态。

（4）专业舆情监测系统：配备智能的新闻舆情监测系统，实时自动地对全网关联新闻舆情信息进行监测和推送，并自动过滤重复信息，汇总统计传播量、评论量、具体路径等数据。

（5）人工监测：虽然自动化工具非常有效，但人工监测仍然是必不可少的。通过浏览网络新闻、博客、论坛等，专业人士可以更深入地分析和判断负面信息。

(四) 监测频率

监测频率的设置应根据实际需求进行调整。一般来说，可以设定日常监测、定期报告和专项监测三种频率。

（1）日常监测：每天对重点媒体和平台进行监测，记录重要舆情信息。

（2）定期报告：每周、每月撰写舆情报告，分析舆情发展趋势和热点问题。

（3）专项监测：针对重大事件或危机，进行专项舆情监测，提供实时的舆情分析和应对建议。

四、推送方式与渠道选择

推送方式与渠道主要有邮件通知、短信通知和系统弹窗通知三种方式，它们各有优缺点，适用于不同的场景和需求。在实际应用中，可以根据具体情况选择合适的推送方式与渠道，以确保信息的有效传递和用户的及时接收。

第十三章
AI 财税合规审计与内控优化

在当今数字化时代，AI 技术正深刻地变革着财税合规审计与内部控制领域，为企业提供了更为高效、精准和智能的解决方案。

AI 在财税合规审计中的应用如下。

（1）数据处理与分析：AI 能够快速处理和分析海量数据，发现数据间的关联性和异常情况，有助于识别潜在的税务违规行为。

（2）自动化检查与审核：AI 可以自动检查企业的财务报表、税务申报等文件，识别不一致或可疑的交易模式，提高审计的效率和准确性。AI 通过自然语言处理技术，能够自动审核企业的税务文本资料，如合同、邮件等，寻找潜在的税务问题。

（3）风险评估与预测：利用机器学习算法，AI 能够对企业的税务风险进行评估，预测潜在的逃税或不合规行为。AI 还能够进行预测分析，帮助税务机关或企业预测和防范可能的税务欺诈行为。

（4）知识检索与辅助决策：AI 系统存储了大量的税务法规和案例，为审计人员提供即时的法规查询和案例分析支持，辅助决策制定。

（5）合规性检查与持续监控：AI 能够持续监控企业的财务活动，确保其符合相关法律法规的要求，及时发现并纠正不合规行为。

AI 在内控优化中的应用如下。

（1）内部控制评估与优化：AI 通过对企业内部控制数据的学习和分析，能够快速评估内部控制的有效性，并提供相应的改进建议。

（2）异常检测与预警：AI 能够学习和分析历史数据，识别出潜在的异常情况，如异常交易、资金流动异常等，并进行预测和识别，及时发出预警信号。

（3）流程自动化与效率提升：AI 技术可以实现审计、财务报表生成、账务处理等流程的自动化，减少人工操作，提高工作效率。

（4）数据质量与风险管理：AI 能够通过数据清洗、标准化处理等手段，确保输入数据的质量，为内部控制提供准确的数据支持。AI 还能够帮助企业建立风险预警机制，实时监控风险状况，降低内部控制风险。

第一节 AI 财税合规审计中的应用场景与优势

AI 审计技术在财税合规审计中的应用场景广泛且优势显著。

一、AI 审计应用场景

（一）财务报表审计

AI 可快速处理和分析海量财务数据，识别其中的异常数据和潜在风险，如通过数据挖掘算法发现财务报表中的数据矛盾、趋势异常等问题。

（二）税务申报审计

AI 系统能够自动提取和分析企业的税务申报数据，与财务数据进行交叉比对，检查申报数据的准确性和完整性。同时，利用机器学习算法，AI 可以根据企业的历史申报数据和同行业数据，识别出可能存在的税务风险点，如异常的税率、税额波动等，帮助审计人员及时发现偷税、漏税等违规行为。

（三）税收优惠政策审计

AI 能够自动筛选出符合企业条件的税收优惠政策，并检查企业是否正确享受这些政策，避免政策理解偏差或操作不当导致的合规风险。

（四）关联交易审计

AI 可以分析企业的关联交易数据，识别关联方之间的交易是否符合独立交易原则，是否存在转移定价等税务风险。通过建立关联交易模型，AI 能够自动比对关联交易价格与市场价格的差异，以及关联交易的规模、频率等是否合理，为审计人员提供有力的审计证据。

（五）内部控制审计

AI 技术可用于评估企业的内部控制体系，通过分析企业的业务流程、财务数据和风险管理制度等，识别内部控制的薄弱环节和潜在风险点。同时，AI 可以对企业的内部审计工作进行监督和评价，提高内部审计的效率和效果，确保企业的内部控制体系有效运行。

二、AI 审计优势

（1）提高审计效率：AI 能够快速处理和分析大量的财务数据与文档，大大缩短了审计周期。相比传统的人工审计方式，AI 可以在更短的时间内完成数据收集、整理、分析和报告生成等工作，提高审计工作的效率，使审计人员更及时地发现问题并提出建议。

（2）增强审计准确性：AI 系统通过机器学习和数据挖掘算法，能够更准确地识别财务数据中的异常和风险，减少人为因素的干扰和错误。

（3）降低审计成本：AI 的应用可以减少对人工审计的依赖，降低审计人员的工作量和工作强度，从而降低审计成本。

（4）提升风险预警能力：AI 可以实时监控企业的财务数据和业务活动，及时发现潜在的税务风险和合规风险，并发出预警信号。通过建立风险预测模型，AI 能够对未来的风险趋势进行预测和评估，为企业提供更有前瞻性的风险管理建议，帮助企业提前做好应对措施，降低风险损失。

（5）适应复杂多变的法规环境：税收法规和会计准则在不断变化，AI 系统可以及时更新和学习最新的法规政策，确保审计工作始终符合最新的要求。

（6）提高数据安全性：AI 审计技术在处理和分析数据时，可以采用加密、权限管理等多种安全措施，确保数据的安全性和保密性。

三、AI 数据审计

AI 数据审计是一种对数据的完整性、准确性、一致性、安全性以及合规性等多方面进行审查和评估的活动，在当今数字化时代发挥着极为重要的作用。

（一）AI 数据审计的目标

（1）数据完整性：确保数据没有缺失或损坏，所有必需的数据元素都存在且完整记录。

（2）数据准确性：数据要真实反映实际业务情况，不存在错误或偏差。比如，财务报表中的数据应准确无误地体现公司的资产、负债、收入和支出等状况，不能出现数据录入错误或计算错误导致财务数据失真的情况。

（3）数据一致性：在不同系统或数据源之间，相同的数据应该保持一致。

（4）数据安全性：评估数据是否受到妥善保护，防止未经授权的访问、修改、泄露或破坏。这包括检查数据存储设施的物理安全措施（如数据中心的门禁系统、防火防水设施等），以及数据访问的逻辑控制（如用户权限管理、密码加密策略等）是否有效。

（5）数据合规性：检查数据的处理和存储是否符合相关法律法规、行业标准与企业内部政策的要求。

（二）AI 数据审计的流程

（1）审计计划制订：明确审计的目标、范围、重点和时间安排。确定要审计的数据类型（如财务数据、客户数据、运营数据等）、数据所在的系统或数据源（如数据库、文件服务器、云存储等）以及审计所依据的标准（如法律法规、企业内部的数据管理政策等）。

（2）数据收集与整理：从各种数据源获取审计所需数据，并进行必要的整理和转换，使其适合分析。这可能涉及从数据库中提取数据、从文件中读取数据、整合来自不同系统的数据等工作。

（3）审计数据分析：运用各种数据分析技术和工具对收集到的数据进行审查与评估。常见的数据分析方法包括数据对比分析（如将本期数据与历史数据、预算数据或行业平均数据进行对比）、数据趋势分析（观察数据随时间变化的趋势）、数据关系分析（分析不同数据元素之间的逻辑关系，如销售额与销售成本之间的关系），以及数据异常值检测（发现明显偏离正常范围的数据点）等。

（4）审计发现与报告：根据数据分析的结果，总结审计发现的问题和风险，并撰写审计报告。审计报告应详细描述审计的目标、范围、方法、发现的问题以及相应的建议和整改措施。

（5）跟踪与复查：在审计报告提交后，跟踪企业对审计发现问题的整改情况，并在一定时间后进行复查，确保问题得到有效解决，数据质量得到持续改进。

（三）AI 数据审计的技术与工具

（1）数据挖掘技术：通过算法从大量数据中自动发现潜在的模式、关系和异常。

（2）数据库查询语言（如 SQL）：用于从数据库中提取、筛选、汇总和分析数据。审计人员可以使用 SQL 编写查询语句，获取满足特定条件的数据子集，进行数据的准确性和完整性检查。

（3）审计软件：专门为审计工作设计的软件工具，提供了丰富的功能和模块，方便审计人员进行数据审计。这些软件通常具有数据导入、数据清理、数据分析、审计抽样、报告生成等功能。

（4）数据可视化工具：将审计数据以直观的图表、图形等形式展示出来，帮助审计人员更好地理解数据的分布、趋势和关系，发现数据中的潜在问题。

（四）AI 数据审计在不同行业的应用

金融行业：在银行、证券、保险等金融机构中，AI 数据审计至关重要。

医疗行业：医疗行业的医疗数据涉及患者的个人隐私和健康信息，AI 数据审计主要关注数据的安全性和合规性。医院需要 AI 审计电子病历系统中的数据，确保病历信息的完整、准确和安全，防止患者信息泄露。

【案例13-1】金融行业 AI 数据审计案例分析

（一）案例背景

在金融科技蓬勃发展的浪潮下，金融行业交易规模与数据量呈爆炸式增长。银行每日需处理海量客户转账交易数据，传统审计手段难以应对复杂多变的风险。为扭转局面，各金融机构纷纷引入中财讯 AI 数据审计技术，强化风险防控能力。

（二）操作步骤

1. 数据采集与预处理

银行利用 ETL 工具从核心业务系统、网上银行平台、第三方支付接口等多渠道抽取客户账户信息（涵盖姓名、身份证号、账号、开户日期、账户状态等）和交易数据（包含交易时间、金额、类型、对手方信息、交易渠道等），每日新增数据量达数百万条。通过数据清洗技术，纠正数据格式错误、填补缺失值，并运用数据标准化算法，将不同来源数据统一格式，为后续 AI 分析奠定基础。

2. 模型训练与部署

（1）银行系统：基于大量历史合规交易数据和已知欺诈案例，运用机器学习算法（如决策树、神经网络等）训练转账交易授权与反洗钱检测模型。训练样本包含 500 万条正常交易数据和 10 万条欺诈交易数据，经过多轮迭代优化，模型准确率达到 95%。

（2）证券机构：收集市场行情数据、公司财务报表数据、行业新闻资讯等，构建股票交易价格合理性评估模型和客户投资组合合规性模型，利用深度学习算法挖掘数据特征与交易行为模式之间的关联关系。

（3）保险公司：采用自然语言处理技术分析保单条款和理赔记录文本，结合统计分析方法构建保费计算验证模型和理赔公正性模型，训练数据涵盖 100 万份保单信息和 50 万起理赔案例。

3. 实时监测与预警

（1）银行系统：AI 模型对每笔转账交易进行实时扫描，一旦发现交易未获授权或存在反洗钱风险迹象（如资金流向高风险地区、短期内频繁大额转账等），立即触发预警机制，将可疑交易信息推送至风控部门。

（2）证券机构：AI 系统持续监测股票交易数据，当某只股票交易价格在短时间内大幅偏离模型预测区间或客户投资组合出现异常变动（如高风险投资占比突然提升且无合理理由）时，及时发出警报，提示合规人员进一步调查。

（3）保险公司：AI 审计平台在新保单录入或理赔申请提交时，自动校验数据准确性和合规性，发现保费计算错误或理赔数据疑点（如同一事故多次索赔、理赔金额远超同类案件均值等），即刻通知核保和理赔部门核实。

（三）具体数据和数字金额

（1）北诚银行在一次 AI 审计中，发现未经授权的转账交易涉及金额总计 3 000 万元，其中，最大一笔违规转账金额达 800 万元。通过及时拦截和后续调查，成功追回 2 000 万元资金，挽回了大部分损失。

（2）证券机构借助 AI 审计检测到 20 起疑似内幕交易案件，涉及股票市值波动金额约 5 亿元。经监管部门介入调查，对违规者处以罚款 5 000 万元，并责令其返还非法所得，有效遏制了市场违规行为，稳定了市场秩序。

（3）保险公司经 AI 审计发现 500 份保费计算错误保单，累计偏差金额达 800 万元；300 起理赔案件存在疑点，涉及潜在赔付金额 1 500 万元。通过重新核算和调查，纠正了保费计算错误，避免了不合理赔付，保障了公司财务稳健性。

（四）税务处理

（1）银行对于追回的 2 000 万元违规转账资金，不视为应税收入，无须缴纳增值税和企业所得税。但在资金冻结期间产生的利息收入，需按照规定缴纳相关税费。未能有效防范风险导致客户资金损失而给予的赔偿，在企业所得税申报前可作为损失扣除，但需提供充分证据和符合规定的申报程序。

（2）证券机构对违规者处以的 5 000 万元罚款，需计入营业外收入，并按照规定缴纳企业所得税。对于内幕交易导致股价波动给其他投资者造成损失而承担的赔偿责任，在企业所得税申报时可作为赔偿支出扣除，但需满足相关税务规定的条件。

（3）对于保险公司重新核算后多收取的 800 万元保费，在退还投保人时，不涉及税务问题。对于少收取的保费，在补收时需按保费收入缴纳增值税和企业所得税。对于成功拒赔的 1 500 万元理赔案件，无须进行税务调整；存在已赔付但后续认定为欺诈的情况，需追回赔付资金并调整企业所得税应纳税所得额。

（五）会计处理

1. 银行

（1）银行追回违规资金时：

借：银行存款　　　　　　　　　　　　　　　　　　　　　　20 000 000
　　贷：其他应付款——待处理追回资金　　　　　　　　　　　20 000 000

待明确资金归属后进行结转，如退还客户。

借：其他应付款——待处理追回资金　　　　　　　　　　　　20 000 000
　　贷：客户存款　　　　　　　　　　　　　　　　　　　　　20 000 000

（2）支付客户赔偿时：

借：营业外支出——客户赔偿
　　贷：银行存款

2. 证券机构

（1）证券机构收到罚款时：

借：银行存款　　　　　　　　　　　　　　　　　　50 000 000

　　贷：营业外收入——罚款收入　　　　　　　　　　　　50 000 000

（2）缴纳所得税时：

借：所得税费用

　　贷：应交税费——应交所得税

3. 保险公司

（1）保险公司退还多收保费时：

借：保费收入——调整　　　　　　　　　　　　　　　8 000 000

　　贷：银行存款　　　　　　　　　　　　　　　　　　　8 000 000

（2）补收少收的保费时：

借：银行存款

　　贷：保费收入

（3）确认理赔拒赔时：

借：赔付支出——调整（红字）

　　贷：银行存款（红字）

（六）审计效果

1. 风险防控显著加强

（1）银行转账交易风险识别准确率从传统审计的 70% 提升至 90% 以上，有效阻止了大量潜在欺诈交易。证券机构内幕交易和市场操纵案件发现率提高了 80%，有力维护了市场公平公正。

（2）保险公司保险欺诈案件发生率降低了 60%，大幅减少了不合理赔付损失。

2. 运营效率大幅提高

（1）银行处理一笔转账交易的审计时间从平均 1 分钟缩短至 10 秒以内，显著提升了业务处理效率。证券机构审计效率提升使得投资组合合规性检查周期从每周一次缩短至每日一次，增强了市场监管及时性。

（2）保险公司保单审核和理赔处理时间分别缩短了 40% 和 50%，提高了客户服务质量和满意度。

3. 合规文化深入人心

金融机构员工对合规操作的重视程度明显增强，主动合规意识提高。内部审计发现的违规操作数量持续下降，银行内部违规操作次数减少了 50%，证券和保险机构违规行为也得到有效遏制，营造了良好的合规经营氛围。

（七）风险管控

（1）AI 模型风险：AI 模型可能因数据偏差、算法缺陷或市场环境变化而失效。金融机构应建立模型监控与评估机制，定期使用新数据对模型进行验证和优化。

例如，银行每月抽取 10 万条新交易数据对转账交易模型进行回测，当模型准确率低于 90% 时，启动重新训练程序。同时，引入多模型融合技术，降低单一模型风险，确保审计结果的可靠性。

（2）数据隐私风险：AI 审计涉及大量客户敏感信息，数据泄露风险极高。金融机构采用严格的数据加密技术对数据进行全生命周期保护，从数据采集、传输、存储到使用环节均进行加密处理。建立严格的数据访问权限管理体系，根据员工职责和业务需求分配最小化的数据访问权限，并实施多因素身份验证。如保险公司对理赔数据访问设置严格审批流程，只有经过授权的核赔人员才能在特定环境下访问相关数据，确保数据安全。

（3）人才短缺风险：AI 数据审计需要既懂金融业务又懂 AI 技术的复合型人才。金融机构应加强内部人才培养，制订针对性的培训计划，鼓励员工参加 AI 与金融交叉领域的专业培训和学术交流活动。同时，积极引进外部高端人才，与高校和科研机构建立合作关系，设立人才联合培养项目和实习基地，充实人才队伍，提升团队整体素质，保障 AI 数据审计工作的顺利开展。

【案例 13-2】医疗行业 AI 数据审计案例分析

（一）案例背景

京都中西医综合医院拥有海量电子病历，涵盖多年来数百万名患者的诊疗信息，同时，其医疗保险公司合作方每日需处理数千笔医疗费用报销申请。然而，此前曾出现病历信息部分缺失导致诊疗延误案例，引发公众对医疗数据安全与合规性的担忧。为重塑信任、保障医疗数据质量，医院与保险公司携手引入中财讯 AI 数据审计系统，强化数据管理。

（二）操作步骤

（1）数据采集与整合：医院从电子病历系统、实验室信息管理系统、影像归档和通信系统等多数据源抽取数据，包括患者基本信息（姓名、年龄、性别、身份证号等）、病历文本（症状描述、诊断结果、治疗过程等）、检查检验报告（血常规、X 光片结果等）及操作日志（数据录入时间、操作人员等），日采集量达数万条记录。保险公司则从理赔系统获取医疗费用报销申请数据，包含患者身份、就诊医院、医疗服务项目、费用明细、报销凭证图像等信息，每周汇总数据量超万条。通过数据接口与 ETL 工具，对多源异构数据进行清洗、转换和整合，统一数据格式与编码标准，为 AI 审计奠定基础。

（2）模型构建与训练：针对病历审计，利用自然语言处理技术构建文本分析模型，以大量历史规范病历为训练集（超10万份），训练模型识别医学术语、诊断逻辑及治疗流程合理性；采用时间序列分析模型监测病历录入时效性，依据过往正常录入时间规律设定阈值。对于医疗费用报销审计，基于大数据分析与机器学习算法构建费用合理性评估模型，利用多年积累的海量真实报销案例（超50万例）及外部医疗服务价格参考数据训练模型，识别异常费用模式与潜在欺诈风险因素，如过高的药品用量或不合理的检查项目组合。

(3) 实时监测与审计：在医院日常运营中，AI系统对新生成或更新的病历数据实时扫描分析。

例如，当医生完成一份病历录入后，AI立即检查是否存在关键信息缺失、诊断依据不充分或治疗方案与诊断不符等问题，若发现异常，即刻向医生和质控部门发出预警，如某周内AI标记出50份疑似问题病历。在保险公司收到报销申请时，AI系统自动提取数据并与模型比对，对医疗服务真实性和费用合理性进行审核，如发现某报销申请中存在同一检查项目短期内多次重复收费且无合理说明，或药品价格远超市场均价等情况，将申请转人工进一步核实，每日约有20笔报销申请被AI标记为可疑。

(三) 具体数据和数字金额

(1) 在医院病历审计中，AI检查发现近一个月内有200份病历存在录入不及时问题，平均延迟时间为3天；150份病历存在信息缺失，涉及关键诊断指标遗漏等情况。通过及时整改，降低了病历问题导致的诊疗延误风险，提升了医疗服务效率。

(2) 保险公司审计发现，在过去一季度中，约300笔报销申请存在医疗费用不合理超支，累计超支金额达150万元；50起疑似医疗欺诈案件，涉及欺诈金额80万元。经深入调查与拒赔处理，挽回经济损失120万元，有效地遏制了医疗欺诈行为。

(四) 税务处理

(1) 医院因整改病历管理流程、提升服务质量而增加的投入（如系统升级、人员培训费用等），在企业所得税申报时可作为成本费用进行扣除，但需提供相关合法凭证。病历问题导致医疗纠纷而支付的赔偿款，符合条件的可在税前扣除，同时，需按规定代扣代缴相关个人所得税（如有）。

(2) 保险公司对于成功拒赔的120万元医疗费用，无须进行税务处理。追回的欺诈款项80万元应计入应税收入，在企业所得税申报时按规定缴纳企业所得税；支付给第三方调查机构的反欺诈调查费用可作为成本在税前扣除，但需取得合规发票。

(五) 会计处理

1. 医院

(1) 医院支付病历管理整改费用时：

借：管理费用——病历管理优化　　　　　　　　　　　　　　　　　　　　　230 000

贷：银行存款	230 000

（2）支付医疗纠纷赔偿款时：

借：营业外支出——医疗赔偿	180 000
贷：银行存款	180 000

2. 保险公司

（1）保险公司收到追回的欺诈款项时：

借：银行存款	800 000
贷：营业外收入——欺诈款项追回	800 000

（2）支付调查费用时：

借：管理费用——反欺诈调查	290 000
贷：银行存款	290 000

（六）审计效果

（1）数据质量提升：医院病历完整率从 85% 提升至 95% 以上，录入及时率提高 40%，极大地增强了病历的可靠性和可用性，为临床诊断与科研提供了有力支持。保险公司医疗费用报销数据准确性提高，不合理报销申请识别准确率达 80%，有效地降低了赔付风险。

（2）合规性增强：医院医疗行为规范程度显著提高，病历不规范导致的医疗纠纷减少 30%，医生对诊疗规范的遵循度明显提高。保险公司医疗欺诈案件发生率降低 40%，确保了保险赔付的公正性与合理性，维护了保险行业健康生态。

（3）运营效率提高：医院病历审核流程效率提升 50%，减少了人工审核的时间与精力消耗，使医护人员更专注于医疗服务。保险公司报销申请处理周期平均缩短 3 天，提高了客户满意度，增强了市场竞争力。

（七）风险管控

AI 模型可能因数据更新不及时、算法局限性或医疗知识更新而产生偏差。建立模型持续优化机制，定期（如每季度）用新数据对模型进行重训练和评估，引入医学专家参与模型验证与调整，确保模型能准确适应医疗业务变化。

【案例 13-3】电子商务行业 AI 数据审计案例分析

（一）案例背景

雅克尔电商发展有限公司每日处理订单量达数 10 万笔，拥有千万级活跃用户及海量交易与客户数据。过去曾频繁遭遇超卖纠纷，客户投诉率居高不下，支付安全漏洞引发多起信用卡盗刷事件，严重损害品牌声誉与客户信任，在此背景下，该电商企业引入中财讯 AI 数据审计系统，力求重塑数据管理秩序。

（二）操作步骤

（1）数据采集与整合：从电商平台的订单管理系统（OMS）、CRM、支付网关系统等多数据源抽取数据。订单数据涵盖订单编号、商品详情、客户信息、下单时间、收货地址等；客户数据包含客户姓名、联系方式、消费偏好、历史购买记录等；支付数据涉及支付金额、支付方式、支付时间、信用卡信息（部分加密）等。每日采集数据量达数百万条记录，利用 ETL 工具进行清洗、转换与整合，确保数据一致性与可用性，如统一商品编码与客户身份识别标准，为后续审计奠定基础。

（2）模型构建与训练：针对订单审计，运用数据匹配与逻辑校验算法构建订单—库存一致性模型，基于历史海量订单数据（超 100 万条）及库存变动记录训练模型，识别订单商品数量与库存实际可售量的匹配关系；利用时间序列分析模型监测订单处理时效性，依据过往正常处理时长设定预警阈值。对于客户数据审计，采用自然语言处理与隐私合规检测算法，依据国内外隐私法规及行业最佳实践构建客户数据合规使用模型，通过分析大量客户数据使用案例（超 50 万例）学习合法合规的使用模式与边界；在支付数据审计方面，基于机器学习的异常检测算法构建支付风险评估模型，利用历史支付数据（含欺诈与正常交易数据各 5 万条以上）训练模型识别异常支付行为特征，如异地登录、大额异常消费等。

（3）实时监测与审计：在电商业务运行中，订单生成瞬间 AI 系统即启动审计流程。当新订单产生时，AI 迅速比对订单信息与库存数据，发现库存不足或商品信息不匹配，即立即冻结订单并通知运营部门补货或核实信息，如某工作日内 AI 成功拦截 200 笔潜在超卖订单。在每次分析客户数据或营销活动调用客户数据前，AI 严格审核数据使用目的、范围及是否获取客户授权，存在合规风险则阻断操作并提示合规整改，每周约有 50 次数据使用请求因合规问题被 AI 拦截。在支付环节，AI 对每一笔支付交易实时扫描，一旦检测到疑似信用卡欺诈或支付异常（如支付金额与商品价格严重不符、支付 IP 地址频繁变动等），立即暂停交易并触发风险预警，转人工核实或启动二次验证机制，每日约有 30 笔支付交易被标记为高风险。

（三）具体数据和数字金额

（1）在订单审计方面，近一个月内 AI 检测出 1 000 起订单信息与库存不一致情况，成功避免超卖导致的经济损失约 50 万元；订单处理延迟问题导致的客户退款减少 40%，挽回潜在损失 30 万元。

（2）在客户数据审计中，发现 300 次客户数据使用存在合规风险，经及时整改，避免了可能的监管罚款与法律诉讼风险，维护了企业品牌形象，潜在品牌价值提升难以估量。

（3）支付数据审计结果显示，过去一季度通过 AI 有效识别并阻止 500 笔信用卡欺诈交易，涉及金额 200 万元，降低了支付风险损失，保障了客户资金安全。

（四）税务处理

（1）因避免超卖挽回的 50 万元损失无须进行税务处理；减少的客户退款 30 万元在企业所得税申报时可相应调增应纳税所得额，但需准确核算退款相关成本费用。对于因订单处理效率提升增加的收入，需按规定缴纳增值税与企业所得税，如因及时发货使客户满意度提高带来的额外销售额 80 万元，应依法纳税。

（2）企业投入中财讯 AI 数据审计系统的建设与维护费用（如购买软件授权、服务器租赁、技术人员薪酬等），在企业所得税申报前可作为成本费用扣除，年度投入 100 万元，可按规定进行税务申报扣除。支付给第三方数据安全与合规咨询机构的费用（如年度 20 万元）也可在税前扣除，但需取得合规发票。

（3）对于成功阻止的 200 万元信用卡欺诈交易金额，无须缴纳增值税与企业所得税；支付安全漏洞导致客户资金损失而给予的赔偿，符合条件的可在企业所得税申报前扣除，但需提供相关证明材料并履行代扣代缴义务。

（五）会计处理

1. 确认因避免超卖增加的库存商品时

借：库存商品 500 000
　　贷：营业外收入——超卖损失避免 500 000

2. 记录因订单处理效率提升增加的收入时

借：应收账款 800 000
　　贷：主营业务收入 800 000

同时，结转相关成本：

借：主营业务成本 100 000
　　贷：库存商品 100 000

3. 支付 AI 系统建设与维护费用时

借：管理费用——中财讯 AI 数据审计支出 1 000 000
　　贷：银行存款 1 000 000

4. 支付第三方咨询机构费用时

借：管理费用——咨询服务 200 000
　　贷：银行存款 200 000

5. 发生支付安全赔偿时

借：营业外支出——支付赔偿 150 000
　　贷：银行存款 150 000

（六）审计效果

（1）运营效率飞跃：订单处理平均时长缩短 30%，从下单到发货时间由原来的 2

天缩短至1.4天，库存周转率提高25个百分点，显著提升了供应链效率与资金周转速度，降低了运营成本。

（2）客户满意度飙升：客户投诉率降低60个百分点，订单与支付问题导致的投诉大幅减少，客户忠诚度提高，复购率增长20个百分点，有力促进了业务持续增长。

（3）合规水平进阶：企业全面符合数据隐私法规与支付安全标准，成功通过多次监管检查，未再发生数据违规导致的处罚事件，树立了良好的行业形象，增强了市场竞争力。

【案例13-4】制造业AI数据审计案例分析

（一）案例背景

江西福克利机械制造有限公司面临诸多挑战，其拥有多条复杂生产线，过去常因生产计划不合理，订单交付延迟率达15%；库存管理混乱，库存积压资金高达5 000万元，同时缺货情况频繁出现，影响生产连续性；产品质量参差不齐，客户退货率达8%，严重影响企业声誉与效益。为扭转局面，企业决定引入中财讯AI数据审计系统，优化生产运营管理。

（二）操作步骤

1. 数据采集与预处理

从ERP系统、制造执行系统（MES）、质量管理系统（QMS）到仓库管理系统（WMS）等多数据源采集数据。生产数据包括生产线各工序的产量、设备运行时间、能耗、原材料消耗等；库存数据涵盖原材料、在制品及成品的入库、出库、库存数量、存储位置等信息；质量数据包含产品检验报告、不合格品记录、质量检测设备运行参数等。每日采集数据量超10万条，通过数据清洗工具去除噪声数据、纠正错误值，并运用标准化算法统一数据格式与单位，如将不同生产线的产量数据统一换算为标准件／小时，为后续AI分析奠定基础。

2. 模型构建与训练

（1）针对生产数据审计，运用机器学习算法（如线性回归、决策树等）构建生产效率分析模型与成本控制模型。利用历史生产数据（近2年超500万条记录）训练模型，识别影响生产效率的关键因素（如设备故障频发工序、人工操作耗时环节等）及成本驱动因子（如高能耗设备、昂贵原材料使用环节）；采用时间序列分析模型监测生产计划执行进度，依据过往订单交付周期设定计划完成时间阈值。

（2）AI对于库存数据审计，基于数据分析与库存管理策略构建库存优化模型，通过分析大量历史库存变动数据（超300万条）学习库存波动规律与合理库存水平；利用数据匹配算法确保库存记录准确性，如比对出入库记录与财务账目数据一致性。在质量数据审计方面，运用统计过程控制（SPC）技术和深度学习算法构建质量评估与检测数据真实性验证模型，依据行业质量标准与企业历史质量数据（超 100 万份检验报告）训练模型识别质量异常波动及虚假检测数据特征，如异常集中的不合格品批次或偏离正常分布的检测值。

3. 实时监测与反馈

（1）生产过程：AI 系统对各生产线数据进行实时监测。每小时分析一次产量数据，某工序产量连续 2 小时低于计划产量的 80% 且废品率高于 10%，AI 系统立即发出预警，提示生产管理人员排查设备故障或调整工艺参数。例如，2024 年 5 月 6 日这一天 AI 针对生产问题发出 30 次预警。

（2）库存管理：AI 每日比对库存实际数量与系统记录，当库存水平超出安全库存上限 30% 或低于安全库存下限 20% 时，自动生成补货或促销建议，推送至采购与销售部门，每周约有 10 次库存调整建议产生。

（3）质量检测：AI 对每一批次产品检验数据进行审核，发现质量数据异常（如关键质量指标超出控制限或检测数据存在逻辑矛盾），即刻冻结该批次产品发货，并通知质量部门复查，每月约有 20 批次产品因质量数据审计问题被拦截。

（三）具体数据和数字金额

（1）在生产数据审计实施后的半年内，企业通过优化生产流程，解决了 5 个主要生产瓶颈问题，生产效率提升 20%，单位产品成本降低 15%，累计节约生产成本 800 万元。订单交付延迟率从 15% 降至 5%，减少违约赔偿损失 200 万元。

（2）库存数据审计助力企业清理积压库存 3 000 万元，库存周转率提高 40%，降低库存管理成本 300 万元；缺货次数减少 60%，缺货导致的生产停滞损失降低 150 万元。

（3）质量数据审计推动产品质量显著提升，客户退货率从 8% 降至 3%，减少退货损失 300 万元；因质量改进带来市场份额提升，新增销售额 1 000 万元。

（四）税务处理

（1）企业因生产效率提升、成本降低增加的利润 800 万元，需按规定缴纳企业所得税；减少的违约赔偿损失 200 万元在企业所得税申报时调增应纳税所得额，但相应的成本费用（如违约金支出原本对应的业务成本）已在前期扣除，无须重复计算。

（2）清理积压库存产生的收入 3 000 万元，应按销售货物缴纳增值税与企业所得税；降低的库存管理成本 300 万元在企业所得税申报前可正常扣除；因减少缺货损失增加的利润 150 万元需缴纳企业所得税。

（3）因质量改进新增的销售额 1 000 万元按规定缴纳增值税与企业所得税；减少的退货损失 300 万元在企业所得税申报时需相应调整收入与成本，前期已确认退货相关成本费用的减少（如退货商品的回收处理成本），应在本期转回并缴纳企业所得税。

（五）会计处理

（1）记录生产效率提升节约的成本时：

借：生产成本——节约　　　　　　　　　　　　　　　　　（红字）8 000 000
　　贷：制造费用／原材料等相关科目　　　　　　　　　　（红字）8 000 000

（2）确认新增销售额时：

借：应收账款　　　　　　　　　　　　　　　　　　　　　　　10 000 000
　　贷：主营业务收入　　　　　　　　　　　　　　　　　　　　10 000 000

同时，结转相关成本：

借：主营业务成本（假设对应商品成本为428万元）　　　　　　　4 280 000
　　贷：库存商品　　　　　　　　　　　　　　　　　　　　　　 4 280 000

（3）处理积压库存时：

借：银行存款　　　　　　　　　　　　　　　　　　　　　　　30 000 000
　　贷：主营业务收入　　　　　　　　　　　　　　　　　　　　26 548 700
　　　　应交税费——应交增值税（销项税额）　　　　　　　　　 3 451 300

同时，结转库存成本：

借：主营业务成本　　　　　　　　　　　　　　　　　　　　　12 840 000
　　贷：库存商品——TW型　　　　　　　　　　　　　　　　　　12 840 000

（4）核算退货损失减少时：

前期已确认退货损失：

借：主营业务收入　　　　　　　　　　　　　　　　　　　（红字）10 000 000
　　贷：应收账款　　　　　　　　　　　　　　　　　　　（红字）10 000 000

借：库存商品　　　　　　　　　　　　　　　　　　　　　　　　 428 000
　　贷：主营业务成本　　　　　　　　　　　　　　　　　　　　　428 000

（六）审计效果

（1）生产运营优化：生产计划达成率从85%提升至95%以上，生产线平衡率提高30%，实现了生产资源的高效配置与稳定运行；库存管理精度达到98%，有效地保障了生产供应与资金周转；产品一次合格率从92%提升至97%，显著增强了产品市场竞争力。

（2）决策支持强化：AI数据审计为企业管理层提供了及时、准确的决策信息，基于审计结果制定的生产、库存与质量改进策略使企业资源利用率提高25%，战略决策失误率降低80%，推动了企业可持续发展。

（3）企业效益提升：企业整体盈利能力提升30%，净利润增长1 500万元，资产负债率下降10个百分点，财务状况显著改善，在行业内的排名上升5位，品牌影响力与市场话语权增强。

四、AI 大数据分析在审计数据采集、整理与分析中的应用

AI 大数据分析在审计数据采集、整理与分析中发挥着重要作用。

（一）社保基金 AI 审计

1. 背景

社保基金包含养老保险基金、医疗保险基金、失业保险基金、工伤保险基金、生育保险基金等，由人社部门和医保部门进行管理。由于其资金量大、涉及群众众多、业务发生频繁，审计机关在开展社保基金审计时，不得不将 AI 大数据审计作为主要审计手段。

2. 应用

（1）数据采集：配齐配强数据分析人员，强化数据采集转换，从相关系统中采集大量业务数据。

（2）数据整理：对采集到的数据进行清洗、整理，确保数据质量。

（3）数据分析：通过 AI 数据分析与现场审计的联动，实现以 AI 大数据审计引领现场核查工作。

例如，通过 AI 关联分析和交叉验证财务、业务数据，发现潜在的违规问题。

（二）公积金 AI 审计

1. 背景

武汉市审计局对 2018 年住房公积金管理情况进行了审计，针对公积金业务种类多、数据量大、政策性强且变动快的实际情况，创新完善"AI 大数据 +" AI 审计组织模式和审计方法。

2. 应用

（1）数据采集：建立公积金业务和财务数据定期报送制度，采集相应年度电子数据，并对数据进行标准化处理、安全存储。

（2）数据整理：对采集到的数据进行清洗、整理，确保数据的一致性和完整性。

（3）数据分析：构建公积金 AI 审计数据分析平台和体系，通过 AI 关联分析和交叉验证财务、业务数据，实现对公积金缴存、贷款、提取、管理等业务和资金的全流程穿透，精准锁定问题疑点。

（三）扶贫项目 AI 审计

1. 背景

党的十八大以来，扶贫工作逐渐成为全国各级审计机关的审计重点之一。扶贫审计在经历多年的探索后，逐渐形成完善的 AI 大数据审计模式。

2. 应用

（1）数据采集：广泛采集与扶贫相关的各类数据，如贫困户信息、扶贫资金使用

情况等。

(2) 数据整理：对采集到的数据进行清洗、整理，确保数据的准确性和完整性。

(3) 数据分析：通过 AI 大数据分析，实现对扶贫资金的精准追踪和监管，确保扶贫资金的使用效益。

例如，通过 AI 关联分析和交叉验证，发现扶贫资金被挪用或滥用的情况。

（四）部门预算执行 AI 审计

1. 背景

部门预算执行审计是审计机关的重要职责之一。通过 AI 大数据分析，审计机关可以实现对部门预算执行情况的全面监控。

2. 应用

(1) 数据采集：广泛采集财政预算编报、批复下达、指标分解、资金支付和一级预算单位的财务核算等有关数据。

(2) 数据整理：对采集到的数据进行清洗、整理，确保数据的准确性和完整性。

(3) 数据分析：通过构建 AI 数据分析模型，对部门预算执行情况进行深入分析。

（五）社会救助领域 AI 审计

1. 背景

社会救助事关困难群众基本生活和衣食冷暖，是保障基本民生、促进社会公平、维护社会稳定的兜底性、基础性制度安排。

2. 应用

(1) 数据采集：采集各省城乡最低生活保障、特困人员救助、医疗救助一站式结算、养老保险缴存及待遇领取、第二代残疾证管理信息、住房公积金等 18 项电子数据。

(2) 数据整理：对采集到的数据进行严格校验、清洗和标准化处理。

(3) 数据分析：通过 AI 跨部门、跨行业、跨区域、全链条交叉分析，分门别类对流浪乞讨、临时救助和医疗救助等 8 类救助政策落实情况进行多维度分析、全过程审查。

（六）公司福利费 AI 专项审计

【案例 13-5】公司福利费 AI 专项审计项目剖析

（一）审计背景与目标

北京富华公司积极响应上级机关要求，全力开展 2024 年度福利费专项审计工作。此次审计核心目标在于深度核查福利费开支状况，确保其真实性与合规性，为公司财务管理筑牢防线，保障员工权益不受侵害，维护公司运营秩序稳定。

（二）审计流程详述

1. 数据采集多元拓展

审计团队精准界定数据采集范畴，全面涵盖 AI 财税系统内的福利费明细账、凭证信息，以及人力资源管理部门的员工福利申请记录、薪酬福利政策文件等多源数据。从财务数据中挖掘资金流向细节，于管理数据里梳理福利发放依据与流程脉络，构建起立体的数据基础架构。

2. 数据整理精细打磨

运用专业数据处理工具与严谨人工审核相结合的方式，对采集数据进行深度清洗。遵循统一标准规范，纠正错误数据、填补缺失值、剔除重复记录，梳理数据逻辑关系，提升数据的完整性与准确性，为后续精准分析奠定坚实基石。

3. 数据分析模型驱动

（1）总额验证：汇总各渠道福利费支出数据，比对预算额度与实际支出总额。借助数据分析软件，精准筛查出预算偏离度较大的项目，深度剖析原因，如是否存在预算编制不合理或支出失控等情况，确保整体支出规模可控。

（2）项目明细验证：细致拆解每笔福利费明细，严格审查费用列支科目准确性、附件凭证完整性及审批流程合规性。运用 Python 的 Matplotlib 模块开展关联分析，探寻费用项目与员工类别、业务活动之间的内在联系；实施聚类分析，识别异常支出聚类，如某些部门或某时间段内的集中异常支出，精准定位潜在风险点。

（3）流程合规分析：依据公司福利管理制度与相关法规政策，构建流程合规评估框架。绘制福利申请、审批、发放流程图，逐一核对各环节执行情况，检查是否存在越权审批、流程倒置或手续不全等违规行为，保障福利发放流程严谨有序。

（三）审计成果转化与展望

通过此次专项审计，北京富华公司全面梳理了福利费管理体系漏洞与风险，及时追回违规支出资金、完善制度流程、强化内部控制。未来，公司将持续深化审计信息化建设，引入智能审计技术，提升审计效率与精度，构建长效监督机制，确保福利费管理规范透明，为公司可持续发展保驾护航。

五、AI 数据挖掘算法用于发现审计线索

数据挖掘算法在审计中用于发现审计线索，详见【案例 13-6】。

【案例 13-6】异常交易线索案例

（一）案例背景

海丰银行拥有海量的交易数据，包括客户账户间的转账、汇款、交易时间、交易地

点、交易金额等信息。传统的审计方法难以在如此庞大的数据集中快速精准地识别出异常交易,尤其是涉及洗钱、欺诈等非法活动的交易线索。

(二)数据挖掘算法应用过程

(1)数据收集与整理:从金融机构的核心交易数据库中提取过去一年的所有交易记录,涵盖了数百万个账户的数十亿笔交易数据。对这些数据进行清洗,去除错误数据、重复数据,并将数据转换为适合分析的格式,如统一日期格式、规范交易类型编码等。

(2)聚类分析识别异常账户群体:运用聚类分析算法(如 DBSCAN 算法),根据账户的交易特征,如交易频率、交易金额的均值与标准差、交易时间分布等维度对账户进行聚类。算法发现了一个较小的账户群体,这些账户的交易频率极高,且交易金额的波动非常大,与其他正常账户群体形成鲜明对比。

(3)关联规则挖掘发现交易关联:针对聚类分析中发现的异常账户群体,进一步使用关联规则挖掘算法(如 Apriori 算法)。分析发现这些异常账户之间存在大量的资金快速转移,且转移的金额呈现出特定的规律,如多笔交易金额恰好是某个整数的倍数,并且资金在短时间内在多个账户之间循环流转后,最终流向少数几个境外账户。

(4)决策树算法判断异常交易可能性:构建决策树模型,以交易金额、交易频率、交易时间间隔、账户开户时间、账户所属地区等作为特征变量,以交易是否异常(根据已知的洗钱和欺诈案例标记)作为目标变量。通过训练决策树模型,对新的交易数据进行预测。模型预测出该异常账户群体中的交易有极高的异常交易可能性。

(三)审计结果与影响

基于数据挖掘算法发现的线索,审计人员深入调查这些异常账户的开户资料、交易背景等信息,最终证实这些账户被用于洗钱活动。金融机构及时冻结了相关账户,避免了进一步的经济损失,并向监管部门报告了情况。同时,金融机构根据此次审计结果,健全了交易监控系统,加强了对异常交易的实时监测和预警,调整了开户审核和反洗钱流程,提高了整体的风险防范水平。

六、风险导向审计

风险导向审计是一种现代审计方法,它强调以识别、评估和应对审计风险为核心,旨在提高审计效率和效果,为财务报表使用者提供更有价值的审计意见。

(一)风险导向审计的概念与发展历程

1. 风险导向审计的概念

风险导向审计是在对被审计单位的内部控制进行了解和评价的基础上,分析、判断被审计单位的风险所在及其风险程度,把审计资源集中于高风险的审计领域,针对不同风险因素状况、程度采取相应的审计策略,加强对高风险点的实质性测试,将内部审计的剩余风险降低到最低水平。

2. 风险导向审计的发展历程

(1) 传统审计阶段:早期的审计以账项基础审计为主,审计人员专注于对财务报表各项目的详细审查,工作重心在于检查会计凭证、账簿和报表的真实性与准确性。这种审计方法在企业规模较小、业务相对简单的情况下较为有效,但随着企业经营环境的日益复杂,其局限性逐渐显现。

(2) 制度基础审计阶段:随着企业内部控制制度的建立与完善,制度基础审计应运而生。审计人员开始关注企业的内部控制系统,通过对内部控制的了解、测试和评价,确定内部控制的可靠性,进而有针对性地进行实质性测试。这一阶段提高了审计效率,但仍存在对企业整体风险把握不足的问题。

(3) 风险导向审计阶段:20 世纪 80 年代以来,随着企业面临的经营风险不断增加,审计风险也日益受到关注。风险导向审计得以发展,它不仅关注内部控制,更从企业的宏观环境、战略目标、经营风险等多个方面入手,全面评估审计风险,并将审计资源根据风险程度进行合理分配。

(二) 风险导向审计的流程

1. 审计计划阶段

(1) 了解被审计单位及其环境,具体如下。

①行业状况:包括行业的市场供求与竞争状况、生产经营的季节性和周期性、产品生产技术的变化、能源供应与成本等。

②法律环境与监管环境:了解适用的会计准则、会计制度和行业特定惯例,以及对被审计单位经营活动产生重大影响的法律法规及监管活动。如金融企业需遵循严格的金融监管法规,审计人员要清楚这些法规对企业财务报表编制和业务运营的影响。

③被审计单位的性质:如所有权结构、治理结构、组织结构、经营活动、投资活动、筹资活动等。以集团公司为例,审计人员要了解其母子公司关系、各子公司的业务范围以及集团的整体治理架构。

④被审计单位的目标、战略以及相关经营风险:企业的战略目标可能是扩大市场份额,为此可能采取激进的营销战略,这就可能带来应收账款回收风险、市场推广费用过高风险等。审计人员需要识别这些战略相关的经营风险及其可能对财务报表产生的影响。

⑤被审计单位的内部控制:了解内部控制的设计并评估其执行效果。

(2) 识别和评估重大错报风险,具体如下。

①财务报表层次重大错报风险:与财务报表整体广泛相关的风险因素,如管理层的

诚信和胜任能力、企业的持续经营能力等。企业管理层频繁变动且存在内部治理混乱的情况，可能导致财务报表整体存在较高的重大错报风险。

②认定层次重大错报风险：与各类交易、账户余额、列报认定相关的风险。

例如，在销售与收款循环中，可能存在收入确认时点不准确的风险；在存货管理中，可能存在存货计价错误的风险。审计人员通过分析性程序、细节测试等方法，结合对被审计单位及其环境的了解，识别和评估这些认定层次的重大错报风险。

③制订审计计划：根据风险评估结果，确定审计范围、审计重点、审计程序的性质、时间安排和范围。对于高风险领域，如可能存在重大舞弊风险的项目，安排更详细的审计程序，增加审计资源投入；对于低风险领域，可以适当简化审计程序，提高审计效率。

2. 审计实施阶段

（1）针对财务报表层次重大错报风险的应对措施，具体如下。

①向项目组强调在收集和评价审计证据过程中保持职业怀疑态度的必要性。指派有经验或具有特殊技能的审计人员，如在审计复杂的金融衍生工具业务时，聘请金融专家协助审计。

②提供更多的督导。项目合伙人或高级审计人员需加强对审计现场工作的指导和监督，及时发现和解决审计人员在工作中遇到的问题。在选择进一步审计程序时，应当注意使某些程序不被管理层预见或事先了解。

（2）针对认定层次重大错报风险的应对措施，具体如下。

①控制测试：评估认为内部控制在防止或发现并纠正认定层次重大错报方面是有效的，审计人员进行控制测试，以确定内部控制运行的有效性。如对企业的采购审批流程进行测试，检查是否按照规定的审批权限和程序进行采购业务处理。

②实质性程序：针对评估的重大错报风险实施实质性程序，包括对各类交易、账户余额、列报的细节测试以及实质性分析程序。

3. 审计报告阶段

（1）评价审计证据：汇总审计过程中收集到的所有审计证据，评价其是否足以支持审计意见。审计人员需要考虑审计证据的充分性、相关性和可靠性，对审计发现的问题进行综合分析，判断是否存在未发现的重大错报风险。

（2）形成审计意见：根据审计证据评价结果，按照审计准则的要求，形成恰当的审计意见并出具审计报告。审计人员认为，财务报表在所有重大方面是按照适用的会计准则和相关会计制度的规定编制，公允反映了被审计单位的财务状况、经营成果和现金流量，应当出具无保留意见的审计报告；存在重大错报但不影响财务报表整体的公允性，可出具保留意见的审计报告；存在重大且影响广泛的错报，可出具否定意见的审计报告；审计范围受到限制且影响重大又广泛，可出具无法表示意见的审计报告。

（三）风险导向审计的特点

（1）以风险评估为导向：将审计风险的识别、评估贯穿审计全过程，通过对被审计单位风险的系统分析，确定审计重点和审计资源的分配，使审计工作更具针对性。

（2）注重内部控制与风险的结合：在评估内部控制有效性的基础上，进一步分析内部控制未能有效防范的风险，以及这些风险对财务报表的影响，不再单纯依赖内部控制测试结果确定实质性测试的范围和重点。

（3）强调审计资源的合理分配：根据风险程度的高低，将审计资源集中于高风险领域，避免在低风险领域过度投入审计资源，提高审计效率，降低审计成本。

（4）审计方法的综合性：综合运用多种审计方法，如分析性程序、询问、观察、检查、函证等，从不同角度获取审计证据，相互印证，提高审计证据的质量和说服力。

（四）风险导向审计的优势

（1）提高审计效率：通过精准定位高风险领域，合理安排审计资源，避免对低风险领域的无效审计工作，减少不必要的审计程序，从而加快审计进度，提高审计效率。

（2）增强审计效果：由于关注企业的整体风险状况，能够更全面、深入地发现财务报表中的重大错报，无论是错误还是舞弊导致的错报，都有可能被审计人员识别，从而提高审计质量，为财务报表使用者提供更可靠的审计报告。

（3）适应复杂多变的经营环境：在当今全球化、信息化的时代，企业面临的经营风险日益复杂多变，风险导向审计能够及时捕捉企业内外部环境变化带来的风险信息，使审计工作更好地适应企业的实际情况，为企业的风险管理提供有价值的建议。

（4）促进企业内部控制和风险管理的加强：在审计过程中对企业内部控制和风险管理的评价与建议，有助于企业管理层认识到自身内部控制和风险管理体系的薄弱环节，从而采取措施加以改进，提升企业的整体管理水平。

七、AI 风险评估模型的应用

【案例13-7】AI 风险评估模型在金融领域的应用案例

（一）案例背景

在面临日益复杂的金融交易和风险环境时，传统的审计方法已难以满足香港高丰银行的风险管理需求。

（二）AI 风险评估模型应用

香港高丰银行引入了 AI 风险评估模型，通过对海量交易数据的分析，快速识别出异常交易模式和高风险区域。

（三）审计重点与范围确定

AI 风险评估模型的应用，使审计团队能够精准地锁定审计重点，如高风险交易、潜在欺诈行为等。同时，模型根据风险评估结果，自动调整审计范围，确保审计资源的有效配置。

（四）审计效果

通过 AI 风险评估模型的辅助，该企业成功避免了多起潜在的财务风险，保障了金融业务的稳健运营。

【案例13-8】 AI 风险评估模型对银行流水审核案例

（一）案例背景

华信银行的业务规模迅速扩张，涉及的金融交易日益复杂多样，每天产生的银行流水数据量庞大。这不仅要求银行对客户的交易行为进行严格监控，还要求银行及时发现并防范各类潜在的风险。然而，传统的银行流水审核方法主要依赖人工，效率低下且容易出现疏漏，已难以满足银行当前的风险管理需求。

（二）操作步骤

（1）数据收集与整理：银行首先收集了客户的银行流水数据，包括交易时间、交易金额、交易对手、交易类型等关键信息。同时，整合了客户的基本信息、信用记录、历史交易数据等其他相关数据，形成了一个全面的客户数据仓库。

（2）模型训练与优化：利用收集到的数据，对 AI 风险评估模型进行训练。通过机器学习算法，让模型学习不同客户的交易行为模式和风险特征，不断调整模型的参数和算法，以提高模型的准确性和可靠性。

（3）实时监测与预警：将训练好的 AI 风险评估模型部署到银行的风险管理系统中，对客户的银行流水进行实时监测。一旦发现异常交易行为或高风险客户，模型会立即发出预警信号，并将相关信息推送给审计团队和风险管理部门。

（4）审计重点与范围确定：审计团队根据 AI 风险评估模型提供的预警信息和风险评估结果，精准地锁定审计重点，如高风险交易、潜在欺诈行为、频繁的大额资金往来等。同时，模型会根据风险的严重程度和影响范围，自动调整审计范围，确保审计资源的有效配置。

（三）具体数据

在模型训练过程中，银行收集了近 24 个月的银行流水数据，涉及交易金额总计 1 万亿元。

通过 AI 风险评估模型的实时监测，在过去的一年中，共发现了 1 000 笔异常交易，涉及金额总计 5 000 万元。

在对高风险客户的信贷审批中，银行根据模型的评估结果，拒绝了 1 000 笔贷款申请，涉及贷款金额总计 7 亿元，成功避免了潜在的信贷违约风险。

（四）税务处理

对于通过 AI 风险评估模型发现的异常交易和高风险客户，涉及税务问题，如洗钱、逃税等，银行会及时向税务机关报告，并配合税务机关进行调查和处理。

在税务申报方面，银行会根据实际情况，对因异常交易和高风险客户而产生的税务风险进行评估与调整，确保税务申报的准确性和合规性。

（五）会计处理

当发现异常交易和高风险客户时，银行会及时对相关的会计科目进行调整和处理。

在财务报表编制方面，银行会根据 AI 风险评估模型的结果，对财务报表中的相关项目进行披露和注释，如风险资产的规模、风险准备金的计提情况等，以提高财务报表的透明度和可靠性。

（六）审计效果

（1）风险识别准确性提高：AI 风险评估模型能够快速准确地识别出异常交易行为和高风险客户，大大提高审计团队的风险识别能力。与传统的审计方法相比，模型的准确率提高了 68%，误报率降低了 35%。

（2）审计效率提升：通过自动识别审计重点和调整审计范围，AI 风险评估模型显著提高了审计效率。审计团队可以将更多的时间和精力集中在高风险领域，减少了对低风险区域的不必要审计，使审计周期缩短了 95%。

（3）风险防范能力增强：借助 AI 风险评估模型的实时监测和预警功能，银行能够及时发现并处理潜在的风险，成功避免了多起信贷违约风险和欺诈事件的发生，为银行挽回了巨额的经济损失。

（七）风险管控

（1）建立风险预警机制：银行根据 AI 风险评估模型的预警信号，建立了一套完善的风险预警机制。一旦发现异常交易行为或高风险客户，风险管理部门会立即采取相应的措施，如暂停交易、冻结账户、进行调查等，以防止风险的进一步扩大。

（2）持续优化模型：银行会根据实际业务情况和风险变化趋势，持续优化 AI 风险评估模型，不断更新模型的算法和参数，提高模型的适应性和预测能力。同时，加强和外部机构的合作与交流，及时获取最新的风险信息和技术手段，为模型的优化提供支持。

【案例13-9】AI 风险评估模型在 IPO 尽调中的应用案例

（一）案例背景

招财证券公司在资本市场业务中占据重要地位，长期为众多企业提供 IPO 服务，近期负责的 TDL 科技企业 IPO 尽调项目，文件数量超过 5 000 份，总数据量达 20 吉字节以上。传统人工审查方式不仅效率低下，而且易出现疏漏，错误率高达 10% 左右，难以满足 IPO 项目对尽调准确性和时效性的严格要求。

（二）操作步骤

（1）数据准备：将 TDL 科技企业提供的各类纸质和电子文件汇总，利用 OCR 技术对纸质文件进行扫描识别，转化为可编辑文本格式，共处理约 3 000 份纸质文件。同时，对电子文件进行格式统一和初步整理，确保数据可被 AI 模型读取。

（2）模型应用：首先将文件分为财务类、法律类、业务类等，其中，财务类文件 1 500 份，法律类文件 1 000 份，业务类文件 2 500 份。其次对每份文件内容进行核验，例如，检查财务报表数据的一致性、合同条款的完整性等。最后进行合规性审查，依据相关证券法规和 IPO 要求，判断文件内容是否合规。

（3）确定重点与范围：模型根据风险评估结果，标记出关键合同条款、潜在法律风险等审计重点。识别出 50 份涉及重大商业合作的合同需重点审查，其中 10 份合同存在潜在条款风险。同时，依据风险分布自动调整审计范围，对于风险较高的业务板块，如新兴业务领域，扩大审查范围，涉及相关文件 800 份；对于风险较低的常规业务板块，适当缩小审查范围，涉及文件 1 200 份。

（三）具体数据

本次 IPO 项目涉及融资金额预计 5 亿元。尽调疏漏导致 IPO 失败或上市后出现重大风险事件，可能给企业和投资者带来巨大损失。依照过往类似案例估算，因关键合同条款未审查到位引发法律纠纷，可能导致企业市值蒸发 20%～50%，即 1 亿～2.5 亿元。而通过 AI 风险评估模型辅助尽调，虽然前期投入模型采购与技术支持费用约 50 万元，但极大地降低了此类风险。

（四）税务处理

在 IPO 尽调过程中，AI 风险评估模型发现 TDL 科技企业存在部分税收优惠政策适用存疑问题。经进一步核查，涉及金额 500 万元的研发费用加计扣除政策适用不准确。税务处理如下：

（1）企业需补缴企业所得税 125（500×25%）万元。

（2）按照规定缴纳滞纳金，滞纳金金额根据滞纳天数和每日万分之五的比例计算，滞纳天数为 30 天，滞纳金金额为 1.875（125×0.0005×30）万元。

（五）会计处理

针对税务处理结果，企业进行如下会计处理。

1. 补缴所得税

借：以前年度损益调整　　　　　　　　　　　　　　　　　　　　　　1 250 000

| 贷：应交税费——应交企业所得税 | 1 250 000 |

2. 缴纳滞纳金

| 借：营业外支出——滞纳金 | 18 750 |
| 贷：银行存款 | 18 750 |

3. 结转以前年度损益调整

| 借：利润分配——未分配利润 | 1 250 000 |
| 贷：以前年度损益调整 | 1 250 000 |

（六）效果评估

（1）效率提升：借助 AI 风险评估模型，尽调时间从预计的 10 000 小时大幅缩短至 3 000 小时，效率提升约 70%。原本需 50 人团队花费数月完成的工作，现仅需 30 人团队在一个半月内即可完成。

（2）错误率降低：错误率从人工审查的 10% 左右降至 3% 以内，有效地避免了审查疏漏导致的风险。在关键合同条款审查方面，人工审查可能遗漏 10% 的潜在风险条款，而 AI 风险评估模型能精准识别，遗漏率仅为 1%。

（3）IPO 支持：为 TDL 科技企业 IPO 提供了有力支持，企业顺利通过审核并成功上市。上市后股价表现稳定，未因尽调问题出现重大波动，为投资者带来了较高回报。

八、基于风险的审计程序自动生成与执行

基于风险的审计程序自动生成与执行是一个复杂的过程，它结合了风险评估、数据分析、审计程序设计和自动化执行等多个环节。

【案例13-10】审计程序自动生成与执行案例

（一）案例背景

上海东华制造有限公司是一家大型制造业企业，主要生产和销售各类工业设备。随着企业规模的扩大和业务复杂性的增加，其年度财务报表审计工作面临诸多挑战。传统审计方法不仅耗时费力，而且难以全面、精准地识别潜在风险。为确保财务报表的真实性与公允性，提高审计效率和效果，本次年度财务报表审计决定采用基于风险的审计程序自动生成与执行方法。

（二）操作步骤

1. 风险评估

（1）数据收集：收集上海东华制造有限公司过去 3 年的财务数据，包括资产负债表、利润表、现金流量表等，涉及金额总计约 10 亿元。同时，收集行业报告、市场分析数据，以及企业内部的内部控制文档、业务流程手册等资料。

(2) 分析评估：运用 AI 风险评估模型，对收集的数据进行分析。模型从多个维度评估风险，如市场竞争风险、原材料价格波动风险、内部控制有效性等。通过分析发现，公司在应收账款管理和存货计价方面存在较高的潜在错报风险。

例如，应收账款周转率较行业平均水平低 20%，存货库龄较长，部分存货占比达到库存总额的 15%，且库龄超过一年。

2. 审计程序自动生成

(1) 程序定制：基于风险评估结果，审计程序自动生成系统定制了相应审计程序。对于应收账款高风险领域，系统生成了详细的函证程序，要求对金额较大且账龄较长的 50 笔应收账款进行函证，涉及金额约 8 000 万元。同时，针对存货计价风险生成了重新计算存货成本和可变现净值的程序，涉及存货金额约 1.2 亿元。

(2) 资源分配：考虑到审计资源和时间限制，AI 系统将审计人员合理分配到不同的风险领域。对于高风险的应收账款和存货项目，分配了 60% 的审计人员和时间；对于其他相对低风险领域，分配剩余 40% 的资源。

3. 审计程序执行

审计团队按照生成的程序执行审计工作。在函证应收账款时，通过邮件和快递向客户发送询证函，并利用数据分析工具对回函数据进行分析。对于存货计价的重新计算，部分数据通过与企业 AI 财税系统的数据接口自动获取，利用 RPA 技术自动执行部分成本计算和对比工作。在执行过程中，发现有 10 笔应收账款回函存在差异，涉及金额 1 000 万元；存货中部分原材料技术更新导致可变现净值低于账面价值，需调整金额 500 万元。

4. 审计程序优化与反馈

(1) 程序优化：根据执行过程中发现的问题，审计团队对审计程序进行优化。

(2) 反馈改进：将执行结果和反馈信息输入审计程序自动生成系统，系统记录下本次审计中发现的风险点及处理方式，为未来类似企业审计程序的生成提供参考，以不断改进审计程序的生成和执行过程。

(三) 具体数据和数字金额

(1) 财务数据规模：过去 3 年财务报表涉及金额总计约 10 亿元。

(2) 风险相关数据：应收账款周转率较行业平均低 20%；库龄超一年的存货占库存总额的 15%，涉及金额约 1.2 亿元。

(3) 审计发现数据：函证的 50 笔应收账款中 10 笔有差异，涉及金额 1 000 万元；存货需调整金额 500 万元。

(四) 税务处理

1. 存货计价调整影响

存货计价调整导致成本变化，进而影响应纳税所得额。调整后应纳税所得额减少

500 万元，相应减少企业所得税 = 125（500×25%）万元。企业需在税务申报时，按照调整后的金额进行申报，并向税务机关提供相关审计调整说明。

2. 税务合规检查

在审计过程中，对企业税务处理合规性进行检查，未发现其他重大税务问题。但提醒企业关注存货计价调整对税务的影响，确保未来税务处理的准确性。

（五）会计处理

1. 应收账款调整

对于回函有差异的应收账款，经进一步核实后，确定为坏账或需调整金额，进行相应会计处理。有 200 万元应收账款确定无法收回，会计分录为

  借：坏账准备   2 000 000
    贷：应收账款   2 000 000

2. 存货调整

针对存货可变现净值低于账面价值的情况，计提存货跌价准备，会计分录为

  借：资产减值损失   5 000 000
    贷：存货跌价准备   5 000 000

（六）审计效果

通过基于风险的审计程序自动生成与执行方法，审计团队能够更快速、准确地识别和评估企业的财务风险，提高审计效率和效果。同时，这种方法能够实现审计程序的标准化和自动化，减少和降低人为错误和审计成本。

（1）风险识别精准度：通过基于风险的审计程序，精准识别出应收账款和存货等关键领域的潜在风险，相较于传统审计方法风险识别准确率提高了 30%。

（2）审计效率提升：审计时间从原本预计的 45 天缩短至 5 天，效率提升了 800%。同时，审计资源得到合理配置，减少了低风险领域不必要的审计工作。

（3）审计质量提高：发现了以往容易忽略的财务问题，如存货计价和应收账款回函差异等，确保了财务报表的真实性和公允性，审计质量得到显著提高。

第二节　AI 内部控制流程监控与缺陷识别方法

基于 AI 的内部控制流程监控与缺陷识别方法，通过利用 AI 技术，实现了对企业内部控制流程的有效监控和缺陷的精准识别。

一、内部控制流程数字化与 AI 监控系统

内部控制流程数字化，是指企业利用现代信息技术手段，将传统的内部控制流程转

化为数字化形式，以提高内部控制的效率、效果和透明度。

【案例13-11】内部控制流程数字化与AI监控系统集成案例

（一）案例背景

中财讯物流企业业务涵盖仓储管理、运输配送、供应链金融等多个领域，拥有庞大的分支机构网络和复杂的业务流程。传统的内部控制主要依赖人工操作和纸质文档记录，存在效率低下、信息不及时、难以全面监控等问题。为了提高内部控制的有效性和效率，企业决定构建内部控制流程数字化与AI监控系统集成平台。

（二）系统集成的实施过程

1. 内部控制流程数字化改造

（1）首先对企业的核心业务流程进行全面梳理，包括货物入库流程、出库流程、运输调度流程、费用结算流程等。将这些流程进行数字化建模，利用工作流引擎技术将其转化为可在数字化平台上运行的电子流程。

（2）建立数字化文档管理系统，将与内部控制相关的制度文件、操作手册、审批表单等全部进行电子化存储和管理。员工可以在系统中便捷地查询和下载所需文件，同时，所有的文件修改都有详细的记录和版本管理，确保文件的一致性和可追溯性。

2. AI监控系统的构建与集成

（1）数据采集层：在内部控制流程数字化平台的基础上，部署数据采集接口，收集业务流程运行过程中的各类数据，包括员工操作数据、业务交易数据、系统日志数据等。

（2）数据分析与监控层：利用AI技术对采集到的数据进行分析和监控。采用机器学习算法构建异常检测模型，对业务流程数据进行实时分析，识别潜在的异常情况。

对通信记录、备注信息等文本数据进行分析，检测是否存在敏感信息或不合规言论。

（3）预警与反馈层：当AI监控系统发现异常情况时，根据预设的预警规则，通过多种方式（如系统弹窗、短信通知、邮件提醒等）向相关人员发送预警信息。预警信息中详细描述异常情况的类型、发生时间、涉及的业务流程和数据等内容，以便相关人员及时采取措施进行处理。

将处理结果和反馈信息录入系统，以便系统对整个处理过程进行跟踪和评估，形成闭环管理。

（三）应用效果与成果

（1）内部控制效率显著提升：通过内部控制流程数字化改造，业务流程的处理时间大幅缩短。

例如，货物入库流程的平均处理时间从原来的 2 小时缩短到了 30 分钟，运输调度流程的响应时间从平均 1 小时减少到了 20 分钟，整体内部控制流程的效率提高。这使企业更快速地响应市场变化，提高客户满意度。

（2）风险防控能力增强：AI 监控系统的应用使企业能够及时发现和处理内部控制中的风险问题。在系统运行的第一年，共发现各类异常情况 200 余起，其中包括 5 起重大风险事件（如潜在的财务舞弊行为、运输安全事故隐患等），由于预警及时，企业成功避免了可能出现的重大经济损失和声誉损害。通过对这些异常情况的分析和处理，企业进一步完善了内部控制制度和流程，降低了风险发生的概率。

（3）内部审计工作更加精准高效：数字化平台和 AI 监控系统为内部审计提供了丰富的数据支持与强大的分析工具。内部审计人员可以利用系统的数据分析功能，快速定位审计重点，开展针对性的审计工作。

在 2024 年 11 月的财务审计中，通过 AI 监控系统提供的异常交易数据和风险预警信息，AI 能够迅速锁定可疑的费用报销和资金支付项目，进行深入的审计调查，审计工作的效率提高了约 80%，AI 审计发现的问题数量和质量都有显著提升，为企业管理层提供了更有价值的审计建议和决策依据。

（4）合规性水平提高：由于系统对内部控制流程进行了全面的数字化记录和监控，并且能够及时发现和纠正不合规行为，企业的合规性水平得到了显著提升。在外部监管机构的多次检查中，企业均顺利通过，未出现重大合规问题，并且在行业内树立了良好的合规形象，增强了企业的市场竞争力。

二、流程异常检测算法与指标设定

流程异常检测算法与指标设定在多个领域都有重要应用。

（一）审批流程超时

1. 流程异常检测算法

在审批流程中，超时是一个常见的异常现象。

（1）时间阈值检测法：为审批流程设定一个合理的时间阈值。如果某个审批流程的执行时间超过了这个阈值，就认为发生了超时异常。这种方法简单直观，适用于审批流程时间相对稳定的情况。

（2）时间序列分析法：审批流程的时间存在波动或季节性变化，可以使用时间序列分析法建立时间预测模型。通过比较实际执行时间与预测时间的差异，判断是否发生超时异常。

2. 指标设定

（1）超时率：是指发生超时异常的审批流程数量占总审批流程数量的比例。这个指标可以直观地反映审批流程的效率。

（2）平均超时时间：计算所有发生超时异常的审批流程的平均超时时间，有助于了解超时现象的严重程度。

（3）超时环节分布：分析超时异常发生在哪个审批环节，有助于找出审批流程中的瓶颈环节，并进行针对性的优化。

（二）权限违规操作

1. 流程异常检测算法

在权限管理系统中，违规操作可能表现为未经授权的访问、权限滥用等行为。

（1）规则匹配法：为每种权限设定使用规则，如访问频率、访问时间等。通过监控用户的权限使用情况，与预设规则进行匹配，若发现违规行为，就认为发生了权限违规操作异常。

（2）行为模式分析法：利用机器学习算法对用户的权限使用行为进行建模，学习用户的正常行为模式。当用户的实际行为模式与正常模式存在显著差异时，就认为可能发生了权限违规操作异常。

2. 指标设定

（1）违规操作率：是指发生权限违规操作的用户数量占总用户数量的比例。这个指标可以反映权限管理系统的安全性。

（2）违规操作类型分布：分析违规操作的具体类型，如未经授权的访问、权限滥用等，有助于了解违规操作的主要形式和特点。

（3）异常行为检测准确率：评估异常行为检测算法的准确性，即正确识别出违规操作与将正常操作误判为违规操作的比例。这个指标可以反映算法的性能优劣。

三、内部控制缺陷报告生成与整改跟踪的 AI 辅助功能

在内部控制缺陷报告生成与整改跟踪的过程中，AI 辅助功能能够显著提升效率和准确性。

【案例 13－12】AI 辅助内部控制缺陷报告生成案例

（一）案例背景

中财讯金融公司为了加强内部控制，定期进行内控审计。然而，传统的内部控制缺陷报告生成过程烦琐且耗时，需要审计人员手动整理和分析大量数据。为了提高报告生成效率，该企业引入了 AI 辅助工具。

（二）操作流程

（1）数据自动收集与整理：AI 系统能够自动从企业的 ERP、CRM 等系统中收集与

内部控制审计相关的数据,并进行整理和分析,减少了人工干预。

(2) 缺陷智能识别:通过深度学习算法,AI 系统能够自动识别出数据中的异常和潜在缺陷,为审计人员提供初步的缺陷清单。

(3) 报告自动生成:基于识别出的缺陷,AI 系统能够自动生成内部控制缺陷报告,包括缺陷描述、影响分析、建议措施等内容,大大减轻了审计人员的工作负担。

(三) 案例效果

通过引入 AI 辅助工具,该企业的内部控制缺陷报告生成效率提高,报告的准确性和全面性也得到了显著提升。

第三节　构建 AI 驱动的财税合规体系与保障机制

构建 AI 驱动的财税合规体系与保障机制,是企业在数字化时代提升财税管理效率、降低合规风险的重要途径。

一、AI 驱动的财税合规体系构建

(一) 数据集成与预处理

(1) 数据集成:整合企业内部的财务、税务、业务等多源数据,形成统一的数据仓库或数据湖。

(2) 数据预处理:对收集到的数据进行清洗、转换和格式化,确保数据的质量和一致性,为后续的 AI 分析提供可靠的数据基础。

(二) AI 模型构建与优化

(1) 模型构建:基于深度学习、机器学习等算法,构建用于财税合规分析的 AI 模型。这些模型包括风险识别模型、合规性检查模型、税务预测模型等。

(2) 模型优化:通过持续的数据反馈和模型迭代,不断提高 AI 模型的准确性和效率。利用迁移学习、强化学习等技术,使模型适应不同场景和变化的环境。

(三) AI 财税合规监控与预警

(1) 实时监控:将 AI 模型部署到企业的财税管理系统中,实现对财税合规的实时监控。

(2) 预警机制:当 AI 模型识别出潜在的财税合规风险时,立即发出预警信息,通知相关人员进行处理。预警信息包括风险类型、影响程度、建议措施等。

(四) AI 合规报告生成与决策支持

(1) 报告生成:自动生成财税合规报告,包括合规状态、风险分析、改进建议等

内容。这些报告可以为企业管理层提供全面的合规视图，为制定决策提供支持。

（2）决策支持：利用AI技术对历史数据和市场趋势进行分析，为企业税务优化等决策提供支持。

二、AI驱动的财税合规保障机制

（一）数据安全与隐私保护

（1）数据加密：对敏感数据进行加密存储和传输，确保数据的安全性。

（2）访问控制：实施严格的访问控制策略，限制对数据的非法访问和泄露。

（3）隐私保护：遵守相关法律法规，确保个人数据的合法收集、使用和保护。

（二）AI伦理与责任

（1）透明度与可解释性：提高AI模型的透明度和可解释性，使用户理解模型的决策依据和过程。

（2）公平性：确保AI模型在处理不同群体时保持公平性，避免歧视和偏见。

（3）责任归属：明确AI模型在使用过程中的责任归属，包括数据提供者、模型开发者、使用者等各方的责任。

（三）法规遵从与持续监控

（1）法规遵从：密切关注税法、会计准则等相关法规的变化，确保企业的财税合规体系与法规要求保持一致。

（2）持续监控：定期对AI驱动的财税合规体系进行评估和审计，确保其持续有效运行。

（四）人员培训与支持

（1）人员培训：对企业内部相关人员进行AI技术和财税合规知识的培训，提高他们的专业能力和合规意识。

（2）技术支持：提供必要的技术支持和咨询服务，帮助企业在使用AI驱动的财税合规体系过程中解决问题。

三、业财税融合的AI案例分析

中财讯AI财税合规系统采用创新的"税务合规成熟度体检"与企业生命周期管理方法论，通过大数据知识图谱、企业生命周期建模等技术手段，精准解决企业面对的业财税融合及合规问题。

中财讯AI财税合规系统预置了50多类专项体检和数据分析指标，能够实时生成风险报告，帮助企业及时发现并处理财税合规风险。同时，中财讯AI财税合规系统还提供智能咨询、数据治理等增值服务，助力企业实现数字化改革和合规经营。

综上所述，构建 AI 驱动的财税合规体系与保障机制需要综合考虑数据集成、AI 模型构建、实时监控与预警、合规报告生成与决策支持等方面。同时，需要建立完善的数据安全与隐私保护、AI 伦理与责任、法规遵从与持续监控，以及人员培训与支持等保障机制，确保体系的稳健运行和持续改进。

四、设立 AI 合规管理师岗位与建立团队协作机制

设立 AI 合规管理师岗位与建立团队协作机制是确保企业在利用 AI 技术时遵守相关法律法规、行业标准和道德规范的重要措施。

（一）设立 AI 合规管理师岗位

1. 岗位背景与重要性

随着 AI 技术的快速发展和广泛应用，企业在利用 AI 技术时面临着越来越多的合规挑战。设立 AI 合规管理师岗位，旨在确保企业在 AI 技术的设计、开发、应用等环节都符合相关法律法规和行业标准，降低合规风险，保护企业利益和用户权益。

2. 岗位职责与要求

（1）合规审查：审查 AI 项目如数据收集、处理、使用等方面的合规性，确保项目符合相关法律法规和行业标准。

（2）政策制定：制定和完善企业内部的 AI 合规政策和流程，为 AI 技术的应用提供指导和规范。

（3）风险评估：对 AI 项目进行风险评估，识别潜在的合规风险，并提出相应的风险应对措施。

（4）合规培训：组织内部员工进行 AI 合规培训，提高员工的合规意识和能力。

（5）外部沟通：与政府部门、行业协会等外部机构保持沟通，及时了解最新的合规要求和政策动态。

（6）专业知识：具备 AI 技术、法律法规、数据保护、财税管理等方面的专业知识。

（7）沟通能力：具备良好的沟通能力，能够与内部员工和外部机构进行有效沟通。

（8）分析能力：具备较强的分析能力和问题解决能力，能够准确识别合规风险并提出有效的应对措施。

（9）持续学习：保持对 AI 技术和合规要求的持续关注与学习，以适应不断变化的市场环境。

3. 岗位设置与汇报关系

（1）岗位设置：AI 合规管理师岗位可以设立在企业的法务部门、风险管理部门或专门的合规管理部门中。

（2）汇报关系：AI合规管理师应向企业高层管理人员汇报工作，确保合规工作得到足够的重视和支持。

（二）建立团队协作机制

1. 明确团队目标与角色分配

（1）团队目标：确保AI技术的合规应用，降低合规风险，保护企业利益和用户权益。

（2）角色分配：明确团队成员在AI合规管理中的具体职责和角色，如合规审查员、风险评估员、培训专员等。

2. 建立有效沟通机制

（1）定期会议：定期召开团队会议，讨论AI合规管理的工作进展和存在的问题，分享经验和知识。

（2）即时通信：利用即时通信工具建立内部沟通渠道，方便团队成员之间进行实时交流和协作。

3. 制定明确工作流程与标准

（1）工作流程：制定AI合规管理的工作流程，明确各环节的具体操作步骤和责任人。

（2）工作标准：制定AI合规管理的工作标准，如合规审查标准、风险评估标准等，确保工作质量和一致性。

4. 培养团队协作精神

（1）团队活动：组织团队建设活动，增强团队成员之间的信任和协作意愿。

（2）共享平台：建立知识共享平台，方便团队成员之间进行信息共享和学习交流。

5. 持续学习与改进

（1）培训与学习：定期组织团队成员参加培训和学习活动，提高团队成员的专业知识水平和合规意识。

（2）反馈与改进：建立反馈机制，鼓励团队成员提出改进意见和建议，不断优化团队协作机制和工作流程。

（三）总结

通过明确AI合规管理师的岗位职责与要求、建立有效沟通机制、制定明确工作流程与标准、培养团队协作精神以及持续学习与改进等措施，可以构建一个高效、协同的AI合规管理团队，为企业的健康发展提供有力保障。

五、AI财税合规的流程优化

AI财税合规的流程优化是提高AI驱动的财税合规体系运行效率的关键。AI通过对现有流程进行梳理和优化,可以减少浪费、简化环节、提高响应速度,从而降低成本、提升服务质量。

(一) AI 财税合规的流程优化内容

(1) 流程梳理:对现有的财税合规管理流程进行全面梳理,包括数据收集、处理、分析、报告等各个环节。

(2) 瓶颈识别:找出流程中的瓶颈和冗余环节,分析其原因和影响。

(3) 优化方案:针对瓶颈和冗余环节,制定优化方案,如引入 AI 技术提高数据处理和分析效率、简化审批流程等。

(4) 实施与监控:按照优化方案对流程进行改造和实施,并持续监控其运行情况,确保优化效果达到预期。

(二) AI 财税合规的流程优化实施步骤

(1) 确定目标:明确流程优化的目标,如提高响应速度、降低成本、提升服务质量等。

(2) 组建团队:组建由相关业务部门和信息技术部门人员组成的流程优化团队,负责具体的优化工作。

(3) 现状评估:对现状进行评估,包括流程运行效率、成本、服务质量等方面的评估。

(4) 方案设计:根据 AI 评估结果,设计优化方案,明确优化措施和实施步骤。

(5) 实施与改进:按照 AI 优化方案对流程进行改造和实施,并持续监控其运行情况,根据反馈进行改进和调整。

六、基于 AI 技术的财税合规管理制度与操作流程

为了制定基于 AI 技术的财税合规管理制度与操作流程,企业可以从以下几个方面入手。

(一) AI 财税合规管理

1. AI 合规政策与标准

(1) 明确 AI 应用边界:首先,企业需要明确 AI 技术在财税合规管理中的具体应用边界,包括但不限于数据收集、处理、分析、报告等环节。

(2) 制定 AI 合规标准:基于最新的法律法规和行业标准,制定 AI 合规标准,确保 AI 技术的使用符合相关要求。

(3) 建立 AI 合规审查机制:对 AI 项目的合规性进行事前、事中、事后的全面审查。

2. AI 数据安全与隐私保护

（1）加强数据安全管理：制定严格的数据安全管理制度，确保财税数据的安全性和完整性，防止数据泄露和被篡改。

（2）明确数据使用权限：明确 AI 技术使用财税数据的权限和范围，确保数据的合法合规使用。

（3）实施数据加密与匿名处理：对敏感数据进行加密处理，对涉及个人隐私的数据做匿名处理，保护用户隐私。

3. AI 模型管理

（1）模型开发与验证：制定 AI 模型的开发与验证流程，确保模型的准确性和可靠性。

（2）模型更新与迭代：建立 AI 模型的定期更新与迭代机制，以适应法律法规和行业标准的变化。

（3）模型风险评估：对 AI 模型进行风险评估，识别潜在的风险点并采取相应的应对措施。

4. 培训与意识提升

（1）定期培训：定期对内部员工进行 AI 合规培训，提高他们的合规意识和能力。

（2）案例分享：分享行业内外的 AI 合规案例，让员工了解合规的重要性和必要性。

（二）AI 财税合规管理流程优化

1. AI 辅助财税合规流程设计

（1）自动化数据收集与处理：利用 AI 技术实现财税数据的自动化收集与处理，提高数据处理的效率和准确性。

（2）智能风险预警：通过 AI 技术对财税数据进行实时监测和分析，及时发现并预警潜在的合规风险。

（3）自动化报告生成：利用 AI 技术生成合规报告，减少人工操作的时间并降低错误率。

2. 跨部门协作与信息共享

（1）建立跨部门协作机制：建立财税、法务、信息技术等部门之间的协作机制，确保 AI 合规管理工作的顺利进行。

（2）信息共享平台：搭建信息共享平台，实现财税合规管理相关信息的实时共享和交流。

3. 流程监控与持续改进

（1）流程监控：对 AI 辅助的财税合规流程进行持续监控，确保流程的有效性和合规性。

(2) 收集反馈：收集内部员工和外部利益相关者的反馈意见，对流程进行持续改进和优化。

4. 应对外部检查与审计

(1) 准备审计资料：利用 AI 技术整理和准备审计所需资料，提高审计效率。

(2) 配合外部检查：在外部检查或审计过程中，积极配合提供相关资料和信息，确保检查的顺利进行。

（三）AI 财税合规实施与评估

1. 制订实施计划

(1) 明确时间表与责任人：制订详细的实施计划，明确各项任务的时间表和责任人。

(2) 资源分配：合理分配人力、物力、财力等资源，确保实施计划的顺利进行。

2. 定期评估与调整

(1) 设定评估指标：设定明确的评估指标，如合规率、处理效率、成本节约等，对 AI 驱动的财税合规管理制度与操作流程进行评估。

(2) 定期评估：定期对实施效果进行评估，根据评估结果进行调整和优化。

3. 持续学习与改进

(1) 跟踪最新动态：密切关注相关法律法规和行业标准的变化，及时调整管理制度与操作流程。

(2) 分享最佳实践：与行业内外的其他企业分享 AI 合规管理的最佳实践，共同推动财税合规管理水平的提升。

通过制定基于 AI 技术的财税合规管理制度与操作流程，企业可以更有效地应对日益复杂的财税合规挑战，降低合规风险，提高管理效率。

七、AI 系统稳定运行与数据合规应用

【案例 13-13】基于 AI 和信任评估的数据安全体系案例

（一）案例背景

江苏移动结合 AI、持续信任评估、大数据等技术，构建了一个自动化、智能化的数据安全治理体系，以破解数据安全管控措施落地难题。

（二）技术特点

江苏移动通过异步流处理等技术实现数据分类分级的高效性、安全性；基于行为基线、AI、数据血缘建模提升数据安全风险监测及数据溯源能力；基于持续信任评估模型提升数据安全访问管控能力；基于 AI 提升数据安全未知风险感知能力。

（三）应用效果

通过该体系的建设，江苏移动实现了数据分类分级的高效性、安全性，并提升了数据安全风险监测能力、数据溯源能力、数据安全访问管控能力及数据安全未知风险感知能力。这有效提升了江苏移动整体数据安全管控能力，并完善了敏感数据的全生命周期安全治理体系。

第六部分
AI 财税项目实施与管理篇

AI 财税项目，是指运用 AI 技术对传统财税领域的业务流程、数据处理、决策支持等方面进行优化与创新，以提升财税工作效率、准确性和智能化水平的一系列项目。

1. 业务流程优化层面

AI 财税项目旨在简化和自动化烦琐的财税流程。在账务处理中，自动识别和分类交易数据，生成记账凭证，减少人工录入错误和工作量；在税务申报方面，依据企业财务数据自动生成合规的税务申报表，完成申报流程，节省人力与时间成本。同时，通过实时监控财税流程，及时发现异常并预警，提升流程的可控性。

2. 数据处理与分析维度

AI 财税项目着重挖掘和利用财税数据价值。AI 技术能够整合多源财税数据，包括财务报表、税务记录、发票信息等，进行深度分析。AI 技术不仅能提供常规的财务分析指标，还能发现隐藏的数据关联和潜在风险，为企业决策提供全面、精准的数据支持。

3. 决策支持功能方面

AI 财税项目为企业管理层和财税专业人员提供智能决策支持。基于对历史数据和实时信息的分析，生成预测模型和决策建议。如预测税收政策变化对企业的影响，辅助制定投资、融资决策中的财税规划，帮助企业更好地应对复杂多变的财税环境，实现战略目标。

第十四章
AI 财税项目的规划与需求精准定位

AI 财税项目采用多种 AI 技术，如机器学习、自然语言处理、计算机视觉等。机器学习可对海量财税数据进行分析，预测税收趋势、识别财务风险；自然语言处理能理解和处理财税相关文本信息，如自动解读税务法规、处理财务报表附注；计算机视觉可用于扫描和识别发票、合同等财税文档中的关键信息，实现自动化数据采集。

AI 财税项目的规划与需求精准定位是确保项目成功实施的关键步骤。

（1）AI 财税项目的规划要点。

一是明确项目目标。

①提升财务管理效率：通过 AI 技术实现财务数据的自动化处理和分析，减少人工操作，提高处理速度和准确性。

②优化税务筹划：利用 AI 技术对企业税务数据进行深度挖掘和分析，为企业提供合理的税务优化建议，降低税务风险。

③辅助决策支持：通过 AI 技术对企业财务数据和市场趋势进行预测与分析，为企业决策提供数据支持。

二是技术选型与架构设计。

①技术选型：根据项目需求选择适合的 AI 技术，如机器学习、深度学习、自然语言处理等，并考虑技术的成熟度、稳定性、易用性等因素。

②架构设计：设计合理的系统架构，包括数据层、处理层、应用层等，确保系统的高效运行和可扩展性。

三是数据准备与处理。

①数据收集：整合企业内部的各类财税数据，包括财务报表、税务申报表、发票等。

②数据清洗：对收集到的数据进行清洗和预处理，确保数据的质量和准确性。

③数据标注：对部分数据进行标注，以便训练 AI 模型。

四是模型训练与优化。

①模型训练：利用标注好的数据训练 AI 模型，使其准确识别和分析财税数据。

②模型优化：通过不断迭代和优化模型参数，提高模型的准确性和泛化能力。

五是系统开发与集成。

①系统开发：根据系统架构设计开发相应的功能模块，如数据处理模块、分析模块、预测模块等。

②系统集成：将 AI 财税系统与企业的其他系统进行集成，实现数据的共享和流程的协同。

六是系统测试与部署。

①系统测试：对开发完成的系统进行全面测试，包括功能测试、性能测试、安全测试等。

②系统部署：将测试通过的系统部署到生产环境，并进行后续的运维和优化。

（2）AI 财税项目的需求精准定位。

一是了解企业实际需求。

①深入调研：通过与企业相关部门和人员进行深入沟通，了解企业在财务管理、税务优化、决策支持等方面的实际需求。

②案例分析：参考同行业或类似企业的成功案例，分析它们的需求和解决方案，以便更好地定位企业的需求。

二是明确需求优先级。

①需求分类：将收集到的需求进行分类，如基础需求、核心需求、拓展需求等。

②优先级排序：根据需求的重要性和紧急性进行排序，确保优先满足企业的核心需求。

三是细化需求规格。

①明确功能要求：对每项需求都进行详细的描述和说明，包括输入、输出、处理逻辑等。

②制定性能指标：为系统设定明确的性能指标，如处理速度、准确率、稳定性等。

四是评估与调整。

①需求评估：组织专家团队对需求规格进行评估和审核，确保需求的合理性和可行性。

②需求调整：根据评估结果和企业的反馈意见对需求规格进行调整与优化。

以上步骤的实施，可以确保 AI 财税项目的规划与需求精准定位，为项目的成功实施奠定坚实基础。

第一节 AI 财税项目全生命周期管理模型与流程

AI 财税项目全生命周期，是指从项目最初的构思规划，到最终结束并实现预期目标的整个过程，涵盖了多个相互关联、有序推进的阶段。每个阶段都对项目的成功实施和持续价值创造起着关键作用。

一、AI 财税项目规划阶段

（1）需求评估：企业或组织对自身财税业务现状进行全面梳理，分析现有流程中存在的痛点，如人工处理数据效率低下、税务风险难以精准识别等；明确借助 AI 技术想要达成的目标，比如，提高财税处理效率、增强风险防控能力等。

（2）可行性研究：从技术、经济、运营等多个方面评估 AI 财税项目实施的可行性。技术上，考量当前 AI 技术成熟度能否满足财税业务需求；经济上，分析项目的投入成本与预期收益；运营上，评估企业是否具备实施和管理该项目的能力与资源。

（3）项目规划制定：根据需求评估和可行性研究结果，制定详细的项目规划，包括项目目标、范围、时间进度、预算安排、人员分工等关键要素，为项目实施提供清晰的路线图。

二、AI 财税项目开发阶段

（1）数据准备：收集、整理和清洗与财税业务相关的大量数据，如财务报表、税务申报记录、发票信息等。这些数据是 AI 模型训练的基础，其质量直接影响模型性能。

（2）模型构建与算法选择：依据项目需求和数据特点，选择合适的 AI 算法，构建相应的 AI 模型。例如，利用学习算法构建税务风险预测模型，通过已有风险标注数据训练模型，使其能够识别潜在风险。

（3）系统开发与集成：将 AI 模型与财税业务系统进行集成开发，确保 AI 功能与现有财税软件、流程无缝对接。

三、AI 财税项目测试阶段

（1）功能测试：对 AI 财税系统的各项功能进行逐一测试，检查是否满足设计要求。比如，测试发票自动识别功能能否准确提取发票中的关键信息，账务自动处理功能生成的凭证是否正确。

（2）性能测试：评估系统在不同负载条件下的性能表现，包括处理速度、响应时间、稳定性等指标。

（3）安全性测试：检测系统的安全防护能力，确保财税数据的保密性、完整性和可用性。

四、AI 财税项目部署阶段

（1）环境搭建：根据 AI 系统运行要求，搭建生产环境，包括服务器配置、网络设置、软件安装等。确保系统能够稳定运行，满足企业实际业务需求。

（2）系统上线：将经过测试的 AI 财税系统正式部署到企业的生产环境中，替换原有部分或全部财税处理流程。在上线过程中，要做好数据迁移和系统切换工作，确保业务连续性。

五、AI 财税项目运维与优化阶段

（1）系统监控：实时监测系统运行状态，收集性能指标、错误日志等数据，及时发现并解决系统运行过程中出现的问题。通过监控系统资源使用情况，及时发现并处理可能导致系统卡顿的性能瓶颈。

（2）优化升级：随着企业财税业务的发展、法规政策的变化以及 AI 技术的进步，持续对系统进行优化和升级。根据新的税收政策调整税务处理模型，利用新的 AI 算法提升系统性能。

六、AI 财税项目收尾阶段

（1）项目评估：对项目实施效果进行全面评估，对比项目规划阶段设定的目标，衡量项目在提高财税工作效率、降低成本、增强风险防控能力等方面的实际成效。

（2）经验总结：总结项目实施过程中的经验教训，为后续类似项目提供参考。分析项目成功与不足之处，提出改进建议和措施，促进企业在 AI 财税应用领域的持续发展。

【案例 14-1】AI 财税项目验收交接案例

（一）案例背景

随着业务规模的扩张，北京欣君洋实业发展有限公司财税管理复杂度大幅提升。传统的财税处理方式不仅效率低下，而且易出现人为错误。为改善这一状况，企业 CEO 常胜富决定实施 AI 财税项目，期望借助 AI 财税系统提升财税管理的准确性、效率并加强风险防控。

（二）操作步骤

1. 组建验收团队

由 5 名企业财务部门资深财务人员、3 名信息技术部门技术专家，以及邀请的 2 位外部财税领域专家共同组成验收团队。

2. 全面功能测试

（1）税务申报功能：选取企业过去 3 年的税务数据，模拟不同税种、不同申报周期的申报场景，共进行 20 次模拟申报测试。系统依据输入的财务数据，自动生成税务申报表，并与人工计算的结果进行比对。

（2）财务报表分析功能：导入近 5 年的财务报表数据，涵盖资产负债表、利润表、现金流量表等，系统对报表数据进行分析，生成财务指标分析报告、财务趋势预测等共 15 份分析报告，并与专业财务分析师的分析结果进行对比。

（3）风险管理功能：设定多种风险场景，如虚构发票、异常成本波动等，共设置 10 种风险场景，系统对模拟的业务数据进行风险识别与预警，并与预设的风险标准进行对比。

（三）具体数据和数字金额

（1）税务申报：在模拟申报测试中，系统自动生成的税务申报表准确率达到 98%，而人工申报在过往存在 5% 的错误率。以企业上一年度增值税申报为例，涉及金额 500 万元，人工申报时计算失误导致少申报 2 万元，未及时发现，可能面临 0.5 万元的罚款（按少申报金额的 25% 计算）。而系统申报则准确无误，避免了潜在的税务风险和罚款。

（2）财务报表分析：系统生成的财务指标分析报告与专业财务分析师的分析报告匹配度高达 95%。通过系统对财务趋势的预测，帮助企业提前规划资金安排。

例如，预测到下一季度原材料价格上涨，建议企业提前储备部分原材料，预计可节省采购成本 30 万元。

（3）风险管理：系统成功识别出 9 种预设的风险场景，识别准确率达到 90%。如识别出一笔虚构的 50 万元发票，及时规避了可能的财务损失和税务风险。

（四）税务处理

因系统准确的税务申报功能，企业在后续申报中确保了税务数据的准确性。对于过往因申报错误产生的少缴税款情况，及时进行补缴。如补缴上一年度增值税 2 万元，并按照规定缴纳滞纳金 0.1 万元（按日万分之五计算，滞纳天数 100 天）。

在后续税务处理中，依据系统提供的税务风险预警，企业对可能存在税务风险的业务进行提前调整，确保税务合规。对税收政策理解偏差导致的成本费用扣除问题进行调整，涉及金额 30 万元，调整后应纳税所得额增加 30 万元，补缴企业所得税 7.5（30 × 25%）万元。

（五）会计处理

1. 补缴税款及滞纳金

借：应交税费——未交增值税　　　　　　　　　　　　　　20 000
　　营业外支出——滞纳金　　　　　　　　　　　　　　　 1 000
　　　贷：银行存款　　　　　　　　　　　　　　　　　　21 000

借：以前年度损益调整　　　　　　　　　　　　　　　　　75 000
　　　贷：应交税费——应交企业所得税　　　　　　　　　75 000

借：利润分配——未分配利润　　　　　　　　　　　　　　75 000
　　　贷：以前年度损益调整　　　　　　　　　　　　　　75 000

2. 依据财务报表分析调整

根据系统财务报表分析建议，对提前储备原材料的业务进行会计处理。

借：原材料　　　　　　　　　　　　　　　　　　　　　 300 000
　　　贷：银行存款　　　　　　　　　　　　　　　　　 300 000

（六）实施效果

（1）准确性提升：税务申报准确率从之前的95%提升至98%，财务报表分析与专业分析匹配度达95%，风险识别准确率达90%，大大提高了财税数据处理的准确性。

（2）效率提高：税务申报时间从每次平均2天缩短至1天，财务报表分析报告生成时间从3天缩短至1天，整体财税处理效率提升约60%。

（3）风险降低：有效识别并抵御了虚构发票等风险，避免了潜在的财务损失和税务风险，降低了企业财税风险。

（七）风险管控

（1）技术风险：与系统供应商签订长期维护协议，确保系统出现技术问题时能及时得到解决。定期对系统进行技术评估，计划每季度进行一次全面技术检测，及时更新系统补丁，防止技术漏洞导致数据丢失或系统故障。

（2）人员操作风险：持续对财务和信息技术人员进行系统操作培训，每半年组织一次培训课程，提高人员操作熟练度和对新功能的掌握程度。制定详细的操作手册和规范流程，要求操作人员严格按照流程执行，降低误操作风险。

（八）经验总结

（1）项目启动阶段：明确项目要解决企业财税管理效率低、风险防控弱等具体目标，界定系统涵盖税务申报、财务报表分析、风险管理等功能范围，为后续工作指明方向。

（2）项目规划阶段：制订详细到每周的项目计划，包括各阶段里程碑、交付成果等；同时，制订风险管理计划，识别如技术难题、人员变动等潜在风险及应对措施。如预见到技术难题可能导致进度延迟，提前与供应商沟通技术支持预案。

（3）项目执行阶段：严格把控系统开发质量，采用代码审查、单元测试等手段，在测试阶段进行多轮全面测试，提高系统稳定性和可用性。

（4）监控与评估阶段：每周对项目进度、质量、成本和绩效进行评估，通过对比计划与实际完成情况，及时发现如成本超支、进度滞后等问题并调整。如发现某阶段开发成本超支，及时分析原因并调整资源分配。

（5）项目收尾阶段：完成项目验收，确保系统符合业务要求；全面总结经验教训，形成文档记录；通过培训等方式将项目知识转移给其他部门，提升整体财税管理水平。

（九）操作技能转移

（1）组织培训：举办了 3 场面向企业各部门的 AI 财税项目知识培训，每场培训参与人数约 50 人，详细讲解 AI 技术在财税管理中的应用原理、系统操作方法等内容。

（2）撰写文档：编写了《AI 财税系统操作手册》《AI 财税项目技术白皮书》《AI 财税管理最佳实践案例集》等文档，详细记录项目中的技术细节、操作流程和成功经验，供企业内部人员随时查阅。

（3）分享经验：组织了 2 次经验分享会，由项目团队成员向其他部门分享项目实施过程中的经验和遇到的问题及解决方法，促进了知识在企业内部的传播和应用。通过知识转移，其他部门能够更好地理解和运用 AI 财税系统，提升了企业整体的财税管理水平。

第二节 AI 财税项目的资源评估及预算

在 AI 财税项目中，资源评估方法主要用于评估项目所需资源的数量、质量和可用性，以确保项目能够顺利进行。

一、AI 财税项目资源评估的基本方法

（一）德尔菲法

（1）定义：德尔菲法是一种专家调查法，通过匿名的方式向专家征求意见，并经过多轮反馈和修正，最终达成共识。

（2）应用：在 AI 财税项目中，可以利用德尔菲法评估项目所需资源的数量和质量。通过向行业专家、技术专家等征求意见，获取对项目资源需求的准确估计。

（二）层次分析法

（1）定义：层次分析法是一种将复杂问题分解为多个层次和因素，通过比较各因

素的重要性来做出决策的方法。

（2）应用：在AI财税项目中，可以利用层次分析法评估不同资源的优先级和权重。通过构建资源评估指标体系，对各资源因素进行重要性比较和量化分析，从而确定资源的优先级，优化分配方案。

（三）成本效益分析法

（1）定义：成本效益分析法是一种通过比较项目的成本和预期效益来评估项目可行性的方法。

（2）应用：在AI财税项目中，可以利用成本效益分析法评估不同资源的投入产出比。通过计算各资源的成本和预期效益，选择性价比最高的资源方案。

（四）资源需求预测模型

（1）定义：资源需求预测模型是一种基于历史数据、趋势预测等方法，对项目未来资源需求进行预测的方法。

（2）应用：在AI财税项目中，可以利用资源需求预测模型评估项目未来资源需求的数量和时间分布。通过收集历史数据、分析项目特点和市场环境等因素，建立资源需求预测模型，为项目资源分配提供决策依据。

二、人力资源需求分析与预算编制

（一）人力资源需求分析

在AI财税项目中，人力资源需求分析是确保项目团队具备完成项目所需技能和经验的关键步骤。这包括确定所需人员数量、角色和职责，以及评估团队成员的技能和可用性。

（1）确定项目团队结构：根据项目的规模和复杂性，确定所需项目团队结构，包括项目经理、开发人员、测试人员、数据分析师等角色。

（2）评估团队成员技能：对现有团队成员的技能进行评估，确定是否具备完成项目所需的技能和经验。如有不足，需考虑外部招聘或内部培训。

（3）确定招聘需求：根据团队成员的技能评估和项目需求，确定需要招聘的人员数量和角色。

（二）人力资源预算编制

人力资源预算编制涉及项目团队的成本估算，包括薪资、福利、培训等。

（1）薪资预算：根据团队成员的薪资水平和预计工作时间，计算项目团队的总薪资成本。

（2）福利预算：包括社会保险、住房公积金、医疗保险等福利费用，按团队成员的实际需求和政策规定进行计算。

（3）培训预算：考虑团队成员的技能提升需求，预算培训费用，包括内部培训和外部培训。

（4）其他费用：如招聘费用、离职费用等，也需纳入预算编制。

三、物力资源需求分析与预算编制

（一）物力资源需求分析

物力资源需求分析涉及项目所需的硬件设备、软件工具、办公设施等。

（1）确定所需硬件设备：根据项目的技术要求和团队成员的工作需求，确定所需硬件设备，如服务器、电脑、网络设备等。

（2）评估现有资源：对现有硬件设备进行评估，确定是否满足项目需求。如有不足，需考虑采购或租赁。

（3）确定软件工具需求：根据项目的开发、测试和部署需求，确定所需软件工具，如开发工具、测试工具、数据库软件等。

（4）办公设施需求：考虑团队成员的办公需求，如办公桌椅、会议室、网络设备等。

（二）物力资源预算编制

物力资源预算编制涉及硬件设备、软件工具、办公设施等的采购或租赁成本。

（1）硬件设备预算：根据采购或租赁计划，计算硬件设备的总成本。

（2）软件工具预算：根据软件工具的许可费用或订阅费用，计算软件工具的总成本。

（3）办公设施预算：根据办公设施的需求和采购计划，计算办公设施的总成本。

（4）维护与升级预算：考虑硬件设备和软件工具的维护与升级需求，预算相应的费用。

四、财力资源需求分析与预算编制

（一）财力资源需求分析

财力资源需求分析涉及项目所需总资金，包括人力成本、物力成本、运营成本等。

（1）人力成本分析：根据人力资源需求分析和预算编制，计算项目团队的总人力成本。

（2）物力成本分析：根据物力资源需求分析和预算编制，计算项目所需硬件设备、软件工具、办公设施等的总成本。

(3) 运营成本分析：考虑项目的日常运营成本，如水电费、物业费、差旅费等。

（二）财力资源预算编制

财力资源预算编制涉及项目所需总资金预算，以及资金来源和使用计划等。

(1) 总资金预算：根据人力成本、物力成本、运营成本等分析，计算项目的总资金预算。

(2) 资金来源：确定项目资金的来源，如公司自筹、银行贷款、政府补助等。

(3) 资金使用计划：制订详细的资金使用计划，包括各阶段的资金需求和支付时间节点。

(4) 风险管理预算：考虑在项目过程中可能出现的风险，预算相应的风险管理费用，如风险应对、保险费用等。

第三节　AI 财税项目需求分析的关键步骤与技巧

AI 财税项目需求分析，是指企业或组织在财税领域对 AI 技术应用的期望、要求和约束条件的过程。其目的在于精准定义项目的目标、范围和功能，为后续的项目规划、设计、开发及实施提供清晰、准确的依据。

一、AI 财税项目需求分析的基本步骤

（一）需求获取

(1) 访谈：通过与客户、最终用户和相关利益者进行面对面的交流，了解他们的需求和期望。

(2) 问卷调查：设计问卷，向用户收集需求信息。

(3) 观察：通过观察用户的实际操作，了解他们的需求和使用习惯。

(4) 文档阅读：阅读相关的业务文档、技术文档，了解系统的背景和用户的需求。

（二）需求分析与建模

需求分析人员需要对客户需求进行分析和整理，并使用常见的建模方法，如用例图（展示系统的主要功能和用户之间的交互关系）、数据流图（展示数据在系统中的流动和处理过程）、实体关系图（ER 图，展示系统中的实体及其相互关系）等。

（三）需求验证与确认

需求分析的结果需要与客户和相关利益者进行沟通，确认需求的准确性和完整性。常见的需求验证方法有需求评审（组织需求评审会议，邀请客户、用户和其他相关人员

对需求进行评审）和原型验证（通过构建软件原型，让用户体验和反馈，从而验证需求的准确性）。

（四）需求文档编写

需求分析的结果通常需要编写成文档，用于指导后续的设计和开发工作。需求文档需要详细描述系统的功能需求、性能需求和其他约束条件。

二、AI 财税项目需求分析中的技巧

（1）组建多学科团队：需求分析是一项涉及多个领域的工作，组建一个多学科团队，可以从不同角度对需求进行全面分析和理解。

（2）持续沟通与反馈：在需求分析过程中，持续的沟通与反馈是保证需求准确性的关键。与客户、用户和相关利益者保持持续的沟通，及时获取他们的反馈和意见。

（3）使用工具和技术：合理使用工具和技术可以提高工作效率和准确性。常见的需求分析工具有案例工具（如 CaseComplete、Enterprise Architect 等）、原型设计工具（如 Axure、Balsamiq Mockups 等）、需求管理工具（如 JIRA、Rational RequisitePro 等）。

（4）关注非功能需求：在需求分析过程中，除功能需求外，还需要关注非功能需求，如性能需求、安全需求、可用性需求等。这些需求同样重要，直接影响到系统的用户体验和使用效果。

（5）确定需求优先级：可以采用价值评估（根据需求对业务价值的贡献确定优先级）、风险评估（根据需求实现的风险和难度确定优先级）、用户投票等方式确定需求优先级。

（6）管理需求变更：需求变更管理是需求分析中的重要环节。可以采用变更控制委员会（对需求变更进行评估和批准）、变更影响分析（评估变更对系统的影响）、变更记录（详细记录需求变更的原因、内容和影响，确保变更的可追溯性）等方法有效管理需求变更。

（7）挖掘隐性需求：挖掘用户表达出来的不满、抱怨、吐槽、期望背后的问题所在，考虑用户所处的环境、持有的价值观等，以辨别需求的真伪并找到真正的需求。

（8）综合考虑多种需求：在分析需求时，除要考虑用户需求外，还要考虑价值需求、功能需求、维护性需求和非功能性需求等，以策划出最大化满足用户体验的解决方案。

三、从业务需求到技术功能需求的转化

从业务需求到技术功能需求的转化是软件开发过程中的重要环节，它涉及将业务层面的需求转化为具体的技术实现方案。

（一）理解业务需求

首先，需要深入理解业务需求。业务需求通常来源于项目投资人、购买产品的客户、实际用户的管理者、市场营销部门或产品策划部门，它描述了组织为什么要开发一个系统，即组织希望达到的目标。理解业务需求需要明确以下几点。

（1）业务目标：确定系统需要解决的业务问题或需要达到的业务目标。

（2）业务流程：了解现有的业务流程，以及系统如何与业务流程集成或优化。

（3）业务规则：明确业务过程中的各种规则和约束条件。

（4）业务数据：确定系统需要处理的数据类型、数据来源和数据格式。

（二）将业务需求转化为功能需求

在理解了业务需求之后，需要将其转化为功能需求。功能需求描述了系统必须实现的具体功能，以满足业务需求。

（1）需求分解：将业务需求分解为更具体、更可管理的功能需求。

（2）用例建模：使用用例图描述系统的功能需求，展示系统与用户之间的交互关系。

（3）需求文档化：将功能需求编写成详细的需求文档，明确每个功能的输入、输出、处理逻辑和约束条件。

（三）从技术角度实现功能需求

将业务需求转化为功能需求之后，需要从技术角度实现这些功能需求。

（1）系统设计：根据功能需求设计系统的架构、模块、接口等，确保系统能够高效地实现功能需求。

（2）编码实现：根据系统设计，使用合适的编程语言和工具编写代码，实现系统的功能。

（3）测试验证：对系统进行全面的测试，包括单元测试、集成测试、系统测试等，确保系统能够正确地实现功能需求，并满足性能、安全等非功能性需求。

（四）持续迭代和优化

在软件开发过程中，业务需求和技术环境可能会发生变化。因此，需要持续迭代和优化系统，以确保系统始终能够满足业务需求。这个过程涉及需求变更管理、版本控制等多个方面。

（五）技巧和注意事项

（1）与业务专家紧密合作：在需求分析阶段，与业务专家紧密合作，确保准确理解业务需求。

（2）使用合适的建模工具：使用用例图、数据流图等建模工具描述和验证需求。

(3) 关注非功能性需求：在转化过程中，除要关注功能需求外，还要关注性能、安全等非功能性需求。

(4) 持续沟通和反馈：在开发过程中，与业务专家、用户和其他利益相关者保持持续的沟通与反馈，及时调整和优化系统。

四、AI 财税项目的需求收集方法

（一）问卷调查方式

【案例 14-2】广告效果的 AI 调研案例

（一）背景

北京助发广告公司希望了解大众对广告活动的看法，以便优化广告效果。

（二）应用

该广告公司采用问卷调查的方式，向受访者调查对广告内容的喜好程度、看到广告后是否会有意愿进一步了解产品等。

（三）结果

通过对 1 500 名受访者的调查分析，该广告公司发现大多数受访者对于广告内容的呈现方式和主题有明确偏好，并希望在看到广告后能进一步了解产品的信息。基于此，该广告公司调整了广告内容，并显著提升了广告效果。

【案例 14-3】教育需求的 AI 调研案例

（一）背景

教育部青年干部希望了解多孩家庭入学问题。

（二）应用

设计 3 种不同问卷，面向教育行政领导、中小学和幼儿园校（园）长、家长等群体进行调查。

（三）结果

全国 31 个省份共收回问卷 3.27 万份，为制定相关政策提供了有力依据。

（二）访谈方式

【案例 14-4】用户故事的 AI 收集案例

（一）背景

湖北洞天科技公司希望了解用户对其产品的使用体验和需求。

（二）应用

采用一对一访谈的方式，与用户进行深入交流，了解他们的使用场景、痛点和需求。

（三）结果

通过访谈，公司收集了大量用户故事和需求点，为后续的产品迭代和优化提供了有力支持。

（三）研讨会方式

【案例14-5】产品需求讨论的案例

（一）背景

广西天慧软件开发公司希望确定新产品的功能需求和设计方案。

（二）应用

组织跨部门的研讨会，邀请产品经理、设计师、开发人员等相关人员参加。

（三）结果

通过讨论和头脑风暴，团队明确了新产品的功能需求和设计方案，为后续的开发工作奠定了基础。

五、AI分析工具在财税项目中的应用

在财税项目中，AI分析工具如流程图和用例图发挥着重要作用，它们帮助开发团队和业务人员更好地理解与沟通项目需求。

（一）AI流程图应用

【案例14-6】企业财务报销流程优化案例

（一）案例背景

山西电机制造有限公司业务范围广泛，涉及原材料采购、生产制造、产品销售等多个环节，员工数量约1 000人。现有的财务报销流程极为烦琐，采用传统的纸质单据流转方式，从员工提交报销申请到最终完成付款，平均耗时长达15个工作日，给财务部门带来巨大工作压力。为解决这一问题，企业CEO司马庆决定启动财务报销流程优化项目，借助AI信息化手段提升报销效率。

（二）操作步骤

1. 流程梳理

（1）信息收集：项目团队与各部门员工、财务人员、各级领导共计50余人进行访谈，并发放200份调查问卷收集对报销流程的看法。同时，实地观察报销流程的实际操

作，记录每个环节的操作细节和时间节点。

（2）绘制流程图：使用专业流程图绘制工具 Visio，详细绘制现有报销流程。从员工填写纸质报销单、附上发票等原始凭证开始，依次经过部门负责人初审、财务人员审核票据合规性与金额准确性、上级领导审批，再返回财务部门进行付款安排，整个流程包含 8 个主要环节。

2. 问题分析

（1）瓶颈识别：通过对流程图的深入分析，发现多次审核环节存在重复劳动，例如，部门负责人和上级领导审核内容部分重叠，且审核时间较长，平均每次审核耗时 2~3 个工作日。同时，纸质单据在各部门之间传递易出现丢失、延误等情况，平均每月有 50 份单据出现传递问题，导致整个流程效率低下。

（2）数据统计：对过去半年的报销数据进行统计分析，发现审核和传递问题导致报销周期延长的案例占总报销数的 30%。

3. 流程优化

（1）方案制定：基于问题分析结果，提出引入电子报销系统的优化方案。在系统中设置自动化审核规则，如金额在 5 000 元以下且符合预设费用标准的报销申请，由系统自动审核通过；金额超过 5 000 元或费用项目特殊的，再流转至人工审核。同时，优化审批流程，明确各级审批权限和时间限制。

（2）新流程展示：使用流程图工具重新绘制优化后的报销流程。员工在电子报销系统中填写报销信息并上传电子发票等凭证，系统自动进行初步审核，符合规则的直接进入付款流程，不符合的按设定路径流转至相应人员进行人工审核。优化后的流程主要环节减少至 5 个。

（三）具体数据和数字金额

1. 费用情况

引入电子报销系统花费 30 万元，包括软件采购费用 20 万元和实施服务费用 10 万元。同时，每年需支付软件维护费用 5 万元。

2. 报销效率提升

优化前，每月处理 1 500 份报销单，财务部门需投入 20 人，每人每天工作 8 小时，总人工工时 = 20 × 8 × 22 = 3 520（小时）（每月按 22 个工作日计算）。

优化后，处理相同数量报销单仅需 10 人，总人工工时降至 10 × 8 × 22 = 1 760（小时），人工工时减少了 1 760 小时，降幅达 50%。报销周期从平均 15 个工作日缩短至 5 个工作日，效率提升 200%。

3. 单据传递成本

优化前，每月因纸质单据传递产生的快递费、打印费等成本约 5 000 元。优化后，这些费用基本消除。

（四）税务处理

（1）电子发票相关税务处理：企业采用电子发票查重验真工具，对每张电子发票进行查重和验真，确保符合税务规定。同时，按照税务要求，将电子发票的版式文件进行归档保存，保存期限按照税收法律法规的规定执行。

（2）费用扣除合规性：优化后的报销流程，通过自动化审核规则确保各项费用报销符合税务规定的扣除标准。

（五）会计处理

1. 系统采购与维护费用

AI 系统采购费用 30 万元，作为无形资产入账，按照 5 年进行摊销，每年摊销额为 30÷5=6（万元）。每年 5 万元的维护费用，在发生时计入当期管理费用。

（1）采购时：

借：无形资产——AI 系统　　　　　　　　　　　　　　　　　300 000
　　贷：银行存款　　　　　　　　　　　　　　　　　　　　300 000

（2）每年摊销时：

借：管理费用——无形资产摊销　　　　　　　　　　　　　　60 000
　　贷：累计摊销　　　　　　　　　　　　　　　　　　　　60 000

（3）支付维护费用时：

借：管理费用——系统维护费　　　　　　　　　　　　　　　50 000
　　贷：银行存款　　　　　　　　　　　　　　　　　　　　50 000

2. 报销业务处理

报销流程优化后，会计处理更加规范和高效。电子报销系统与财务核算系统实现对接，报销数据自动生成记账凭证。

例如，员工报销差旅费，系统根据报销信息自动生成如下记账凭证：

借：管理费用——差旅费（根据实际部门确定费用科目）　　　［报销金额］
　　贷：银行存款（或其他应付款，根据付款情况确定）　　　［报销金额］

（六）实施效果

（1）效率提升：报销周期大幅缩短，从平均 15 个工作日减少到 5 个工作日，效率提升了 200%，提高了员工资金使用效率，员工满意度从之前的 60% 提升至 90%。财务部门处理报销业务的人工工时减少 50%，使财务人员能够将更多精力投入财务分析、预算管理等增值业务中。

（2）成本降低：每年节省纸质单据传递成本 6（5 000×12）万元，同时减少了单据丢失、延误导致的潜在损失。虽然引入系统有一定成本，但从长期来看，成本效益显著。

（3）管理规范：自动化审核规则和标准化流程，减少了人为因素导致的审核差异和错误，提高了报销业务的准确性和合规性，进一步规范了企业财务管理。

（二）AI 用例图应用

在 AI 财税项目中，流程图和用例图等需求分析工具的应用有助于开发团队更好地理解项目需求、梳理业务流程、明确用户角色与用例关系。这些工具的应用不仅提高了需求分析的准确性和效率，也为后续的设计和开发工作提供了有力支持。

第十五章
AI 财税项目团队组建与高效协作之道

AI 财税项目团队的组建与高效协作，是确保项目成功实施并发挥最大效益的关键。

（1）AI 财税项目团队组建。

一是团队规模与构成比例。

团队规模的确定要考虑项目的复杂程度和预算。对于一个中等规模的 AI 财税项目，团队人数可能在 12 人左右。其中，AI 技术专家约占 20%，财税专家约占 30%，数据工程师约占 35%，项目经理约占 15%。

在项目初期，数据采集和预处理工作较为繁重，数据工程师的比例可以适当提高；当模型开发进入关键阶段时，AI 技术专家的比例可以相对增加。

二是招聘渠道与选拔标准。招聘渠道如下。

①专业技术平台：对于 AI 技术专家和数据工程师，可以在专业的技术招聘平台（如 BOSS 直聘的技术专区、拉勾网）发布招聘信息。这些平台汇聚了大量的技术人才，方便筛选具有相关技术技能的人员。

②财税行业论坛和社群：通过参与注册会计师协会、税务师协会等组织的论坛和社群，发布财税专家的招聘信息。这些渠道能够吸引具有丰富行业经验的财税专业人士。

③内部推荐：鼓励现有员工推荐合适的人选。内部推荐的人员往往对公司文化和项目有一定的了解，能够更快地融入团队。

选拔标准如下。

①技术能力测试：对于技术相关职位（AI 技术专家和数据工程师），通过笔试和实际操作测试评估其技术水平。

②财税知识考核：财税专家需要通过专业知识考试，包括财务会计理论考试、税务法规案例分析考试等。同时，要求提供相关的工作成果或案例，如曾经参与的企业财务审计报告、税务优化方案等，以证明其实践能力。

③综合素质评估：包括沟通能力、团队合作精神和学习能力等方面的评估。通过面试和小组讨论等方式，观察候选人是否能够清晰地表达自己的观点，是否善于与他人合

作解决问题，以及是否有积极的学习态度，以适应不断变化的技术和财税环境。

（2）AI 财税项目高效协作之道。

一是沟通机制。

建立定期会议制度，具体如下。

①每日站会：团队成员每天进行简短的站会（15～20 分钟），每个人汇报昨天的工作进展、今天的工作计划以及遇到的问题。

②每周例会：在每周例会上（1～2 小时），详细讨论项目的进展情况，包括技术难题的解决方案、业务需求的变化等。项目经理可以在例会上对下周的工作进行部署，明确各个成员的任务和目标。财税专家可以在例会上介绍最新的财税政策变化对项目的影响，引导团队调整工作方向。

③项目里程碑会议：在项目的关键里程碑（如模型初步搭建完成、数据采集和预处理完成等）召开会议，对阶段成果进行验收和总结。邀请利益相关者（如客户代表、公司管理层）参加，展示项目成果，收集反馈意见，为下一阶段的工作提供指导。

即时通信工具的有效利用，具体如下。

选择适合团队的即时通信工具，如企业微信、钉钉等。建立不同的沟通群组，如按照项目模块（数据组、模型开发组等）划分群组，方便成员之间进行快速沟通。

制定即时通信的规则，例如，重要问题需要在群里通知相关负责人，确保信息能够及时传达。同时，要求成员及时回复消息，避免信息延误。对于一些复杂的问题，即时通信不能很好地解决，可以将其转移到会议上讨论。

文档管理与知识共享，具体如下。

①建立项目文档库：使用专业的文档管理工具（如 Confluence、语雀）存储项目文档，包括项目需求文档、技术文档、测试文档等。每个文档都应该有明确的版本控制，记录文档的修改历史和作者信息。

②知识共享机制：鼓励团队成员分享自己的经验和知识。

二是目标与任务管理。明确项目目标和子目标，具体如下。

项目团队首先应该在项目启动阶段就明确项目的总体目标，如开发一个能够准确预测企业税务风险的 AI 系统，准确率达到 80%。其次将总体目标分解为若干个子目标，如完成数据采集和清洗、构建初始模型、进行模型优化等。每个子目标都应该有明确的负责人和时间节点。

任务分解与分配，具体如下。

首先项目经理根据子目标将任务进一步分解为具体的工作任务，如数据采集任务可以细分为从不同数据源获取数据、数据格式转换等具体操作。其次，根据团队成员的技能和职责将任务分配给合适的人员。在分配任务时，要明确任务的优先级、预计完成时间和交付成果的标准。

进度跟踪与调整，具体如下。

建立进度跟踪机制，通过项目管理工具（如 Jira、Trello）监控任务的进展情况。团队成员定期更新任务的进度状态，项目经理可以及时发现任务的延误情况。发现进度延误，要及时分析原因，如技术难题、资源不足等，并采取相应的调整措施，如调整任务优先级、增加资源投入等。

三是冲突解决策略与团队文化建设。

冲突解决策略，具体如下。

①问题解决型策略：当团队成员之间出现冲突时，首先采用问题解决型策略。引导冲突双方冷静地分析问题，找出问题的根源。

②妥协策略：在某些情况下，如时间紧迫或者双方观点难以完全统一时，可以采用妥协策略。双方在一定程度上让步，达成一个双方都能接受的中间方案。

③回避策略（谨慎使用）：当冲突不是很严重或者暂时不影响项目进度时，可以采用回避策略。但是要注意，这种策略不能长期使用，否则可能会导致问题积累，最终影响团队协作。

团队文化建设，具体如下。

①共同愿景与价值观塑造：团队应该有一个共同的愿景，如成为行业内领先的 AI 财税解决方案提供商。通过定期的团队建设活动、内部宣传等方式，让团队成员理解和认同这个愿景。同时，要树立积极的价值观，如诚信、创新、合作等，让这些价值观体现在团队成员的日常工作中。

②鼓励创新和学习：在团队中营造创新和学习的氛围，鼓励成员提出新的想法和解决方案。

综上所述，AI 财税项目团队的组建与高效协作需要综合考虑多个方面。通过明确项目目标与需求、选拔合适的人才、构建合理的团队结构、建立有效的沟通机制、明确职责与分工、利用 AI 工具提升效率、培养团队文化与价值观、持续学习与改进，以及实施扁平化管理和跨部门协作等措施，可以确保 AI 财税项目的成功实施及其最大效益的发挥。

第一节　AI 财税项目团队的角色构成与职责分工

在 AI 财税项目中，项目团队的角色构成与职责分工对于确保项目的顺利进行和最终成功至关重要。

一、项目经理

（一）职责

（1）负责整个 AI 财税项目的规划、组织、协调和控制。

（2）制订项目计划，包括时间表、预算和资源分配。

（3）监督项目进度，确保项目按照既定的目标和时间表进行。

（4）协调团队成员之间的工作，解决团队内部的冲突和问题。

（5）与项目利益相关者（如客户、供应商、高层管理者）保持沟通，确保项目满足他们的需求和期望。

（6）评估项目风险，制定应对策略。

（二）具体任务

（1）召开项目启动会议，明确项目目标和范围。

（2）制订并更新项目计划，包括里程碑和关键任务。

（3）定期召开项目进展会议，汇报项目状态。

（4）管理项目文档和记录，确保信息的准确性和完整性。

二、技术专家

（一）职责

（1）负责 AI 财税项目中的技术选型、设计和实施。

（2）确保技术方案的可行性、稳定性和安全性。

（3）指导团队成员进行技术开发，攻克技术难题。

（4）与财税业务顾问紧密合作，确保技术方案能够满足业务需求。

（5）关注 AI 和财税领域的最新技术动态，为项目提供技术创新和升级的建议。

（二）具体任务

（1）进行技术调研，选择适合项目的 AI 技术和工具。

（2）设计系统架构，制定技术实施方案。

（3）编写和审核技术文档，如需求规格说明书、设计文档等。

（4）指导团队成员进行代码开发、测试和部署。

三、财税专家顾问

（一）职责

（1）提供财税领域的专业知识和经验，确保项目符合财税法规和业务实践。

（2）与技术专家紧密合作，将业务需求转化为技术需求。

（3）参与项目需求分析和设计，提供业务上的建议和意见。

（4）协助项目团队理解财税业务流程和数据，确保项目的实用性和有效性。

（5）对项目成果进行业务验证和评估，确保满足业务需求。

（二）具体任务

（1）分析财税业务流程，提出优化建议。

（2）参与需求调研和需求分析，制定业务需求规格说明书。

（3）对技术方案进行业务评审，确保符合业务需求。

（4）协助进行数据清洗和标注，提供业务上的指导。

四、数据分析师

（一）职责

（1）负责 AI 财税项目中的数据收集、处理和分析工作。

（2）运用统计学和数据挖掘技术，从海量数据中提取出有价值的信息和模式。

（3）对数据进行可视化展示，帮助团队成员和利益相关者理解数据与分析结果。

（4）参与项目的评估和优化，通过数据分析为决策提供支持。

（5）确保数据的准确性和完整性，遵守数据安全和隐私保护规定。

（二）具体任务

（1）收集并整理财税相关数据，建立数据仓库或数据集。

（2）进行数据清洗和预处理，确保数据的质量。

（3）运用数据分析工具和方法，对数据进行深入分析和挖掘。

（4）制作数据报告和可视化图表，展示分析结果。

（5）参与项目的评估和优化工作，提出基于数据的改进建议。

第二节　AI 财税项目经理的角色定位

项目经理是项目团队的关键人物，承担着领导、协调和控制项目全过程的重要职责。他们就像是一艘船的船长，要确保项目这艘"船"能够在复杂多变的环境中，按照预定的航线（项目计划）顺利抵达目的地（项目目标）。

一、AI 财税项目经理在项目启动阶段的角色定位

（一）明确项目目标与范围

（1）与项目发起者、利益相关者深入沟通，明确项目的总体目标。

（2）详细描述项目范围，包括具体的业务流程、功能模块、数据要求等内容。通过制定项目范围说明书，清晰地列出项目包含和不包含的工作内容，避免项目范围蔓延。

（二）组建项目团队

（1）根据项目的性质和规模，识别所需的各类专业人才，如技术专家、财税专家顾问、数据分析师等。

（2）负责招聘或从内部调配合适的人员，组建一个高效的项目团队。在招聘过程中，评估候选人的专业技能、工作经验、团队协作能力等。同时，在团队组建后，明确各成员的角色和职责，确保每个人都清楚自己在项目中的工作任务和目标。

二、AI 财税项目经理在项目规划阶段的角色定位

（一）制订项目计划

（1）制订详细的项目进度计划，将项目目标分解为具体的任务和子任务，并确定各项任务的先后顺序和时间估算。

（2）制订资源计划，包括人力资源、物资资源和资金资源。确定每个阶段所需的人员数量和技能要求，如在软件测试阶段需要多少测试人员，他们需要具备哪些测试工具的使用经验；规划项目所需的硬件设备（如服务器、测试终端等）和软件工具（如开发工具、项目管理软件等），并估算项目的资金预算，包括人员工资、设备采购、软件授权费用等。

（二）风险防范规划

（1）识别项目可能面临的各种风险，包括技术风险、业务风险（如财税政策变化影响项目功能）、资源风险、进度风险和质量风险等。

（2）针对识别出的风险，制定相应的风险应对策略，如风险规避、风险减轻、风险转移或风险接受。对于技术风险，可以通过采用成熟技术、增加技术测试环节降低风险；对于关键人员离职风险，可以通过知识共享、交叉培训或建立人才备份机制降低风险。

三、AI 财税项目经理在项目执行阶段的角色定位

（一）任务分配与协调

（1）根据项目计划，将具体的任务分配给团队成员，并确保每个成员都清楚了解任务的目标、要求、时间节点和交付成果。

（2）协调团队成员之间的工作，解决成员之间的沟通障碍和工作冲突。

例如，当技术专家和财税业务顾问在软件功能设计上出现意见分歧时，项目经理要组织双方进行沟通，从项目目标和业务需求的角度出发，协商出一个合理的解决方案。

（二）进度监控与控制

（1）定期收集项目进度信息，通过项目管理工具（如甘特图、看板等）或会议等方式，了解每个任务的实际进展情况。

（2）对比实际进度和计划进度，及时发现进度偏差（SV），并采取有效的措施进行调整。当某个任务出现延误时，首先要分析原因，如资源不足、技术难题或外部因素干扰等，其次通过增加资源、优化任务流程、调整任务优先级等方式追赶进度。

（三）资源管理与成本控制

（1）管理项目资源的使用情况，确保资源得到合理分配和有效利用。

（2）监控项目成本支出，确保项目费用在预算范围内。定期审查项目的财务报表，比较实际成本和预算成本，及时发现成本超支的迹象。若发现成本超支，首先要分析原因，如原材料价格上涨、人员加班费用增加等，其次通过控制费用支出、优化资源配置等方式控制成本。

四、AI 财税项目经理在项目监控与评估阶段的角色定位

（一）质量监控

（1）建立项目质量标准和质量控制体系，明确项目产品（如软件系统、服务等）的质量要求，包括功能质量、性能质量、安全质量等方面。

（2）定期对项目产品进行质量检查和评估，通过测试、评审等方式确保产品质量符合标准。

（二）项目绩效评估

（1）制定项目绩效评估指标，包括进度绩效、成本绩效、质量绩效、团队协作绩效等方面。

（2）根据评估指标，定期对项目绩效进行评估，向团队成员和利益相关者汇报评估结果。通过绩效评估，发现项目实施过程中的优点和不足，为后续项目的改进总结经

验教训。

例如，发现某个阶段的进度绩效不佳，要分析原因并采取改进措施，同时总结经验，避免在后续项目中出现类似问题。

五、AI 财税项目经理在项目验收与移交阶段的角色定位

（一）项目验收

（1）组织项目验收工作，确保项目成果满足客户或利益相关者的要求。与客户一起对项目产品进行验收测试，验证产品的功能、性能、质量等方面是否符合合同要求。

（2）整理和提交项目验收文档，包括项目成果报告、测试报告、用户手册等。这些文档既是项目验收的重要依据，也是项目交付的重要组成部分。

（二）项目总结与知识转移

（1）组织项目团队进行项目总结会议，回顾项目的整个过程，包括项目目标、计划、执行、监控和收尾等阶段。总结项目的成功经验和失败教训，为团队成员和组织积累宝贵的知识财富。

（2）进行知识转移，将项目过程中积累的经验、技术、业务知识等传递给其他相关人员或项目团队。

【案例15-1】AI 财税项目整体规划案例

（一）项目背景

随着数字化时代的推进，财税领域面临着数据量激增和业务复杂度提升的挑战。传统的财税处理方式难以满足企业高效、精准决策的需求。为了帮助企业优化财税管理流程、提高风险预测与合规性管理能力，北京风云公司 CEO 决定启动中财讯 AI 财税项目。

（二）项目目标

在 12 个月内开发并上线一套中财讯 AI 财税系统，该系统能够自动处理 80% 以上的日常财税事务，如账务处理、税务申报数据准备等，将财税处理效率提高 50%。

利用机器学习算法构建税务风险预测模型，在系统上线后的 6 个月内，使税务风险预测准确率达到 85%，帮助企业提前规避潜在的税务风险。

通过自然语言处理技术实现智能财税咨询功能，能够回答常见财税问题，回答准确率在 90% 以上，提升企业内部财税知识共享与交流的效率。

（三）项目范围

1. 功能模块

（1）智能账务处理：实现发票识别与自动记账，支持多种发票类型（增值税专用发票、普通发票等）的扫描与信息提取，根据预设的记账规则自动生成记账凭证。

（2）税务管理：包括税务申报自动化，根据企业财务数据自动生成各类税务申报表；税务风险预测，基于企业历史财务数据、行业数据和宏观经济数据构建模型，预测税务风险点及风险程度。

（3）智能咨询：构建财税知识图谱，通过自然语言处理技术理解用户咨询意图，提供准确的财税政策解读、业务操作建议等。

（4）报表分析：运用数据挖掘和可视化技术，对企业财务报表进行深度分析，提供财务指标分析、趋势预测、对比分析等功能，为企业决策提供数据支持。

2. 数据范围

（1）内部数据：整合企业的 AI 财税系统数据（总账、明细账、凭证等）、税务申报数据、发票数据等。

（2）外部数据：采集行业平均税负率、税收政策法规数据、宏观经济数据（如 GDP 增长率、利率等），用于模型训练和分析。

3. 技术范围

（1）采用深度学习框架（如 TensorFlow 或 PyTorch）构建机器学习模型。

（2）利用 OCR 技术进行发票识别。

（3）应用自然语言处理技术（如 BERT 模型）实现智能咨询功能。

（4）基于大数据处理技术（如 Hadoop、Spark）进行数据存储与预处理。

（四）项目时间表（见表 15-1）

表 15-1 项目时间

阶段	时间区间	主要任务
需求分析	第 1~2 个月	与企业财税人员、管理层深入沟通，收集业务需求和痛点；调研市场上同类产品的功能；整理形成详细的需求规格说明书，明确各功能模块的具体要求
数据采集与整理	第 3~4 个月	开发数据采集接口，从企业内部 AI 财税系统、税务系统及外部数据源获取数据；对采集到的数据进行清洗、去噪、标准化处理，构建数据仓库；对数据进行标注，为模型训练做准备
模型设计与开发	第 5~7 个月	根据需求设计智能账务处理、税务风险预测、智能咨询等功能的模型架构；利用标注数据训练模型，不断调整模型参数，优化模型性能；进行模型集成与测试，确保各模型之间的协同工作
系统开发与集成	第 8~9 个月	依据设计文档进行系统前端和后端开发，包括界面设计、业务逻辑实现；将训练好的模型集成到系统中，实现数据交互与功能调用；进行系统内部联调，修复漏洞和缺陷
测试与优化	第 10~11 个月	开展功能测试，检查系统各项功能是否符合需求规格说明书；进行性能测试，评估系统在高并发数据处理时的响应时间、吞吐量等指标；实施安全测试，检测系统的安全性与数据保护能力；根据测试结果对系统和模型进行优化

阶段	时间区间	主要任务
上线与运维	第 12 个月及以后	将系统正式上线，对企业财税人员进行培训，使其熟悉系统操作；建立运维团队，实时监控系统运行状态，及时处理故障和问题；根据用户反馈和业务变化，定期更新模型和系统功能

（五）项目资源

1. 人力资源

（1）项目经理 1 名：负责项目整体规划、协调与进度把控。

（2）AI 技术专家 3 名：专注于机器学习、自然语言处理等技术的研究与模型开发。

（3）财税专家 2 名：提供财税专业知识并制定业务规则，参与需求分析与模型评估。

（4）数据工程师 3 名：负责数据采集、整理、存储和数据管道构建。

（5）软件工程师 5 名：进行系统的前端和后端开发工作。

（6）测试工程师 3 名：开展各类测试工作，保障系统质量。

2. 物力资源

（1）服务器：配置高性能服务器，包括 GPU 服务器，以加速深度学习模型训练。

（2）数据采集设备：购置专业的发票扫描仪等数据采集设备。

（3）开发与测试设备：为开发和测试人员配备电脑、移动终端等设备，以满足不同环境下的系统开发与测试需求。

3. 财力资源

（1）人员薪酬：根据市场行情和人员经验确定薪酬水平，预计年度人力成本为 50 万元。

（2）设备采购与租赁费用：服务器采购与租赁费用约 10 万元，数据采集设备费用 20 万元，开发与测试设备费用 50 万元。

（3）数据采购费用：外部数据采购费用约 12 万元。

（4）软件工具与技术服务费用：购买深度学习框架、OCR 软件、项目管理软件等工具的授权费用及相关技术服务费用约 20 万元。

预计项目总预算为 162 万元。

（六）项目风险与应对

（1）数据质量方面，具体如下。

风险：数据不准确、不完整或数据缺失可能导致模型训练效果不佳，系统功能无法正常实现。

应对措施：建立严格的数据质量监控机制，在数据采集和整理阶段进行多轮数据审核；采用数据填充、数据增强等技术处理缺失数据；与数据提供方签订数据质量保障协议，确保数据来源可靠。

（2）算法模型方面，具体如下。

风险：机器学习算法可能存在过拟合或欠拟合问题，导致模型预测不准确或泛化能力差。

应对措施：采用交叉验证、正则化等技术防止过拟合；不断调整模型参数和结构，优化模型性能；建立模型评估指标体系，定期对模型进行评估和更新。

（3）法规政策方面，具体如下。

风险：财税法规政策频繁变化，可能使系统功能与新政策不匹配，导致企业合规风险。

应对措施：安排财税专家实时关注法规政策变化，及时更新系统中的业务规则和模型；建立法规政策知识库，与智能咨询功能相结合，为企业提供及时的政策解读和应对建议。

（4）技术人才流失方面，具体如下。

风险：AI技术专家等关键人才的离职可能会影响项目进度和技术创新。

应对措施：提供有竞争力的薪酬福利和良好的职业发展空间，增强人才黏性；建立知识共享平台，鼓励团队成员分享技术经验和成果；对关键技术岗位进行人才备份，培养后备力量。

（七）项目沟通计划

1. 项目团队内部沟通

（1）每日站会：每天上午15分钟，团队成员汇报工作进展、遇到的问题及当天计划。

（2）每周技术研讨会：每周三下午2小时，AI技术专家、数据工程师等分享技术进展、讨论技术难题破解方案。

（3）双周项目进度会：每两周周五上午1小时，项目经理组织各小组汇报项目进度，协调资源分配和任务安排，解决项目中的冲突和问题。

（4）即时通信工具：建立项目专用的即时通信群组，方便团队成员随时沟通工作细节、共享资料和交流想法。

（5）项目管理平台：利用Jira等项目管理平台记录项目任务、分配、进度、缺陷等信息，团队成员可实时查看和更新状态。

2. 与外部利益相关者沟通

（1）与企业客户沟通：每月组织一次客户沟通会议，向客户汇报项目进展情况，收集客户需求和反馈意见，解答客户疑问；在需求变更、系统上线等关键节点，及时与客户进行深入沟通，确保客户满意度。

（2）与合作伙伴沟通：根据项目需求，与数据供应商、技术服务提供商等合作伙伴定期召开会议，沟通合作进展、协调数据交付和技术支持事宜；建立合作伙伴关系管理机制，及时处理合作中的问题和纠纷。

（八）项目监控与评估

1. 监控指标

（1）进度监控：通过项目管理平台跟踪任务完成情况，计算 SV 和进度绩效指数 SPI，每周生成进度报告。

（2）成本监控：每月统计项目实际成本支出，与预算成本对比，计算成本偏差（CV）和成本绩效指数（CPI），分析成本超支或节约原因。

（3）质量监控：建立质量指标体系，包括模型准确率、系统功能缺陷数、数据质量评分等；在每个测试阶段结束后，评估质量指标是否达到预期要求。

（4）模型性能监控：定期使用测试数据集评估模型的准确率、召回率、F1 值等性能指标，监测模型在实际应用中的表现，及时发现模型漂移等问题。

2. 评估方法

（1）文档审查：定期审查项目需求文档、设计文档、测试文档等，确保文档的完整性、准确性和一致性。

（2）演示与验收：在项目关键里程碑（如模型开发完成、系统集成完成等）进行功能演示，邀请企业客户、财税专家等利益相关者参与验收，评估系统是否满足业务需求和预期目标。

（3）用户反馈收集：通过问卷调查、在线反馈平台等方式收集企业用户在使用系统过程中的意见和建议，分析用户满意度和系统可用性。

（4）数据分析：对项目过程中的数据（如任务完成时间、缺陷修复率、模型训练数据量等）进行统计分析，挖掘潜在的问题和改进空间，为项目决策提供数据支持。

第三节　AI 财税项目技术专家的角色定位

AI 财税项目技术专家，是指在财税领域应用 AI 技术的专家，他们不仅具备深厚的财税专业知识，还精通 AI 技术，能够利用 AI 技术优化财税管理流程，提高财税工作的效率和准确性。

一、AI 财税项目技术专家的基本要求

（一）技术专家的主要职责

1. 负责基于 AI 技术的 AI 财税系统开发、实施和运营维护工作

利用 AI 技术构建智能财税一体化管理平台，实现自动化账务处理、税务申报、智能数据分析等功能；对 AI 财税系统进行日常维护和更新，确保其稳定运行。

2. 对业务数据进行建模和分析挖掘

对财税业务数据进行建模和分析，挖掘数据中的价值信息，为企业的决策提供有力支持；运用大数据分析、AI 等技术进行财务预测，为决策提供支持。

3. 参与企业财务数智化转型项目的规划和实施

根据公司业务需求，制定财税数智化转型方案，并推动项目的实施；优化系统功能设计，持续提升用户体验。

4. 关注行业趋势，不断发掘新机会

保持对财税行业和技术领域的敏锐洞察力，关注行业趋势和法规政策的变化；发掘新的技术应用机会，推动财税管理的创新和发展。

（二）技术专家的能力要求

（1）专业知识：具备扎实的财税专业知识和技能，熟悉财务、税务相关法律法规和业务流程。

（2）技术能力：精通 AI 技术，包括机器学习、深度学习、自然语言处理等，能够将其应用于财税领域。

（3）创新能力：具备创新思维和解决问题的能力，能够提出新的技术想法和解决方案，推动财税管理的创新和发展。

（4）团队协作：具备良好的沟通能力和团队协作精神，能够与团队成员有效沟通、协作，共同完成任务。

（5）领导力：在技术团队中具备领导力和影响力，能够带领团队不断前进，实现项目目标。

二、AI 系统架构的层次划分

一个典型的 AI 系统通常包括以下几个关键组成部分。

（一）数据层

（1）职责：负责收集、存储和处理海量的数据。这些数据是训练和优化 AI 模型的基础。

（2）功能：通过传感器、API、数据库等多种方式收集数据，并进行清洗、标注、存储和检索等，以确保数据的质量和可用性。

（二）算法层

（1）职责：包含各种机器学习算法，如深度学习、神经网络等。

（2）功能：从数据中学习规律，并逐渐形成能够处理特定任务的智能模型。算法层是 AI 系统的核心，它决定了模型如何从数据中提取特征、学习规律，并最终做出预测或决策。

（三）模型层

（1）职责：主要负责算法的实现与训练。

（2）功能：包括机器学习、深度学习等模型的构建与优化。在模型层，通过训练和调优得到的智能模型将被部署。这些模型能够接收输入数据，并输出相应的预测或决策结果。模型层是 AI 系统与实际应用场景之间的桥梁。

（四）应用层

（1）职责：AI 系统与实际应用场景的结合点。

（2）功能：将 AI 模型集成到具体的应用场景中，如自动驾驶、智能家居、医疗诊断等，实现 AI 技术的实际应用价值。在应用层，用户可以通过用户接口与 AI 系统进行交互，获得预测结果或决策建议。

（五）工具链

（1）职责：AI 系统开发过程中的重要支撑。

（2）功能：包括模型迁移、转换、调试、可视化、类型系统等工具。这些工具能够大幅降低 AI 系统开发的门槛，提高开发效率和质量。

三、AI 系统架构设计的关键要素

（1）需求分析：明确系统的目标、功能需求以及性能指标。

（2）架构设计：确定系统的整体结构和各个组件之间的关系，包括数据源、数据预处理、模型训练、推理与决策、用户界面等关键组件。

（3）组件选择：在选择系统组件时，需要考虑多个因素，包括性能、可扩展性、成本以及兼容性。

（4）数据流设计：确保数据在系统中的顺畅流动，从而提高系统的整体性能。可以使用数据流图可视化数据在系统中的流动路径。

（5）优化策略：考虑多种优化策略，包括算法优化、硬件加速、并行处理等。

【案例15-2】AI财税项目技术负责人协调与监控的职责案例

（一）协调职责

1. 技术团队内部协调

（1）组织AI技术专家、开发人员等技术团队成员进行技术方案的讨论和制定。根据项目需求和业务规则，确定合适的AI技术架构、算法模型、开发框架等技术选型。

（2）分配技术任务给团队成员，确保技术工作的有序开展。

（3）解决技术团队成员在工作中遇到的技术难题和冲突。当开发人员在系统集成过程中遇到技术兼容性问题时，技术负责人组织相关技术人员进行技术攻关，分析问题原因，寻找解决方案；当不同技术人员对技术方案有不同意见时，技术负责人组织技术研讨会议，依据技术可行性、性能要求、成本效益等多方面因素进行评估和决策，达成技术共识。

2. 与业务团队协调

（1）与财税业务顾问密切合作，理解业务需求和业务流程，将业务规则转化为技术实现方案。

（2）向业务团队解释技术方案和技术难点，确保业务团队对技术实现有一定的理解和支持。在设计系统功能过程中，向财税业务顾问和客户演示技术原型，解答他们关于技术实现对业务功能影响的疑问，根据业务反馈对技术方案进行调整和优化。

（3）参与业务需求变更的技术评估和方案调整。当业务需求发生变更时，与业务团队一起分析变更对技术架构、模型算法、系统开发等方面的影响，制定技术应对方案，协调技术团队进行相应的技术调整和开发工作，确保技术实现与业务需求的一致性。

（二）监控职责

1. 技术方案执行监控

（1）审核技术团队成员的技术方案和设计文档，确保技术方案符合项目整体目标和技术要求。

（2）跟踪技术方案的执行情况，定期检查开发进度和代码质量。通过代码审查、技术文档更新审查等方式，确保技术团队按照既定的技术方案进行开发工作，及时发现和纠正技术实现中的偏差和错误。

（3）对技术方案的变更进行管理和监控。当因技术难题、需求变更或其他因素需要对技术方案进行调整时，组织技术团队进行技术方案变更的评估和审批。分析变更对项目进度、成本、质量等方面的影响，制订变更后的技术计划和任务分配方案，确保技术方案变更的合理性和可控性。

2. 技术性能监控

（1）建立技术性能指标体系，包括系统响应时间、吞吐量、并发用户数、模型准确率、模型训练时间等关键性能指标。

（2）在项目开发过程中，定期进行技术性能测试和评估。

（3）根据性能测试结果，分析性能瓶颈和问题所在，组织技术团队进行性能优化工作。

3. 技术风险监控

（1）协助项目经理进行技术风险的识别、评估和管理。关注最新的技术发展动态和行业技术趋势，及时发现可能影响项目的新技术风险。

（2）制定技术风险应对预案，针对不同的技术风险提出相应的应对措施。

（3）监控技术风险应对措施的执行情况，定期评估技术风险的变化情况。当技术风险发生或风险状况发生变化时，及时向项目经理汇报并调整技术风险应对策略，确保项目在技术层面能够有效应对风险挑战。

【案例 15-3】 AI 财税项目数据负责人协调与监控的职责案例

（一）协调职责

1. 数据团队内部协调

（1）组织数据分析师、数据工程师等数据团队成员开展数据工作。分配数据采集、整理、清洗、标注等任务，明确各成员的工作重点和职责。

（2）协调数据团队成员之间的工作。在数据采集和整理过程中，确保数据工程师采集的数据格式和内容符合数据分析师的分析要求；在数据标注工作中，组织数据分析师和标注人员进行有效的沟通与协作，保证标注的准确性和一致性。

2. 与外部数据供应商协调

（1）与外部数据供应商建立合作关系，签订数据供应合同。明确数据的类型、范围、质量标准、更新频率、数据格式等要求，确保外部数据能够满足项目需求。

（2）监控外部数据的供应情况，定期与数据供应商沟通数据供应进度和质量问题。

（3）与数据供应商协商数据价格和支付方式，管理数据采购成本。根据项目预算和数据需求，与供应商进行价格谈判，争取合理的数据采购价格；按照合同约定的支付方式和时间节点，安排数据采购费用的支付，确保数据供应的连续性和稳定性。

3. 与技术团队和业务团队协调

（1）与技术团队协作，为模型训练和系统开发提供数据支持。根据技术团队的要求，提供合适的数据格式和数据量的数据集。

（2）与业务团队沟通，了解业务需求对数据的要求。根据财税业务规则和业务分析需求，确定数据的收集范围和分析维度。

（二）监控职责

1. 数据质量监控

（1）建立数据质量监控体系，制定数据质量评估指标，包括数据准确性、完整性、一致性、时效性等方面的指标。

（2）在数据采集、整理、清洗等各个环节进行数据质量检查和评估。使用数据质量检测工具和技术，对数据进行抽样检查、逻辑校验和数据比对等操作，确保数据质量符合要求。

（3）定期生成数据质量报告，向项目团队和利益相关者汇报数据质量状况。当数据质量不达标时，组织数据团队对数据质量问题进行排查和整改工作。分析数据质量问题产生的原因，如数据源问题、数据处理流程问题或人为错误等，采取相应的改进措施，如优化数据采集方法、完善数据清洗规则、加强人员培训等，确保数据质量能够满足项目需求。

2. 数据进度监控

（1）制订数据采集、整理、标注等数据工作的进度计划，明确各阶段的任务和时间节点。

（2）定期跟踪数据工作进度，通过任务管理工具或数据工作记录文档，检查数据任务的完成情况。对比实际进度与计划进度，计算数据工作的进度偏差（SV）和进度绩效指数（SPI）。

（3）当数据工作进度延误时，分析原因并采取相应的调整措施。如数据源问题导致数据采集延误，协调数据工程师寻找替代数据源或与数据供应商协商解决办法；数据处理工作量大导致进度滞后，合理调配数据团队人员或调整数据处理流程，提高数据工作效率，确保数据工作能够按时完成，不影响项目整体进度。

3. 数据安全监控

（1）建立数据安全管理机制。制定数据安全策略和规范，包括数据访问权限管理、数据加密、数据备份与恢复等方面的制度。

（2）监控数据安全措施的执行情况，定期进行数据安全审计和检查。检查数据访问日志，查看是否存在未经授权的访问行为；对数据存储和传输环境进行安全检查，评估数据加密措施的有效性；验证数据备份的完整性和可恢复性，确保数据安全管理机制的有效运行。

（3）应对数据安全事件。当发生数据泄露、数据损坏等安全事件时，及时启动数据安全应急预案，按照公司规定的流程进行事件处理和后续整改工作，确保数据安全。

第十六章
AI 财税风险识别与应对策略

AI 财税为企业财务管理带来了便捷与高效，却也暗藏一系列风险，精准识别这些风险对项目推进和企业发展至关重要。

数据安全与隐私保护是 AI 财税的首要风险。财税数据作为企业核心资产，其安全不容有失。但在 AI 技术的应用过程中，数据收集、存储、处理、分析各环节都可能出现安全漏洞，一旦数据被非法访问或泄露，企业损失将难以估量。因此，项目团队要高度重视数据安全管理，运用先进加密技术，建立严格的数据访问权限控制机制，并定期开展安全审计。

AI 财税技术风险同样不容忽视。尽管 AI 在财税领域成果显著，但仍存在不少技术难题，如算法的准确性和稳定性、模型的可解释性等，这些问题会影响 AI 财税系统的正常运行和决策的可靠性。

合规性风险也是一大挑战。财税法规复杂多变，项目团队在设计和实施 AI 系统时，必须严格遵循相关法律法规，确保系统合规。一旦违规，企业将面临严重的法律后果。因此，项目团队需加强与法律顾问的沟通协作，及时掌握法规动态。

AI 财税风险识别，是指通过应用 AI 技术对企业财税活动中可能面临的各种风险进行自动化、智能化的识别和分析。这一过程涉及数据收集、处理、分析以及模型的构建和应用，旨在帮助企业更好地了解和掌握自身财税状况，从而及时采取措施防范和应对潜在风险。

AI 财税风险识别的主要步骤如下。

(1) 数据收集与预处理。
(2) 特征选择与工程。
(3) 模型选择与训练。
(4) 性能评估与优化。
(5) 风险预测与决策支持。

【案例16-1】AI财税风险识别的应用案例

（一）案例背景

天津海蓝机械制造有限公司是一家大型综合性制造企业，每月涉及的采购、生产、销售等各类业务单据超过20万份，涉及金额达数亿元。过去，企业依赖传统的人工财税风险排查方式，效率低下且容易出现疏漏。仅2024年度，未能及时识别税务风险导致补缴企业所得税80万元，滞纳金10万元。同时，财务报表数据的准确性也时常受到质疑，影响了企业决策的科学性。为改善这一状况，企业CEO决定引入中财讯AI财税风险识别系统。

（二）操作步骤

（1）数据收集整合：利用AI系统的接口技术，自动从企业的ERP系统、财务核算系统、税务申报系统等多源数据平台采集数据。每天采集的业务数据量约为8 000条，金额数据超5 000万元。对采集的数据进行清洗，去除重复、无效数据，确保数据质量。每周清理出约500条无效数据。

（2）风险模型构建与识别：基于机器学习算法，结合行业财税法规及企业历史数据，构建风险识别模型。模型涵盖税务合规、财务报表准确性等多个维度。系统自动对整合后的数据进行分析，依据预设的风险规则和算法，识别潜在风险点。

（3）风险评估与报告生成：对识别出的风险点进行量化评估，根据风险的严重程度、发生可能性等因素，确定风险等级。自动生成详细的风险报告，报告内容包括风险描述、涉及金额、风险等级、建议解决方案等。

（三）具体数据和数字金额

在引入AI财税风险识别系统的第一个月，系统共识别出潜在风险点50个，涉及金额总计约2 500万元。

（1）税务风险方面：发现企业所得税申报中费用列支不合理风险15个，涉及金额800万元；增值税发票开具与抵扣异常风险20个，涉及金额1 200万元。

（2）财务报表方面：发现资产负债表数据钩稽关系错误10处，涉及金额300万元；利润表收入成本核算不准确风险5个，涉及金额200万元。

（四）税务处理

针对企业所得税费用列支不合理风险，企业按照税法规定对相关费用进行调整，调增应纳税所得额800万元，补缴企业所得税200万元（税率为25%）。

对于增值税发票开具与抵扣异常风险，及时更正错误发票信息，涉及进项税额转出150万元，重新申报增值税，避免了潜在的税务处罚。

（五）会计处理

依据风险报告，对资产负债表数据钩稽关系错误进行调整，确保各项目数据准确无误。纠正固定资产折旧计提错误，涉及金额 100 万元，相应调整累计折旧和固定资产账面价值。

针对利润表收入成本核算不准确问题，追溯调整相关会计期间的收入和成本。如调增收入 150 万元，调减成本 50 万元，正确反映企业经营成果。

（六）实施效果

（1）风险防控效果显著：通过 AI 财税风险识别系统的实时监控与风险预警，有效避免了潜在的重大财税风险。引入后一年内，因风险识别及时，未再出现补缴大额税款及滞纳金的情况。

（2）财务工作效率提升：财务人员从烦琐的风险排查工作中解放出来，处理财税事务的效率提高了 40%，原本需要 10 人花费一周完成的风险排查工作，现在仅需 6 人 3 天即可完成。

（3）决策支持更可靠：准确的财务数据为企业管理层提供了更可靠的决策依据，助力企业制定更科学合理的发展战略。

第一节　AI 财税技术风险识别与评估方法

在科技飞速发展的当下，AI 财税技术风险已成为企业运营必须正视的重要部分。精准识别 AI 财税技术风险，对企业稳健发展意义重大。

一、AI 财税技术风险识别

识别 AI 财税技术风险，首先需要全方位梳理企业技术体系，涵盖硬件设备、软件系统、网络架构等。通过深入排查，挖掘潜在技术漏洞与安全隐患。其间，技术的稳定性、可靠性与安全性是关注重点。稳定性是技术系统持续运作的根基，不稳定因素可能致使系统崩溃或数据丢失；可靠性关乎技术系统关键时刻能否正常发挥作用，避免企业遭受重大损失；安全性更是重中之重，技术系统一旦遭遇黑客攻击或数据泄露，后果将不堪设想。

（一）文档审查法

（1）审查需求文档：认真研读 AI 财税需求文档，明确项目在功能、性能、数据等方面的要求，从中剖析潜在技术风险。例如，需求对数据处理实时性要求极高，但现有技术方案难以满足，这便是潜在风险点。

（2）审查技术文档：审查项目涉及的算法模型、系统架构设计、数据处理流程等文档，查看是否存在技术选型不合理、架构设计缺陷、数据处理逻辑错误等问题。如算法文档未充分考虑模型可解释性，实际应用中可能引发用户对结果的不信任。

（二）流程图分析法

（1）业务流程绘制：绘制 AI 财税完整业务流程图，包含数据采集、预处理、模型训练、预测、结果输出等环节，清晰呈现数据在系统中的流动与处理过程。

（2）风险点查找：顺着业务流程，分析各环节可能出现的技术风险。如数据采集环节，可能存在数据来源不稳定、格式不统一问题；模型训练环节，可能面临训练数据不足或参数设置不当风险。

（三）数据分析法

（1）数据质量分析：对财税数据进行质量分析，涵盖准确性、完整性、一致性、时效性等。通过数据抽样、验证等手段，查找数据缺失值、异常值、重复数据等问题，这些可能导致模型训练偏差或预测错误。

（2）数据分布分析：分析财税数据分布特征，如均值、方差、偏态系数等，查看是否符合模型条件。如果数据分布不均衡，需采取平衡措施，否则将影响模型性能与准确性。

（四）AI 财税技术风险测试法

（1）单元测试：对 AI 财税各模块与功能开展单元测试，检查代码正确性与稳定性。编写测试用例，模拟多样输入与场景，验证模块输出是否符合预期，及时发现逻辑错误、算法错误等风险。

（2）集成测试：单元测试完成后，进行系统集成测试，将模块组合测试，检查接口兼容性、数据传递正确性及整体功能。此测试可发现集成过程中的技术风险，如接口不匹配、数据冲突等。

（3）压力测试：对 AI 财税进行压力测试，模拟高并发、大数据量等极端情况，检查系统性能与稳定性。通过测试，可发现性能瓶颈与潜在崩溃风险，如内存泄露、CPU过载等。

（五）AI 财税技术风险现场观察法

（1）技术操作观察：到项目实际运行现场，观察技术人员操作过程，如数据录入、模型训练、结果查看等，查看是否存在操作不规范、流程不合理问题。例如，观察到操作人员未严格校验数据，致使错误数据进入系统。

（2）系统运行观察：直接观察 AI 财税系统运行状况，查看有无异常现象，如界面卡顿、数据加载缓慢、错误提示频繁等。通过现场观察，能及时发现运行中的技术风险并处理。

(六) AI 财税技术风险问卷调查法

(1) 内部人员调查：设计问卷对项目团队成员、技术支持人员、财务人员等进行调查，了解他们对项目技术风险的看法。问卷内容可涵盖对技术方案理解、技术难点认识、可能风险点等。通过内部人员调查，收集一手信息，为风险识别提供参考。

(2) 外部用户调查：对 AI 财税潜在或已使用用户进行问卷调查，了解其使用体验、期望及对技术风险的感知。比如，询问用户对系统预测结果准确性与可靠性的评价，是否遇到过系统故障等问题，据此识别潜在技术风险。

二、AI 财税的算法偏差

(一) AI 财税的算法偏差产生原因

1. 数据问题

(1) 数据不完整或有缺失：训练算法的财税数据存在大量缺失值，算法学习模式可能不全面，由此产生偏差。例如在税务风险评估模型中，关键企业财务指标数据缺失，可能使模型对企业税务风险评估不准确。

(2) 数据分布不均衡：当数据集中不同类别或特征样本数量差异过大时，算法倾向于学习多数类别特征，而忽略少数类别，导致对少数类别预测偏差。如发票真伪识别中，真实发票样本远多于虚假发票样本，可能会降低模型对虚假发票的识别能力。

(3) 数据存在噪声或错误：数据采集可能引入错误数据或噪声，干扰算法学习。例如，财务报表数据录入错误，可能使基于此训练的财务分析算法得出错误结论。

2. 算法设计与选择问题

(1) 算法本身的局限性：不同算法有不同的适用范围与条件，选择不当易致偏差。如简单线性回归算法可能无法有效处理财税数据中的复杂非线性关系，使预测结果偏差较大。

(2) 算法参数设置不合理：算法参数对性能影响重大。若参数设置不当，如神经网络学习率过高或过低、决策树深度过深或过浅等，可能使算法无法收敛到最优解，从而产生偏差。

3. 算法偏差人为因素

(1) 标注不准确：在有监督学习中，数据标注准确性直接影响算法学习效果。标注人员对财税业务理解不足或不认真，可能导致标注错误，使算法学习到错误模式。

(2) 主观偏见：算法开发人员设计算法或选择数据时可能存在主观偏见，如过度关注某些特定指标或客户群体，导致算法处理其他情况时产生偏差。

（二）AI 财税算法偏差的影响

（1）预测结果不准确：导致财税数据分析与预测出错，如财务预测模型预测的收入、成本等指标与实际差距过大，影响企业财务决策。

（2）决策失误：基于偏差算法结果做出的财税决策可能错误，如企业税务优化方案推荐不合理，可能使企业面临税务风险或增加不必要的税务成本。

（3）不公平对待：在客户分类或资源分配场景中，算法偏差可能造成对不同客户群体的不公平对待，如对某些企业信贷风险评估过高或过低，影响市场公平竞争。

（三）AI 财税算法偏差的识别方法

（1）对比分析：将算法结果与已知真实结果或基准数据对比，分析偏差程度。如财务报表分析中，对比算法预测的财务指标与企业实际公布指标。

（2）交叉验证：采用不同数据集划分方式或交叉验证方法，评估算法在不同数据子集上的性能稳定性。如不同子集结果差异大，可能存在算法偏差。

（3）人工检查：由财税专家对算法输入数据、中间结果和输出结果进行人工检查，凭借专业知识与经验判断是否存在偏差。

（四）AI 财税算法偏差的评估指标

（1）准确率：正确预测样本数占总样本数比例，反映算法整体预测准确性。

（2）召回率：实际为正例样本中，被算法正确预测为正例的比例，衡量算法对正例的捕捉能力。

（3）F1 值：综合准确率与召回率的指标，平衡考虑算法准确性与召回能力。

（4）均方误差：用于衡量预测值与真实值之间的平均误差平方，常用于回归算法评估。

【案例 16-2】AI 财税算法偏差评估指标的应用案例

（一）案例背景

杭州莲娜超市有限公司是一家大型连锁零售企业，在全国拥有超过 500 家门店，企业采用 AI 财税算法处理复杂的财务和税务计算，涵盖库存成本核算、销售毛利计算、增值税及所得税计算等多个方面。然而，近期财务报告显示部分财务指标波动异常，企业怀疑是 AI 财税算法出现偏差。为精准评估算法偏差，企业 CEO 赵莲娜决定引入一套中财讯 AI 财税算法偏差评估指标体系。

（二）操作步骤

1. 确定评估指标

（1）准确性指标：计算算法计算结果与准确值（依据法规、行业标准或人工详细核算得出）的差异。

（2）稳定性指标：观察算法在一定时间周期内对相同业务数据的计算结果波动情况，采用标准差衡量。

（3）完整性指标：检查算法是否对所有应处理的业务数据进行了计算，计算未处理数据占总数据量的比例。

（4）可用性指标：系统在规定的时间内可供用户使用的时间比例，通常用百分比表示，是衡量系统稳定性的重要指标之一。

（5）平均故障间隔时间：系统两次故障之间的平均时间间隔，反映系统的可靠性和稳定性，间隔时间越长，说明系统越稳定。

（6）系统响应时间：用户发出请求到系统做出响应的时间，包括数据处理时间和网络传输时间等，响应时间越短，说明系统的性能和稳定性越好。

2. 数据收集与整理

（1）从企业的销售系统、库存管理系统、财务核算系统等中收集数据，涵盖一个月内所有门店的销售记录、库存变动数据、采购发票等。共收集到 100 万条销售记录，涉及金额 3 亿元；50 万条库存变动记录，涉及金额 1.5 亿元。

（2）对数据进行清洗，去除异常值和错误数据，确保数据质量。在清洗过程中剔除约 5 000 条异常销售记录，涉及金额 150 万元。

3. 指标计算与分析

（1）准确性指标计算：以人工详细核算的 1 000 笔业务数据作为准确值对比样本，涉及金额 500 万元。计算各项财税计算结果的差异率，如算法计算的销售毛利与人工核算的销售毛利差异率，平均差异率为 8%。

（2）稳定性指标计算：选取 100 组固定业务数据，在一周内每天使用算法计算，得出增值税计算结果的标准差为 5 000 元。

（3）完整性指标计算：统计发现算法未处理 2 000 条库存变动记录，未处理数据占比为 0.4%。

（4）评估算法偏差程度：根据预先设定的指标阈值判断算法偏差程度。如准确性指标差异率阈值设为 5%，稳定性指标标准差阈值设为 3 000 元，完整性指标未处理数据占比阈值设为 0.2%。结果显示，准确性和稳定性指标超出阈值，完整性指标略超阈值，表明算法存在一定程度的偏差。

（三）具体数据和数字金额

（1）本次评估涉及销售数据金额为 3 亿元，库存数据金额为 1.5 亿元。

（2）准确性指标计算样本金额为 500 万元，平均差异率为 8%，意味着算法计算结果相对准确值偏差较大，按此偏差，可能导致整体销售毛利计算偏差 ≈ 2 400（30 000

×8％）万元。

（3）稳定性指标计算得出标准差为 5 000 元，表明算法在增值税计算结果上波动较大。

（4）完整性指标中未处理库存变动记录涉及金额 ≈60（15 000×0.4％）万元。

（四）税务处理

（1）增值税：算法偏差导致增值税计算不准确，重新准确计算后，发现少申报增值税 30 万元。及时补缴增值税，并按规定缴纳滞纳金 1 万元。

（2）所得税：销售毛利计算偏差影响应纳税所得额，调整后补缴企业所得税 ＝600（2 400×25％）万元。

（五）会计处理

（1）库存成本调整：根据准确的库存变动记录，调整库存商品账面价值 60 万元，相应调整主营业务成本。

（2）销售毛利调整：调减销售毛利 2 400 万元，调整利润表中的营业收入、营业成本及净利润等项目。同时调整资产负债表中的未分配利润项目。

（六）实施效果

（1）精准定位偏差：通过评估指标体系，精确找出算法在准确性、稳定性和完整性方面的问题，为算法优化提供明确方向。

（2）提升数据质量：经过调整和优化，后续财务数据准确性大幅提升。准确性指标差异率降至 3％ 以内，稳定性指标标准差控制在 2 000 元以内，完整性指标未处理数据占比低于 0.1％。

（3）合规性增强：准确的财税计算确保企业税务申报合规，避免潜在税务风险。

（七）风险管控

（1）持续监控：每月定期使用评估指标体系对 AI 财税算法进行评估，及时发现可能出现的算法偏差。

（2）算法优化审核：对算法优化过程进行严格审核，确保优化后的算法经过充分测试，各项评估指标符合阈值要求。

第二节　AI 财税数据风险的识别与评估方法

在数字化时代，数据已成为企业的核心资产，AI 财税数据风险的识别则成为保障企业信息安全的重要环节。AI 财税数据风险可能源于内部疏忽、外部攻击或技术故障，对企业运营和客户信任造成严重影响。

识别 AI 财税数据风险，首先需要对企业的数据流进行全面梳理，明确数据的来源、存储、处理和传输路径。在这一过程中，要特别关注数据的敏感性和保密性，确保关键信息不被泄露或滥用。

在识别 AI 财税数据风险时，应重点关注数据的访问权限控制。不合理的权限设置可能导致数据被非法访问或被篡改，因此，企业需要建立健全访问控制机制，确保只有授权人员才能访问敏感数据。

一、AI 财税数据质量

（一）AI 财税数据质量的识别方法

（1）数据探查：通过数据探查工具对数据集进行全面扫描，查看数据的基本特征，快速发现明显的数据质量问题。

（2）数据抽样检查：从海量数据中随机抽取一定比例的样本进行详细检查，查看数据的准确性和完整性。

（3）数据对比分析：将不同来源或不同时间的数据进行对比，查找数据之间的差异和矛盾，进一步分析原因。

（4）数据血缘分析：追溯数据的来源和演变过程，了解数据在各个环节的处理情况，有助于发现数据质量问题产生的根源。

（二）AI 财税数据质量的评估指标

（1）准确率：数据中准确数据的占比，是衡量数据质量的最基本指标之一。

（2）完整率：反映数据的完整程度，即非缺失数据的占比。通过统计数据集中非缺失值的数量与总数据数量的比值进行计算。

（3）一致率：用于衡量数据在不同记录或不同数据源之间的一致性。通过比较数据集中相同指标或属性的数据是否一致进行计算。

（4）有效率：有效数据的占比，即符合业务规则和逻辑的数据数量与总数据数量的比值。

（三）AI 财税数据质量可能带来的风险

（1）模型训练偏差：低质量的数据会导致 AI 模型在训练过程中学习到错误的模式或特征，从而产生偏差。

（2）决策失误：基于不准确或不完整的数据做出的财税决策可能是错误的，会给企业带来经济损失或法律风险。

（3）用户信任受损：用户发现 AI 财税系统提供的数据不准确或不可靠，会降低对系统的信任度，影响系统的推广和使用。

【案例16-3】 AI 财税数据质量识别方法的应用案例

（一）案例背景

辽宁东大实业集团有限公司是一家大型综合性企业集团，旗下拥有 20 余家子公司，每天产生海量的财税数据，包括财务报表、发票、订单数据等。这些数据来源于不同的业务系统和部门，数据格式、标准不统一，导致数据质量参差不齐。为解决这些问题，企业 CEO 谢宝富决定引入 AI 财税数据质量识别方法。

（二）操作步骤

1. 数据收集与整合

（1）利用 AI 技术的接口程序，从各个子公司的 AI 财税系统、业务系统（如 ERP 系统、CRM 系统）以及税务申报系统中采集数据。每周采集的数据量约为 50 万条，涉及金额约 8 000 万元。

（2）将采集到的数据传输到统一的数据仓库进行整合，建立数据映射关系，使不同来源的数据能够相互关联。

2. 数据质量规则设定

（1）完整性规则：确定各类财税数据应包含的必要字段，如发票数据必须包含发票号码、金额、开票日期等字段。缺失其中任何一个字段，则判定为数据不完整。

（2）准确性规则：依据业务逻辑和行业标准设定数据准确性规则。

（3）一致性规则：确保同一数据在不同系统或报表中的一致性。如子公司上报的销售收入数据在财务报表与销售系统中的记录应一致。

（4）时效性规则：规定数据更新的时间间隔，如财务报表数据应在每月结束后的 5 个工作日内更新，发票数据应在开票后的 24 小时内录入系统。

3. 数据质量识别

（1）对整合后的数据按照设定的质量规则进行逐一检查。AI 系统自动比对数据字段是否完整、数值是否准确、不同数据源数据是否一致以及数据是否及时更新。

（2）对于识别出的不符合规则的数据，AI 系统进行标记，并生成详细的数据质量报告，报告内容包括数据问题类型、涉及的数据记录、所属子公司、可能影响等信息。

4. 问题数据处理与反馈

（1）将数据质量报告反馈给相关子公司的财务部门和业务部门，由各部门负责对问题数据进行核实和修正。

（2）定期跟踪问题数据的处理进度，确保数据质量得到有效提升。

（三）具体数据和数字金额

在首次实施数据质量识别的一个月内，共处理财税数据 200 万条，涉及金额约 3.5

亿元。

1. 完整性问题

发现 5 000 条数据存在字段缺失问题，涉及金额约 1 500 万元。

例如，部分发票数据缺失购买方纳税人识别号，影响发票的有效性和税务抵扣。

2. 准确性问题

识别出 3 000 条数据存在数值不准确问题，涉及金额约 2 000 万元。其中，有 1 000 条财务报表数据的资产负债表平衡关系错误，导致资产总额虚增或虚减；有 2 000 条发票金额与订单金额不匹配，平均误差率达到 2%。

3. 一致性问题

发现 2 000 条数据在不同系统间存在不一致问题，涉及金额约 1 000 万元。如销售系统记录的某笔销售收入为 50 万元，但财务报表中记录为 45 万元。

4. 时效性问题

有 1 000 条数据未在规定时间内更新，涉及金额约 500 万元。主要是部分子公司的财务报表未能按时提交更新。

（四）税务处理

（1）由于发票数据不完整和不准确，部分增值税发票无法正常抵扣，涉及税额约 200 万元。修正数据后，重新进行增值税申报，成功抵扣相应税额。

（2）对于因数据问题影响企业所得税申报准确性的情况，重新核算应纳税所得额。调整后，应纳税所得额 320 万元，税率为 25%，补缴企业所得税 = 320 × 25% = 80（万元）。

（五）会计处理

（1）针对财务报表数据的准确性和一致性问题，对相关会计分录进行调整。

（2）对数据时效性问题导致的财务数据滞后，进行追溯调整。补充记录相关业务的财务数据，调整相关会计期间的收入、成本和利润等项目。

（六）实施效果

（1）数据质量显著提升：经过 3 个月的持续优化，数据完整性问题减少了 80%，准确性问题减少了 90%，一致性问题减少了 95%，时效性问题减少了 90%。数据质量得到了根本性改善，为企业提供了准确可靠的财税数据基础。

（2）决策支持更加可靠：准确的数据使企业管理层能够做出更科学的决策。

（3）税务合规性增强：准确完整的财税数据确保了企业税务申报的合规性，避免了数据问题导致的税务风险和罚款。

（七）风险管控

（1）定期评估：每月对数据质量进行一次全面评估，监控数据质量指标的变化情况。根据评估结果及时调整数据质量识别规则和处理流程,确保数据质量始终保持在较高水平。

(2)数据备份与恢复:建立完善的数据备份机制,每天对重要的财税数据进行备份。同时,定期进行数据恢复演练,确保在数据出现丢失或损坏等极端情况下能够快速恢复,保障企业财税业务的正常运转。

二、AI财税数据质量的数据隐私

(一)AI财税数据隐私的识别方法

(1)隐私政策审查:仔细研读项目涉及的所有隐私政策文件,明确数据的收集、使用、存储和共享等环节中对隐私的规定与保护措施,查看是否存在可能导致隐私泄露的漏洞或不规范之处。

(2)数据访问日志分析:通过查看系统的访问日志,了解哪些用户或系统在什么时间、以何种方式访问了哪些数据,重点关注异常的访问行为,这些可能是数据隐私风险的信号。

(3)数据脱敏检查:检查在数据使用过程中是否对敏感数据进行了有效的脱敏处理。

(4)网络传输安全检查:审查数据在网络传输过程中的安全措施,如数据传输的加密强度是否足够,是否对传输过程中的数据进行了完整性校验等,防止数据在传输过程中被窃取或被篡改导致隐私泄露。

(二)AI财税数据隐私的评估指标

(1)隐私合规性:依据《中华人民共和国网络安全法》《中华人民共和国数据安全法》《中华人民共和国个人信息保护法》和行业标准,评估项目数据处理活动是否完全符合隐私要求,是否取得了必要的用户授权,是否明确告知用户数据的使用目的和范围等。

(2)数据敏感度:根据数据的性质和可能对个人或企业造成的影响程度,将数据分为高度敏感、中度敏感和低敏感等不同级别。

(3)访问控制有效性:评估数据访问控制机制的有效性,通过分析实际的访问情况与预设的访问权限是否一致,以及是否存在越权访问的情况,衡量访问控制的有效性。

(4)数据匿名化程度:对于需要匿名化处理的数据,评估其匿名化的程度和效果。通过分析匿名化后的数据能否通过重新识别技术被还原,以及还原的难度和可能性,判断数据匿名化的质量。

第三节 业务变革风险的 AI 识别与评估方法

业务变革风险的 AI 识别方法，是指在企业财税领域实施 AI 技术的过程中，通过系统的方法和手段，对因引入 AI 技术而引发的企业财税业务流程、工作模式、组织架构等方面的变革所带来的潜在风险进行全面查找、分析和确认的过程。

在业务变革风险的 AI 识别过程中，应重点关注市场变化、技术更新、客户需求等方面的风险。市场变化可能导致原本的业务策略失效，技术更新可能带来成本增加或技术难题，客户需求变化则可能影响产品或服务的市场竞争力。

业务变革风险的 AI 评估方法，是一种融合 AI 技术和风险管理框架的创新手段，旨在通过数据驱动的方式，识别、量化和应对企业在战略转型、组织调整或技术升级过程中可能面临的风险。

在业务变革风险的 AI 评估过程中，应重点关注数据质量与完整性、模型选择与优化、风险评估的全面性与准确性、风险预警与监控、合规性与伦理道德，以及风险应对策略的制定与实施等方面。这些方面相互关联、相互影响，共同构成了业务变革风险 AI 评估的完整框架。

一、AI 业务流程调整

AI 业务流程调整是业务变革的关键环节，是 AI 税收优化的重要方法和手段。

（一）AI 业务流程调整的必要性

（1）提高效率：通过 AI 财税进行业务流程调整，可实现自动化的数据采集、处理和分析，减少人工干预，提高业务处理速度。

（2）提升准确性：AI 技术具有高精度和低误差的特点，能够有效避免人为因素导致的错误。

（3）适应业务发展：业务流程调整可使财税工作更好地与企业战略和业务发展相匹配，为企业提供更有力的支持。

（二）AI 业务流程调整的内容

（1）数据采集流程：传统的数据采集方式多为人工录入，效率低且易出错。AI 财税可通过 OCR 技术、数据接口等方式实现自动化数据采集。

（2）财务核算流程：智能记账系统可根据预设的规则自动生成记账凭证，自动进行账务处理；i 财机器人可完成重复性的财务核算任务，提高核算效率和准确性。

（3）税务申报流程：AI 可助力税务申报流程的优化，实时监控税务政策变化，自动调整申报数据，降低税务风险。

（4）风险监控流程：借助 AI 的数据分析和机器学习能力，建立风险监控模型，对财税数据进行实时监控和分析。

（三）AI 业务流程调整的难点

（1）人员习惯改变：新流程的引入需要员工改变工作方式和习惯，这可能会引发员工的抵触情绪，增加业务流程调整的难度。

（2）系统集成问题：不同系统之间的接口标准、数据格式等可能存在差异，导致系统集成难度大，影响业务流程调整的实施。

（3）规则调整与优化：新流程需要建立新的业务规则和操作规范，同时，对原有的规则进行调整和优化。这需要对企业的财税业务有深入的了解，并结合 AI 技术的特点进行合理设计，否则可能导致流程混乱或业务风险增加。

（四）应对 AI 业务流程调整难点的措施

（1）培训与沟通：加强对员工的培训，使其熟悉新流程和 AI 技术的应用，提高员工的操作技能和适应能力。

（2）系统整合与优化：成立专门的技术团队，负责系统集成和接口开发工作，确保 AI 财税系统与现有系统的无缝对接。

（3）规则制定与完善：组织业务专家和技术人员共同制定新的业务规则与操作规范，并在实践中不断调整和完善。

二、人员抵触

人员抵触是业务变革风险中常见且关键的问题。

（一）人员抵触的原因

（1）对未知的恐惧：AI 技术对于一些员工来说可能比较陌生，他们对新的工作方式和流程缺乏了解，担心自己无法适应或掌握，从而产生恐惧和抵触情绪。

（2）工作安全感降低：员工可能担心 AI 财税的实施会导致自己的工作岗位受到威胁，甚至被裁员。

（3）工作习惯和舒适区被打破：新的流程和技术要求员工改变工作方式，这会让他们感到不适应和不方便，从而产生抵触情绪。

（4）额外的学习压力：AI 财税的实施通常需要员工学习新的知识和技能，增加了员工的学习压力。

（二）人员抵触的表现

（1）消极怠工：员工可能对新的工作任务缺乏积极性，故意拖延工作进度，降低工作效率。

（2）抵制培训：对企业组织的关于 AI 财税知识和技能的培训不积极参与，甚至故意缺席。即使参加培训，也可能心不在焉，不愿意认真学习和掌握新的技术与流程。

（3）传播负面情绪：在员工内部传播对 AI 财税的负面看法和担忧，影响其他员工的态度和情绪，形成一种消极的工作氛围。

（4）提出不合理要求：以各种理由反对项目的实施，提出一些不合理的要求或条件，试图阻碍项目的推进。

（三）应对人员抵触的措施

（1）沟通与教育：加强与员工的沟通，通过组织项目介绍会、座谈会等形式，向员工详细介绍 AI 财税的目标、意义、实施计划和对员工的影响，让员工了解项目的必要性和好处。

（2）员工参与和授权：鼓励员工参与项目的规划和实施过程，听取他们的意见和建议，让他们感受到自己是项目的一部分，增强其归属感和责任感。

（3）职业发展规划：为员工制定清晰的职业发展规划，让他们看到 AI 财税实施后自己的职业发展方向和晋升机会。

（4）激励与奖励：建立合理的激励机制，对积极参与项目、学习新技能并取得良好效果的员工给予奖励，包括物质奖励和精神奖励。

第四节　不同风险类型的应对策略与预案制定

企业在运营过程中，会面临各种类型的风险，每种风险都需要有针对性的应对策略。

一、AI 财税市场风险应对策略

对于市场风险，企业应加强市场调研，及时了解市场动态和客户需求变化，调整业务策略以适应市场变化。同时，建立灵活的价格机制和多元化的销售渠道，以降低市场波动对企业的影响。

（一）竞争对手压力的应对策略

随着 AI 财税市场的发展，越来越多的企业进入该领域，竞争日益激烈。

（1）加强市场调研：深入了解竞争对手的产品特点、价格策略、市场份额等信息，每月发布竞争对手分析报告，为公司制定竞争策略提供依据。

（2）突出产品差异化：根据市场需求和自身技术优势，开发独特的功能和服务，如针对特定行业的个性化财税解决方案，提高产品附加值。

（3）优化客户服务：建立快速响应的客户服务团队，提供 7×24 小时服务，及时解决客户问题，提高客户满意度和忠诚度。

（二）新进入者威胁的应对策略

AI 财税市场可能会吸引新的企业进入，带来新的竞争压力。

（1）利用先发优势：加快市场布局，提高品牌知名度，通过大规模的市场推广活动，如线上线下广告投放、举办行业峰会等，巩固市场地位。

（2）构建行业壁垒：通过专利申请、技术合作等方式，保护自身技术优势，增加新进入者的进入难度。

二、AI 财税技术风险应对策略

在 AI 财税技术风险方面，企业应加大研发投入，不断提升自身技术实力。同时，积极引进外部先进技术，加强与科研机构的合作，共同研发新产品、新技术。此外，建立完善的技术备份和恢复机制，确保在技术故障时能够迅速恢复业务。

（一）技术更新换代风险的应对策略

AI 技术发展迅速，新的算法、模型不断涌现。如果企业不能及时跟进技术创新，其产品可能很快被市场淘汰。

（1）技术研究团队：设立专门的技术研究团队，关注行业前沿动态，定期评估新技术对公司产品的影响，每年至少参加两次行业技术研讨会，及时获取最新技术趋势。

（2）技术升级计划：制订技术升级计划，设定固定的技术评估周期，如每季度进行一次内部技术审查，确保产品技术在市场上保持竞争力。

（二）数据安全与隐私风险的应对策略

AI 财税涉及大量敏感财务数据，数据泄露会给企业和客户带来巨大损失。

（1）数据访问控制机制：建立严格的数据访问控制机制，采用多因素身份验证，对不同员工设置不同的数据访问权限，确保只有授权人员能访问关键数据。

（2）实施加密技术：对存储和传输中的数据进行加密，定期进行数据安全审计，及时发现并修复潜在的安全漏洞。

（3）客户保护协议：与客户签订详细的数据保护协议，明确双方在数据安全方面的责任和义务，增强客户对公司数据保护能力的信任。

三、法规与合规风险的应对策略

法规与合规风险，是指企业因未能遵守法律、法规、监管要求或行业准则，而可能面临的法律制裁、财务损失、声誉损害以及运营干扰等不利后果。

(一) 财税法规变化的应对策略

(1) 财税法规不断更新，AI 财税产品需要及时适应这些变化，否则可能导致客户面临税务风险。

(2) 设立法规研究团队，密切关注财税法规的变化，及时解读新法规对产品的影响，每周发布法规动态报告。

(3) 建立快速响应机制，一旦法规发生变化，迅速调整产品功能和算法，确保产品符合最新法规要求。同时，为客户提供法规变更相关的培训和咨询服务。

(二) AI 伦理与合规问题的应对策略

AI 决策过程可能存在不透明、偏见等问题，进而引发伦理和合规争议。

(1) 建立 AI 伦理审查机制，在产品开发过程中，对 AI 算法进行伦理评估，确保算法公平、公正、透明。

(2) 加强与监管机构的沟通，及时了解 AI 伦理和合规方面的监管要求，主动配合监管工作，定期进行内部合规检查，确保公司运营符合相关规定。

【案例16-4】不同风险应对策略与预案制定的案例

(一) 案例背景

陕西华硕实业发展有限公司 CEO 魏忠贤决定上线一套 AI 财税一体化系统，旨在提升财务核算效率、精准税务优化以及强化风险预警能力。项目涉及多部门协作，涵盖财务、税务、信息技术以及业务运营等关键领域。

(二) 风险类型及应对策略

1. AI 财税技术风险

(1) 算法偏差。

①应对策略：在项目初期，组建专业的数据科学家团队与财税专家团队联合开展工作。数据科学家负责算法选型与优化，财税专家对算法的每轮训练结果都依据专业知识进行校验。

②预案制定：在系统上线后发现算法偏差引发大面积错误预警或决策失误，立即启动应急数据校验流程。一方面暂停受影响模块的运行，另一方面快速组织专家团队人工复核关键数据，同时，利用备份数据回滚算法至上次稳定版本，待问题解决后再逐步更新优化。

(2) 系统稳定性。

①应对策略：在硬件方面，采用冗余服务器架构，确保主服务器出现故障时备用服务器无缝切换，维持系统运行；在软件层面，建立严格的代码审查机制，每周进行系统

性能扫描与漏洞检测，及时修复发现的问题。

②预案制定：当遭遇突发系统崩溃时，运维团队第一时间按照预定流程尝试重启关键服务，失败则切换至备用系统，并通过短信、邮件等多渠道向相关人员通报故障情况及预计恢复时间。

2. AI 财税数据风险

（1）数据质量。

①应对策略：构建数据质量管理平台，从数据录入源头开始把控。在数据流转环节，设立数据质量监控节点，定期比对不同数据源的数据一致性，确保数据完整准确。

②预案制定：发现大规模数据质量问题影响系统核心功能，如财务报表生成错误，迅速锁定问题数据范围，启动数据清洗流程，利用备份数据或数据源重新提取、校验数据，确认无误后恢复正常业务流程。

（2）数据隐私。

①应对策略：依据国内外数据隐私法规（如 GDPR、《中华人民共和国个人信息保护法》等），设计严密的数据访问权限体系，不同岗位人员仅能访问其业务所需最低限度的数据，且所有数据访问操作均留痕记录。

②预案制定：一旦发生数据隐私泄露疑似事件，立即切断数据泄露源头（如暂停相关网络端口、封禁可疑账号等），同时，向监管部门报告情况，配合调查。组织专业法务团队评估可能的法律责任与赔偿范围，及时向受影响用户或合作伙伴通报进展，制定补救措施，如提供信用监控服务、数据加密强化方案等，防止二次泄露。

3. 业务变革风险

（1）业务流程调整。

①应对策略：在项目筹备阶段，绘制详细的"现状业务流程图"与"目标业务流程图"，组织跨部门研讨会，邀请各流程节点关键人员参与，充分沟通并优化流程设计。

②预案制定：新流程上线后出现严重卡顿或业务中断情况，如自动化税务申报流程因接口故障无法提交数据，立即启动人工应急申报流程，确保企业纳税申报按时完成；同时，组织技术团队与业务团队紧急排查故障原因，是系统缺陷则快速修复并发布补丁，是外部接口问题则积极与第三方协调解决，待问题解决后对流程进行复盘优化，补充应急容错机制。

（2）人员抵触。

①应对策略：实施全面的员工培训计划，划分出基础普及、进阶实操、案例研讨等多个层级，满足不同员工学习需求；设立内部 AI 财税创新奖励基金，鼓励员工主动利用新技术破解业务难题，提升工作效率。比如，某财务人员利用 AI 系统挖掘出成本节约新思路，企业不仅给予物质奖励，还将其经验在内部推广分享，激发更多员工的积

极性。

②预案制定：当察觉到员工抵触情绪蔓延影响项目进度时，暂停部分激进变革措施，深入基层倾听员工诉求，有针对性地调整策略。

(三) 案例效果

通过以上系统的应对策略与预案制定，该企业 AI 财税在实施过程中虽遭遇各类挑战，但均能有条不紊地应对，保障项目顺利落地并持续稳定运行，实现了财税管理效能的显著提升。

第七部分
AI 财税管理实践与创新应用篇

AI 财税管理实践，是企业在实际财务管理过程中，运用 AI 技术解决具体的财税问题，展现了 AI 技术在财税领域的落地应用成果。AI 财税管理创新应用，是利用 AI 技术对传统财税管理流程和方法进行变革与创新的举措。

总的来说，AI 财税管理通过机器学习、深度学习等 AI 技术，实现财务数据的自动化处理、智能化分析以及税务风险的精准把控。它改变了以往依赖人工操作的财税管理模式，提高了工作效率和数据准确性。

其特征主要包括：

一是智能化，借助 AI 算法自动完成复杂的财税计算和分析；

二是自动化，能自动采集、整理数据，实现流程自动化；

三是精准化，通过对大量数据的分析，精准预测财税风险和企业财务状况；

四是高效化，大幅缩短业务处理时间，提升企业财务管理效率。

第十七章
不同行业企业 AI 财税管理深度剖析

AI 财税管理借助先进算法与数据分析，为企业提供高效、精准、智能的财税解决方案，通过自动化数据处理等核心应用，提升财税管理效率、降低风险、优化决策。但它在实施中面临数据安全、技术人才及系统集成等挑战，企业需加强数据保护、培养引进人才、解决集成问题，实施时要做好需求评估等关键步骤。未来，AI 财税管理将发挥更重要的作用，企业应积极拥抱变革。

第一节 制造业企业 AI 成本管控

制造业企业是以营利为目的，将物质资源加工制作成新产品的经济组织，主营业务收入占比超 50%（不含）是其重要判定标准。在当前环境下，AI 财税管理为制造业企业带来新契机，尤其在成本管控方面优势显著。

一、制造业企业 AI 成本管理要求

（1）精确成本核算：AI 整合生产、采购、库存等多环节数据，如汽车制造企业，能精细分析零部件采购成本、生产工序工时及设备损耗，精准计算产品成本，避免传统核算数据繁杂导致的误差。

（2）实时成本监控：实时收集分析生产过程成本数据，如在电子设备制造中，一旦原材料浪费或设备故障导致成本异常，AI 系统能即刻预警，助力企业迅速采取措施控制成本。

（3）成本预测与优化：借助机器学习算法，依据历史数据和市场动态预测未来成本，企业据此制订合理的采购计划、生产排班，降低生产成本。

二、制造业企业 AI 成本控制的关键点

成本控制对制造业企业生存发展至关重要，需遵循全面性、科学性、系统性和持续

性原则。

(一) 原材料成本控制

(1) 采购环节：建立完善供应商评估体系，综合考量信誉、质量、价格、交货期等因素选择优质供应商，如对比分析后选择性价比高的供应商，与主要供应商建立长期合作关系争取优惠价格；密切关注原材料市场动态，对价格波动大的原材料利用期货市场套期保值，如钢铁企业通过期货锁定采购价格。

(2) 库存管理环节：运用经济订货量模型分类法等平衡库存与生产需求，如对关键原材料采用定量订货方式，对低值少用的原材料采用定期订货方式；通过优化生产计划、加强供应链协同提升库存周转率，如采用准时化生产模式以减少库存积压。

(二) 人工成本控制

(1) 人力资源规划与效率提升：依据生产任务和工艺流程合理配置人员，通过工作分析明确岗位要求以避免人员冗余；为员工提供针对性培训，对新员工开展岗位技能培训，对老员工进行新技术培训，提升员工技能和生产效率，降低单位产品人工成本。

(2) 薪酬管理与激励机制：设计合理的薪酬结构，基本工资依岗位价值和市场水平确定，绩效工资、奖金与工作表现和经营业绩挂钩；采用灵活的用工方式，生产旺季采用临时工或劳务派遣的方式，将非核心业务外包，降低人力成本。

(三) 制造费用控制

(1) 设备管理与维护：购置设备时进行技术经济分析，综合考虑生产效率、能耗、维修成本等，选择性价比高的设备；制订科学设备维护保养计划，采用预防性维护策略，安装传感器实时监测设备状态，降低故障损失和维修成本。

(2) 能源成本控制：建立能源监测与管理系统，实时监测电力、水、天然气等能源消耗，分析找出浪费环节并采取节能措施；积极应用节能技术和设备，如高效电机、余热回收装置等，提高能源利用效率，降低能源成本。

【案例17-1】通过 AI 控制产品制造成本案例

(一) 案例背景

深圳富华电子有限公司以生产智能手机配件为主，产品更新换代快，生产规模大。在成本控制上，该公司面临着人工成本上升、生产设备维护成本高以及能源消耗难以精确控制等挑战，因此，该公司 CEO 赵国威决定利用 AI 技术帮助企业实现生产成本降低 10% 的目标。

(二) AI 应用措施

1. 人工成本控制

AI 随时观察单位产品人工成本的变化。通过 AI 优化生产流程和人力资源配置后，单位产品人工成本从每小时 30 元降低到每小时 25 元。AI 还可以统计人工工时的减少量,如某产品生产线上的总人工工时从每月 1 000 小时减少到每月 800 小时,这体现了生产效率的提升对人工成本的积极影响。

(1) 智能人力资源管理系统。

AI 系统通过分析员工的多维度数据,如工作绩效数据(包括产量、良品率等)、技能水平(如操作熟练度、多技能掌握情况)、工作时间(如加班时长、不同时段工作效率等),为员工精准画像。以某条新的智能手机配件生产线为例,系统在组建时,仅用了传统方式一半的时间就筛选出具备相关技能的员工,并合理安排工作岗位,将新生产线的组建时间从原来的平均 10 天缩短至 5 天,大大提高了人力资源的利用效率,间接降低了因生产线闲置或延误带来的成本。

经过系统的持续优化和精准任务分配,员工整体工作效率提升了 20%。原来单位产品的人工成本为 10 元,效率提升后,单位产品人工成本降低至 8 元左右。

(2) 员工培训优化。

利用 AI 技术深度分析员工的培训需求,综合员工在工作中的操作数据(如操作失误次数、操作速度等)、质量数据(如产品合格率、缺陷率等)、考试成绩等信息,确定每个员工的知识和技能短板,为其推荐个性化的培训课程。

如在某道关键工序上,经过针对性培训后,员工的操作失误次数从每月平均 5 次降低至 1 次,操作时间从平均每件 10 分钟缩短至 8.5 分钟,生产效率提高了 15%,单位产品的人工成本相应降低了约 12%。

2. 生产成本控制

(1) 设备维护。

在生产设备上安装大量传感器,如温度传感器、振动传感器、压力传感器等,实时收集设备的运行数据。

例如,收集 CPW 注塑机每分钟的温度变化、每 5 秒的振动频率以及每 30 秒的压力数据等,利用机器学习算法对这些海量数据进行分析,构建设备故障预测模型。

该模型能够提前 1~2 周预测设备可能出现的故障,使维护人员有充足的时间进行准备和维修。如之前设备突发故障导致的每月平均停机时间为 10 小时,采用 AI 预测性维护系统后,每月平均停机时间缩短至 2 小时以内,设备维护成本降低了约 25%。同时,由于降低了紧急维修和设备更换的频率,每年可节约设备维修费用约 30 万元。

(2) 能源成本控制。

AI 能源管理系统能够实时监测生产车间内各个设备和区域的能源消耗情况,精确到每台设备每小时的耗电量、每个车间每分钟的用水量等。通过对能源消耗数据的深度分析,结合生产任务、设备运行状态等因素,AI 系统自动调整设备的能源使用模式。

例如，在生产任务较轻的夜间时段，自动降低部分设备的运行功率，使设备耗电量降低了 30%；在车间无人的休息时段，自动关闭照明和空调等设备，每月可节约照明用电约 500 千瓦时，空调用电约 800 千瓦时。通过这种智能能源管理方式，企业的能源成本降低了约 18%，每年可节约能源费用约 20 万元。

（3）制造费用控制。

AI 重点关注设备维护成本、能源成本等制造费用的降低情况。对于设备维护成本，比较应用 AI 预测性维护系统前后的维修费用、设备停机时间等。例如，设备维修费用从每年 50 万元降低到 30 万元，设备停机时间从每年 200 小时减少到每年 80 小时。在能源成本方面，查看单位产品能耗的降低率，如单位产品的电力消耗从每台 10 千瓦时降低到 8 千瓦时，降低率为 20%。

3. 成本预测准确性提升

通过比较预测成本与实际成本的差异衡量 AI 成本预测模型的准确性，如采用均方根误差（RMSE）、平均绝对误差（MAE）等指标。原来成本预测的 RMSE 为 10%，经过模型优化和数据积累后，RMSE 降低到 5%，这说明成本预测更加精准，有助于企业更好地进行成本规划和控制。

（三）应用效果

通过 AI 数据分析，找到问题关键点，然后回到业务链上，优化业务流程，最终超额完成了该公司利用 AI 技术帮助企业降低 10% 生产成本的目标。

【案例 17-2】通过 AI 控制材料成本案例

（一）案例背景

河北固特汽车零部件制造有限公司主要为汽车主机厂提供发动机零部件，产品种类繁多，生产流程复杂。在成本控制方面，企业面临着原材料浪费、生产效率低下以及质量成本过高等问题。传统的成本控制方法难以有效应对这些复杂的情况，因此，企业 CEO 申公平决定引入 AI 技术优化成本控制，目标是降低产品制造成本 15%。

（二）AI 应用措施

1. 原材料成本控制

通过对比应用 AI 技术前后，原材料采购成本的变化是一个关键指标。

（1）智能采购系统。

企业的智能采购系统每日收集并处理数千条原材料市场数据。通过机器学习算法中的时间序列分析、回归模型以及深度学习神经网络，系统对各类原材料价格走势进行精准预测，预测准确率在特定市场环境下可达 85%。

企业应用 AI 智能采购系统后，单位产品的钢材采购成本从每吨 5 000 元降低到

4 800 元，降低率为 4%。同时，库存周转率从每年 3 次提高到 4 次，表明企业在原材料库存管理方面更加高效，减少了库存积压资金。

在 WT 型钢材采购项目中，系统提前一个月预测到价格将上涨 12%。采购部门依据系统建议，提前增加了 30% 的采购量。此次操作避免了价格上涨导致的额外成本支出约 50 万元，同时，由于采购量的合理增加，结合批量采购折扣和优化的物流方案，进一步节约了采购成本约 8 万元。

（2）采购实施步骤。

步骤一：数据采集与整合。

与专业的信息技术团队合作，搭建数据采集接口，连接多个权威市场数据平台、行业研究机构以及各大供应商的数据源，确保每日能够稳定收集并传输数千条原材料市场数据至企业的本地数据存储服务器。对这些原始数据进行初步的清洗和分类，去除重复、错误或不完整的数据记录，为后续的分析做准备。

步骤二：模型训练与优化。

数据科学家运用机器学习算法中的时间序列分析、回归模型以及深度学习神经网络，将过去至少 3 年的历史原材料价格数据、市场供需数据、期货市场价格走势数据等作为训练集，对智能采购模型进行训练。在训练过程中，不断调整模型的参数，如神经网络的层数、节点数量、学习率等，通过交叉验证和误差分析等方法，提高模型对原材料价格走势的预测准确率，使其在特定市场环境下可达 85%。

步骤三：采购决策与执行。

采购部门每日登录智能采购系统，查看系统生成的原材料价格预测报告和采购建议。例如，在 WT 型钢材采购项目中，系统提前一个月预测到价格将上涨 12%，采购部门依据系统建议，启动紧急采购预案：与财务部门沟通，确保资金安排到位；与供应商进行谈判，根据系统提供的供应商性价比排名和历史合作数据，优先选择长期合作且价格合理的供应商，提前增加 30% 的采购量。

2. 原材料质量控制

（1）检验环节：在原材料入厂检验环节，AI 图像识别系统基于深度学习的 CNN 架构，对收集的超过 10 万张原材料图像进行训练，能够识别出数十种常见的原材料表面缺陷。

（2）对比效果：与传统人工检测相比，原本人工检测每件原材料平均耗时 5 分钟，采用 AI 图像识别技术后，检测时间缩短至 2 分钟以内，检测速度提高了 150%。在废品率控制方面，传统人工检测的漏检率约为 5%，导致每年因漏检产生的废品损失高达 30 万元。引入 AI 技术后，漏检率降低至 1% 以内，每年可节约废品损失成本约 24 万元，同时，因减少返工和次品处理流程，额外节约成本约 10 万元。

(3) 实施步骤。

步骤一：图像数据收集与标注。

在原材料入厂检验区域安装高清摄像头，确保能够全方位、清晰地拍摄原材料的表面图像。制定图像采集标准操作规程，要求检验人员在原材料入库时，从不同角度、不同光照条件下拍摄至少三张图像，并将这些图像实时上传至 AI 图像识别系统的数据库。建立图像标注审核机制，确保标注的准确性和一致性，标注错误率控制在 1% 以内。

步骤二：模型训练与部署。

AI 技术团队运用深度学习的 CNN 架构，将标注好的超过 10 万张合格与不合格原材料图像作为训练数据，对图像识别模型进行训练。在训练过程中，不断调整模型的卷积核大小、池化层参数、迭代次数等，以提高模型对原材料表面缺陷的识别准确率和速度。

步骤三：检测流程优化与质量监控。

对原材料入厂检验流程进行优化，将原来的人工抽检模式改为基于 AI 图像识别技术的全检模式。检验人员将原材料放置在检测台上后，启动 AI 检测程序，系统自动采集图像并进行分析，在 1 分钟内给出检测结果，大大缩短了检测时间，提高了检测效率。

第二节 制造业企业 AI 税收优化方略

税收优化是企业在合法合规的框架内，通过合理规划财务活动、组织架构、业务流程等，充分利用税收政策，以实现税负降低、税务风险可控并提升企业经济效益的一系列策略与行为。

税收优化的三大目标如下。

(1) 税负降低：直接减少企业在所得税、增值税、消费税等各类税种上的现金支出，增加企业利润留存，提升企业的财务实力和市场竞争力。例如，一家制造业企业通过合理的税收优化，使企业所得税税率从 25% 降低到 20%，在年利润为 1 000 万元的情况下，可直接节省 50 万元的税款支出。

(2) 资金效益最大化：通过延迟纳税时间，企业相当于获得了一笔无息贷款。这笔资金可以用于企业的日常运营、投资新的项目或技术研发等，以促进企业的发展。如企业采用分期收款销售方式，将原本应在本期确认的收入递延到未来期间确认，从而推迟了企业所得税的缴纳时间，使资金在企业内部留存更久，创造更多的价值。

(3) 税务风险可控：确保企业的税务处理符合国家税收法律法规的要求，避免因税务违规行为而面临的罚款、滞纳金、声誉损失甚至法律诉讼等风险。例如，企业建立完善的税务内部控制制度，定期进行税务自查自纠，及时发现并纠正潜在的税务风险，保障企业的正常经营秩序。

一、制造业企业如何通过 AI 进行税收优化

（一）自动合规检查

利用 AI 的数据分析能力，对企业的财务数据和税务申报数据进行自动检查。通过将企业的交易记录、账务处理与税收法规进行比对，识别潜在的税务合规风险。发现不合规的情况，系统会及时发出警报，提醒企业进行调整，避免税务处罚。

（二）风险评估与预警模型

建立基于 AI 的税务风险评估模型，综合考虑企业的行业特点、经营规模、交易类型等因素，对税务风险进行量化评估。通过对历史税务数据和市场数据的分析，预测税务风险发生的概率和可能造成的损失程度，提前发出风险预警，使企业有针对性地采取防范措施。

1. 税收政策利用

AI 系统可以实时监测税务法规的变化，通过网络爬虫技术收集国家和地方税务机关发布的最新税收政策、法规解释与通知等信息。当新的税收优惠政策出台时，系统能在第一时间获取并解析这些信息，及时通知企业的税务管理人员。

（1）增值税优惠政策。

①进项税额抵扣优化：制造业企业应确保合法合规地获取增值税专用发票，充分利用进项税额抵扣政策。对于采购的原材料、设备、办公用品等，严格要求供应商提供增值税专用发票，及时认证并抵扣进项税额。

②税收优惠政策享受：关注国家和地方的增值税优惠政策，如对高新技术企业、资源综合利用企业等的增值税减免或退税政策。企业应积极对照政策要求，调整生产经营活动，争取享受相关优惠政策。

（2）企业所得税优惠政策。

AI 系统可以对企业的业务活动和财务状况进行全面分析，结合税收优惠政策的适用条件，为企业精准匹配可能享受的优惠政策。

2. 税收优化策略

（1）效益评估：运用 AI 对企业享受税收优惠政策后的经济效益进行评估。通过比较享受优惠政策前后企业的税负率、利润水平、现金流等指标的变化，分析政策对企业的实际影响，为企业进一步优化税收策略提供参考。

（2）方案评估：AI 对企业实施的税收优化方案进行实时评估，根据企业内部经营

情况的变化和外部税收环境的变化,及时调整税收优化方案。

(3)母子公司:对于集团化的制造业企业,AI可以协助制定合理的利润分配和转移定价策略。通过分析各子公司或分支机构所在地区的税收政策、成本结构和市场情况,确定合理的内部交易价格,使集团整体税负最优。

(4)分支机构:通过在不同地区或国家设立子公司、分公司等分支机构,利用各地税收政策差异,实现集团整体税负的优化。

(三)企业组织形式与架构调整

不同的企业组织形式在税收待遇上存在差异。独资企业和合伙企业一般只需要缴纳个人所得税,不涉及企业所得税,而有限责任公司则需要先缴纳企业所得税,股东在取得股息红利时还需要缴纳个人所得税。

【案例】科技领军人才周孝武搞了一个小型创业项目,预计年利润在100万元以内,选择设立独资企业,按照个人所得税经营所得税率计算纳税,税负可能低至2.5%;设立为有限责任公司,在缴纳25%的企业所得税后,股东分红还需缴纳20%的个人所得税,税负可能高达40%。

1. 企业组织形式

(1)独资企业。

①特点:由一个自然人投资,财产为投资人个人所有,投资人以其个人财产对企业债务承担无限责任。这种组织形式的优点是设立程序简单,经营管理灵活,企业主能够快速做出决策。

②税务影响:通常只缴纳个人所得税,不涉及企业所得税。企业的利润直接作为企业主的个人所得纳税,在一定程度上可以避免企业所得税和个人所得税的双重征税问题。但是,由于投资人承担无限责任,企业风险较大,一旦企业出现债务问题,可能会影响企业主的个人财产。

(2)合伙企业。

①特点:由两个或两个以上的合伙人订立合伙协议,共同出资、合伙经营、共享收益、共担风险,并对合伙企业债务承担无限连带责任(普通合伙企业),或者部分合伙人承担有限责任(有限合伙企业)。这种形式有利于整合各方资源,合伙人可以在资金、技术、市场等方面实现优势互补。

例如,在一些新兴的高端制造业领域,技术合伙人提供专利技术,资金合伙人提供资金,共同开展生产经营活动。

②税务影响:合伙企业本身不缴纳企业所得税,合伙人按照"先分后税"的原则,根据各自的所得份额分别缴纳个人所得税或企业所得税。这为企业在税收优化方面提供了一定的灵活性,合伙人可以通过合理的利润分配方式减轻税务负担。

(3) 公司制企业。

①特点：是一种以营利为目的的企业法人，包括有限责任公司和股份有限公司。公司具有独立的法人财产，享有法人财产权，公司以其全部财产对公司的债务承担责任，股东以其认缴的出资额或认购的股份为限对公司承担责任。这种组织形式有利于企业筹集大量资金，实现规模经济。

②税务影响：公司需要缴纳企业所得税，股东在获得股息、红利等权益性投资收益后，还需要缴纳个人所得税（股东是自然人），存在双重征税问题。但是，公司在成本核算、费用扣除等方面有较为规范的制度，能够在一定程度上合理降低税负。

2. 企业架构调整

(1) 业务单元划分与整合。

①业务单元划分：将企业的不同业务活动划分为独立的业务单元，以便更好地进行管理和考核。

②业务单元整合：根据企业的战略目标和市场需求，对业务单元进行整合。

(2) 职能部门优化。

①职能部门精简与集中化：对企业的职能部门，如人力资源、财务、采购等部门进行精简，减少不必要的中间环节和重复工作。

②跨部门协作增强：加强不同职能部门之间的协作，打破部门壁垒。通过建立跨部门的沟通机制和工作流程，提高企业的整体运营效率，同时有利于优化税务安排。

(3) 层级结构调整。

①扁平化管理：减少企业的管理层级，使决策更加迅速地传递到基层员工。在税务管理上，扁平化管理可以使税务政策的执行更加直接有效，减少层级过多导致的税务沟通成本和执行偏差。

②区域架构调整：对于跨地区经营的制造业企业，根据不同地区的市场特点、税收政策和成本优势，调整区域架构。

二、制造业企业通过 AI 进行税收优化精解

【案例 17-3】国内公司组织架构调整的 AI 税收优化案例

(一) 案例背景

北京君洋智造集团有限公司在全国多个省份拥有生产基地和销售网络。原组织架构为集团公司统一管理各生产基地和销售分公司，所有利润在集团层面汇总纳税。随着业务的发展，集团发现部分地区的税收政策差异未得到充分利用，且业务流程中的一些环节存在税务成本较高的问题。

(二)组织架构调整方案

(1)设立区域子公司：在税收优惠政策较好的广东省设立生产型广州天明制造公司，将部分附加值较高的生产环节转移至该子公司。广东省对于新设立的高新技术企业给予"两免三减半"的企业所得税优惠政策，即前两年免征企业所得税，后三年减半征收。

(2)销售渠道优化：在主要销售市场贵州设立贵阳君智销售有限公司，将产品先销售给贵阳君智销售有限公司，再由贵阳君智销售有限公司销售给当地客户。这样可以利用贵州相对较低的增值税税负和地方税收返还政策，降低整体税负。

(三)税收优化效果分析

1. 企业所得税方面

在未调整架构前，北京君洋智造集团有限公司全年应纳税所得额为10 000万元，按照25%的企业所得税税率，需缴纳企业所得税2 500万元。

调整后，广州天明制造公司在享受"两免三减半"优惠政策的前两年，无须缴纳企业所得税，为集团节省了2 000万元（广州天明制造公司应纳税所得额为4 000万元，25%的税率，前两年免税）。在后三年，按照减半征收12.5%的税率计算，相比原税率节省1 500 [4 000×(25%−12.5%)×3]万元。

2. 增值税方面

原架构下，产品从生产基地直接销售给各地客户，全年增值税销项税额为1 500万元，进项税额为800万元，应缴纳增值税为700万元。

调整后，产品先销售给贵州的贵阳君智销售有限公司，通过合理的定价策略和当地的税收优惠政策，贵阳君智销售有限公司全年增值税税负降低了100万元（通过享受当地增值税地方留存部分的返还等优惠政策实现）。

总体省税效果：通过上述组织架构调整的税收优化方案，集团在企业所得税和增值税方面共节省了3 600（企业所得税节省+增值税节省=3 500+100）万元。

(四)特别提示

实际税收优化效果会因企业具体情况、税收政策变化等因素而有所不同。在实施税收优化方案时，企业应确保符合法律法规要求，避免税务风险。

企业在进行组织架构调整的税收优化时，必须高度注意下列四大风险和挑战。

(1)税务合规风险。

①关联交易风险：在组织架构调整过程中，企业往往会涉及关联企业之间的交易，如设立子公司或分公司后，产品或服务在关联企业之间转移定价。如定价不符合独立交易原则，税务机关有权进行调整。

②税收优惠政策滥用风险：企业可能会因误解或故意歪曲税收优惠政策而产生风险。例如，为了符合高新技术企业的税收优惠条件，在组织架构中设立所谓的"高新技

术子公司",但实际并不满足研发投入比例、高新技术产品收入占比等关键条件,这种虚假申报行为一旦被查实,将导致严重的税务处罚。

(2) 法律风险。

①公司设立与变更法律程序风险:组织架构调整可能涉及公司的设立、分立、合并等复杂法律程序。企业没有按照公司法等相关法律法规的要求操作,可能会导致公司设立无效、股东权益受损等问题。

②合同和债权债务转移风险:架构调整可能导致业务合同的主体变更、债权债务的转移。如果处理不当,可能会引发合同违约纠纷或债权债务纠纷。

(3) 财务和运营风险。

①财务成本增加风险:组织架构调整可能会带来一系列财务成本的增加。同时,企业可能需要重新构建财务核算体系,增加财务人员的工作量和管理成本。此外,组织架构调整可能导致资金周转效率降低,还可能增加企业的资金成本。

②运营管理难度增加风险:复杂的组织架构可能会使企业的运营管理变得更加困难。在生产环节,业务单元的划分和整合可能会影响生产流程的连贯性,降低生产效率。而且,不同地区的子公司需要适应当地的政策法规、文化环境等,增加了运营管理的复杂性。

(4) 政策变化风险。

①税收政策调整风险:税收政策是动态变化的,企业基于当前税收政策进行的组织架构调整,可能会因政策调整而失去优化的基础,这将使企业的税收优化目标无法实现,甚至可能导致税负增加。

②其他政策变化风险:除税收政策外,其他相关政策如产业政策、区域发展政策等也可能对企业的组织架构调整产生影响,这可能会影响企业在该地区的子公司或分公司的运营,增加企业的经营风险。

【案例17-4】国际公司全球组织架构调整的AI税收优化案例

(一) 案例背景

苹果公司作为全球顶尖的跨国科技企业,其产品如iPhone、iPad等在全球市场拥有庞大的客户群体和极高的市场占有率。其业务运营涵盖了从前沿技术研发、复杂生产制造到全球销售网络构建等多个关键环节,业务链条长且复杂,涉及众多国家和地区的税收法规与政策环境,这为其进行组织架构调整与税收优化提供了潜在空间和必要性。

(二) 组织架构调整

1. 设立 Apple Sales International (ASI)

(1) 苹果公司选择在爱尔兰注册成立 ASI,该地具有较为宽松的税收政策和优越的商业环境，吸引了众多跨国公司在此设立业务据点。

（2）人员配置与团队组建：招聘和组建专业的销售团队，能够精准把握市场动态和客户需求，制定并执行有效的销售策略，以推动苹果产品在目标市场的销售增长和市场份额提升。

（3）运营模式构建：建立高效的销售运营体系，与全球各地的苹果授权经销商、零售商以及电信运营商等合作伙伴建立紧密的合作关系，通过线上线下相结合的方式，拓展销售网络，确保能够迅速、广泛地将产品送达消费者手中。

2. 设立 Apple Operations International（AOI）

（1）专注知识产权管理：AOI 在爱尔兰成立，主要承担苹果公司核心知识产权的管理职能，包括苹果产品所使用的软件著作权、专利技术、外观设计等关键知识产权的集中管理与运营。由专业的知识产权团队负责知识产权的申请、维护、授权以及全球范围内的技术许可与转让事务，确保苹果公司在技术创新领域的领先地位和知识产权的价值最大化。

（2）研发资源整合与协同：虽然研发活动主要分布在全球各地的苹果研发中心，但 AOI 在知识产权管理过程中，与各研发中心保持着紧密的协同合作关系，整合全球研发资源所产生的知识产权成果，进行统一的战略规划和价值评估，为苹果公司的整体技术创新和产品升级提供有力支持。

（三）成本分摊协议与利润转移

1. 成本分摊协议制定

（1）研发成本界定与分配：苹果公司对全球范围内的研发活动进行详细的成本核算和分类，涵盖了从基础技术研究、产品设计开发到软件优化升级等各个环节所产生的人力、物力和财力成本。苹果公司基于各子公司和业务部门在研发过程中所承担功能、风险以及对知识产权的贡献程度，制定了一套复杂而精确的成本分摊协议。

（2）知识产权价值评估与回报分配：首先，对拥有的知识产权进行全面的价值评估，考虑知识产权的创新性、市场应用前景、竞争优势以及预期收益等因素，确定其在全球业务中的价值贡献。其次，根据成本分摊协议中各参与方的成本投入比例，将知识产权所产生的利润按照相应的比例进行分配，使得大量与知识产权相关的利润合理地归集到 AOI，实现了税负的优化。

2. 利润转移机制实施

（1）内部交易定价调整：通过调整苹果公司内部各子公司之间的交易价格，实现利润的转移。同时，在生产制造环节与销售环节之间的产品转移定价中，进行了合理的价格调整，确保在符合市场正常交易范围的前提下，将更多的利润留在 ASI，进一步降低了全球整体税负。

(2) 税务合规与文档准备：在实施利润转移机制过程中，苹果公司高度重视税务合规性，聘请专业的税务顾问团队，按照各国税收法规的要求，详细准备和保存与成本分摊协议、内部交易定价等相关的税务文档，应对可能来自各国税务机关的审查和质疑。

（四）双爱尔兰加荷兰三明治架构

1. 荷兰中间公司设立与角色定位

（1）设立目的与优势利用：苹果公司在荷兰设立了一家中间公司，充分利用荷兰广泛的税收协定网络和优惠的税收政策，尤其是在股息、利息和特许权使用费等方面的预提税减免政策。

（2）业务流程与资金流转设计：在双爱尔兰加荷兰三明治架构中，荷兰中间公司主要扮演资金中转和税收优化的关键角色。然后，荷兰中间公司再将这笔资金以相对较低的税务成本转移到 ASI，实现了利润在不同国家之间的高效流转和税负的优化，有效降低了全球整体税负。

2. 架构协同与整体运作

（1）跨区域业务整合与协调：通过精心设计的双爱尔兰加荷兰三明治架构，苹果公司实现了对欧洲及全球业务的深度整合与协同运作。从产品研发、生产制造到销售推广以及利润回流等各个环节，都在这个架构体系下进行了优化配置和高效管理。各子公司之间通过紧密的业务合作和资金往来，充分发挥各自所在地区的税收政策优势，形成了一个有机的整体，共同为苹果公司的全球税收优化目标服务。

（2）持续优化与风险应对：苹果公司持续对该架构进行优化和调整，密切关注国际税收政策的动态趋势，及时调整内部业务流程和税务安排，以确保架构的有效性和稳定性。同时，积极应对可能出现的税务风险，加强和各国税务机关的沟通与合作，通过主动披露信息、参与税务政策研讨等方式，维护公司的良好税务形象和商业声誉。

（五）操作步骤

1. 前期规划与战略决策阶段（1~2 年）

（1）全球税务环境调研与分析。

组建跨部门团队，对全球主要国家和地区的税收法规、政策动态、税率水平、税收优惠政策以及税务征管实践进行深入、全面的调研与分析。收集和整理各国税收政策的历史演变数据，预测未来的政策走向，评估不同地区的税收政策对苹果公司业务运营和税负的潜在影响，形成详细的全球税务环境调研报告，为后续的组织架构调整和税收优化决策提供可靠的数据支持与政策依据。

（2）业务架构与税收优化方案设计。

基于全球税务环境调研结果，结合苹果公司自身的业务特点、战略目标和全球市场布局，设计了"设立爱尔兰子公司＋成本分摊协议与利润转移＋双爱尔兰加荷兰三明治架构"的整体组织架构调整与税收优化方案，通过模拟不同的税收优化方案和业务运营模式，运用财务模型和税务分析工具，对各方案的税负水平、实施成本、合规风险以及对公司整体战略的影响进行量化评估和比较分析，筛选出最优的方案组合，并制订详细的实施计划和时间表。

2. 子公司设立与架构搭建阶段（1~2年）

（1）爱尔兰子公司注册与运营筹备。

①在爱尔兰按照当地法律法规完成 ASI 和 AOI 两家子公司的注册登记手续，并向爱尔兰相关政府部门提交注册申请文件和公司章程等法定文件，获得公司注册证书和营业执照。

②建立完善的公司治理结构和内部管理制度，明确各部门和岗位的职责权限、工作流程与绩效考核标准，确保子公司的运营管理规范、高效、透明。搭建财务核算体系和信息管理系统，与苹果公司全球的财务和信息系统进行对接，实现数据的实时共享和集中管理，为后续的成本分摊、利润核算和税务申报提供准确、可靠的数据支持。

（2）荷兰中间公司设立与架构整合。

在荷兰选择合适的注册地址和商业合作伙伴，完成中间公司的注册登记手续，设立符合荷兰法律要求和税收优化目标的公司组织形式与股权结构。制定荷兰中间公司的业务运营章程和资金流转规则，明确其在双爱尔兰加荷兰三明治架构中的角色和职责，即主要负责资金中转和税务优化，与爱尔兰的 ASI 和 AOI 两家子公司以及其他欧洲国家的销售业务单元建立紧密的业务联系与资金往来关系，确保架构的整体协同运作顺畅。

3. 成本分摊协议与利润转移机制实施阶段（持续进行）

（1）成本分摊协议执行与监控。

根据预先制定的成本分摊协议，苹果公司全球各子公司和业务部门按照协议规定的方法与比例，定期对研发成本、生产制造成本、营销成本以及其他相关成本进行核算和分摊，并向 AOI 公司支付相应的成本分摊费用。

（2）利润转移操作与税务合规管理。

在内部交易环节，按照既定的利润转移机制和定价策略，通过调整知识产权许可费用、产品转移价格以及其他相关交易价格，实现利润从高税率地区向爱尔兰子公司的合理转移。加强和税务机关的沟通与合作，主动向税务机关披露公司的税收优化方案和交易情况，积极回应税务机关的询问和调查，争取税务机关的理解和支持，维护公司良好的税务合规形象。

4. 架构优化与持续改进阶段（持续进行）

（1）税收优化效果评估与反馈。

定期（每季度或每年）对组织架构调整和税收优化方案的实施效果进行全面评估，

主要指标包括全球整体税负水平的变化、各子公司和业务部门的利润分布情况、成本控制效果、资金流转效率以及税务合规风险等。

（2）架构优化调整与创新探索。

根据税收优化效果评估反馈信息，结合全球税收环境的变化趋势和公司业务发展的战略需求，对现有的组织架构和税收优化方案进行持续优化与调整。同时，积极探索新的税收优化思路和方法，关注全球税收领域的创新实践和技术应用，如利用数字经济时代的新兴技术手段优化税务管理和风险防控，为公司的可持续发展提供更加有力的税务支持。

（六）税收优化效果

通过上述精心设计和实施的组织架构调整与税收优化方案，苹果公司在全球范围内实现了显著的税负降低效果，提升了盈利能力和市场竞争力，为公司的长期发展奠定了坚实的财务基础。相关研究和数据显示，2014年，苹果公司通过将利润转移到爱尔兰等低税率地区，有效税率大幅降低，相比美国较高的法定税率（最高曾达到35%左右），实际税负节省了90亿美元。在2014财年，苹果公司通过合理的税收优化，将全球有效税率控制在20%以下，节省的税款金额高达70亿美元，这使公司将更多的资金投入研发创新、市场拓展和股东回报等关键领域，进一步巩固了其在全球科技行业的领先地位。

1. 利用爱尔兰的低税率

（1）设立爱尔兰子公司：苹果公司在爱尔兰设立了ASI和AOI等子公司。爱尔兰的企业所得税税率较低，当时税率低至12.5%，相比美国等其他国家的高税率，苹果公司将大量利润转移至爱尔兰子公司，使这些利润以较低的税率纳税，从而降低了整体税负。

（2）双重非税务居民认定：在2015年1月1日之前，爱尔兰判定公司是否为税务居民的标准是公司的实际管理机构所在地。苹果公司的AOI、AOE和ASI三个公司注册地虽在爱尔兰，但实际管理机构所在地并不在爱尔兰，因此，在爱尔兰税法上被认定为非税务居民，无须在爱尔兰缴纳企业所得税，巧妙地避开了当地的高税负。

2. 成本分摊协议与利润转移

（1）签署成本分摊协议：苹果公司通过与爱尔兰子公司ASI签署成本分摊协议，共同投资、分担风险来开发知识产权。根据协议，苹果美国的Apple Inc.仅收取苹果产品在美洲销售所获得的收益，而ASI可以获得在世界其他地方销售美国产品所获得的收益，且占苹果公司整体收益的60%以上。这样，苹果公司成功地将大部分利润从高税率地区转移到了低税率的爱尔兰，实现了整体税负的降低。

（2）无形资产的价值转移：苹果公司的核心资产是其无形资产，通过成本分摊协议等方式,将与这些无形资产相关的利润分配到爱尔兰的 AOI 公司,利用爱尔兰的低税率环境,有效地降低了因知识产权产生的巨额利润带来的税负,因为这些利润留在美国,需按照美国的高法定税率纳税。

3. 双爱尔兰加荷兰三明治架构

(1) 荷兰的税收协定优势:苹果公司在荷兰注册了"苹果欧洲运营"公司,利用荷兰的税收协定网络和税收优惠政策。由于荷兰税法以公司注册地认定公司的国籍,两家爱尔兰公司和荷兰公司都会被认定为欧盟的公司,欧盟成员国公司之间的资金转移免缴预提所得税。这样,苹果公司在将利润从欧洲各国转移到爱尔兰的销售子公司 ASI 时,通过荷兰的中间公司中转,避免了预提税的缴纳,进一步降低了税务成本。

(2) 复杂的利润流转路径:苹果公司首先将其拥有的相关知识产权许可授权给爱尔兰的 AOI 公司,其次将 AOI 公司许可授权给荷兰的"苹果欧洲运营"公司,最后由荷兰公司许可给爱尔兰的 ASI 公司。当 ASI 公司在销售苹果产品时,向 AOI 公司支付知识产权使用费,从而将销售收入以知识产权使用费的名义,通过荷兰公司的中转,最终转移到总部加勒比群岛上的 AOI 公司,实现了利润在不同国家和地区之间的低税务成本流转。

4. 收入递延与勾选规则

(1) 收入递延条款利用:美国税法虽规定对国内公司的全球收入征税,但"收入递延"条款允许子公司的利润在进行股息分配汇回母公司前,母公司一般不需要就子公司的利润纳税。苹果等跨国公司利用此条款,将美国收入转移到低税区或无税区的海外子公司,从而规避美国税,增加税后利润。

(2) 勾选规则运用:美国税务局允许 100% 控股的境内外"受控公司"通过"勾选规则",选择不被视为子公司。苹果公司让较低级别的外国子公司选择成为"穿透体",继而子公司将不被视为法律实体,受控母子公司之间的交易也就不被确认,使得众多海外子公司间频繁的内部付款,不被认定为"外国基地公司收入",无须立即征税,这也在一定程度上帮助苹果公司降低了税负。

(七) 特别提示

实际的税收优化操作应根据各国具体的税收法律法规和企业的实际情况进行合理设计与谨慎实施,避免因不当的税收优化行为引发税务风险和法律责任。

(八) 案例启示

(1) 在实际操作中,应确保在合法合规的前提下实现企业的税务优化目标。

(2) 通过分析国际知名企业的全球组织架构调整案例,合理的架构设计能帮助企业享受税收优惠政策红利。中国企业应具备全球化视野,在全球进行企业架构设计和调整,以获取全球范围内的税收优惠。

（3）构建合理的境外投资架构，采用多层控股公司结构等，以实现 AI 税务优化和风险隔离。企业可在一些低税负或零税负的离岸中心设立控股公司，再由控股公司投资到其他国家的业务实体。这样可以利用离岸中心的税收优惠政策，对境外投资收益进行有效管理和分配，同时，在一定程度上避免直接投资可能面临的政治、经济等风险。但近年来，国际社会对离岸中心的税收监管日益严格，企业在采用此类架构时需更加谨慎评估风险和合规性。

第三节 制造业企业 AI 引导的内地税务优化运用

AI 引导的内地税务优化，是指借助 AI 技术，依据中国内地税收法律法规、政策导向以及企业经营实际情况，对企业税务策略、流程、核算等方面进行分析、调整与完善，以实现降低税务成本、防控税务风险、提升税务管理效率等目标的一系列活动。

利用 AI 的机器学习、深度学习、自然语言处理等技术。机器学习算法可对海量历史税务数据及企业经营数据进行分析，挖掘数据间隐藏的模式与规律，预测税务风险与税务优化空间。自然语言处理技术则能快速解读和分析不断更新的税收政策文件，帮助企业及时掌握政策要点。

一、基于内地税收体系

严格遵循中国内地的税收制度，包括企业所得税、增值税、个人所得税等多种税种的相关法规与政策。不同行业、地区存在税收优惠差异，如高新技术企业在企业所得税方面有优惠税率，西部地区部分产业有特定税收扶持政策。AI 引导的税务优化需充分考虑这些内地特有的政策细节。

二、多方面优化

（1）税务策略：依据企业战略目标、行业特点及税负现状，借助 AI 制定长期税务规划。例如，对于有扩张计划的企业，AI 可分析不同区域、业务模式下的税收影响，辅助企业选择最优投资地点与业务架构，以降低整体税负。

（2）流程优化：自动化处理烦琐的税务流程，如发票识别与验证、纳税申报数据准备等。AI 技术可快速准确地采集、整理税务数据，减少人工操作失误，提高税务处理效率，让税务人员将更多精力投入复杂税务问题的优化与风险管理中。

（3）会计核算：通过对企业财务数据的深度分析，确保会计核算准确性。AI 能实时监控财务数据变动对税务的影响，及时发现异常税务处理，避免核算错误导致的税务风险与额外成本。

三、目标导向明确

（1）降低税务成本：在合法合规的前提下，通过精准的税务优化，充分利用税收优惠政策，合理调整业务安排，实现企业税负的降低。

（2）防控税务风险：持续监测企业税务处理与税收政策的一致性，及时预警潜在税务风险。如识别企业是否存在关联交易定价不合理、税收优惠资格不符等风险点，帮助企业提前应对，避免税务处罚与声誉损失。

（3）提升管理效率：借助自动化与智能化手段，简化税务管理流程，减少人工干预，提高税务管理的及时性与准确性，为企业管理层提供更及时、可靠的税务决策支持。

【案例17-5】AI引导的内地企业税务优化案例

（一）案例背景

江西昌瑞现代制造企业有限公司的业务涵盖机械制造、电子产品制造等多个领域，在国内外均有生产基地和销售网络。企业面临复杂的税务环境，包括不同地区的税收政策差异、众多的税收法规条款以及频繁的税务申报和合规要求，传统的税务管理方式难以精准地把握税务优化机会，容易出现税务风险和税负较高的问题。为此，公司决定引入AI系统。

（二）AI应用措施

1. 智能税务风险预警与合规管理

（1）实时法规监测与解读。

利用网络爬虫技术，AI系统定期从国内外政府税务部门网站、权威税务研究机构平台等渠道抓取税收法规、政策变化信息。

运用自然语言处理技术对抓取到的文本信息进行清洗、分类和结构化处理，将复杂的法规条文转化为机器可理解的知识图谱形式，以便快速准确地解读政策要点及其对企业业务的潜在影响。

（2）税务数据自动审核与风险评估。

企业通过整合财务、税务、业务等多个系统，将各类数据实时传输至AI税务平台，实现数据的集中化管理。

2. 税收优惠政策精准匹配与利用

（1）企业业务画像与优惠政策匹配。

AI系统对企业的业务活动进行全面梳理，从ERP系统、CRM系统等多个数据源提取业务数据，包括产品信息、生产流程、销售渠道、研发投入、员工构成等。

通过数据挖掘和分析技术，构建详细的企业业务画像，并与内置的税收优惠政策数据库进行智能匹配。

利用文本相似度算法、关键词匹配等技术，精准识别企业符合的税收优惠政策，根据匹配结果，生成详细的政策适用报告，明确告知企业可享受的优惠政策条款、申报条件、所需材料以及预计的节税金额等信息，为企业申报优惠政策提供有力指导。

（2）优惠政策动态跟踪与调整。

AI系统持续关注税收优惠政策的发布、更新和废止情况，通过与政策发布源的实时连接，确保及时获取最新信息。

3. 税收优化方案智能生成与优化

（1）基于数据模拟的税收优化。

AI收集企业的历史财务数据、业务数据以及市场数据，包括原材料采购价格、产品销售价格、生产成本构成、各地区销售占比、市场增长率等信息，构建税收优化模型。

（2）方案实时优化与调整。

在税收优化方案实施过程中，AI系统与企业的业务系统和AI财税系统保持实时连接，持续收集企业内外部数据，如业务量变化、市场价格波动、税收政策调整等信息。

利用实时数据对优化方案的执行效果进行监控和分析，当发现实际情况与方案预设条件有偏差时，系统自动启动优化调整机制。通过重新运行税收优化模型，结合最新数据和变化情况，生成调整后的优化方案，并及时通知企业相关部门执行。

（三）实施步骤

1. AI系统选型与部署（第1～3个月）

成立由企业税务部门、财务部门、信息技术部门以及外部税务专家组成的AI税务项目团队，负责项目的整体规划和实施。

对市场上现有的AI税务解决方案进行全面调研和评估，综合考虑供应商的技术实力、产品功能、行业口碑、实施经验以及成本等因素，选择最适合企业需求的AI税务系统。

与选定的供应商合作，制订详细的系统部署计划，包括硬件采购与配置、软件安装与调试、数据迁移与整合等工作。在这个过程中，确保企业的税务数据安全，采取加密、备份等措施防止数据泄露和丢失。

2. 数据整合与系统初始化（第4～6个月）

梳理企业内部的财务、税务、业务等各类数据来源和系统架构，制定数据整合方案。通过建立数据接口、ETL工具等技术手段，将分散在不同系统中的数据进行抽取、清洗、转换和加载，集中到 AI 税务平台上，构建企业数据仓库。

在数据整合的基础上，对 AI 系统进行初始化配置，同时，根据企业的业务特点和税务管理需求，对税收优惠政策匹配模型、税收优化模型等进行参数调整和优化，确保系统能够准确地适应企业的实际情况。

进行系统的联调测试，模拟各种业务场景和税务处理流程，检查系统的数据准确性、功能完整性以及稳定性。对测试过程中发现的问题及时进行修复和优化，确保系统上线后能够正常运行。

3. 试点运行与优化（第 7~9 个月）

将企业的部分业务板块或地区作为 AI 税务系统的试点运行范围，先在某一生产基地或特定产品线的税务管理中应用 AI 技术。在试点过程中，密切关注系统的运行情况，重点评估系统在税务风险预警、税收优惠政策匹配和税收优化方案生成等方面的实际效果。

根据试点反馈，对 AI 系统进行针对性的优化和调整，使其生成的优化方案更具可行性和可操作性。

建立试点运行的沟通机制，定期召开项目团队会议，分享试点经验和问题解决方法，为系统在全企业范围内的推广做好准备。

4. 全面推广与持续改进（第 10~12 个月及以后）

在试点运行取得良好效果并对系统进行充分优化后，将 AI 税务系统逐步推广到企业的所有业务板块和地区，实现税务管理的全面智能化升级。

建立基于 AI 系统的税务管理长效机制，定期对系统进行维护和更新，包括及时更新税收法规库、优化模型算法以适应企业业务发展和税收政策变化等。同时，对税收优化方案的实施效果进行持续跟踪和评估，根据实际情况进行动态调整和优化，确保企业始终能够在合法合规的前提下实现税务优化目标。

（四）实施效果

（1）税负显著降低：通过 AI 引导的税务优化措施，企业在增值税、企业所得税等主要税种上的税负得到了明显下降。在实施后的第一年，企业整体税负率降低了约 10%，节省税款数千万元。随着 AI 系统对企业业务和税务环境的持续适应与优化，预计未来税负还有进一步降低的空间。

（2）税务风险得到有效控制：AI 系统的实时风险预警和合规管理功能使企业及时发现并纠正税务违规行为，大大降低了税务风险发生的概率。2023 年，企业因税务问题被税务机关处罚的次数从以往的平均每年 3~5 次降低到了 0 次，避免了税务风险造成的经济损失和声誉损害。

（3）税务管理效率大幅提升：传统的税务管理方式需要大量的人工进行数据处理、

法规研究和方案制定，耗时费力且容易出错。AI系统的应用实现了税务管理的自动化和智能化，大大缩短了税务申报周期，提高了数据准确性和政策匹配度。例如，企业以往完成月度税务申报需要5~7个工作日，现在借助AI系统仅需1个工作日即可完成，同时，申报数据的准确率从原来的80%左右提高到了98%以上，使企业税务团队将更多的时间和精力投入税务战略规划和业务支持等更具价值的工作中。

（五）案例启示

本税务优化案例为其他企业提供了四大启示。

1. 战略规划层面

（1）树立税务优化意识。

①主动性规划：本案例表明，企业应将税务优化视为企业战略的重要组成部分，而不是事后的补救措施。企业需要主动地从战略高度规划税务事务，在业务决策初期就考虑税务因素。

②全员税务意识培养：税务优化不是单纯财务或税务部门的责任，而是涉及企业各个部门。企业应当在内部培养全员税务意识，通过培训、沟通会议等方式，让各部门员工了解税务优化对企业整体利益的重要性，以及他们的日常工作如何与税务优化相关联。

（2）构建长期税务优化策略。

①持续关注政策变化：税收政策是动态的，成功的企业会制定长期的税务优化策略，持续关注国家和地方税收政策的变化，并及时调整自身的税务规划。这要求企业设立专门的税务研究团队或借助外部专业机构的力量，定期分析政策对企业的影响。

②灵活调整组织架构和业务模式：从长期来看，企业的组织架构和业务模式应具有灵活性，以适应税务优化的需要。根据市场环境和税收政策变化，适时调整企业的组织形式、业务流程以及内部交易安排等，要善于利用地域税收优势构建更优化的业务架构。

2. 技术数据层面

（1）利用先进技术工具。

①AI与大数据助力税务管理：本案例显示，借助AI和大数据技术可以显著提升税务管理的效率和精准度。企业可以利用这些技术实时监控税务法规变化、自动审核税务数据、精准匹配税收优惠政策，并智能生成税收优化方案。

②信息系统集成的重要性：税务优化离不开企业内部各信息系统的集成。企业要将AI财税系统、业务系统（如ERP、CRM）与税务管理系统紧密结合，实现数据的实时共享和流通。这样可以确保税务数据的完整性和及时性，为税务分析和决策提供更准确的依据。

(2) 重视数据质量和安全。

①高质量数据是基础：准确、完整的数据是税务优化的基础。企业应建立完善的数据质量管理体系，确保税务数据的真实性、准确性和一致性。

②数据安全保障：税务数据涉及企业的商业机密和敏感信息，一旦泄露可能会给企业带来巨大的损失。因此，企业要高度重视税务数据的安全保护，采取加密存储、访问控制、数据备份等多种安全措施，防止数据被非法获取、篡改或丢失。

3. 风险控制层面

(1) 合规是税务优化的前提。

①合法合规意识贯穿始终：本案例强调了合规的重要性。企业在追求税务优化的过程中，必须严格遵守国家税收法律法规，确保所有的税收优化措施都在法律允许的范围内进行。任何违法的税务行为，在短期内可能带来税负的降低，但从长期来看，会给企业带来巨大的法律风险、经济损失和声誉损害。

②积极应对税务检查：企业应建立健全的税务文档管理体系，保存好与税务处理相关的各种凭证、合同、报表等资料，以备税务机关检查。同时，当面临税务机关的询问或检查时，企业要积极配合，提供真实、准确的信息，并以专业的态度解释税收优化的合理性和合法性。

(2) 有效管理税务风险。

①建立风险预警机制：为了有效控制税务风险，企业可以借鉴成功案例，建立完善的税务风险预警机制。通过设定风险指标、阈值和监控频率，对税务风险进行实时监测和预警。

②定期进行税务风险评估：企业应定期开展全面的税务风险评估，对税收优化方案的风险进行识别、分析和评估。结合企业的业务发展战略、税收政策环境和内部管理情况，评估税务风险发生的可能性和影响程度，并根据评估结果制定相应的风险应对策略，通过持续的风险评估和管理，企业可以在税务优化过程中保持稳健的经营状态。

4. 实施改进层面

(1) 规划准备阶段。

①获得高层支持：税务优化项目通常涉及企业的多个部门和业务流程，需要高层领导的认可和支持。高层管理者应充分理解税务优化对企业战略目标实现的重要性，将其纳入企业的整体战略规划中。高层领导应积极参与税务优化方案的关键决策过程，协调各部门之间的利益关系，为项目的推进提供必要的权力和资源支持。

②组建专业团队：建立一个跨部门的税务优化团队，成员包括税务专家、财务人员、业务部门代表、法务人员和信息技术人员等。税务专家负责把握税务政策和优化方案的专业性；财务人员提供财务数据支持和会计核算；业务部门代表了解业务实际情

况，确保方案的可行性；法务人员审核税务优化措施的合法性；信息技术人员负责相关系统的搭建和维护。

③进行详细的现状评估：全面梳理企业当前的税务状况，包括企业涉及的税种、税率、纳税申报情况、税收优惠政策享受情况、历史税务风险等。通过查阅财务报表、税务申报记录、合同文件等资料，以及与相关部门人员的访谈，建立企业税务现状的详细档案。

④分析业务流程和组织架构：分析企业现有的业务流程、组织架构和财务管理体系对税务的影响，找出可能存在的税务优化空间和潜在风险点。评估企业的采购流程是否能够充分获取进项税额抵扣，销售模式是否合理安排了纳税义务发生时间，组织架构是否可以通过合理的调整降低税负等。

（2）实施操作阶段。

①制订详细的实施计划：根据税务优化目标和现状评估结果，制订具体的实施计划，明确每个阶段的任务、责任人和时间节点。实施计划应包括短期和长期的目标，将实施计划分解为可操作的具体步骤，并为每个步骤设定明确的验收标准。

②加强沟通与协调：在实施过程中，保持税务优化团队内部以及与其他部门之间的良好沟通。定期召开项目会议，汇报项目进展情况、讨论遇到的问题和解决方案。建立有效的沟通渠道，如内部工作群、专用邮箱等，方便团队成员之间以及与其他部门的信息传递和交流。

③监控与反馈调整：建立税务优化项目的监控机制，定期收集和分析项目实施过程中的数据，通过对比实施计划的目标和实际执行情况，及时发现偏差并采取纠正措施。每月分析一次税负率变化情况，如果发现税负率没有按照预期下降，要及时分析原因：是税收优化方案执行不到位，还是外部税收政策发生了变化。根据监控结果和反馈信息，及时调整税务优化方案和实施计划，将调整后的计划及时通知相关部门和人员，确保项目能够持续朝着优化目标前进。

（3）持续改进阶段。

①建立评估机制：定期对税务优化项目的实施效果进行全面评估，评估指标包括税负降低程度、税务风险控制情况、税务管理效率提升情况、对企业战略目标的贡献等。每年进行一次综合评估，通过对比税务优化前后的数据，如企业所得税税率从优化前的25%降低到优化后的20%，税务申报的准确性从80%提高到95%等，以衡量项目的实际效果。

②知识管理与经验传承：对税务优化过程中的知识和经验进行总结与提炼，形成企业内部的税务知识管理体系，包括整理税收优化案例库、编制税务操作手册、记录税收政策研究成果等。通过培训、分享会等方式，将税务优化的知识和经验在企业内部进行传播与传承，使相关人员了解和掌握企业的税务优化理念、方法及操作流程，确保税务

优化工作能够持续开展。

③关注外部环境变化：持续关注国家税收政策、法律法规的变化以及宏观经济环境的动态，及时调整税务优化策略。税务优化团队应定期研究税收政策的更新内容，分析其对企业的潜在影响。关注同行业其他企业的税务优化动态和最佳实践案例，结合企业自身情况进行学习和借鉴。参加如中财讯行业研讨会、税务论坛等活动，与其他企业和税务专业人士交流经验，了解行业最新的税务优化趋势和方法，不断完善企业的税务优化措施。

第四节　制造业企业常规的 AI 税收优化方法

在 AI 时代，常规税收优化是指企业在合法合规的前提下，利用 AI 技术优化税收策略和方法，以达到减轻税负、提高经济效益的目的。

在 AI 时代，常规税收优化将更加注重数据的分析和应用、流程的自动化以及方案的个性化和灵活性。企业应当充分认识和利用 AI 的潜力，以实现数字化转型及持续发展。

一、选择设立子公司或分公司的形式

在企业扩张或跨地区经营时，合理选择设立子公司或分公司的形式。子公司具有独立法人资格，独立纳税；分公司不具有独立法人资格，其企业所得税由总公司汇总缴纳。在税收优惠地区设立子公司，可以享受当地的税收优惠政策；而在亏损的情况下，设立分公司可以与总公司合并纳税，减少企业整体的应纳税所得额。

【案例17-6】亏损到盈利期的分支机构设立案例

（一）案例背景

江苏伟杰科技有限公司准备设立一家分支机构，预计该分支机构从 2025 年度到 2028 年度的应纳税所得额分别是 -1 000 万元、-500 万元、1 000 万元和 2 000 万元。

（二）操作步骤

（1）起初，考虑到分支机构前期亏损，选择设立分公司。2025 年度和 2026 年度，分公司分别亏损 1 000 万元和 500 万元，这些亏损与总公司合并纳税，可抵消总公司的应纳税所得额。

（2）自 2027 年度起，将分公司转变为子公司，使其成为独立纳税主体。

（三）AI 税收优化效果

（1）一开始设立子公司，4 年分别缴纳企业所得税为：第一年 0，第二年 0，第三

年 250 万元，第四年 500 万元。

（2）先设立分公司后设立子公司，总公司在 2025 年度少缴纳企业所得税 250 万元，2026 年度少缴纳企业所得税 125 万元。2027 年度，子公司应纳税额为 250 万元，2028 年度应纳税额为 500 万元。

从 2025 年度到 2028 年度，纳税总额虽均为 750 万元，但设立分公司可使公司提前两年弥补亏损，相当于获得 250 万元和 125 万元两年期的无息贷款，节省了利息支出，此为税收优化的收益。

二、集团产业布局与架构的 AI 优化应用

对于大型制造业集团，可以通过优化集团产业布局和架构优化税收。例如，将研发中心、销售公司等利润中心设置在税收政策较为优惠的地区，将生产制造环节设置在成本较低的地区，通过合理的关联交易定价，实现集团整体税负的优化。但需要注意的是，关联交易定价应符合独立交易原则，避免税务风险。

【案例17-7】集团产业布局与架构的 AI 优化案例

（一）案例背景

中财讯智能科技集团公司主要从事电子产品的生产、销售以及相关技术研发，业务范围覆盖国内多个地区，并在海外设有子公司。随着业务规模的扩大，集团面临着较高的税负成本和复杂的管理问题，急需通过集团产业布局和架构优化实现税收优化目标。

（二）产业布局的 AI 优化方案

1. 生产基地转移

（1）现状分析。

集团原在东部沿海地区设有生产基地，该地区劳动力成本和土地成本逐渐上升，且税收优惠政策相对有限。同时，中西部地区一些城市为了吸引产业转移，出台了一系列优惠政策，包括土地出让优惠、税收减免等。

（2）AI 优化举措。

①选址调研：集团组建了专业的调研团队，对多个中西部城市进行了深入考察，包括当地的劳动力市场、土地供应情况、产业配套设施以及税收优惠政策等方面。经过详细的评估和比较，最终将某市作为新生产基地的落户地。

②项目规划与建设：在选定城市后，集团投资 5 亿元建设新的生产基地，其中，厂房建设投资 3 亿元，设备购置投资 2 亿元。当地政府给予了"三免两减半"的企业所得税优惠政策，此外，在土地使用方面，以每亩 10 万元的价格出让工业用地（低于市场价格约 50%），并给予 500 万元的基础设施建设补贴。

③生产转移与运营：集团逐步将部分生产环节从东部沿海地区转移至新生产基地，预计每年可降低生产成本 2 000 万元，其中，劳动力成本降低 1 000 万元，土地成本降低 500 万元，其他运营成本降低 500 万元。

（3）效果评估。

在享受税收优惠政策期间，新生产基地每年节省企业所得税约 800 万元（正常情况下应缴纳企业所得税 1 600 万元），加上土地成本和运营成本的降低，整体利润得到显著提升，每年新增净利润约 2 800 万元。

2. 研发中心选址

（1）现状分析。

集团的研发活动主要集中在一线城市，虽然人才资源丰富，但研发费用高，且当地对研发企业的税收优惠政策已趋于饱和。而一些新兴的科技园区，如位于某二线城市的高新技术开发区，正大力吸引科技企业入驻，提供了更具吸引力的研发税收优惠政策。

（2）AI 优化举措。

①选址决策与入驻：集团经过对多个二线城市高新技术开发区的考察和评估，选择在某开发区设立独立的研发中心，并投资 3 亿元用于研发中心的建设和设备购置，其中，研发大楼建设投资 2 亿元，研发设备投资 1 亿元。该开发区对高新技术企业给予 15% 的企业所得税优惠税率（低于原地区 25% 的税率），同时，对研发费用加计扣除比例提高到 100%（原地区为 75%）。

②研发项目转移与合作：研发中心与生产基地及销售公司之间合理安排技术转让和服务协议，通过关联交易定价转移利润。研发中心将研发成果以每年 5 000 万元的价格转让给生产基地，按照 15% 的企业所得税税率计算，相比原地区 25% 的税率，每年可节省企业所得税 500 万元（不考虑其他因素）。同时，由于研发费用加计扣除比例的提高，每年可额外减少企业所得税约 300 万元（研发费用为 3 000 万元）。

（3）效果评估。

通过研发中心的布局优化，集团每年的研发税收优惠增加，企业所得税税负降低约 10%，即每年节省企业所得税约 600 万元（集团整体应纳税所得额为 6 000 万元）。同时，研发投入的产出效益得到提高，新产品研发速度加快，增强了市场竞争力，预计每年因新产品推出带来的额外销售收入增长约 5 000 万元，净利润增长约 800 万元。

（三）集团架构的 AI 优化方案

1. 设立中间控股公司

（1）现状分析。

集团海外子公司在向国内母公司分配股息时，需缴纳较高的预提所得税，且利润汇回国内后还将面临再次纳税问题，导致集团整体税负较重。海外子公司 2023 年度盈利

1亿元，直接向国内母公司分配股息，需在当地缴纳预提所得税 1 000 万元（预提所得税税率为 10%），利润汇回国内后，还需按照国内企业所得税法缴纳相应税款，存在重复纳税问题。

(2) AI 优化举措。

①公司设立与架构搭建：集团在新加坡设立中间控股公司，注册资本为 500 万美元。利用新加坡与多个国家和地区广泛的税收协定网络以及较低的企业所得税税率（17%，且对符合条件的股息收入免税）。海外子公司的股息先分配至新加坡中间控股公司，通过合理的税收优化，减少或免除预提所得税。根据新加坡与海外子公司所在国的税收协定，预提所得税税率降低至 5%，则只需要缴纳预提所得税 500 万元，相比原方案节省 500 万元。

②利润分配与管理：新加坡中间控股公司再将利润以适当的方式分配回国内母公司，通过贷款、技术服务费等形式，合理降低集团的整体税负。同时，在新加坡聘请专业的税务顾问和会计师，每年支付服务费用约 50 万元，确保公司的税收优化合规有效。

(3) 效果评估。

经过架构调整，海外子公司股息分配的预提所得税大幅降低，集团整体税负降低约 15%，即每年节省税款约 1 500 万元（集团海外利润为 1 亿元），有效地提高了集团的国际竞争力和海外投资收益。

2. 业务分拆与重组

(1) 现状分析。

集团内部存在一些业务板块，其盈利模式和税收属性不同，但在原架构下统一纳税无法充分享受税收优惠政策。例如，集团的软件服务业务与硬件生产业务混合核算，导致软件业务的增值税即征即退政策不能充分发挥作用。

(2) AI 优化举措。

①业务分拆与独立核算：集团对业务进行分拆，将软件服务业务独立出来成立子公司，注册资本为 2 000 万元。新成立的软件子公司符合软件企业增值税即征即退条件，对其销售自行开发生产的软件产品，增值税实际税负超过 3% 的部分实行即征即退政策。同时，在企业所得税方面，软件子公司作为独立的法人主体，享受软件企业"两免三减半"的税收优惠政策。

②关联交易与税收优化：软件子公司与硬件生产子公司之间通过合理的关联交易定价，确保利润在两个子公司之间合理分配。

软件子公司将自主研发的软件以每年 3 000 万元的价格授权给硬件生产子公司使用，硬件生产子公司因此降低成本 1 000 万元，增加利润 1 000 万元，按照 25% 的企业所得税税率计算，需缴纳企业所得税 250 万元；而软件子公司因享受税收优惠政策，实际税负较低，通过合理的成本分摊和费用列支，每年可节省企业所得税约 300 万元（软件子公司应纳税所得额为 1 200 万元）。

(3) 效果评估。

软件子公司成立后，每年获得增值税退税约 300 万元 [3 000×（13%－3%）（软件销售收入为 1 亿元，增值税税率为 13%）] 万元，在企业所得税优惠期内，税负显著降低，带动了集团整体利润增长，每年新增净利润约 550（增值税退税＋企业所得税节省＝300＋250）万元，优化了集团的税务结构。

(四) 重要提示

通过以上产业布局与集团架构的 AI 优化，该集团在合法合规的前提下，有效地降低了税负成本，提高了资源配置效率和市场竞争力，实现了 AI 税收优化目标，为集团的可持续发展奠定了坚实基础。

在实际操作中，应根据具体情况进行详细的财务分析和 AI 税收优化，并遵循相关法律法规的要求。同时，税收政策可能会发生变化，企业应及时调整 AI 税收优化方案以适应新的政策环境。

三、业务流程再造与税收递延

业务流程再造是一种对企业业务流程进行根本性的再思考和彻底性的再设计，以显著提高企业的效率、质量、服务和速度等关键绩效指标的方法。它强调打破传统的职能部门界限，以业务流程为中心进行企业的改造，从而提高整体运营效率。

(一) 业务流程调整与税收影响分析

对企业的业务流程进行梳理和再造，分析每个环节的税收影响。分期收款销售方式下，企业可以按照合同约定的收款日期确认收入和纳税义务，从而将部分税款递延缴纳，获得资金的时间价值。

(二) 加速折旧与税收递延

利用固定资产加速折旧政策，实现税收递延。企业可以在税法允许的范围内，选择加速折旧方法，前期多计提折旧，减少应纳税所得额，从而将税款递延到后期缴纳。

【案例17－8】业务流程再造与税收递延案例

(一) 案例背景

江西浔都电子制造企业有限公司主要生产智能手机等电子设备，产品销售面向国内市场和部分海外地区。企业面临着较高的企业所得税税负，在业务流程上存在一些可优化的空间，经过深入分析，企业决定通过业务流程再造实现税收递延，以缓解资金压力并优化税务结构，目标是在 2024 年度实现显著的税收递延效果，并在不影响企业正常运营的前提下,降低当期应纳税所得额。

(二)业务流程再造与税收递延操作步骤

1. 采购环节优化

步骤一:供应商选择与合同调整。

采购部门对现有的原材料供应商进行重新评估,筛选出一批信用良好、财务状况稳定且愿意配合企业业务流程调整的供应商。对于关键原材料,如手机芯片,选择位于税收优惠地区且能够提供较长信用期的湖北和畅公司替代原湖南三合公司。

与湖北和畅公司重新谈判采购合同,将付款方式从原来的货到付款改为账期90天的赊购方式。这一调整使得企业在采购环节的资金流出时间延迟,同时,根据权责发生制原则,原材料采购成本的确认与付款时间分离,为税收递延创造了条件。

步骤二:库存管理优化。

引入先进的库存管理系统,通过大数据分析和预测模型,更精准地确定原材料的安全库存水平和采购批次。根据过往3年的生产数据和市场需求波动情况,将手机屏幕的安全库存降低了15%,同时,将采购批次从每月3次调整为每月2次。

通过这一举措,每月可减少库存相关成本5万元,在企业所得税税率为25%的情况下,每月可递延纳税1.25(5×25%)万元。

2. 生产环节调整

步骤一:生产计划与工艺优化。

生产部门会同技术研发团队对生产计划和工艺进行优化。根据市场需求预测,将原本集中在上半年的高产量生产安排调整为均衡生产模式,避免了产量波动导致的成本不均衡分摊问题。将WP型号手机的生产计划从第一季度生产60%、第二季度生产40%,调整为每个季度生产40%左右,剩余20%作为灵活调配产能。

同时,对生产工艺进行改进,采用新的组装技术,使得单位产品的生产周期从原来的5天缩短至3天,提高了生产效率,降低了单位产品的生产成本。经测算,单位产品生产成本降低了8元,2024年度计划生产100万部该型号手机,则可节约生产成本800万元。按照企业所得税税率25%计算,可递延纳税200(800×25%)万元。

步骤二:固定资产折旧政策调整。

财务部门对固定资产折旧政策进行重新评估,根据税法规定,在符合条件的情况下,将部分生产设备的折旧方法从直线法改为双倍余额递减法。例如,对于新购置的价值2 000万元的自动化生产线,原直线法折旧年限为10年,每年折旧额为200万元;现采用双倍余额递减法,第一年折旧额为400万元,增加了当期的折旧费用,从而减少了应纳税所得额。

通过这一调整,当年可多计提折旧200万元,递延纳税50(200×25%)万元。同时，为了确保折旧政策调整的合规性和合理性，企业聘请专业的中财讯税务顾问对折旧调整进行详细的税收优化和备案，避免潜在的税务风险。

3. 销售环节变革

步骤一：销售模式转变。

销售部门将部分产品的销售方式从直接销售给终端客户转变为通过设立销售子公司进行销售。在税收优惠地区设立子公司浔都赣州公司，企业先将产品以略低于市场价格的内部转移价格销售给子公司浔都赣州公司，再由子公司浔都赣州公司以市场价格销售给客户。

WP型号手机原销售价格为3 000元／部，内部转移价格定为2 800元／部，2024年度通过子公司销售20万部手机。在企业层面，销售收入减少了4 000［（3 000－2 800）×20万部］万元，相应地减少了应纳税所得额。按照企业所得税税率25%计算，可递延纳税1 000（4 000×25%）万元。同时，子公司浔都赣州公司在税收优惠地区享受一定的税收减免政策，进一步降低了企业整体的税负。

步骤二：销售合同条款优化。

对销售合同的收款条款进行优化，将部分产品的收款方式从一次性收款改为分期收款。对于大型客户的深发公司订单，合同金额为5 000万元，原合同约定发货后10日内一次性收款；现改为分三期收款，分别在发货后3个月、6个月和9个月各收取1/3的款项，即1 666.67万元。

根据《中华人民共和国企业所得税法》规定，对于分期收款销售商品，按照合同约定的收款日期确认收入。通过这一调整，企业2024年度只需要确认1 666.67万元的销售收入，而不是全部的5 000万元，从而递延了部分应纳税所得额。在企业所得税税率为25%的情况下，可递延纳税833.33［（5 000－1 666.67）×25%］万元。

（三）实施效果

通过上述业务流程再造与税收递延措施的实施，企业在2024年度成功实现了显著的税收递延效果，降低了当期应纳税所得额，缓解了资金压力。具体数据如下。

（1）在采购环节，通过供应商选择与合同调整以及库存管理的AI优化，每月递延纳税1.25万元，全年累计递延纳税15（1.25×12）万元。

（2）在生产环节，通过生产计划与工艺优化以及固定资产折旧政策调整，累计递延纳税250（200＋50）万元。

（3）在销售环节，通过销售模式转变和销售合同条款优化，累计递延纳税1 833.33（1 000＋833.33）万元。

综上所述，企业2024年度通过业务流程再造与税收递延措施，共计递延纳税2 098.33万元，有效地优化了税务结构，为企业的资金周转和可持续发展提供了有力支持。同时，企业在实施过程中严格遵守国家税收法律法规，确保了税收优化的合法性和合规性。

（四）注意事项

在实际操作中，企业应根据自身的具体情况、税法规定以及市场环境等因素进行详细的 AI 税收优化和业务流程调整，并在专业税务顾问的指导下实施，以确保达到预期的税收递延效果并避免潜在的税务风险。

第五节 制造业企业供应链金融与 AI 税务优化

供应链金融是一种创新的金融服务模式，它围绕核心企业，对供应链上下游企业之间的交易关系进行整合与管理，通过金融机构或供应链金融平台为这些企业提供一系列金融服务，包括但不限于应收账款融资、存货融资、预付款融资等。其目的在于解决供应链中企业资金周转困难的问题，促进供应链的稳定运行和整体效益提升。

企业在开展供应链金融业务时，通过深入挖掘其中的税务优化机会，并采取有效的实施策略，可以在合法合规的前提下，降低税务成本，提高资金使用效率，增强企业的竞争力和盈利能力，促进供应链金融业务的健康和可持续发展。

一、企业供应链金融中的 AI 税务优化

（一）应收账款融资环节

1. 增值税处理优化

当供应商将应收账款转让给金融机构获取融资时，对于附有追索权的应收账款转让，符合一定条件，可视为一种融资行为而非销售行为。在增值税处理上，可不确认销售收入，从而避免提前缴纳增值税。

【案例】供应商盖益公司将 100 万元的应收账款转让给金融机构，融资期限为 6 个月，利率为 8%。若按销售处理，需在转让时缴纳增值税（税率为 13%）≈11.50［100÷（1+13%）×13%］万元。而若正确定性为融资行为，则可递延增值税纳税义务，在 6 个月后应收账款实际收回或按约定处理时，再根据实际情况确定增值税纳税义务，相当于获得了一笔无息的增值税资金。

2. 企业所得税影响

对于应收账款融资的利息支出，在企业所得税前扣除方面，能准确界定为与企业生产经营相关的合理支出，可在规定范围内进行扣除。

【案例】上述供应商盖益公司支付给金融机构的利息支出 = 100 × 8% × 6 ÷ 12 = 4

（万元）符合相关规定，可在企业所得税申报前扣除，减少应纳税所得额，降低企业所得税税负。

（二）存货融资环节

（1）存货计价与纳税调整：在存货融资中，企业以存货作为质押物获取融资。存货的计价方法选择会影响企业所得税。

例如，采用先进先出法与加权平均法在物价波动时期会导致不同的销售成本和期末存货价值。物价上涨，采用加权平均法可能会使当期销售成本相对较低，利润较高，但纳税较多；而采用先进先出法，先发出成本较低的存货，会使销售成本相对较高，利润较低，纳税较少。企业可根据自身所处物价环境和盈利预测，合理选择存货计价方法，进行税务优化。

（2）增值税视同销售风险与防范：当企业将存货用于质押融资时，存在是否构成增值税视同销售的争议。企业需要与税务机关充分沟通，提供相关的质押合同、存货管理协议等资料，明确存货的权属和用途，避免不必要的增值税视同销售风险。

（三）预付款融资环节

（1）采购环节税务规划：在预付款融资模式下，下游企业经销商通过向金融机构融资提前支付给核心企业制造商预付款项。根据增值税相关规定，采取预收货款方式销售货物，为货物发出的当天，但生产销售生产工期超过12个月的大型机械设备、船舶、飞机等货物，为收到预收款或者书面合同约定的收款日期的当天。核心企业可根据自身产品生产周期和合同约定，合理确定增值税纳税义务发生时间，优化增值税现金流。

（2）企业所得税收入确认调整：对于核心企业收到的预付款项，在企业所得税收入确认方面，须遵循相关规定。一般情况下，在商品所有权相关的主要风险和报酬未转移给购货方时，可不确认企业所得税收入。企业可通过合理安排合同条款，如明确商品交付时间、质量验收标准等条件，将企业所得税收入确认时间递延，从而减少当期应纳税所得额，获得资金的时间价值。

二、企业供应链金融的AI税务优化实施方略

（一）加强内部税务管理与财务核算

（1）建立专业税务团队或岗位：企业应配备具有丰富税务知识和经验的专业人员，负责研究供应链金融业务中的税务政策，制定税务优化方案，并与外部税务顾问、税务机关进行沟通协调。设立税务经理岗位，专门负责监控和管理企业供应链金融业务的税务事务，定期对税务风险和优化机会进行评估与报告。

(2) 完善财务核算体系：构建能够准确反映供应链金融业务的财务核算体系，对不同类型的融资业务、相关收入、支出、资产负债等进行清晰分类和核算。在应收账款融资业务中，单独设置"应收账款融资"科目，详细记录融资的金额、期限、利率、还款情况等信息，以便准确计算税务影响和进行纳税申报。

（二）与金融机构合作中的税务协调

(1) 合同条款中的税务约定：在与金融机构签订供应链金融业务合同时，应明确税务责任和义务的划分。对于融资利息的增值税发票开具问题，约定由金融机构按照规定及时开具合法有效的增值税发票，以便企业进行进项税额抵扣；对于因融资业务产生的其他税费，如印花税等，明确双方的承担比例和缴纳方式。

(2) 数据共享与税务合规：与金融机构建立数据共享机制，在符合法律法规和隐私保护要求的前提下，共享与税务优化相关的数据，如交易流水、资金流向、存货价值评估等信息。通过数据共享，企业可以更好地向金融机构解释税务优化方案的合理性和合法性，同时，金融机构可以协助企业进行税务合规管理，如监控融资资金的使用是否符合税务规定等。

（三）税务政策变化与合规风险

(1) 政策跟踪与解读：持续关注国家和地方税务政策的变化，特别是与供应链金融相关的政策调整。国家在出台新的关于供应链金融业务增值税优惠政策时，企业应及时了解并评估对自身业务的影响，迅速调整税务优化策略。设立专门的纳税管理中心进行政策解读和影响分析，确保企业能够及时掌握政策动态并有效应对。

(2) 合规风险评估与防范：定期对供应链金融业务的税务合规风险进行评估，建立风险预警机制。一旦发现风险，及时采取措施进行纠正和防范，如补缴税款、调整税务处理方法、与税务机关沟通解释等，避免因税务违规行为遭受罚款、滞纳金等损失，以维护企业的税务信用和声誉。

【案例17-9】企业供应链金融税务优化案例

（一）案例背景

中财讯云商股份有限公司（以下简称"中财讯云南"）投入约5 000万元用于打造集交易、物流、加工、知识、数据和技术等综合服务于一体的生态型平台，整合了中财讯下的各类资源，并嵌入物联网、区块链、大数据征信等现代风控技术。通过这些技术手段，对钢铁及有色金属产业链上的企业交易数据进行实时采集、分析和监控，构建了完善的风险评估体系。

（二）产品设计与推广

基于前期的技术准备和市场调研，创新推出了绿融、保理、保价共赢等供应链金融服务产品。针对钢铁产业链上的1 800多家中小贸易商,通过线上线下相结合的推广方式,举办了50多场产品推介会和业务培训活动,详细介绍产品的特点、优势和申请流程,提高产品的知名度和市场接受度。

(三)融资服务流程

当中小贸易商有融资需求时,首先在中财讯云商平台上提交融资申请,平台利用大数据征信系统对贸易商的信用状况进行快速评估,平均评估时间缩短至0.2小时以内。审核通过后,贸易商与中财讯云商签订相关融资协议。中财讯云商根据贸易商的实际需求和信用额度,为其提供融资服务,服务量超过6万笔,平均每笔融资规模为6万元,最快10分钟放款,放款资金通过银行监管账户直接支付给供应商或用于其他符合规定的业务。

(四)税务优化方式及效果

1. 贸易商层面

云南楚雄贸易商行获得一笔50万元的融资,融资利率为年化8%,融资期限为6个月。在获得融资前,由于资金紧张,云南楚雄贸易商行无法及时支付给上游供应商货款,无法取得价值80万元货物的增值税专用发票(税率为13%),原本应及时抵扣的进项税额=10.4(80×13%)万元无法实现,资金占用成本增加。

获得融资后,云南楚雄贸易商行立即支付货款并取得发票,成功抵扣进项税额,减少了当期应纳税额,按照企业所得税税率25%计算,成本增加导致利润减少,企业所得税减少约2.6(10.4×25%)万元。同时,避免了因逾期取得发票可能面临的税务罚款风险,逾期罚款为发票金额的0.5%,则避免罚款0.4(80×0.5%)万元。

2. 中财讯云商层面

中财讯云商在提供供应链金融服务的过程中,2024年度通过保理业务获得收入500万元,按照金融服务增值税税率6%计算,应缴纳增值税30万元。但通过合理的税收优化,利用国家对供应链金融服务的税收优惠政策,如符合条件的金融服务收入减免税等,实际缴纳增值税20万元,合理降低税负10万元。

在企业所得税方面,通过准确核算业务成本和费用,包括技术研发投入300万元的加计扣除(加计扣除比例为75%)、营销费用200万元等,减少应纳税所得额,2024年度企业所得税税负较未进行税务优化前降低了约15%,节省企业所得税支出约50万元。

(五)特别提示

通过以上供应链金融服务与税务优化措施,中财讯云商不仅帮助中小贸易商破解了资金难题,改善了税务状况,自身也在合法合规的前提下合理实现了税负的降低,提升了整体的经济效益和市场竞争力。但实际情况可能会因市场环境、企业经营状况和税收政策的变化而有所不同,企业在实际操作中应根据具体情况进行精准的财务核算和税收优化,并遵循相关法律法规的要求。

第六节　服务业企业 AI 财税管理方略

服务业企业主要是指以提供服务为主的企业。这类企业的业务范围涵盖但不限于咨询、教育、金融、旅游、娱乐、餐饮、物流等。其核心特征在于,它们主要通过提供服务获取收入,而非销售实体产品。

一、服务业营收管理与财务分析创新

(一) 服务业营收管理创新

1. 多元化定价策略

(1) 基于时间的定价:对于一些受时间因素影响较大的服务行业,如酒店、旅游景区等,可以采用基于时间的定价策略。

【案例】三亚海滨度假酒店在旅游旺季提高房价,而在淡季或工作日则降低价格以吸引更多客户。这种方式能够更好地平衡供需关系,提高整体营收。在冬季旅游旺季,标准间房价可提高到每晚 1 000 元,而在夏季淡季则降至每晚 300 元,通过这种价格波动,酒店在旺季获得更高利润,在淡季也能保持一定的入住率,增加全年营收。

(2) 分层定价:根据服务的不同等级、质量或功能,为客户提供多种价格选择。例如,在软件服务行业,可以提供基础版、专业版和企业版等不同版本的软件服务,价格依次递增。这种分层定价,满足了不同客户群体的需求,扩大了市场份额,提高了营收。

(3) 动态定价:借助大数据和 AI 技术,实时监测市场需求、竞争对手价格、客户行为等因素,动态调整服务价格。例如,对于运营服务业,在高峰时段或需求旺盛区域,适当提高价格以激励更多司机上线服务,同时获取更高的营收;在需求较低时,则降低价格吸引乘客,通过这种精准的动态定价,提高了运营效率和营收水平。

2. 会员制与忠诚度计划

(1) 会员等级制度:建立会员等级体系,根据会员的消费金额、消费频率、消费时长等指标划分不同等级,为不同等级会员提供相应的特权和优惠。

【案例】艾佳连锁酒店集团将会员分为普通会员、银卡会员、金卡会员和白金卡会员四个等级。

普通会员享受房价 9.5 折优惠,延迟退房至下午 1 点;银卡会员享受房价 9 折优

惠，延迟退房至下午 2 点，每次入住可获得免费早餐券；金卡会员享受房价 8.5 折优惠，延迟退房至下午 3 点，可免费升级房型，生日专享优惠；白金卡会员享受房价 8 折优惠，延迟退房至下午 4 点，全年免费升级房型，机场接送服务等。

这种会员等级制度，激励会员不断提高消费金额和频率，以获取更高等级的会员身份和更多福利，从而增加酒店集团的长期营收。

（2）积分奖励与兑换：会员在消费过程中获得积分，积分可以用于兑换服务、产品或享受折扣。

【案例】好货好大型超市的会员计划，会员每消费 1 元可获得 1 个积分，积分可以用于兑换超市内的商品、购物券或参加抽奖活动。

当会员积分达到 1 000 分时，还可以兑换旅游套餐、家居用品等合作商家的产品。

在特殊节日或会员生日时，会员还可额外获得一倍积分奖励。

通过积分奖励与兑换机制，提高会员的消费黏性和忠诚度，促进会员持续消费，进而提升超市的营收。同时，超市可以通过分析会员的积分兑换行为，了解会员的消费偏好和需求，为精准营销提供依据。

（3）专属活动与优惠：为会员举办专属活动，如会员专享日、新品体验会、会员团购等，并提供独家优惠。

【案例】娇韵美容中心每月固定一天为会员专享日，在这一天会员可享受所有服务项目 5 折优惠；娇韵美容中心推出新的美容套餐时，优先邀请会员免费体验，并在体验后提供购买优惠；针对会员开展团购活动，如三人成团可享受 SP 高端美容服务 7 折优惠。

这些专属活动和优惠能够增强会员的归属感与认同感，刺激会员消费，同时，通过会员的口碑传播，吸引更多潜在客户加入会员行列，为娇韵美容中心带来更多营收。

3. 服务捆绑与套餐销售

（1）相关服务捆绑：将相关的服务组合在一起进行销售，以增加客户的购买价值和消费金额。相比单独购买这些服务，套餐价格更具吸引力，客户可以获得更全面的通信服务体验。通过服务捆绑，提高了客户的黏性和忠诚度，同时增加了营收。在旅游服务业，将机票、酒店、景点门票等服务组合成旅游套餐进行销售，也能为游客提供便利，提高旅游公司的营收。

（2）跨行业服务捆绑：与其他行业的企业合作，进行跨行业服务捆绑销售。酒店与租车公司合作，为住店客人提供租车优惠套餐，客人在酒店预订房间的同时，可以方便地预订租车服务，享受一站式服务体验，酒店和租车公司通过这种合作扩大了业务范围，提高了营收。

（二）服务业财务分析创新

1. 大数据驱动的 AI 财务分析

（1）数据收集与整合：利用大数据技术，从多个数据源收集服务业企业的财务和业务数据，包括企业内部的 AI 财税系统、业务运营系统、CRM，以及外部的市场数据、行业数据、宏观经济数据等。

【案例】好吃来餐饮连锁企业可以收集旗下各门店的销售数据、采购数据、员工考勤数据、客户评价数据，同时整合餐饮行业的市场趋势数据、竞争对手的价格和促销数据、当地的人口消费数据等。通过数据整合，构建企业的大数据仓库，为财务分析提供全面、丰富的数据基础。

（2）数据分析与挖掘：运用数据挖掘算法和分析工具，对收集到的大数据进行深入分析，挖掘数据背后的规律和趋势，为企业决策提供支持。

【案例】通过对好吃来餐饮连锁企业的销售数据进行分析，可以发现不同菜品的销售趋势、不同时间段的销售高峰和低谷、不同门店的销售差异等。

①关联规则挖掘算法：找出菜品之间的关联关系，如哪些菜品经常被一起点单，从而为菜品组合销售和菜单设计提供依据。

②聚类分析：对客户进行细分，了解不同客户群体的消费习惯和偏好，为精准营销和个性化服务提供参考。

③AI 财务分析：通过对成本数据和收入数据的 AI 分析，可以找出成本控制的关键点和收入增长的驱动因素，分析食材采购成本与菜品销售价格的关系，找出最具盈利潜力的菜品，优化采购策略和定价策略，提高企业的盈利能力。

（3）实时财务监控与预警：借助大数据技术，实现 AI 对企业财务状况的实时监控和预警。设置关键财务指标的阈值，当指标偏离正常范围时，系统自动发出预警信息。

【案例】武汉货通达公司是一家物流服务企业，AI 监控应收账款周转率、库存周转率、成本利润率等指标。当应收账款周转率过低时，可能预示着客户付款延迟或存在坏账风险；当库存周转率过高或过低时，可能反映出库存管理存在问题；当成本利润率下降时，可能提示企业成本控制不力或定价策略不合理。通过 AI 实时监控和预警，企业管理者能够及时发现问题并采取措施加以解决，避免财务风险的扩大，保障企业的财务健康。

2. 成本效益分析的精细化

（1）成本分类与细化：AI 对服务业企业的成本进行更细致的分类和分析，除了传统的固定成本和变动成本划分，进一步将成本细化到具体的业务环节、服务项目或客户群体。通过这种成本细化，能够更准确地了解每个业务环节和服务项目的成本构成，为成本控制和定价决策提供更精确的依据。

（2）成本效益匹配分析：AI 分析不同成本投入与相应的效益产出之间的关系，确定成本效益最佳的业务组合和服务策略。通过成本效益匹配分析，企业可以合理分配资源，优先发展成本效益较好的业务，淘汰或改进成本效益较差的业务，从而提高企业的整体经济效益。

（3）边际成本与边际效益分析：在服务业企业的运营过程中，考虑边际成本和边际效益的变化规律，进行决策优化，通过降低价格吸引更多客户，扩大市场份额，提高总效益。

3. 财务预测模型的智能化

（1）基于 AI 算法的预测模型构建：利用 AI 算法，如神经网络、机器学习算法等，构建服务业企业的财务预测模型。与传统的统计预测方法相比，基于 AI 算法的预测模型具有更强的适应性和准确性，能够更好地应对服务业企业复杂多变的市场环境。

（2）情景分析与风险评估：在财务预测模型中嵌入情景分析与风险评估功能，考虑不同的市场情景和风险因素对企业财务状况的影响。通过情景分析与风险评估，企业能够更加全面地了解未来可能面临的财务状况和风险，提前做好应对准备，提高抗风险能力。

（3）模型的动态调整与优化：由于服务业市场环境变化迅速，财务预测模型需要具备动态调整和优化的能力。利用实时数据更新和反馈机制，模型能够不断学习新的数据信息，调整参数和结构，提高预测的准确性和可靠性。通过模型的动态调整与优化，企业能够更好地适应市场变化，为企业的战略决策提供及时、准确的财务预测支持。

二、服务业发票管理与财务分析创新

服务业发票管理与财务分析创新是提升企业管理效率、降低税务风险、提高决策准确性的重要手段。

在实际操作中，服务业企业可以将发票管理与财务分析创新相结合，构建全面的管理体系，通过跨界融合分析，发现不同数据之间的内在联系，为企业的业务拓展和创新提供依据。

（一）服务业发票管理创新

1. 电子发票全面应用与管理优化

（1）电子发票推广策略：对于大型服务业企业，如连锁餐饮企业或酒店集团，可以在其官方网站、App 以及线下门店的收银系统中全面推广电子发票功能。对于小型服务业企业，可以借助第三方电子发票平台，使用其提供简单易用的发票开具界面和管理功能，企业只需注册并接入平台，即可使用电子发票服务，减少了企业发票管理不善导致的客户流失。

（2）电子发票管理系统整合：企业应建立统一的电子发票管理系统，将发票的开具、存储、查询、统计等功能进行整合，避免发票数据在不同系统之间的重复录入和传递错误，提高发票管理的准确性和效率。通过系统整合，企业每年发票管理错误导致的财务损失减少了约 90%。

2. 发票风险管理智能化

（1）风险识别与预警系统构建：利用 AI 和大数据技术构建发票风险识别与预警系统。通过这种智能化的风险识别与预警系统，企业能够及时发现发票风险隐患，提前采取措施防范风险。采用该系统后，企业发票风险事件的发生率降低了 85%。

（2）风险应对策略制定与执行：当发票风险预警系统发出警报后，企业应制定相应的风险应对策略，可以通过内部审核和纠正机制进行处理，在税务机关的指导下进行后续的处理，避免因接受虚开发票而面临的巨额罚款和法律责任。

（二）服务业财务分析创新

1. 大数据驱动的财务分析

（1）多源数据整合与分析：服务业企业可以整合来自不同渠道的大数据用于财务分析。除了企业内部的财务数据、发票数据，还可以收集市场数据、客户行为数据、行业数据等。通过这种多源数据整合与分析，企业的销售转化率提高了约 50%。

（2）数据挖掘与深度洞察：运用数据挖掘技术从海量数据中提取有价值的财务信息和潜在的业务规律，基于这些洞察，企业可以有针对性地调整营销策略和服务配置，提高客户满意度和企业的营收水平。在财务分析方面，通过数据挖掘可以发现成本控制的关键点，企业通过数据挖掘进行成本控制后，每年的能源成本降低了约 50%。

2. 实时财务分析与决策支持

（1）财务数据实时监控与可视化：借助先进的财务管理软件和信息技术，服务业企业可以实现对财务数据的实时监控和可视化展示，通过财务数据实时监控与可视化，企业对市场变化的响应时间缩短了 80%。

（2）基于实时分析的决策模型构建：利用实时财务分析结果构建决策模型，为企业的战略决策和日常运营决策提供支持，为投资经理提供决策参考，帮助其选择最适合的投资策略。

【案例 17-10】服务业企业 AI 财税管理案例

（一）案例背景

湖南君乐吃连锁餐饮有限公司在全国拥有 150 家门店，业务范围涵盖餐饮服务、外卖配送以及餐饮原材料销售等，每月的财务结账周期长达 10 天，税务申报过程烦琐且容易出错，财务人员需要花费大量时间处理发票审核、记账等重复性基础工作，难以抽出精力进行财务分析和提供决策支持。

（二）面临的财税管理挑战

（1）发票管理难题：门店众多，每天产生大量的发票，每天约 500 张，包括餐饮消费发票、采购发票等，发票的收集、整理和录入工作繁重，且容易出现发票丢失、信息录入错误等问题。发票的真伪查验和合规性审核需要耗费大量人力与时间，以往人工查验发票真伪平均每张耗时约 20 分钟，难以有效防范虚假发票带来的税务风险。

（2）税务申报复杂：企业涉及多种业务，不同业务适用的税率和税收政策各异，需要准确计算和申报各项税款，稍有不慎就可能导致税务违规，面临罚款和滞纳金等风险。

（3）财务核算效率低：各门店的财务数据分散，数据汇总和核算过程缓慢，无法及时提供准确的财务报表，影响企业管理层的决策。

（4）成本控制困难：财税管理过程中的人力成本、时间成本不断上升，每年财税人力成本高达 300 万元，同时，税务风险可能导致的潜在成本增加，给企业的成本控制带来较大压力。

（三）解决方案——引入中财讯 AI 财税管理系统

1. 发票智能管理操作步骤

（1）财务人员将纸质发票通过扫描仪录入系统，系统利用 OCR 技术，自动识别发票上的关键信息，并将其转化为电子数据，录入准确率达到 99%。

（2）系统自动对接税务发票查验平台，对发票的真伪进行实时验证，验证时间缩短至每张 0.5 分钟以内。通过预设的发票合规性规则，自动审核发票的内容、格式、税率等是否符合要求，有效防范税务风险。

（3）建立发票电子档案库，方便财务人员随时查询和调阅发票信息，实现发票的全生命周期管理。

2. 智能税务申报操作步骤

（1）AI 系统每日从企业的 AI 财税系统和业务系统中采集相关数据，自动计算各项税款，计算准确率达到 100%。

（2）在申报期前 3 天，系统自动提醒财务人员进行申报，并生成详细的税务申报表，同时提供申报流程指导。财务人员只需按照系统提示进行操作，即可完成申报工作，申报时间从原来的平均 3 天缩短至 0.5 小时以内。

3. 自动化财务核算操作步骤

（1）对各门店的 AI 财税系统进行升级和整合，安装数据采集接口，实现财务数据的实时集中采集和汇总到总部的 AI 财税管理系统中，数据传输频率为每小时一次。

（2）AI 系统通过预设的财务核算规则和算法，自动完成记账、算账、报账等工作，大大缩短财务结账周期，从原来的 10 天缩短至 1 天以内，提高了财务报表的编制效率和准确性，报表编制时间缩短了90%。

（3）运用数据分析技术，对财务数据进行深度挖掘和分析，为企业管理层提供多维度的财务分析报告，帮助管理层及时发现问题，做出科学决策。

4. 成本优化与风险预警操作步骤

通过自动化的 AI 财税管理流程，减少了对人工的依赖，财税人力成本降低 50%，每年节省人力成本 90 万元。同时，系统能够实时监控企业的财税状况，对成本和税务风险指标设定预警阈值，材料成本支出超出预算 10%，或者税务申报数据出现异常波动时，系统立即发出预警信号，便于企业采取措施进行防范和控制。

（四）实施效果

1. 工作效率大幅提升

（1）发票处理时间缩短了 90% 以上；税务申报工作从原来的需要 3 天时间完成，现在可以在申报期内的 0.5 小时内准确完成，财务结账周期也从原来的 10 天缩短至 1 天以内。

（2）财务人员从烦琐的基础财税工作中解放出来，有更多时间和精力投入财务管理与决策支持工作中，提升了整个财务团队的工作价值。

2. 准确性和合规性显著提高

发票的识别准确率达到 99%，税务申报的准确率达到 100%，有效地避免了人为错误导致的税务违规和财务数据不准确问题。

3. 成本有效降低

财税管理的人力成本降低 50%，即每年节省 90 万元，同时，通过优化税收和成本控制，企业的整体税负降低 10% 左右，每年节省约 200 万元的财税成本。

4. 决策支持更加精准

及时、准确的财务分析报告为企业管理层提供了有力的决策依据，帮助企业优化业务布局、合理控制成本、提高盈利能力。

（五）经验总结与启示

（1）AI 技术是服务业财税管理转型升级的关键驱动力：对于服务业企业来说，随着业务规模的扩大和市场竞争的加剧，传统的财税管理模式已难以满足企业发展的需求。AI 技术的应用能够实现财税管理的自动化、智能化和高效化，提升企业的核心竞争力。

（2）数据质量和系统集成是 AI 财税管理成功实施的重要保障：在引入 AI 财税管理系统时，要确保企业的财务数据质量，对历史数据进行清理和规范，同时，要注重系统与现有业务系统、税务系统的集成，实现数据的无缝对接和流畅传递，避免形成"信息孤岛"。

（3）人员培训和观念转变不可忽视：尽管 AI 系统能够承担大部分基础性的财税工作，但财务人员的专业素养和对新技术的掌握能力仍然至关重要，要引导财务人员转变观念，从传统的"账房先生"角色向企业的财务管理顾问角色转变。

（4）持续优化和创新是保持竞争力的必要手段：财税政策和企业的业务环境不断变化，AI 财税管理系统也需要持续优化和创新。企业要关注行业的最新发展动态，与技术供应商保持紧密合作，不断完善系统功能，以适应企业发展的新需求，保持在财税管理领域的领先地位。

第七节 高新技术企业 AI 财税管理方法

高新技术企业，是指在国家重点支持的高新技术领域，持续进行研究开发与技术成果转化，形成企业核心自主知识产权，并以此为基础开展经营活动的企业。

高新技术企业特点如下：

（1）创新能力强：注重研发投入，不断探索新技术、新方法，能够持续推动产业升级，是创新驱动发展的重要力量。

（2）知识产权丰富：拥有大量的自主知识产权，这些知识产权是企业的核心竞争力，为企业的可持续发展提供有力保障。

（3）高素质人才集聚：重视人才培养和引进，拥有一支高素质、专业化的研发队伍，这些人才具备较高的学历和专业技能，为企业发展提供智力支持。

（4）高成长性：由于其技术优势和创新能力，具有较高的成长性，能够在市场竞争中脱颖而出，迅速扩大市场份额，成为行业领军企业。

（5）良好的经济效益：通过技术创新，提高产品附加值，降低生产成本，从而实现经济效益的提升。同时，高新技术企业能获得政府的政策支持和税收优惠，进一步增强了企业的盈利能力。

高新技术企业的认定要求如下：

（1）年限：企业申请认定时须注册成立 1 年以上。

（2）知识产权：通过自主研发、受让、受赠、并购等方式，拥有自主知识产权的所有权，且需达到一定的数量要求。

（3）技术领域：企业主要产品发挥核心支持作用的技术属于《国家重点支持的高新技术领域》规定的范围。

（4）科技人员占比：企业从事研发和相关技术创新活动的科技人员占企业当年职工总数的比例不低于 10%。

（5）研发费用占比：企业近 3 个会计年度的研究开发费用总额占同期销售收入总额的比例需达到一定要求。

（6）高新收入占比：近一年高新技术产品（服务）收入占企业同期总收入的比例不低于60%。

（7）创新能力评价：企业创新能力评价应达到相应要求，主要从知识产权、科技成果转化能力、研究开发组织管理水平、企业成长性等四项指标进行评价。

高新技术企业的认定流程一般包括自我评价、注册登记、提交材料、专家评审、认定报备、公示公告、颁发证书等环节。

一、研发费用加计扣除与财务数字化转型

研发费用加计扣除，是指企业为开发新技术、新产品、新工艺发生的研究开发费用，可以在计算应纳税所得额时，在实际发生支出数额的基础上，再加成一定比例，作为计算应纳税所得额时的扣除数额进行加计扣除。

（一）适用对象与条件

（1）适用对象：研发费用加计扣除政策适用于会计核算健全、实行查账征收并能够准确归集研发费用的居民企业。不适用税前加计扣除政策的七类行业企业包括烟草制造业、住宿和餐饮业、批发和零售业、房地产业、租赁和商务服务业、娱乐业等。

（2）研发活动范围：企业为获得科学与技术新知识，创造性地运用科学技术新知识，或实质性改进技术、产品（服务）、工艺而持续进行的具有明确目标的系统性活动。

（3）允许加计扣除的研发费用：

①人员人工费用；

②直接投入费用；

③折旧费用；

④无形资产摊销；

⑤新产品设计费、新工艺规程制定费、新药研制的临床试验费、勘探开发技术的现场试验费；

⑥其他相关费用（采取限额扣除的方式）。

（二）加计扣除比例

（1）一般企业：自2023年1月1日起，未形成无形资产的研发费用按实际发生额的100%加计扣除；形成无形资产的，按无形资产成本的200%摊销。

（2）制造业企业：自2021年1月1日起执行上述加计扣除和摊销比例。

（3）科技型中小企业：自2022年1月1日起执行上述加计扣除和摊销比例。

（三）不适用加计扣除的情形

（1）企业产品（服务）的常规性升级。

(2) 对某项科研成果的直接应用，如直接采用公开的新工艺、材料、装置、产品、服务或知识等。

(3) 企业在商品化后为顾客提供的技术支持活动。

(4) 对现存产品、服务、技术、材料或工艺流程进行的重复或简单改变。

(5) 市场调查研究、效率调查或管理研究。

(6) 作为工业（服务）流程环节或常规的质量控制、测试分析、维修维护。

(7) 社会科学、艺术或人文学方面的研究。

【案例17-11】外部合作研发的费用加计扣除案例

（一）案例背景

辽宁康乐保健品有限公司（以下简称"康乐公司"）主要从事保健食品生产、食品互联网销售等业务，2008年10月10日登记注册，注册资本为2 000万元人民币，产品结构单一，功能优势不明显，科技研发人员不足，故寻求外部科研资源协助。

（二）签署协议

(1) 康乐公司与广州健民生物科技公司（以下简称"健民公司"）签订了一份化妆品及其他相关产品技术、质量、生产服务项目合同。

(2) 合同约定康乐公司委托健民公司进行新技术、新产品、新工艺、新材料或者新品种及其系统的研究开发。

(3) 双方共同投入资源，合作开展研发活动。

（三）加计扣除额

(1) 在主管税务机关的辅导下，康乐公司要求受托方健民公司尽快到科技行政主管部门进行合同登记。

(2) 完成合同登记后，康乐公司按规定留存相关备查资料，并合规申请享受了研发费用加计扣除政策。

(3) 康乐公司实际支付健民公司的研发费用为100万元，根据政策规定，这部分费用可以按照实际发生额的80%计入研发费用并计算加计扣除（适用加计扣除比例为100%，直接全额扣除）。因此，康乐公司可加计扣除的研发费用为80万元。

（四）操作步骤

(1) 康乐公司与健民公司签订委托研发合同，明确研发内容、费用、时间等条款。

(2) 康乐公司要求健民公司到科技行政主管部门进行合同登记。

(3) 康乐公司设立专门的研发支出科目及对应项目子科目，设立研发支出辅助账，准确归集核算研发费用。

(4) 康乐公司在企业所得税预缴和汇算清缴时，按规定计算加计扣除金额，并填报相关纳税申报表。

（5）康乐公司留存备查相关资料，以应对后续可能的税务检查。

二、知识产权税收优化与财务数字化转型

知识产权，是指人们对其智力劳动成果所享有的法定权利。专利保护为企业提供了在市场上的独占权，防止他人未经许可使用其技术或产品。

（一）知识产权的重要性及种类

（1）激励创新：为创新者提供了法律保护和经济回报，使其从自己的智力劳动成果中获得利益，从而激发人们的创新热情，推动科技进步和文化繁荣。

（2）促进经济发展：有助于企业提升核心竞争力，通过知识产权的运用和转化，可以创造更多的经济价值和就业机会，促进产业升级和经济结构调整。

（3）保护文化多样性：著作权等知识产权保护了各种文化作品的创作和传播，丰富了人类的文化宝库，促进了不同文化之间的交流与融合，保护了文化的多样性。

（4）维护市场秩序：商标权和专利权等的保护，防止了假冒伪劣产品和侵权行为的泛滥，维护了公平竞争的市场环境，保护了企业和消费者的合法权益。

知识产权种类主要有专利、商标、著作权、商业秘密等。其中，商业秘密是指不为公众所知悉、具有商业价值并经权利人采取相应保密措施的技术信息、经营信息等商业信息，包括设计、程序、产品配方、制作工艺、制作方法、管理诀窍、客户名单、货源情报、产销策略、招投标中的标底及标书内容等。

（二）企业知识产权管理要诀

（1）加强专利布局：企业应注重技术研发和创新，积极申请专利保护，以巩固其技术优势和市场份额。

（2）重视商标注册：企业应注重商标的注册、使用和维护，确保其商标的合法性和有效性。

（3）完善著作权保护：企业应注重对产品说明书、广告文案等内容的原创性和独特性保护，及时申请著作权登记。

（4）加强知识产权培训：企业应加强对员工的知识产权培训，提高员工的知识产权意识和保护能力。

（三）侵权行为及应对措施

1. 侵权行为

侵权行为包括未经许可制造、使用、销售专利产品，假冒他人商标，抄袭、剽窃他人作品，侵犯商业秘密等行为。

2. 应对措施

权利人可以通过与侵权人协商解决纠纷，要求其停止侵权行为、赔偿损失等；也可以向知识产权行政管理部门投诉，请求行政查处；还可以通过向人民法院提起诉讼，要求侵权人承担民事责任，构成犯罪的，依法追究刑事责任。

3. 法律法规

（1）《中华人民共和国专利法》：规范了专利的申请、审查、授权、保护等各项制度，为发明创造提供了法律保护。

（2）《中华人民共和国商标法》：规定了商标的注册、使用、管理和保护等方面的内容，加强了对商标专用权的保护。

（3）《中华人民共和国著作权法》：明确了著作权的归属、权利内容、保护期限以及侵权责任等，保障了著作权人的合法权益。

（4）《中华人民共和国反不正当竞争法》：对侵犯商业秘密等不正当竞争行为进行了规制，维护了市场竞争的公平性和正常秩序。

【案例 17-12】利用专利技术转让的 AI 税收优化案例

（一）案例背景

江西君洋实业科技有限公司（以下简称"君洋实业公司"）拥有多项核心专利技术。君洋实业公司在日常经营过程中，除了使用这些专利技术生产产品，还会将部分专利技术转让给其他企业。

（二）税收优化策略

（1）专利技术价值评估与拆分规划：君洋实业公司首先组织专业的技术评估团队和财务团队，对拟转让的高价值专利技术进行详细的价值评估分析。确定该专利技术各个关键技术点、应用模块以及可独立商业化的部分，根据其市场潜力、技术复杂性等因素，将整项专利技术合理拆分成几个相对独立且具有明确商业价值的子部分。

（2）转让协议签订与收入安排：针对拆分后的专利技术子部分，分别与受让方进行谈判并签订转让协议。在协议中明确规定每个子部分的转让范围、权利义务以及转让价格等关键条款。确保每次转让的价格合理且能反映该子部分的实际价值，同时，将每次转让所得尽量控制在 500 万元以内。对于价值 1 200 万元的专利技术，经过评估拆分后，与三家不同的受让方分别签订转让协议，转让价格均为 400 万元，明确各受让方获得相应子部分的专利技术所有权及相关权益。

（3）税务申报与资料准备：在完成专利技术转让交易后，君洋实业公司财务部门准备详细的税务申报资料，收集整理与专利技术转让相关的合同、技术评估报告、收款凭证等文件，作为享受税收优惠政策的依据。在企业所得税申报时，按照税务机关要求填写相关表格,准确申报专利技术转让所得情况,并注明符合免征企业所得税的条件,提交完整的申报资料供税务机关审核。

(三) 税收优化效果

君洋实业公司原本计划一次性转让一项专利技术,转让收入为 1 200 万元。按照正常税收政策,需要缴纳企业所得税 = (1 200 - 500) ×50% ×25% = 87.5(万元)。

通过以上合理拆分转让的操作步骤,将其分成 3 次转让,每次转让收入均为 400 万元,这样就可以全部免征企业所得税,节省了 87.5 万元的税款。

(四) 特别提示

企业在进行专利技术转让税收优化操作时,应确保拆分转让行为具有合理的商业目的和真实的技术交易背景,且符合税收法律法规的规定,避免因过度追求税收优惠而引发税务风险。同时,应密切关注税收政策的变化,及时调整优化策略,以实现合法合规的税收优化目标。

第十八章
AI 与新兴技术融合的财税管理创新

在科技迅猛发展的时代，AI 携手大数据、云计算、物联网等新兴技术，深度融入各行业，财税管理作为企业运营核心，也迎来巨大变革契机。AI 与新兴技术融合，为财税管理带来诸多创新应用，显著提升管理效率、降低运营成本，增强企业市场竞争力。

（1）数据处理与分析：传统财税管理依赖人工录入和核对数据，效率低且易出错。AI 技术如 OCR 能自动识别并录入发票、报表等财务信息，大幅提高数据录入的准确性与效率。同时，机器学习算法助力 AI 快速分析海量数据，洞察数据关联与趋势，为管理层生成全面、深入的财务分析报告，帮助企业精准把握财务状况，为战略决策提供有力数据支撑。

（2）智能 AI 财税系统：AI 与新兴技术融合催生智能 AI 财税系统，可自动执行日常账务处理，如凭证录入、账目核对与报表生成，使财务人员专注于更具价值的分析和决策工作。该系统还能依据企业经营状况和市场趋势，提供科学的财务预测与决策支持，助力企业抓住市场机遇、规避潜在风险。

第一节 AI 与区块链融合

在科技日新月异的当下，AI 与区块链作为两大新兴技术，正深刻改变着人们的生活和工作方式。二者融合催生众多创新应用，为各行业带来全新发展机遇。

AI 是模拟和执行人类智能的计算机系统，具备学习、推理、感知、理解、决策等能力，可在无人干预下完成复杂任务。

区块链是分布式账本技术，凭借去中心化、不可篡改、透明性等特性，为数字交易和数据安全提供有力保障。

AI 与区块链融合既是技术发展的必然趋势，也是解决行业痛点的创新方案。AI 强大的数据处理和决策能力，与区块链的去中心化、数据安全和透明性相结合，创造出众多创新应用。

在数据管理方面,区块链提供不可篡改的分布式数据存储,AI 则分析数据并提取有价值信息。在智能合约领域,AI 为智能合约决策制定带来新可能,使合约能依据预设条件自动执行。

AI 与区块链融合不仅催生创新应用,还对未来社会产生深远影响,推动数字经济发展,提高数据安全性与透明度,增强社会信任与协作能力。当然,融合也带来新挑战,如技术标准制定、隐私保护、法律法规完善等。

一、AI 财税数据的可信共享

(一) AI 财税数据共享的关键需求

(1) 数据真实性与完整性:财税数据关乎企业财务状况和税务申报等,共享时确保数据不被篡改、伪造,维持真实性与完整性至关重要。

(2) 数据隐私与安全:财税数据包含企业敏感信息,如营业收入、成本利润等,共享时需严格保护隐私,防止数据泄露给未授权第三方。

(3) 数据互认与协同:不同地区、部门间的财税数据需相互认可与协同,提升财税管理效率,避免重复工作和数据不一致问题。

(二) 区块链技术优势

(1) 分布式账本:区块链分布式账本技术将财税数据分散存储于多个节点,每个节点都有完整的账本副本,数据修改需经多数节点共识,从而确保数据的不可篡改性与真实性。

(2) 加密技术:通过非对称加密、哈希算法等方式,对财税数据进行加密,仅授权用户可解密访问,有效保护数据隐私与安全。

(3) 智能合约:可自动执行预设的规则和条件,在财税数据共享中,可实现数据的自动验证、授权与共享,提高共享效率与协同性。

(三) AI 技术助力财税数据共享

(1) 数据挖掘与分析:AI 可挖掘分析海量财税数据,发现潜在模式与规律,为财税决策提供支持。

(2) 数据质量评估:利用 AI 算法评估财税数据质量,检测异常与错误,保障共享数据质量。

(3) 智能推荐与预警:基于财税数据分析,AI 为用户提供智能推荐与预警服务,如税务风险预警、财务状况分析等。

(四) AI 财税数据共享的应用场景

(1) 政府部门间数据共享:税务、财政、海关等不同政府部门需共享财税数据,实现协同监管与决策。借助区块链和 AI 技术，可搭建可信财税数据共享平台，实现部门间数据实时共享与协同。

（2）企业与金融机构间数据共享：企业融资、贷款时，需向金融机构提供真实可靠的财税数据。区块链和 AI 技术确保数据真实性与隐私性，降低金融机构风险，提高企业融资效率。

（3）跨国企业财税数据共享：跨国企业在开展全球业务时，需在不同国家和地区共享财税数据。区块链与 AI 技术可跨越地域与法律差异，实现跨国企业财税数据的可信共享与协同管理。

二、AI 财税数据的溯源应用

（一）核心诉求与难点

（1）精准责任认定：财税流程复杂，从原始票据开具到税务申报，一旦出现问题，需快速定位责任主体。传统模式下，数据分散易篡改，难以回溯操作细节，责任判定困难。

（2）数据篡改防范：财税数据关乎企业机密与国家税收，面临内外篡改风险。常规数据库安保存在漏洞，难以保证数据各阶段真实性。

（3）流程合规审计：审计机构和监管部门需核验企业财税流程合规性。传统审计依赖抽样和人工查阅纸质文档，面对海量电子数据易遗漏，难以发现隐藏的不合规操作。

（二）区块链基础赋能

（1）链式账本不可篡改：区块链以时间戳为序，将财税数据打包成块并串联成链，每个区块含前序区块哈希值，篡改会打破哈希关联触发警报。如增值税发票信息录入区块链后，全流程改动可查，为溯源提供可信基础。

（2）分布式存储高可靠：数据分散存储于多节点，部分节点故障或受攻击后，其他节点仍能保障数据完整与可获取，消除单点失效隐患，确保数据可靠。

（3）加密算法强隐私：公私钥加密使数据仅授权者可读可处理，敏感财务数据在链上以密文形式传输和存储，保障商业机密。

（三）AI 深度驱动

（1）异常识别智能预警：AI 深度学习模型学习正常财税数据模式，一旦数据异常即精准捕捉。如企业营收异常、成本不合理，AI 分析多源数据，标记异常点，溯源可疑业务，预警潜在风险。

（2）图像识别助力票据溯源：针对纸质发票等非结构化图像数据，AI 图像识别技术 OCR 精准提取关键信息，转化为结构化文本入链，并识别伪造票据，保障数据真实，追溯开票源头。

（3）关联分析深挖隐藏链路：AI 运用算法挖掘财税数据隐匿关联，揭示潜在利益输送、避税架构，完整勾勒数据流转链路，拓展溯源广度与深度。

【案例 18-1】供应链财税数据溯源的应用案例

（一）案例背景

甘肃天福电子设备制造有限公司是一家专注于高端电子设备制造的大型企业，在原材料采购方面，企业每月需从 50 余家供应商处采购各类电子元件，采购金额高达 5 000 万元。生产环节涉及多个生产基地，不同工艺阶段成本核算复杂，成本波动难以精准分析，影响企业成本控制与责任界定。为解决这些问题，企业 CEO 闻莘党决定引入区块链与 AI 技术，实现供应链财税数据溯源。

（二）操作步骤

（1）数据上链：在原材料采购阶段，将采购合同、发票、付款记录等财税数据实时上传至区块链。

例如，每次采购电子芯片时，采购金额、税额、供应商信息等详细数据都会被记录。在生产加工过程中，各环节的成本投入，如原材料消耗、人工成本、设备折旧等，通过企业内部系统采集并同步至区块链。每月记录约 2 000 条生产环节成本数据。成品销售时，销售合同、发票、税务申报数据等同样上链存储，每月新增销售财税数据约 1 500 条。

（2）AI 分析：AI 系统持续分析区块链上的数据，通过设定的算法模型，实时监测成本波动情况。

（3）纠纷处理：一旦出现产品质量与财税相关纠纷，企业或监管方利用区块链的不可篡改性和可追溯特性，快速定位到问题产品所涉及原材料采购、生产加工、销售等各环节原始财税数据。

（三）具体数据和数字金额

在实施该方案后的第一个季度，企业采购原材料总金额达 1.5 亿元，涉及采购记录 150 条。生产环节记录成本数据 6 000 条，总成本 8 000 万元。成品销售额为 2 亿元，销售记录为 4 500 条。

AI 分析发现，某季度原材料采购成本较上季度波动 10%，主要因部分电子元件市场价格上涨。同时，在税负转嫁过程中，销售环节实际承担税负较理论值高出 5%，经分析是中间环节计税方式差异导致的。

（四）税务处理

基于准确的财税数据溯源，企业及时调整税务申报策略。针对税负转嫁差异，与税务机关沟通，按照正确计税方式补缴税款 50 万元，避免后续税务风险。

在遇到产品质量纠纷导致销售退回时，依据溯源数据准确调整销售收入与销项税额。如某笔因质量问题退回的产品销售额 100 万元，相应调减销项税额 13 万元（增值税税率为 13%）。

（五）会计处理

在成本核算方面，依据区块链记录的生产环节详细成本数据，更精准地分配成本。

将生产工艺改进带来的成本节约 200 万元，合理分摊到相关产品成本中，调整库存商品账面价值。

在销售业务中，根据销售退回等实际情况，及时调整应收账款、主营业务收入等科目。如上述 100 万元销售退回，借记"主营业务收入"100 万元，贷记"应收账款"100 万元。

（六）实施效果

（1）成本优化：通过 AI 对成本波动进行分析，企业与供应商重新谈判采购价格，成功降低原材料采购成本 8%，每年节约成本约 1 200 万元。同时，优化生产流程，降低生产环节成本 5%。

（2）税负透明：清晰掌握税负转嫁情况，避免不合理税负承担，每年节省税务成本约 300 万元。

（3）纠纷处理高效：在出现产品质量与财税纠纷时，能在 24 小时内完成数据回溯与责任界定，相比以往平均缩短处理时间 70%，减少纠纷导致的经济损失约 200 万元／年。

【案例 18-2】跨境电商财税数据的应用案例

（一）案例背景

杭州凯尔蓝星电商有限公司是一家知名的跨境电商企业，业务范围覆盖全球多个国家和地区，面临着复杂的财税管理挑战。仅在 2024 年，对俄罗斯新税制理解偏差，导致税务申报错误，面临补缴税款及罚款共计 50 万元。为应对这些问题，该公司 CEO 欧阳凯决定引入区块链与 AI 技术，实现跨境电商财税数据追溯。

（二）操作步骤

（1）数据上链：当商品从境外发货时，相关的报关单信息，包括商品名称、数量、价值、原产地等，以及支付凭证（如信用卡支付记录、第三方支付平台转账记录等）、运单（包含物流公司、运输路线、运费等信息）等数据，实时通过接口加密上传至区块链。

例如，从美国发货的一批电子产品，货值 10 万美元，运费 5 000 美元，报关单及支付、运单数据即刻上链。

（2）AI合规核查：AI系统依据不同国家的税收法规、贸易政策以及行业交易惯例，对区块链上的数据进行实时核查。对于汇率波动，AI结合实时汇率数据和交易发生时间，准确核算不同货币交易的实际价值，确保财务数据的准确性。

（3）数据查询与监管：消费者可通过电商平台提供的查询入口，输入商品订单号等信息，查询商品的完税路径，包括在各个环节缴纳的税款种类、金额等详细信息。监管部门通过授权访问区块链数据，能够全面、准确地掌握跨境电商企业的业务数据，精准打击逃税走私行为。

（三）具体数据和数字金额

在引入区块链与AI技术的第一个月内，公司共处理跨境订单5 000笔，涉及金额500万美元。其中，从美国发货的订单金额为200万美元，从欧盟发货的订单金额为150万美元，从其他地区发货的订单金额为150万美元。

AI系统核查出汇率波动导致的财务核算误差共计3万美元，涉及订单100笔。同时，发现5笔订单存在税务合规问题，主要是某国消费税计算错误，涉及金额1万美元。

（四）税务处理

针对AI核查出的税务合规问题，公司及时调整税务申报数据。对于消费税计算错误的5笔订单，补缴消费税1万美元，并按照该国法规缴纳相应的滞纳金1 000美元。

与税务机关积极沟通，说明汇率波动导致财务核算误差的情况，经税务机关认可后，调整相关税务申报数据。

（五）会计处理

对于汇率波动导致的财务核算误差，调整相关应收账款、销售收入等科目。

将因汇率波动少计的销售收入3万美元，调整计入销售收入科目，同时调整应收账款。

对于补缴的消费税及滞纳金，借记"税金及附加"1万美元、"营业外支出——滞纳金"1 000美元，贷记"银行存款"1.1万美元。

（六）实施效果

（1）税务合规性显著提升：通过AI实时核查，税务申报错误率从原来的5%降至1%以内，有效地避免了因税务不合规带来的罚款和声誉损失。

（2）消费者信任增强：消费者能够方便地查询商品完税路径，对公司的信任度大幅提高，客户满意度提升了15%，促进了销售额的增长。引入区块链与AI技术的第二个月，销售额环比增长10%，达到550万美元。

（3）监管协作加强：监管部门能够更高效地获取准确数据，精准打击逃税走私行为，公司与监管部门的协作更加顺畅，营造了良好的市场环境。

(七)风险管控

技术故障风险：建立系统监控与预警机制，实时监测区块链和 AI 系统的运行状态。一旦出现异常，及时启动应急预案，确保业务的连续性。每年至少进行两次系统应急演练，提高应对技术故障的能力。

第二节　AI 与大数据分析融合

在信息爆炸的当下，数据如同新时代的"石油"，是驱动社会进步与经济发展的关键要素。AI 与大数据分析的深度融合，为数据注入新活力，正迅速改变着人们的生活、工作方式以及世界运行逻辑。

一、AI 与大数据分析

大数据分析是处理海量、高速、多样信息的技术手段，核心是从繁杂数据中挖掘隐藏价值与规律。它在众多领域发挥关键作用，让决策更科学精准，资源配置更高效合理。

大数据分析并非孤立，与 AI 结合才是推动变革的强大引擎。AI 凭借强大的学习、推理和决策能力，为大数据分析提供智能化处理手段。通过机器学习算法，AI 能从海量数据中自动学习特征与模式，优化分析模型，提升预测准确性与效率。深度学习、自然语言处理、计算机视觉等 AI 技术的应用，极大地拓展了大数据分析的能力边界。

AI 与大数据分析深度融合，不仅拓展数据处理深度与广度，更赋予数据"思考"与"行动"能力。在商业领域，该融合使个性化推荐系统更精准，可以基于用户多维度数据提供定制化产品与服务。在医疗健康领域，AI 辅助的大数据分析能更早察觉疾病迹象，为医生提供精准诊疗建议，实现疾病早期干预与治疗。在城市管理中，智能交通系统依赖 AI 实时分析大量交通数据，缓解拥堵，提升市民出行体验。

更为重要的是，AI 与大数据分析的融合推动社会创新加速。它降低创新门槛，让更多小企业和个人借助数据力量开发新颖产品与服务。同时，促进跨学科、跨领域合作，为应对气候变化、资源短缺等全球性挑战提供新思路。

(一)技术协同互补

(1) 数据处理能力增强：大数据负责海量数据的采集、存储与整理，如 Hadoop 分布式文件系统（HDFS）可高效管理 PB 甚至 EB 级数据，为 AI 模型训练提供丰富素材。AI 运用机器学习算法、深度学习神经网络等技术挖掘数据深层价值，例如，从电商用户行为大数据中精准识别购买意向模式，助力精准营销。

(2)算法优化升级：大数据分析反馈数据特征与分布，辅助 AI 优化算法架构与参数。以图像识别领域为例，海量图像大数据训练促使 CNN 不断进化，从 AlexNet 到 ResNet 等复杂模型，识别准确率大幅提升。AI 模型训练中的梯度下降等优化算法也依据大数据分析结果动态调整学习率，加速收敛。

（二）应用场景

【案例18-3】医疗健康领域 AI 与大数据分析融合应用案例

（一）案例背景

津和医院拥有悠久的历史和广泛的患者群体，每天接待门诊患者超过 2 000 人次，住院患者约 1 000 人，医院面临着如何更精准地进行疾病预测和诊断的挑战。为了提升医疗服务水平，医院决定引入 AI 与大数据分析融合技术。

（二）操作步骤

(1)数据整合：医院通过建立统一的数据平台，将电子病历系统中的患者基本信息、症状描述、诊断结果、治疗记录等数据进行整合。每天新增电子病历数据约 3 000 条。对接基因测序部门，获取患者的基因数据，平均每周完成 50 例基因测序，并将数据同步至平台。集成医学影像系统，如 CT、MRI 等影像数据，每日新增影像数据量约 500 吉字节。

(2)AI 模型训练与应用：利用深度学习算法构建疾病预测模型。以糖尿病、高血压等慢性病为例，模型输入患者的年龄、家族病史、生活习惯、基因数据以及历年体检指标等多维度数据进行训练。经过对 10 000 例慢性病患者和 5 000 例健康对照人群的数据学习，模型逐渐掌握慢性病发病的模式和特征。针对癌症转移概率预测，模型分析大量癌症患者的病历、基因数据以及影像资料，特别是肿瘤的大小、位置、细胞类型等信息，学习癌症转移的相关规律。共使用 5 000 例癌症患者数据进行训练。在临床辅助诊断方面，AI 系统实时接收检查检验部门传来的数据，如血常规、生化指标、影像检查结果等。以胸部 CT 影像诊断为例，智能读片系统基于深度学习算法对影像进行快速分析，通过与医学知识库中大量正常和异常影像特征对比，自动识别肺部结节、炎症等异常情况，并在数秒内给出诊断建议。

(3)持续优化：随着新病例的不断产生，大数据平台持续更新数据。每周新增病例数据约 500 条，这些新数据用于进一步训练 AI 模型，不断完善其诊断能力。医院定期组织专家对 AI 诊断结果进行评估，针对误诊、漏诊情况分析原因，调整模型参数，优化算法。

（三）具体数据和数字金额

(1)疾病预测：经过一段时间的应用，针对糖尿病发病风险预测，模型对高危人群预测的准确率达到85%。在参与预测的2 000名糖尿病高危人群中，准确预测出未来5年内发病的人数为1 500人，涉及潜在治疗费用预计每人每年2万元，能早期干预，可降低30%的治疗成本。

（2）癌症转移概率预测：对于肺癌转移概率预测，模型准确率达到75%。分析1 000例肺癌患者数据，准确预测出转移情况的有750例，使医生能够提前制定更合理的治疗方案，避免不必要的治疗费用约每人5万元。

（3）临床辅助诊断：应用智能读片系统后，胸部CT影像诊断周期从平均15分钟缩短至2分钟。以每年完成胸部CT检查20 000例计算，为医院节省大量人力成本，每年约可节省50万元（按一名医生每小时诊断4例，每小时人力成本100元计算）。

（四）医疗处理

（1）疾病预测干预：对于预测为慢性病高风险的人群，医院提供个性化的健康管理方案，包括饮食指导、运动建议以及定期的健康监测。

（2）癌症治疗调整：依据癌症转移概率预测结果，医生调整治疗策略。对于预测转移可能性高的患者，提前采用更积极的综合治疗方案，如联合化疗、靶向治疗等，提高患者的生存率。

（3）临床诊断优化：医生参考AI给出的诊断建议，结合自身临床经验进行综合判断。智能读片系统发现的一些微小病变，为医生提供了更多诊断线索，提高了疾病早期发现率。

例如，在早期肺癌诊断中，诊断准确率提高了10%。

（五）信息系统调整

（1）数据存储与管理：为存储和管理大量的医疗数据，医院升级了数据存储设备，投入约200万元建设高性能数据中心，确保数据的安全存储和快速访问。

（2）系统集成与优化：各医疗系统的集成和优化，确保了电子病历、基因测序、医学影像等系统与AI分析平台之间的数据流畅交互。

（3）软件更新与维护：每年投入约50万元用于AI软件的更新和维护，保证模型的准确性和系统的稳定性。

（六）实施效果

（1）疾病预测准确性提升：通过AI与大数据分析融合，慢性病和癌症的预测准确性显著提高，有助于早期干预和治疗，提高患者的生活质量，降低总体医疗成本。

（2）诊断效率提高：临床辅助诊断系统缩短了诊断周期，提高了医疗服务效率，减少了患者等待时间，提升了患者满意度；提高了诊断的准确性，减少了误诊和漏诊的发生。

（3）医疗资源合理利用：精准的疾病预测和诊断使医疗资源得到了更合理的配置，

避免了不必要的检查和治疗,提高了医疗资源的利用效率。

(七)风险管控

(1)模型准确性风险:定期对 AI 模型进行评估和验证,使用独立的测试数据集对模型进行测试,确保模型的准确性和可靠性。密切关注医学研究的新进展,及时更新医学知识库和模型参数,以适应不断变化的医学知识和临床需求。

(2)伦理与法律风险:成立伦理委员会,对 AI 在医疗领域的应用进行伦理审查,确保患者的隐私和权益得到保护。遵循相关法律法规,规范数据的收集、使用和共享,避免潜在的法律纠纷。

【案例18-4】金融风控层面 AI 与大数据分析融合应用案例

(一)案例背景

金打银行是一家在国内具有广泛业务覆盖的综合性商业银行,拥有超过 1 000 万名个人客户和 60 万家企业客户。随着金融业务的多元化和数字化发展,金融风险也日益复杂。传统的风险评估和监控手段难以应对海量且多变的数据,信用风险和欺诈风险时有发生。仅 2024 年,该行信用卡欺诈交易造成的损失就达到 500 万元,同时,部分高风险客户的违约行为导致了 2 000 万元的贷款损失。为了提升金融风控能力,金打银行决定引入 AI 与大数据分析融合技术。

(二)操作步骤

(1)数据整合:银行通过内部系统整合用户的信用记录,包括征信报告、贷款还款记录等;收集交易流水数据,涵盖储蓄账户、信用卡账户等各类交易信息;在合法合规且获得用户授权的前提下,采集部分社交网络数据,如社交媒体活跃度、社交关系等。每月新增信用记录数据约 20 万条,交易流水数据量达到 5 000 万条,社交网络相关数据量约 100 万条。

(2)模型构建与风险评估:银行利用整合后的多维度大数据,构建 AI 信用风险评估模型和欺诈风险评估模型。信用风险评估模型输入客户的基本信息、信用记录、财务状况等数据,通过机器学习算法评估客户的信用等级和违约可能性。欺诈风险评估模型则重点分析交易流水的特征、交易行为模式以及社交网络数据中的异常关联等,预测欺诈风险。

(3)实时监测与异常检测:对于信用卡交易,银行利用大数据实时监测系统,每秒处理数千笔交易。AI 异常检测算法持续分析交易金额、交易地点、交易时间、交易对象等多个维度的数据特征。一旦发现交易行为与正常模式不符,如短时间内异地大额消费、频繁小额整数交易等,算法会瞬间捕捉并标记为可疑交易。每天监测到的可疑交易数量约为 500 笔。

(4) 风险拦截与决策：结合客户画像，银行对标记的可疑交易进行进一步分析。客户画像包含客户的消费习惯、收入水平、信用历史等多方面信息。当可疑交易与客户画像不匹配时，系统会精准拦截该交易，并通过短信、电话等方式通知客户确认交易真实性。

(5) 模型更新与优化：随着市场环境的变化和用户行为的改变，大数据持续动态更新。银行每月将新的信用记录、交易流水等数据纳入模型训练，不断优化信用风险评估模型和欺诈风险评估模型。

（三）具体数据和数字金额

在引入AI与大数据分析融合技术后的半年内，信用风险评估模型将高风险客户的识别准确率提高了30%。原本未能识别的潜在高风险客户数量减少了2 000人，有效地避免了约3 000万元的潜在贷款损失。平均每名高风险客户可能造成的贷款损失为1.5（3 000÷2 000）万元。

欺诈风险评估模型使信用卡欺诈交易的拦截成功率从60%提升至90%。半年内共监测到信用卡可疑交易90 000笔，成功拦截欺诈交易81 000（90 000×90%）笔，避免欺诈损失约1 200万元。

为引入该技术，银行前期投入了3 000万元用于数据平台建设、算法研发以及相关硬件设备采购。每年的运维和优化成本约为800万元。

（四）税务处理

银行投入的3 000万元用于技术建设的费用，按照相关税收政策，部分符合条件的软件和设备采购可享受增值税进项税额抵扣。可抵扣比例为30%，采购金额对应的增值税税率为13%，则可抵扣进项税额=117（3 000×30%×13%）万元。

每年800万元的运维和优化成本中，如涉及软件服务、技术咨询等费用，取得合规发票，可按规定进行进项税额抵扣。可抵扣比例为20%，相关服务增值税税率为6%，则每年可抵扣进项税额=9.6（800×20%×6%）万元。同时，这些成本费用在计算企业所得税时可作为税前扣除项目，减少应纳税所得额。

（五）会计处理

1. 前期建设投入

银行在进行数据平台建设、算法研发以及硬件设备采购时，将符合资本化条件的部分计入"无形资产"或"固定资产"科目。符合资本化条件的金额为2 000万元，借记"无形资产——风控系统软件——数字资源"1 000万元、"固定资产——硬件设备"1 000万元，贷记"银行存款"等2 000万元。不符合资本化条件的1 000万元，借记"研发支出——费用化支出——数字资源"1 000万元，期末结转至"管理费用——研发费用"。

2. 运维和优化成本

每年发生的 800 万元运维和优化成本，借记"管理费用——运维费用"800 万元，贷记"银行存款"等 800 万元。

3. 潜在损失与收益

对于避免的贷款损失和欺诈损失，虽未实际发生资金流动，但在财务分析和风险管理报告中进行记录和分析，以评估风控技术的效益。

例如，在半年报中披露因风控技术提升避免潜在贷款损失 3 000 万元，避免信用卡欺诈损失 1 200 万元，体现对银行盈利能力和风险状况的积极影响。

（六）实施效果

（1）风险防控能力显著提升：通过 AI 与大数据分析融合，银行对信用风险和欺诈风险的识别、评估和拦截能力大幅提高，有效减少了潜在的金融损失。

（2）客户体验优化：在精准拦截风险交易的同时，银行通过及时通知客户确认交易，既保障了客户资金安全，又减少了对正常交易的干扰，提升了客户对银行服务的满意度。

（3）市场竞争力增强：先进的金融风控技术使银行在市场中更具竞争力，有助于吸引更多优质客户，同时，为银行开展更多创新金融业务提供了有力的风险保障。

二、超大规模财税数据的深度洞察

在数字化浪潮下，超大规模财税数据成为解锁经济运行的关键钥匙，其深度洞察与决策创新意义重大，对企业与国家的经济活动影响深远。

（一）超大规模财税数据的深度洞察

超大规模财税数据犹如经济运行的"血液"，全面记录着企业、行业乃至国家经济的动态。对其深度洞察，不仅助力企业优化财务管理与税务优化，更是国家制定宏观经济政策的重要依据。借助数据分析，企业能清晰把握各行业发展态势，评估政策效果，为政策调整提供方向。同时，企业可利用这些数据识别税务风险，制定合理优化方案，提升财务管理效率。

（1）数据量爆发增长：经济活动与数字化转型促使财税数据呈指数级增长，传统数据库管理系统难以应对存储、检索及运算压力，无法满足实时分析需求。

（2）数据异构性复杂：财税数据来源广泛，格式多样，各系统数据标准与编码规则差异大，整合困难，形成"数据孤岛"，阻碍关联性分析。

（3）数据质量参差不齐：录入错误、系统故障、人为篡改等因素，导致数据噪声多、缺失值常见，影响分析准确性，数据清洗校验任务艰巨。

(二) 大数据技术与 AI 的关键作用

(1) 大数据技术奠基：采用 HDFS、NoSQL 数据库等分布式存储架构，确保数据存储的高扩展性与容错性。利用 Sqoop、Flume 等工具及 ETL 流程，实现多源数据汇聚与清洗，保障数据质量。

(2) AI 深度赋能：机器学习算法通过聚类分析、关联规则挖掘、时间序列分析等，挖掘财税数据模式与规律；深度学习运用 RNN、LSTM、CNN、GAN 等技术，突破数据处理与认知局限；强化学习构建智能体，优化企业财税决策。

(三) 超大规模财税数据的洞察应用

(1) 宏观经济预测调控：整合区域企业财税大数据，AI 模型预估 GDP 增速、产业结构变迁，辅助政府精准规划产业政策、税收优惠，提前布局经济调控措施。

(2) 企业战略精细打磨：企业剖析内部财税数据，借助 AI 优化产品定价、精准营销投放、削减供应链成本，提升企业竞争力。

(3) 风险智能预警防控：实时监测财税数据异动，AI 预警现金流、税务稽查等风险，银行与监管部门据此提前防范风险，保障经济稳定。

三、超大规模财税数据的决策创新

超大规模财税数据为政府与企业的决策创新提供了丰富资源。政府可借此为经济精准把脉，制定科学财政与税收政策，优化资源配置，监测经济风险。企业则能分析市场趋势，制定精准营销策略，实现可持续发展。

(1) 突破传统决策局限：传统财税决策依赖人工经验与简单分析，面对海量复杂数据，决策易片面、滞后。而新技术实现实时全域数据整合，AI 模型持续学习市场动态，推动决策向动态智能转变。

(2) 精准预测助力规划：结合历史与实时大数据，AI 深度学习算法构建预测模型。企业可精准预判财务状况，提前优化生产、采购等环节；政府能预测行业税收，合理安排财政预算，保障区域均衡发展。

(3) 智能风险评估与应对：AI 模型深度分析财税数据，多维度评估风险。在金融领域，银行借助 AI 监测企业风险，及时调整信贷策略；企业自身利用 AI 扫描财务漏洞，按风险程度智能应对，大数据持续更新风险特征库，提升识别精度。

(4) 优化资源配置决策：政府通过 AI 分析企业财税数据，精准扶持潜力产业；企业依据各部门成本效益数据，借助 AI 优化资源分配，提升运营效率，通过数据反馈实现决策迭代。

(5) 创新政策模拟推演：制定财税政策前，利用大数据模拟不同政策参数下的经济走势，预演行业税负、利润变化及政策效应，可视化呈现政策利弊，助力决策者制定精准政策，保障经济平稳发展。

【案例18-5】超大规模财税数据的决策创新案例

（一）案例背景

上海天蓝集团公司业务遍布全球50多个国家和地区，旗下拥有超过200家子公司，涉及制造业、服务业、金融等多个领域。集团每月产生的发票数量超过100万张，交易记录达500万条以上，年度财务报表数据量庞大。在如此超大规模的财税数据下，传统的决策方式难以应对复杂多变的市场环境。过去，集团因未能准确分析各国税收政策差异，在某些地区多缴纳税款约800万美元。同时，对成本数据的分析不够深入，在采购和生产环节造成了约1 200万美元的浪费。为改善这一状况，集团决定利用超大规模财税数据进行决策创新。

（二）操作步骤

（1）数据整合与清洗：通过建立统一的数据平台，将分布在全球各地子公司的财务报表、发票、交易记录、税务申报等财税数据进行整合。利用数据清洗技术，去除重复、错误和不完整的数据。例如，每月清理出约5万条重复发票数据和3万条错误交易记录。

（2）数据挖掘与分析：运用大数据分析工具和机器学习算法，对整合后的数据进行深度挖掘。从税务角度出发，分析不同国家和地区的税收政策对集团税负的影响，找出潜在的税务优化空间。从财务角度出发，剖析成本结构、利润来源以及资金流动情况。

（3）场景建模与模拟：基于数据分析结果，构建不同的决策场景模型。如税务优化场景，模拟不同税收政策下的纳税方案；成本控制场景，模拟调整采购渠道、生产流程对成本的影响。通过对这些场景的模拟，评估不同决策可能带来的财务影响。

（4）决策支持与执行：将分析结果和模拟场景以直观的可视化报表形式呈现给集团管理层，为决策提供有力支持。管理层根据这些信息制定战略决策，如调整业务布局、优化采购策略、实施税务优化方案等，并监督决策的执行情况。

（三）具体数据和数字金额

在实施数据驱动决策的第一年，集团处理财税数据总量达到8 000万条，涉及金额约500亿美元。

（1）税务优化：通过对各国税收政策的深入分析和场景模拟，集团成功实施了新的税务优化方案。在不违反法律法规的前提下，合理调整业务架构，减少了在高税负地区的应税收入。

例如，将部分业务转移至税收优惠地区，每年节省税款约1 000万美元。

(2) 成本控制：基于成本数据分析，集团优化了采购供应链，与新的供应商合作，降低了某关键原材料的采购成本15%。同时，通过调整生产流程，减少了生产过程中的浪费，降低生产成本10%。这一系列措施使集团每年节约成本约2 500万美元。

（四）税务处理

(1) 税务申报调整：根据新的税务优化方案，集团在各子公司所在国家和地区调整税务申报数据。

例如，在某高税负国家，通过合理的成本分摊和利润转移，减少应纳税所得额5 000万美元，按照该国20%的企业所得税税率，少缴纳企业所得税1 000万美元。同时，确保调整后的税务申报符合当地税收法规要求，避免税务风险。

(2) 税务合规管理：加强和各国税务机关的沟通与协调，及时了解税收政策变化。投入约50万美元用于聘请当地税务顾问，确保集团税务处理的合规性。同时，建立税务风险预警机制，通过对财税数据的实时监测，及时发现潜在的税务风险点。

（五）会计处理

(1) 成本核算调整：随着采购成本和生产成本的降低，集团调整相关产品的成本核算。

例如，将WK产品的单位生产成本从原来的100美元降低至85美元，相应调整库存商品的账面价值。在会计分录上，借记"库存商品"（减少金额），贷记"原材料""生产成本"等相关科目。

(2) 利润核算调整：税务优化和成本控制带来的利润变化，反映在集团的财务报表中。利润增加后，相应调整"未分配利润""盈余公积"等科目。

例如，因节省税款和降低成本，当年净利润增加3 500万美元，借记"本年利润"3 500万美元，贷记"未分配利润"3 500万美元（不考虑盈余公积提取等其他因素）。

（六）实施效果

(1) 财务效益显著提升：通过税务优化和成本控制，集团每年增加净利润约3 500万美元，资金使用效率提高20%，资产回报率提升15%。

(2) 决策科学性增强：基于超大规模财税数据的深度分析和场景模拟，为管理层提供了更全面、准确的决策依据。决策失误率降低30%，战略决策更加符合市场变化和集团发展需求。

(3) 风险防控能力提高：通过建立税务风险预警机制和严格的合规管理，有效地降低了税务风险。同时，对成本和财务状况进行实时监控，及时发现并防范潜在的财务风险，保障了集团的稳健运营。

第三节 AI 与物联网融合

在 21 世纪的科技浪潮中，AI 与物联网的融合正深刻改变着人们的生活与各行各业的发展轨迹，同时，智能财税设备、传感器数据在财税管理领域的应用，以及 AI 财税管理的创新趋势，都为经济发展带来新的机遇与挑战。

一、AI 与物联网融合

AI 与物联网的融合是当今科技发展的重要趋势，二者相互赋能，共同构建起智能互联的世界，不仅改变了人们的生活方式，更为各行业发展带来了巨大变革。

（一）融合方式与关键技术

1. 融合方式

（1）数据融合：物联网设备源源不断地产生大量实时数据，如传感器采集的环境数据、设备运行状态数据等。AI 技术凭借强大的数据处理能力，对海量数据进行分析处理，挖掘出有价值的信息，实现数据深度融合。

（2）算法融合：将机器学习、深度学习等 AI 算法应用于物联网系统，用于对物联网数据进行分类、预测、聚类等分析，从而实现智能化的决策与控制。

（3）应用融合：把 AI 与物联网技术相结合，应用于智能家居、智能交通、工业物联网等各个领域，实现设备之间的智能协同与自动化控制。

2. 关键技术

（1）传感器技术：作为物联网的基础，传感器负责采集各类物理量和环境信息。如今，新型传感器不断涌现，如高精度、高灵敏度的环境传感器，以及能采集生物特征信息的生物传感器等，为物联网的数据采集提供了更多可能。

（2）边缘计算技术：为提高数据处理效率、缓解网络带宽压力，边缘计算将数据处理和分析从云端推向网络边缘。在物联网设备端或边缘服务器上部署 AI 算法，可实现实时数据处理和决策，减少数据传输延迟。

（3）深度学习技术：深度学习算法在图像识别、语音识别、自然语言处理等领域成绩斐然。在人工智能物联网（AIoT）中，深度学习技术可用于对物联网数据进行更精准的分析处理，如异常检测、故障诊断等，提升物联网系统的智能化水平。

（二）融合应用场景

（1）智能家居：AI 技术与智能家居设备的结合，实现了设备的智能化控制与自动化管理。智能音箱通过语音识别技术接收用户指令，控制家电设备；智能摄像头利用图像识别技术实现人脸识别、行为识别等功能，让家居生活更加便捷、舒适。

（2）智能交通：AIoT 技术能够实时监测交通流量并进行智能调控。通过安装在道路上的传感器和摄像头，实时采集交通流量、车辆速度等信息，利用 AI 算法分析预测，实现交通信号灯的智能控制，有效缓解交通拥堵。

（3）工业物联网：在工业生产中，AIoT 技术可用于设备的故障诊断、预测性维护和质量控制等。通过实时监测生产设备的运行状态并分析数据，提前发现潜在故障，安排维修保养，减少停机时间，提高生产效率。

（4）智能医疗：AIoT 技术实现了医疗设备的远程监控和智能诊断。可穿戴医疗设备实时采集患者的生命体征数据，通过 AI 算法分析处理，实现疾病的早期预警和远程诊断，提升医疗服务的质量和效率。

二、智能财税设备在 AI 财税管理中的应用前景

智能财税设备融合了大数据、云计算、AI 等前沿技术，为财税管理带来了革命性的变化，其应用前景十分广阔。

（一）AI 优化财务管理决策

（1）数据分析与预测：智能财税设备借助大数据分析和 AI 技术，对海量财税数据进行分析挖掘，提取有价值的信息。通过分析历史财务数据，预测未来收入、成本和利润趋势，为企业预算编制和决策提供参考。

（2）风险评估与控制：能实时监控企业财务风险，如信用风险、市场风险、流动性风险等，并建立风险预警模型，及时发现潜在风险因素。通过分析客户信用数据，评估客户信用风险，为企业赊销决策提供依据。

（3）自动税务申报：可自动计算税款、生成纳税申报表，并按规定时间和方式申报。企业所得税申报系统根据企业财务数据自动计算应纳税额，生成符合税务机关要求的申报表，减少人工申报工作量，降低错误率。

（4）税务风险预警：实时监控企业税务风险，如税率变化、税收优惠政策调整、税务稽查等，及时发出预警信号。当税务机关发布新税收政策时，智能税务软件自动分析政策对企业的影响，提醒企业及时调整税务策略。

（二）推动财税数字化转型

（1）系统集成与协同：可与企业其他信息系统集成，如 ERP 系统、CRM 系统等，实现数据共享和协同。与 ERP 系统集成后，智能财税设备可实时获取采购、销售、库存等业务数据，自动生成财务凭证，提高业务流程自动化程度。

（2）移动办公与远程协作：随着移动互联网的发展，智能财税设备提供移动办公和远程协作功能。企业管理者和财务人员可以通过手机、平板电脑等移动设备，随时随

地查看财务报表、审批财务流程、进行财务分析等，提高工作灵活性和效率。

三、传感器数据在 AI 财税管理中的应用前景

随着物联网、大数据和 AI 技术的发展，传感器数据在财税管理中的应用前景日益广阔，为财税管理提供了丰富、实时的数据源。

（一）收入与成本管理方面

（1）销售数据实时监控：在销售终端安装传感器，如智能收款机、RFID 标签读取器等，可实时获取销售数据，包括商品销售数量、价格、时间等。这些数据可以帮助企业准确掌握收入情况，及时发现销售异常波动，为财务部门收入确认和核算提供准确依据。

（2）供应链成本优化：传感器用于监测供应链各环节数据，如库存水平、物流运输状态、原材料质量等。基于这些数据，企业可精准控制库存成本，优化物流配送路线，减少运输损耗，降低整体供应链成本，为成本管理提供有力支持。

（二）资产管理方面

（1）设备状态监测与维护：在企业生产设备、办公设备等资产上安装传感器，实时采集设备运行状态数据，如温度、压力、振动等。财务部门通过分析这些数据，能更准确地评估设备使用寿命和维修成本，合理制订设备更新换代计划，优化资产折旧计提，提高资产管理效率和效益。

（2）不动产管理智能化：对于企业不动产，如厂房、仓库等，利用传感器监测其环境状态，如温度、湿度、空气质量等，以及建筑物结构安全数据。这有助于及时发现潜在安全隐患，降低资产损坏导致的财务损失风险，同时，为不动产维护和保险费用核算提供依据。

（三）税务管理方面

（1）能耗数据与税收优惠：一些地区对节能减排企业有税收优惠政策。通过传感器采集企业能耗数据，如电力、水、燃气等使用量，可准确核算企业节能减排指标，帮助企业判断是否符合税收优惠条件，确保企业充分享受税收优惠，降低税务成本。

（2）环保税核算与申报：随着环保税开征，企业需准确核算污染物排放量。传感器可实时监测企业生产过程中的污染物排放情况，如废气、废水、废渣等排放量和浓度，为环保税核算和申报提供准确数据，避免数据不准确导致的税务风险。

（四）风险预测与决策支持方面

（1）现金流预测：结合传感器数据和企业业务数据，利用大数据分析技术，可更准确地预测企业现金流状况。通过监测市场需求波动、销售趋势、原材料供应等数据，

提前预判可能出现的资金缺口或盈余，为企业资金安排和融资决策提供依据，降低财务风险。

（2）市场趋势分析与战略决策：传感器数据能反映市场实时动态，如消费者行为变化、竞争对手动态等。通过分析这些数据，企业可更好把握市场趋势，制定更具针对性的市场营销策略和财务战略，为企业长期发展提供决策支持。

第四节　AI 财税管理的创新趋势与挑战

在 AI 技术不断突破与应用领域持续拓展的当下，AI 财税管理正逐渐融入企业财务管理，成为一种新的常态。它的出现为财税管理带来了一系列变革，既有着令人期待的创新趋势，也面临着诸多现实挑战。

一、AI 财税管理创新趋势

（1）技术融合与创新：AI 与大数据等前沿技术的融合不断深化。大数据助力 AI 对海量财税数据进行分析，使企业财务状况和税务风险的预测更加精准。比如，通过分析企业历年营收、成本及税务缴纳数据，预测未来财务走向，提前防范税务风险。区块链技术则为财税数据保驾护航，提升数据的透明度和安全性，确保数据不可篡改，让各方都能放心使用。

（2）智能化决策支持：AI 不再局限于基础的数据处理和报表生成。借助深度学习和机器学习算法，AI 能够深入分析历史数据，洞察行业发展趋势，为企业财税决策提供科学依据。例如，在税务优化方面，依据政策法规和企业实际情况，AI 能给出合理建议，帮助企业降低税务成本，提高财务效益，从被动的数据处理转变为主动的决策辅助。

（3）个性化服务与创新应用：随着 AI 技术的进步，财税管理更关注个性化需求。AI 能够依据不同企业的规模、行业特点和业务模式，量身定制税务优化方案。同时，智能客服系统的应用，为企业提供全天候的咨询服务，及时解答疑问，提升企业的满意度和竞争力，满足企业多样化的财税服务需求。

（4）业财税一体化：AI 打破了业务、财务和税务之间的界限，推动了业财税一体化进程。AI 系统能够实时获取企业业务数据，将其自动转化为财务数据，并按照税务法规进行处理。这使企业各部门数据实现无缝集成与共享，减少信息流通阻碍，提高运营效率，降低税务风险，为企业可持续发展奠定基础。

二、AI 财税管理的挑战

（1）数据安全与隐私保护：AI 在财税管理中的广泛应用，使数据安全与隐私保护问题愈加突出。企业的财税数据包含大量敏感信息，一旦泄露或被滥用，将给企业带来严重损失。因此，企业必须加强数据安全管理，采用加密技术、访问控制等手段，防止数据泄露，同时严格遵守相关法律法规，确保数据合法使用。

（2）技术更新与迭代：AI 技术发展迅猛，企业需要时刻关注新技术动态，及时将其应用于财税管理。但技术在更新换代的同时，也带来技术兼容性和系统稳定性等问题。在新老系统对接过程中可能会出现数据传输不畅、功能不匹配等情况，影响财税管理的正常运行，企业需要投入时间和精力解决这些问题。

（3）人才短缺与培训：AI 财税管理需要既懂财税知识又掌握 AI 技术的复合型人才。然而，目前市场上这类专业人才匮乏，企业一方面要加强人才引进，吸引具备相关技术和知识的人才加入；另一方面要重视内部员工培训，提升员工的 AI 技术应用能力，以满足 AI 财税管理的人才需求。

（4）合规性挑战：随着税法的不断完善和监管力度的加大，企业合规性管理愈加重要。AI 财税管理必须严格遵循相关法律法规和税务政策，确保税务优化合法有效。

AI 财税管理的创新趋势为企业带来了新的机遇，有望提升财税管理的效率和精准度。但企业也要正视面临的挑战，通过加强技术研发、人才培养、数据安全管理和合规性建设等积极应对，探索出适合自身的 AI 财税管理应用模式，推动企业更好地发展。未来，随着技术的进一步成熟和应用的不断深入，AI 财税管理有望在企业财务管理中发挥更大的作用。

第八部分
AI 财税管理的未来趋势与持续学习篇

AI 财税管理，作为新兴的技术与管理相结合的产物，正展现出其独特的魅力和无限的潜力。

1. 未来趋势

（1）AI 财税管理将实现全面智能化。在未来的财税管理中，AI 技术将渗透到每个环节，从数据录入、处理、分析到决策支持，都将实现智能化操作。这意味着，财税人员将不再需要花费大量时间进行烦琐的数据处理和报表编制，而是可以更多地专注于数据分析和决策制定。AI 系统将能够自动完成数据的清洗、整理和分析，提供实时、准确的财务信息，为企业的决策提供有力支持。

（2）AI 财税管理将更加注重数据的深度挖掘和利用。在大数据时代，数据已成为企业的核心资产。AI 财税管理将充分利用这一优势，通过深度学习和数据挖掘技术，对企业的海量财务数据进行深度分析，揭示出数据背后的规律和趋势。这将帮助企业更好地了解自身的财务状况，发现潜在的风险和机遇，为企业的战略决策提供数据支撑。

2. 持续学习

面对快速发展的 AI 财税管理，企业和财务人员需持续学习。

（1）对企业而言，企业应不断更新 AI 财税管理系统，跟进技术升级，确保系统高效运行，同时加强员工培训，提升全员对新技术的理解与应用能力。

（2）对个人而言，财务人员要主动学习 AI 技术知识，掌握机器学习、数据分析等技能，以便更好地操作和利用 AI 工具，从传统记账、核算角色向智能财税分析师转变，深入挖掘数据价值，为企业提供更具前瞻性的财税建议。持续学习能让企业和财务人员紧跟 AI 财税管理步伐，在激烈的市场竞争中占据优势，实现企业财税管理的智能化转型与可持续发展。

第十九章
AI 财税管理发展趋势与战略布局

随着 AI 技术的成熟与普及，AI 财税管理正成为企业财税管理新趋势，前景广阔。

（1）AI 财税管理将实现更高程度的智能化与自动化。借助深度学习、自然语言处理技术，自动处理发票识别、税务申报等工作，提高效率，并能依据企业财务状况和市场趋势做精准分析预测，辅助科学决策。

（2）AI 财税管理将促进业财税一体化深度融合。传统财税管理存在业务、财务、税务间信息壁垒，AI 财税管理运用 AI 技术集成三类数据，实现实时共享互通，形成完整数据链，帮助企业掌握财务状况、发现风险、优化资源配置，提升竞争力。

（3）AI 财税管理注重个性化和定制化服务。通过智能算法和机器学习，深入了解企业财税状况和需求，提供量身定制的解决方案，满足企业特定需求，使其灵活应对市场变化。

总之，AI 财税管理以智能化、自动化、一体化和个性化改变传统模式，未来将成为企业财税管理的关键部分，提供高效、智能、精准服务，助力企业可持续发展与竞争力提升。

第一节 AI 财税管理技术演进趋势

在数字化与智能化的时代浪潮中，AI 财税管理技术迅猛发展，深刻变革着企业的财税管理模式。智能化作为 AI 技术的核心，是推动 AI 财税管理进步的关键。随着深度学习、机器学习等技术的不断突破，AI 系统将更精准地把握企业财税需求，实现财税业务的自动化与智能化，大幅提升管理效率与准确性。

一、AI 财税管理

（1）深度学习与多模态智能：深度学习正从单模态向多模态智能迈进，未来，嗅觉、味觉等难以量化的信号有望融入多模态联合分析，推动感知智能向认知智能转变。

在智能零售中，AI 能结合消费者行为、表情及环境气味等多模态信息，精准洞察需求，为企业财税决策提供依据。

（2）类脑计算与新型神经形态器件：RRAM、PCM 等新型神经形态器件为智能算法优化提供硬件基础，提升算法速度与能效，增强 AI 性能。如在自动驾驶领域，车辆 AI 系统借助这些技术可快速处理路况信息，未来也能助力财税管理中 AI 系统处理复杂财税数据。

（3）小数据与优质数据：大数据时代，小数据和优质数据强调精确度与关联性，能削弱算法对数据量的依赖，降低不确定性，提升网络可靠性。医疗领域利用特定疾病的小样本高质量数据，可帮助 AI 模型准确诊断，财税管理中聚焦关键业务的优质数据，也能助力合理决策。

（4）生成式 AI：以非结构化数据为输入，创造全新内容，正逐渐融入主流。在广告设计中，它能根据品牌需求快速生成文案和图像，未来在财税管理中，可能用于自动生成财务报告、税务优化方案，提高工作效率。

（5）伦理与可解释性：随着 AI 技术广泛应用，其伦理和可解释性备受关注。建立监督模型框架，能规范 AI 使用；构建可解释性模型，可增强用户信任。在金融贷款审批中，可解释性 AI 模型能展示审批依据，避免算法黑箱导致的不公平。

二、5G 与 6G 通信技术

（1）5G 技术的广泛应用：5G 技术凭借高速率、低时延、大容量优势，在工业制造领域掀起"万物互联"革新浪潮。在汽车制造工厂中，5G 让机器人与机器实现毫秒级通信，协同完成生产任务，提升效率。在财税管理中，5G 能实现数据快速传输，助力企业及时决策。

（2）6G 技术的研发：6G 技术研发正在进行，预计将带来更快传输速度和更低延迟，为物联网和远程操作提供更强支持。在未来智能工厂中，工程师可通过 6G 远程操控设备，实现无人化生产；在财税领域，跨国企业财务人员可借助 6G 实时获取全球分支机构财税数据，高效管理财税。

三、云计算与边缘计算

（1）云计算的成熟应用：云计算已成为企业数字化转型的重要支撑，为企业提供强大的数据存储和处理能力。中小企业通过云计算平台，无须建设本地数据中心即可实现数据管理。其应用场景不断拓展，从 ERP 到 CRM 都离不开云计算。在财税管理中，云计算让企业能随时随地访问和处理财税数据，实现远程协作。

（2）边缘计算的兴起：边缘计算用于处理连接受限或无连接的远程位置的时间敏

感数据，随着物联网设备增加，其重要性日益凸显。在智能交通领域，路边摄像头利用边缘计算实时处理车辆信息，实现交通流量监测和调控。在财税管理中，分支机构众多的企业可利用边缘计算在本地快速处理财税数据，降低传输成本和延迟。

四、元宇宙与虚拟现实

（1）元宇宙的发展：元宇宙整合多种新技术，构建虚实相融的互联网应用和社会形态，涵盖社交、办公等多种场景。未来企业财税会议可能在元宇宙中举行，实现沉浸式沟通和决策。人们可借助虚拟现实、增强现实等设备，通过多种信号与虚拟世界深度交互。

（2）虚拟现实与增强现实技术的融合：前者使用户沉浸在虚拟环境中，后者增强现实环境，二者融合为用户带来更丰富的体验。在房地产营销中，客户可通过虚拟现实技术和增强现实技术参观虚拟样板房，在财税培训中也可利用这两种技术创建虚拟场景，增强培训效果。

五、生物技术与基因编辑

（1）基因编辑技术的突破：以 CRISPR 为代表的基因编辑技术，改变着对疾病治疗和生物多样性保护的认知，在遗传性疾病治疗研究中取得进展。这一突破可能会影响生物医药企业的财税政策和管理方式。

（2）个性化健康预测与分子药物设计：AI 与基因计算融合，实现个性化健康预测和分子药物设计等创新应用。通过分析个体基因和健康信息，AI 可预测疾病风险，提供健康管理建议。这一领域发展会对财税管理产生影响，如研发费用税收优惠、知识产权税务处理等。

六、可持续技术与循环经济

（1）可持续技术的发展：随着全球对气候变化的关注度提高，可再生能源和环保技术发展加快，太阳能、风能成本降低，应用范围扩大。企业投资和采用可持续技术，可能涉及财税优惠政策和补贴。

（2）循环经济的推广：循环经济理念强调资源循环利用和废弃物最小化，通过设计耐用、可回收产品，减少资源浪费和环境污染。发达国家多个行业已广泛应用循环经济模式。企业践行循环经济需关注相关财税政策，如资源税调整、环保补贴获取等。

七、自动驾驶与智能交通

（1）自动驾驶技术的商用化：自动驾驶技术正逐步实现规模化商用，在交通出行中发挥重要作用，提高交通效率和安全性。一些城市已出现自动驾驶公交车和出租车，物流领域自动驾驶货车可降低运输成本。这会影响企业运输成本核算和税务处理。

（2）智能交通系统的构建：通过集成物联网、大数据、AI等技术，构建智能交通系统，实现交通流优化管理和智能调度。大城市的智能交通系统可根据实时交通数据调整信号灯时长，缓解拥堵。这一技术发展会影响企业运输业务，进而影响财税管理，如运输费用抵扣、车辆购置税政策调整等。

八、网络安全与数据隐私

（1）网络安全的强化：随着网络攻击日益频繁、复杂，网络安全技术的重要性越发凸显。通过AI和机器学习实现网络防御自动化，能实时监测网络流量，及时应对攻击，提高网络安全性和韧性。企业采用AI驱动的网络安全解决方案，可快速识别和阻止新型网络威胁。

（2）数据隐私的保护：在享受技术便利的同时，数据隐私保护备受关注。企业需加强数据安全管理，采用加密技术、访问控制等手段，防止数据泄露和滥用。金融机构对客户敏感信息加密存储和传输，严格控制访问权限，保障数据安全，财税管理中企业财务数据也需严格隐私保护。

综上所述，AI技术演进呈现多元化、智能化、可持续化特点，未来将深刻改变人们的生活和工作方式，为企业财税管理带来新机遇和挑战。

第二节　量子计算对AI财税管理的深度影响

量子计算基于量子力学原理，利用量子比特的叠加态和纠缠态，实现计算能力指数级增长，展现出巨大的计算潜力。

一、基本原理

（1）量子比特：量子计算的基本单元是量子比特，与经典比特不同，它可同时处于0和1的叠加态，赋予量子计算并行计算能力。例如，3个比特的经典计算机一次处理一种状态，3个量子比特的量子计算机可同时处理8种状态，计算效率大幅提升。

（2）量子叠加与纠缠：量子叠加使量子比特能同时代表多个状态，量子纠缠让多个量子比特共享信息并同步计算，这大幅提升了并行性和效率。两个纠缠的量子比特，无论距离多远，对其中一个的操作都会瞬间影响另一个，这为量子计算提供了强大的能力。

二、技术优势

(1) 处理速度更快:量子比特的叠加和纠缠特性,使量子计算能同时处理多个计算路径,显著加速问题求解。破解复杂密码系统,传统计算机可能需数百年,量子计算机短时间即可完成。

(2) 功耗降低:量子计算系统使用超导体等高效材料时,电力消耗可能减小,降低能源成本,减小环境影响,符合可持续发展理念。

(3) 解决复杂问题能力更强:量子计算在大数分解、量子模拟、优化问题等方面,能提供比经典计算机更高效的解决方案。在金融风险管理中,它可以更准确地评估投资组合风险,提供合理的投资建议。

三、应用领域

(1) 密码学:量子计算威胁现有公钥加密系统,同时推动量子密钥分发等安全技术应用。量子密钥分发利用量子纠缠实现绝对安全的密钥传输,保障信息安全。

(2) 优化问题:量子计算通过量子并行和叠加,为特定优化问题提供新的解决途径,加速求解过程。在物流配送中,可快速找到最优配送路线,降低运输成本。

(3) 模拟量子系统:量子计算机可利用量子态模拟其他量子系统,为科学研究提供强大工具。在药物研发中,能更准确模拟分子和原子行为,加速新药开发进程。

(4) AI:量子计算在 AI 和机器学习中具有潜在应用前景,可加速大规模数据处理和优化机器学习算法,缩短 AI 模型训练时间,提高准确性和效率。

四、发展现状与挑战

(1) 技术进展:谷歌、IBM、ZCX 等公司已开发出多量子比特的量子计算原型机,并在特定问题上实现量子优越性,如谷歌的 Sycamore 量子处理器,在特定任务上远超传统计算机。

(2) 挑战与未来:实现通用量子计算机仍面临量子比特稳定性、量子纠错技术成熟度等挑战。量子比特易受环境干扰导致计算错误,需要强大的量子纠错技术保证准确性。随着科研人员和企业的努力,这些问题正被逐步解决,未来量子计算有望成为推动科技和产业发展的重要力量。

五、对 AI 财税管理的影响

(1) 提升数据处理与分析能力:量子计算依托强大的并行处理和指数级计算能力,能迅速处理财税领域海量数据,更快、更准确地完成数据清洗和标准化处理,为财税决策提供坚实数据基础。处理企业多年财务数据时，可短时间内完成整理分析，发现潜在风险和机会。

（2）优化数据分析模型：量子计算可加速复杂数学模型计算，如机器学习算法的训练和优化，助力构建更精确、高效的数据分析模型，挖掘数据深层次规律和价值，为企业财税决策提供有力支持，更准确预测企业税务负担和财务状况。

（3）提高风险评估与预警能力：量子计算能快速模拟市场波动和资产价格变化，提高风险评估准确性，在 AI 财税管理中，可更精准评估企业税务和财务风险，为风险防控提供支持。通过实时监测市场动态，及时调整财税策略，降低风险。

（4）实现风险预警实时化：量子计算的高效计算能力，使 AI 财税管理系统实时监控和预警风险，一旦发现潜在风险，立即发出预警信号，帮助企业及时应对。企业财务指标异常波动时，量子计算驱动的 AI 系统可迅速预警。

（5）推动自动化与智能化进程：量子计算优化算法执行效率，加速 AI 财税管理自动化流程，使自动发票处理、自动报税等功能更迅速准确实现。同时，为 AI 提供更高效的算法支持，提升智能化水平，使 AI 财税管理系统能更智能地处理财税任务，如智能对话、智能审核，提高工作效率和准确性。

（6）促进创新应用与发展：量子计算与 AI 结合将催生出基于量子计算的智能税务优化、智能税务审计等创新应用，为财税管理领域带来更多可能性和发展机遇。智能税务优化可根据企业实际情况快速生成最优方案，降低税负。

（7）推动产业升级：量子计算技术的引入将推动 AI 财税管理领域产业升级和技术革新，提升计算能力和智能化水平，更好地服务企业财税管理，保障企业稳健运营，促使财税管理软件和服务提供商不断创新。

第三节　边缘计算对 AI 财税管理的潜在影响

一、定义与原理

边缘计算是一种分布式计算模型，其将计算资源和数据存储置于靠近数据产生地的边缘设备，而非远程中心数据中心，可降低数据传输延迟，提升系统响应速度，节省带宽资源。

边缘计算在靠近物或数据源头，提供集网络、计算、存储、应用核心能力于一体的近端服务，通过将计算和数据处理能力部署到网络边缘，实现低延迟、优化带宽、增强隐私和实时响应。

二、技术特点与优势

（1）低延迟：将计算资源靠近数据源，缩短数据传输时间，对自动驾驶、虚拟现实等实时性要求高的应用场景尤为重要。

（2）高带宽利用率：在边缘设备处理和分析数据，只传输结果，节省大量带宽资源。

（3）增强隐私和安全性：敏感数据在边缘设备本地处理，降低泄露风险，可本地加密处理，保护用户隐私。

（4）可扩展性和稳定性：支持更多设备和用户，随着物联网设备的增加，能灵活扩展，分布式部署提升系统稳定性和可靠性。

三、应用场景

涵盖自动驾驶、智能电网、预测性维护、医疗监控、云游戏、智慧城市、智能家居等领域。如自动驾驶中实现车辆实时通信和协同，智能电网实时监测能源使用和分析消耗。

四、技术类型与硬件

包括 ASIC 芯片（用于特定算法或应用程序）、FPGA 芯片（可重构电路结构适应不同场景）、GPU 芯片（加速深度学习算法训练和推理）、DSP 芯片（专用于处理数字信号）。

五、发展趋势

随着云计算、物联网、大数据等技术发展，边缘计算日益受到关注。它通过分布式计算和物联网技术，实现了低延迟、高带宽利用率等优势，为各行各业提供了高效可靠的数据处理解决方案。

六、对 AI 财税管理的潜在影响

（1）提高数据处理效率与响应速度：将计算资源和数据处理能力置于离用户设备更近的位置，降低数据传输延迟，快速处理和分析财税数据，提高系统响应速度。

（2）加强数据安全与隐私保护：本地处理敏感财税数据，避免传输到云端，降低泄露风险，满足合规性要求。

（3）优化资源分配与降低成本：根据实际需求动态分配计算资源，减少对云端的依赖，降低数据传输和存储成本，为企业节约成本。

（4）支持离线操作与增强可靠性：可在无互联网连接时工作，当网络中断或不稳定时，确保 AI 财税管理系统继续运行，实现数据冗余存储和处理，提高系统可靠性。

（5）促进 AI 财税管理的创新应用：利用低延迟和高可靠性特点，开发智能税务申报和监控系统，结合物联网技术实现对财税数据的实时追踪和分析，提升 AI 财税管理水平和效率。

七、面临的挑战与应对策略

边缘计算面临资源管理、数据互操作性和新安全风险等挑战，企业需加强技术研发和合作创新，制定统一的标准规范，推动边缘计算技术健康发展。

边缘计算对 AI 财税管理有显著潜在影响，但也需关注并应对相关挑战。

第四节 法规变化与 AI 财税管理的合规新要求

法规变化与社会发展紧密相连，全球经济的发展和税收法规的完善，使 AI 财税管理面临更严格的合规要求。

一、法规变化趋势

（1）数字化与智能化要求提高：随着数字化转型加速，税收法规要求企业采用 AI、大数据等技术，提高财税管理效率和准确性。

（2）税务透明度与信息披露要求提高：为打击逃税漏税，税务法规要求企业全面记录和报告财税信息，便于税务机关审查核实。

（3）跨境税收管理趋严：随着企业国际化进程加速，跨境税收管理成为重点，各国加强跨境交易税收监管。企业需遵守国际税收规则，避免风险。

（4）税收优惠政策与反避税规定并行：税收法规鼓励企业合理利用优惠政策，同时打击避税行为。企业需研究政策，合规享受优惠。

二、AI 财税管理合规新要求

（1）确保数据质量与准确性：AI 财税管理依赖准确、可靠的财税数据，企业需建立数据清洗机制，保障数据质量，支撑 AI 系统精准决策。

（2）加强数据安全管理：随着数据泄露风险增加，企业应健全数据采集、使用和管理机制，确保财税数据安全完整，防止泄露和被篡改。

（3）遵循税收法规与行业标准：严格遵守税收法规和行业标准，关注政策动态，及时调整财税管理策略。

(4) 实现智能合规监控与预警：利用 AI 技术构建合规风险模型，实时监控财税业务合规性，及时发现和处理潜在风险。

(5) 提升财务人员合规意识与能力：财务人员是 AI 财税管理的执行者，企业应加强合规培训和教育，提升其意识和能力，确保 AI 财税管理有效实施。

企业需密切关注法规政策，加强数据安全管理，遵循法规标准，实现智能监控预警，提升人员合规意识，确保 AI 财税管理合规有效。

第五节 AI 财税的战略投资与人才发展

战略投资与人才发展是 AI 财税管理领域发展的关键。企业在投资时要考虑多方面因素，制定合理策略并评估风险；在人才发展方面，要吸引、培养和激励人才，打造高素质队伍，以在市场竞争中占据优势，推动行业持续发展。

一、战略投资

(一) 定义与特点

战略投资具有战略性质，一般由集团型企业或大中型企业开展，旨在实现多元化布局，抓住新兴产业机遇，获取高成长性红利。

(1) 长期性：着眼长远，投资周期长，像 AI 财税技术研发投资，数年才能看到显著成果。

(2) 规模性：需大量资金投入技术研发、人才培养和市场拓展。例如，开发先进的 AI 财税管理系统可能要数百万元甚至上千万元。

(3) 协同性：注重与被投资企业在业务、资源、技术上的协同。如投资企业利用自身渠道推广被投资企业的 AI 财税产品，被投资企业的技术则提升投资企业的财税管理水平。

(4) 战略性：基于企业长期战略规划，选择符合方向的项目投资，增强自身竞争力。

(二) 投资领域与目的

投资主要集中在利用 AI 提升财税管理效率、降低成本和优化决策的领域，涵盖 AI 财税管理系统研发、智能财税软件开发及相关服务。

(1) 获取先进技术和产品：投资创新企业，获取技术和产品，提升自身财税管理能力。如投资智能税务申报软件企业，优化自身申报流程。

（2）拓展市场和业务领域：通过投资，实现多元化布局。例如，传统财务咨询公司通过投资 AI 财税项目，进入智能财税服务市场。

（3）增强竞争力和创造更大价值：通过合作，整合优势资源，提升竞争力。如大型企业与初创企业合作开发行业财税解决方案，提高市场份额和盈利能力。

（三）投资方式

投资方式多样，包括股权投资（购买股权分享成长收益）、债权投资（提供资金获取固定利息）和合作开发（共同投入资源研发推广项目）。

（四）战略投资策略

（1）关注核心技术研发：投资自然语言处理、机器学习、深度学习等核心技术，提升财税管理系统智能化水平。机器学习可自动识别分类财税数据，深度学习能构建精准风险预测模型。

（2）布局一体化平台：构建票账税一体化工具链，整合财税管理环节，提升效率。智能管票可自动识别、录入和管理发票，智能管税能自动计算税款并申报。

（3）拓展高价值服务：基于一体化平台，拓展财税合规监控、税务治理规划和专项辅导咨询等服务，提升企业财税合规和优化能力。

（4）加强合作与并购：寻求合作与并购机会，整合资源，快速获取新技术、新产品和新市场。如并购先进 AI 财税技术的初创企业，提升自身技术实力。

（5）关注政策导向与市场趋势：密切关注税收政策和市场变化，及时调整投资策略。当国家支持数字化转型时，加大技术研发投资；当市场增加对智能财税服务的需求时，拓展相关业务。

（五）战略投资的风险与评估

1. 风险

（1）AI 财税技术风险：AI 技术更新快，存在技术路线选择错误风险，新算法可能使前期投资失去价值。

（2）市场风险：市场竞争激烈，需求和竞争态势持续变化，企业可能面临份额下降、产品价格下跌和需求不足等问题。

（3）管理风险：被投资企业若管理不善，可能导致项目延误、成本超支和产品质量下降，从而影响投资收益。

2. 评估

投资者需全面评估被投资企业的技术实力（研发团队、专利、创新能力）、市场前景（需求、竞争、行业趋势）和管理能力（管理团队、制度、文化），降低投资风险。

二、人才发展策略

（1）加强人才培养与引进：加强对数据科学家、机器学习工程师、税务专家等专业人才的培养和引进，建立完善人才培养体系，通过校企合作、提供优厚待遇和发展机会吸引人才。

（2）提升财务人员能力：加强财务人员 AI 技术培训和财税知识更新，提升跨领域合作和数据分析能力，定期组织培训课程，鼓励学习新政策法规。

（3）建立激励机制：通过股权激励、绩效奖金等，激发员工创新和工作积极性，对取得重要成果的团队或个人给予奖励。

（4）促进团队协作与知识共享：鼓励团队协作，通过技术交流、案例分享等活动，营造开放氛围，提升团队创新能力和竞争力。

（5）关注员工职业发展：关注员工需求，提供多元化晋升通道和发展机会，制定个性化职业规划，提供培训资源。

【案例19-1】 AI 财税在电商企业的战略投资与人才发展案例

（一）案例背景

杭州尚农电商公司作为国内规模较大的综合电商平台，业务涵盖多品类，用户众多，交易数据海量。随着业务快速拓展，传统财税管理弊端渐显。战略投资决策依赖人工分析财务数据，不仅耗时，准确性也欠佳，致使公司错失投资良机。而且，财税人才匮乏，现有人员对复杂税务政策和新兴 AI 技术了解不足，阻碍了企业财税管理水平的提升。

（二）案例概述

杭州尚农电商公司 CEO 国文冠决定引入 AI 财税系统，进行战略投资决策优化和人才发展规划。通过 AI 技术对财务数据和市场信息进行深度分析，为战略投资提供数据支持；利用 AI 财税系统对员工进行培训，提升团队整体能力。

（三）操作步骤

（1）系统选型与搭建：经过市场调研和多轮评估，选择了一款功能强大的 AI 财税系统。该系统具备数据自动采集、智能分析、风险预警等功能。投入 100 万元进行系统的采购和初步搭建，包括服务器配置、软件安装与调试。

（2）数据整合与清洗：将企业多年的财务数据、业务数据以及市场行业数据导入 AI 财税系统，利用系统自带的数据清洗工具，对数据进行去重、纠错等处理，确保数据的准确性和完整性，这一过程耗时 2 个月。

（3）战略投资分析：利用 AI 财税系统的机器学习算法，对市场趋势、行业动态以及企业财务状况进行分析，预测不同投资项目的回报率和风险水平。例如，在分析投资某新兴电商物流企业时，系统综合考虑了该物流企业的市场份额增长趋势、成本结构、竞争对手情况等因素，给出了详细的投资分析报告。

（4）人才培训与发展：基于AI财税系统，开发了定制化的培训课程，包括AI财税基础知识、实际操作应用以及案例分析等。定期组织内部培训，邀请专家进行线上线下授课，同时鼓励员工自主学习。

（四）具体数据和数字金额

（1）在战略投资方面：通过AI财税系统的分析，杭州尚农电商公司在过去一年成功投资了3个项目。其中，对荆红母婴电商品牌的初始投资金额为500万元。经过一年的运营，荆红母婴电商品牌市场份额增长了20%，为杭州尚农电商公司带来了额外的300万元的销售收入和80万元的净利润。

（2）在人才发展方面：经过一年的培训，员工对AI财税系统的熟练使用率从30%提升到80%。处理一笔财务业务的平均时间从原来的2小时缩短至0.2小时，工作效率大幅提高。

（五）税务处理

在投资收益方面，根据相关税法规定，对投资项目获得的股息、红利等权益性投资收益，符合条件的可以享受免税政策。杭州尚农电商公司在进行税务申报时，通过AI财税系统准确识别出符合免税条件的投资收益，避免了多缴税款。同时，在日常业务中，AI财税系统能够实时监控税务政策变化，自动调整税务计算和申报策略，确保企业税务处理的合规性。

（六）会计处理

对于投资项目，按照会计准则，AI财税系统自动进行账务处理。在对荆红母婴电商品牌投资时，系统根据投资协议和实际支付金额，准确记录长期股权投资的初始成本。在后续计量中，根据被投资企业的盈利情况和股权变动，自动调整长期股权投资的账面价值，并进行相应的会计分录处理，保证了会计信息的准确性和及时性。

（七）实施效果

（1）投资决策优化：借助AI财税系统，投资决策的准确性大幅提高，投资回报率相比之前提升了30%，有效避免了盲目投资，降低了投资风险。

（2）工作效率提升：财税业务处理效率显著提高，人力成本降低25%，员工能够将更多时间和精力投入更具价值的分析与决策工作中。

（3）人才能力提升：员工对AI财税技术的掌握程度明显提升，团队整体素质得到加强，为企业未来的发展奠定了坚实的人才基础。

第二十章
驾驭 AI 技能的途径指引

在快速发展的时代，AI 深刻改变着人们的生活与工作方式。想要提升个人竞争力、适应社会发展，就必须持续学习并驾驭 AI 技能，而这离不开对各类资源的整合利用。

持续学习是驾驭 AI 技能的基石。AI 技术不断创新，机器学习、深度学习、自然语言处理等领域发展迅猛。我们不仅要学习 AI 基本理论，还要关注最新动态与应用案例。获取知识的途径众多，在线课程、学术论文、博客等都能提供丰富的学习材料，帮助我们搭建 AI 知识框架。

实践对于驾驭 AI 技能更关键。我们需要通过实际项目和案例锻炼技能，将知识用于实际。如今，有许多开源 AI 项目和社区供我们学习，在这里能与其他爱好者交流进步。

1. 驾驭 AI 技能的学习资源

（1）在线课程与教程：利用 itax 等在线学习平台，能获取涵盖编程、机器学习等多领域，从基础到进阶的 AI 课程。知名大学和研究机构的开放课程也不容错过，如北京中财讯研究院的课程，由权威教授授课，质量颇高。

（2）书籍与教材：阅读 AI 领域经典书籍，如被称为"深度学习圣经"的《深度学习》（*Deep Learning*）。同时，查阅最新学术论文和研究报告，把握该领域最新进展。

（3）开源项目与社区：参与中财讯等的 AI 开源项目，与开发者协作学习。加入 itax 等社区和论坛，和同行交流分享经验。

2. 驾驭 AI 技能的学习途径

（1）实践项目与竞赛：参与实践项目与竞赛，将知识用于解决实际问题，加深对 AI 技术的理解，提升解决问题的能力。关注 itax 等竞赛平台，参与数据分析和模型构建竞赛，锻炼实战能力。

（2）参加培训与研讨会：参加中财讯等组织的线下或线上 AI 培训与研讨会，与专家同行交流，获取最新信息与经验。关注知名企业与机构举办的 AI 技术大会和论坛，了解行业动态和技术趋势。

（3）持续学习与自我提升：持续关注 AI 技术，跟进最新成果和动态。制订个人学习计划，定期复习巩固知识，探索新技术和应用领域，培养批判性思维和解决问题的能力。

3. 驾驭 AI 技能的其他建议

（1）跨学科学习：AI 技术涉及数学、统计学、计算机科学等多学科，有助于拓宽视野，提升综合素质。

（2）关注伦理与法律问题：在学习 AI 技术时，要关注其伦理与法律问题，了解社会影响和责任，培养负责任的开发和实践意识。

（3）建立人脉与合作关系：在学习和实践中，积极与同行、专家和企业建立联系，共同推动 AI 技术的发展与应用。

持续学习和驾驭 AI 技能是长期任务，我们要合理利用各类资源，结合多种学习途径，不断提升能力，敏锐洞察新技术，迎接 AI 带来的机遇与挑战。

第一节　职业发展中驾驭 AI 技能的途径与方法

在职业环境快速变化的当下，掌握 AI 技能已成为增强个人竞争力的关键，这对于个人适应未来职场发展至关重要。想要熟练驾驭 AI 技能，需要从多个维度努力。

一、筑牢知识根基

（1）掌握基础概念：深入理解 AI、机器学习、深度学习等基本概念是驾驭 AI 技能的基石。只有对这些概念有清晰认知，才能更好地学习后续知识。

（2）紧跟行业动态：关注行业相关数据分析平台和社交媒体上的专业讨论，能及时获取最新的 AI 信息和趋势，为自身学习提供方向。

二、持续学习与实践

（1）合理规划学习：设定定期学习目标，密切关注 AI 领域最新进展，积极参加培训课程或在线学习，不断更新知识体系。

（2）投身项目实践：通过参与实际项目，将所学知识应用到实践中，这既能加深对知识的理解，又能积累宝贵的实战经验，锻炼解决问题和团队协作的能力。

（3）充分利用线上资源：像中财讯等在线学习平台，提供了丰富的 AI 课程和资源，可根据自身需求进行学习。

三、提升数据素养

（1）树立数据决策思维：学会基于数据而非直觉做决策，这是 AI 时代的必备能力。

数据能为决策提供更客观、准确的依据。

（2）培养数据分析能力：学习使用 Excel 进行基础数据处理，掌握基本统计学概念，了解数据收集和处理方法，为深入分析数据打下基础。

（3）提高数据可视化能力：借助 Power BI 等工具，用数据讲故事，能更好地理解和利用 AI 工具的输出结果，将复杂数据直观呈现出来。

四、借助 AI 工具提效

（1）识别自动化任务：找出工作中耗时的重复性任务，如整理电子邮件、安排约会等，尝试用 AI 工具实现自动化，节省时间和精力。

（2）融入日常工作：将 AI 工具融入日常工作流程，如使用 Grammarly 辅助写作、使用 Canva 进行图像处理等，提高工作效率。

五、培养思维能力

（1）激发创造力：尝试新事物，拓宽知识面，培养跨学科思维，寻找不同领域的连接点，以创新思维应对 AI 时代的挑战。

（2）强化批判性思维：学会质疑，从多个角度看待问题，培养识别偏见和假信息的能力，使自己的判断和决策更具理性。

六、适应人机协作

（1）明确 AI 角色：认识到 AI 是与人类共同工作的伙伴，学会与 AI 工具协同工作，发挥各自优势，提高工作效率。

（2）调整职业规划：关注 AI 对所在行业的长期影响，提前做好准备，学习新技能、调整角色，甚至引导工作场所合理使用 AI。

七、打造个人品牌

（1）利用社交平台：在社交平台打造专业形象，定期分享专业见解和项目经验，塑造个人品牌，提升影响力。

（2）参与行业社区：加入专业在线社区，参与讨论，分享知识，扩大专业网络，拓展人脉资源。

八、关注伦理法规

了解 AI 领域的伦理与法律问题，确保在使用 AI 时符合道德、合法且符合客户最佳利益。

九、保持良好心态

（1）积极拥抱变化：AI 技术发展迅速，保持开放灵活的心态，愿意不断学习和适应新技术、新方法。

（2）合理设定期望：认识到 AI 的互补作用，利用 AI 工具增强个人技能，同时注重提升 AI 无法复制的个人技能。

通过上述途径与方法，个人能够在职业发展中有效驾驭 AI 技能，提升工作效率和创新能力，紧跟 AI 技术发展步伐，实现个人职业价值的最大化。

第二节 构建 AI 与知识共享的思路和实践

在 AI 技术飞速发展的当下，构建 AI 与知识共享的体系，对推动 AI 技术的普及与创新应用意义重大。

一、构建思路

（1）明确目标定位：清晰确立 AI 学习社区与知识共享网络的定位，即促进 AI 技术的学习、交流、合作与创新。同时，设定具体目标，如提升 AI 技术的普及率，让更多人了解和掌握这一前沿技术；大力促进知识共享，打破信息壁垒；推动 AI 技术在各领域的创新应用，发挥其最大价值。

（2）整合技术与资源：借助云计算、大数据、AI 等先进技术，搭建高效、稳定且可扩展的社区平台，为知识共享提供坚实的技术支撑。整合各类 AI 学习资源，如课程、教材、案例以及数据集等，丰富学习者的学习材料，满足不同层次的学习需求。建立知识共享机制，充分调动社区成员分享知识、经验和成果的积极性。

（3）构建互动与交流平台：设立在线讨论区、论坛、博客等互动平台，方便社区成员交流想法、分享见解，促进合作。举办线上线下活动，如研讨会、工作坊、讲座等，增强成员之间的了解与信任，营造良好的交流氛围。引入专家、学者和行业领袖，发挥他们的专业优势，为社区成员提供专业指导和建议。

（4）建立激励机制：设立奖励机制，对积极贡献知识、参与讨论和分享成果的社区成员给予奖励，激发社区成员的积极性。举办知识竞赛、项目挑战等活动，激发社区成员的学习热情和创新能力，形成良好的学习竞争氛围。

（5）注重社区文化与氛围：培育积极向上的社区文化，倡导开放、包容、协作和创新的精神，让不同观点和想法碰撞交融。营造良好的社区氛围，让成员感受到归属感和价值感,更愿意投身其中。

二、实践运用

(1)智慧学习社区:瑞昌财学院构建的 i 财机器人智慧学习社区,实现了教育与科技的深度融合。以互联网思想为引领,以信息技术为支撑,以学生为中心,满足学生个性化、开放性、自主性、生成性学习的需求,通过课程建设、融合课堂使用、学生自主管理等举措,提升了智慧教育和学校治理水平。

(2)AI 在人才社区的实践:瑞昌财学院构建的 i 财机器人利用智能匹配算法和机器学习技术,不仅为用户提供精准的职位推荐,大大提升招聘和求职效率,还推出"技能评估"功能,为用户规划职业发展路径。i 财机器人作为大型在线教育平台,不仅借助 AI 技术为用户提供个性化学习体验,通过智能推荐系统推荐合适的课程和学习资源,还推出"职业证书"项目,通过在线测试和实践项目评估用户技能水平并颁发认可度高的证书。

(3)智慧图书馆 2.0:在 AI 2.0 技术浪潮下,图书馆行业迎来变革。i library 不仅能将 AI 技术嵌入图书馆服务平台,通过文字和语音输入快速响应馆员业务需求、提供信息导引,还能根据活动主题、时间和目标受众自动生成推文,提升宣传效率,实现服务智能化和互动性提升,推动服务与运营模式现代化。

【案例 20-1】知识共享平台建设应用案例

(一)案例背景

在职业教育改革与发展的大背景下,北京中财讯职业学院为了提升自身的教学质量和人才培养水平,突出办学特色,决定结合本校在制造业、信息技术等专业领域的优势,建立具有鲜明职业特色的知识体系,并以此为基础建设特色知识资源库。传统的教学资源分散,缺乏有效的整合与共享机制,难以满足学生多样化的学习需求以及教师教学创新的需要。同时,校际、校企之间的知识交流与合作受到限制。为解决这些问题,该院院长周宇权着手打造高职院校知识共享平台。

(二)操作步骤

(1)规划与设计:成立由院校领导、各系部专业教师、信息技术专家组成的项目小组。通过对院校各专业课程体系、教学需求以及未来发展方向的深入调研,确定知识体系框架和平台功能模块。在调研过程中,共收集教师意见 150 条,学生建议 300 条。根据调研结果,制定平台建设的详细规划和预算。

(2)技术选型与平台搭建:将 Web3.0、云计算等先进技术作为平台的技术支撑。投入 100 万元用于服务器租赁、网络设备升级等硬件设施建设,确保平台具备良好的稳定性和扩展性。与专业的软件开发公司合作，投入 200 万元进行平台的软件开发，实现视频分享、视频直播、社区交友、电子教室、网络学习、在线考试等功能模块的聚合。

（3）资源建设与整合：鼓励教师和学生共同参与知识资源的建设。教师将教学课件、案例分析、实践指导等资料上传至平台，学生可以分享学习心得、优秀作业等。学院各系部组建学习型组织，定期开展知识整理与上传工作。在平台上线后的第一个学期，共上传教学视频 500 个，教学课件 1 000 份，学生分享资料 300 份。

（4）校际、校企合作推广：积极与其他职业院校、企业建立合作关系。通过组织校际交流活动、企业实践项目合作等方式，推动校际、校企间实质性的知识共享。与 5 所兄弟院校、10 家企业建立合作关系，开展校际交流活动 10 次，企业实践项目合作 20 个。

（三）具体数据和数字金额

（1）建设成本：平台建设总投入 300 万元，其中硬件设施建设 100 万元，软件开发 200 万元。

（2）使用数据：平台上线后的一个学期内，注册用户达到 5 000 人，其中本校师生 4 000 人，合作院校师生 500 人，企业人员 500 人。平台的总访问量达到 20 万次，视频播放量 10 万次，在线考试参与人数 5 000 人次。

（四）税务处理

（1）硬件采购与租赁：在硬件设施建设中，服务器租赁等费用取得合规增值税专用发票，按照租赁服务 13% 的税率计算进项税额可抵扣。服务器租赁费用 50 万元，可抵扣进项税额为 $50 \times 13\% = 6.5$（万元）。硬件设备采购取得合规发票，同样按相应税率计算进项税额抵扣。

（2）软件开发服务：软件开发投入 200 万元，取得合规增值税专用发票，按照信息技术服务 6% 的税率计算进项税额可抵扣。可抵扣进项税额为 $200 \times 6\% = 12$（万元）。

（五）会计处理

1. 硬件设施建设

（1）服务器租赁：支付租赁费用时。

借：长期待摊费用——服务器租赁　　　　　　　　　　　　　　500 000
　　应交税费——应交增值税（进项税额）　　　　　　　　　　 65 000
　贷：银行存款　　　　　　　　　　　　　　　　　　　　　　565 000

（2）每月摊销时。

在租赁期内按月摊销，租赁期为 2 年，每月摊销额 $= 50 \div 2 \div 12 \approx 2.08$（万元）。

借：管理费用——服务器租赁摊销　　　　　　　　　　　　　　 20 800
　贷：长期待摊费用——服务器租赁　　　　　　　　　　　　　 20 800

2. 网络设备采购

(1) 采购时。

借：固定资产——网络设备　　　　　　　　　　　　　　500 000
　　应交税费——应交增值税（进项税额）　　　　　　　 65 000
　　贷：银行存款　　　　　　　　　　　　　　　　　　565 000

(2) 每月计提折旧时。

按照固定资产折旧政策计提折旧，折旧年限为 5 年，无残值。每月折旧额 = 50÷5÷12≈0.83（万元）。

借：管理费用——折旧费　　　　　　　　　　　　　　　8 300
　　贷：累计折旧　　　　　　　　　　　　　　　　　　8 300

3. 软件开发

(1) 支付软件开发费用时。

借：无形资产——知识共享平台软件　　　　　　　　　2 000 000
　　应交税费——应交增值税（进项税额）　　　　　　　120 000
　　贷：银行存款　　　　　　　　　　　　　　　　　2 120 000

(2) 每月摊销时。

按照无形资产摊销政策进行摊销，摊销年限为 5 年，每月摊销额 = 200÷5÷12≈3.33（万元）。

借：管理费用——无形资产摊销　　　　　　　　　　　　33 300
　　贷：累计摊销　　　　　　　　　　　　　　　　　　33 300

(六) 实施效果

(1) 教学质量提升：丰富的知识资源和多样化的功能模块为教师教学提供了更多素材与手段，促进了教学方法的创新。据统计，教师对教学资源的满意度达到 90%，学生对教学效果的满意度提升 15%。

(2) 学生自主学习能力增强：学生可以根据自身需求，在平台上自主选择学习内容和学习方式。学生自主学习的时间平均每周增加 3 小时，学习成绩优秀率提高 10%。

(3) 校际、校企合作深化：实现了校际、校企间的知识共享，促进了教育资源的优化配置。合作院校之间开展了联合科研项目 5 个，企业为学生提供实习岗位 200 个，学生的实践能力得到显著提升。

(七) 风险管控

1. 技术风险

(1) 系统稳定性：建立 7×24 小时监控机制，实时监测平台的运行状态，及时处理服务器故障、网络延迟等问题。定期对硬件设施进行维护和升级，确保硬件性能满足平台发展需求。同时，制定应急预案，在系统出现故障时能够快速恢复服务。

（2）数据安全：采用加密技术对用户信息、教学资源等数据进行保护，防止数据泄露。设置严格的数据访问权限，不同角色的用户只能访问与其权限相符的数据。定期进行数据备份，将备份数据存储在异地灾备中心，防止数据丢失。

2. 内容质量风险

（1）资源审核：建立严格的资源审核机制，由专业教师对上传至平台的知识资源进行审核，确保资源的准确性、科学性和适用性。对于不符合要求的资源，及时通知上传者进行修改或删除。

（2）更新维护：定期对平台上的知识资源进行更新，确保内容与行业发展趋势、教学大纲要求保持一致。鼓励教师和学生及时反馈资源存在的问题，以便及时进行维护。

3. 合作风险

（1）校际合作：与合作院校签订详细的合作协议，明确双方的权利和义务，包括知识共享的范围、方式、知识产权归属等内容。建立定期沟通机制，及时解决合作过程中出现的问题。

（2）校企合作：在与企业合作过程中，加强对企业资质和信誉的审查，确保企业能够提供优质的实践项目和实习岗位。同时，明确企业在知识共享中的责任和义务，保护学校和学生的合法权益。

【案例20-2】数字图书馆资源共享项目实施案例

（一）案例背景

中财讯图书馆系统拥有大量宝贵的图书和电子资源，如何高效管理和利用这些资源，提高服务质量和效率，成为图书馆管理层面临的一大挑战。为了解决这一问题，图书馆馆长诸左石决定启动数字图书馆资源共享项目，通过技术手段实现资源的优化配置和广泛共享。

（二）操作步骤

（1）网络建设加强：首先，图书馆系统投入资金升级了内部网络设施，确保了高速、稳定的网络连接；其次，与多家网络服务商合作，提升了外部访问速度，为资源共享打下了坚实的网络基础。

（2）信息资源数字化：组织专业团队对馆藏图书进行数字化处理，将纸质书籍转化为电子格式，并建立了统一的元数据标准，便于信息的检索和管理。

（3）建立网络信息资源管理系统：开发并部署了一套先进的网络信息资源管理系统，该系统集成了资源上传、分类、索引、检索等功能，大大提高了资源管理的效率。

（4）检索系统优化：基于云计算技术，构建了智能检索系统，支持关键词、作者、主题等多种检索方式，提升了用户查询资源的便捷性和准确性。

（5）资源共享机制建立：与市内其他图书馆及高校图书馆签订资源共享协议，通过统一平台实现资源的互通有无，扩大了资源覆盖范围。

（三）具体数据和数字金额

（1）网络设施升级费用：50万元。

（2）图书数字化处理成本：每本图书平均数字化成本为10元，数字化图书共10万册，总成本为100万元。

（3）网络信息资源管理系统开发费用：80万元。

（4）智能检索系统构建费用：基于云计算服务，年服务费20万元。

（5）资源共享平台维护费用：年维护费10万元。

总计投入为一次性投入：260万元，持续投入：30万元/年。

（四）税务处理

根据国家税收政策，图书数字化处理费用和技术开发费用可享受高新技术企业税收优惠，按15%的税率计算企业所得税。

服务费用和维护费用作为正常运营成本，在税前扣除。

（五）会计处理

一次性投入计入"固定资产"或"无形资产"科目，按折旧或摊销政策分期计入成本。

持续投入的服务费用和维护费用直接计入当期"管理费用"或"营业成本"。

（六）实施效果

（1）资源共享项目实施后，图书馆资源的利用效率提高30%，用户满意度提升20%。

（2）数字资源的访问量激增，年访问量达到500万人次，是项目实施前的2.5倍。

（3）通过资源共享，减少了重复采购，节省了采购成本约30万元/年。

（七）风险管控

（1）技术更新风险：建立技术储备机制，关注行业新技术发展，适时升级系统，保持技术领先。

（2）资金持续投入风险：制定长期财务规划，确保项目运营有稳定的资金支持。

数字图书馆资源共享项目不仅提高了资源的利用效率，还增强了图书馆的服务能力，为公众提供了更加便捷、高效的信息获取途径。同时，通过有效的风险管控，确保了项目的可持续运行。

附 录

一、法律法规

(一) 国家层面的法律

(1)《中华人民共和国会计法》。

(2)《中华人民共和国预算法》。

(3)《中华人民共和国审计法》。

(4)《中华人民共和国增值税法》。

(5)《中华人民共和国企业所得税法》。

(6)《中华人民共和国个人所得税法》。

(7)《中华人民共和国关税法》。

(8)《中华人民共和国专利法》。

(9)《中华人民共和国商标法》。

(10)《中华人民共和国著作权法》。

(11)《中华人民共和国反不正当竞争法》。

(12)《中华人民共和国保守国家秘密法》。

(13)《中华人民共和国公司法》。

(14)《中华人民共和国民法典》。

(15)《中华人民共和国税收征收管理法》。

(16)《中华人民共和国统计法》。

(17)《中华人民共和国注册会计师法》。

(18)《中华人民共和国资产评估法》。

(19)《中华人民共和国网络安全法》。

(20)《中华人民共和国数据安全法》。

(21)《中华人民共和国电子商务法》。

（二）与 AI 财税管理直接相关的政策文件

（1）中央全面深化改革委员会第七次会议审议通过《关于促进人工智能和实体经济深度融合的指导意见》

（2）《网络数据安全管理条例》（国务院令第 790 号）

（3）《中华人民共和国保守国家秘密法实施条例》（国务院令第 786 号）

（4）《国务院关于实施〈中华人民共和国公司法〉注册资本登记管理制度的规定》（国务院令第 784 号）

（5）《商用密码管理条例》（国务院令第 760 号）

（6）中共中央办公厅、国务院办公厅《关于进一步深化税收征管改革的意见》

（7）《中共中央办公厅 国务院办公厅关于加快公共数据资源开发利用的意见》（2024 年 9 月 21 日）

（8）中共中央、国务院印发《数字中国建设整体布局规划》

（9）《国务院关于印发新一代人工智能发展规划的通知》（国发〔2017〕35 号）

（10）《政务服务电子文件归档和电子档案管理办法》（国办发〔2023〕26 号）

（11）《关于进一步做好资本市场财务造假综合惩防工作的意见》（国办发〔2024〕34 号）

（12）《国家新一代人工智能创新发展试验区建设工作指引》（国科发规〔2019〕298 号）

（13）《国家新一代人工智能开放创新平台建设工作指引》（国科发高〔2019〕265 号）

（14）《国家人工智能产业综合标准化体系建设指南（2024 版）》（工信部联科〔2024〕113 号）

（15）《关于中央企业加快建设世界一流财务管理体系的指导意见》（国资发财评规〔2022〕23 号）

（16）《关于加快场景创新以人工智能高水平应用促进经济高质量发展的指导意见》（国科发规〔2022〕199 号）

（17）全国网络安全标准化技术委员会发布《人工智能安全治理框架》1.0 版

（18）《生成式人工智能服务管理暂行办法》（国家网信办、国家发展改革委、教育部、科技部、工业和信息化部、公安部、广电总局令第 15 号）

（19）《数据资产全过程管理试点方案》（财资〔2024〕167 号）

（20）《国务院关于加快推进"互联网 + 政务服务"工作的指导意见》（国发〔2016〕55 号）

（21）《科技部关于支持建设新一代人工智能示范应用场景的通知》（国科发规

〔2022〕228 号）

（三）地方政府关于 AI 的政策法规

(1)《香港特区政府发表有关在金融市场负责任地应用人工智能的政策宣言》（2024 年 10 月 28 日）

(2)《北京市推动"人工智能＋"行动计划（2024—2025 年）》（京发改〔2024〕1081 号）

(3)《上海市推动人工智能大模型创新发展若干措施（2023—2025 年）》（沪经信智〔2023〕608 号）

(4)《广东省关于人工智能赋能千行百业的若干措施》（粤办函〔2024〕88 号）

(5)《深圳市加快打造人工智能先锋城市行动方案》（2024 年 7 月 30 日）

(6)《深圳市打造人工智能先锋城市的若干措施》（深工信规〔2024〕13 号）

(7)《深圳市前海深港现代服务业合作区管理局关于支持人工智能高质量发展高水平应用的若干措施》（深前海规〔2024〕20 号）

(8)《浙江省人民政府办公厅关于加快人工智能产业发展的指导意见》（浙政办发〔2023〕65 号）

(9) 山东省《关于加快大模型产业高质量发展的指导意见》（鲁工信发〔2024〕8 号）

(10)《陕西省加快推动人工智能产业发展实施方案（2024—2026 年）》（陕工信发〔2024〕140 号）

(11)《山西省促进先进算力与人工智能融合发展的若干措施》（晋政办发〔2024〕35 号）

（四）行业标准和规范

(1)《会计信息化工作规范》（财会〔2024〕11 号）

(2)《会计软件基本功能和服务规范》（财会〔2024〕12 号）

(3)《中华人民共和国发票管理办法实施细则》（国家税务总局令第 56 号）

(4)《国家税务总局关于优化企业所得税年度纳税申报表的公告》（国家税务总局公告 2025 年第 1 号）

(5)《国家税务总局关于调整增值税纳税申报有关事项的公告》（国家税务总局公告 2025 年第 2 号）

(6)《国家税务总局关于推广应用全面数字化电子发票的公告》（国家税务总局公告 2024 年第 11 号）

(7)《关于联合开展电子凭证会计数据标准深化试点工作的通知》（财会〔2023〕7 号）

（8）财政部关于印发《企业数据资源相关会计处理暂行规定》的通知（财会〔2023〕11号）

（9）《财政部办公厅关于继续开展电子凭证会计数据标准深化试点工作的通知》（财办会〔2024〕3号）

（10）《最高人民法院关于规范和加强人工智能司法应用的意见》（法发〔2022〕33号）

（11）《国务院关于在上海市创建"丝路电商"合作先行区方案的批复》（国函〔2023〕115号）

（12）中共中央办公厅、国务院办公厅印发《关于进一步完善医疗卫生服务体系的意见》

（13）《人工智能领域研究生指导性培养方案（试行）》（教研司〔2022〕6号）

（14）《关于"双一流"建设高校促进学科融合 加快人工智能领域研究生培养的若干意见》（教研〔2020〕4号）

（15）《药品监管人工智能典型应用场景清单》（药监综函〔2024〕313号）

（16）《国务院关于同意在廊坊等33个城市和地区设立跨境电子商务综合试验区的批复》（国函〔2022〕126号）

（17）《商务部等9部门关于拓展跨境电商出口推进海外仓建设的意见》（商贸发〔2024〕125号）

（18）国家新一代人工智能治理专业委员会发布《新一代人工智能伦理规范》

（19）国家新一代人工智能治理专业委员会发布《新一代人工智能治理原则——发展负责任的人工智能》

（20）《国家新一代人工智能标准体系建设指南》（国标委联〔2020〕35号）

（五）国际法律法规

（1）《加强人工智能能力建设国际合作决议》（2024年7月1日第78届联合国大会协商一致通过）

（2）《里约热内卢G20部长级国际税收合作宣言》（2024年7月25日发布）

（3）《关于应对经济数字化税收挑战"双支柱"方案》（2023年7月10日OECD发布）

（4）《应对经济数字化税收挑战——支柱二全球反税基侵蚀规则立法模板》（2021年12月20日OECD发布）

（5）《支柱二全球反税基侵蚀（GloBE）规则立法模板的详细注释和相关解释性示例》（2022年3月14日OECD发布）

（6）《安全港和处罚救济：全球反税基侵蚀规则（支柱二）》（2022年12月20日

OECD 发布）

（7）《应对经济数字化税收挑战——支柱二 GloBE 规则立法模板的征管指南》（2023 年 2 月 2 日 OECD 发布）

（8）《支柱二全球反税基侵蚀（GloBE）规则达成共识的征管指南（第一套）》（2023 年 2 月 2 日 OECD 发布）

（9）《经济数字化带来的税收挑战——全球反税基侵蚀立法模板征管指南（支柱二）（第二套）》、《经济数字化带来的税收挑战——GloBE 信息报告表（支柱二）》及《经济数字化带来的税收挑战——应税规则（支柱二）》（2023 年 7 月 17 日 OECD 发布）

（10）《支柱二全球反税基侵蚀规则达成共识的征管指南（第三套）》（2023 年 12 月 18 日 OECD 发布）、2024 年 6 月 17 日发布了（第四套）

（11）《超高净值个人协调最低有效税收标准蓝图》（2024 年 6 月 25 日发布）

（12）《抓住安全、可靠和值得信赖的人工智能系统带来的机遇，促进可持续发展》（联合国大会 2024 年 3 月 21 日一致通过）

（13）《为人类治理人工智能》（Governing AI for Humanity）[联合国人工智能高级别咨询机构（HLAB-AI）2024 年 9 月 19 日发布]

（14）《北京共识——人工智能与教育》（联合国教科文组织 2019 年 8 月 28 日发布）

（15）《人工智能伦理问题建议书》（联合国教科文组织大会 2021 年 11 月 24 日第 41 届会议 193 个会员国一致通过）

（16）《世界卫生组织人工智能伦理与治理指南》[世界卫生组织（WHO）2021 年 6 月 28 日发布]

（17）《世界卫生组织大型多模态模型人工智能伦理和治理指南》[世界卫生组织（WHO）2024 年 1 月 18 日发布]

二、参考文献

（1）《AI 时代智能财务管理的应用与实现》赵一璁，《管理学家》2024 年第 21 期

（2）《人工智能技术在财务管理中的应用》李净，《时代经贸》2017 年第 36 期

（3）《一种 AI 应用于企业财税法预警方法及解决方案算法》黄云峰，宋凯，唐丽娟等

（4）《人工智能在企业财务管理中的应用》俞锦平，《管理纵横》；王勇，《中国经贸》

（5）《人工智能技术在财务管理中的应用探究》未明确作者，发布在《人人文库》

（6）《企业财税的智能革命：AI 技术如何重塑财务管理》未明确作者，发布在搜

狐网

（7）《2024企业AI财税应用研究报告》薪宝科技与华南理工大学工商管理学院零工经济研究中心联合撰写，发布在搜狐网和微信公众平台